大都市・東京の社会教育

歴史と現在

東京社会教育史編集委員会・編
小林 文人・編集代表

エイデル研究所

まえがき

　私たち有志が本書の企画を初めて語りあったのは2012年の夏であった。東京社会教育史研究フォーラムを立ち上げ、定例研究会をスタートさせたのが同年秋。編集委員会事務局を中心に本書構成案を練り上げ執筆者各位に「執筆依頼」を発送した2014年の夏。早いものですでに満4年が経過している。当初は見通しも定かでなく、思えば苦しい歳月であった。

　編集委員会は執筆依頼文に次のように書いている。「東京には、戦後の苦難の道程のなか、社会教育の創造に向けて格闘してきた歴史があります。社会教育に関わる行政の組織化、施設づくりや職員の取り組み、さまざまな学習や実践の歩みの歳月には、多くの先人（市民を含む）たちの努力が蓄積されてきました。しかし、とくに1990年代後半以降、半世紀にわたる東京社会教育の体制は、大きく後退し、いま解体しつつあると言っても過言ではありません。全国的に注目されてきた東京の社会教育実践もいま忘れ去られ、風化が進んでいます。」

　本書は、戦後東京社会教育の蓄積が壊れはじめ、とくに東京都の社会教育行政が解体していく危機感から出発している。行政や施設の変貌というだけでなく、社会教育の主体である市民の記憶そのものから社会教育が消えつつある喪失感も否定できない。私たちは今あらためて、社会教育の歴史を再発見すること、歴史をたぐり記憶を呼び戻すこと、その記憶を記録化すること、大都市東京の社会教育を再創造する道を確かめること、そのような作業を急がなければならないと考えてきた。それは、東京独自の"社会教育の復権"への課題意識ということもできよう。

　東京都は20年ほど前に『東京都教育史』（同編集委員会、東京都立教育研究所）通史編1－4（4巻、1994－1997年）を刊行している。近代学校教育史とともに、明治初期から大正・昭和（戦後改革期1955年まで）にいたる体系的な社会教育通史が掲載されている。この教育史編纂事業は、そのあとに通史編5（第5巻、1955年より

まえがき

1989年まで)が出版される予定であった。社会教育だけでも10名をこえる執筆者による原稿が用意されたが、東京都当局の「行政改革・財政健全化施策」により突然発行が停止される事態となった。それからすでに20年近くが経過している。あのとき関係者が心をこめて執筆した(おそらく3000枚に近い)原稿はいまどこを漂流しているのであろうか。本書の企画は、当局の場当たりで理不尽な処分により、ブランクとなってしまった東京社会教育の現代史を埋める思いからでもあった。

　本書は、昭和戦後改革期(1945年−)から現在にいたる大都市東京の社会教育現代史を語り綴ろうとする企画である。本書編集にあたって心がけたことは次の諸点であった。
1. 戦後東京の社会教育行政・施設そして市民活動について通史を試みる。70年にわたる社会教育・市民活動の流れ、その歴史的特徴を明らかにする(通史編)。
2. 大都市東京の膨大な社会教育史について、可能な限り広い視野をもって、重要な事項を拾い出す。風化しつつある事実をしっかり記録し、稀少な史料・証言等を収録する。
3. 従来の社会教育行政の枠に閉じこもらず、学校教育、関連行政、文化、市民活動等に関わる社会教育的な実践・運動に着目し、大都市特有の多彩な社会教育史を目指す。
4. 歴史当事者の記憶・資料・証言と次世代の社会教育の担い手が対話する機会とする。
5. 歴史研究を通して現在の地歩を確かめ、これからの展望と可能性を追求していく。大都市東京の未来にとって社会教育の果たす固有の役割について提言を試みる(終章)。

　もちろん、このような私たちの思いがすべて実現できたわけではない。今回の東京社会教育史を掘る作業を通して、あらためて巨象にも似たその大きさを実感させられてきた。行政・施設側が公的に作

成・発行してきた諸記録は、70年の歳月を経て、膨大な量にのぼるが、あわせて諸団体・市民たちの学び・交流・活動の記録・レポート・ミニコミ類まで含めると、想像をこえる拡がりとなる。その多くが（図書館等に収蔵されることなく）散逸し消失されつつある事実をつきつけられる歳月でもあった。社会教育行政や市民活動に実際に関わった人々の生きた記憶も記録されないまま忘れ去られようとしている。本書が上述の解体や消失の流れに抗して、復権と再創造の道へのステップとなることを願っている。

　私たちの企画・編集方針に賛同いただき、執筆にあたった40人にのぼる各位にあらためて御礼を申し上げたい。幸いなことは、執筆者のほとんどが執筆テーマに関わって"生きた記憶"の持ち主であったことだ。貴重な証言やコラムも寄せていただいた。それぞれのテーマについて、取り上げる時期や視角・方法は多彩に拡がっている。編集委員会としては執筆者各位の課題意識や個別性を尊重して、あえて無理な統一や調整は行わなかった。出典・文献などの記述についても執筆者により多少の精粗がみられるが、個別論文・報告の多様性にむしろ注目していただき、ご了解いただければ幸いである。

　本書が内容・方法ともに多くの課題を残していることを私たちは自覚している。大都市東京の社会教育現代史が創出した貴重文書、次の世代に語り継ぐべき「資料集成」等の作業についても、紙数の制約があり、果たせぬ夢に終わっている。本書をバネにして、次なる課題として他日を期すことにしたい。

　本書出版を実現してくださったエイデル研究所（代表・大塚智孝氏）、多忙な編集委員会と多数の執筆者への誠意あふれる努力を惜しまれなかった編集担当・山添路子さんに深く感謝したい。

　　　2016年8月1日

　　　　　　　　　　　　編集委員会を代表して　　小林 文人

目次

まえがき ... iii

序章　大都市・東京の社会教育―その歴史をどうみるか―　小林 文人　2

第1部　通　史

通史 I　戦後東京の社会教育行政・施設史―戦後初期より1980年前後まで―
　　　　　　　　　　　　　　　　　　　　　　　　　　　　小林 文人　12

1　戦後初期社会教育の動き（1945年〜）　12
2　社会教育法制下の社会教育行政・施設（1949年〜）　20
3　社会教育法「大改正」と社会教育行政の整備過程（1959年〜）　30
4　1960年代の社会教育施設の動き　36
5　社会教育行政の新たな展開と実践―躍動の時代（1970年代）　45
6　自治体の実践・計画化、施設委託の動き（1980年代へ）　57

通史 II　東京都の社会教育行政史―生涯教育・生涯学習施策の登場以降―
　　　　　　　　　　　　　　　　　　　　　　　　　　　　梶野 光信　66

1　鈴木俊一都政の誕生と「生涯教育」の推進（1979年〜）　68
2　青島都政下における社会教育施策・事業の見直し（1995年〜）　74
3　石原都政下における生涯学習振興行政の抜本的見直し（1999年〜）　77
4　東京都における社会教育行政の再定位（2001年〜）　84
5　都立学校と連携する社会教育行政（2007年〜）　92

通史 III　東京・多摩地域の市民活動史　　　　　　　　　江頭 晃子　106

1　1945年〜：学び・集い、社会・生活を建てなおす　106
2　1950年代：民主主義社会づくりへ　109
3　1960年代：企業・行政組織の対抗軸として　112
4　1970年代：権利意識の高揚と実現に向けて　114

5 1980年代：活動の発展、個別化・多様化　122
  6 1990年代：市民組織・NPO 萌芽　128
  7 2000年代：多様化と分断、原点回帰　134
  8 学び、つながり、運動は続く　139

第2部　特論Ⅰ　～行政・施設史篇～

第1章　職員・委員　144
  1 23区社会教育主事制度のあゆみ　荒井 隆　144
  2 社会教育職員の群像　上田幸夫　158
  3 セミナー方式による東京都立川（東京都立多摩）社会教育会館の職員研修
　　　　　　　　　　　　　　　　　　　　　　　中森美都子・百瀬道子　167
  4 公民館職員の不当配転闘争 ―小平市の事例―　穂積健児　178
  5 コラム 公民館職員の不当配転闘争 ―稲城市の事例―　霜島義和　183
  6 社会教育に関わる委員・審議会活動の展開
　　　―行政・施設への市民参加の歩み―　小林文人　186

第2章　公民館　192
  1 「三多摩テーゼ」につながる国分寺市公民館の実践　佐藤 進　192
  2 学級講座における学習論の展開―「共同学習」の視点から―　的野信一　206
  3 学級・講座への市民参加―小金井市の企画実行委員制度―　長堀雅春　219
  4 東京都公民館連絡協議会の活動　進藤文夫　225
  5 証言 公民館と共に生きる―西東京市の公民館・社会教育に関わって―
　　　　　　　　　　　　　　　　　　　　　　　奥津とし子　230

第3章　図書館　237
  1 躍動する戦後東京の図書館づくり　石川敬史　237
  2 証言 母親たち手作りの文庫づくりと活動　広瀬恒子　257

目次

第4章　博物館　265
1　戦後における東京都博物館政策
　　―1950年代から1980年代までの展開過程―　君塚仁彦　265
2　住民の学びあいがつくりだす博物館　栗山究　283

第3部　特論II　～市民・学習史篇～

第1章　女性　294
1　女性の学習のあゆみ
　　―「婦人教育」から「ジェンダー学習」へ―　野々村恵子　294
2　公民館保育室活動の成立と展開　村田晶子　308
3　コラム　足立区女性総合センターの「男性改造講座」　髙井正　312
4　学習と実践（運動）を結んだ生活学校　井上恵子　314

第2章　PTA　322
1　戦後初期・東京都でのPTAの普及と定着　酒匂一雄　322
2　証言　民主主義の学びとしてのPTA実践　味岡尚子　329

第3章　子ども・青年　346
1　地域が支えた子ども会・児童館活動　上平泰博　346
2　青年施設、青年教育実践のあゆみ　髙井正　358
3　証言　5区連協の活動を振り返る　藤木宏　378

第4章　障害者・人権　386
1　障害者の社会教育実践の展開　井口啓太郎・橋田慈子　386
2　社会同和教育・人権教育の施策と実践　越村康英　404
3　証言　川村善二郎の仕事　川村善二郎　412
4　学生セツルメントの系譜　上平泰博　414

第5章　識字・基礎教育　417
1　夜間中学校と日本語学級の取り組み　関本保孝　417
2　東京の識字・日本語教育のあゆみ　横山文夫　427
3　公民館における識字実践　伊東静一　434

第6章　市民活動・NPO・コミュニティ　　437

1　多摩地域の市民活動交流の拠点として
　　―東京都立川（東京都立多摩）社会教育会館
　　　　市民活動サービスコーナーの役割―　山家利子　437
2　武蔵野市のコミュニティ政策と社会教育　田中雅文　443
3　福祉に係わる市民運動と社会教育とのつながり
　　―板橋区の実践から―　齋藤真哉　448
4　コラム　高島平団地における自治活動　齋藤真哉　457

第7章　東京社会教育の諸相　　460

1　基地問題に取り組む住民運動と公民館　佐藤進　460
2　杉並公民館と1954原水禁署名運動　岩本陽児　465
3　幅広い学習と交流をめざして
　　―民主的な社会教育を発展させる都民の会23年間の活動―
　　　　　　　　　　　　　　　　　　野々村恵子　471
4　生活記録運動の展開
　　―自分史学習から地域女性史づくりへ―　野々村恵子　477
5　「農のあるまちづくり講座」の実践　菊池滉　479
6　総合型地域スポーツクラブ　齋藤尚美　486
7　コラム　豊島区管弦楽団の40年　根岸豊　492
8　高齢者学習の広がり　野々村恵子　496

終章　展望　東京社会教育　10の提言　　編集委員会　502

資料篇　　513

東京社会教育略年表（1945 ～ 2015年）　514
東京社会教育統計資料（1975 ～ 2015年）　536
　1　自治体基礎データ　538
　2　施設数　542
　3　職員数　548
　4　社会教育関係費　554

あとがき　　558

目 次

索 引　　564

【本書収録図表一覧】

- 1-1　表1　東京都教育庁社会教育部の人員配置の変遷（1949〜1958年）　22
  - 表2　区市町村教育委員会の社会教育職員配置状況（1965年）　26
  - 表3　区市町村の社会教育施設の推移（1973〜1987年）　48
- 1-2　図1　東京都社会教育主事（補）の推移（1952〜2015年）　73
  - 図2　地域教育プラットフォームの概念図　88
  - 図3　都立高校教育支援コーディネーター事業のしくみ　95
- 2-1-1　表1　特別区における社会教育主事の施設配置経過　148
  - 表2　女性社会教育主事の人数（比率）　154
  - 表3　社会体育担当の人数（比率）　155
- 2-1-3　表1　市町村職員セミナーの10年のあゆみ　170
  - 表2　東京都立川（東京都立多摩）社会教育会館・職員セミナーのあゆみ　177
- 2-2-1　表1　長期青年教室カリキュラム（1969年度）　195
- 2-3-2　表1　練馬区文庫数の変遷　261
- 2-4-2　表1　博物館問題研究会において地域博物館が検討された時期の活動　284
  - 表2　東京都内のエコミュージアム実践（2010年時点で継続中の実践）　288
  - 表3　東京都内の平和のための博物館実践（2010年時点）　289
- 3-1-1　表1　区市町村の男女平等センター状況（2015年度）　307
- 3-2-2　表1　昭和30年度PTA予算書（案）　340
- 3-3-2　図1　青年学級　学級数　361
  - 図2　青年学級　学級生数　361
- 3-4-2　表1　人権教育事業の実施状況（2008年度・2011年度・2014年度の実績）　409
  - 図1　学習内容［取り上げられている人権課題］【2014年度実績】　409
- 3-5-2　図1　登録外国人数とその国籍構成の推移　428
- 3-7-5　表1　私達の手でまちづくりを考える№1　481
  - 表2　国分寺まちづくりと農業　パート5　483

旧杉並区立公民館(安井郁館長に M. ヨシダ氏より寄贈された木版画・1984年)

大都市・東京の社会教育 ―その歴史をどうみるか―

小林 文人

1 戦前日本の社会教育について

　日本の社会教育は、歴史的に農村的な地域性をもって形成されてきたといわれる（碓井正久「社会教育の概念」、長田新監修『社会教育』御茶の水書房、1961年）。では日本の大都市、変貌きわまりない現代都市にとって、社会教育とはいかなる存在であったのか。歴史的にどのように登場し、どのように展開し、大都市のなかで果たしてきた役割をどう評価することができるか。とりわけ首都・東京の社会教育の歩み、その現代史をどうとらえることができるか。

　戦前（1945年－太平洋戦争以前）の東京の社会教育については、東京都（東京都立教育研究所・当時）が編集・発行した『東京都教育史』通史編１－４（1994－97年）各巻の「社会教育」各章に充実した通史が収録されている（「通史編」5は未刊）。私たちが戦後社会教育の歩みを研究していく上で、戦前東京の社会教育がどのような歴史をたどってきたかを知ることは重要である。

　まず、概括的に戦前社会教育のいくつかの歴史的特徴をあげておこう。明治期の「通俗教育」期から「社会教育」としての行政が動き出すのは大正期であった（東京市に社会教育課・1921年、文部省に社会教育課・1924年）。しかし社会教育法制（法律主義）は未発のまま、勅令主義による国家的統制色の強い上意下達の社会教育行政が始動していく。当時の社会教育主事（東京府に社会教育主事・1926年）は専門職ではなく「天皇の官吏」であり、社会教育委員の制度は教化動員体制の一環として位置づけられていた。戦後の公民館のような社会教育固有の施設は制度としては存在しない。官製的な青年団や婦人会が地域網羅的に組織されてきた歴史であった。昭和ファッシズムのなか社会教育は戦時下の国家総動員体制に組み込まれ、戦争への道を歩んでいく。太平洋戦争下、東京市でも社会教育課は解体し教化課へ、東京都制（1943年）では「兵

事青年教育課」となって終戦を迎えた。「社会教育行政という点では末期的なものとなってしまった」という経過であった（『東京都教育史』通史編4、1997年、586頁）。

2 光彩を放つ東京独自の社会教育的活動

　戦前東京の社会教育は、このような国家主義的な社会教育政策・行政の枠組みのなかでの展開を強いられてきた。しかし行政的な枠組みから離れて、大都市・東京の民衆史、社会運動史を含めて多元的な視点から捉えなおしてみると、東京ならではの「社会教育」的な多彩な活動の歩みを発見することになる。上記『東京都教育史』「社会教育」通史編にはその貴重な記録が収録され躍動的な歴史が興味深い。以下、主要な項目のみあげてみる。

　明治期の私学における大学拡張の歩み（12大学の事例、なかでも早稲田大学＝東京専門学校の校外生徒は明治末までに25万人を超えた）。近代的労働運動の序幕に花を開いた片山潜のキングスレー館（神田三崎町－青年倶楽部、市民夜学校、大学普及講演、職工教育会等）。近代的な博物館や図書館への胎動もみられた。大正期においては、国の社会教育行政が始動する時期にあたり、市民教育・成人教育の事業が登場するが、東京ではとくに大正デモクラシー運動を背景に、少年団、連合青年団、東京連合婦人会とともに、新婦人協会、社会主義的な立場からの赤瀾会、あるいは生活改善運動、消費組合運動（城西消費組合等）の活発な取り組みが見られた。職業婦人社、友愛会婦人部、そして労働組合・労働者教育の展開のなかで日本労働学校・労働者教育協会の組織的な活動が注目される。

　この時期、東京市教育局社会教育課の所管として東京自治会館が設けられた一方、労働争議や貧困問題の情勢を背景に、民間の隣保館事業が始まり、関東大震災下に帝大セツルメント（事業として成人教育、調査、児童、医療、相談、市民図書館の各部）の歴史的な発足をみた。昭和期にかけては本所公会堂、日比谷公会堂（新藤浩伸『公会堂と民衆の近代』東京大学出版会、2014年、第2－3章）が登場する。また大正末期から東京市公営の隣保館の設置が始まり、昭和初期には「市民館」網（計11館）が形成された。市民館の事業として社会調

査、教化、福利、相談、体育、慰安、自治活動が掲げられていた。

本郷区根津の藍染市民館の場合、「公民館中心」の理想郷建設を提唱した菅原亀五郎を館長に迎え、主任保母長ら13名の職員体制をもって、多面的な「社会教育」的活動を目指した一時期があった。館長自ら積極的に関わった「市民部」活動の中心に「藍染高等国民学院」があり、女子国民学院等の構想も記録されている（上掲『東京都教育史』通史編4、1997年、934-936頁）。

これらの隣保館・市民館等の事業はもちろん東京全域ではなく、施設・事業が継続性をもって広く普及されたとは必ずしもいえない。しかし大都市独自の社会教育的活動が展開されてきた事実は注目される必要があろう。その事業は一様ではないが、ある程度共通して成人教育（教化）の視点があり、市民・労働者の学びの活動がめざされた。社会事業と連動して地域問題に取り組むネットワークづくりの努力もあった。まさに大都市の社会教育的活動として光彩を放つ歴史が見えてくる。

その意味で、東京社会教育の戦前史は、国家的統制と戦争への教化動員体制に呻吟しながらも、近代都市としての拡がりのなかで、大学開放、労働組合運動、協同組合活動、社会事業、セツルメント等の活動とも響きあいながら、東京独自の展開をたどってきた歴史があったのである。

3 戦後社会教育・再生の歩み

戦後（1945年以降）すでに70年が経過している。この歳月は、明治初期から大正期を経て昭和・敗戦にいたる長さに相当する。東京は戦後、戦争による未曾有の焼失・破壊・混乱からの再出発であった。そのなかで社会教育はどのように再生し、いかなる展開をとげてきたのか。

振り返ってみると、戦後東京には復興に向けて血のにじむ格闘があり、戦後教育改革理念による新しい社会教育の創造の取り組みが始まった。占領下の民主主義普及、行政の整備・事業の取り組みの努力とともに、社会教育施設や職員の実践への期待、市民の学びと参加、諸団体の活動・運動への模索が続けられた歴史が見えてくる。しかしその足どりは単純ではなかった。

戦前から戦後への社会教育改革期において、まずいくつかの点を確かめてお

きたい。第一は、戦前の国家主義を脱し、新たな戦後民主主義・国民主権に立脚する教育改革が進展し、その理念に基づく社会教育法制（法律主義）、社会教育行政が登場したことである。戦争への道が反省され、平和を希求する憲法の普及が戦後直後の社会教育が取り組むべき事業であった。国民の「自己教育」を奨励する条件整備（教育基本法10条）、環境醸成（社会教育法3条）を任務とする社会教育行政の役割が唱導され、地方自治とりわけ市町村主義の原則に立脚して、公民館・図書館・博物館等の施設設置、専門的な職員配置の方向が期待された。

　しかし第二に、このような戦後社会教育の理念は直ちには現実化しなかった。とくに東京の場合、激甚な戦災からの復旧の課題が山積し、新しい社会教育への条件整備にかかわる財政的条件は皆無に近かった。教育行財政としてみた場合、六三三制による義務教育「新制中学校」新設に追われ、それが一段落したところで、急激な人口流入・都市膨張・児童生徒激増に追われ、社会教育整備の財政的条件は改善の見通しをもてないまま歳月が経過していくという状況であった。

　第三に、戦前・戦中から戦後への移行については、"継承と断絶"の複雑な関係を残していた。戦後改革理念や新しい社会教育法制は、戦前との画期的な"断絶"の側面をもちつつ、戦前体質の温存や戦後改革の曖昧さは否定できず、新しい社会教育をすすめる過程には「数々の継承・温存・復活という複雑な関係」があったことも事実であった（国立教育研究所『日本近代教育百年史』8「社会教育（2）」、1974年、628頁）。東京の場合は、古い地域構造が残存した農村と比べて、相対的に"継承"の比重は少なかったといえようが、現実の社会教育行政をすすめる組織の硬直性や一部の社会教育関係団体の古い体質が、しばしば改革への努力や実践を阻害することにもなったのである。

4 戦後東京社会教育の独自性

　国レベルで打ち出された戦後社会教育の諸制度は、東京では順調には定着していかなった。たとえば戦後いちはやく文部次官通牒（1946年）によって設置奨励され、社会教育法（1949年）の基幹施設に位置づく公民館についてみれば、

序　章

東京での普及はまことに遅々たるものであった。社会教育委員の制度についても、法制定後とくに23区において当初はほとんど設置されなかった。他方、東京独自の「青少年委員」が都条例によって各区で活動を始め（1953年）、また公民館がほとんど設置されなかった23区に都市型施設としての「青年館」が置かれた（1959年）。東京社会教育が独自の側面をもって動いてきた象徴的な経過であった（別稿・通史参照）。

東京では、上述した戦後事情とくに財政的条件が不十分にしか対応できなかったことにより、社会教育にかかわる条件整備は（人口規模から考えると）全般的に貧弱な水準のまま推移してきた。社会教育委員の会議等の公的な委員会が構想した計画（たとえば「東京都社会教育長期計画」、1965年）や図書館振興策（たとえば東京都図書館振興対策プロジェクトチーム「司書職制度を中心とした区立図書館振興策」、1972年）等は、東京独自の施策として実現しないまま構想だおれに終わったものが少なくない。

東京独自の社会教育の特徴は、公的条件整備の課題と結びついて、市民運動・住民参加が胎動し、歳月の経過のなかで、市民・住民間のさまざまなネットワークや運動が多層に拡がってきたことであろう。杉並区立公民館に集う母親たちの読書会は原水爆禁止署名運動に取り組み、全国的な反核運動の大きな端緒となった（1954年）。国立町公民館は青年・学生を含む地域民主化をめざす市民運動によって設立が実現された（1955年）。1960年代後半から70年代の躍動期にみられる各地の公民館・図書館づくりの住民運動、学級講座等の公的事業に関わる多面的な住民参加の取り組みなど、いずれも全国的に注目された東京独自の社会教育運動ということができよう（丸浜江里子『原水禁署名運動の誕生』凱風社、2011年；徳永功『個の自立と地域の民主主義をめざして』エイデル研究所、2011年；小林文人「三多摩における社会教育をめぐる住民運動」東京都立多摩社会教育会館『戦後三多摩における社会教育のあゆみ』Ⅸ、1997年など）。

5　学習権の思想と生涯教育をめぐる動き

家永三郎が提起した教科書裁判は「国民の教育権」（杉本判決・1970年）へ

の論議を広く巻き起こしたが、社会教育に関わる権利論もその一つの拡がりであった。社会教育推進全国協議会が主催する全国集会1971年集会は、初めて「権利としての社会教育とは何か」をテーマに掲げた（第11回、東京稲城）。図書館関係者では「知る自由と図書館」のあり方を追及し、公民館関係者では、たとえば新しい学級講座をめざす"学級革命"の取り組みがあった（東京都教育庁社会教育部「新しい学級・講座の創造をめざして」1974－75年）。

　東京都社会教育委員の会議「東京都の自治体行政と都民の社会活動における市民教育のあり方について」答申（1973年）では、社会教育行政は市民運動の学習要求に応えるべきだとし、「都民は知りたいことを知る、都民は学びたいことを学ぶ、都民は集会し学習する自由をもつ」とする"都民の学習する権利"を提唱した（東京都教育委員会、同答申、1973年、8頁）。この学習権宣言は、東京各自治体の社会教育行政がかかわる公的事業のありかたを問い直し、地域の学習サークルの自主性や権利性を鼓舞することになった。1970年代の東京社会教育は、学習権の思想と運動がひろく広がった躍動の時代ということができよう。

　当時の国際的な動向をみると、東アジア（中国、韓国等）はそれぞれの国内事情（中国・文化大革命、韓国・軍事政権、台湾・戒厳令下）をかかえ、相互の交流提携をすすめる状況にはなかったが、ユネスコ・欧米諸国では「生涯教育」が提唱され（P. ラングラン、1965年）、「成人教育の発展にかんする勧告」（ユネスコ第19回総会、1976年）や、多くの影響を与えた「学習権宣言」（同・国際成人教育会議－第4回、1985年）が提唱されている。東京都社会教育委員の会議「都民の学習する権利」宣言は、その経緯・規模は異なるが、ユネスコ「学習権宣言」に先立つこと10年あまり、先駆的な提起であったことになる。

　国際的な潮流としての生涯教育の思想は、東京の社会教育行政の実際には、どのように影響したのであろうか。社会教育法体制に基づく諸施策（基礎自治体中心、公民館等の施設、社会教育関係団体、社会教育委員制度など）がようやく普及定着をみせていた1970年代は、東京でも生涯教育の思想が論議されはじめた時期でもあった。しかし実際の行政施策や計画として具体化される状況ではなかった。「生涯教育」は上（国）からおろされてくる施策、あるいは財界寄りの流れとして、市民にとっては、まだなじめない構想にとどまっていた。

序　章

6　生涯教育施策と社会教育解体の動き

　東京都は1967年から3期12年、美濃部知事によるいわゆる革新都政の時代であった。社会教育の戦後史としては、決して豊かな水準とはいえないとしても、社会教育の一定の条件整備が具体化され、それと連動して活発な住民参加が拡がり、さまざまな市民運動の高揚をみて、かつてない躍動期といえる時期を迎えていたということができる（別稿・通史参照）。

　1979年より鈴木俊一知事が登場する。社会教育をめぐる路線は大きく転換して、1980年代以降は積極的に「生涯教育」推進策がとられる。鈴木知事以降には、青島知事・石原知事と続く中で、皮肉にも戦後「社会教育」の蓄積を軽視する諸施策が重なり、加えて年度によって都財政の悪化の影響が大きく、次第に「生涯教育」施策自体も放棄される事態となり、結果として社会教育 "解体" に作用する経過をたどることとなった。

　この間、国レベルでは、中央教育審議会が「生涯教育について」答申（1981年）、臨時教育審議会は教育改革として「生涯学習体系への移行」（1987年最終答申）が打ち出されている。また第2次臨時行政改革調査会による「新行革大綱」（1983年）、「地方行革大綱」（1984年）路線による「行財政改革」施策が併行して動いた時期であった。この時期の「生涯教育」推進策が、東京で具体的にどのような現実となって推移することになるのか。実際に展開されていった経過を私たちは深刻に受けとめる必要がある。この間の主要な特徴・問題点を整理すると、次のようなことがいえるだろう。

(1) 生涯教育推進の施策は、知事（一般行政）部局の主導でトップダウン型行政として進められ、教育行政当局は周縁に追いやられていったこと。知事が交代し政権が移ると諸施策の比重も移り、生涯教育の制度化や施策の継続性が担保されず、財政状況によって推進施策は放棄されてしまったこと。

(2) 生涯教育への教育改革が、行財政改革（予算縮小、職員削減、民間委託等）と連動して動いた事態は深刻であった。生涯教育推進にほんらい必要な制度設計、専門職配置、予算充当等の基本的条件整備の課題が真正面から取り組まれてこなかったこと。

(3) 生涯教育が社会教育と結合・連携する視点をもちえず、社会教育戦後史の

なかで形成されてきた社会教育の条件整備、地域基盤、重層的な住民参加や市民ネットワークの蓄積と生涯教育の施策は遊離してしまったこと。
(4) 社会教育が解体されようとする場合、その防波堤として社会教育法は有効に機能せず、また生涯教育推進にとって「生涯学習の振興のための施策の推進体制等の整備に関する法律」(1990〔平成2〕年) が必要な法的規定をほとんど用意していないこと。

通史（第Ⅱ部）に詳述しているように、1990年代後半からの20年、私たちは東京都社会教育の蓄積の多くを失ってきたことに愕然とする。歴史的に重要な役割を果たしてきた東京都「社会教育委員の会議」は条例廃止となった（2013年）。最盛時には80人を数えた都社会教育主事集団は縮小を重ね、いま戦後発足時（1951年）の13人体制に戻ってしまった。東京都社会教育のこのような解体現象が区市町村社会教育に与えた影響は小さいものではなく、また同時に全国的に悪い波及のないことを祈るのみである。

大正期の東京に「社会教育」行政が始動して約1世紀が経つ。その蓄積の歩みを振り返ると、この20年の暗い「解体」の歴史をこのまま見過ごしていいはずがない。大都市・首都東京にとって充実されるべき社会教育・生涯教育制度の重要性を再発見していく必要がある。次の20年、50年そして100年の未来をめざし、すべての市民の生涯にわたる「学習権」保障を実像化する方向で、新たな再生・創造の歩みを刻んでいく課題を再認識しておきたい。私たちは、いまあらためて"社会教育の復権"に努めなければならない。

7 本書の構成、時期区分など

東京社会教育の歩みについては、「まえがき」にもふれたように、戦前から戦後1955年前後までの通史が公刊されている（上掲『東京都教育史』通史編1－4、1994－97年）。またそれ以前に、戦後社会教育史として1945年から1965年前後までの歴史が記録されている（東京都立教育研究所『戦後東京都教育史』下巻、社会教育編、1967年）。前者については、その後の1989年（昭和期）までの「通史編5」が（執筆担当者により原稿が提出されたはずなのに）未刊の

序章

まま、すでに20年近くが経過した。後者は、「学校教育とならび車の両論をなす社会教育」(同・序)の歩みとして、諸史料を含む記録であるが、出版市場に広く公刊されたものではなく、容易に入手できなくなっている。いずれにしても1965年以降の東京社会教育の現代史は、通史的な作業が未発のまま、激動の歴史に翻弄され埋没したままになっている。さらにいま、社会教育「解体」が危ぶまれる事態を迎えている。

本書は東京社会教育の戦後から現代(1945－2015年)について、主要なテーマについての通史の試み(第1部)と、多様な社会教育の施設・職員・活動・実践等の歩みを再発見する諸研究(第2部・第3部)を集めて構成されている。いずれも多くの課題を残しているが、編集委員会の共同作業として現在までの到達点を確かめ、東京社会教育の現代史としてまとめてみることとした。

第1部・通史には、(1)東京の社会教育行政・施設史(1945－1980年前後)、(2)東京都の社会教育行政史(1979－2015年)、(3)多摩地域の市民活動史(1945－2000年代)の3本を収録している。一応の時期区分として、①1945年－戦後初期・混乱期、②1949年－社会教育法制下・創成期、③1959年－法改正・整備期、④1970年代－躍動期、⑤1979年－生涯教育振興期、⑥1996年－行財政改革による社会教育行政解体期、⑦2002年－学校との連携・再構築期、に区切り、この流れで記述をすすめている。多摩地域の市民活動史については、ほぼ10年きざみの展開を追うこととした。

第2部及び第3部は、社会教育史の特論・各論について、できるかぎり幅広い視野をもって関連項目の歩みを再発見する努力をした。個別の行政・施設・職員・団体・活動・実践・運動等の諸項目(目次参照)について、それぞれの特徴的な歴史展開に焦点をあてている。必要に応じて証言及びコラムの記録を含めている。

私たちは、以上の通史・特論・各論による歴史を掘る作業を通して、現在を確かめつつ、未来を展望していく視点も論議してきた。大都市・東京のこれからの社会教育の再生・再構築に向けて、新しい方向を追及していく作業は、厳しい茨の道であるに違いないが、今後に向けてあえて「10の提言」を提示してみた。編集委員会としては、未来をみつめ、思いをこめて語り合ってきた(終章)。草の根から論議の環が拡がっていくことを期待している。

第1部

通史

通史 I
戦後東京の社会教育行政・施設史
―戦後初期より1980年前後まで―

小林 文人

1 戦後初期社会教育の動き（1945年～）

(1) 東京都社会教育行政の復活

　戦時体制下の教化・兵事・青少年団体あるいは青年学校等にたいする統制的行政は、戦後いちはやく改革の歩みをはじめる。東京都において「兵事青年教育課」にかわって「社会教育課」が復活するのは1945（昭和20）年9月2日のことであった。文部省の社会教育局の復活（同年10月15日）より早い。しかし当時は、戦災による教育施設の消失や行政組織の壊滅にちかい状況があり、それだけでなく日本進駐の連合国軍による占領支配、その新しい統制が開始される時期とも重なっていた。戦後的な社会教育行政への方向も定まらないまま、未曾有の混乱状態のもとでの幕開けというのが実態であった。

　占領軍は同年9月から10月にかけて日本全土への進駐を完了し、各地で地方軍政部が機能しはじめる。東京は、神奈川や大阪とともに特別地区として大型の軍政部がおかれたが、いうまでもなくマッカーサー率いる連合国軍最高司令官総司令部（GHQ／SCAP）が設置された直轄地でもあった。それだけに東京の戦後初期社会教育は、米第八軍による地方軍政部の情報教育部門だけでなく、GHQ直属の民間情報教育局（CIE）からの監視・指導に直接さらされる側面があった。東京の戦後社会教育行政は、間接統治ではあれアメリカを主体とする連合国占領軍当局による統制の傘のなかからの出発であった（阿部彰「対日占領における地方軍政」『教育学研究』第49巻2号、1982年）。

　復活した社会教育課は、教育委員会制度発足（1948年）までは都行政機構の一局であった教育局に所属し、その事務分掌のなかには当初まだ「教化係」を残し、また「青年学校に関する事項」を含んでいた。行政事務としてこれらの

戦前的体質を払拭するのは、新学制発足を経過して行われた教育局改正（1947〔昭和22〕年7月12日）以降のことである。この段階でようやく青年学校事務を切り離し、社会教育課に「社会教育係」と新しく「芸能文化係」を設け、「演劇、映画、音楽その他芸能及び美術教育の総合的計画指導及び実施に関すること」が加えられた。この時期にはまた体育課が新設されている。さらに東京都教育委員会制度の成立（1948年11月1日）とともに、教育局は廃止され教育庁が発足するが、翌1949年2月1日の機構改革により、社会教育部制となり、社会教育課、文化課、視覚教育課の3課構成に拡張され、戦後社会教育行政組織の骨格が整備されることになった（東京都立教育研究所『戦後東京都教育史』上巻、教育行政編、1964年）。

また都下の郡、島嶼の地方事務所で処理していた教育事務も、教育委員会の発足とともに教育庁出張所が担当することになり、西多摩、南多摩、北多摩、大島、三宅島、八丈島の各出張所が設けられた。この前後から三多摩各出張所には社会教育の担当者も配置され、公的社会教育事業の展開が始められた（東京都立多摩社会教育会館『戦後三多摩における社会教育のあゆみ』Ⅰ、1988年）。

(2) 区市町村社会教育行政の始動

戦後初期において、区市町村の社会教育行政は文字通り新しい出発であった。もちろんその戦前的蓄積をもたず、また当時としては法制的根拠も未だなく、都と比較するとこれら基礎自治体の社会教育行政の組織化は遅々とした歩みであった。23区では区によって異なるが、「社会教育」の名称を冠した行政窓口をもった区は当初はむしろ少なく、多くは教育課あるいは学事課等の所掌事務の一部として機能をはじめている。むしろ「文化」課あるいは係の設置の方が早く、そのなかで社会教育関係の事務が取り扱われてきた区の方が多かったと考えられる。そして1949（昭和24）年の社会教育法成立を経過して、1952（昭和27）年の区市町村教育委員会の一斉設置以降ようやく社会教育課・係の設置が一般的になってくる。

そのなかで千代田、文京、江戸川などは戦後いち早く社会教育係を設置したところである。たとえば千代田区の場合は、麹町区と神田区が合併した1947年に教育課を設け、両支所それぞれに社会教育係が置かれた。そして1952年千代

田区教育委員会の成立の段階で社会教育課（文化係、体育係）が誕生する（『千代田区教育百年史』下巻、1980年）。江戸川区の場合は、千代田区より1年早く1946年に教育課内に学事係とならんで社会教育係が置かれた。その後1951年に教育課から文化課が分離し、社会教育は文化課文化係の所管となるが、1952年の教育委員会設置によって社会教育課が設けられた（『江戸川区教育百年史』、1978年）。

戦後の自治体社会教育行政の組織化にとって教育委員会制度の成立が大きな意味をもっていたことがわかる。ちなみに各区に教育委員会が成立する半年前の時点で、社会教育課を設けていた区は、品川、足立、（教育課等に）社会教育係を設けていたのは、千代田、渋谷、豊島、葛飾、目黒、中野（ただし目黒、中野の両区は文化課内）、（社会教育を設けず）文化課を設置していた区は、港、新宿、台東、北、板橋、江戸川、同じく文化係を設けた区は、中央、文京、江東、大田、世田谷、杉並、荒川、練馬、社会教育・文化の課・係いずれも設置していない区は、墨田、という状況であった（『東京都職員名簿』、1952年3月1日現在による）。教育委員会事務局設置後はすべての区に学校教育課とならんで社会教育課が設けられている。

多摩地域はどんな経過であったのか。戦後初期の社会教育行政の動きは、区部と比較してさらに緩慢なものであった。初期の未分化な段階では、庶務・戸籍・学事担当者等によって関連事務が取り扱われたと考えられるが、社会教育としての独自の行政組織が成立してくるのは、武蔵野、三鷹など一部の市が1949（昭和24）年・社会教育法成立の前後、その他はほとんど1952（昭和27）年・教育委員会制度以降のことであった。多くは社会教育係としての出発であって、町村合併が進行した経過もあり、社会教育課の登場はさらに遅れて1955年以降、むしろ1960年代の場合が多かった。立川、八王子の両市は、他都市と違って社会教育課の設置が早く、1951（昭和26）年のことであった。両市ともに1951年の都教育委員半数改選時に教育委員の選挙を実施し、一足早く地方教育委員会を発足させた自治体であった（上掲『戦後三多摩における社会教育のあゆみ』Ⅲ、年表、1990年）。

このなかで武蔵野市についてみると、1947（昭和22）年7月頃の町（当時）教育課は職員8名、新学制実施など困難な課題に取り組んだが、新しい社会教

育を担当する職員もすでに含まれ、さらに社会教育法施行の1949年には学校係6名とならんで社会教育係3名が配置された（『武蔵野市教育史』第2巻、1992年）。三鷹市（当時は町）の場合は「昭和24年10月、教育委員会法の制定にともなう機構改革を行なった時、はじめて社会教育係が新設され4名の職員が配置された」（『三鷹市教育史』通史編、1993年）という。しかし弱小町村では、戦後初期の社会教育行政は総じて微弱な動きに止まったのである。ただ23区と異なって多摩地域には戦後初期から公民館を設置してきた自治体があり（詳しくは後節参照）、小平、保谷、立川、町田などでは公民館活動として実質的に公的社会教育の展開が始まっている。

(3) 戦後「施設」観の登場

　1946（昭和21）年から47年にかけての教育基本法（第7条）立法過程ならびにその後の社会教育法制化において、戦前の「施し設ける」意味の教化主義的な「施設」概念は明確に修正され、物的営造物を前提とする戦後的な施設観が確立したといえよう。しかし法制上の理念は新しくなっても、地域の実態にそのまま反映されたわけではない。戦後初期東京の社会教育施設はほとんど空白からの出発であった。なによりも戦災による公共的施設の焼失、そして六三三制実施（義務教育年限3年延長）にともなう学校施設整備（とくに新制中学校建設）の課題優先、また東京都社会教育行政体制の未整備と社会教育施設計画それ自体の未発といった状況のなかで、社会教育施設としては地域に拠るべきところはなく、また新しい施設の整備も早急にはおぼつかないというのが首都東京の当時の状況であった。

　そのような混乱期のなかでも戦後の社会教育の活動は始まる。地域によっては新しい文化運動も胎動する。それらはどんな施設を拠点にしたのであろうか。当時としては、まず焼失を免れた学校施設の活用が第一であり、次いで残存する区・市町村役場や地域の集会施設などの公共的施設、さらに一部では社寺や企業の施設などの利用も行われた。たとえば戦後初期に各地で取り組まれた「緑蔭子供会」の活動記録を見ると、学校や公園などの他に、三鷹市では「日産厚生園、深大寺、天文台」などにおいて実施されている（上掲『三鷹市教育史』通史編）。地域それぞれの工夫により戦後社会教育活動は出発した。

しかし地域的な違いがありながら、当時いずれも独自の社会教育施設をまったく欠落したかたちの出発であったことは共通している。その意味では、戦後初期の社会教育施設はまだ戦前的な状況にとどまるというより、むしろ戦災の痛手をうけて、それより劣悪な水準からの苦悩の出発であった。

(4) 貧困な施設状況

　戦後初期、国の教育改革では、社会教育独自の施設として公民館、図書館、博物館を中核とする法制が定められた。東京ではこの国家法制の枠組が順調に具体化していったわけではない。次項に見るように、とくに東京都内の公民館制度創設は大きく立ち後れた。東京は、全般的に極度の貧困な施設状況にあり、一部の地区でようやく焼け残った施設を活用しつつ、新学制が出発する1947年前後より独自の施設活動が始動していく。

　戦後初期の段階において特徴的なものをいくつかあげると、「社会教育指定学校」あるいは「社会学校」(1946年)などによる学校施設の利用(上掲『戦後東京都教育史』下巻、社会教育編)、青年学校の移行形態としての「神田商業実務学校」や「麹町実務専修学校」(1947年)(上掲『千代田区教育百年史』下巻)など、歌舞伎町地球座を借用した「新宿区少年文化会館」(『新宿区教育百年史』、1976年)、旧企業の社員文化施設をゆずりうけた上野不忍池畔の「都民文化館」(1947年)(上掲『戦後東京都教育史』上巻、教育行政編)、また残存した一部の地域集会施設や多摩地域集落の公会堂、すこし歳月が経過した1950年代になると「西多摩婦人生活館」(1953年)(上掲『戦後三多摩における社会教育のあゆみ』Ⅱ、1989年)などの歩みがみられた。

(5) 公民館構想の導入過程

　歴史的に東京都は都道府県のなかでも公民館制度の定着率がもっとも低いところである。それは一つには戦後初期の文部省による公民館構想(次官通牒「公民館の設置運営について」、1946〔昭和21〕年7月、あるいは寺中作雄『公民館の建設』、同9月)の農村的性格によるものであろう。さらに具体的にはこの構想が東京にどのように導入・普及されたのか、その経過に一因があるように思われる。いうまでもなく公民館制度は、戦後の社会教育改革のなかで最も重視

された国の施設構想であり、教育基本法第7条に明文化され、さらに社会教育法（1949年）の中心的規定に位置づけられてきた。しかし実際には、とくに23区において公民館制度の定着はほとんど進まなかった。当時の東京都社会教育行政当局の公民館設置奨励策は、少なくとも他県にみられるような積極的な姿勢をもたなかった。たとえば上記の文部次官通牒（発社122号）がどのように区および市町村当局に移牒されたかについてもその経緯は定かではない。通牒から1年が経過して翌年（1947年6月）に開かれた第1回「東京都社会教育研究大会」において、付属資料として「公民館設置運営要綱」がようやく収録されるという経過であった。

戦後初期の東京都社会教育資料のなかから公民館についての記述を拾い出してみると、当時の大凡の状況を知ることができる。初出は意外に早く、次官通牒の約1ヵ月前「東京都ノ社会教育概要」（ガリ版、東京都教育局社会教育課、1946年5月29日）である。「町村ニ於ケル文化教養機関ノ中心施設トシテ公民館ヲ新ニ設置セント試ミ既ニ数区ハ具体案ヲ当局ニ提出ス、然シテ出来得ル限リ青年学校ヲ之ニ併置シ之ノ経営ト不離一体ノ関係ニ於イテ運営スル様指導セントス」（東京都立多摩社会教育会館『昭和20年代の東京都の社会教育資料集』、1993年）というものであった。しかし実際に「数区ハ具体案」を提出したかどうか、その後の経過から考えると疑わしい。「案」が出されたとしても少なくとも具体化はしなかった。その後の記述は「公民館については文部、内務両省よりの通牒に基いて、区市町村、学校関係方面に対し、自発的な創意努力によって強く推進される様取り計っているが、目下の処北多摩郡小平村、立川市等数ヶ町村に之が設置の積極的運動が現われている程度で全般的には一般の熱意が昂揚されているとは言はれない」（「東京都社会教育概要」、1946年12月）、「公民館運動未だ活発なる動きを見せず」（「東京都社会教育事業概要」、1947年4月）という実態であった。

(6) 初期公民館の設立状況

社会教育法成立時における東京の公民館設置状況について、当時の資料は次の9館を掲げている（「東京都社会教育研究大会資料」、1949年6月）。すなわち、小平公民館（1946年設置－ただし厳密には1948年－次項参照）、市ケ谷社会館

(1946年)、由木村（現八王子市）公民館（1947年）、府中町会議所（同）、保谷町公民館（同）、目黒区中根公民館（同）、同・中三公民館（同）、同・三谷公民館（1948年）、立川市公民館（同）である。この内、市ケ谷、府中町は厳密には公民館とはいえず、また目黒の3館も町会立の類似自治施設であり、したがって自治体が正式に設置する公立公民館としては、小平、由木、保谷町、立川の4館のみであった。いずれも多摩地域であり、区部にはこの段階ではまだ公民館の設置はない。そして1949年、おそらく社会教育法成立を契機として、多西村（秋多町、現あきるの市）、瑞穂町、吉野村（現青梅市）の3自治体が公民館を設置するが、これによって公立公民館の合計はようやく7館（公民館設置自治体率6.4％）となった。ちなみにこの時期の全国の公民館総数は5,873館、設置自治体率平均38.0％、先進県をあげれば、福岡90.0％、佐賀86.9％、長野74.4％、宮城71.1％などの設置率であり、東京は最下位であった（1949年3月1日現在、寺中作雄『社会教育法解説』、1949年、102-105頁）。

(7) 青年学校終息過程と公民館

　全国的にみて初期公民館の設立過程は、青年学校制度の戦後終息過程（1948年3月廃止）と複雑に関連していたことを想起しておく必要がある。前述の1946年東京都社会教育資料でも、公民館の経営にあたって青年学校との「併置」「不離一体」の関係が言及されているし、公民館設置についての文部次官通牒も青年学校の既存施設利用を提言している。しかし東京の場合、公民館の設立経過が全般的に遅く、直接的に旧青年学校と新しい公民館の設立が交錯する例はあまり見られなかった。そのなかで前記の小平公民館の場合は、旧小平青年学校の施設と組織が重要な基盤となって、地域に新しく公民館的な活動が胎動した例として注目される。1946（昭和21）年の文部次官通牒の当時から小平では公民館的活動が「全国に先がけてスタート、その先駆的活動」がみられ、「青年学校校舎を使用し町民の諸集会など社会教育活動を行なう」などの記録が残されている（『こだいら公民館30年の歩み』、1980年；上掲『戦後三多摩における社会教育のあゆみ』Ⅷ、1995年）。

　それが可能であったのは、一つには小平青年学校が独立校舎をもっていたこと（1947年以降は新制・小平中学校の校舎となる）、あと一つには青年学校長

であった有賀三二の役割が大きかったことが考えられる。有賀は当時の日本側教育家委員会・教育刷新委員会のメンバーとして全国の青年学校を代表するかたちで国の委員会に参加しており、早くから文部省の公民館構想に接し得る立場にあった。そして1947年には六三三制発足とともに青年学校長と兼務して小平中学校の初代校長となり、翌年にはあわせて小平公民館初代館長をも兼ねている。終息期の青年学校教員も数人は初期の公民館主事を兼務した。当時の公民館活動としては、成人講座、音楽会、農産加工実習、品評会などが実施されている。

前項に述べた東京都社会教育研究大会資料では、小平公民館の設立は、文部次官通牒前の1946年4月となっているが、厳密にいえば、この年はまだ青年学校校舎を利用したかたちで、ようやく公民館的な活動が始動したばかりであった。正式の条例に基づく小平公民館の制度的発足は1948（昭和23）年9月のこと（施設も専有ではなく、旧青年学校校舎つまり小平中学校校舎の一部で開館）、また旧青年学校教員の公民館主事兼務辞令も正式には1948年9月以降のことであった（上掲『戦後三多摩における社会教育のあゆみ』Ⅷ）。

(8) 占領体制下の社会教育行政

戦後から1952年4月対日講和条約発効にいたる6年半あまり、首都東京は連合国（実質はアメリカ）軍による占領支配下にあった。この間に占領軍当局は、1945年末までの四大教育指令、1946年3月のアメリカ教育使節団（第一次）報告書に凝縮される教育政策、その後のPTA普及やナトコ映写機貸与とCIE映画上映通達（1948年10月、発社103号）、あるいは「成人学校」普及等の諸施策を通して社会教育活動に積極的な関与と指導を行ってきた。占領軍当局は総体として社会教育ないし成人教育につよい政治的関心をもったと考えられる。

東京都は、社会教育研究大会（1947年より毎年開催）をはじめ、（たとえば1948年の場合）婦人団体民主的運営講習会、青少年団体指導者講習会、少年少女指導者会など、各種の研修・講習を実施しているが、主要な集会には必ず軍政部（1949年末からは民事部）教育担当官が出席して指導、講義などを行っている。記録によく登場する人物は少ない数ではなく、米第8軍地方軍政部系統の関係者として、R.C. フォックス（関東軍政部教育課長）、P.T. デュッペル（同教

育官)、R. デービス(教育補佐官)などがあげられる。同時にまた、連合国軍総司令部(GHQ)民間情報教育局(CIE)系統の人たち、たとえば、D.M. タイパー(青少年団体担当)やCIE顧問のR. コロン(PTA指導)その他の人たちも多く登場する。いわゆる「民主的」な社会教育の方向づけに関わって、他都市よりも占領軍当局のかなり重層的な指導・監視体制がとられたといえよう。時期的には1947年から49年にかけて活発な展開がみられ、その後は占領政策自体の転換(反共民主化路線)とともに屈折しつつ終息していく。

その主要な内容としては、PTAの奨励(1947年以降)、ナトコ映写機貸与とCIE映画の普及(1948年以降、前出)、CIE図書館、リーディング・ルーム(民間情報読書室)開設、婦人団体・青少年団体の民主的運営、グループ・ワーク指導、成人学校の奨励、教育指導者講習会(IFEL)、日米親善活動、「日米婦人懇談会」等の実施、アメリカ型「民主主義」、共産主義に対する「民主主義」の啓蒙、などをあげることができよう(上掲『戦後東京都教育史』教育行政編、社会教育編；上掲『戦後三多摩における社会教育のあゆみ』Ⅰ、Ⅱ；阿部彰『戦後地方教育制度成立過程の研究』風間書房、1983年；国立教育研究所『日本近代教育百年史』8、1974年など)。

また東京都内に散在するアメリカ軍基地をめぐって、基地被害に抗する住民の動きやその反対運動、関連する住民運動のなかから派生して、子どもを守るPTA活動、地域婦人運動(東大和)、公民館設立運動(国立)、地域青年運動(砂川)などの興味深い展開がみられた。他方、基地周辺の日米交流・親善行事(福生)も行われた(上掲『戦後三多摩における社会教育のあゆみ』Ⅰ、Ⅱ；『国立市史』下巻、1990年)。

2 社会教育法制下の社会教育行政・施設(1949年〜)

(1) 社会教育法施行にともなう行政の整備

教育基本法(1947〔昭和22〕年)に基づく社会教育法の成立(1949年)は、教育委員会法(1948年)による教育委員会制度の実施(都1948年、区市町村は1950年及び1952年)とともに、戦後の社会教育行政の法制度的な基礎を確立していく上で画期的な意味をもつものであった。その後、社会教育法は社会教

育主事制度を法制化した一部改正（1951年）、さらに青年学級振興法（1953年）や「地方教育行政の組織及び運営に関する法律」（1956年）制定にともなう一部改正をへて、いわゆる社会教育法「大改正」（1964〔昭和34〕年）へと推移する。各自治体の社会教育行政は、これらの法律とその改正の動向に関連して整備され、徐々に組織を拡充していった。

　東京都としては社会教育法の成立にともない、毎年次に開かれた社会教育研究大会（とくに第3回・1949年、翌1950年の大会資料）等で法の紹介や普及活動を行い、また関係条例や規則の整備にあたっている。たとえば「東京都社会教育委員の設置及び費用弁償に関する条例」（1950〔昭和25〕年条例10号）、公民館の設置・廃止に伴う届出に関する「社会教育法施行細則」（昭和25年教委規則6号）などがある。専門職としての社会教育主事制度の導入やその養成のための社会教育主事講習（後節参照）は、1951（昭和26）年社会教育法一部改正に基づくものであった。歴史的にみて重要なのは、この時期の法整備によって、各自治体の（一般行政ではなく）教育委員会機構のなかに社会教育行政組織が公的に確立されていったことであろう。

　次に掲げる表1は、社会教育法制定以降10年の東京都教育庁社会教育部の機構・人員配置とその変遷を一覧にしたものである。都の社会教育部制の発足は社会教育法制定の年と重なるが、この年（1949年）以降、社会教育行政の組織と職員はしだいに拡充され定着していったことが分かる。1952年より社会教育主事が配置されているのは、いうまでもなくその前年の社会教育法一部改正によるものである。1955年前後になると拡充傾向は止まるが、これと並行して社会教育部所管の施設（日比谷、立川、青梅、八王子各図書館、美術館、体育館等－表示省略）が増加したことに留意しておく必要がある。表示した60人前後の社会教育部・行政職員に加えて、約100人前後の施設職員が配置されていくのである。たとえば1957年度は、同表では計62人であるが、日比谷図書館44、美術館18、体育館・運動場21ほか、他施設の職員を加えると合計162人の職員体制であった。なお表1では1958年度に人員が減少しているのは、この年度に社会教育部から体育部（体育課、保健課、給食課）が分離したことによる。

第 1 部　通　史

表 1　東京都教育庁社会教育部の人員配置の変遷（1949 〜 1958 年）

年度別	1949				1950				1951					1952						1953					
内訳＼課別	社会教育課	文化課	視覚教育課	計	社会教育課	文化課	視覚教育課	計	社会教育課	文化課	視覚教育課	体育課	計	社会教育課	文化課	視覚教育課	青少年教育課	体育課	計	社会教育課	文化課	視覚教育課	青少年教育課	体育課	計
社会教育部長	1			1	1			1	1				1	1					1	1					1
社会教育課長	1	1	1	3	1	1	1	3	1	1	1	1	4	1	1	1	1	1	5	1	1	1	1	1	5
社会教育主事														4	2	1	1	5	13	4	2	1	1	4	12
二級主事	1	1		2	6	1	1	8	5	2	1	5	13			1	1						1		1
三級主事	14	5	4	23	15	6	4	25	8	5	4	5	22	6	5	4	2	5	22	5	5	5	3	4	22
三級技師	1	2	2	5	1		3	4			3	1	4			3		1	4			3		1	4
社会教育主事補																									
臨時職員三級		2		2		3		3		3			3		3				3		2				2
主事補	4		2	6	6	1	1	8	6	1			7	5	4	1		1	11	6	3	1	3	1	14
技師補			4	4			4	4			3		3												
事務助手																									
用務員	1			1	1			1				1	1			1			1					1	1
計	23	10	13	46	31	12	14	57	21	12	12	13	58	17	12	13	5	14	61	17	13	13	8	13	64

年度別	1954						1955						1956						1957						1958					
内訳＼課別	社会教育課	文化課	視覚教育課	青少年教育課	体育課	計	社会教育課	文化課	視覚教育課	青少年教育課	体育課	計	社会教育課	文化課	視覚教育課	青少年教育課	体育課	計	社会教育課	文化課	視覚教育課	青少年教育課	体育課	計	社会教育課	文化課	視覚教育課	青少年教育課	体育課	計
社会教育部長	1					1	1					1	1					1	1					1	1					1
社会教育課長	1	1	1	1	1	5	1	1	1	1	1	5	1	1	1	1	1	5	1	1	1	1	1	5	1	1	1	1		4
社会教育主事	4	1	1			4※	10	4	1	1		2	8	3	1		2	2	8	3	1		2	2	8	3					3
二級主事				1		1				1		1																		
三級主事	7	7	5	5	4	28	6	6	5	5	5	27	6	8	5	4	7	30	6	7	5	4	7	29	6	4	8	4		22
三級技師			3		1	4			3			3			3			3			3			3			3			3
社会教育主事補																												2		2
臨時職員三級		2				2	3					3	2					2	2					2	2					2
主事補	4	1		2	1	8	4	2		2	2	10	5	1		2	1	9	5	2		2	2	11	5	1	2	2		10
技師補		2			2			2			2			1			1			1			1			1			1
事務助手															1			1			1			1			1			1
用務員			1			1			1			1			1			1			1			1						
計	17	12	12	8	13	62	16	13	12	8	12	61	16	13	11	9	12	61	16	13	11	9	12	62	16	8	13	13		50

東京都教育委員会「社会教育 10 年のあゆみ」（1959 年）

(2) 社会教育委員、青少年委員の動き

　東京における社会教育法制の地域定着過程は単純ではない。国の法制が忠実にそのままの骨格をもって地域的に具体化するという展開ではないところに、戦後東京社会教育史の一つの特徴があるといえよう。たとえば、23区における公民館制度の未発、他方で青年館等の都市型施設の設置、あるいは社会教育委員制度の未定着、他方で東京独自の青少年委員制度の導入など、その対照的な展開に見ることができる。

　まず社会教育委員制度について見てみよう。東京都は社会教育法に基づき社会教育委員の設置についての条例（1950年、上述）を定め、翌51年2月に発足させた。委嘱された委員（第1期、任期2年）は15人、戸田貞三、宮原誠一、丸岡秀子、堀内敬三など、錚々たる顔ぶれであった。第2期委員（1953年より）は定数20人となり、田辺繁子、龍野定一などが新しく加わった。学校長4、関係団体代表5、学識経験者11、という構成がその後も定着してきた。主な助言、答申活動は、社会教育関係団体の育成について（1951年）、青少年教育振興について（1952年）、スライド教育振興（同）、都立日比谷図書館の再建（1953年）青年学級の振興について（同）、区市町村社会教育委員設置について（同）、学校施設の開放促進について（1954年）、教育広報放送実施について（同）など活発であった。

　しかし区及び市町村の社会教育委員の設置はなかなか進まなかった。区市町村社会教育委員設置については、1953年に全国の市町村社会教育委員の設置率48％にたいし、東京の場合は9％に止まっている。社会教育法制定から10年経過した時点において、社会教育委員制度を設けたのは区部ではわずかに品川のみ、多摩地域では瑞穂、町田、八王子、武蔵野、武蔵村山、立川、青梅、計8自治体という状況であった。その後も区部の設置は遅々として進まない（上掲『戦後東京都教育史』下巻、社会教育編）。しかしこれ以外に町村合併前の旧村である南村（現町田市）では、1950年すでに社会教育委員会議を発足させ、単なる助言活動に止まらず、映画会、講習会など実際の活動を行っている例もみられた（『町田市教育史』下巻、1990年）。

　他方、東京独自の委員制度として「青少年委員」（東京都条例、1953〔昭和28〕年）が設置された。社会教育委員の青少年教育振興についての助言（1952

年)に示された青少年指導者の充実の課題が、教育委員会の同意を得て、青少年委員制度として結実したのである。1953年3月、青少年委員の設置に関する条例が施行された。区市町村より各5名前後、東京都教育委員会委嘱の委員総数265名、任期1年、青少年の余暇指導、団体活動の育成等について有志ボランティアとして活発な活動が期待された(東京都教育庁社会教育部社会教育課『社会教育10年のあゆみ』、1959年)。

　たとえば江戸川区の場合、9名の委員が委嘱されたが「委員会を組織し、定例委員会を毎月夜間に区役所で開いた。議題の中心は主として青少年団体育成に関する方法、運営の在り方、将来への振興発展策、諸行事の計画実施案、各種演技の研修など、論議はつきることもなく深夜に及ぶこともあった」という(上掲『江戸川区教育百年史』)。なおこの間、知事部局として1953年10月には東京都青少年問題協議会(会長、安井誠一郎知事、委員35名)が設置されている。

　1955〔昭和30〕年代に入ると、青少年委員は任期2年、定数500名から700名へと拡充され、さらに東京都委嘱以外に区市町村独自委嘱の青少年委員も漸次増加(1960年・67名)の傾向をたどった。その後、東京都青少年委員連絡協議会が結成され、研修記録、実践集録なども作成されている。なお1965年「都区事務移管」により青少年委員は都より移管され(後述)、区市町村委嘱の委員としてその後の活動は継続されている。

(3) 社会教育主事制度の展開

　前述したように、社会教育法の成立から2年後に法一部改正(1951〔昭和26〕年)により、教育専門職としての社会教育主事制度が正式に発足する。それ以前に、1948年の教育委員会法施行令にはすでに社会教育主事に関する規定があり「上司の命を受け社会教育に関する視察指導その他の事務を掌る」(同第15条4項)とされていた。この段階では法的に専門職の位置づけではないが、戦後初期の社会教育を再創造していく担い手・リーダーとして社会教育主事は活動を始めていた。法改正の直前の統計では、東京都の場合、2級・3級の職員を合わせると32名の「社会教育主事の現況」が記録されている(横山宏・小林文人編『社会教育法成立過程資料集成』昭和出版、1981年、263頁)。その中には

斎藤峻、望月正一、水江ヤチヨ（第1回社会教育主事講習修了）等の社会教育主事の群像の姿があった。

法改正にともなう都社会教育主事の配置計画は8部門にわたり24名の陣容案であったが、実際の発令は13名にとどまった（上掲『社会教育10年のあゆみ』、9頁、表1参照）。当初発令されたのは、教育庁事務局で社会教育を担当していた者で、東京教育大学（1951－52年）東京都立大学（1953－55年）開催の社会教育主事講習（文部省主催）修了者が中心となった。しかし、東京都教育委員会では、社会教育主事の定数化、職務上の位置づけ、処遇上の問題など法制上の専門的教育職員としての人事制度の確立をみないまま（東京都立教育研究所『東京都教育史』通史編4、1997年、1137頁）、1959（昭和34）年の社会教育法改正（後述）を迎えることになった。

他方、区市町村の社会教育主事設置はそれまで任意であり、財政的な措置もなく、どの区市町村にも社会教育主事は1人も設置されていなかった。1959年法改正により、区市町村に社会教育主事が義務設置となるが、この法改正の意義は大きく、全区市町村に専門職配置が実現する転機となったのである。23区および主要自治体に社会教育主事の配置が進み、東京都としても、活発な専門職集団が形成されていくこととなった。

表2は、区市町村教育委員会「職員配置状況」一覧（1965年）を示したものである。区市町村972名の社会教育職員配置、そのなかで63名（都を加えると94名）の社会教育主事（同補を含む）が配置されていることが分かる（東京都教育委員会「東京都社会教育長期計画」資料編、1965年、60-61頁）。

東京都では社会教育主事講習修了者を中心に「社会教育主事協会」が発足している（1952年、理事長・斎藤峻）。同協会は社会教育に関する研究協議とともに専門職としての社会教育主事の身分や位置づけの改善に関する活動を続けた（1959年に活動停止）。なお斎藤峻は専門職集団としての「全国社会教育主事協会」設立への夢をもち、自らの所蔵資料リストには、その規約案も含まれているが、全国レベルでの協会づくりは実現しなかった（藤田博「斎藤峻・資料目録」解題、上掲『戦後三多摩における社会教育のあゆみ』Ⅴ、2002年、91頁、121頁）。

この間に東京都では、社会教育主事による指導体制を補完・充実するために

第1部　通　史

非常勤の「社会教育指導員」の制度を発足させている（1957年、教育委員会規則7号）。27名の指導員の配置は、各区に1名、3名は三多摩各教育庁出張所への配当、1名は島嶼担当とされた。当初の任命は、27名中18名は退職校長、残りが民間有志指導者であった。社会教育指導員は、1965年「都区事務移管」（後述）により23名が各区へ移管され、新しい活動が始まっている（上掲『戦後東京都教育史』上巻、教育行政編、338頁；同・下巻、社会教育編、55頁）。

表2　区市町村教育委員会の社会教育職員配置状況（1965年）

	①教育委員会(社教主事・補)	②図書館(司書)	③公民館	④青年館	⑤その他	⑥計	⑦職員あたり人口数
都	58(14)人	165(43)人	人	青年の家32(13)人	109(4)人	364人	29,215人
(区部計)	352(45)	401	8	35	31	827	
千代田	14(2)	18	―	―		32	3,345
中　央	12(2)	20	―	2		34	4,334
港	14(2)	25	―	1		40	6,339
新　宿	15(2)	16	―	4		35	11,845
文　京	17(2)	26	―	―		43	6,005
台　東	14(2)	17	―	1		32	9,573
墨　田	14(2)	26	―	2		42	7,901
江　東	15(2)	14	―	4		33	11,147
品　川	18(2)	31	―	―	15	64	6,709
目　黒	15(2)	13	―	1		29	10,154
大　田	17(2)	40	―	兼　任		57	13,077
世田谷	14(2)	15	―	2		31	22,540
渋　谷	18(2)	14	―	1		33	8,409
中　野	23(2)	23	―	3	2	51	7,210
杉　並	18(2)	12	4	3	6	43	11,944
豊　島	16(2)	15	―	―		31	12,396
北	15(2)	6	―	2		23	19,664
荒　川	17(2)	13	―	1		31	9,204
板　橋	12(2)	7	―	2		21	21,607
練　馬	10(2)	9	4	1		24	16,257
足　立	16(2)	17	―	1	8	42	11,273
葛　飾	14(2)	3	―	1		18	23,576
江戸川	14(1)	21	―	3		38	9,658
(市部計)	98(18)	24	17	4	2	145	
八王子	11(1)		5(1)	―		16	11,421
立　川	9(2)		3			12	8,072
武蔵野	10(1)	10	―			20	6,365
三　鷹	10(2)	7	―	4		21	5,840
青　梅	5(1)		2		2	9	6,322
府　中	10(1)	4	―			14	5,864

	①教育委員会(社教主事・補)	②図書館(司書)	③公民館	④青年館	⑤その他	⑥計	⑦職員あたり人口数
昭 島	5(2)		ー			5	11,096
調 布	7(2)		5			12	7,979
町 田	7(2)	3	ー			10	9,873
小金井	5(1)		ー			5	13,181
小 平	8(1)		①と全員兼任			8	10,602
日 野	6		ー			6	9,539
東村山	2(1)		ー			2	32,968
国分寺	3(1)		2			5	10,808
(郡部計)							
福生町	2(1)					2	14,362
羽村町							
瑞穂町							
秋多町	1					1	15,704
日の出村							
五日市町	1(1)					1	14,974
檜原村							
奥多摩町							
多摩町	3(事務局総数)					3	
稲城町	6(1)(〃)					6	
国立町							
狛江町							
村山町	5(1)(事務局総数)		①と全員兼任		①と兼任	5	
大和町	1(1)		ー			1	26,023
清瀬町	3		①と全員兼任			3	8,738
久留米町	2					2	20,327
保谷町	4(1)		①と全員兼任			4	15,861
田無町	4		〃			4	10,557
(島部計)							
大島町	1		1			2	11,761
利島村	1(事務局総数)					1	
新島本村	2(〃)					2	
神津島村	2(事務局総数)					2	
三宅村							
御蔵島村							
八丈町	4(事務局総数)	1				5	
青ヶ島村	1(事務局総数)					1	

1965 年 4 月 1 日現在
東京都教育委員会「社会教育長期計画」1965 年
※一部未調査の自治体がある

(4) 23区の公民館

　東京の公民館史にとって重要な展開は、1951年から53年にかけて、それまで空白であった区部に新しく公立公民館が設置されたことであった。すなわち、北区（1951年設置）、練馬区（1953年）、杉並区（同）の3区である。それまでに社会教育法第21条2項にいう法人立公民館として目黒区三谷町（前出）、世田谷区九品仏（1950年）の公民館や、同法第42条にいう類似施設として目黒区中根、中三の公民館（前出）が記録されているが、公立公民館の姿はなかったのである。

　なかでも北区では、当初から3館（赤羽、王子、滝野川）の体制で発足し、いずれも独立施設をもち、当時としては新しい都市公民館の誕生として注目された（小林「東京23区の公民館―資料解題的に―」上掲『戦後における東京の社会教育のあゆみ』通巻Ⅹ、1997年）。ちなみに北区公民館長・龍野定一は東京都公民館連絡協議会（1951年結成）の初代会長に推され、また同年に設立された全国公民館連絡協議会（「全公連」、1964年に全国公民館連合会と改称）では副会長となり、ついで1953年より1957年まで全公連会長をつとめた。

　しかし区部の公民館設置はその後順調に進展しなかった。3区以外に公民館の設置は実現しなかった。また北区公民館の場合は数年を経ずして赤羽公民館のみの1館体制に縮小され、それも1962年には「赤羽会館」に転用されて公民館としては廃止されるという経過をたどった。ちなみに杉並区立公民館も1989年の建替え時に閉館され「社会教育センター」（セシオン杉並）に移行したため、区部の公民館は練馬公民館の1館のみとなり、2012年に練馬区も名称変更となり、区部から「公民館」名称は消えたことになる。

　このような経過をみると社会教育法の中心施設である公民館制度は、とくに東京都心部においては、ほとんど定着するに至らなかったといわざるをえない。それは一つには「町村の文化施設」（寺中作雄『公民館の建設』、1946年）としてイメージされた公民館構想のある帰結といえなくもないが、他方ではやはり首都東京としての独自の社会教育施設構想が微弱であったことによるものであろう。農村型の公民館構想にかわるいわば都市型の公民館・社会教育施設を創出する歩みがその後の課題となっていく。

　杉並区立公民館はその意味で一つの典型的な歴史を生みだした。区政方針と

しての文化的な都市建設のイメージ、その具体化としての図書館とならぶ公民館の設立（1953年）、両館の長に国際政治学者・安井郁（当時・法政大学教授）を招き、設立当初から独自の都市型公民館の歩みがみられた。水準の高い「公民教養講座」（8年100回にわたる連続講演・「世界の動き」時事講座）、レコード・コンサートや映画会等を加えての多彩な事業編成、母親たちの読書会「杉の子会」等を中心とする原水爆禁止署名運動への取り組みなど、類をみない初期10年の活動は（寺中構想とは異なる）いわば「安井構想」による注目すべき都市型公民館の展開であった（杉並の社会教育を記録する会『学びて生きる―杉並区立公民館50年・資料編―』、2003年；杉並区立公民館を存続させる会『歴史の大河は流れ続ける』1－4、1980－84年）。

(5) 多摩地域の公民館運動

　社会教育法成立以降、1955年までに多摩地域には次の公民館が設置された。当時の青梅町（1950年）、町田町（同）、平井村（現日の出町）（1951年）、樫立村（八丈島）（同）、田無町（1952年）、小金井町（1953年）、砂川町（現立川市）（同）、三宅村（同）、泉津（大島）（1954年）、国立町（1955年）の10館である。この時期は町村合併が進行中であり、一部に合併に伴う公民館の統廃合が始まっているが、1955年現在の東京・公立公民館の総数はここでようやく19館、公民館設置（合併前）自治体率は17.4％となった。施設はほとんど独立施設であるが、百坪前後の木造零細施設が多く、職員体制についても約半数の公民館がわずか1人あるいは無人という実態であった（上掲『社会教育10年のあゆみ』）。その後に多摩地域では遅ればせながら公民館設置が次第に増加していく傾向が読みとれる。なおこの間に南多摩郡七生村（現日野市）に法人立公民館が設置（1951年）されている（東京都教育庁『東京都社会教育資料』、1952年）。

　公民館が設立される経過は、自治体によって多様であるが、多くの場合、行政主導により推進されるというのが一般的であった。しかし多摩地域でもっとも早く活動を始めた小平公民館の場合には旧青年学校の校長や教師の役割が大きかったし、あるいは立川市公民館の前身は市民有識者の努力による「市民憩いの家」（1947年）があり、吉野村公民館の場合は作家・吉川英治の寄贈から

出発している（東京都公民館連絡協議会『東京の公民館30年誌』基礎資料編、1982年）。そのなかでとりわけ注目されるのは国立町（当時）の「文教地区指定運動」として展開された「町づくり」住民運動（1951－52年）と、その文化運動的な発展としての公民館設立運動（1953－1955年）の経過である。青年や学生たちによる「土曜会」、女性たちによる「くにたち婦人の会」や自治体予算分析に取り組んだ「火曜会」などの活動が公民館設立を結実させた。その後の多摩地域における住民参加、住民運動による公民館活動と公民館づくり運動の先駆的な事例ということができよう（上掲『国立市史』下巻；『くにたちの公民館―国立市公民館創立30周年記念誌―』、1985年）。

3 社会教育法「大改正」と社会教育行政の整備過程（1959年～）

（1）法制の定着と見直し―社会教育法大改正をめぐる動き

　1950年代後半から1960年代への社会教育行政は、戦後教育改革期に成立した社会教育法制や教育委員会制度に基づいて、各区・市町村ごとの行政組織が徐々に整備拡充されていく時期である。しかし自治体間の展開には当然違いがみられ、その差異、格差がまた固定化していく時期でもあった。とくに23区と多摩各自治体の社会教育との間には、相互に制度上の差異がみられ、それらは歳月の経過とともに（解消されるというより）地域的な格差"定着"がみられた。たとえば23区には、社会教育法制の中心的施設である公民館の制度が3区（上述）をのぞいて設置されなかったことや、同じく社会教育委員制度の普及が微弱であったこと等については前述した通りであるが、他面、いわば東京らしい社会教育の独自性が動いていく可能性を秘めていたとみることもできよう。

　この時期には国の教育法制そのものの見直しが行われた。まず戦後初期の教育委員会法（公選制教育委員会制度）が1956（昭和31）年「地方教育行政の組織及び運営に関する法律」へと移行し、任命制教育委員会制度のもとで社会教育行政も進められることとなった。1952年の区市町村教育委員会の発足からわずか4年で公選制教育委員会は命脈を終わることになる。社会教育行政として、この時期になによりも大きな転機となるのは1959（昭和34）年のいわゆる社会

教育法「大改正」である。当時、国論を二分するかたちでようやく決着をみた社会教育法改正は、自治体行政に少なくとも次の4点の大きな変更を要請する内容であった。

すなわち、区市町村教育委員会に社会教育主事配置（社会教育法第9条の2）、社会教育関係団体への補助金交付（第13条）、そのための意見具申や青少年教育の助言指導を行う社会教育委員の新たな役割（第13条、第17条3項）、公民館設置運営基準の設定（同法第法23条の2）である（横山宏・小林文人『社会教育法成立過程資料集成』昭和出版、1981年）。

まず社会教育関係団体補助金問題についてみておこう。1959年の社会教育法改正前では、旧13条「国及び地方公共団体は社会教育関係団体に対し補助金を与えてはならない」と定められていた。この趣旨は、団体側の自主性をまもる立場から、「社会教育関係団体は第10条により"公の支配に属しない"教育事業の団体であるから、これに補助金を出しえないことは憲法89条の適用上当然であるが、念の為に規定した」（寺中作雄『社会教育法解説』、1949年、82頁）ものであった。改正13条では、この規定をいわば逆転し、補助金を与えることが出来るとし、その場合はあらかじめ社会教育委員の会議の意見を聴くこととしたのである。したがって社会教育法改正についての国会審議もこの点をめぐって沸騰し、最終的には憲法89条解釈との矛盾を残しながら、団体活動助成の観点から補助金支出の法改正に踏み切ることとなった。

(2) 関係団体補助金と社会教育委員制度

社会教育法13条改正により、関係団体への補助金交付は社会教育委員制度による意見聴取が前提となるが、東京都は別として、社会教育委員の制度を置いている区市町村は少なく、とくに23区では当時わずかに品川区のみであった。東京都教育委員会は各区市町村教育長あて「社会教育委員の設置に関する規定について」（1960年）を発し、社会教育委員設置を奨励している。同時に社会教育関係団体の登録・認定、また補助対象となる「事業」の基準をどうするか等の新しい課題が生じた。

東京都は、この問題を社会教育委員の会議に諮問し、その答申を受けて「社会教育関係団体に対する補助金の交付基準」（1961年）を定めている。

これによって、補助の基本方針、団体の基準、事業についての基準、経費の範囲および限度等について初めての規定が設けられた。とくに論議となった憲法89条との関係については、次のような考え方が示されている。「補助対象とする社会教育関係団体の行う事業は、憲法第89条にいう『教育の事業』に該当しない事業とする。憲法にいう『教育の事業』に該当するか否かの判定に当たっては、法制局意見等を参考の上慎重を期する必要がある」。その上で補助対象とする事業の範囲について、図書・記録の収集提供、社会教育の奨励助言、団体相互の連絡調整、機関誌・資料など宣伝啓発、体育・レクリエーションに関する事業、社会教育施設の建設・整備、研究調査、その他社会教育振興に関する公共的意義をもつ適切な事業、の8項目を掲げている。憲法第89条に留意しつつ、幅広く団体の社会教育事業を援助していこうという姿勢が示されている。

　その後、1971（昭和46）年度には「社会教育関係団体に対する補助金交付要綱」が新しく定められているが、ここでは補助対象事業の範囲として、相互けんさん事業、資料の作成頒布事業、調査研究事業、その他社会教育振興に必要と認められる事業、の4項目にまとめている（東京都教育庁社会教育部計画課「社会教育行政基本資料集〔Ⅰ〕」、1971年）。

　東京都では以上の交付基準にもとづき、1961年度よりボーイスカウト東京連盟他23団体に補助金を交付した。その後8年を経過した1969（昭和44）年度では、補助団体33、予算総額500万円（前年度は300万円）の補助金交付となっている（1969年度「東京都社会教育事業概要」）。ちなみに1970年以降になると、補助団体には「社会教育活動を行う文化団体」や同じく「福祉団体」等も加え、団体数は大きく増加し、予算額も増額された。特定の主要社会教育関係団体にせまく限定されない、交付要綱の趣旨を生かした多様な範囲の「社会教育活動」を営む（市民運動団体を含む）諸団体に幅広く補助金を支出していこうという東京都独自の展開がみられた。これについての東京都社会教育委員会議の論議もきわめて活発であった。

　区および市町村では、社会教育法大改正以降は関係団体補助金問題や社会教育委員制度の設置をめぐってさまざまな対応がみられた。社会教育委員について先発の品川区が積極的な設置要望を行っているが、全般的に23区では、教育委員会制度にさらに社会教育委員を設置することは屋上屋を重ねるに等しいと

して消極論が多く、多摩地域と比較して設置が進まなかった。1965年度において区部の社会教育委員制度の設置は、品川、中野、世田谷の3区に過ぎなかった（多摩地域は13市6町）。中野区では社会教育委員の会議が1962年「社会教育関係団体に対する補助金の交付について」の答申を行っている。次いで世田谷区でも1965年「社会教育の基本方針並びに各事業の施策」答申を行い、そのなかで「社会教育関係団体について」の検討がみられる。

その後社会教育委員の制度は、1970年代にかけて、港、台東、豊島の各区で、またその後に新宿、目黒、杉並、足立各区に設置されていくが、他の区では遅々として進まなかった。社会教育法第13条の規定では残りの13区は社会教育関係団体補助金の交付は実現しないということになる。

関係団体の登録・認定のあり方や補助金交付の実態は、各自治体によって多様であった。この時期の顕著な傾向として、青年団や婦人会に代表される地域の伝統的な社会教育団体の解体がすすみ、他方で新しい都市的な市民団体や運動的団体が登場してくる。これらの新しい団体を含めてその自主性の伸長と活動を援助する行政・補助金のあり方については、自治体社会教育行政が取り組むべき重要な課題として認識されるようになってくる。社会教育関係団体として、多彩な文化団体あるいは原水爆禁止協議会（小平市）、民主教育協会（保谷市）、子ども劇場や公害反対住民運動（東京都）等の運動的な団体が含まれ、これらが補助金交付をうける例もみられるようになった（上掲『戦後東京都教育史』下巻、社会教育編、261-262頁）。

(3) 東京都「社会教育長期計画」構想

東京都としての社会教育施策や方針は毎年次重ねられてきているが、課題は山積し、本格的な社会教育計画づくりはなかなか進まなかった。体系的な内容をもった計画が策定されるのは、ようやく1965（昭和40）年「東京都社会教育長期計画」が最初であろう。

計画化の経過は、その前年に社会教育委員の会議へ諮問が出され、1年余りの審議をへて答申にいたるが、その全文が東京都教育委員会「社会教育長期計画」として公表された。長期計画は、その冒頭に計画策定の背景を要点的に次のように説明している。すなわち、社会の急激な変動によって「社会教育を重

視せざるを得ない状況があらわれている、社会開発の基礎は教育とりわけ社会教育にある、東京都の長期計画をより完全なものとするためには社会教育の長期計画が必要である、学校教育と社会教育とは均衡を失ってはならない」というものであった（上掲「東京都社会教育長期計画」）。

その上で、社会教育長期計画の「全体構図」として、東京の首都的性格と国際的性格を正しく発展させること、全都民を対象とした長期計画をたてること、社会開発における社会教育の位置と役割を明らかにすること、が強調されている。社会教育の基本目標は「全都民の教育力を強化する」ことにあり、「すべての都民が社会教育活動をすすめる主体である」ことが重要とされた。この段階での東京都社会教育行政の基本姿勢が理念的に示されているといえよう。

長期計画推進の具体的課題としては、①行財政上の条件整備、②学校教育との協力体制、③関連行政との連絡調整、④社会教育の対象・内容・方法、⑤専門職員の充実、⑥民間指導者、団体との関連、⑦社会教育施設の整備拡充、⑧年次的計画の展開、の8項目があげられている。各論のなかでとくに注目されるのは、立ち遅れがめだつ東京の社会教育施設の整備について、はじめて体系的な「総合社会教育施設」計画が提示されたことであろう。すなわち、第一線施設（人口1000人、300世帯規模に1館、町内会館、自治会館等）、第二線施設（小学校区に1館、学区会館、PTAの家等）、第三線施設（人口5万人規模に1館、公民館、図書館、青年館等、社会教育専門職を含めて最低5名の職員配置）、第四線施設（都内交通要所に1館、全都20館程度、社会教育センター等、専門職員7名以上配置）、第五線施設（全都的施設、都立総合社会教育施設、東京文化会館等）となっている。

これと並んで、図書館及び博物館、学校開放、大学開放の促進、公園・遊園地の増設と自然環境の保存、社会体育施設の増設、が課題として掲げられている。さらにハードの条件だけではなく、「社会教育の内容と方法」（何を、どのように学習し、教育すべきか）についても、都民の学習要求の発掘、不定形学習集団の育成、私的社会教育機関との協力、関係行政当局との連絡提携、社会教育施策の組織化・効率化、の5項目を提示している。大都市の総合社会教育計画の見取り図が、施設計画を重視するかたちで、大胆に立論されているとみることができる。

しかし、もちろんこの計画が直ちに実施に移されたわけではない。後述するように、その後の経過は一部が具体化の歩みをたどったにせよ、むしろ現実と大きくかけ離れた内容であった。公的社会教育の事業や団体活動の実態も、首都東京の巨大な対象人口との対比でいえば、やはり低水準のまま推移している。上記「長期計画」資料編には「社会教育編成の現状」が示されているが、推定「編成率」はわずかの数値に止まっている（上掲「東京都社会教育長期計画」、48頁）。

そして1970年代の新しい段階を迎えるのである。

(4)「都区事務移管」と社会教育

1960年代の区市町村社会教育行政整備の過程は、自治体社会教育としての相対的な独自性や自治制を伸張させてきた歩みであった。多摩地域はいうまでもなく、23区においても、社会教育行政の自治的な施策や独自の体制づくりが少しずつ比重を増してくる。区のなかでも個性的な社会教育事業展開の努力がみられるようになってくる。その背景には、首都制度の改革、区長公選制をはじめとする特別区制度の自治振興策があったことはいうまでもない。

その大きな転機となるのは、1965年のいわゆる「都区事務移管」であろう。首都制度改革（都制度調査会答申・1962年、第八次地方制度調査会答申・1963年）の観点から、地方自治法改正（1964年）が行われ、法令にもとづき都から区へ大幅な事務移管が行われた。その趣旨は、都は広域的総合的な行政事務に専念し、「住民に身近な事務」は特別区に移譲するというものであった（都制度調査会事務局「都制度に関する答申・助言等の措置状況」、1982年）。社会教育関係としては、1957年からはじまる都採用の社会教育指導員（当時27名のうち各区勤務23名について）の移管、1953（昭和28）年都条例による青少年委員制度の移管、さらに「直接住民に接する学級・講座等」社会教育事業の移管、そして関連必要経費の移管等であった。青少年委員制度については、23区にあわせて市町村についても同じ措置がとられた（東京都教育庁社会教育部「社会教育事業概要」、1965年度）。これらの移管を契機として、区によっては新たな社会教育指導員の増員や組織拡充、個別事業の開発、必要予算の要求など、制限自治区（23区）ではあったが、独自の自治的な努力や整備の気運がみられるようになってくる。

第1部　通史

4　1960年代の社会教育施設の動き

（1）都立社会教育施設―青年の家の設立

　1950年代の東京都は、都立図書館（日比谷、立川、青梅、八王子）、東京都美術館を除いて他にみるべき社会教育施設をもたなかったが、1960年代にかけて、ようやく本格的な施設づくり構想が胎動してくる。その一つは都立青年の家及び各区青年館の設立であり、あと一つは広域の社会教育会館（社会教育センター）構想であった。また、この時期に当時としては壮大な東京文化会館が上野公園に開館している（1961年4月）。東京都商工会議所のミュージックセンター要望（1953年）を契機として、日本音楽家会議等の文化団体をはじめとする全都民的な期待が結集するかたちでの芸術殿堂の誕生であった。

　法制上では、社会教育施設は図書館、博物館とならんで、公民館制度が主要な柱となっているが、前述したように東京の場合はかなり様相を異にする。公民館設立の歩みは、主要な潮流にはなり得ず（とくに23区では3区をのぞいて他は空白）、これに替わるかのように、青年教育施設（青年の家・青年館等）の設立が大きな流れとなった。この青年の家・青年館設立の歴史は、公立図書館の普及と併せて、公民館制度を主要な骨格としてきた他道府県・地域と対比して、東京的な特徴ということができよう。

　東京都立青年の家の設置は、この時期の国の青年対策、「青少年の健全育成」施策が背景にあり、東京都独自の施設構想から出発したものでは必ずしもない。1959年の八王子青年の家の設置は、「皇太子殿下御成婚記念事業」として進められた経過であった（上掲『戦後東京都教育史』下巻、社会教育編）。この年には同趣旨で国立中央青年の家（静岡県御殿場）が建設されている。

　その後、青梅青年の家（1962年）、町田青年の家（八王子青年の家分館、1964年、ただし1972年に町田市へ移管）、狭山青年の家（1965年）と設置が続く。さらに五日市青年の家（1967年）、武蔵野青年の家（1969年）、水元青年の家（1970年）、府中青年の家（1973年）が相次いで設立された。これらの都立青年の家は、当時この種の社会教育施設が全般的に貧弱な状況下にあって、青少年団体・サークルの利用だけでなく、学生層、勤労者さらに一般都民層をふくめて幅広く利用された。当初は「青少年の健全育成」のための「教育」施設とし

て出発するが、実際の施設利用が拡がっていくなかで、野外活動や宿泊機能をふくむ施設として、幅広く市民各層に開かれた独自の都市型施設として脱皮していく経過がみられた。

また各青年の家に配置された社会教育主事を含む職員集団によって、ユニークな主催事業や集会活動が展開された。施設管理にあたっても、利用者の自主性や自己規律を尊重する方式がしだいに定着するようになり、東京独自の青年の家運営として評価されてきた。1970年の水元青年の家の設立にあたっては、葛飾区をはじめとして江東5区さらには23区全域の青少年委員や青年団体・サークル等による誘致運動がみられたが、「青年の家」が社会的支持を得てきた一つの証左とみることができよう。ちなみに水元青年の家は、障害をもつ青年たちも利用できる施設として建築された。

(2) 東京独自の地区青年館

青年の家が国の施策に基づき都心部から離れた宿泊型施設として設置されたのに対し、1960年から各区に設置が始まる青年館は、都心部を含む東京独自の青年施設の構想であった。すなわち、青年の家が「すべて郊外に建設され、都心部から電車で1時間、2時間という距離である。常時活動に利用することはできない」「青少年教育関係者や団体のリーダーは以前から常時利用できる施設を強く要望しており、上述の青年の家とは異なった施設の設置が期待されていた。このような関係者の声をもとに東京都教育委員会は国の補助要項とは全く別に都市部の青年教育施設を考え、これを都内23区に設置することにした」(東京都教育委員会「青年館への提言」、1966年)。東京都心部全域にはじめて都市型の地域社会教育施設が計画化されたという意味で注目される。

都は青年館設置について補助要項をつくり、1964年に予算化し、1965年より3年計画で各区に1館ずつの青年館建設を助成していくことになった。その発想は、国の青少年健全育成施策と重なりながら、東京らしい都市型施設のイメージが基本にあった。青年たちの気軽で楽しい余暇・レクリエーション、自主的なサークル活動、生活課題についての学習など、彼らの日常的利用や自主活動を援助していく拠点的な地域施設の役割が追求された。

建設の経過を追ってみると、1960年・台東、江東、大田、渋谷、中野、葛

飾、江戸川、1961年・墨田、目黒、世田谷、杉並、北、足立、1962年・中央、新宿、荒川、板橋、1963年・練馬、港、1964年・豊島、1965年・文京、品川、という流れであった。この時期に、千代田区をのぞく22区にすべて青年館が設置され、各区設置の図書館とならんで青年館との二本柱による都市型社会教育施設の形態が成立したことになる。なお練馬区および杉並区はこれに公民館を加えて3本柱の構成であった（北区は1961年すでに公民館を廃止していた。後述）。

　これらの都市型青年館は、世田谷青年館（区立青年の家）をのぞき、宿泊機能はもっていない。施設規模は全体として狭小であり、都の「地区青年館建設事業補助金交付要項」の基準でも建坪330㎡（100坪）にすぎなかった。例外的に大きな港区青年館（建坪2015坪）などもあったが、実際に100坪前後の施設が多く、なかにはわずか34坪（渋谷区氷川分館）、55坪（江戸川区青年館）の例もみられた。当時は、独立施設はほぼ半数、他は図書館、区民会館、区役所出張所との併設が多かった。職員体制については、補助金交付要項では施設管理のための事務吏員1名、雇員1名が認められていたが、社会教育施設として必要な専門職の配置はなかった。多くの青年館で専門的な職員の配置は少なく、わずかに杉並区と台東区の青年館に社会教育主事が置かれていたにすぎない。当時の青年館調査は、「施設・設備・職員・予算・行政における地位など、全ての面で不足や不備」を指摘している。同時に「孤独と不安におかされやすい青年の数少ないよりどころ」としての独自の役割と可能性が期待されていた（東京都教育庁社会教育部青少年教育課「青少年教育事業の概要」、1961年；前記「青年館への提言」）。　東京独自の都市型青年施設の構想は、それを実現していくために必要な施設・職員等の具体的条件において必ずしも充分ではなかったのである。

　1970年以降になると、区によっては青年館を増設し、施設・整備の条件も相対的に改善されていく。しかし大都市状況のなかで、青年の孤立化、企業管理社会のなかでの無気力化、青年集団自体の拡散化・退潮がすすみ、この種の地域社会教育施設に青年たちが次第に集まらなくなってくる。利用者の中心が、青年から女性・高齢者など都民一般に移行していく傾向に対応して、青年館の名称も、社会教育館、同会館、文化センターなどに変更していく区が大勢となっ

(3) 広域・社会教育センターの計画

　青年の家・青年館の整備が積極的に進められていた時期、1963年10月に東京都社会教育委員の会議は、「社会教育施設の基本構想について」の報告をまとめている。青少年教育施設（青年の家、地区青年館、学校開放）を基本に、さらに公民館、博物館、公立図書館等を含めて、それぞれの課題と方向を示したものである。そのなかでとくに、東京の都市状況をふまえつつ提起された広域・大型の社会教育センターの構想が注目される。これらの課題提起が、1965年・東京都社会教育長期計画（前述）に発展していく。

　この「基本構想」のなかで社会教育センターは次のように規定されている。「広域行政の立場に立ち、当該地区内における社会教育に関する指導、研究、実際活動を総合的に実施するとともに、都内に散在する社会教育の有志指導者の研究センターとして、またクラブ・ハウスとしての性格をあわせもつ施設である。ここでは、必要な教室、講堂のほかに、有志指導者や都民が利用できる図書資料室や、その地区における視聴覚ライブラリーのセンターを完備して、それぞれ専門的職員によって運営されるものである」。公民館や青年館等の地域社会教育施設にはみられない、大都市独自の新しく壮大な施設構想ということができよう。

　社会教育センターの構想は、実はそれより早く、都が東京都立大学教授・磯村英一に委託して行った研究調査（1961年）があり、その報告『東京都における社会教育施設のあり方』（その一・社会教育センターの構想）（その二・同基本設計の研究）のなかに原型が示されている（東京都教育委員会、1962年）。磯村構想は、センターについて「東京文化の地域的中心」「地域における社会教育の総合大学的使命をはたすもの」という認識にたち、従来の常識的な施設水準を上回る積極的な施設論を画いている（同報告書：上掲『戦後東京都教育史』下巻、社会教育編）。そのような壮大な社会教育センターを都内主要地点12ヵ所に設置することとした。1963年の社会教育委員の会議・助言「基本構想」では、「諸外国の例など参考にして別途に専門的な検討」が必要として具体的な施設数は挙げていない。その発展としての1965年「社会教育長期計画」では、社

会教育センター（第四線施設）を「全都におよそ20館を設立する」と提案していた（前述）。ちなみに後述する1971年「東京都社会教育振興整備計画」では13館（計画期間20年）の設置を求めている。

いずれにしても、この時期の東京都の社会教育施設計画づくり構想はきわめて積極的かつ画期的な内容であった。それは実態としての貧弱な施設現実を脱皮していこうとする方向性をもっていたが、同時に計画と実態との間の乖離もまた少なくなかった。

これらの施設構想は、そのまま現実化するわけではなかったが、興味深いことに、磯村構想が出されたその時期にすでに最初の社会教育センター建設の準備は具体的に進行していた。それが「立川社会教育会館」設立に向けての動きであった。

(4) 立川社会教育会館の登場

立川社会教育会館設立への歩みは、次のような経過であった。「昭和37、38年度、磯村英一教授の基本構想の趣旨に沿って、社会教育センター基本設計の研究にかかり、社会教育センターの性格と配置計画を明らかにし、第1館目として、多摩地区に都立文化施設の建設が強く求められていたことと併せて考慮し、立川市内に建設することを決定、直ちに用地確保を開始した」（「会館設立の経緯」東京都立川社会教育会館『東京都立川社会教育会館・十周年記念誌』、1978年）。

1964年には用地取得（現在地・立川市錦町）、1965年に3課制（管理、事業、図書）からなる「社会教育センター（仮称）建設概要」発表、1966年建設に着手、1967年に名称を東京都立川社会教育会館と決定、1968年4月1日に開館という経過であった。地上3階・地下1階、面積5,272平方メートル、1,026席のホール、会議室8室、障害者エレベーター等を備えていた（東京都立川社会教育会館『東京都立川社会教育会館要覧』、1976年度）。東京における社会教育センター構想のはじめての、そして（結果的には）唯一の本格的な施設の具体化であった。

当時の多摩各自治体では、社会教育行政の体制がようやく整備されつつあり、公民館等の施設が一定の拡がりをみせ、そこに配置される職員の集団的な形成がすすめられていく時期であった。同時に人口急増と都市問題の激発の中、市

民の社会教育活動への関心や文化的要求も急速に増大していく。そのような背景をもって登場した立川社会教育会館は、「都民が自ら実際生活に即する文化的教養を高める機会と場所を提供し、地域社会における社会教育を振興するため」（会館条例第1条）の広域社会教育施設として、多摩地域社会教育関係者の大きな期待を集めた。大型の、いわば都立公民館ともいうべき側面をもっていた。

開館当初より意欲的な事業が開始されている。一橋大学、東京学芸大学、東京経済大学、国際キリスト教大学等の多摩地域所在の大学の協力を得た都民教養講座、さらに定期講演会、社会教育専門講座、リーダー・委員研修、各種文化事業（三多摩コンサート、三多摩劇場、三多摩合唱祭、多摩郷土芸能まつり等）、館報「三多摩の社会教育」発行が当初の主要な柱であった。

「会館の民主的かつ適正な運営をはかるため」（会館条例第13条）運営審議会が設置されている。東京都教育委員会は審議会に対して「会館の運営について（基本的性格と役割はどうあるべきか）」を諮問（1971年）している。これに対する答申は次のようなものであった。「国民が生涯にわたって教育をうける権利を保障」する理念を前提に、一、住民の自由な交流の広場として、二、市町村社会教育活動のサービス・センターとして、三、あらゆる教育・文化活動の連帯の拠点として、の3つの独自な役割が指摘されている。とくに第二の「市町村社会教育のサービス・センター」機能については、①市町村の社会教育活動の援助、②市町村をこえる広域的事業の実施、③市町村より先行した実験的事業の開発、の3点が提起された。後に全国的に注目されることになった「市町村職員セミナー」（後述）等の事業を方向づけることとなった。1972年より会館に「市民活動サービスコーナー」（当初の所管は東京都社会教育部計画課、1974年度より会館所管）が置かれ、独自の活動を展開していく（後述）。

はじめての都立広域社会教育センターとしての役割は、初期の磯村構想の理念をそのまま実現しているわけではないが、厳しい財政問題や職員体制の不備をかかえながら、理念にむけて大きなチャレンジをしてきた歩みであった。しかし都立社会教育会館は、その後の経過から明らかなように、立川につづく2館目の実現をみることはなかった。前述した計画にいう「全都に12館」あるいは「20館」は無理としても、せめて23区にあと1館の同種広域施設の設立をもみることがなかった点が惜しまれる。

(5) 低迷する東京の公民館

　1950〜60年代の東京の公民館は、新設館も少なく、公民館先進県と対比してまさに後進的な歩みであった。1955年の公立公民館の総数は19館、自治体の公民館設置率17％であったが、1965年の段階でも本館22館、分館10館、自治体の設置率34％（この間の町村合併により自治体の基礎数は減少）にとどまっている。1963年文部統計で全国の自治体公民館設置率平均がすでに90％に達していることと対比すれば、東京の公民館普及がいかに遅れていたかが明らかである。

　1955年以降に新しく公民館を設置した自治体は、村山町（1958年、武蔵村山市）、調布市（1961年）、清瀬町（1961年、ただし1973年廃止）、八王子市（1962年）、国分寺市（1963年）等があったが、大きな展開にはまだ至らない。

　この時期の多摩地域では町村合併があり、その影響で廃止ないし統廃合された公民館があった。吉野村公民館は青梅市梅郷分館へ（1955年）、多西村（秋多町）公民館は閉館（1961年、現あきるの市）、平井村公民館は日の出村平井分館へ（1955年）、由木村公民館は八王子市公民館へ統合（1962年）などの動きである。

　しかし町村合併による統廃合ではなく、23区において、この時期すでに新設間もない公民館が廃止される経過があった。北区公民館（1951年開館）がわずか十年余の命脈をもって閉館（1962年）された。都としても公的には公民館制度普及を唱道し、多摩地域では遅々たる歩みではあれ、各自治体の公民館設立の歩みがようやく始まったばかりの段階での廃止であった。その経過は、零細施設であった「赤羽公民館を発展的に解消し」、施設を拡充・建築して「新たに赤羽会館として発足」させるという区長説明がなされている（『北区議会史』、1971年）。施設的には区民会館として「改善」されたわけであるが、公的制度としての公民館は「廃止」された。公民館制度廃止について教育委員会側の対応はとくに明らかでなく、またこれにたいする区民側の反応も記録に残されていない。まことにあっけない閉館は、東京区部における公民館制度定着の弱さを象徴する出来事といえよう（上掲「東京23区の公民館」『戦後における東京の社会教育のあゆみ』通巻Ⅹ、1997年）。

　全般的にみて公民館の施設・設備の条件、職員体制、そして予算の水準など

きわめて貧弱な状況におかれていた。常勤の館長をおいている公民館はわずか3館（練馬、立川、田無）、職員の大半は兼任・非常勤の人たちであった。文部省「公民館の設置及び運営に関する基準」（1959〔昭和34〕年）公布の3年後、東京都は東京都の公民館調査報告をまとめているが、ここに示された公民館関係者の悩みは大きいものがあった（東京都教育庁社会教育部『東京の公民館―その現状と将来―』東京の社会教育シリーズNo.33、1962年）。国の基準と比較して東京の公民館がかかえる基本問題は、「当該市町村の小学校又は中学校の通学区域」を「対象区域」（文部省「基準」第1条）としている自治体が当時皆無であったという点にも示されている。

（6）職員集団の拡がりと社会教育をめぐる住民運動

　貧弱な状況のなかで、公民館職員の意欲的な実践（たとえば青年学級・婦人学級など）の取り組みが始まっていること、また職員相互の集団的な組織化と住民の社会教育をめぐる運動が胎動していくことがこの時期のあと一つの特徴である。上記「公民館調査」の段階で、たとえば国立市公民館は、当時まだ専任館長は置いていないが、専任の公民館職員（公民館主事）は6人、同じく保谷公民館は4人、小平公民館、小金井公民館等も3人、の職員配置となっている。また1959年社会教育法改正により、市町村教育委員会に社会教育主事を配置することが定められて、各自治体に新しく社会教育主事有資格者が採用されるようになる。このことも加わって、公民館主事や社会教育主事等の専門職集団の形成が、自治体内で、あるいは自治体をこえる職員間ネットワークとして、一つの潮流となり新しい動きを創りだしていく。

　公民館をめぐる職能的集団としては、まず「東京都公民館連絡協議会」（都公連）の結成があった。全国公民館連絡協議会（のち全国公民館連合会、全公連）と連動して、東京都でもすでに1951年に結成されている。1958年に主事会を発足させ、1962年からは東京都公民館大会を開催するようになった。その頃、1961年には公民館関係者を中心に、研究者（小川利夫など）もこれに加わって「三多摩社会教育懇談会」（三多摩社懇）の活動が始まっている。社会教育・公民館についての自主的な研究活動のなかで、公民館のあり方に少なからぬ影響を与えた「公民館三階建論」が構想された（三多摩社会教育懇談会『三多摩の

社会教育』第1集、1965年)。

　これに加えて、一世代若い公民館主事集団が「三多摩新人会」を始めた。「1965年2月に9名で発足した」という。また西多摩地区では、自治体に新しく赴任した若い社会教育主事たちが「西多摩社会教育主事会」を結成している。1964年の同「会則」によれば、「西多摩における社会教育の発展をめざし、社会教育主事の自主的研修、および地位向上を図る」(第2条)ことを目的としていた。これら三多摩社懇、同新人会、西多摩社会教育研究会などが連合して「三多摩社会教育会議」をつくる動きがあったが、準備会のみで終わっている。三多摩社懇の活動は1966年4月以降は継続されなかったようである。三多摩新人会の活動は、その後の社会教育推進全国協議会(社全協)事務局組織や同「三多摩支部」結成(1974年)につながっていく(上掲『戦後三多摩における社会教育のあゆみ』Ⅲ、Ⅷ)。

　多摩地域を舞台とする自治体内さらには自治体をこえる公民館職員集団(社会教育主事等を含む)の自主的な研修と交流の動きが、その後1970年代の新しい社会教育実践・運動を創りだす基盤になったと考えられる。またこの時期、各地で社会教育や文化に関わる住民の動きが胎動していく。23区では美濃部革新都政(次節)のもとで社会教育の充実を求める「民主的な社会教育を発展させる都民の会」が1971年より発足している。職員だけでなく、社会教育に関心をもつ住民を主体にした活動は、その後の社会教育をめぐる住民運動を横につないで活発に展開していく。「都民の会」交流集会には、公民館活動、図書館や文庫運動、学童保育、PTAなどの運動に取り組む多数の活動団体が参加している(東京社会教育研究交流集会実行委員会「東京の社会教育を考える都民のつどい―討議のために―」)。毎年1回の「都民のつどい」は1990年代まで継続されてきた。

5 社会教育行政の新たな展開と実践
　　──躍動の時代(1970年代)

(1) 革新都政の登場と社会教育行政の拡充

　1967年4月に美濃部知事が就任し、はじめての革新都政が誕生した。革新都政下の社会教育行政がどのように展開したか、その功罪は簡単に評価できるものではないが、新しい方向性をもって社会教育が活発に動きはじめたことは確かであろう。総論的にみて1970年代の東京の社会教育は、美濃部都政を背景に、住民の自治と参加による多彩な市民活動に支えられ、行政も活発化し、実践・運動の躍動をみた時期であった。公民館・図書館づくりの運動も各地に拡がり、各自治体それぞれに社会教育の新しい歴史が刻まれた10年ということができよう。

　革新都政のもとでは、生活優先の原則とシビル・ミニマムの設定、都民主体の自治と参加などの理念が標榜され、新しい計画が立案された。たとえば、シビル・ミニマムに到達するための「東京都中期計画」(1968年-)、あるいは都民自体が都市改造の主体であるとする「広場と青空の東京構想」(1971年)などである。これらの計画のなかで社会教育がどのような位置づけを与えられたかが問題となる。また社会教育自体の計画化がどのように進展したかが注目される。

　この時期に東京都教育庁社会教育部は、社会教育委員の会議の助言を得ながら、新しく「社会教育行政の体系化」案(1970年)を、またその翌年に「東京都社会教育振興整備計画」(1971年)をまとめている。社会教育委員の会議にたいして、さらに「東京都の自治体行政と都民の社会活動における市民教育のあり方について」を諮問し、その答申(1973年、後述)を基本理念として、「社会教育振興整備計画の改訂について」(社会教育委員の会議助言、同年)を示している。上記「社会教育長期計画」(1965年)の段階から、革新都政下における新しい体系的な計画への前進の試みであった。これらの計画化の努力が具体的にどのように展開していくことになるか。

　1970年、東京都の社会教育部(4課)は、計画課、成人教育課(視聴覚係を含む)、青少年教育課、文化課の構成となり、1972年これに新しく社会教育主

事室が加わる。「社会教育行政の総合計画を整備し行政のシステム化をはかるとともに（中略）計画、指導の事務機能を集中して効果の向上をはかる」（「東京都社会教育事業概要」、1970年度）ことが機構改革の目的であった。

社会教育主事室には、室長（管理職）を含めると12名の社会教育主事が配置されていた。これに振興課（成人教育課と青少年教育課が合体）の社会教育主事5名、7青年の家に配置された社会教育主事あわせて25名、立川社会教育会館の同4名、合計46名（1980年、他に都立教育研究所、体育行政部門にも配置）という専門職集団の構成は、日本の他のどの行政部局にもみられない充実した体制であった。ただしその後、社会教育主事室は廃止され（1985年度以降）、主任社会教育主事制度となった（次章図1参照）。

1970年以降には、社会教育行政をすすめる新しい理念が積極的に提起されていく。市民の自主的な学習・芸術文化活動の尊重、それを支える環境条件の整備、施設・職員の充実の課題、区市町村による行政施策推進、施設（機関）の役割の重要性、市民要求に応える行政サービス、そのための社会教育行政の体系化、などが施策方針として重視された（「社会教育部の施策方針」、1971年度）。さらに激発する都市問題を背景に、都民の自治意識の形成と行政のあり方を追求する課題として、上述「東京都の自治体行政と都民の社会活動における市民教育のあり方について」が東京都社会教育委員の会議へ諮問された。

1973年にまとめられた同答申は、「市民教育のあり方」（第1部）を新しいキーワードとし、社会教育行政のあり方に大きな転換を求める内容であった。市民運動の教育的意義と「都民の学習する権利」（都民は知りたいことを知る、都民は学びたいことを学ぶ、都民は集会し学習する自由な場をもつ）を理念に掲げ、それに応える行政の積極的役割が求められている。具体的な施策として、1、豊かで自由な施設の開放と施設職員の充実（自由・公開・無料の原則及び民主的運営の確保など）、2、学習の場と機会の拡充及び情報・資料の提供（機会均等の保障、学習者が学習内容を決定する原則など）、3、都民の学習活動を支える資金の援助（社会教育関係団体補助金の充実、地域学習グループへの助成など）に関する多彩な内容であった。あわせて「新しい文化創造を求めて」（第2部）の提言が行われている。東京の社会教育の歩みをふりかえったとき、この答申が行政・実践に与えて影響は大きいものがあった。

答申「市民教育のあり方」の理念に基づく同会議の助言「東京都社会教育振興整備計画の改訂について」（1973年）もまた積極的な内容であった。この時期には東京の社会教育施設・機関について、それぞれの専門的委員会による意欲的な構想や課題が相次いでまとめられている。すなわち、図書館振興対策プロジェクトチームによる「図書館政策の課題と対策」（1970年）、「司書職制度を中心とした区立図書館振興対策」（1972年）、東京都公民館資料作成委員会による「新しい公民館像をめざして」（1973－74年、いわゆる「三多摩テーゼ」）、あるいは市民文化施設整備対策プロジェクトチーム「市民文化施設整備の課題と対策」（1973年）などである。革新都政下において、市民運動の側でも職員集団としても、また行政当局や各種関連委員会においても、新しい社会教育の理念を追求し、行政や施設の具体的な役割を躍動的に提起しようとする努力が重層的にみられた時期でもあった。これらの施策の方向が、どのように具体化されるかが問われることになる。

(2) 区市町村・社会教育施設の増加

　東京の社会教育施設の歩みは、1970年代に大きな前進をみせた。この時期、まず都立施設としては、都立図書館、同博物館・美術館とならんで、東京文化会館、立川社会教育会館（1987年より多摩社会教育会館に名称変更）、そして7つの青年の家という構成は基本的に変わっていない。ただし、1985年の東京都教育振興財団の発足とともに7青年の家が、文化会館、体育館とともに委託されるという事態が生じる（後述）。

　これに対して区市町村の社会教育施設についてみると、大幅な施設増が進んだ。戦後復興の苦しい時期と人口急増に対応する学校施設整備に追われ、社会教育まで手がまわらなかった各自治体の施設整備の道のりは、この時期においてようやく、ある躍動期を迎えたといえる。しかし首都・東京にふさわしい社会教育・文化施設の望ましい水準に到達したわけではない。

　東京都による区市町村への社会教育施設整備の助成策は、都財政窮乏のなか、「図書館、市民集会施設建設費補助」が1974年度をもって停止されて以降、まったく進展をみせなかった。しかし各自治体側では図書館・公民館をはじめとする社会教育施設建設の努力が重ねられたのである。この間の施設数の推移を区

部・市町村部別に示してみる（表3）。

表3　区市町村の社会教育施設の推移（1973～1987年）

施設種別	1973年			1977年			1982年			1987年		
	区	市町村	計	区	市町村	計	区	市町村	計	区	市町村	計
公民館	2	32	34	2	57	59	2	74	76	2	82	84
社会教育会館	13	1	14	21	5	26	34	4	38	44	4	48
図書館	77	40	117	101	84	185	140	134	274	167	149	316
博物館・資料館	3	5	8	6	11	17	15	13	28	22	24	46
青少年施設	29	1	30	34	7	41	38	16	54	39	18	57
その他社会教育施設	8	23	31	24	49	73	23	95	118	38	114	152
合計	132	102	234	188	213	401	252	336	588	312	391	703

＊東京都教育庁社会教育部「区市町村社会教育行政の現状」各年度より作表

　この表からいくつかの顕著な動向を読みとることができる。何よりも1970年代、そして80年代も、自治体の社会教育施設は全般的な増加傾向が明らかであること、一時期の都補助を引き金とする図書館の増加がみられること、低迷してきた公民館の設置が多摩地域において増加傾向に転じていること、区部では（公民館は定着せず）社会教育会館の増加がみられること、博物館・郷土資料館等が各地に登場しはじめたこと、都市型の青年館的施設は次第に停滞（社会教育会館等に衣替え）していくこと、婦人会館や文化センターなど「その他社会教育施設」の増加が著しいこと、などである。

　地域の社会教育施設を整備していこうとする自治体行政の姿勢と、それを求める住民の権利意識が各地に活発に拡がりをみせた時期であった。社会教育施設の空白地域が姿を消し、図書館あるいは公民館のみの単独設置の状態から、両者を二本柱（あるいは博物館的施設を加えて三本柱）とする自治体が大勢となった。1987年の段階で（一部の村部を除いて）すべての区市町が図書館設置を実現し、また公民館・社会教育会館あるいは文化センターや青少年施設を加えれば、ほぼすべての区市町において自治体社会教育施設の体系が成立することとなった。この15年余の動向は歴史的な進展を示す画期的な時期となった。

(3) 東京「新しい公民館像をめざして」

　東京都教育庁社会教育部が発行した資料「新しい公民館像をめざして」(1973年、増補版1974年) は、多摩地域の公民館の歩みに大きな前進の契機をつくった。東京だけではなく、全国的な拡がりで注目され、日本社会教育学会関係者により（1963年・枚方テーゼ、1965年・下伊那テーゼと並んで）「三多摩テーゼ」と呼ばれるようになった。

　経過をたどっておこう。1970年代に入ると、東京都公民館連絡協議会関係者は、図書館と並ぶ自治体社会教育施設として公民館の普及増設運動に取り組む流れがあった。東京では区部の大部分が公民館空白地帯であり、また当時は多摩地域の一部でも公民館普及がすすまない状況が続いていたのである。公民館制度発足から四半世紀の歳月を経て、公民館事業や実践の一定の蓄積もあり、停滞した状況を脱却していこうとする気運が生まれるのは当然のことであった。1972年、東京都は多摩地域の公民館実践者と研究者からなる公民館「資料作成委員会」を設置し、2年にわたって検討が重ねられることとなった。公民館の役割と可能性を明らかにし、新しい「公民館像」を構想し、出来れば東京都による公民館建設費補助を実現したいというのが「資料作成」にかけた委員会メンバーに共通する思いであった。財政的に厳しい状態にあった都の建設費補助は実現しなかったが、世に出た「公民館像」は、自治体行政や市民一般にたいして「社会教育活動の拠点となる公民館のあるべき姿」（同報告「はしがき」）を普及する資料として広く活用されることとなった。とくに公民館に関心を寄せる市民グループや公民館づくり住民運動のテキストとして広く読まれた。

　本資料は、第1部「新しい公民館像をめざして」（1973年度報告）と第2部「公民館職員の役割」（1974年度報告）の構成となっている。第1部は「公民館とは何か」についての「四つの役割」（自由なたまり場、集団活動の拠点、「私の大学」、文化創造のひろば）、公民館運営の基本に関する「七つの原則」（自由と均等、無料の原則、行政からの独自性、職員必置、地域配置、豊かな施設整備、住民参加）、さらに公民館の標準的施設・基準、そして最後に「いま何をめざすべきか」が提起されている。第2部は、公民館職員の基本的役割、組織体制、職務内容、勤務条件、任用、研修、職員集団について具体的な提言を行い、まとめとして資料作成委員会による「公民館主事の宣言」が付された。

「新しい公民館像をめざして」が発行されると、これをめぐって多くの論議が重ねられ、課題も提起された。「あとがき」には、残された課題として、スポーツ・レクリエーション活動との関係、子どもの地域活動と公民館、障害者の学習権にかかわる公民館の役割などが指摘されている。論議のなかでは、公民館の未来像への追及が試みられている反面、実践的な事業論の構築が弱いこと、「私の大学」論など理念的すぎること、住民自治論が弱いこと、地域集会施設との関連や自治公民館の視点がないこと、などの批判も寄せられた。そういった課題の論議を含めて、この冊子によって公民館とは何か、とくに都市型公民館に関する追及が広がり、全国的な規模での公民館論の活発な展開に寄与することになった（「三多摩テーゼ20年」上掲『戦後三多摩における社会教育のあゆみ』Ⅶ,；小林文人・佐藤一子編『世界の社会教育施設と公民館』Ⅱ部「公民館の地域史的研究」エイデル研究所、2001年）。

当時「新しい公民館像をめざして」の背景として、多摩地域において公民館をめぐる住民運動の活発な動きがあったことに注目しておく必要がある。「はじめに」は次のように記している。「…最近、新しく公民館を求める住民運動の着実なたかまりがみられます。公民館をもたない地域では公民館設置の諸運動（町田、昭島、福生、田無、狛江、武蔵野などの各市）、その増設運動（小平、国分寺、小金井、八丈島など）、既設の公民館を新しいものにつくりかえる運動（国立、小平など）が拡がりはじめています。ここ一、二年の間にも稲城、多摩、東大和などの各市で新しく公民館が建設されました。…」

各地の公民館づくり住民運動は、その後1980年代においても、たとえば東村山市（1980年開館）、国分寺市（1983年改築開館）、東久留米市（1985年開館）等において密度の高い展開をみせた。1970〜80年代は、多摩地域の公民館が住民運動と結合した時代であったともいえよう。

東京都立川社会教育会館では、「新しい公民館像をめざして」作成から10年後の段階で、「1980年代の都市公民館のあり方をさぐる」をテーマに資料分析委員会を設置し、とくに公民館の事業論の構築を中心にした提言が試みられている（同「東京の公民館の現状と課題」Ⅰ、Ⅱ、1982－83年）。

(4) 派遣社会教育主事問題と23区・施設の推移

　公民館の施設数が増加し、活発な機能を果たすようになると、それまで一体的に運営されがちであった教育委員会社会教育行政・事業からの相対的な分離がすすめられ、実態として公民館が社会教育機関としての独自性をもつ傾向がはっきりしてくる。この点に関連して、1974年、文部省が「派遣社会教育主事」（給与国庫補助）を施策化した際、東京都のみは国庫補助を受けず、全国唯一、派遣社会教育主事を配置しない方針を採った経過があった。この決定にあたって東京都教育庁は多摩地域の社会教育行政・公民館関係者を中心に「派遣社会教育主事問題検討委員会」を設置し、委員会は「公民館を中心とする社会教育施設の職員」体制を充実し、市町村独自の「社会教育専門職制度」を確立すべきとする報告をまとめ、学校教員からの派遣社会教育主事制度導入に疑問を提起している。公民館が社会教育機関として独自の道を歩む方向を示したものであった。

　さて1970年代、区部の社会教育施設はどのように展開したのであろうか。公民館については、すでに北区がこれを廃止（1962年）したあと、練馬区と杉並区の2区がそれぞれ1館を設置しているのみであり（1977年）、多くの区は青年館を配置してきた（19区34館、同年）。しかし必ずしも社会教育機関として専門職を配置し独自に諸事業を開設していくという方向ではなく、実態は青年層を中心とする集会施設としての利用が中心であった。前述したように、その後は次第に社会教育会館の名称が増加するようになった。1977年度において、12区21館であったものが、1987年度には、13区44館（足立区7館、新宿区6館、目黒区5館、台東区5館、渋谷区4館、葛飾区3館など）に増加している。同じ傾向をもって、文化センター（品川区5館など）、婦人会館、区民館等の「その他」社会教育施設が増加してきている（前掲・表3参照）。多摩地域の公民館に相当する施設として、施設事業を編成し市民交流を深めていく努力もみられた。

　青年館施設はその後ほぼ横ばいで推移していくが、本来の青年層利用が減少し、脱皮・転換が模索されていく。青年館を社会教育会館や文化センターへ転換していく方向がその後の動きとなった。たとえば1970年代に青年館12館の計画的配置を進めた大田区では、1985年度に青年館の名称をすべて「文化センター」へ改称している。杉並区では青年館を社会教育会館へ移行した（1990年度）。

区部の社会教育施設関係者は、1967年「東京都青年館等連絡協議会」を組織し、1980年これを「特別区社会教育施設連絡協議会」に改称した。多摩地域の公民館関係者とも連携をとり、毎年の研修活動、資料や記録の刊行を行ってきた。

　ここで杉並区立公民館の閉館にいたる経過について記しておこう。1954年、原水爆禁止署名運動の舞台となった杉並区立公民館（前述）は、安井郁館長主導による「公民教養講座」が8年の歳月を重ね（1954－62年）、質の高い100回の連続講座として注目を集めたが、その後は移行期を経て、杉並独自の歴史を発展させ、1973年からは市民主導の企画運営による各種教養講座「公民館講座」を活発に開催してきた。木造施設老朽化にともない公民館は閉館となり、同区社会教育センター（セシオン杉並）に移行した（1989年）。

　杉並区当局は当初「社会教育センター」建設構想と「公民館は発展的に解消する」案を打ち出していた（1970年・杉並区基本構想、1979年・区政50周年記念事業案）。23区における公民館制度未定着の反映といえよう。加えて新規「社会教育センター」は直営でなく「杉並区社会教育振興会」へ委託する方向が出されていた（杉並区「特命行政考査報告書」、1982年）。この問題に関心をもつ市民たちは、公民館存続を求める議会請願等を行い、「杉並区立公民館を存続させる会」を結成（1979年）、公民館の歴史と原水爆禁止署名運動の資料を発掘し刊行した（同『歴史の大河は流れ続ける』全4巻、1980－84年）。しかし老朽化問題は避けがたく、新「社会教育センター」への移行は確定し、同「建設協議会」が設置（1985年）されるという経過をたどった。

　市民からの公募委員を含む「社会教育センター建設協議会」の論議では、新センターは「杉並公民館の歴史と蓄積を発展させ、全区民の社会教育活動の拠点として、水準の高い本格的な公民館的・直営施設を実現しよう」という方向が基本的な考え方であった（同協議会記録）。1989年3月、杉並区立公民館講堂において、閉館記念行事（安井田鶴子・佐藤忠良・篠原一・西川潤一等の講演、映画、音楽会、展示等）が盛大に行われ、公民館は新センターに移行した。その後、区民の請願により公民館跡地に建立された記念碑には次のように刻まれている。「公民館も平成元年3月末をもって廃館されましたが、その役割は杉並区立社会教育センター（セシオン杉並）に発展的に継承されております。」

発展的"継承"という文字に注目しておきたい。新社会教育センターは杉並区の直営で運営されることになった。

(5) 社会教育計画と都「中期計画」「行財政計画」との乖離

　ここで改めて、1970年代の東京都社会教育行政の動きを振り返っておこう。東京都社会教育委員の会議は、前述「市民教育」答申から2年半を経過して、「社会教育行政体系化にあたっての課題」（1976年）について助言している。その課題は、答申後の状況の変化をふまえつつ「おおむね十年先をめざして、今後の東京都社会教育行政の基本的方向」を検討することであった。社会教育におけるシビル・ミニマム、財政窮迫下の社会教育行政、社会教育における住民自治、社会教育における権利の思想等の視点をふまえながら、社会教育施設、職員、情報資料、大学拡張、市民参加、補助金（資金援助）、他行政との関連、についての具体的施策の拡充が指摘されている。

　しかし、新しい理念に基づいて提起されてきた諸施策は、都財政窮乏もあり、そのまま現実に具体化されるという状況にはなかった。1975年を前後して、東京都「中期計画」「行財政計画」によって、社会教育行政はむしろ大きな転換を余儀なくされていくのである。

　もともと美濃部革新自治体の社会教育政策は、当初から体系的な内容をもっていなかったと考えられる。たとえばシビル・ミニマムの実現をめざそうとする「東京都中期計画」等の具体的な枠組みのなかでも、社会教育施設・職員等に関わる条件整備の視点は必ずしも明確ではない。図書館・市民集会施設または婦人会館等の項目はあるが、主要施設としての公民館（あるいは区部の青年館）についての記載はまったく欠落していた（「中期計画・1972年」）。「中期計画・1974年」でようやく公民館・青年館があげられているが、具体的な計画数値は示されていない。公民館・青年館については、一般市民集会施設のなかに含まれるという理解であったのだろう。

　「中期計画・1974年」の「社会・文化」の項では、都立図書館1館の建設のほか、「図書館・市民集会施設」整備計画として、区部では4平方キロメートル、市部では6〜8平方キロメートルにそれぞれ1館を設置することを目標としていた。この段階では図書館等についての意欲的な計画とみることができる。1971

〜80年にわたる全体計画では、区市部合計251館が目標として設定され、そのうち1974〜76年度において53館の建設費補助を行い、既設114館を加えて計167館の達成（66.5％）をめざすという数値が示されていた。しかし、これ以外には東京都美術館の改修を除いて、なんらの社会教育施策に関する財政措置は含まれていない。

　ちなみに前述した東京都社会教育委員の会議・助言による「社会教育振興整備計画」（1971年、同改訂1973年）では、公民館・社会教育会館の整備計画数は554館、図書館433館（計987館）であった。都側の財政計画とこの社会教育「助言」との間の落差は大きい。

　東京の図書館に比して、政策的位置づけをほとんど与えられてこなかった公民館については、この時期に東京都公民館連絡協議会（都公連）関係者により都側に非公式な働きかけがあり、都財政計画のなかに公民館建設費補助をなんとか実現したいという運動がみられた。しかし具体化しなかった。その過程で、公民館関係者による「新しい公民館をめざして」（1973年、前述）の資料作成の努力があり、全国的に多くの注目を集めながら、現実の施設設置施策には結びつかなかったのである。

　1975年以降になると都財政をめぐる事情は一段と厳しくなる。「東京都行財政三か年計画・1976年」の「まえがき」冒頭で、三選された美濃部亮吉・東京都知事は次のように書いている。「1974年来のスタグフレーションの進行によって増幅された都財政の危機は、日本経済の低迷とともに予想を上まわる不況によってさらに深刻化し、1975年度を中心にまさに未曾有の危機に直面いたしました」。目標としてきたシビル・ミニマム達成の数値が大きく修正を迫られ、深刻な財政危機に対応しなければならないという難題に直面することとなった。

　この「行財政三ヵ年計画」では、施策の重点化が強く求められている。シビル・ミニマム「社会・文化」の項では、前述の図書館・市民集会施設の整備に関わる数値表は打ち切られ、わずかに婦人会館の建設や都立高校体育館の開放が記されるのみとなった。もともと体系性に乏しかった革新都政の社会教育政策は、その前半に躍動的に構想された「市民教育」や図書館・公民館に関する積極的方向を具体化するに至らず、さらに後半の財政危機によって、それらを実現していく条件をも失って、終息していったのである。

(6) 立川社会教育会館・市民活動サービスコーナー

　1968年に開館した東京都立川社会教育会館（前述、1987年より東京都立多摩社会教育会館）は、多摩地域を主な対象地区として都内唯一の広域社会教育施設として活発な事業を展開してきた。ホール等の施設提供とともに、1、研究・研修事業（委員研修、市町村職員セミナーなど）、2、市民活動サービスコーナー、3、芸術・文化事業（三多摩コンサート等、前述）、4、視聴覚事業（映画・フィルム等教材提供、指導者研修）、5、館報「三多摩の社会教育」発行、など多彩な取り組みがみられた。多摩各市町村や市民活動側からの会館へ寄せる期待は並々ならぬものがあった。

　開館から10年を経過した1977年秋、十周年記念行事が開かれ、その記念誌には次のような趣旨の記述がみられる。会館発足当時の多摩地域は、17市13町2村、人口231万9千人、社会教育施設は公民館19館、図書館9館、郷土資料館2館、その他の施設（体育館を除く）4館、施設職員189名、社会教育課職員185名を加えても374名であった。10年後は、26市5町1村、人口304万人余、社会教育施設は公民館52館、図書館64館、郷土資料館8館、その他の施設43館、施設職員567名、社会教育課職員248名を加えて、815名に増加している（上掲『東京都立川社会教育会館・十周年記念誌』、1978年）。この数値はまさに"躍動"というにふさわしい。地域の人口増と多くの都市問題にどう対応し、期待に応えていくかが課題とされてきた。都立としてはじめての、しかも唯一の広域社会教育会館として、期待される役割に積極的に取り組んできた歩みは評価されるものがあった。

　なかでも「市町村職員セミナー」の歩みは、公的機関が行ういわゆる行政研修の新しい方式として注目され、大きな成果を生み出した。1969年の青年教育セミナーから始まり、1970年に婦人教育セミナー、1971年に関係職員基礎（初任者）セミナー、1972年には成人教育、少年教育の両セミナー、相次いで社会教育課長セミナー、文化財セミナー、社会教育基本講座の各コースへと拡がり、1977年には公民館保育室セミナー等の課題別セミナーが加わっている（別稿参照）。あたかも社会教育専攻をもった大学・学科のカリキュラムにも似て、しかも実践的課題をとりあげるセミナー編成となっている。

　セミナーの基本形態は、ほぼ年間の継続プログラム、参加職員による自主企

画、チューターとして専門研究者の配置、共同学習の尊重、記録・報告書の作成、という流れであった。受講者である職員自身の自己研修を協同化し、共同研究と記録化を公的に保障しようと努力が重ねられた。セミナーのなかでは、多摩各自治体の社会教育実践が研究・交流され、その過程で自治体をこえる社会教育職員相互のネットワークや連帯感が形成されていった。毎年度の各セミナー報告の積み上げにより、社会教育実践の新しい課題と方法が開発され（たとえば各自治体の青年セミナー、公民館保育室、障害者青年学級など）、一時期の多摩地域社会教育・公民館活動が全国的に注目をあつめるようになった動因の一つと考えられよう。

　他方で歳月の経過のなかで、市町村職員セミナー自体の固定化や形式化の問題もあり、会館運営審議会小委員会によってセミナーの活性化と充実の課題が検討され「十の方策」が提言されている（東京都立川社会教育会館「研修事業の現状と課題」、1978年）。

　あと一つ、会館の重要な歴史として「市民活動サービスコーナー」の歩みがある。革新都政下の社会教育行政のあり方として、市民参加を尊重し市民活動を援助していこうという施策を背景として「市民活動サービスコーナー」の設置が企画された。当初は23区を含めて消費者センターや都立図書館に置く案があったが、結果的には多摩地域・立川社会教育会館へ（わずか1ヵ所）の設置となり、1972年10月より業務を開始している。行政側の事業でありながら、市民活動の自主性と自由を尊重し、市民活動の「求めに応じる」という基本方針は、当時としてはきわめて清新なものであった。事業の主要な柱は、1、情報・資料の収集と提供（資料室、「市民活動」「コーナーだより」等の発行）、2、市民団体・グループ等への援助（集会室、コピーサービス、市民活動交流のつどい、交流集会等）、3、市民活動のための相談・助言（相談サービス、講師派遣等）であった（東京都立多摩社会教育会館市民活動サービスコーナー『市民活動』第48号、「コーナー白書3（1993）市民活動サービスコーナー20周年をむかえて」、1994年）。

　しかし職員体制は非常勤職員4名（社会教育指導員、当初は2〜3名）のみ、予算措置は少なく、機構上の位置づけも弱く、業務をすすめていく条件はむしろ劣悪というべき状況であった。それにもかかわらず、都民の自主的な集会・

交流・学習を支援し、各種の相談・助言・情報提供に応じるという「サービス」姿勢は多くの支持と共感を得てきた。コーナーを利用し、「市民活動」「だより」等に登場した市民団体・グループは多摩地域全域に拡がっている（推定1500以上）。コーナーが管理・蓄積してきた資料室は、これら市民・団体の協力のもと、一般図書館が所蔵しない各種行政資料、市民団体の運動記録、実践報告、ミニコミ等を含めた貴重なコレクションとなってきた。公的な社会教育機関におかれた市民活動支援のサービスコーナーとして、他道府県に例をみない広範な事業の先駆的な取り組みといえよう（詳しくは別稿参照のこと）。

6 自治体の実践・計画化、施設委託の動き（1980年代へ）

(1) 都財政窮迫と社会教育施設をめぐる課題

　東京都社会教育委員の会議による1978年・助言「当面の社会教育施設の整備について」は、財政削減等による「この憂慮すべき事態について」という書き出しで、次のように問題を指摘した。「現下の都財政の危機は、社会教育関係予算に対する厳しい削減、縮小となってあらわれた。ただでさえ貧弱な東京の社会教育施設は、最近ようやく進められた整備拡充の計画がほとんど中断され、都民に対する社会教育施設サービスに重大な支障をもたらしている」。東京都の財政危機により社会教育計画は縮小され事業等に及ぼす影響は小さくなかったのである。

　この助言は、「基本的課題」を指摘した上で、「当面緊急を要する施策」として具体的に次の5点を示している。1、都立社会教育施設の整備（ア、区部・社会教育会館の建設、ロ、都民歴史博物館の建設）、2、既存の都立社会教育会館の改善、3、区市町村への助成、4、学校開放の推進、5、関連施設との連携、である。施設をめぐる当時の課題が具体的に示されている。

　とくに力点がおかれているのは、区部に都立社会教育会館を当面1館建設することについてであった。かつての磯村構想による「社会教育センター」12館構想（前述）にも触れ、既設の立川社会教育会館の評価をもとに、各区の社会教育施設を相互に結ぶセンター的機能、関係職員の研修と市民の交流、ホール、

市民活動サービスコーナー等の役割をあわせもつ都立施設を「早急に設置する必要がある」という提言であった。「池袋の東京学芸大学跡地をめぐって当初は都立社会教育会館を建設する考え方」があったことも付言している。しかし、具体化する動きにはならなかった。

「既存の都立社会教育会館の改善」については、とくに「青年の家」を中心として、施設整備や運営、職員体制の改善などを含めて「改革のための新しい方策が、この際、大胆に求められなければならない」としている。「区市町村への助成策」に関しては、図書館建設費補助金の復活をはかるとともに、「当面、立ち遅れている公民館・社会教育会館等の建設にも積極的に助成策を拡大」する必要が指摘されている。もともと公民館・社会教育会館は中学校区を配置単位とする基準により554（区部374、市町村180）館が計画数値として設定されていた経過がある（東京都社会教育委員の会議・助言「社会教育振興整備計画」、1971年）。「立ち遅れている」とする状況認識は当然のことであった。しかし都財政窮迫下ではこのような諸提言・課題にこたえることにはならなかった。

(2) 自治体の社会教育実践の潮流

他方で、区市町村の動きとしては、さまざまの新しい取り組みが拡がってきた時代でもあった。東京都の財政削減にもかかわらず、前掲・表3にみられるように、図書館はもちろん公民館を含めて自治体社会教育施設数はむしろ増加し、相対的に社会教育職員の配置も改善されていく側面がみられた。とくに注目されるのは、社会教育の事業や実践の新しい質的な展開があったことである。上述した「市民教育」構想（1973年）に示された「学習する権利」、自治意識の尊重、自由・民主的な運営等の理念の登場、住民の側の社会教育に対する権利意識の拡大があり、それに応えようとする自治体行政側の新しい努力がみられた。戦後四半世紀をこえる歳月の、社会教育に関わる実践・運動の一定の蓄積をよみとることができる。やや時期を遡る事例もあるが、記憶されるべき実践として、特徴的な動きをいくつかあげておく。

東京都教育委員会は、1972年度から「市民が、市民的教養を主体的に身につける学習の場」として「市民講座」事業を打ち出していた。市民自らの企画・運営・評価・交流を重視した方式が提唱され、環境、福祉、教育の3コースを

つくり、現代的な課題についての市民主導の学習と実践が重ねられた(東京都教育庁社会教育部振興課「市民講座における企画と評価・ダイジェスト」、1973年)。区市町村でも、住民主体の学級・講座づくりの拡がりがあり、たとえば目黒区・主婦大学、世田谷区・婦人学級、葛飾区・父親大学、三鷹市・市民大学専攻コース、国分寺市本多公民館・地方自治セミナーなどの事例が注目をあつめた(同社会教育部社会教育主事室「新しい学級・講座の創造をめざして」、1974年;続編・1975年)。さまざまの実践事例にはある程度共通して、従来までの行政のみによる専門的開設でなく、住民主体による自主編成の視点が息づいていた。たとえば学級・講座の企画委員会、準備委員会、運営委員会、申請方式、三者(住民・行政・研究者)方式、学習グループへの講師派遣など多彩な試みが開発されてきた。

　障害者に対する社会教育としての事業が始まり、一つの潮流となって拡がっていくのも、東京にみられる社会教育実践の重要な展開であろう。その歴史的経過は、別稿「障害者の社会教育実践の展開」に詳しいが、とくに1970年代になると、東京都による聴覚障害青年社会教養講座(1972年開設)、視覚障害青年同講座(1973年)があり、同時期に世田谷区、板橋区、練馬区等をはじめとして大部分の区で障害者青年学級等が開かれている。また市部でも同時期に町田市(障害者青年学級)、小平市(けやき青年教室)の取り組みがあり、1970年代後半になると国分寺市(くぬぎ青年教室)、小金井市(みんなの会)、国立市(コーヒーハウス)など公民館による障害者社会教育の活発な実践が始まっている。それぞれに地域個性的な取り組みであり、社会教育における障害者サービスの流れが大きく水路を開いた時期となった。地域の社会的少数者に対する社会教育実践の視点がはっきりと自覚された時代の幕開けでもあった。

　「若い母親」に対する公民館の学級・講座事業の開設にあたって、幼い子どもたちの保育の取り組みが拡がるのも1970年代以降のことであった。国立市の公民館保育の実践に典型的にみられるように、その実現にいたる過程では住民(母親)と職員の協同の運動がみられた。新しい事業の開設や公民館・図書館等の施設づくりが、それを求める住民運動を媒介として具体化されていくのもこの時期の重要な特徴といえよう。

　区市町村の動きとして、社会教育委員の会議などに住民参加の動きが活発化

する流れがみられた。前述したように、区部では社会教育委員の会議の設置は少なく、10区にとどまっていたが、市町村部では全26市と5町（羽村、瑞穂、日の出、五日市、大島）が社会教育委員制度をおいていた（1987年の場合）。この間に各自治体において、社会教育の振興計画、公民館・図書館の整備、関係団体補助金のあり方など、少なからぬ答申・建議活動がみられた。同様に公民館運営審議会や図書館協議会等の動きも積極的なものがあり、また施設改築（国立市公民館）や公民館新設（東村山市）のための住民参加による専門委員会が設置される事例も注目された。

　世田谷区では社会教育委員の委嘱にあたって、住民団体側が自主選挙によって選んだ候補者をもってあてるという「準公選」方式が試みられた（1976－1980年）。田無市や町田市では公民館運営審議会の委員を、住民団体側の意志を尊重して同じく準公選方式で選び、意欲的な委員会活動につなげていく努力が重ねられた（社会教育推進全国協議会編『改訂・社会教育ハンドブック』エイデル研究所、1984年）。東京の社会教育行政の仕組みのなかに、自治体の分権と住民自治の思想が根づいていく時代の動きであった。

(3) 社会教育・生涯学習計画化の動向

　1970年代から80年代にかけて、区市町村において社会教育あるいは生涯教育・学習についての自治体計画が立案・策定されていく動向にふれておきたい。戦前はもちろん戦後において、このような自治体による計画化の躍動はもちろん初めてのことであろう。国や都の動きに影響をうけつつ、しかし主要には各自治体が、行政組織・職員集団さらには関係審議会や委員会等の協力を得ながら、一定の計画を自治的に策定していく力量を歴史的に蓄積してきたことになる。その内容は区市町村によって多様な拡がりがあり、また格差も小さくない。さらに1990年代に向けて、住民参加のもとに個性的な計画づくりへのチャレンジも見られ（立川市、福生市、東大和市等）、自治体による社会教育あるいは生涯教育・学習の計画化の時代の到来を思わせる動きであった。

　この時期は国際的に「成人教育」「生涯教育」発展の課題が共有され、すべての人にとっての"学習権"思想が新たな潮流となってきていた。既にふれたように、ユネスコ「成人教育の発展にかんする勧告」（1976年、第19回総会）、国

際成人教育会議「学習権宣言」(1985年、第4回)、国際識字年にむけてのユネスコ事務局長報告(1987年、第24回総会)など注目すべき理念が拡がり、これらが東京における住民参加と学習権への関心を刺激し、自治体としての社会教育計画づくりの動きに影響を与えてきたと考えられる。

　活発な展開をみせた多摩地域についてみておこう。市町村における計画化は、一つは社会教育委員の会議による答申・建議・助言等の動きであった。社会教育委員の会議は、もともと「社会教育に関する諸計画を立案すること」を主要な職務(社会教育法第17条)としていたが、とくに多摩地域において、この法規定が、この時期において具体的に開花していくともいえる。1980年代において、多摩地域・26市・5町すべてが何らかの答申類をまとめ、助言・建議・報告等を含めると全市町で102件(1自治体あたり3件強)を数える。

　活発な事例をみてみると、たとえば東大和市の場合、公民館計画の見直し(1980年)、博物館構想について(1981年)、基地跡地の運動施設設置の考え方(同)、社会体育施設整備計画について(1982年)、社会教育の推進について(1986年)、これに加えてほぼ毎年度の社会教育関係団体補助金交付についての答申・助言が重ねられている。この時期、東京都が生涯教育に大きく傾斜した計画化の流れであったのに対して、基礎自治体の場合、地域の社会教育推進にかかわる具体的なテーマの設定が特徴的であった。

　第二は、多摩地域の各公民館運営審議会の答申類である。社会教育委員の会議ほど多くはなく、公民館の実態によって違いもある(5市の公民館にはとくに記録がない)が、公民館活動に関する課題や計画が具体的に提起されてきた。同じく活発な事例として国分寺市の場合をみてみると、公民館職員の増員について(1981年)、恋ヶ窪公民館の増改築について(同)、館長の異動についての意見(同)、会場利用のあり方(1982年)、新しい公民館運営と職員の問題(同)、公民館保育室のあり方(1984年)、本多公民館事業のあり方(1985年)、住民の生活と公民館の役割(1986年)、住民参加と公民館事業(1987年)、婦人の学習と公民館保育(同)、住民の生活と公民館の役割(1988年)、という精力的な取り組みであった。

　第三は、生涯学習に関する審議会設置や答申策定の動きがみられた。しかし市町村側では、東京都の動向(次章参照)よりやや遅れた経過であった。比較

的に早いのは、府中市の生涯教育検討協議会設置（1985年）、同報告「府中市における生涯教育の推進について」（1987年）、生涯学習センター建設検討協議会の設置（同年）がある。他に昭島市の社会教育委員会による「昭島市における生涯学習の課題と方向について」（建議、1986年）、調布市教育委員会による「生涯学習の発展をめざして」（同年）、立川市の生涯学習推進審議会の発足（1988年）等の動きがみられた。しかし答申の策定、推進本部の始動、生涯学習センターの設置等の具体的な展開はすべて1990年代以降のこととなる。

　あと一つの動きは、自治体の基本計画、長期計画、総合計画等の全体計画の中に、社会教育に関わる計画が一定の比重をもって位置づく動向がみられるようになった。上記の社会教育委員の会議等による計画内容と具体的な財政支出をともなう計画との間には大きな乖離があったが、社会教育・文化・スポーツの分野が自治体計画の柱の一つとして盛り込まれる動きが注目される。これらの計画が現実にどのように展開していくかが課題となってくる（社会教育推進全国協議会三多摩支部『生涯学習とは何か』三多摩の社会教育13、1989年；同『生涯学習体系はいま』三多摩の社会教育14、1991年）。

(4) 社会教育施設の委託問題

　1980年代の生涯教育・生涯学習に関する施策の動きは、単純な構図ではなかった。この時期に進行する国の「行政改革」、たとえば第二次臨時行政調査会（1981年発足、1983年答申）による「行革大綱」や、「地方行革大綱」（1985年）等の動きを背景としていた。生涯学習体系への移行という「教育改革」と「行政改革」路線と連動する側面があった。「地方行革」の施策は、従来までの自治体行政の在り方を見直し、公的施設の委託・民営化、職員の削減、補助金等の経費縮小、受益者負担等が推進された。これらの施策によって、社会教育施設はその直撃を受けたのである。東京では以下にみるように、23区・多摩地域において社会教育施設委託の急速な流れが始まり、全国の大都市部における施設委託の動向を牽引していくような側面をもっていた。

　具体的な施策としては、鈴木都政によって組織された「活力ある都政をすすめる懇談会」（1983年）の提言がある。「民間活力の活用」「民間への委託」の方向が積極的に出された。それを受けて翌84年には都立の体育施設とともに青

年の家（7ヵ所）及び東京文化会館の委託が予告され、1985年には新しく設立された東京都教育振興財団へ委託された。当局の一方的な施策に対しては、社会教育関係者や関心をもつ都民からの反対運動があった。

区部でも同じような施設委託の動きが激流のように進行する。区によって一様ではないが、社会教育施設の（一部委託でなく）全面的な管理運営委託が特徴的であり、その主な受け皿として第三セクターの財団・公社等が設立された。もっとも早いのは1978年の新宿文化振興会（委託施設・新宿文化センター）であるが、大きな流れは1980年以降である。以下、各年度の主要な経過を列記してみる（括弧内は主な委託施設名）。

1981年・江戸川区民施設公社（文化センター、公会堂）、1982年・江東区地域振興会（江東文化センター）、1983年・足立コミュニティ文化スポーツ公社（社会教育館、青年館、文化会館等）、1984年・練馬文化振興協会（文化センター）、1985年・豊島区コミュニティ振興公社（社会教育会館、青年館等）、1986年・品川区文化振興財団（西大井メイプルセンター）、1987年・大田区文化振興協会（大田区民プラザ）、1988年・中野区文化スポーツ公社（文化センター、公会堂等）である。この間には、さらに渋谷区、台東区、葛飾区、世田谷区、板橋区、杉並区、荒川区でも財団・公社が設立され、諸施設が委託されている。1988年までに16区において施設委託が進行した。この流れは1990年代に入って他の区にも拡がり、全都的に社会教育施設の委託形態が拡大していくことになる（社会教育推進全国協議会東京23区支部『東京23区の社会教育白書』、1989年）。

23区の財団・公社の性格は、それぞれに多様であり複合的であるが、あえて特徴的な点から大きく分けてみれば、1、芸術文化型（新宿区、練馬区等）、2、カルチャーセンター型（江東区、品川区等）、3、コミュニティ施設型（足立区、豊島区等）、4、スポーツ施設型（台東区文化スポーツ振興財団、杉並区スポーツ振興会等）のタイプがあげられよう。制度的に委託が進行する経過のなかで、社会教育施設は従来の公設公営の形態から委託の形態へ、また芸術・文化・スポーツ領域との関連性やコミュニティ施設との複合化などの新しい問題に当面することになった。

もともと施設委託の方向は、住民の主体的な参加や運動から提起されたのではなく、行財政の減量化・職員削減・受益者負担等を企図する行政改革路線に

第1部 通 史

そって出されてきただけに、公的セクターの後退、公的サービスの低下、住民負担増あるいは社会的不利益層の切り捨てにつながるのではないかと憂慮された。同時に、行政主導のコミュニティ施策との複合性からくる住民参加や主体的活動の後退の恐れもあり、本来の社会教育施設としての独自性・専門性・公共性が否定される状況が懸念されてきた。足立区、目黒区、杉並区等では、社会教育施設委託にたいして住民の反対運動が取り組まれ、目黒区では社会教育施設委託が見送られ（1985年）、杉並区の新社会教育センター「セシオン杉並」は直営として建設されることになった（1988年）。

　施設委託の問題は、財団等への派遣職員の位置づけや施設職員の労働条件に関連して自治体職員労働組合にとっても大きな問題となってきた。東京都教育振興財団への職員派遣と委託の在り方について、東京都職員労働組合教育支部は東京都教育委員会と協定（1985年）を結び、都民サービスの充実、施設の教育機関としての独自性とともに、派遣職員の身分や勤務条件等が不利益にならないよう主張している（東京都職労教育支部「機関紙教育支部」、1985年12月23日号外）。

　東京の社会教育施設は、1980年代の生涯学習施策と委託問題を経由することによって、もちろん区市町村によって違いはあるが、従来までの性格を大きく変容することとなり、各区それぞれの社会教育施設の状況は新しい段階へ転換していくことになった。

付記： 本稿（通史Ⅰ）は、東京都立教育研究所編集・発行『東京都教育史』通史編4（1997年、第8編第8章2・9節）所収の「社会教育行政」「社会教育施設（公民館）」に関する報告と、同通史編5（1998年予定・未刊）に収録予定の原稿を下敷に加除修正し再構成したものである。

通史 II

東京都の社会教育行政史
― 生涯教育・生涯学習施策の登場以降 ―

梶野 光信

はじめに

　ここでは、1979（昭和54）年度から2015（平成27）年度までの36年間にわたる東京都の社会教育行政史を取り上げる。

　なぜ1979（昭和54）年度以降を第2項の対象にするかといえば、社会教育法が想定していた①市町村主義、②社会教育施設、③社会教育関係団体、④社会教育委員制度という社会教育行政の基本的枠組みに綻びが見えはじめた時期だったからである。その画期となったのが、1979（昭和54）年4月の鈴木俊一東京都知事の誕生であった。

　1979（昭和54）年4月から1995（平成7）年3月までの4期16年もの間東京都知事の職にあった鈴木が推進しようとしたのは、社会教育ではなく、トップダウン型の生涯教育であった。鈴木都政の間に社会教育行政は周縁に追いやられていくことになる。

　鈴木の後を担ったのは、タレントで直木賞作家であり、参議院議員を務めた青島幸男である。青島は、1995（平成7）年4月から1999（平成11）年3月までの1期4年の間、都知事の職にあった。青島が知事として遺した業績として、1996（平成8）年度に臨海副都心で開催する予定であった「世界都市博覧会」を中止させたことのみが注目されている。しかし、社会教育行政の問題を考える上で重要なのは、バブル経済の破たん後急減に悪化する都財政に対処するため、本格的に行政改革や財政健全化に取り組んだことである。

　青島都政下の東京都は1996（平成8）年3月に「東京都行政改革大綱」を、そして同年11月には「東京都財政健全化計画」を策定し、これらの計画に基づき、都の財政当局は社会教育事業を次々と廃止に追い込んでいった。

青島の後任として、1999（平成11）年4月に都知事に就任したのは、芥川賞作家であり、元衆議院議員で閣僚経験もある石原慎太郎であった。石原都政下では、様々な形で教育行政へ改革の手が及んだことは記憶に新しい。石原都知事就任直後の1999（平成11）年5月に「東京都行政改革プラン」、同年7月には「東京都財政再建プラン」、そして2000（平成12）年12月には「都庁改革アクションプラン―都政改革ビジョン―」を策定し、更なる行政改革を断行することとなる。「都庁改革アクションプラン」の中で導入されたのが「行政評価制度」であった。

　この行政評価制度が本格的に導入されたのは、2001（平成13）年度であり、この仕組みを用いて知事本部（当時）と財務局主計部は、社会教育関連施策のみならず、鈴木都政下で聖域とされてきた生涯学習関連施策にも抜本的な見直しを求めてきた。その象徴的な動きが2000（平成14）年度に実施された「文化行政の一元化」であった。これは、教育庁が所管していた文化振興行政（教育庁文化課が所管していた施設・事業のうち、文化財保護行政を除いたもの）を生活文化局へ一元化するというものであった。この動きに伴い、生涯学習・社会教育行政組織の存廃までもがその射程に入ってきた。

　東京都の社会教育部門は組織の生き残りをかけ、大胆な路線転換を行うことを余儀なくされた。そこで見出した新たな路線とは、学校教育と連携した社会教育行政の推進というものであった。これは、2006（平成18）年12月に改正された教育基本法の第13条に新設された「学校、家庭及び地域住民等の相互の連携協力」の趣旨を先取りする形で提起したものである。この路線を進めてきたことが、結果的に東京都における社会教育行政の位置付けの明確化につながった。

　猪瀬直樹都政（在任期間：2012〔平成24〕年12月 – 2013〔平成25〕年12月）を経て誕生した舛添要一都政（在任期間：2014〔平成26〕年2月 – 2016〔平成28〕年6月）では、社会教育行政に新たな役割が加わろうとしている。それは、高校中退者対策と若年者の雇用・就労対策との連携である。

　東京都の社会教育行政の変遷は、国の社会教育行政の変化よりも一歩先の動きを見せるという特徴をもっている。本稿では、東京都の社会教育行政施策に主たる焦点を当てつつ、社会教育主事をはじめとした教育行政の専門職に求め

られる役割の変化についても考察していきたい。

1 鈴木俊一都政の誕生と「生涯教育」の推進（1979年～）

(1) マイタウン東京構想

　革新系都知事であった美濃部亮吉の後任として、元内務・自治官僚で、東京都副知事の経験者でもある鈴木俊一が1979（昭和54）年4月、第9代東京都知事に就任した。鈴木がとった行政手法は、「生涯教育」の名のもとに、従来の社会教育行政のスタンスとは正反対のトップダウン型の施策を推進するというものであった。

　鈴木は、「都財政の再建」と「マイタウン東京の実現」[1]を公約に掲げ当選した鈴木は、就任直後から「マイタウン東京」の実現に向け精力的に動き出し、1979（昭和54）年8月にマイタウン構想懇談会を発足させる。翌1980（昭和55）年10月にはマイタウン構想懇談会コミュニティ部会が「コミュニティ・カレッジ構想」を提案する。この構想の趣旨は、地域の教育機関を市民の生涯学習機関として位置付け、その機能を総合化させるというものであった。同年12月にはマイタウン東京構想懇談会の報告が出され、「①（身近な）近隣コミュニティ→②（やや広域的な）区市町村の地域→③（さらに大きなひろがり）都全域という観点からコミュニティ施設の体制整備」という考え方を打ち出した。具体的には①のレベルでは、小中学校の機能開放や身近な施設の活用が、②のレベルでは、都立高校や都立職業訓練校との有機的結合が、③のレベルでは、都としてのシティホールの構想が掲げられた。この構想はその後の鈴木都政が推進する生涯教育・生涯学習施策の柱となっていく。

(2) 東京都生涯教育懇談会の設置と行政の生涯教育・生涯学習化の推進

　1983（昭和58）年7月には東京都生涯教育推進懇談会（以下、懇談会）が設置[2]された。この懇談会が東京都の社会教育行政を大きく転換させるきっかけとなる。

　懇談会は「東京都における生涯教育の推進について、広い視野から検討し、

長期的展望に立った提言を得る」ため、知事の諮問機関として設置された。座長には交詢社社長（当時）で、元慶応義塾大学学長の高村象平を、副座長には放送教育開発センター所長（当時）で元文部事務次官の天城勲を据え、24名の学識経験者で構成された。懇談会の幹事には、企画報道室、総務局、財務局といった官房系の総務部長級をはじめとした都庁の幹部職員が名を連ねた。教育庁からは、総務部長、学務部長、指導部長、社会教育部長、体育部長が参加し、懇談会事務局は、教育庁社会教育部で担当することとなった。

1984（昭和59）年10月には、「東京における生涯教育の推進について―学習社会の形成をめざして―」という懇談会報告が都知事あてに出された。その報告書では「生涯教育の基本的目標は、学習・教育の生涯化、生活化、体系化により、自己実現や生きがいの創造と社会の発展とをともに可能にすることである」とし、東京における生涯教育推進の方向性として、①生涯学習の基礎づくり、②地域活動の活性化、③既存の学習機会の活性化（統合化）、④新しい学習機会の創出及び情報システムの確立（生涯教育にかかわる情報を収集・処理・提供するシステムの形成）を挙げた。

(3) 東京都生涯教育推進本部の設置と東京都生涯教育推進計画

懇談会報告を受け、1985（昭和60）年1月鈴木都知事を本部長とする「東京都生涯教育推進本部」（以下、推進本部）が設置される。推進本部の所掌事項は「生涯教育施策に係る基本方針の策定」と「生涯教育に係る諸施策の協議、推進」であった。推進本部の構成は、「知事、副知事及び庁議を構成する局長をもって充てる」とした。事務局長は教育長、事務局は教育庁社会教育部に置かれることとなった。

このように都知事を本部長とする全庁的な推進本部の事務局を、行政委員会である教育庁の主要部門とはいえない社会教育部が担うという構図は、行政組織の常識からすれば極めて異例のことであった。

推進本部は1987（昭和62）年6月に「東京都生涯教育推進計画―東京における学習社会の実現を目指して―」（以下、生涯教育推進計画）を策定する。計画の冒頭に鈴木都知事名による「東京における学習社会の実現をめざして」と冠したまえがきにおいて「私（鈴木都知事－引用者注）は、この計画にしたがっ

てコミュニティ・カレッジ構想の実現、生涯職業能力開発体制の整備、生涯学習情報センターの設置、学校開放の促進のための施策を推進し、東京における学習社会の実現のために努力してまいります」という決意表明がなされている。この計画では、生涯学習社会の実現に向け、今後10ヵ年（昭和61－70年度）の長期目標、施策の方向、そして239に及ぶ推進事業を決定する。加えて、区市町村の教育長会に働きかけ、この計画の具現化のための連携・協力を呼びかけている。

また、同年11月に「マイタウン東京 '87東京都総合実施計画」を策定し、生涯学習情報センターの設置、生涯情報提供システムの開発、都民大学の設置、都立のすべての大学・短大、高等学校、高等専門学校180校での公開講座の実施に関する年度別計画（昭和62－64年度、事業費を含む）を明らかにするなど、鈴木都知事の目指す生涯教育（学習）推進体制の具現化が進んでいく。

(4) 東京都教育庁生涯学習部への組織改正と東京都生涯学習審議会の設置

東京都として生涯教育・生涯学習を推進していくため、社会教育部を生涯学習部に改組するとともに、1992（平成4）年7月には、1990（平成2）年6月に施行された「生涯学習の振興のための施策の推進体制等の整備に関する法律」（以下、生涯学習振興法）第10条に基づき、東京都生涯学習審議会が条例設置される。

第1期東京都生涯学習審議会は、1994（平成6）年6月に「これからの社会を展望した東京における生涯学習の総合的な振興方策について」を答申する。答申では、東京都の基本的役割を「都は、広域的自治体として、都民の学習ニーズを的確に把握・予測し、生涯学習の目標や施策の方向を明らかにし、区市町村の計画的な事業実施のための支援を行うとともに、広域的、先導的、大規模な事業について、取り組んでいくことが大切である。また、東京には多様な民間機関・専修学校・各種学校・大学等が存在するが、都はこれらの主体性を尊重しつつ、その取り組みを支援するため、情報提供などを行うことが重要である。都は、公益性に配慮し、特に学習の機会や場に恵まれない人（主として在住外国人を指す－引用者注）、現代的課題、高度な体系的・継続的学習などに対

応した施策を展開していくことが大切である」としている。

　この答申は、1992（平成4）年7月に出された国・生涯学習審議会答申（「今後の社会動向に対応した生涯学習推進の振興方策について」）の内容と重なる点が少なくない。

　東京都が進めた具体的な生涯学習振興施策としては、1991（平成3）年4月に「とみん情報システム（生涯学習情報システム）」の稼働や「都民カレッジ」の開設、同年5月には「東京都生涯学習情報センター」が設置されたことなどがある。また、1994（平成6）年度から東京都生涯学習情報センターの主催で区市町村やカルチャーセンター等の民間事業者等による「生涯学習関連機関交流集会」（2001〔平成13〕年度で事業終了）が開催された。

(5) 財政再建下での生涯学習推進施策の展開

　鈴木都政の船出は、前任知事であった美濃部亮吉自身が「惨憺たる幕引き」と評したように、1,011億円（1978〔昭和53〕年度決算）にも上る財政赤字を背負わされてのものであった[3]。鈴木は、都知事就任時（1979年4月）のあいさつで「都財政の病根は深く、その再建の途は決して容易ではありません。しかし、私はいかなる困難があろうとも明日の東京を築くための財政再建を断行いたします。（中略）とりわけ、行政組織の簡素化と、事務事業の整理統合と区市町村への移管、人件費の節減、外郭団体等との再検討を進めてまいります」と述べている。

　鈴木は、1979（昭和54）年7月に「東京都財政再建委員会」（委員長：稲葉秀三）を設置[4]し、財政再建に乗り出すとともに、職員定数の削減を基本とする徹底した内部改革に取り組みはじめる。財政再建委員会が打ち出した方策は、鈴木都政の1期目の間に都財政の黒字化することを目標に、①職員定数削減など内部努力の推進、②事業全般についてのスクラップ・アンド・ビルドの実施、③受益者負担の適正化、④都と区市町村の役割見直し等であった。

　鈴木が進めた行政改革[5]の中で、教育行政に大きな影響を与えたのは、第二次行政改革（昭和59-61年度）の過程で行われた事務事業の民間委託化の一環として、1985（昭和60）年10月に財団法人東京都教育振興財団を設立したことである。財団の初代理事長は、水上忠東京都教育長（当時）が就任した。翌1986

（昭和61）年1月には、東京体育館、駒沢オリンピック公園総合運動場、多摩スポーツ会館、夢の島体育館のスポーツ施設4館の管理運営を財団に委託した。さらに同年4月からは、東京都青年の家7所、東京文化会館といった社会教育・文化施設の管理運営も委託することとなった。

　鈴木が取り組んだ財政再建策は、3年後に一般会計の黒字化に成功し、1期目の終わりには経常収支比率を90以下に下げ、1983（昭和58）年度以降、毎年都財政を黒字化させることに成功する。これは、鈴木の行財政改革が偏に成功を収めたということだけではなく、景気回復が予想以上に早かったことなど外的要因の変化も大きかった。

　このような都財政の好転も手伝って、鈴木が推し進めようとしてきた生涯教育・生涯学習推進施策は、鈴木の在任中（1994〔平成6〕年）は、「マイタウン東京構想」の中核としての位置付けをもち続けた。

(6) 鈴木都政下における社会教育行政の位置付け

　本章の冒頭で、鈴木都政4期16年の間に生涯教育・生涯学習を推進する行政組織に注目が集まるのに反比例して、社会教育は行政組織の周縁に追いやられたという趣旨のことを述べた。ここでは16年間に及ぶ鈴木都政が社会教育行政に与えたインパクトについて考えてみたい。

　鈴木都政が推し進めようとした生涯教育・生涯学習施策の特徴は「知事主導による行政機能の総合化・統合化」であった。鈴木都政以前の東京都における社会教育行政は、教育行政の中で学校教育とは一線を画した形で、施策展開を志向していた。つまり、社会教育法が想定した枠組みの中で、社会教育行政の領域拡大を目指すというスタンスをとることが可能であったのである。しかし、鈴木都政の誕生により、その枠組みは根本から覆されることとなる。鈴木都政の間に、社会教育行政がどのような変貌を遂げたかについて、以下の3点に整理することができる。

　第一に挙げられるのは、社会教育部門における行政事務職の権限強化である、逆にいえば、行政組織内における社会教育主事の役割の低下が顕著に見られたということである。

　1952（昭和27）年度に教育庁社会教育部に社会教育主事を配置して以来、紆

余曲折を経ながらも、東京都として社会教育主事制度の充実に努めてきた歴史があった。その成果として、1972（昭和47）年11月には、社会教育部内に社会教育主事室が設置され、室長（管理職）に社会教育主事が登用されたことをはじめ、1976（昭和51）年度からは大学卒の社会教育主事補の専門職採用の道を開くなど、東京都独自の社会教育主事（補）の任用制度を確立することを通じて、社会教育主事の職域拡大と行政組織内における社会教育主事の権限の強化を図ってきた。（都の社会教育主事〔補〕の数は、1992〔平成4〕年度の81名〔社会体育34名を含む〕をピークに減少し、2015〔平成27〕年度の定数は、13名〔社会体育を除く〕となっている。ちなみに、1995〔平成7〕年度以降、社会教育主事〔補〕の採用は行われていない。図1を参照。）

図1　東京都社会教育主事（補）の推移（1952〜2015年）

しかし、鈴木都政の下でのトップダウン型の生涯教育・生涯学習施策の展開が期待されるのに伴い、社会教育主事よりも社会教育部門に配置される行政事務職にその役割期待が移っていくことになる。その象徴的な例が1984（昭和59）年12月の社会教育主事室の廃止であった。

　第二に、社会教育法が掲げていた社会教育行政の市町村主義の考え方が崩れ始めたことである。鈴木が掲げた生涯教育・生涯学習施策は都知事主導で行われており、区市町村はその協力者という位置付けの下で施策が展開されるよう

になったことである。

　第三に、東京都生涯教育推進懇談会の設置（1983年）以降、東京都社会教育委員の会議の位置付けが不明確になってきたことである。鈴木都政誕生後の第15期助言（「ともに生きるための生涯学習を目指して」、1982〔昭和57〕年）や第16期助言（「生涯学習情報システムの確立」、1984〔昭和59〕年）では、生涯学習施策への歩み寄りが見られたものの、1986（昭和61）年の第17期助言以降は、社会教育委員の会議の助言のタイトルに「生涯教育」や「生涯学習」の用語は1回も使用されていない。その背景には、生涯教育・生涯学習施策の推進に関するイニシアチブは行政事務職がもち、社会教育委員の会議の担当は社会教育主事が務めるという状況が生まれていたこともその背景にあった。その後社会教育委員の会議の助言等が東京都の行政施策として反映されるというケースは殆どなくなっていく。（東京都社会教育委員の会議は、2013〔平成25〕年度末をもって条例廃止となり、東京都生涯学習審議会に吸収されることとなった。）

2　青島都政下における社会教育施策・事業の見直し（1995年〜）

（1）青島都政の誕生と行政改革・財政健全化施策の推進

　鈴木都政の後任を選ぶ都知事選挙が1995（平成7）年4月に実施され、1996（平成8）年度に開催が決定していた「世界都市博覧会の中止」を公約に掲げた青島幸男が都知事に選出された。

　青島は、選挙公約に掲げた世界都市博覧会の中止を断行したものの、その後は「都庁官僚」（佐々木信夫）たちに飲み込まれていくこととなった。

　青島都政が誕生した際の財政状況は、鈴木都政が採った開発型行政手法（臨海副都心開発をはじめとした大規模開発、文化施設をはじめとしたハコモノの設置等）が1991年以降のバブル経済崩壊の影響を受け、都財政が赤字に転落するという状況であった。青島都政3年目の1998（平成10）年度には、美濃部都政末期の赤字額を大幅に上回る1,068億円という赤字を出し、財政再建団体[6]への転落が現実味を帯びてきていた。

東京都はこの事態を打開するために、大胆な行財政改革に乗り出す。その端緒となったのが、1996（平成8）年3月の「東京都行政改革大綱」であり、同年11月の「東京都財政健全化計画」であった。

（2）行政改革・財政健全化施策と社会教育事業の抜本的見直し

　これらの行政改革・財政健全化施策は、都の社会教育事業に大きな影響を及ぼすこととなる。1996（平成8）年7月の副知事名による（1997〔平成9〕年度の予算要求に向けての）依命通達では、経常経費の5％減、投資的経費で50％減（但し、法令・条例・協定等に基づき支出が義務づけられている経費及び債務負担行為済の経費は除く）のシーリングが設定されることが示された。加えて、新規事業の予算化については、スクラップ・アンド・ビルドの観点に立ち、真に必要かつ緊急なものを要求するとともに、事業には基本的に期限を設定し、事業のレベルアップは原則として行わないという方針も併せて示された[7]。都庁内のすべての組織がこの方針に則って、限られた財源の獲得競争に乗り出すこととなる。

　行政改革・財政健全化施策が始まった1996（平成8）年以降わずか4年の間に、「女性のためのリーダー研修」、「女性学習グループ交流集会」、「生涯学習のための番組提供（番組名：ファミリー東京）」（以上が、1997〔平成9〕年度末で事業終了）、「青少年洋上セミナー」、「中国帰国者地域交流事業」（以上が、1999〔平成11〕年度末で事業終了）の5事業、予算額でいえば、3億6,667万円の予算が削減されるに至った。残った社会教育事業費の総額が2000（平成12）年度の予算ベースで1億5,282万円であることからもわかるように、この削減は、社会教育行政の存立基盤すら揺るがしかねないものであった。社会教育事業の大幅削減が行われた際の財政当局の論理を、「女性のためのリーダー研修」を例に挙げて紹介したい。

　東京都における「婦人教育」事業は、形を変えながらも戦後直後から連綿として続いてきた事業であり、都内各地域の女性リーダーたちの交流・相互研鑽の場として重要な役割を果してきていた。「女性のためのリーダー研修」はこの系譜に位置付く事業であり、文部省（当時）の国庫補助（社会教育指導事業交付金）を受けて、1980（昭和55）年度に施策化されたものである[8]。その事業が

1998（平成10）年度の予算査定において、「『女性』と冠する事業はすべて生活文化局（女性施策の主管部局）に一本化する」という単純な理由により、1997（平成9）年度をもって事業終了となった。

　行政改革・財政健全化施策が本格的に展開される前の予算要求作業においては、法令（社会教育法等）や文部省の国庫補助事業（例：地方生涯学習振興費補助金）を根拠として、社会教育事業の独自性は一応担保されていた。しかし、行政改革・財政健全化施策下の予算査定の論理では、法律における例示的規定や国庫補助制度といった「後ろ盾」は、全く機能しないことが明らかになった。

(3) 予算査定の論理

　視点を変えて、行政改革・財政健全化施策の下で、予算が確保される要件について考えてみたい。

　第一に、法令等により都の予算支出が義務付けられている事業であること、第二に、東京都の政策としてオーソライズされた事業であること、具体的には東京都の基本計画の重点事業として認定されていること、第三に、その事業を実施していく上で、担当する部局がその施策の「主管部局」であること、の3点である。

　この要件に照らして、「女性のためのリーダー研修」を位置づけてみると、この事業は法令によって予算の支出が義務付けられているものでなく、東京都の基本計画にも認定されておらず、「女性」分野の主管部局は生活文化局であり教育庁ではない、ということになり、要件のすべてを満たしていないことになる。このような論理により、社会教育事業が次々と廃止に追い込まれることとなった。

(4) 行政職員に浸透しない社会教育の論理

　さらに、予算編成作業に関わる職員をはじめとする一般行政職員の中に「社会教育」に関する理解がまったく浸透していないという実態がさらに拍車をかけた。一般行政職員の間には「生涯学習＝新しい」、「社会教育＝旧い」という単純な図式で両者の関係が認識されていること、「教育」を学校教育型の「指導」とのみ考え、社会教育を否定的に捉えていることも社会教育事業費が削減

された背景にあることも、社会教育行政関係者は認識しておく必要がある。

　加えて、青島都政当時には、新公共管理法（NPM）[9]の考え方に基づき、民間企業による経営理念・手法を用いて行政の効率化・活性化を図ることを目指していたことも大きな要因として挙げられる。NPM理論において、社会教育・生涯学習の分野は最も民間委託に適した行政分野とされており、従来の社会教育行政が想定していた枠組みを解体する方向で事態は展開していくこととなった。

3　石原都政下における生涯学習振興行政の抜本的見直し（1999年～）

（1）「とうきょうまなびプラン」東京都生涯学習推進計画の中止

　青島知事が1期で退いたことを受け、1999（平成11）年4月に石原慎太郎が都知事に就任する。第1期石原都政の最大の課題は財政再建であり、「聖域なき見直し」による事務事業の整理、職員定数の削減、区市町村への事務移管、賃借対照表（バランスシート）の作成、都有財産の売却などの改革を進め、職員給与の4％カットや公共料金の値上げも実施した。佐々木信夫は、鈴木都政の行政改革が「減量型の量的改革」とすれば、石原都政の行政改革は「事業仕分けなど質的改革」であると評している[10]。しかし、石原都政の1年目の1999（平成11）年度には、881億円の赤字を計上する結果となった。

　このように更なる行財政改革が求められる中で、青島都政時には生き残った生涯学習振興施策にも財政当局のメスが入ることとなる。その典型的事例が、教育庁が1997（平成9）年3月に策定した「とうきょうまなびプラン'97」（新たな東京都生涯学習推進計画）が財政当局の一方的な指示により、1999（平成11）年度末で実質的に廃案とされたことである。鈴木都政下で隆盛を極めた生涯学習振興施策も、鈴木が都知事を離職してからわずか5年で危機的状況に追い込まれるに至った。

(2) 文化行政の一元化に伴う教育行政における生涯学習・社会教育部門の廃止の動き

　東京都は、2001（平成13）年度末に生活文化局と教育庁の双方で所管していた文化振興行政を生活文化局に一元化する方針を決定する。それに伴い、教育庁生涯学習部文化課が所管する文化振興部門と教育庁所管の東京文化会館、東京芸術劇場、東京都美術館、東京都現代美術館の4施設（管理運営は、財団法人東京都生涯学習文化財団に委託）が2002（平成14）年度から生活文化局に移管されることとなった。

　文化課が廃止[11]されることに伴い、東京都の組織編制基準（1つの部を編制するためには、3つの課を必要とする）に照らし、生涯学習部自体を廃止しようという動きが顕在化してきた。具体的には、財政当局による生涯学習事業の抜本的見直しの勧告と行政改革担当部局による行政評価を活用するという手法が採られた。

　財務局主計部は2001（平成13）年3月、教育庁の予算担当課を通じて「生涯学習事業の見直しについて」というペーパーを生涯学習部に対し提示してきた。その内容は、「平成14年度の予算要求に臨む前に、現行の生涯学習事業を抜本的に見直すこと。その見直し案は、財務局主計部との間で事前に協議し、了承を得ること。それが行われない限り、2002（平成14）年度の予算要求作業に入ることを認めない」というものであった。

　総務局は2000（平成12）年12月に「都庁改革アクションプラン―都政改革アクションビジョン―」を公表し、その中で行政評価制度を本格的に導入し、政策評価と事務事業評価を実施し、評価結果を公表するとともに、評価結果を事業の見直しや予算編成に反映させていくという方向を示した。

　ここで提起された内容を受け、2001（平成13）年3月に「東京都行政評価規則」が制定される。この規則に基づき、2001（平成13）年度から行政評価制度が実施されることとなった。これらの手法を駆使して、教育庁における生涯学習・社会教育部門の解体に向けての検討が始められることとなった。

(3) 東京都生涯学習センターと多摩社会教育会館が行政評価の対象となる

　生涯学習・社会教育関連の施策で行政評価の対象として挙げられたのが「東京都生涯学習センターの運営」[12]と「東京都立多摩社会教育会館の運営」であった。

　事務事業評価は、事業所管局による第1次評価と知事本部（当時）による第2次評価によって行われる。但し、東京都行政評価規則第10条に「各局長は、行政評価の結果を踏まえて行われなければならない。この場合において、第1次評価の内容と第2次評価の内容が相反するときは、第1次評価の内容を踏まえて行われなければならない」と記されており、実質的には第2次評価を行う知事本部長（当時）の判断が優先されることとなる。

　では、実際に「東京都生涯学習センターの運営」で、第2次評価者である知事本部（当時）からどのような評価が下されたのかを見てみたい。

第2次評価（知事本部）

必要性

○ 1980年代から始まる生涯学習社会の移行に向けた機運の高まりを経て、90年代には生涯学習センターを設置する自治体が全国的に増えてきた。

○ 都においても、都民の生涯にわたる学習活動を総合的に支援するため、平成8年度に生涯学習センターを設置し、情報の収集・提供、相談、生涯学習に関する機関や団体との連携・協力、調査・研究等を行ってきた。

○ そうした中で、近年、都民の生涯学習に関するニーズが多様化してくるとともに、民間における情報提供やITの急速な普及などにより、都民の情報収集手段は多様に変化してきている。

○ また、区市町村に関する施策が充実されており、センターの設置も進んできている。都は、広域行政の立場から情報収集・提供機能を果たすべきであるが、その機能を公の施設において担う意義は薄くなっている。

　　　　　　　　　　　　　　　　　（必要性の評点：〔5段階評価で〕1）

第1部　通　史

> 効率性
> ○ 都が公の施設としてセンターを設置し、都民に直接サービスを提供するよりも、本庁において、区市町村との連携を図りながら、ITを活用した広域的な情報収集・提供などの役割を担っていく方が効果的である。
> ○ 調査研究・人材育成等の事業については、本庁と重複する機能もあることから、本庁に一元化する方が効果的である。
> 　　　　　　　　　　　　　　　　　　　（必要性の評点：〔5段階評価で〕1）

> 公平性
> ○ 東京国際フォーラムの無償借用期限が平成13年度で終了するが、新たに発生する賃貸料の負担を都民全般またはセンター利用者に求めるべきでない。
> 　　　　　　　　　　　　　　　　　　　（必要性の評点：〔5段階評価で〕2）

> 総合評価
> 〈廃　止〉
> ○ 都民の生涯学習に関するニーズの多様化や、ITの急速な普及などによる都民の情報収集手段の多様な変化に対応するためには、都は広域行政の立場から効率的・効果的な施策を実施する必要がある。このため、公の施設としてのセンターを見直し、重複する機能については、本庁に一元化すべきである。
> ○ 区市町村において、生涯学習に関する施策が充実されてきている状況を踏まえ、公の施設として都が直接都民に施設サービスを提供する役割を持つ生涯学習センターは、廃止が適当である。

　次いで、「都立多摩社会教育会館の運営」においては、第2次評価における総合評価と特記事項を紹介するにとどめる。

```
総合評価
〈抜本的見直し〉
○多摩地域の市町村に公民館やホール、生涯学習施設など類似の施設が整備・充
 実されてきている現状において、都が地域住民に直接サービスを提供する多摩
 社会教育会館の役割は薄れてきており、事業の抜本的な見直しが必要である。
○都は、より広域的な社会教育行政の対応に重点を置くべきであり、区市町村
 との役割を見直す中で、市民活動サービスコーナーは廃止が適当である。
○施設有効活用については、利用者層の拡大を図るなど幅広い視点から検討し
 ていくべきである。
```

```
特記事項
 都が行う生涯学習推進体制を抜本的に見直していく中で、社会教育のあり方
についても全都的視点から、施策の再構築を図るべきである。
```

　この特記事項を見ると、先述した財務局主計部の「生涯学習事業の見直し」と同様の評価を知事本部（当時）も下していたことがわかる。東京都全体の計画調整機能を担う知事本部と予算編成を司る財務局とが連携されては、予算編成権をもたない行政委員会である教育庁がこれらの動きに太刀打ちできる要素はないというのが現実であった。事業局としての教育庁には、これらの指摘を粛々と受け入れること以外に選択肢は残されていなかったのである。

　2001（平成13）年度末には、東京都生涯学習センターの廃止をはじめ、多摩社会教育会館の実質的貸館化（市町村社会教育職員を対象とした研修等を担う事業係と市民活動サービスコーナーの廃止）、八王子・青梅・狭山・武蔵野青年の家の閉所（五日市青年の家は、2000〔平成12〕年度末に閉所）、東京都近代文学博物館の閉館とともに、東京文化会館、東京芸術劇場、東京都美術館、東京都現代美術館が生活文化局に移管された。

　また、文化行政の生活文化局への移管に伴い、生涯学習部の中に、体育部にあったスポーツ振興課を取り込み、2002（平成14）年4月に部名を生涯学習ス

第1部 通 史

ポーツ部に変更した。(この組織改正により、体育部は2001〔平成13〕年度末をもって廃止された。)

(4) 青年の家の廃止とPFI事業としてのユース・プラザの設置

　石原都政期において取り上げておくべき施策の一つに、東京都青年の家に代わる青少年教育施設としてのユース・プラザの設置がある。

　ユース・プラザの具体的構想が示されたのは、1996(平成8)年6月の第22期東京都社会教育委員の会議の助言「新しい青少年教育施設　ユース・プラザのあり方」であった。次いで、1998(平成10)年1月には「東京都青年の家の再編整備計画」が教育委員会において決定された。青年の家の再編整備の目的は、老朽化し、東京都が所有すべき規模の施設ではない青年の家7所(八王子、青梅、狭山、五日市、武蔵野、水元、府中)を再編・整備し、青少年を取り巻く環境の変化やニーズの多様化・高度化に対応できる新たな青少年教育施設としてユース・プラザを整備するというものであった。

　当初は、社会教育主事の配置を前提に、東京都教育委員会の直営施設として運営することを想定していたが、1999(平成11)年7月に公布されたPFI法(民間資金等の活用による公共施設等の整備等の促進に関する法律)を受け、急きょ民間手法の採用に方針転換がなされることになった。

　ユース・プラザは、都民利用施設として初めてのPFI事業であり、社会教育業務の実施を含めて、施設の設計・建設・運営・維持管理のすべてをPFI事業者に委ねるというものであった。ユース・プラザは、2004(平成16)年3月に「東京スポーツ文化館」という名称で江東区夢の島に、2005(平成17)年4月に「高尾の森わくわくビレッジ」という名称で、八王子市に開設された。

　なお、東京都財務局が2007(平成19)年8月に出した「東京都におけるPFI事業の現状と課題」という資料では、東京都におけるPFI手法導入に当たっての課題として、「PFI手法の採用に消極的な傾向が顕著になりつつある」という評価をしている。

(5) 生涯学習振興施策下の区市町村の状況

　区市町村における生涯学習推進体制づくりに向けた動きは、1985(昭和60)

年、多摩地域から始まっている。その端緒となったのは、府中市の生涯教育検討協議会の設置である。次いで、立川市が、生涯学習振興法の成立以前の1988（昭和63）年4月は立川市生涯学習推進審議会条例を制定し、同年11年に審議会を立ち上げている。

23区においては、足立区が1987（昭和62）年10月に区長を本部長とする生涯学習推進本部を設置し、1990（平成2）年3月に足立区生涯学習推進協議会条例を制定（2011〔平成23〕年2月には条例廃止）している。また、江東区[13]では1988（昭和63）年6月に区長を本部長とする生涯学習推進本部を設置している。

1990（平成2）年7月に生涯学習振興法が施行される以前に生涯学習推進本部が設置されたのは、上記2区の他では、千代田区、中央区、新宿区、品川区、目黒区、中野区、豊島区、板橋区、調布市、清瀬市、多摩市などであった。

その後、生涯学習振興法の施行により、多くの区市町村が生涯学習推進体制づくりに動き出すこととなる。

東京都教育庁生涯学習部が1994（平成6）年度に実施した「生涯学習の推進体制等に関する調査（平成6年5月1日現在）」では、1994（平成6）年度に生涯学習推進本部を設置しているのは、15区12市であり、生涯学習に関する推進会議等を設置していたのは、12区9市（うち、条例設置は、足立区、立川市、府中市、調布市、保谷市、福生市、東大和市）であった。

生涯学習推進計画を策定しているのは、12区6市2町であり、生涯学習推進センター[14]等を設置しているのは、新設で中野区と府中市、新設（工事中）が文京区と世田谷区、立川市、調布市であった、また、新設で設置を構想中と回答したのが千代田区、台東区、墨田区、豊島区、北区、練馬区、足立区、町田市、東大和市、清瀬市、多摩市、稲城市、羽村市、奥多摩町という状況であった。

また、1993（平成5年）2月1日に足立区は、「財団法人足立区コミュニティ文化・スポーツ公社」（現在は、公益財団法人足立区生涯学習振興公社）を設立している。

区市町村における生涯学習振興施策は、表面的には、東京都の動きに呼応するような形で展開されているように見えた。しかし、1995（平成7）年8月に教育庁生涯学習部が実施した「生涯学習に関する普及・啓発事業、民間学習事業者及び首長部局との連携・協力に関する調査」結果[15]をみると、「生涯学習推進

会議等に民間学習事業者が参画している」と回答したのが9区、「民間学習事業者と意見交換、情報交換を行っている」と回答したのは1市（府中市）のみであった。また、首長部局との連携・協力においても、「生涯学習推進会議の答申や推進計画等に首長部局との連携・協力を盛り込まれている」と回答したのは、18区12市あったものの、実際に「首長部局の実施する学習機会提供事業を、総合的な学習機会提供事業に組み入れている」と回答したのは、わずか1区（品川区）2市（府中市、清瀬市）に止まっていた。

これらのことからもわかるように、区市町村が進めようとしていた生涯学習振興施策は、ある意味、絵に描いた餅にすぎず、従来の社会教育事業の範疇を超えたものとはいえなかったと見ることができる。

4 東京都における社会教育行政の再定位 （2001年〜）

ここでは、2001（平成13）年度当初に、財政当局から示された「都が行う生涯学習推進体制を抜本的に見直していく中で、社会教育のあり方についても全都的視点から、施策の再構築を図るべきである」という見解を受け、教育庁がどのような論理をもって社会教育行政の再定位を図ろうとしたのか、そのプロセスを振り返ってみたい。

(1) 学校との連携を軸にした社会教育行政

教育庁生涯学習部が、新たな事業体系の構築に向けた取り組みを本格的に開始したのは、2001（平成13）年4月のことである。4月中旬に行われた生涯学習部の見直しの方向性に関する教育長レクの席上で、横山洋吉教育長（当時）から「学校教育との関係はどうする気なのか」という指摘を受けたことを受け、生涯学習部の施策のあり方の見直しの方向性が見えてきた。

実際に生涯学習部の施策のあり方見直しを担当した振興計画課計画係では、「学校教育との連携・融合による社会教育」という視点から事業の見直しを進めることとなった。当時の教育行政をめぐる政策的な課題は、学習指導要領の改訂により2002（平成14）年度から導入される総合的な学習の時間と学校週5日

制完全実施への対応であった。特に、総合的な学習の時間の効果的な実施のためには、地域と連携を図ることが求められていたのである。

「学校教育との連携・融合による社会教育」という方向性は、横山教育長にも受け入れられるとともに、財政当局の理解も得ることができ、次年度の予算要求作業に本格的に取り組むことが可能となった。

いわゆるハード（社会教育施設）を失った社会教育行政にとって、行政組織内における社会教育のプレゼンスを示すためには、学校という制度に依拠した施策を打ち出すしか選択肢が残されていなかったのである。

(2) 地域教育サポートネット事業の施策化

次に求められたのは、学校教育との連携・融合を目指す社会教育行政という考え方を具現化するという作業である。2002（平成14）年度の予算にどのような施策を用意するかが、東京都の社会教育の新たな船出を対外的に示すうえで不可欠なことであった。

そこで考案されたのが「地域教育サポートネット事業」である。この事業は総合的な学習の時間を効果的に実施するため、地域住民の参画と協働により、学校支援を行うことを目的としていた。この事業は、東京都単独の補助事業（モデル事業、都補助1/2）として、2002（平成14）年度に施策化された。モデル地区は5地区（杉並区、板橋区、足立区、立川市、小平市）で、予算額は1,000万円であった。予算額的には小規模な事業であったが、教育庁幹部の評価も高く、教育庁において社会教育部門が果たすべき役割は、学校教育との連携・融合を推進することが主たる役割であるという認識が芽生えてきた。

また、社会教育部門の存続が決まったことに伴い、体育部を廃し、スポーツ振興行政を生涯学習部に取り込む方向で調整が進み、2002（平成14）年度には、新たに生涯学習スポーツ部が誕生することとなった。

(3) 第5期東京都生涯学習審議会への諮問

地域教育サポートネット事業を通じて、地域の社会資源と学校をつなぐ「地域教育コーディネーター」の重要性を教育関係者に認識させることとなった。教育庁生涯学習部は、この事業成果を踏まえ、学校教育と社会教育の連携とい

う考え方をより強固なものとするために、2003（平成15）年5月、第5期東京都生涯学習審議会を発足させ、そこに社会　教育行政の再構築に向けて、東京都教育委員会は以下の諮問を行った。

1. 諮問事項
　子ども・若者の「次代を担う力」を育むための教育施策のあり方について―社会教育行政の再構築に向けて―
2. 諮問理由
　今日、社会では、子どもや若者が夢や目標を持ちにくくなっており、規範意識や道徳心、自律心を低下させている。いじめ、不登校、中途退学、児童虐待など深刻な問題が依然として存在しており、少年犯罪の凶悪化も懸念されている。
　今求められているのは、子どもや若者が国家・社会の形成者になることを目指し、社会の一員として、その使命、役割を自覚し、行動する力、いわば「次代を担う力」を身につけていくことである。
　国においては、人間性豊かで創造性に富んだ日本人を育成するため、「21世紀教育新生プラン」を取りまとめ、これに基づき、既存の教育システムを抜本的に改革する取組を進めているところである。
　東京都においても、21世紀の東京の創造的発展を担う子どもたちを育成するという視点から、学校、家庭、地域、社会全体を視野に入れるとともに、幼児期から青年期までの各発達段階をトータルにとらえた「東京都教育ビジョン」を策定し、東京都における新たな教育改革の道筋を都民に示していく予定である。
　こうした取組をより実行性あるものにするためには、学校教育改革と軌を一にして、「家庭教育支援」と「地域教育力の向上」に取り組む社会教育施策を検討する必要がある。
　また、これまでの社会教育行政においては、成人を主たる対象とする施策に重点が置かれ、子どもや若者の課題解決に向けた取組は十分とは言えない状況であった。そのため、学校教育を支援し、学校教育と連携した社会教育行政のあり方についてあわせて検討する必要がある。

（傍線：引用者）

(4) 地域教育プラットフォーム構想

　第5期東京都生涯学習審議会は、約1年半の審議期間を経て、2005（平成17）年1月に「子ども・若者の『次代を担う力』を育むための教育施策のあり方について─『地域教育プラットフォーム構想』を推進するための教育行政の役割─」を東京都教育委員会に対し、答申した。

　そこで示された社会教育施策の方向は、①社会教育施策の重点を「子ども・若者」におくこと、②学校教育と軌を一にした社会教育行政を推進すること、③子ども・若者を中心に据えた社会教育施策は、「家庭教育支援施策」、「学校教育支援施策」、「学校外教育（支援）施策」の3方向から実施していくというものであった。

　この答申で、今後東京都が進めるべき社会教育の中核施策として提案されたのが「地域教育プラットフォーム構想」であった。地域教育プラットフォームとは、①地域に蓄積された社会資源の有効活用を図るための情報基盤整備を行う、②住民のネットワークから得た多様な情報や人材を結集して、地域の教育課題の解決を図る、③地域で展開されるさまざまなプロジェクトをつなぐ役割を担うことで、複合的な事業展開を可能にする、などの機能をもった地域における総合的な教育支援を行う中間支援の仕組みである。地域教育プラットフォームづくりにおいて、中心的な役割を果すのが「教育支援コーディネーター（地域教育コーディネーター）」である。コーディネーターが地域の人材や社会資源とのネットワークをつくることを通じて、新たな教育活動が生み出される「場」を設定するとともに、「場」の活性化を担うことで、学校・家庭・地域の協働が進み、地域の教育力が再構築されるというモデルを提示したのである。

図2 地域教育プラットフォームの概念図

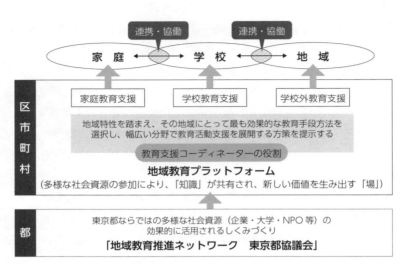

(出典:第6期東京都生涯学習審議会建議、2007年11月をもとに梶野が一部修正)

　この地域教育プラットフォーム構想は、2005(平成17)年度の東京都の予算事業として位置づけられ、都内4地区(新宿区、世田谷区、杉並区、小平市)で都委託事業として実施されるとともに、東京都レベルの地域教育プラットフォームとして、子どもたちへの教育支援を希望する企業・大学・NPO等の社会資源と東京都教育庁との間にネットワークを構築し、区市町村立学校や都立学校の教育活動等を支援することを目的とした「地域教育推進ネットワーク東京都協議会」(以下、ネットワーク協議会という)が2005(平成17)年8月に設立された。ネットワーク協議会の事務局は、主として東京都の社会教育主事たちが担うこととなった。

(5) 都レベルの教育プラットフォームとしての地域教育推進ネットワーク協議会

　ネットワーク協議会の主な役割は、①区市町村の教育支援コーディネーターの相互研鑽の機会を提供すること、②企業、大学、NPO等と協働し、新たな

教育支援プログラムを開発・実施すること、である。この組織化に向けた動きを行政側で担ったのは、社会教育主事たちであった。また、企業・大学・NPO等のネットワークづくりには、第5期東京都生涯学習審議会委員たちが尽力してくれることとなった。

　一般に行政が外部団体との連携組織づくりを進める際、その組織の肩書きや知名度を重視しながら組織体への働きかけを行うのが慣例である。例えば、東京都レベルでキャリア教育の支援組織をつくりたいと考えた場合、東京商工会議所や経済同友会といった団体に参加を呼びかけ、その組織から代表者が宛て職的にメンバーとなる場合が多い。こういった組織づくりの手法は、議会筋やマスコミ受けはするものの、実際の教育現場への機動的な支援活動という点から見ると殆ど期待することはできない。行政はこの手の失敗を幾度として繰り返してきた。

　ネットワーク協議会の活動は、実際の教育現場で機能することを目指しており、組織化の初期の段階は、いわば「メンバーシップ制」（第5期東京都生涯学習審議会委員等東京都の社会教育部門が目指す取り組みを理解してくれている方からの紹介を受け、社会教育主事がネットワーク協議会について説明をし、協議会の趣旨に賛同し、なおかつ具体的な教育支援を約束してくれた団体及び個人に加盟してもらう）のような形で組織の基盤づくりに取り組んだ。教育現場で成果を挙げること、学校や地域の人々から信頼を受けることを基本とした地に足をつけた取り組みを進めることに終始した。

　従来のまったく異なる行政手法を用いて教育支援プラットフォームづくりを進めていったのである。

(6)「地域教育」という教育行政用語の誕生

　2002（平成14）年度の学習指導要領改訂による総合的な学習の時間の導入及び学校週5日制完全実施を背景に、社会教育と学校教育の連携が教育施策の課題として登場することとなった。ここでの特徴は、「地域教育」という用語を各自治体が独自の文脈で使いはじめ[16]、そうした動きを国が追認するという動きをとったところにある。

　東京都の場合は、社会教育サイドから学校教育へのアプローチを行う用語と

して、地域教育という用語を意識的に用いたという経緯がある。その背景には、これまで見てきたように行財政改革の影響を受け、教育行政における位置を失いかけていた社会教育の教育行政における役割を再定位しようという意図があった。(ちなみに、この頃から生涯学習という用語を使わずに、法律用語としては社会教育を、施策を語る場合は地域教育という用語を使用するようになっていく。)

　2006(平成18)年12月に教育基本法が改正され、その第13条として「学校、家庭及び地域住民等の相互の連携協力」が新設された。この法改正の趣旨を反映させるために2008(平成20)年6月に社会教育法が一部改正され、国及び地方公共団体の任務(社会教育法第3条第3項)に教育基本法第13条の趣旨が盛り込まれた。

　国における社会教育施策の変化としては、2004(平成16)年度に地域子ども教育推進事業(その後2007〔平成19〕年度には国庫補助事業化され、放課後子ども教室推進事業という形に変更される)を、2008(平成20)年度には学校支援地域本部事業を施策化するなど、学校と地域の連携を主とした社会教育施策を順次打ち出している。

　東京都や国の動きを見ても、社会教育行政の構造は、社会教育施設を軸に地域住民としての成人を対象に転換する社会教育から、学校との連携を軸に、地域住民等により子どもたちへの支援を担う社会教育へと変化していったのである。

　このような流れを受け、生涯学習部は、2008(平成20)年4月に地域教育支援部に名称変更する。

(7) 地方分権・規制緩和政策下での区市町村の社会教育行政の動向

　この時期の特徴は、区市町村においても地方分権・規制緩和政策下で、社会教育行政の存立基盤を揺るがしかねない諸改革が実施されたことである。

　教育委員会の所掌事務の見直しに伴う、生涯学習・社会教育部門の首長部局への移行問題である。そのきっかけは2001(平成13)年2月の全国市長会による意見書「分権型教育の推進と教育委員会の役割の見直し」であった。この意見書では、成人を対象とする生涯学習や芸術文化、スポーツなどは、市町村長

の所管による総合的な対応が望ましく、これらの分野が教育の政治的中立性確保の面から教育委員会の所管とすべき強い事情があるとも考えられないという主張をしていた。

都内で最初に社会教育部門の首長部局への移管を試みたのは千代田区で、2002（平成14）年4月のことであった。千代田区は地方自治法180条の7の規定（教育委員会は事務の一部を、首長の補助機関である職員等に対し、委任・補助執行できる）を根拠に、社会教育及びスポーツに関する事務を区長部局（文化スポーツ課）に補助執行させた。

2008（平成20）年4月には、改正地方教育行政法が施行され、スポーツ及び文化（文化財保護を除く）に関する事務を地方公共団体の長が管理・執行できるという法的位置付けが明確になった。2013（平成25）年度現在、社会教育の所管課が首長部局に置かれている区市町村は、9区1市（千代田区、中央区、文京区、品川区、中野区、豊島区、足立区、江戸川区、府中市）で、生涯学習と社会教育の所管課を分け、生涯学習の主管課のみを首長部局に置いているのは、2区2市（新宿区、練馬区、調布市、多摩市）となっている[17]。

2003（平成15）年6月に地方自治法が一部改正され、指定管理者制度[18]が導入されることとなった。23区の社会教育館や青少年施設等の社会教育施設で、最初に指定管理者が導入されたのは、足立区の地域学習センターで2005（平成17）年4月のことであった。その後、着実に指定管理者を導入する区が増え、2015（平成27）年4月現在では、14区で導入されるに至っている[19]。

現在区市町村において、生涯学習・社会教育を所管する部署が必ずしも教育委員会に位置付けられているとは限らない状況が生じてきている。実際に生涯学習・社会教育行政を推進していく上で、東京都が区市町村を支援するという従来の図式はもはや成り立たなくなっている。

その一方で、教育委員会の組織内に、学校と地域との連携を掲げる組織や職が誕生している。（例えば、世田谷区：生涯学習・地域・学校連携課、杉並区：学校支援課、北区：学校地域連携担当課長、板橋区：学校地域連携担当課長、葛飾区：地域教育課など。）これらの組織は、国庫補助事業の放課後子供教室推進事業や学校支援地域本部事業を担当していることもあり、都教育庁地域教育支援部生涯学習課との連携相手となっている。

第1部 通 史

5 都立学校と連携する社会教育行政(2007年〜)

　地域教育プラットフォーム構想を打ち出したことにより、東京都の教育行政における位置を明確化する作業に成功した社会教育部門であったが、教育行政の中で安定的な組織基盤を得ることができたわけではなかった。その理由は、地方分権の進展により東京都と区市町村の役割分担が進んでいたため、区市町村支援という観点のみでは組織維持を図ることが困難なため、都として独自の施策構築を図る必要があった。そこで、社会教育部門（生涯学習スポーツ部）としては、何としても都立学校に依拠した施策を構築することが不可欠だったのである。

　都立高校は、学区制度を2003（平成15）年度に廃止しており、地域との接点は希薄であった。「学校教育に支障のない」範囲で学校施設を開放し、公開講座を実施している程度である。これらを実施していることで「開かれた学校」はすでに実現されているというのが、都立高校関係者の認識であった。特に1997（平成9）年度に策定された「都立高校改革推進計画」を受け、個性化・多様化・特色化に邁進している都立高校にとって地域からの支援は、寝耳に水という状態であった。

(1) 都立高校に教科『奉仕』を導入する

　このような状況の中で、社会教育部門に都立高校との接点をもつ格好の機会が訪れた。2004（平成16）年4月東京都教育委員会は「東京都教育ビジョン」を策定する。その中に「奉仕・勤労体験の必修化（提言19）」という考え方が盛り込まれた。2000（平成12）年12月に出された教育改革国民会議報告の中で「奉仕活動を全員で行うようにする」が提案されて以降、本格的にこの報告を受け止め行政施策に反映させようという動きは起こっていなかった。そのタブーを破ろうとしたのが東京都教育ビジョンであった。東京都教育ビジョンは、当時行政計画としての位置付けを持っていなかったため、施策化は見送られていた。

　ところが、2005（平成17）年度の予算要求の過程で、都立高校で、教科として「奉仕」を必修化しようとする案が急浮上してきた。この動きは、2005（平

成17) 年11月に東京都が発表した「平成17年度 重点事業」のメニューの一つとして取り上げられることとなり、2007（平成19）年度からすべての都立高校で導入するという方針が打ち出された。

(2) 社会教育部門が『奉仕』のカリキュラム作成に関与する

都立高校における『奉仕』導入に関する動きに対し、社会教育部門は、当初、消極的対応をしていた。その理由は、市民の主体性、自発性を尊重する社会教育の立場からはもっともかけ離れた施策だと判断していたからである。

しかし、『奉仕』導入に向けての施策構築のための検討プロジェクトのメンバーに生涯学習スポーツ部の計画課長、社会教育課長に加わるよう指示が下りてきた。両課長の下で社会教育主事もこの施策化に向けて関与するようになる。

実際の作業は、都立高校の教科・科目として設定する以上、どのようにカリキュラムを編成すべきか、というのが焦眉の課題であった。

このような状況を見た都の社会教育主事は指導部に対し、提案を行った。その提案とは、2005（平成17）年度に設置される予定の「東京都設定教科・科目『奉仕』カリキュラム開発委員会」の学識経験者の委員の1人に、アメリカのサービス・ラーニング（Service Learning）の研究者を入れることであった。

東京都設定教科・科目『奉仕』カリキュラム開発委員会は、2005（平成17）年5月に発足し、全5回にわたって検討を進め、2006（平成18）年7月に「『奉仕』カリキュラム開発委員会報告書—奉仕体験活動の必須化に向けて—」をまとめた。その報告書では、東京都設定教科・科目「奉仕」の目標と内容等を以下のように示している。

1 教科「奉仕」の考え方
(1) 目標
　　奉仕に関する基礎的・基本的な知識を習得させ、活動の理念と意義を理解させるとともに、社会の求めに応じて活動し、社会の一員であること及び社会に役立つ喜びを体験的に学ぶことを通して、将来、社会に貢献できる資質を育成する。
(2) 奉仕の学習等
　　すべての都立高校が「奉仕」を学習するに当たっては、実際の活動に参加す

る前に、奉仕体験活動の意義を十分に理解することが必要である。その上で奉仕体験活動に自ら参加し、その後自分自身を振り返ることが重要である。したがって「奉仕」の学習は、次の3つにより内容構成される。
　①　奉仕事前学習、②　奉仕体験活動、③　奉仕事後学習の3つである。

(東京都教育委員会「『奉仕』カリキュラム開発委員会報告書」、2006年7月、3頁)

　ここで重要なことは、事前学習→体験活動→事後学習（ふりかえり学習）の学習プロセスをカリキュラムの中に盛り込んだことである。小中学校で導入されている「道徳」のような教授的方法ではなく、参加・体験型学習のスタイルで「奉仕」を構成させたいというのが、社会教育主事の狙いであった。その狙いはある程度成功した。

(3) 都立高校教育支援コーディネーター事業の実施

　教科『奉仕』のカリキュラム開発に並行して社会教育主事は、都立高校生が取り組む体験活動が学習としての効果を上げるための仕掛けづくりに取り組んだ。その仕掛けとは、若者支援に実績のあるNPOや各地区のボランティアセンターのスタッフに体験活動のコーディネート役を担ってもらうことであった。

　そこで、2005（平成17）年5月に第6期東京都生涯学習審議会を発足させ、2007（平成19）年度からの都立高校への教科『奉仕』の導入のスケジュールに合わせ、施策づくりに取り組んだ。2006（平成18）年11月に第6期東京都生涯学習審議会の建議の中で提案されたのが「都立高校教育支援コーディネーター」の構想であった。この建議を受け、2007（平成19）年度の社会教育部門の新規施策として「都立高校教育支援コーディネーター事業」が施策化された（図3参照）。

図3　都立高校教育支援コーディネーター事業のしくみ

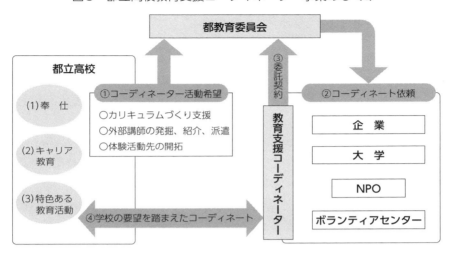

　この「都立高校教育支援コーディネーター事業」は、2007（平成19）年度から2009（平成21）年度の3年間で、都立高校の全課程の約7割である180課程にNPOやボランティアセンターの支援が入ることとなり、都立高校を支援するNPO等も32団体に及んだ。
　2008（平成20）年12月に教育庁の社会教育部門（地域教育支援部）が調査を行ったところ、学校管理職や担当教員の8割以上から「学校だけでは取り組むことができない授業を実施できた」、「生徒や教員たちの社会性を高める上で効果があった」という評価が示され、若者支援NPOの関係者からは「これまで未開拓の領域であった学校との連携を進めるきっかけになった」という評価があった。その一方で、都立高校を支援する側の意見として、学校の閉鎖性を指摘する者も少なくなかった。

（4）都立高校改革推進計画策定過程への社会教育部門の関与

　都立高校教育支援コーディネーター事業の実施は、都立高校関係者に大きな影響を及ぼしました。特に教員からは「行政の中にも都立高校・生徒のことを親身に考えてくれる部署があったのだ」、「教員だけでは取り組むことができないプ

ログラムをNPOの協力によって実現できた」という声が寄せられたことは、社会教育部門の担当者（特に社会教育主事）のモチベーションを高めた。

　東京都に行財政改革の論理が導入されて以降、新規事業に関しては、基本的にサンセット方式（一般に3年で事業終了）での予算措置がなされていた。このような状況の下では、安定した組織運営はできない。そこで、社会教育部門が志向したのが、東京都教育委員会が策定する長期計画に社会教育施策を位置づけることであった。

　2010（平成22）年度に入り、教育庁では、1997（平成9）年度から2011（平成23）年度までを計画期間としていた「都立高校改革推進計画」の終了に伴い、次の計画づくりをどのように進めるかが課題となっていた。

　そこで、社会教育部門（地域教育支援部）として、次期都立高校改革計画の主要施策の中に盛り込める内容は何かという検討を進めることとした。そこで見出した一つの方向性は、都立高校が取り組むキャリア教育支援に東京都レベルの教育プラットフォームであるネットワーク協議会を活用するというものであった。

　ネットワーク協議会に加盟する企業・NPOは、2010（平成22）年度に約300団体に及び、活発な学校教育支援活動を展開しており、これらの団体に協力を呼びかけていくことで、都立高校に実社会の風を吹き込もうと考えた。

　当時、中央教育審議会に「キャリア教育・職業教育特別部会」[20]が設置され、活発な議論が進められていた。この審議の中でキャリア教育を推進するための様々な機関との連携が指摘されており、この審議の方向を踏まえた施策の立案を目指した。

　具体的には、2010（平成22）年7月に、第8期東京都生涯学習審議会を発足させ、子ども・若者を自立した社会人として育成することを目指し、キャリア教育の課題を整理するとともに、学校と企業・大学・NPO等との連携のより一層進めるための方策を審議することとした。この審議の成果を都立高校改革計画の策定作業に反映させていこうと考えた。

(5) 都立高校改革推進計画における社会教育部門の施策を位置づける

　東京都教育委員会は、2012（平成24）年2月に『都立高校改革推進計画・第

一次実施計画』[21]を策定する。都立高校改革推進計画では5つの目標を定めたが、その目標「変化する社会の中での次代を担う人間の育成」の1として、「職業的自立意識の醸成」という項目があり、その中に社会教育部門が関与する取り組みが2点（①職業的自立に向けた教育プログラムの実施、②中途退学の未然防止と中途退学者等に対する進路支援）が位置付けられた。

(1) キャリア教育の推進

インターンシップは、生徒が社会や職業に対する認識を深め、学ぶことの重要性を考える上で非常に効果的であることから、今後もインターンシップなどの体験的な学習の機会を拡大していきます。また、学校の教育活動全体を通じて計画的・組織的なキャリア教育を推進するため、キャリア教育を各校の教育課程において適正に位置付けるとともに、その中核となる教科・科目の設置や専門人材の育成にも取り組みます。

さらに、生徒の「学ぶこと」「働くこと」に対する意欲を引き出すとともに、実社会で必要とされる基礎的な能力や態度等を育成するため、企業や大学、NPO等とも連携・協力し、生徒の職業的自立を多角的に支援します。

（ア　略）

イ　職業的自立に向けた教育プログラムの実施

企業や大学、若者支援に関する専門的知識や経験を有するNPO等と連携し、生徒が社会や職業について実感をもって理解しながら、将来、社会人・職業人として生活していくために必要な能力等を身に付けることができる教育プログラムを新たに開発し、普通科高校を中心に順次展開します。

(2) 中途退学の未然防止と中途退学者等に対する進路支援

これまで、弾力的な教育課程の編成や少人数指導等のきめ細かい学習指導、スクールカウンセラーと連携した教育相談体制や生活指導の充実等に取り組んできた結果、都立高校における中途退学率は減少傾向にあります。今後も引き続きこのような取組を進め、中途退学の未然防止を図ります。

また、このような取組にも関わらず、依然として様々な理由で中途退学する生徒も存在しています。このように都立高校を中途退学した生徒や、進路が確定しないまま卒業した生徒が自らの進路を見いだせるよう、関係機関等と連

> 携し、高校離籍後も一定の期間、進路支援を行います。
>
> **ア 若者の「再チャレンジ」に向けた支援の推進**
>
> 　これまで都教育委員会では、生徒が都立高校を中途退学するに至った経緯や背景、中途退学後はどのような状況の下で生活しているのかについての把握・分析を行ったことはありませんでした。
>
> 　そこで、中途退学者の現況等に関する調査を実施し、中途退学の原因や退学後の状況をきめ細かく把握・分析するとともに、専門的知識や経験を有する外部人材を活用し、中途退学者等の復学などの次の進路決定に向けたサポートをすることにより、若者の再チャレンジを支援します。
>
> 　　　出典　東京都教育委員会『都立高校改革推進計画・第一次実施計画』、2012年2月、27-28頁

(6) 都立高校中途退学者等追跡調査の実施

『都立高校改革推進計画・第一次実施計画』を受け、教育庁地域教育支援部は2012（平成24）年度に「都立高校中途退学等追跡調査」（以下、中退者調査という）を実施することとなった。

これまで、都立高校中途退学者の把握は、文部科学省が1982（昭和57）年度から実施している「児童生徒の問題行動等生徒指導上の諸問題に関する調査」（以下、「問題行動調査」という）に基づいて行ってきた。問題行動調査は、都立高校校長を回答者に、高校における生徒指導の参考とするために中途退学問題の発生要因を探るという方法を採っている。

具体的には、文部科学省が予め設定した①「学業不振」、②「学校生活・学業不適応」、③「進路変更」、④「病気・けが・死亡」、⑤「経済的理由」、⑥「家庭の事情」、⑦「問題行動等」、⑧「その他の理由」の項目の中から、都立高校校長がその生徒が中途退学に至った主たる要因を一つ選択するというものである。

この調査方法では、ア．中途退学者本人の見解が把握できないこと、イ．高校中途退学後の当事者の意識や生活状況が把握できないという問題があった。

2012（平成24）年度に東京都教育委員会が実施した調査は、都立高校中途退学者本人を回答者として、本人の意識と中途退学後の生活状況を把握するというものであった[22]。

（7）都立高校における中途退学の未然防止と中途退学者等への切れ目のない支援

　中退者調査の結果を受け、教育庁は2013（平成25）年度から「中途退学の未然防止と中途退学者等への進路支援事業」を3年間のモデル事業として施策化した。この事業は、若者支援NPOに事業委託を行い、教育庁が指定した都立高校10校に対し、訪問支援を行うというもので、①中途退学の未然防止、②中途退学後の切れ目のない支援、③在学中の進路決定支援、④進路未決定卒業者への切れ目のない支援を行うというものであった。

　この事業は、猪瀬直樹知事の任期途中での辞任を受け、2014（平成26）年2月に都知事に当選した舛添要一の目にとまることとなり、若年者雇用対策の一環として、都政の重要課題の一つに加えられることになる。

　舛添知事は、厚生労働大臣の経験者でもあり、雇用・労働行政への関心が高く、2014（平成26）年11月28日の都議会平成26年第4定例会において、以下のような所信表明を行った。

　続いて、雇用就労対策についてであります。

　恒産なければ恒心なし、安定した職業という基礎があればこそ、人々は豊かさを実感できます。私は、働く人の三分の一が非正規という状況は尋常ではないと、そういう強い問題意識を持っております。安定した仕事につきたいと望む非正規の方々への就職支援を、今後の都の重点政策に位置づけてまいります。都が積極的に動いて、国も巻き込んでいくことで、非正規の方々の正社員への転換を強力に推し進めていく考えであります。

　<u>大都市東京では、フリーターを初めとする若者の就労の問題、例えば高校を中退した若者が就職も復学もしないままフリーターになってしまう問題、あるいは福祉分野における人手不足など、さまざまな課題が顕在化しております。これらの課題に総合的に取り組むため、産業労働局、福祉保健局、教育委員会など都の関係部署が連携し、総力を挙げて対策を進めてまいります。</u>国の機関であります東京労働局と協議する場も創設するなど、雇用就労対策には一層力を入れていきたいと思います。

（傍線：引用者）

この所信表明を受け、2015（平成27）年2月には、厚生労働大臣と東京都知事の間で「東京都雇用対策協定」を締結する。この協定においても、「都立高校における中途退学者等に対する支援の強化」[23]が項目として挙げられている。

　知事の所信表明における都立高校中途退学対策への言及は、教育庁の施策形成に大きな影響を与えることとなる。比留間英人教育長（当時）は、平成27年度教育庁の主要施策に「不登校・中途退学対策」を掲げるよう指示を出し、2015（平成27）年4月の改正地方教育行政法に伴い教育長に就任した中井敬三教育長[24]にもその路線は引き継がれることとなる。

　2016年（平成28）年2月に東京都教育委員会は「不登校・中途退学対策検討委員会報告書」を公表する。そこで都立学校における不登校・中途退学対策を推進するため、教育庁内に「自立支援チーム」を設置することを示した。

　この方針を受け、2016（平成28）年4月、教育庁地域教育支援部生涯学習課に、都立高校（及び都立特別支援学校）における不登校・中途退学を担当するユースアドバイザー（6名）とユースソーシャルワーカー[25]（48名）の計54名が非常勤職員として配置されることとなった。

　96％以上の若者が高校に進学するという、いわば後期中等教育の準義務教育化状況の下で、高校というシステムに適応できる若者と適応できない（あるいは適応することが難しい）若者という二極化状況が生じている。この状況に対し、都立高校中途退学者等への切れ目のない支援を行うという社会教育施策は、かつて社会教育行政が取り組んだ勤労青年教育に通じるものがあるのではないか。

おわりに

　本稿では、1979（昭和54）年度から2016（平成28）年度に至る東京都の社会教育行政の動向を概観してきた。

　鈴木都政が取り組んだトップダウン型の生涯教育・生涯学習施策の導入が社会教育法を根拠に展開していた社会教育行政の枠組みを崩壊させたこと、社会教育行政が枠組みを失ったことにより、行財政改革の格好のターゲットとなったとともに、社会教育行政の専門職である社会教育主事の役割を喪失させたと

いうことであった。

　行政組織論の観点からすれば、行政の各部門は、根拠法令と「権限と責任の原則」に基づき行政を執行するという原則がある。それが行政横断的な生涯学習（行政の生涯学習化）を推進するという政策により、自ら組織を崩壊させる動きを招いてしまったのが、東京都において社会教育行政の混乱を招いたといえる。

　これは偏に東京都だけの問題ではなく、1990（平成2）年の生涯学習振興法の施行以降、生涯学習と社会教育の概念整理をせず、大きな矛盾を抱えたまま、国（文部科学省）が施策推進を図ってきたこと自体に問題があった。東京都の場合は、その矛盾の影響をモロに受け、社会教育部門が廃止される寸前までの危機を迎えた。

　振り返ってみれば、社会教育行政の存立を可能としたのは、行政組織法である地方教育行政法と行政作用法である社会教育法を根拠法令とし、（学校教育のそれと比べ極めて脆弱な制度ではあるが）社会教育施設が存在し、教育公務員特例法に位置づく専門的教育職員として社会教育主事が配置されているという要件があったからであった。それが行財政改革や地方分権・規制緩和という動きの中で、社会教育施設や社会教育事業は、次々と廃止に追い込まれた。

　東京都がまがりなりにも社会教育行政の失地回復を図れたのは、学校教育との連携という戦略をとったからである。これは、先に述べた行政の組織原則の一つである「権限と責任の原則」に立ち返り、他の行政分野では担うことができない役割を社会教育部門が担っていこうと、意識的に動いたからに他ならない。その役割とは、教育行政という範疇で社会教育固有の役割を見出すという作業だった。

　同時に求められたのは、社会教育主事が教育の専門職というスタンスに立つのではなく、社会教育施策の企画・立案者としての役割を果すことであった。社会教育部門に配属される行政職員以上に、施策形成能力を高めることが求められたのである。事実、2003（平成15）年6月の第5期東京都生涯学習審議会を発足させて以降、東京都生涯学習審議会の事務局の中心に社会教育主事が位置し、答申や建議の草稿を執筆する役割を果している。それとともに、生涯学習審議会の提案を行政施策として具現化する作業（予算要求作業を含む）にお

第1部 通 史

いても、行政事務職をリードしていく役割を果してきた。今後求められるのは、教育職としての社会教育主事ではなく、教育行政の専門職としての社会教育主事なのである。

　教育行政固有の役割として誰しもが理解するのは、学校というハードを人的・物的に管理・運営することである。この学校という制度に依拠しながら、社会教育行政固有の役割を明らかにしていく必要があった。小野田正利が「悲鳴をあげる学校」と表現したように、現在の学校制度は制度疲労をきたしている。教員の疲弊感の解消（人的側面）やキャリア教育、グローバル教育、ICT教育、道徳教育の実施（教育内容的側面）などの教育課題に的確に対応するために学校は、自己完結性から脱却し、地域や社会との間で良好な関係性を築くことしか、問題解決の糸口は見いだせない。

　そこに、社会教育行政が関わる可能性が生まれてくるのである。学校の周縁に位置し、学校と地域・社会をつなぐ役割を果たせばよいのである。組織論を研究している太田肇は、学校を、組織病理をもつ「囲い込み型症候群」の典型的存在として指摘[26]しているが、制度疲労をきたしている学校の在り様を変えていくことが社会教育行政固有の役割として期待されているのではないか。

1　鈴木俊一は「マイタウン東京構想は、東京を誰もが安心して住めるまち、いきいきと暮らせるまち、ふるさとと呼べるまち、にしていこうというもので、二十年前の副知事時代に手がけたハード面からの都市改造に対し、人間性の回復をめざした、いわばソフト面からの第二次都市改造であった」と記している（鈴木俊一『私の履歴書』日経事業出版社、1982年、168-169頁）。
2　1982（昭和57）年8月の東京都社会教育委員の会議（第15期）の助言「ともに生きるための生涯学習をめざして」において、「生涯教育センター」の創設と「生涯教育推進会議」の設置を提言しており、これを踏まえ、東京都生涯教育推進懇談会が設置されるに至った。
3　鈴木俊一が都知事に就任した1979（昭和54）年4月の東京都の経常収支比率が106.1であった。（一般に健全な財政状況を示す経常収支比率は、80前後とされる。）
4　佐々木信夫によれば、学識懇談会を使い内部改革を進めるという手法は、その後、政府が第二次行政調査会を設け、地方行政改革を進める際のモデルケースとなったとされる（佐々木信夫『都庁 もうひとつの政府』岩波書店（岩波新書）、1991年、66頁）。
5　鈴木都政における行政改革は、第一次行政改革（1979－1983年度）、第二次行政改革（1984－1986年度）、第三次行政改革（1987－1990年度）の3期に分けて実施されている。
6　財政再建団体とは、赤字額が標準財政規模の5％（都道府県）、または20％（市区町村）

を超えた破たん状態にあり、地方財政再建特別措置法（現在廃止）に基づき、財政再建計画を策定し、総務大臣の同意を得た地方公共団体をさす。2009年4月の自治体財政健全化法の施行により、現在では財政支援団体と呼ばれている。
7 『週刊とちょう』第1284号（1996年8月1日発行）を参照。
8 女性リーダー研修の歴史については、東京都教育庁生涯学習部「東京における『婦人教育』のあゆみから―女性問題学習をすすめるために―」、1992年3月を参照。
9 新公共管理法（New Public Management）は、1980年代の半ば以降、イギリスやニュージーランドの国々で行政改革の手法として取り入れられた理論である。その特徴は、①業績・成果に基づく統制を行う、②市場メカニズムを可能な限り利用する、③統制の基準を顧客主事に転換する、④統制化しやすいように組織を簡素化・分権化することなどが挙げられる。
10 佐々木信夫『都知事 権力と都政』中央公論新社（中公新書）、2011年、51頁
11 文化財保護に関する事務は、引きつづき教育庁で所管することとなり、2002（平成14）年度からは、生涯学習部計画課が担当した。
12 東京都生涯学習センターは、東京都生涯学習情報センター（1991年設置）に代わる施設として、1997（平成9）年1月に東京国際フォーラム内に設置された。なお、東京都生涯学習センターは、生涯学習情報センターと異なり、条例設置の施設であった。
13 江東区では、1982（昭和57）年3月に財団法人江東区地域振興会（2010〔平成22〕年4月1日に公益財団法人江東区文化コミュニティ財団へ名称変更）を設置し、1982（昭和57）年6月に開館した江東区文化センターの管理運営を委託している。
14 東京都教育庁生涯学習部が発行した『東京都社会教育行政基本資料集〔19〕―生涯学習の振興のためにⅡ―』（1996年3月発行）には、区市町村立生涯学習センター等の設置状況と機能が紹介されている。
15 東京都教育庁生涯学習部『東京都社会教育行政基本資料集〔19〕―生涯学習の振興のためにⅡ―』、1996年3月
16 地域教育という用語を使用した自治体の取り組みとして代表的なものを挙げるとすれば、京都市の「地域教育専門主事室」設置（1997－2007年度）や大阪府の「地域教育協議会」（2000年度－）などがある。これらの成り立ちを見ると、地域教育を冠した行政組織や制度には、学校教育側の要請により生まれたものと、社会教育側の要請により生まれたものの双方がある。詳しくは、梶野光信「教育行政における『地域教育』の位置―東京都の『地域教育プラットフォーム構想』を手掛かりに―」日本社会教育学会編『学校・家庭・地域の連携と社会教育』東洋館出版社、2011年を参照のこと。
17 東京都教育庁地域教育支援部『平成25年度区市町村生涯学習・社会教育行政データブック』、2014年3月を参照。
18 地方自治法第244条の2第3項で「普通地方公共団体は、公の施設の設置を効果的に達成するため必要があると認めるときは、条例の定めるところにより、法人その他の団体であって当該普通地方公共団体が指定するもの（以下、「指定管理者」という。）に、当該

第 1 部　通　史

公の施設の管理を行わせることができる」と定められている。
19　社会教育推進全国協議会東京23区支部、東京23区社会教育ネットワーク編『いま 知りたい 伝えたい 東京23区の社会教育白書2015』、2015年を参照。
20　文部科学大臣は、2008年12月中央教育審議会に対し、「今後の学校におけるキャリア教育・職業教育の在り方について」を諮問した。答申は、2011年1月31日に出されている。
21　『都立高校改革推進計画・第一次実施計画』については、以下を参照。
　　http://www.kyoiku.metro.tokyo.jp/press/pr120209a-1/betten2.pdf（2016年4月30日最終閲覧）
22　『都立高校中途退学者等追跡調査 報告書』、2013年3月については、以下を参照。
　　http://www.metro.tokyo.jp/INET/CHOUSA/2013/03/60n3s300.htm（2016年4月30日最終閲覧）
23　『平成27年度 東京都雇用対策協定に基づく事業計画』、2015年4月を参照。
　　http://www.metro.tokyo.jp/INET/KEIKAKU/2015/04/DATA/70p4l101.pdf（2016年4月30日最終閲覧）
24　中井敬三教育長は、舛添知事が2014（平成26）年11月28日に都議会で行った所信表明の際は、財務局長として知事の政策形成機能の一翼を担っていた。
25　ユースソーシャルワーカーには、若者の社会的包摂を促す者としての「ユースワーカー（youth worker）」と当事者を取り巻く生活や家庭等の様々な問題の解決と軽減を目的とした環境への働きかけを行う「ソーシャルワーカー（social worker）」の機能を併せ持つ役割を期待し、東京都教育庁として命名した職名である。また、ユースアドバイザーは、内閣府が子ども・若者支援施策の一環として提案した職名を採用し、実際の職務は、ユースソーシャルワーカーのスーパーバイザー的役割を果たすことにある。
26　太田肇『囲い込み症候群』筑摩書房（ちくま新書）、2001年

通史

東京・多摩地域の市民活動史

江頭 晃子

はじめに

　社会教育行政と民衆・市民による活動の歩みの歴史には、苦い経験がある。戦前、各地で社会教育行政が主導して青年団や婦人団体を組織し、市民の自発性を謳いつつ富国強兵を支える組織を全国各地で育成したことである。大日本帝国憲法下で人々は臣民として位置づけられ、天皇の命令が最優先されていた時代であり、ある意味当然であったのかもしれない。

　戦後、日本国憲法が制定され市民に主権があり、個々人の人権が優先される時代となり、社会教育行政と市民はどのような関係をもち得てきたのだろうか。

　東京・多摩地域（2016年現在30市町村、人口約420万人）の市民活動の動きを多少前後しながらも10年区切りで追うことで、社会教育行政の果たしてきた位置と役割、今後の必要性を別の視点から照らしてみたい。

　戦後70年に亘っての民衆・市民による活動は時代や運動形態・内容によって、社会活動・運動、労働運動、階級闘争、住民運動、市民運動、NPO・ボランティア活動などと呼ぶが、ここでは、それらを含めて「市民活動」という言葉を広義な意味として使うことにしたい。団体・組織としては「市民組織」という言葉を使う。政府でも営利企業でもない、「民間非営利」であり、「社会と主体的に関わっていこう（よくしよう、つくっていこう、変えていこう）とする目的がある」活動であり、組織として定義したい。

1　1945年〜：学び・集い、社会・生活を建てなおす

　戦後すぐ、多摩地域でも「文化」「学び」「青年」をキーワードとする多様なグ

ループが誕生する。人命が軽視され生活を破壊され未来への希望がもてなかった時代からの開放、騙され・抑圧されてきた思いと同時に募る自責の念、自分たちの意思や考えが尊重されることへの戸惑いと希望。戦前のデモクラシーは自由民権運動時代に培われ、引き継がれてきた市民自身が学び、考え、創造し、自らの生活を良くしていく、社会をつくっていくという感覚が噴き出すように、生活復興や憲法制定を待たず多様な集い・学び合う市民組織ができ講演会等が開催されていく。

　1945年12月「奥多摩文化会」設立。翌46年4月には「多摩青年文化協会」が元八王子村で文化講座を3回開催。同協会が発展して11月から翌47年3月にかけて「多摩自由大学（主催：多摩自由懇話会）」が開催されている。46年11月の開設案内には「これまでの文化は青年たちの社会事業に対する一切の批判を封じられ、呪文とお宣託の中に生きてきたのであります。これが今日、祖国をこの悲惨な状態に押し入れた最大の原因」とし、「進歩的な青年大衆は、新しい文化を担ふもの、新しい社会を創るものとして自覚をもつと共に、それを為し得る知識を学びとることの必要を痛感する」とある。開校式当日は300人が参加。47年1月期の申込者は461人、うち93人が農業男性で一番多い。47年12月の講座内容は世界史展望、近代日本政治史、新憲法解説、家族論制度、新時代のモラルなどとなっている[1]。

　1946年8月には立川で夏季文化講座（「多摩文化講和会」主催）が開校。48年「武蔵野文化協会」「美術家団体創立会」「武蔵野独歩会」「府中町文化会」「調布町文化会」など続々と設立。51年「日野史談会」「むさしの児童文化研究会」。53年「西多摩郷土研究会（55年多摩郷土研究会に改称）」、58年「福生町文化連盟」「立川市文化連盟」、59年「多摩文化研究会」と続く。団体結成にあたって知識人が中心にいる場合が多く、第二次世界大戦を止められなかった自責の念と、新しい民主・平和・文化国家づくりのための思いが強かったのであろう。当時の集会会場は学校、神社仏閣や公会堂、劇場などを利用する場合が多かった。1946年7月の文部次官通牒「公民館の設置運営について」（寺中構想）の言葉を借り、「柚木村青年団」が「公民館建設運動趣意書」を48年に作成、柚木村民（現・八王子）に配布している[2]。

　青年組織が新たな形で継続・再建し始める。八王子の「和住村青年団体」は、

第 1 部　通　史

「青年団解散ノ運命ニ逢着シテシマッタ」が、「次代ノ担当者デアル青年ハ全ク無組織の儘多難ヲ予想サレル社会ニ放置サレルコト」になるとし、新生の青年団の呼びかけをしている。「団体ノ性格」として「真実ナル青年自身ノ組織デアルコト」「民間団体デアルコト」「世界平和ニ貢献スベキ資質ノ啓倍」などをあげている[3]。「稲城村青年団文化部」では1947年に通信『稲城』を発刊。各地での郷土芸能の復活、文化祭などを担うとともに、青年学級の企画などにも関わっている。七生村青年団（現・日野）は、村民が結束し新たな村づくりに務められるよう、45年の秋に演芸会・講演会を開催。文化活動の他に農作物保護対策、子どもの余暇指導、時局講演会などを開催している[4]。国分寺町でも45年から復活し46年には「国分寺町青年連盟」が11支部のもと結集[5]。各字名を支部にして本部があり、更に広域青年団として「南多摩連合青年団」「北多摩郡連合青年団」等が結成されて町村相互の連携や、全国青年団の幹部講習会の「浴恩館」が小金井にあるなど、青年団活動は多摩地域でも非常に活発だった。再建する多くの青年団の目的の中に「主権在民、基本的人権の尊重」される「新日本の建設に資する」ことが位置付けられることが多く政治的関心は強かった。

　同時期に婦人会も再生されていく。銃後を守る婦人の組織としての「大日本婦人会」は解散したが、戦後の生活課題の山積み、新しい知識の必要性もあり、既存のつながりを残しつつ自主的な形で活動が展開される。1948年「日野町婦人会」は16支部1000人の会員によって発足。活動内容は、児童福祉や共同募金の協力、食生活の改善と栄養食、台所の構造・炊事の効率化、防疫活動として石炭の販売、結婚式の簡素化など取り組むべきことは多かった[6]。

　この時代に出来始めたもう一つの新しい市民組織がPTAである。1946年のアメリカ教育使節団による報告書でPTAの奨励が勧告、文部省社会教育局によりPTAの普及に力がそそがれ、全国各地の学校でPTA設立総会が開催されている。当初の活動としては教育環境の整備が主で、日野中学校では大型トラクターで校庭整備などを行っている[7]。調布4校のPTAが「PTA協議会」を開いたのは49年、行政への働きかけなどを合同で行っている。さらには「北多摩郡保護者会連盟」など広域の連合組織も出来ている[8]。PTAの発足が"大人のつながり"を作り、地域の子ども会が発足すなどの展開も始まっている（第3部第2章[1]参照）。

その他、戦前から書店として良書を集めていた揺籃社（八王子）を経営するなど農村教育運動をしていた橋本義夫が1950年に「地域文化研究会」を発足。自分史を含めた地域の歴史・文化を発見し、建碑運動、『地方文化資料』『多摩文庫』などを刊行している（68年から始めた「ふだん記運動」は全国に広がった）[9]。鶴川村（現町田）で、浪江虔が44年から再開館していた「私立南多摩農村図書館」は終戦当時多摩地域で唯一公開されていた図書館だった。新しい知識を求めて部落文庫をつくる運動も展開し大量の長期貸し出しを始め、46年末までに町田市内だけで4文庫が開設されている[10]。

宗教組織等による戦災孤児の施設運営や、農業団体による飢餓救済運動、生活難・コメ不足からできた1945年12月「東京西部生活協同組合連合会」なども設立。労働組合の結成も相次いでいる。

1947年、市民活動のバイブルにもなる日本国憲法が施行（地方自治法も同日）、人々の権利も明文化された。地方議会選挙も始まり、婦人会や青年会から候補者を選ぶ、市民が臣民ではない公民として政治をゼロから共につくっていこうとする時代である。民主的な市民組織運営が生活の中でも少しずつ浸透、労働者による生活苦からの組合活動も活発化、それぞれが民主主義を体現していく。行政側も新しい社会づくりに必死の時代で、国・自治体と、市民の目標が共有されていた束の間の時代でもある。

2 1950年代：民主主義社会づくりへ

憲法を源とする多様な法律が制定され、憲法学習が行われ、"民主主義"社会をそれぞれが実感し始める。

国の課題を見据えその改善のために住民が主体となって運動を始めた時期。一方、米ソの対立が早くも浮き彫りになり労働組合への抑圧、スト禁止、レッドパージなど占領政策に転換が始まる。1948年東芝府中での670人の解雇、国鉄の人員整理、入庫中の車両が勝手に動き出し民家に突入した三鷹事件など不安定な社会情勢が続く。朝鮮戦争が始まり、サンフランシスコ講和条約締結後、日米安全保障条約（旧）を締結、占領時代に終わりを告げると同時に米軍基地を提供し、アジアの戦争を支援する米従属が始まる。朝鮮戦争による特需景気

により GNP が戦前同水準に戻り、56年日本経済白書に書かれた「もはや戦後ではない」という言葉が象徴するように、商業という言葉で収まらない企業組織が大きくなっていく時代である。

多摩地域では急激な人口増加で行政の仕事は追いつかない。田畑や林、山地などに住宅が建設され、道路は未舗装、ガスや下水道もなく、商店や病院、学校なども遠くて不便という生活が続く。増え続ける子どもたちに小中学校の建設で財政的には精一杯で、インフラ整備（都市ガス誘致、し尿処理場、下水道事業、街路整備等）は後回し。小さな町村は合併を繰り返していく。都市化がすすみ、生産者と消費者が二分され、地域の外で働く人たちの住む住宅の町へと変貌していく。

生活や職場の改善運動、各地で町制がひかれ住民ひとりひとりが町を共に作っていこうという主体性が、積極的な行動として現れ始める時期でもある。全国的運動としては1955年の日本母親大会、原水爆禁止世界大会など、"平和への思い"でつながる人の全国集会の開催も開始され始めている。

多摩地域の市民生活にとっても米軍や自衛隊の基地の存在は、大きな影響があった。立川飛行場は1946年には米軍基地に、他に調布、稲城、府中、武蔵野など十数ヵ所あり当時の基地面積の大きな比率を占めていた。50年、稲城村駐留軍の弾薬庫拡張に対して、村民が反対運動を起こしている。米軍立川基地では朝鮮戦争の際の出撃拠点となり、55年の立川基地拡張計画発表で宮崎伝左衛門砂川町長をリーダーとする「砂川町基地拡張反対同盟」が結成され、町ぐるみの闘いが始まる。同年秋の基地拡張のための骨格測量を強行した際には市民と警官隊が乱闘となり、負傷者は200人を超えた。翌年には全国の団体や市民、農民の運動により測量が中止されたものの、条件派と反対派で町が二分、その後ベトナム戦争の拠点ともなったが、69年に返還された（第3部第7章[1]参照）。横田基地でも飛行機のジェットエンジン化による騒音は社会問題化し、60年昭島市議会に「騒音防止対策特別委員会」が設けられている。

「くにたち婦人の会」が1951年に発足したきっかけは、立川基地の影響を受け国立町の浄化運動の中、文教地区指定獲得問題で活躍した女性たちが結集したことである。発足集会には800人の女性が集っている。ガス誘致運動や集会所開設運動、競輪場反対運動、原水爆禁止協議会への参加など生活に関わる運

動に取り組む。また、内職斡旋や商店街との座談会の企画、文教地区指定運動での住民同士のわだかまりを解くための運動会（後の市民運動会）なども開催。洗濯講習、産児制限講習会、料理講習会、野外映画会、敬老会など多彩な文化活動・学びの場としての拠点でもあり、公民館づくりにも積極的に関わった[11]。

　GHQは地主制度を解体して小作農民を解放し、民主的な相互扶助的な農業協同組合の設立を促した。東京都心部への人口集中が進み、多摩地域の農家は戦後当初は食料供給地として重要で1950年当時の農家数は4万である[12]。農業改良普及制度による普及所や普及員も各地に配置され、農家の生産と生活の向上をはかる活動が広がる。国の補助金で「堀之内青年研修所（日野）」も建設され、農業研修会や品種改良、栽培技術、新しい農業経営など学ぶ拠点となっている。農村青少年育成事業の一つである4Hクラブも各地に創設される。野津田4Hクラブは16歳から21歳の若者30人で結成され、農業研究についての各種プロジェクトやレクリエーション活動が活発に行われた。51年には食糧配給公団が解散し、米穀の販売は民間業者で行われるようになり自由経済が復活・加速する。57年に発足した「八王子みどりの会」は、農業改良普及所が中心となり、農業後継者研究集団として発足。農業についての体験発表会、経営技術、生活についての体験発表、農業時事問題、将来の展望などを語り合っている[13]。また、59年には「東京都学農青年連盟多摩部会」が農業高校の卒業生により西多摩を中心にして発足。「『自主自立』を掲げ、行政や政治との間隔をおき、廃退を続けている都市農業を一人ではなく仲間と団結して闘っていこう」と運動。「食料危機を救おう2・20行動」では、中央官庁などに陳情のため、トラクターで銀座デモを繰り広げた。

　1953年に青年学級振興法が公布され、公民館や夜の小中学校を会場に青年学級が開かれ54年には都内で214の学級が開かれている。青年団と共同で多岐に渡る学習科目（郷土史、時事問題、農業経営、謄写印刷）や文化・教養活動、レクリエーションやハイキングなど活発に行われた。「火曜会（国立）」など青年を中心とした目的別のサークル活動も活発化した。青年団は55年から60年を境に団員が急激に減り始め、多くが自然消滅しているが、当時の青年層がこの後の市民活動の担い手になっている場合も少なくない（第3部第3章[2]参照）。

　新生活改善運動・消費者運動が盛んだった時期でもある。1957年「田無保谷

どんぐり会」発足。終戦直後に多摩に移り住んだ女性たちが、上下水道もない畑にまかれた糞尿が舞い上がる生活をよりよくしていこうと活動を始める。身近なところの運動が大事と「地域民主化、自治体改革」の方針を掲げ、平和運動、勤務評定、学力テスト反対運動、安保反対運動などの国民運動と、地域の身近な問題に取り組んでいる。PTAの民主化、公民館等社会教育施設・道路・街灯整備、家族計画、公害、環境破壊、予算・決算などの自治体財政、行政、議会の民主化、街づくり計画への提言など、住民として主体的に取り組み続けた(『田無保谷どんぐり』月刊発行)。

3 1960年代：企業・行政組織の対抗軸として

1960年代の始まりは、新日米安全保障条約締結という大きな政治状況の変換から始まる。条約の内容はもちろんだが、強行採決に対し「民主主義の危機」と、学生・市民の運動、商店や会社員のストライキなどが全国的に広がった。運動の中から無党派の市民による連帯が生まれ始め(「声なき声の会」「ベトナムに平和を！市民連合」他)、既成組織の分裂もあり、青年や女性という階層ではなく、「思い」に共感しあう市民組織が全国的にも地域の中でもでき始める。

多摩地域では無計画な大開発が始まり、自然破壊がすすむ。東京の人口増の緩和策として緑豊かな丘陵地帯であった多摩ニュータウン開発が始まる。4市にまたがる人口31万人都市である。中央高速道路建設、多摩川の汚染など乱開発による自然破壊が急速に進んだ。1950年に85万人だった人口は70年には3倍近くの250万人に膨れ上がっている。

都政としては1967年に美濃部亮吉革新都知事が当選。都民生活の必要水準と都政の現状との距離を測り、行政の到達目標と計画を明確にした「東京都中期計画」、シビル・ミニマムを策定している。無認可保育所への助成、老人医療費の無料化、心身障害児の全員入学、公害研究所の建設、図書館建設費の助成などを行っている。

地域の市民活動としては障害者運動が動き出すのが早い。隠れるように生きてきた障害者や家族を結ぶ会の発足から始まっている。1952年に知的障害者の親の会である「全国精神薄弱児育成会」が結成。運動により、施設における自

立支援、指導訓練をすることで家族の負担を減らす施設整備が国の政策として始まる。一方、施設ではなく在宅で、地域で豊かな生活できるようにと横につながる活動も並行する。61年には「東京都知的障害者育成会」創立、多摩地域各地域・自治体ごとに「手をつなぐ親の会」「育成会」の名で支部が出来る。61年「ヒューマンケア協会（八王子）」発足。各地でできた障害者団体のネットワークの場として、「三多摩心身障害児親の集い」（68年）、「三多摩地区ろう者団体連合会」（69年）なども発足していく。

　青年層を中心にボランティアという言葉が使われ始めたのもこの時期である。1961年の「ボランティアサークル一緒にやる会（調布）」は、児童養護施設、調布学園で活動。児童とのレクリエーションを主体として養護施設訪問を実施。会社員、施設職員、福祉関係、学生等で構成している（月刊『らくがき』発行）。51年に制定された社会福祉事業法（現社会福祉法）により全国社会福祉協議会ができ、60年代には市町村でも設置が進んでいる。

　1962年「三多摩青年合唱団」発足。うたごえ運動がイコール戦後の荒廃した世に、生きる力や勇気を与えると20代の青年が結成。それぞれの地域で「三鷹青年団連絡協議会」「サークル連絡協議会」など、地域を超えた青年や若者のネットワーク組織も活発化した。69年「八王子市レクリィーション協会」や、単に英語を学ぶだけを目的とせず友情と連帯を深めようと掲げた「昭島ESS」など、職場と家庭以外の地域での時間を過ごす集団としてのサークル・団体活動が目的別に市民組織化している。

　1963年には都立高尾自然科学博物館の教育活動をバックアップする目的で発足した「八王子自然友の会」、公民館の開館にともないできた「小平市公民館等利用者懇談会」（64年）、「くめがわ電車図書館（東久留米）」（67年）、「どよう文庫（八王子）」（65年）など、文庫活動や各地で行政が整備する社会教育施設等と市民団体が相互に協力・補完・触発されての団体も形成している。「三鷹母親大会」は63年に「教育委員公選制要求について」の請願を市議会に提出。同時に勤評と学力テストによる競争心と不信感への危惧もあらわしている[14]。高校進学率が上がっていくと同時に、最初の都立高校増設運動も始まっている。

　ベッドタウン化し、保育・学童問題も深刻になる。両者とも制度が追いつかず、切羽詰まった保護者が地域の集会所などを使って共同で学童クラブづくり

第1部　通　史

が活発化する。「三多摩学童保育連絡協議会」発足。共同保育所づくりも始まった。同時に開発による遊び場の減少や子どもの身体の成長の変化による心配から、地域で子どもの成長を見守ろうと子ども会・少年団・子どもの家などができ始める。1963年「高倉子ども会（八王子）」は小学校のPTA中心に呼びかけがあり発足。大人の育成会がサポートしながら、いかに子ども主体に活動をすすめられるかを大切にし、プログラムの企画から実施まで行う。中学生対象にリーダークラブも組織化している。

　また、急激に開発され変わっていく多摩地域の郷土史研究も盛んになり、文化財・史跡保存運動も始まった。1953年「町田郷土研究会」、57年「秋川市郷土史研究会」、59年「多摩文化研究会」、61年「多摩郷土研究の会（青梅）」「八王子史談会」、64年「調布史談会」、66年「みちの会（東大和）」、68年「羽村町郷土研究会」「日野史談会」、69年「多摩史研究会」、71年「小金井史談会」、72年「町田地方史研究会」、76年「府中史談会」発足。75年には多摩中央信用金庫（現多摩信用金庫）が、『多摩のあゆみ』の発行を始めた。現在に至るまで「たましん歴史資料室（国立）」の資料収集保全と研究機能は、多摩地域の郷土史研究の大切な一翼を担っている。

4　1970年代：権利意識の高揚と実現に向けて

　行政・企業・市民との3つの組織の目的の違いが顕著になり、多様な市民活動が分野別に活動を発展させていく時代である。民主・平和・文化的な国づくりという目標が、実はそれぞれの組織内で優先順位が違うことが明らかになる中、市民組織が「動かざるを得ない」状況が増えていく。1971年1月1日から東京新聞で「東京ゲリラ」と称して、東京における多様な住民運動の実態を連載で追っている。戦後四半世紀、怪物のように大きくなっていく企業や国の政策に目を奪われていた1960年代から、足元の地域課題にそれぞれが取り組み始める。特に憲法で規定された生存権の保障を求める市民の動きが活発化。草分けの活動は障害者団体による運動で、70年代には福祉六法（生活保護法、児童福祉法、身体障害者福祉法、精神薄弱者福祉法、老人福祉法、母子福祉法）の法体系も整えられた。

分野別に団体を追っていく。

(1) 変わりゆく自然を守る

1960年代の大開発に始まり、70年代には開発問題がさらに大きくなってくる。豊かな里山や川が道路・住宅開発されていく。基地問題・障害者運動と並んで多摩地域の市民活動の大きな柱は環境破壊・公害への運動である。「道路が公害を呼ぶ」という合言葉ですすんだ多摩川堤防自動車道反対運動。多摩川や里山にそって自然を守る市民団体が各地で発足していく。福生市内の多摩川河川敷が運動場に造成されることに反対して「多摩川の自然を守る会（八王子）」（70年）発足。現在に至るまで月例自然観察会を継続、市民の観察視記録として『川のしんぶん』『緑と清流』を発行し続けている。1972年「日野の自然を守る会」。開発がすすむ中で、自然を愛し、学ぼうとする市民が集う。観察会、勉強会などを続け、市内の動植物調査などを継続する。早い時期から日野市から委嘱され『植物ガイドブック』『昆虫』『動物』などの冊子も編集。自然環境における啓蒙活動に重点を置いている。同年には「くさぶえ会（調布）」自然好きな主婦たちが身近な多摩川の自然に親しみすばらしさを知ることから、広く自然への認識を深め、その仕組みを理解していこうと発足。一人でも多くの人が自然を大切にするようにとの思いをつなげている。同じく「多摩川上流の自然を守る会（府中）」。73年「みどりの町をつくる会（町田）」。大手企業が計画していた自然を破壊しての宅地開発に反対し、自然を活かす計画に練り直してもらおうということがきっかけで結成。反対のための反対ではなく、代案をつくること。現実を把握し、地道に問題点をみつめ、疑問をほりおこし、問題をすすめていく姿勢ですすめた。現在も続く大手開発業者との直接的な闘いは、市民活動の手法も提示した。75年「昭島市自然に親しむ会」が公民館の自然保護講座受講者を母体として発足。種や苗の配布、野外観察会などを実施。自然に対する限りない情熱を燃やして自然を守る一員としての誇りと責任を全うしたい思いから発足。同年「三多摩問題調査研究会（青梅）」、野川を清流に戻すため、流域の植生、湧水量、水質、社会調査活動などを実施。運動を通じて、地域自治のあり方まで考え行動している。『野川を清流に』隔月発行。「青梅の自然と文化を守る市民会議」（74年）は自然破壊と文化の荒廃が進行するのを憂える

青年の発議で、多摩川の流域調査を進めることで発足。75年「環境を考える会（羽村）」は多摩川の環境調査、産業廃棄物処理場の告発、ゴミ穴周辺の調査。環境調査報告書などを発行。80年「井戸端議会小金井」は、公民館講座から発足。自分の町を知ることから始まり、野川の汚染問題、調節池反対運動、治水対策など活動を広めている。20数団体により、「多摩川水系自然保護団体連絡協議会」も結成され、情報や経験を交換しあっている。

　1967年に公害対策基本法ができ、69年には東京都公害防止条例が制定され都公害局ができ、発生源の監視と指導を始めたが、大気汚染・河川汚濁・騒音・ごみ・工場・道路建設・日照権など複合汚染は進んだ。

(2) 住民主体のまちづくり

　前掲の「田無保谷どんぐり会」は地域内のまちづくり全般を考える団体としては、かなり早い。1960年代までは地域の自治体と共に自分たちの街をつくっていくという感覚が強かったが、70年代に入ると、自治体が住民よりも企業とのつながりを強め、「住民の福祉」が必ずしも優先されない。

　1970年「くにたちの町づくりを考える会」、大学通り架設歩道橋反対運動、国立市基本構想、西南部流通業無断地、用途地域指定替え、都市計画街路、二号感染流域下水道など、"ファシズムをうながしインフレのみをもたらした政府の経済成長政策を市が迎合推進していることに反対"（『町づくり通信』）。町の象徴である大学通りの車を制限し、公園化をすすめる構想・市民アピールを提言している。市民と自治体職員、研究者が「三多摩自治体問題研究所（現多摩住民自治研究所）」（71年）を設立。現在に至るまで地域と自治体についての調査・研究活動が学習会などを行っている。73年「パイプ倶楽部（瑞穂）」。地域内だけでのいろいろな問題を住民サイドでとりあげて、街の発展と町民の幸せに反映させるためのパイプ役として活動。横田基地公害、砂利穴、ゴミ投棄など悪環境が原因で近隣自治体に比べ、発展が遅れており、社会教育活動の重要な役割の一端を担っている（『パイプ』月刊発行）。74年「衛星都市問題研究会（府中）」発足。多摩地域のまちづくりを考えるとき、「三多摩格差」といわれる歴史的・行政的な都市問題を地域構造から現実の市民参加の形態まで掘り下げていく研究会。自治体労働者と住民の論理の違いを広く公開するため『三多

摩衛星都市問題研究会報』も不定期発行。72年「三多摩問題調査研究会」は、多摩地域の都市問題や環境問題など広く研究（『研究会報』）。76年「『都市』を考える会（立川）」。マスで処理される文化、管理された情報の中で、個の自立と関係を結べるのかを考える。自分たちの文化をどう創造していけるのか。交通形態、関係をつくっていけるのか。78年「玉川学園地域を考える住民懇談会（町田）」は、人々の住まい方・生き方などのソフト面と、鉄道や宅地分譲などのハード面を考え、商店街道路をつくっていこうという試み。自分たちの住む町とは何か、どういう街にしたいのか。自治体との関係づくりなど、市民活動と自治・住民参加、地域主義、地方自治、まちづくり条例などという言葉が使われている。

(3) 公害をなくし生活を守る

1971年「三多摩公害調査研究会（府中）」発足。府中市日本電気周辺の水田がカドミウムによって汚染されていることが分かり、重金属汚染調査に取り組む。科学者、学生、主婦、教師、サラリーマンなど広範な人々が学習会に参加。科学的知識を身につけ、人間をとりまく自然や科学的な自然観を学び、公害をなくし、自然を守る運動にしていくことが重要と活動。

1972年「公害のないせっけんを使う会（国立）」、73年「食品の安全を考える会（国立）」。73年「ひがしむらやま土の会」は市内の有機農家と提携。74年多摩地域に100校近い生活学校の意見交換、情報提供などの拠点としての「多摩地区生活学校連絡協議会（奥多摩）」発足（第3部第1章④参照）。75年「町田市消費者センター運営協議会」。運営委員を毎年公募し、町田市消費者センターの運営を担う。市が運営するセンターの消費者啓発や情報提供の部門を市民が企画運営することで、アプローチが身近になり、暮らしに役立つ情報を市民に届けやすくしている。年間50回の教育講座の開催。講座の企画、簡易テスト、通信編集、資料を収集・展示など公共施設の市民運営方式の草の根的存在。「暮らしの安全を考える会（三鷹）」（75年）は、社会教育会館の保育付き学習を活用して発足。「くにたち天然ガス転換の疑惑をただす会」（75年）、都市ガスから天然ガスの転換にともない、ガス事故多発に対して、転換前にたたかっている。76年「危険な千川小金井分水路から市民の生命と水を守る会（小金井）」。万人

が共有する「地下権」の確立をめざし快適な生活環境実現のための活動（通信『生命と水』不定期発行）。80年代以降は「公害」という言葉が、「環境」という言葉にすり変えられていく。

（4）社会教育を受ける権利を

　団体やグループ活動の拠点として、戦後当初から各地で必要とされた集会施設。多摩地域で社会教育施設の設置が最も盛んであった1960～70年代には、それら施設を要望する団体や利用団体間のネットワークなども形成されている。多摩地域の公民館建設は住民の活動なくして広がらなかった。

　1964年に発足の「小平市公民館等利用者懇談会」は、公民館の開館にともない、社会教育関係者や利用者が公民館の施設設備の充実や公民館大会なども実施。72年「昭島に公民館をつくる会」は青年学級卒業生、婦人グループ、地域のサークル・団体が共同で発足。福祉会館の使用料無料化運動にも取り組む。運動の中で憲法、教育基本法、社会教育法を学び・広く伝えている。翌年には「ふっさ『公民館を創る市民の会』」、74年には社会教育主事など自治体職員や研究者、市民が一緒に「社会教育推進全国協議会三多摩支部」も発足。民主的な社会教育を多摩地域に広げること、特に市民の学習の公的保障を拡大し、社会教育事業の質的向上をはかる。「社会教育は市民の権利」という基本姿勢を原点としている。75年「稲城の社会教育を考える会」「東村山に公民館をつくる会」、78年「武蔵野市社会教育を考える会」発足。「東村山に公民館をつくる会」は、公民館建設計画にも関わり、条例づくり、公民館運営審議会委員の民主的な選出方法、2・3館目の公民館建設への市民参加など具体的提案に関わっている。東久留米の人形劇団「あまんじゃく」は、練習場所に困り、「公民館をつくろう会」を兼務。『なんでもにゅうす』を発行、公民館建設後も地域のニュースとして活躍している。立川基地跡に「多摩地区に美術館建設を促進する会」も78年発足。多摩全域の市町村に陳情・請願活動をしている。

　社会教育施設が整い、講座等が積極的に開催される中で、講座の卒業生などが多様な自主グループをつくり、後の市民活動のリーダーとなっている例も多い。1980年代には、「公民館を語りあり合うつどい」（立川市）、「あきしまの社会教育を考える市民のつどい」、「社会教育を考える保谷市民のつどい」、「公民

館利用者のつどい」(小金井市)や、公民館と共催で「公民館大会」なども開催している。

(5) 子どもの文化活動と居場所

　家庭や地域の集会施設などを利用して、子どもたちに本を貸したり、お話や読み聞かせなどのサービスをしている家庭文庫・地域文庫活動。1962年に町田市立図書館の働きかけで町内会や団地のグループを基盤にできたのを地域文庫と呼ばれるようになったといわれる。70年の東京都による「図書館振興施策」や地域文庫活動から始める市民の図書館づくり運動により多摩地域に躍進的に図書館が増え、さらに地域文庫も増加。70年には全国組織「親子読書・地域文庫全国連絡会」発足。70年代には多摩地域だけで300近くの文庫があった。71年「玉川学園親子読書会(町田)」「西多摩子どもの本の会(秋川)」は、秋川流域の住民と学校の先生が軸になり、子どもの本について学びあったり地域に文庫や図書館がうまれることを願ってつくられた。73年「子ども文庫の会(国立)」は、PTA教養部「子どもの本の会」が基礎になって学ぶうちに地域での展開が始まる。「三鷹市地域・家庭文庫親子読書連絡会」など自治体内での連絡会も発足。73年「どんぐりの会(立川)」は、読書会だけではなく子どもの遊びの場や、共同保育などにも発展。74年「富士町文庫(保谷)」や、75年「せきれい文庫(あきる野)」「草花こども文庫(秋川市)」「いちまるよん文庫(調布)」、78年「田園文庫(福生)」などなど、それぞれ地域や思いがこもった文庫名が並ぶ。

　同時に文化運動として親子映画運動もこの時代に広がっている。1960年代末に西多摩・青梅で発足、70年「東久留米親と子のよい映画をみる会」(1997年には多摩地域で24団体の親子映画会)。74年「立川子ども劇場」、76年「清瀬こども劇場」「多摩子ども劇場」(青梅)発足。「子どもたちは知り、覚えることがあっても、『感じること』『創り出すこと』は少なくなり、忙しさの中で人とのかかわりも薄くなり、仲間との経験も減っている。舞台鑑賞を入り口に、知恵や力を出し合い、子どもたちの成長をみんなで考える」自主的な会。この時代ですでに子どもが忙しい、感性を磨く機会を奪われている状況で、当時は大人の危機感と子どもに向き合える時間があったことが現在との大きな違いだろう

か。「東京都子ども劇場おやこ劇場協議会」に多摩地域で22団体が登録している（97年）。75年には大人も対象にした「三多摩演劇を見る会」が発足。

1970年「武蔵野子どもまつり」開催（武蔵野子どものしあわせを守る連絡会）。73年「杉の木少年団（調布）」は、"ひとりぼっちの子をなくそう"という少年少女組織を育てる全国センターの運動に共鳴して発足。塾通い、非行の低年齢化など、子どもと大人たちのつながりが必要とされた。集団登校や歓迎会、お祭りなど毎月1回の活動と夏休み中のキャンプや勉強会なども実施。小学生から中学・高校・青年まで関われる組織づくりの工夫をしている。

1975年「オテンバ娘とガキ大将クラブ（立川）」は、個人宅をたまり場として発足。日曜日にスケッチ、スポーツ、工作教室やピクニック、見学会などを子どもたちが企画し実施している。75年「わんぱく夏まつり実行委員会（小金井）」には中学生から大人まで関わり「自然の中で思いっきり遊ぼう！」と夏休み最後の1週間を野川で第1回目が開催されている（現在も継続）。

1978年「風の子子ども会（羽村）」「ゆうやけ子どもクラブ（小平）」、79年「稲城子供会」は、障害児の多くが近所で一緒に遊ぶ友だちもなく、家に閉じこもりがちなため、豊かな放課後生活の場をと発足。ボランティア運営の限界を見据え、請願や署名活動など行政に働きかけ、79年に補助金交付を実現している。就学時健診により子どもを分けることに疑問を呈す「就学時健診を考える会」や障害の有無に関わらず共に生き、育つ学校や地域を提起する「『ふきのとう』編集委員会（日野）」も発足。

「白百合共同学童クラブ（府中）」は、9家庭が合同で各家庭を交代で使うことでスタート。「芸術教育研究所」がすすめていた「小さな小さな児童館」（月に一度、お菓子作りやレコード鑑賞など、可能な範囲で"子どもたちに家庭を開放して、地域の教育力を高めよう"という）運動の影響も受けた。共働きしながら、子どもたちの豊かな成長と、遊ぶことで生きていく力を育むという信念が少しずつ、学童クラブの公的補償を広げてきた。

1971年文部省の中央教育審議会「今後における学校教育の総合的な拡充整備のための基本的施策について（答申）」で明らかになった実態とそこから始まる教育改革に大きな不安が広がった。60年代から始まった高校全入運動に伴う高校増設、教育内容や条件整備の改善を求めて71年「三多摩高校問題懇談会（後

に三多摩高校問題連絡協議会）」発足。70年代の10年間で30校の高校増設、私立高校への公費助成の大幅増額、学区制、40人学級などを実現させている。市町村別でも「高校問題協議会」「都立高校をつくる会」等ができている。

公的保育施設の不足と子どもの自主性や自然と共に育つ保育のあり方を求めて、保護者と保育者が対等の立場で、知恵と力を出し合い、自分たちで保育所を経営する共同保育所も1960年代から始まっている。「共同ほいくたけのこ（昭島）」「コケッコー自主保育（国立）」「共同保育ありんこ（町田）」「東村山共同保育所空飛ぶ三輪車」他。働く権利を実現しつつ、保育を他人任せにしないユニークな保育実践が拡がる。現在まで子育てサークルとして継続していたり、小規模認証保育所として運営しているところもある。職員の給料はもちろん、備品の一つに至るまで保護者と職員がみんなで話し合って決定していた。

（6）障害者が豊かに生きる

障害者団体の運動の発展も大きい。国による福祉施設整備がすすまず、保護者を中心とした「共同作業所づくり」が広がる。1977年小規模作業所に対する国庫補助制度が創設、全国組織「共同作業所全国連絡会（きょうされん）」も設立。73年発足の「障害者の権利を守り、生活の向上をめざす小平の会」は、障害者（児を含む）の生活、医療、労働等に関する問題をアンケート調査で明らかにし、人間として豊かに生きる権利を守り、発展させることを目的としている。その一つに「障害者として働く権利」を挙げているのも注目に値する（『めざす会ニュース』月刊発行）。同年「日野市障害者問題を考える会」。障害者の問題を人間の権利としてとらえ、市民みんなの運動によってその問題を解決していくことをめざして活動。市長や市職員に出席してもらい、障害者問題懇談会を実施、各自の要求をほりおこし実現化を目指した。

1974年「国分寺市身体障害者福祉協会」。会員相互の友好と福祉の増進と厚生をはかり、市民として誇りをもって社会に貢献することを目的とする。75年「東久留米市障害者問題研究懇談会」、障害者すべてが"生きていて良かった"と言える日が一日も早くくることを目的に発足。三多摩各市障害者団体との連携もすすめている。「ユメトピア（若駒の家運営委員会）（八王子）」は身近に暮らすのに接点がない障害者との日常的なつながりをもち、人間的な住みよい

町に変えていくこと、養護学校や家庭の中だけで暮らす障害者が、地域の人や町と関わりをもつことを大切にした。77年「くにたちかたつむりの会」。障害者・健常者がともに普通に生きられる地域づくりをめざす。人間らしく主体的に生活していけるところは地域社会以外にありえない、それが可能な地域を求め続ける。78年「脳性マヒ者共同作業所（現どろんこ作業所、西東京）」は、楽しみながら打ち込める作業として陶芸など手工芸を中心に活動をスタート。79年「東久留米市視力障害者福祉協会」発足、市報のテープ録音化、点字ブロックやエレベーターの設置、点字投票の解読者を当事者にすることなど、市に多くの要望を出し現実のものとしている。1959年に作られた障害者施設・富士学園（国立）が74年に閉鎖され、閉め出された3人の園生を地域社会みんなで守ろうと元職員やボランティアが中心となって「富士学園を地域で支えていくための"人間の輪"（国立）」として自主運営を続けた。

(7) 高齢化社会がやってくる

1971年「小金井老後問題研究会」発足。高齢化社会がやってくるという声が出始めた頃、"幸せな老後をどうしたら送れるのか" "寝たきりにならない"を合言葉に健康講座の開催や訪問看護制度の予算化・リハビリ相談事業を市に要求している。74年「日野市老後保障をすすめる会」は、寝たきり老人実態調査を実施。"憲法に保障された老後保障政策の実施"を合言葉に、制度の隙間で落ちている老人入院見舞金制度や眼内レンズ手術助成、入院時給食代の助成等、運動を継続。公民館の老後講座をきっかけに78年に発足したのは「私達の老後をみんなで考える会（小平）」。"ねたきりにならない・ねたきりをつくらない"をスローガンに、病院と家庭の中間となるデイケアセンターが欲しいと活動を開始している。

5　1980年代：活動の発展、個別化・多様化

国家政策がますます市民からかけ離れていき、"国民"としての運動は縮小していくが、地域をベースとした生活課題に取り組む市民活動は更に活発化・多様化していく。行政や企業論理では構築できないもう一つの社会を提起・実践

することで、変革を求め新たな制度づくりにつなげようとした。国際協力活動、フリースクール、環境保全、障害者の当事者運動など、行政・企業組織では出来ない、市民組織として成長し存在意義が明確になっていく時期でもある。同時に市民組織における運動論と組織論の議論も活発になっていった。

(1) 女性への差別撤廃

　1980年代に多摩地域で最も元気だったのは女性たちだろう。70年代から少しずつ女性への差別が明らかにされ、運動が始まる。就職・賃金差別、富士見産婦人科事件、買春観光反対運動、優生保護法改悪案反対などといった国内の動きと共に世界的に動いたウーマンリブ、75年の国際婦人（女性）世界会議（メキシコ）翌年からの国連婦人（女性）の10年の流れもあった。政府は77年「国内行動計画」を策定、各自治体においても女性差別撤廃に向けての事業が展開され、女性施策担当も少しずつ設置され、「婦人行動計画」策定にも市民が関わっている。

　小平市では、1979年から毎年、市と実行委員会が共催で「小平市婦人のつどい」を開催、講演会や運動会を通して女性たちのつながりが広がった。八王子は市民が「行動計画策定に関する陳情書」を出し、「婦人行動計画をすすめる市民の会」を発足させ運動することで、「婦人問題懇談会」が発足。「国立市策定委員会」には、「くにたち婦人問題連絡会」などが傍聴に行き提言もしたが、策定には生かされなかったことで、市民による学習欲求が更に高まっている。小金井市では77年から「福祉を語る婦人のつどい」が毎年開催され続けてきた成果として57団体の女性ネットワークができており、そこからでた要望を提言、行動計画が策定。その後の計画が骨抜きにならないようにと施策推進も見守った。96年には「こがねい女性ネットワーク」へと発展。「多摩市婦人問題懇談会」「三鷹市婦人行動計画案検討市民会議」「東久留米市婦人問題協議会」など会議回数や人数は異なるが、時間はかかっても多くの人に広く開かれている会は、行動計画策定後も自主グループ化され、その後の施策実現に向けても力を発揮している。

　公民館における婦人講座や子育て講座、保育付講座の開催の影響も大きい。1979年当時の町田市婦人学級は20人前後の学級が17あった。講師と保育謝礼

は公民館が負担、テーマ別に教育、歴史、食糧事情、憲法、自分史などで開催している。婦人学級の卒業生やそこで出来たつながりを元に地域で自由な女性グループができ始める。「グループ手をつなごう（小金井）」「バウムクーヘン（後、NPO法人「サポートハウス年輪」田無へ）」「パッチワークキルト（日野）」「小川女性史（小平）」「女たちのひろば（立川）」「コスモスの会（府中）」「わだち（八王子）」「東久留米・女性会議」「グループうさぎ（日野）」など。学びの中で女性が置かれている状況や社会矛盾に気づき、意識改革、生き方、子育て、女性史を綴るなど、自由意思で集まり、更に学び続ける中で多様な活動を展開し、各市や多摩全域での女性ネットワークも広がった。「三鷹市女性問題懇談会」、82年「優生保護法改悪に反対する三多摩の会」、85年「ぶっつぶせ均等法三多摩の会」、88年「八王子手をつなぐ女性の会」、89年「多摩女性学研究会（調布）」、94年「たちかわ女性のネットワーク」他。

(2) 地域で共に生きたい

1981年は国際障害者年の始まりの年でもあり、「完全参加と平等」を目指して障害者自身による世界組織（DPI）も発足。多摩地域でも70年代の障害者運動の発展を引き継ぎ、団体が増えるとともに多摩地域全体での連携の動きも活発化。障害者相互・障害別の理解、悩みの共有、更により見えにくい少数者の人権・社会参加を目指しての活動も始まった。

1981年発足の「立川駅にエレベーターを設置する会」。障害者が社会に合わせるのではなく、共に生きる街づくりを目指し、障害者専用ではなく、誰もが使える駅をめざしての運動。「ユーカリ作業所（国分寺）」重度障害者が基本的人権を奪われた施設の中で暮らすのではなく、地域で共に生きる場所としての作業所づくりも活発になる。83年「三多摩自立生活センター」（立川）発足。自立生活という選択の道がひらき、障害者が地域の中で自立生活を送るための総合的な援助組織（住宅、改造、介助者紹介、カウンセリング、権利擁護など）として発足。障害者自身が運営にあたる。「立川市在宅『障害者』の保障を考える会"アス"」は、たまたま障害をもっているというだけで収容施設や病院などに隔離された生活を送るのではなく、地域の中で「あたりまえ」に生きる社会を創っていくことを目的としている。

心病む障害者への取り組みは制度としても立ち遅れた。市民の動きは1970年前後からの親の会・患者会から始まっている。府中では68年に「府中市精神障害者を守る家族会」として発足、83年から自宅を開放して交流する場ができ、共同作業所に発展、2003年には就労支援事業所3ヵ所やグループホームを運営する「社会福祉法人白梅会」へと発展している。町田では医療関係者や地域市民が「町田地域精神医療研究会」を1977年発足、83年に週1回の革細工のデイケアを開始し、84年に「オープンスペース・トマトハウス」として軽食店、翌年に共同作業所として認可されている。相談やつどいの場として始まり、地域で暮らしていけるように、精神病院退院後の居住施設として「共同ホーム　はらからの家（国分寺）」が81年に設立。「共同作業所たんぽぽの家（日野）」もグループホームや就労支援へ発展。アパートの一室で共同での食作りから始まった「クッキングハウス（調布）」は87年発足。同年に精神保健法がやっと施行されている。89年「共同作業所柿の木カンパニー（立川）」「ゆいのもり社（昭島）」などを開設。

（3）高齢者の暮らしを豊かに

「なかまの会（多摩）」は、1980年から多摩市社会福祉協議会と一緒に誕生日訪問をし、プレゼントを渡すことからスタートし、高齢者と話す中で食事サービスの必要性が見えてくる。「ひとり暮らしの老人の会（狛江）」は、高齢者施設への訪問、食事サービス、老人用アパート確保のための署名運動なども実施。「明るい老後を考える会（町田）」は、介護相談・用品の紹介や貸出し、配食サービス、文集発行・交流会・料理講習会、介護している家族への研修旅行、活動拠点づくりなども展開。「やすらぎの会（小平）」は、毎月1回自宅を開放し交流の場をもうけると同時に、会員相互のヘルパーシステムを展開。「三鷹市医療と福祉をすすめる会」は、三鷹市の基本計画策定の福祉部門に集まった市民で発足。医療・福祉の専門家と市民が気軽に話し合える定例会などを開催。83年「稲城の老後を支える会」は、公民館の「老後問題」の受講者が中心になって発足。会食会に来られない人を対象にした配食・訪問サービスなどを展開（会報誌『みのり』発行）、87年には多摩地域の他団体に呼びかけ交流会を開催し始めている。

多摩ニュータウンでは高齢化の波がやってくることを前提に高齢者問題を勉強しようと、高齢者向けのミニコミ『ひなたぼっこ新聞』の発行を始めた「ケボの会（多摩）」が1985年発足。人生を主体的に生き、楽しむ。"経験と知的財産を共有財産へ"を合言葉にケボ劇団や人形劇場、各種サークル活動などを展開。86年「小平いたわりの会」は、会員制の助け合いサービスの会として発足。家事手伝い、通院付添い、子育て支援などを地域内で始めている。全国的にも80年「呆け老人をかかえる家族の会（現：認知症の人と家族の会）」や83年「高齢化社会をよくする女性の会」などが発足、介護の社会化、介護保険制度制定へとつながっていく。

（4）食の安全と地域共同体

1980年「田無市学校給食をよくする市民連絡会」は、給食のパンから臭素酸カリウムを抜くための活動を始めている。「府中市消費者の会」は、少しでも安全なものをと共同購入を開始。食品添加物、農薬、水道水の洗剤残留度やリサイクル活動など活発に開始。「三鷹消費者の会」は、着色料排除運動やメーカーへのアンケート調査、不買運動なども展開。市議会に働きかけ国に対して食品添加物の規制緩和についての意見書提出のための陳情なども行った。80年「三多摩学校給食問題連絡会」発足、給食の添加物を除くこと、多摩地域の農産物使用の推進、直営自校食を求め民間委託化・センター化のくい止め、学校や調理員、保護者の連携を図る活動、国産米使用など活発な運動をすすめた。

多摩地域の生産者と消費者が信頼関係を築き、食べ物の安全性について一緒に学習を始めた「三多摩たべもの研究会」。「三鷹市消費者の会」は、ゴミ減量運動、合成洗剤、食品添加物の必要性を問い、時にメーカーにアンケート調査や不買運動、添加物規制を緩和しようとする国に対してなどを行った。1983年発足の「反農薬東京グループ（保谷）」は、除草剤CNPの追放運動から生まれ、農薬空中散布反対、シロアリ駆除剤、街中の農薬散布、室内汚染問題などに取り組み始めた。

1987年発足「グループ目高舎（武蔵村山）」は、地域の中で物の使い回し、手作り市場、地場野菜の産直、畑の共同工作、ふれあい給食、環境商品の共同購入、交流会などを定例的に開催。毎週発行の通信は現在も約500部が地域内で

手配りされている。「由木の農業と自然を育てる会（八王子）」は農作業や食品加工、朝市などを共同で取り組む中で交流、地域の連帯を深め、障害者や若者の実習の場ともなっている。少なくなったが生産と消費が混在している利点である。生協が合併して大きくなっていく中、自分たちが納得できる食べ物だけ顔の見える範囲で取り扱おうと「共同購入の会ぐりん・ぴーす（西東京）」は90年発足。生産者を集めてのお祭りなども開催している。

(5) 学校教育制度の軋み

　1980年代前後から集団いじめによる子どもの自殺が相次ぎ、大きな問題になった。社会全体が競争の激しい、ゆとりの無い社会で子どもへの管理が進む。
　PTAによる教育改善運動も地域によっては活発化（第3部第2章②参照）。東村山市のPTAはいじめ問題や生活全般に関するアンケートを子どもに実施し、子どもの視点から見えてくる学校の問題を学校側や行政に伝えている。国分寺市P連（PTA連合組織）は、国や国会議員、市教育長、近隣自治体にも働きかけ40人学級を実現させている。1985年発足の「武蔵野の教育を共につくる会」は、教育委員会の傍聴、教育に関する学習会、教育予算案についての要望書提出、市内PTA活動の一覧表作成など、相互に見える関係づくりに尽力している。東久留米市西中PTAは、校則を無くし、生徒会の決まりを子どもたち自身で作り、守るということをしている。教育を受ける権利から、サービスとして選択的に買う教育へと意識も変わっていく時代でもある。
　各地で「登校拒否を考える会」として親の集まりが出来始める。「くにたち登校拒否を考える会」「登校拒否の親の会（多摩）」「武蔵野自由学校」などができ、その後、学校以外の子どもの居場所づくり、集団より個を大切にした場づくりが広がってくる。1986年「学びの広場（国分寺）」「スペース"ロバの耳"（八王子）」「地球子どもの家（三鷹）」、89年「遊々舎（国立）」など。90年には全国72の親の会がつながる「登校拒否を考える全国ネットワーク」が発足している。
　障害をもつ子どもの放課後活動の場も更に広がる。「ポポロ子供会（保谷）」「フリースペースつくしんぼ（町田）」「なんでも遊ぼう会（三鷹）」「なかよし会（三鷹）」「むらさきこどもクラブ（武蔵野）」「あそぼう会（武蔵野）」「かるがも（東久留米）」「子どもステーション・くりぼー（国立）」など。1991年には「障

害児放課後グループ連絡会・東京」が発足、50グループが加盟し行政交渉などを展開。

　同じく子どもの個を大切にしながら主体的な活動への展開も継続している。1987年「青空冒険学校（日野）」。野菜づくり、穴掘りや土木作業、動物観察など。子どもの意見を聞きながら夢や希望を出し合い、現実のものとしていく知恵とエネルギーをお互いに出し合う。85年「児童館と広場をつくる会（小平）」は、子どもの自主性と創造性を発揮して遊ぶことのできる場を求めて発足。行政交渉と並行して地域で「遊ぼう会」なども開催。80年代に世田谷で始まったプレーパークは、少し後になるが日野・町田・小金井・国分寺・小平など多摩地域でも広がっている。

(6) 社会教育施設増設と変容

　多摩地域における1980年代は公民館活動の隆盛と変貌が入り混じる時代である。社会教育施設（公民館、図書館、博物館）は増え続けている。82年「社会教育を考える会（東大和）」、85年「公民館をよりよくする会（保谷）」、88年「国分寺・社会教育の会」など、公民館について学び、よりよい公民館づくりへの要望のとりまとめなど活発な活動が継続している。一方で90年代には社会教育施設の民間委託や廃止問題、首長部局への吸収、職員数減・非常勤化、公民館運営審議会の空洞化などの問題へと展開。公民館のこと・公運審のことを広く伝えようと、公運審自らが通信も発行している。調布では公民館の老朽化に伴い、文化会館化計画への危機感から「調布市公民館を考える市民の会」が93年発足。いろいろな危機が迫る中、自治体を超えて広くつながろうと「公民館を考える三多摩市民の会（国分寺）」も94年に発足している。

6　1990年代：市民組織・NPO萌芽

　市民組織が必要に迫られて始めた高齢者介護・給食サービス、安全な食品を流通させる運動など1980年代の動きにプラスして、行政組織では追いつかない補完的・先駆的役割だけでなく、多様な事業を担う活動が広がっていく。

　また、海外とのNPO・NGO交流やNGOフォーラムなどの国際会議が増え、

交流機会が多くなることで、人・お金・組織として貧弱な日本の市民組織の現状と課題が明らかにもなっていった。1995年「地方分権推進法」、98年「特定非営利活動促進法」、99年「地方分権の推進を図るための関係法律の整備等に関する法律」(地方分権一括法)が制定される時期でもある。市町村合併がすすみ、市町村数は20年で約半分になっている。

(1) 外国籍市民との交流・支援

　1972年の日中国交正常化の後、少しずつ本格化してきた中国帰国者の定住促進や、80年代の経済拡大期の外国人労働力への需要の高まりによる規制緩和、90年の入管法改正では日系三世まで就労可能になった。政策と前後して増える外国籍市民と理解・友好を深めようとする団体ができる。医・職・住など日常生活の相談・サポート、母語での地域情報の提供、日本語教室などを運営している。1950年から活動している「日本中国友好協会」の地域支部や在日朝鮮・韓国人のつながり、「中国帰国者の会」の地域活動の他、87年「八王子国際友好クラブ」「くにたち地域国際交流会」、88年「国際交流を進める市民の会(小金井)」「ゆうあいふっさ(福生)」「狛江国際友好クラブ」、91年「さざんかの会(青梅)」「むさしの国際交遊会」、92年「昭島異文化交流会」、93年「世界の子どもと手をつなぐ学生の会(八王子)」「アニャマン・カシ(青梅)」など、92年には東京学芸大学社会教育研究室(小金井)が都内の日本語教室・識字教室を網羅的に調査した『東京の識字実践・1992』を発行。93年にはネットワーク組織として「三多摩国際交流ネットワーク」が発足。約50団体が加盟、課題解決への協働と情報交換を始めている。96年「女性国際交流ネットワーク・イフネット(昭島)」なども活動。

(2) 平和を求める活動

　1960～70年代に全国的に展開された反安保、反基地・平和を求める運動は、全国的にも地域でも形を変えながら継続してきた。70年代から続く「立川自衛隊監視テント村」、ベトナム反戦デモから始まった「アンポをつぶせ！ちょうちんデモの会(三鷹)」、73年「調布市の戦争と平和を考える会」、77年「8・15反戦フェスティバル in こがねい」、79年「八王子空襲を記録する会」、81年「東村

山の戦争への道を許さない市民の集い」「日野市憲法記念行事実行委員会」、84年「むさしの憲法フォーラム」、87年「市民のひろば・憲法の会」など。

1990年代は憲法改訂の政治の動きにより市民側からの学び直しが活発化した。82年「八王子憲法を考える実行委員会」、94年「国分寺・市民憲法教室」、95年、「平和のための戦争展・小平」は実行委員会形式で始まり、毎年開催。一方で自治体主催の憲法記念行事が少なくなっていっている。

1995年沖縄で起きた少女レイプ事件は沖縄の反基地の闘いを全国に広げる一つのきっかけとなった。旧立川基地や現在も横田基地(福生)を抱える多摩地域でも怒りが拡がり、「うちなんちゅの怒りとともに！三多摩市民の会」が96年に発足した。

(3) 新たな公害・開発に抗う

高圧線や携帯電話、パソコン等家電製品から出る電磁波問題から命と健康を守ろうと1995年「電磁波公害追放！高圧線全国ネットワーク（東大和）」が発足した。

1970年代以降、生活から出てくるごみの量は増加し続ける。焼却施設や粗大ごみ処理施設は単独で持つ自治体もあるが、最終処分施設（埋立地）は多摩地域でつくる組合に加入して、日の出町かあきる野市の埋立地に頼っている。92年に日の出町二ツ塚処分場新建設案と、すでに埋め立てられた同町谷戸沢ごみ最終処分場の底に敷いてあるゴムシートが破れて汚染水が漏れていた問題が明らかになり、多摩地域全体の問題と「日の出の森・支える会（立川）」発足、トラスト運動や裁判などを展開。各地域でもごみ問題を考える団体が拡がった。93年「昭島ゴミを考える会」、94年「清瀬ごみともだち」「青梅の水とごみを考える会」「武蔵野市ごみゼロ連絡会」「自区内処理をめざす立川市民の会」など。95年発足の「小平・環境の会」はごみゼロ市民フォーラムの開催や学習会、市の審議会への参加、子ども達への環境教育、堆肥を利用しての野菜づくり、菜の花から油を採るなど展開。98年発足「ごみ・環境ビジョン21」は国分寺に事務所を置き、ごみ大学セミナー、講師派遣、情報発信などを多摩地域全体に行っている。98年からごみの有料化が青梅市から始まり、現在は多摩地域2/3市町村まで増えている。

新たな、または計画が凍結されていた道路建設、区画整理事業などが不況時に

進行していく。1984年に圏央道建設の住民説明会が開催され「裏高尾圏央道反対同盟」、88年「高尾山の自然を守る会」発足。自主アセスメントの実施、反対集会やデモ、学習会など行われるが、市も都も強引な採決で計画を強行、裁判闘争へと移っていく。「城山南地区の区画整理を考える会（国立）」、「（稲城市）平尾土地区画整理事業」に反対する「東京里山の会」、「羽村駅西口区画整理反対の会」、「あきる野市原小宮土地区画整理」への反対など、一方的に居住権を奪われる人たちにより98年には「区画整理・多摩地区交流会」も発足。「36m道路を考える会（国分寺）」、「市民による外環道路問題連絡会・三鷹」、「圏央道工事の差し止めを求める訴訟団（6団体他）」、「たなし3・4・7を考える会」などの道路問題。大規模マンション建設に反対する「町田猛禽類調査プロジェクト」や「東大農場のみどりを残す市民の会（西東京）」など、開発されてしまえば二度と戻らない自然を守っていく運動が展開。現在も多摩地域の地下を通過するリニアモーターカー問題など、開発との闘いは続いている。

（4）医療とともに

　誰もがなりうる難病への地域の理解と協力を求め、医療と福祉の連携を図ろうと1992年「国分寺難病者の医療と福祉をすすめる会」発足。91年「アトピッ子地球の子ネットワーク」、同年、厚生省（当時）は「国民の3人に1人は何らかのアレルギー疾患をもっている」と発表。95年「ガンを生きて学ぶ会（狛江）」はリハビリなど実践的学習と励ましあいの会を定例的に開催。「なんてんの会（東村山）」は、患者同士の語り合いの会から、相談機能、住宅改善・介護補助具の創作活動なども行う。80年代から活動してきた「仲間と共に歩む会（東村山）」は、90年に全国初めてのアルコール依存症の共同作業所「仲間の家（東村山）」を開設。93年にはエイズ感染者や家族による投稿誌『H.I.VOICE（青梅）』が創刊している。

（5）高齢者福祉計画から事業所づくり

　1989年に厚生省が策定した「高齢者保健福祉推進10ヵ年戦略」（ゴールドプラン）に従い、市町村でも94年に高齢者福祉計画が策定された。策定と前後して高齢者福祉を広く考える会や、計画を実行に移すための市民側の動きも活発

化した。87年「東久留米・老いを考える会」、88年「家庭料理研究所（国立）」は、毎日の食事サービスを展開、91年「くにたち豊かな老後をつくる会」、「飛行船夕食会（東村山）」、92年「高齢者地域福祉を考える市民の会（国分寺）」、93年「小金井福祉のまちづくり市民の会」や、町田市成瀬台で地域住民により"住み続けるためにケア施設が必要"と、「成瀬台高齢者サービスセンター建設促進住民の会」が93年に発足。94年「東村山在宅ケア研究会」、95年「町田住まいの会」等。

　一方、公的サービスでは足りず、介護や家事の自立援助・在宅ケアを必要とする事業を担う団体も。1983年「ボランティアグループ老いを共に生きる会（三鷹）」は、介護用品の無料貸出や斡旋、訪問介護、老人給食、介護家族の交流活動を展開。87年「ケア・センターやわらぎ（立川・国分寺）」、90年「カルティエおばさん（東村山）」も高齢者へのボランティア活動から始まり、必要に迫られ介護用品の販売、相談事業、家事援助サービスなどを展開。生活クラブ生協の中からうまれた協同組合方式で運営する「アビリティクラブたすけあい（ACT）」の地域団体がワーカーズコレクティブとして設立されている。公民館活動の自主グループから発足し、設立当初から24時間365日の介護派遣と週6日の夕食配食を始めた「サポートハウス年輪（西東京）」は93年発足。デイホーム、ヘルパーステーション、ケアプランセンター、ナイトホームなど必要に応えて次々と展開した。97年介護保険法が制定。

(6) 自立生活・社会参加の場を

　障害者運動からは学ぶことが多い。保護者のネットワーク、施設整備運動、当事者の権利擁護、居場所・共同作業所・共同ホームづくり、当事者自身による運動の展開方法など時代変化とともに発展している。1970年代にアメリカで始まったCIL（自立生活センター）や80年代のDPI（障害者インターナショナル）の運動など、障害者本人の自己決定による生活選択の運動が日本でも90年前後に広がる。86年「ヒューマンケア協会（八王子）」設立。91年には東京都自立生活センター協議会が発足し、多摩地域で17団体が登録。障害者自身の意思に沿っての自立生活・社会参加への相談・プログラムづくり、ピアカウンセリング、介助サービスなどを展開。障害者の作業所も軽作業だけでなく、やり

がいと自己表現の場へと展開を見せた。89年「食工房ゆいのもり（昭島）」、92年「クラフト工房ラ・まの（町田）」、97年「八王子障害者団体連絡協議会」と「八王子通所施設連絡会」が母体となった「八王子ワークセンター」、「草むらの会（多摩）」、2000年「やまぼうし（日野）」発足。作業所づくり活動とその存在は、地域に少なからぬ影響を及ぼしている。

（7）住民自治を求めて

　多摩地域では1995年に秋川市と五日市町が合併してあきる野市に、2001年保谷市と田無市が合併して西東京市になった。合併の是非を問う住民投票条例を求める運動など、市民自治の関心が高まった。1996年「あきる野市政を考えるみんなの会」発足。合併検証シンポジウムなどの開催や『白書』づくり、まちづくりと自治を育てる講座などを実施。環境・福祉・教育などまちづくり全体の問題に取り組む「たなし市民連絡会」は97年設立、合併前には同様に住民投票条例請求運動に取り組んでいる。95年「住み続けたいまちをつくる会（国分寺）」、96年「まちづくりフォーラム・ひの」、都市マスタープランづくりにかかわった市民が2002年に作った「市民まちづくり会議・むさしの」設立。ごみ、福祉、まちづくり条例、公共施設等の跡地利用など、武蔵野市全体の課題を継続して学習している。多摩ニュータウンでは「よき自治市民」としての教養を高めることを目的とし、「多摩自由大学」設立、「NPO街の研究所」を併設している。各地で自治体財政を考える会も出来、『財政白書』なども刊行している。

　市議会傍聴の会も1997年「調布市議会ウォッチングの会」「市民オンブズマン・小平」、98年「多摩市議会ウォッチングの会」、公民館講座から生まれた「政治・知りたい、確かめたい（小平）」など。

　ミニコミの隆盛期は全国的には1960〜70年代が中心でこの時期に住民図書館やミニコミ書店「模索舎」（新宿）が出来ており、多摩地域でもミニコミを取り扱う「国分寺アヴァン書房」「吉祥寺ウニタ」「ほんコミニケート社（武蔵野）」などもあり、都立多摩社会教育会館市民活動サービスコーナーでも収集・提供がされている（第3部第6章①参照）。インターネットが普及した現在でもZINE（magazineの略）と呼ばれる手づくりの小冊子ブームに形を変え、紙ベースのミニ・メディアは廃れていない。郷土史研究誌も早い時期から地方史研究会等

第 1 部　通 史

によって発行されてきた。会報など組織別ではなく、分野を問わないある一定地域内でのメディアづくり運動も一つの自治意識の現れであろう。61年『町田ジャーナル』、80年『なんでもにゅうす（東久留米）』、82年『武蔵野から（小金井）』『みたかきいたか』、86年『すくらんぶる（小平）』、87年『グループ目高舎通信（武蔵村山）』、89年『みたかカレンダー』、93年『ひろば―みんなで作ろう南大沢の新聞（八王子）』、96年『One Two エイト（八王子）』『湧水（日野）』、2002年『並木道（国立）』『市民活動のひろば（多摩全域）』、03年『連（小平）』『しみん（東村山市民新聞）』他。地域通貨の試みやコミュニティビジネスという言葉が使われるなど、改めて地域への注目が高まった。

(8) 当事者の声をきく

　いじめを生む社会そのものを変えていきたいと、1997年、「三多摩『学校・職場のいじめ』電話相談（府中）」発足。市民同士で学習会を重ねながら、電話相談を始めている。子どもの電話相談も世田谷から始まり、99年に全国組織「チャイルドライン支援センター」が設立している。多摩地域でも子どもの権利条約をすすめる会や電話相談などの会が出来ている。

　朝鮮民主主義人民共和国によるミサイル発射実験をきっかけに、在日朝鮮人の子ども達への迫害が多発。多摩地域には朝鮮大学校（小平）、西東京朝鮮初中級学校（町田・立川）があり、スカート襲撃事件などが続発。在日朝鮮人の無権利状態を改めたいと「チマ・チョゴリ友の会（府中）」が1998年発足。日本の排外主義やナショナリズムが強化していく中、相互にもっと知りあう場が大切と、学習会や「朝鮮文化とふれあうつどい」を毎年開催している。

7　2000年代：多様化と分断、原点回帰

　世紀の変わり目とともに、大きな変化があった。1990年代のバブル崩壊・不況により「勝ち組」「負け組」という言葉が使われ、2004年のイラク日本人人質事件では政治家が「自己責任」という言葉を使うなど、制度・政策の問題を個人の問題にすり替えながら、集団・組織が優先され、個々人の人権・命への軽視が強まってくる。1999年に国旗・国歌法、2005年に障害者自立支援法が制

定、介護保険法は2000年から施行。03年地方自治法（指定管理者制度導入）、04年労働者派遣法、07年教育基本法が改定された。

また、情報通信技術革命・インターネットが急速に進み、世界の一隅で起きたことを瞬時に知ることができ、個々人が世界中に発信できるようになった。その後のスマートフォンの普及とともに、遠くの人や情報とはつながったが、目の前に居る人・近隣の情報交流は豊かになったとはいえない。

市民組織が事業体として本格的に歩み出し、多様な市民組織が存在しはじめ、同じセクターでありながら目的意識は多様化している。

(1) 市民組織支援

市民組織による市民組織支援は1965年「大阪ボランティア協会」や、88年「まちづくり情報センター・かながわ（アリスセンター）」が草分け的存在。行政機関による団体支援事業は72年開設の東京都立多摩社会教育会館市民活動サービスコーナー（第3部第6章①参照）であるが、1998年のNPO法制定と前後して、市民組織を支援する場・機能が設置されるようになった。

多摩地域では、2000年の「多摩NPOセンター」を皮切りに、02年「市民活動支援センター（日野）」「西東京ボランティア・市民活動センター」、03年「三鷹市市民協働センター」「八王子市民活動支援センター」「市民活動センター・たちかわ」「清瀬市市民活動センター」、04年「くにたちNPO活動支援室」などと続く。いずれも公設であるが、運営は社会福祉協議会や地域の市民組織連合体、NPO法人などに運営委託している。

市民組織自らによる中間支援組織は、1998年「西東京NPO推進センター・セプロス」、2002年「ひ・ろ・こらぼ（小金井）」「市民活動サポートセンター・アンティ多摩（立川）」「多摩NPO協会」「市民サポートセンター日野」「日野・市民自治研究所」「まちだ市民情報センター」「シビル（立川）」などが市民自身の活動・情報拠点として設立。公設のサポートセンターには活動場所と情報が集積・提供され、そこを運営する団体は、委託先の行政論理で動くか、サポートすべき市民組織側に立つかによって蓄積されるノウハウは大きく異なるが、それぞれの地域で、分野を超えた多様な市民団体が「市民組織」や「NPO支援」のあり方を論議する一つのきっかけになったことは公民問わず大きい。

(2) 地域での「場」の拡がり

　特定の分野で活動する団体が、自身の活動のために場を作ると同時に、地域の人に開かれた場としての機能を持ち合わせることが多くなった。多様な市民組織への活動支援を主目的にしてはしていないが、結果的にある一定の地域のセクターを超えた人や情報が集まる場になっている。「高齢社会の職と食を考えるチャンプルーの会（立川）」「多摩でDVを考える会」「はちのこいこっと（三鷹）」「コミュニティカフェ＆ホームギャラリー・ステッチ（立川）」「スペースF（国立）」「子どもの居場所・くにたちゃん（国立）」「ぷくぷくポレポレ（調布）」「グループ目高舎・ひこばえ荘（武蔵村山）」「みまもり―東村山にミニ宅老所をつくる会」「福祉亭（多摩）」。団地自治会がミニデイサービスなどを展開する例もある。子どもの居場所・子育て、高齢者、作業所、女性のシェルター、文化拠点、外国籍市民支援など分野はさまざまであるが、場をつくることにより、その地域における活動と学びの活動拠点となっている。

　1980年代以降、学童数は下り坂で、学校の統廃合による学校施設の活用も始まっている。多摩地域唯一の村である檜原では過疎化がすすむ中、檜原の自然をいかし、食文化や名所など村ならではの文化を活かし、町全体を考えていこうと「東京ひのはら地域協議会」が発足。村内の公共施設や古民家を使っての地域宝探し事業が始まっている。

(3) 教育の変貌・権力介入

　2003年東京都教育委員会が都立学校及び市町村教育委員会に対し、入学式や卒業式での日の丸掲揚、君が代の起立・斉唱を義務化（10.23通達）し、翌年3月の卒業式で従わなかった教員が大量に処分された。これに対する違憲訴訟や都立七生養護学校（日野）の性教育への攻撃、06年の職員会議で挙手や採決による意向確認を禁じる通知に撤回を求めた都立三鷹高校校長への定年退職後の非常勤講師不合格など。教育界における民主主義の攻撃により、新たな運動が多摩地域でも展開された（「『こころとからだの学習』裁判を支援する全国連絡会（日野）」「自由を守るユース・ネットワーク」「河原井さん 根津さんらの『君が代』解雇をさせない会」「ピースリボン裁判を支える会（日野）」他）。

　1997年に「新しい教科書をつくる会（以下、つくる会）」が発足、2001年に

歴史と公民の教科書が教科書検定に合格している。同年「東久留米の教科書を考える会」発足。教科書の問題点を検証する学習会や教育委員会への要請・傍聴活動などを展開。「つくる会」教科書の採択拒否が第一目的だが、近現代史の学びあいが必要と、東アジア3国の近現代史を学ぶ講座を開催している。2012年に突然「つくる会」の教科書が採択され、「武蔵村山市子どもの教育と文化を育てる会」も活動を展開。小中学校の学区選択制・一貫教育化も進む。遠方まで通う子どもが増え、学校ごとに予算が異なり、公立学校の差別化が進む。

　社会教育行政においても6ヵ所あった東京都青年の家（うち5ヵ所が多摩地域）が、2005年までにすべて廃止された。市町村においても、09年市から突然の一方的な指定管理以降が発表され発足した「『東久留米市中央公民館』の指定管理者制度導入を考える会」などが活動している。02年東京都の図書館再編計画で多摩地域唯一の都立多摩図書館が都立中央図書館の分館に位置づけられ、都立3館での重複図書は1冊のみ保有し残りは除籍となった。それに反対し、新たなデポジットライブラリー（共同保存書庫）を作ろうと、職員や市民などが中心になり「多摩地域の図書館をむすび育てる会（東村山）」が発足。各地の図書館でも指定管理者制度導入の動きがあり、「立川の図書館を考える会」「東大和の図書館を考える会」「調布の図書館をもっともっとよくする会」なども発足している。

（4）憲法の危機

　2001年9月11日のアメリカ同時多発テロを理由に03年アメリカによるイラク攻撃が始まる。日本では憲法9条を更に空洞化させていく武力攻撃事態対処関連3法（有事法制）が成立、自衛隊が戦場に送られる事態が続く。

　2000年「『憲法とわたしたち連続講座』実行委員会（国立）」発足、毎月憲法の連続講座を開催。01年「平和憲法を広める狛江連絡会」は、毎年平和フェスタを開催。04年立川にある自衛隊官舎のポストにイラク派兵反対のチラシを入れた「立川自衛隊監視テント村」のメンバー3人が住居侵入として令状逮捕。チラシ配りが犯罪となる表現の自由の危機と全国的に運動が広がった（「立川・反戦ビラ弾圧救援会」）。04年「イラクからすべての軍隊の撤退を！くにたちの会」「憲法『九条の会』調布のひろば」、05年「憲法九条で平和を守るあきる野

9条の会」。07年「LIVE！憲法ミュージカル in 三多摩（日野）」が2年間の準備期間を経て100人の市民が「キジムナー」を公演。憲法九条を守る運動に対し、「特定の政党を支持し、またはこれに反対するための政治活動」として自治体が後援等を見送る事態が起こる。憲法を守るべき公務員が、「憲法を守る」ことを政治活動と位置付けて遠ざける時代となった。

（5）排斥運動・差別言動への運動

　1970年代から国会議員や政党政策を支援する形での全国的な組織があり、憲法改正、天皇行事の強化、教育基本法改定などをすすめてきた。90年代以降、「国民運動」として会員を募り、地域にも市民組織として下りてきている。

　2007年「在日特権を許さない市民の会」が発足。極端な民族主義・排外主義的な差別言動を公共の場で繰り広げ始める。在日朝鮮人、従軍慰安婦問題、靖国問題、生活保護、LGBTなどをターゲットにしたヘイトスピーチは、三鷹で開催された従軍慰安婦展でも行われ、住宅街は異様な雰囲気に包まれた。政策としても朝鮮学校のみ高校無償化としないなど差別や、少数者に対する政治家による差別発言もあり、個別の団体を超えて「市民による差別を許さない！」という学習会や、議会への意見書提出など差別に対抗する動きも広がり、2016年のヘイトスピーチ規制法制定へとつながっている。

（6）格差社会の拡がり

　1980年代以降、日本のジニ係数は上がり続け、新自由主義政策や税金による富の再配分が不均衡で、格差が急激に広がり貧困層が増えた。ワーキングプア、生活保護受給者増、ネットカフェ難民、日雇い派遣、子育て世代の貧困。多摩川河川敷でもブルーシートの数が増えていく。ホームレスの支援団体である「夜まわり三鷹」「府中緊急派遣村」「さんきゅうハウス（立川）」「三多摩ホームレス支援機構（立川）」など、横の連携も広がり、2007年には「反貧困ネットワーク」も発足。「平和とは、単に戦争でない状態を指すのではなく、誰もが飢えず、暴力に怯えず、差別にさらされない状態の総称」といったのは、ポール・ラングランである。

8 学び、つながり、運動は続く

　ここに記すことができたのは、筆者が把握することができた市民活動・組織のうちの氷山の一角で、他に見るべき資・史料もたくさん残して時間切れとなった。特に文化活動、労働運動、企業組織による市民活動等については追えなかった。2010年代の3・11以降の大きな変革を含めて、より詳細な市民の記録を今後も書き続けたい。

　多摩地域の70年間の市民活動・市民組織の動きは、全国的な市民活動の動きと呼応する。戦後、集い・学び直すことから始まり、平和・民主主義を基調とした新たな社会づくり、公的制度を一緒につくっていく運動、人権確立、開発を優先する民間企業との公害等反対運動、不利益を被りやすい人たちの人権擁護、住民の福祉を優先させるための行政組織への働きかけ、行政・民間組織では出来ない新たな事業体としての市民組織の確立、そして憲法改定の現実が迫る中、平和・民主主義社会を求める運動へと回帰していく。とにかく、目の前の課題に取り組むことが精一杯で、時に息切れして疲れ、絶望・分裂し、負けることも重ねながらも、手法を変え、世代交代と資金集めに奔走し、人と人の思いから新たな知恵を生み出し、また形を変えて動いてきた。憲法理念に支えられながら、それを現実のものとする「不断の努力」を積み重ねてきた。その積み重ねが、今の社会をつくってきた力の一つであることは間違いない。

　多摩地域ならではの特徴も見えてくる。自由民権運動の中心地といわれた時代に培われた気質、連帯意識などの歴史的影響。また、多摩川や玉川上水、奥多摩から続く丘陵・里山、崖線など自然環境豊かで多様な植物が生息する地理的影響。戦後、農村部であった多摩地域は急激な変貌を遂げる。歴史・地理的な多摩地域の利点を活かし・熟成を待つ時間もなく、暴力的に都市化されていく。しかし、だからこそ増え続ける住民が新たな風を入れながら、真実を知り、連帯し、声をあげ、抵抗し、代案を提示し、制度をつくり、自分たちで実践してきた。都心部に近く全国的・世界的な動きから双方向で力を得つつ、生活課題にしっかり取り組める自治体を超えた「三多摩」という地域意識も持ち合わせていた。

　社会教育行政との相関関係も大きい。多摩地域で社会教育行政の職員・施設

第 1 部　通　史

ともに一番隆盛するのは70年代である。市民自身が人と集う場と機能の必要性を活動の中で実感し、市民の必要と運動により、多くの社会教育施設ができている。憲法26条の教育を受ける権利、教育基本法、社会教育法を現実のものにする運動でもあった。自分たちの権利として保障された場で集い、真実を知り、個々の生き方を問い直す機会があることで、市民活動の担い手や組織が多く生み出されてもきた。憲法理念を顕著に体感できる社会教育機関の存在は、市民活動の大きな支えにもなってきたのである。

　少子高齢の時代となり、これからは開発・発展ではなく、人々が織りなす小さな暮らしを大切にできる時代がやってきたともいえる。家族や組織・国でくくらない、個人の命・人権を最重視する社会づくりに本格的に取り組んでいく世紀にしなければならない。一方で、市民活動のバイブルであった憲法理念そのものを改定し、人権・命を軽視し戦争への道を歩もうとする権力の動きがある。私たち市民は小さく権力から遠いところにあるが、これまでの実践と知恵の積み重ねを活かし、今後も形を変えながら学び・つながり・運動していくことを手放すことはないだろう。そして、社会づくりを自分たちの手でつくっていく主体性を育んでいく場・制度として、社会教育行政の力は市民の権利として欠かすことは出来ない。

1　八王子市史編集委員会『新八王子市史』資料編6近現代2、八王子市、2014年3月
2　同上
3　同上
4　日野市教育委員会『日野市戦後教育史』日野市教育委員会、1997年4月
5　国分寺市史編纂委員会『国分寺市史』下巻、1992年
6　同上
7　同上
8　調布市市史編集委員会『調布市教育史』調布市教育委員会、1982年3月
9　町田地方史研究会『町田地方史研究』第4号、1986年
10　町田市教育委員会『町田市教育史』、1990年3月
11　くにたち婦人の会五十周年記念誌『みのり』第4号、2001年10月
12　農林水産省『農林業センサス』、2015年
13　会報『緑風』発行
14　三鷹市教育史編纂委員会『三鷹市教育史』三鷹市教育委員会、1993年1月

【参考文献】
- 多摩地域各市町村発行『市史』、同教育委員会発行『教育市史』
- 各市民組織発行の会報や通信（法政大学大原社会問題研究所環境アーカイブズ所蔵：1960年代〜2002年、市民アーカイブ多摩所蔵2002年〜）
- 東京都立多摩社会教育会館市民活動サービスコーナー『市民活動』1〜55号、1972〜2001年；『市民活動サービスコーナーだより』1〜125号（通巻）、1977〜2002年
- 「市民活動のひろば」発行委員会『市民活動のひろば』1〜140号、2002〜2016年
- 東京都立中央図書館『住民運動に関する文献目録』、1980年
- 市民活動サポートセンター・アンティ多摩『東京・多摩地域の"市民活動支援"―報告と資料―』、2005年
- 多摩中央信用金庫『多摩のあゆみ』1〜162号、1975〜2016年
- 多摩百年史研究会『多摩百年のあゆみ―多摩東京移管百周年記念―』けやき出版、1993年
- 多摩史研究会『多摩の五千年―市民の歴史発掘―』平凡社、1971年
- 石塚裕道・成田龍一『東京都の百年』山川出版社、1986年
- 堀江泰紹『町田近代百年史』町田ジャーナル社、1980年
- 東京学芸大学社会教育研究室『東京の識字実践・1992―第二次識字マップ調査報告書―』、1992年
- 岡本栄一・石田易司・牧口明編『日本ボランティア・NPO・市民活動年表』明石書店、2014年
- 東京経済大学多摩学研究会『多摩学のすすめ2―新しい地域科学の構築―』けやき出版、1993年
- 中村高一『三多摩の社会運動史』都政研究会、1966年
- 新聞多摩版、ヒアリング他

第2部

特論Ⅰ
~行政・施設史篇~

第1章 職員・委員

1 23区社会教育主事制度のあゆみ

荒井 隆

1 社会教育主事制度

　社会教育法（1949〔昭和24〕年6月10日公布施行、法律第207号、以下「法」）施行当初は、社会教育主事については教育委員会法施行令に根拠を置くのみで、法には規定されていなかった。法制定後2年たって指導主事と比べ不備な社会教育主事の法令の規定を整備し、社会教育振興の重要な一因にすべきとの世論が強まり、国の方針により法を一部改正して、社会教育主事を都道府県に置くこととされた（1951〔昭和26〕年6月21日、法律第17号）。（横山宏・小林文人編著『社会教育法成立過程資料集成』昭和出版、1981年、249頁）。

　区市町村への社会教育主事配置は、法一部改正（1959〔昭和34〕年4月20日、法律第158号）により制度上の根拠をもったもので、23区では1960年度より初めて実施された。行政現場ではほとんど顧みられない教育公務員特例法であるが、同法第2条で社会教育主事は指導主事とともに「専門的教育職員」と規定されている。この法律第16条で「専門的教育職員の採用及び昇任は、選考によるものとし、その選考は、当該教育委員会の教育長が行う」と定められていることから、社会教育主事を都道府県に置くうえで、その資格を明記することとした、と当時の文部大臣が国会において法を一部改正する法律案提案理由を説明している。

　区市町村に社会教育主事を必置とした法一部改正の国会への提案理由説明で、文部大臣は「社会教育主事は、（中略）地方の社会教育を担当し重要な役割

を果すもの」として、「地方における社会教育の推進をはかるには、その充実を期することがきわめて肝要」なことから、「従来市町村においては任意設置となっている社会教育主事を必置とする」とその考えを明らかにした。

これを受けた東京都は、1959年11月24日東京都教育長名で「区に対する社会教育主事及び社会教育主事補の設置の基本方針」を示した。この「基本方針」発表後、さらに教育長および総務局長名で各区教育委員会ならびに区長宛てに1960年5月16日付けで同年6月1日を期して社会教育主事を設置するよう協力依頼をした。

これに応えて1960（昭和35）年度から23区に社会教育主事が置かれることとなり、同年6月1日には千代田区、港区、練馬区に社会教育主事の発令がなされた。他区でもこれにならい、順次社会教育主事の配置が進み、1962年4月1日には23区すべてに社会教育主事が置かれて、23区における社会教育主事整備体制の基礎が築かれる（岡田忠男「社会教育法の一部改正後における社会教育の動向」『戦後東京都教育史下巻 社会教育編』東京都立教育研究所、1967年、254頁。および特別区社会教育主事会・東京社会教育懇話会編『学びの援助者として―特別区社会教育主事制度30周年記念誌―』特別区社会教育主事会、1990年、17-20頁）。

社会教育主事補についても計画的に配置がなされていった。

このように、この時期に広域行政としての東京都が果たした役割は大きかった。「基本方針」の中には今日でも注目すべき内容が含まれている（岡田忠男前掲、252-253頁）。

(身分) 4. 主事及び主事補は、東京都職員定数条例第2条にいう、知事の事務局の職員とし、区に配属するものとする。

(採用) 1. 主事の採用は、教育公務員特例法第16条により、選考によるものとし、その選考は都教育委員会の教育長が行なう。

(定数) 1. 区における主事及び主事補の定数は、人口を基準として算定するものとする。

2. 定数の算定基準は、次のとおりとする。

人口	区数	定数		
		主事	主事補	計
20万未満	2	1	1	2
20万〜299,999	7	1	2	3
30万〜399,999	10	2	1	3
40万〜499,999	2	2	2	4
50万以上	2	2	3	5

　特別区は1974年の地方自治法一部改正以前は東京都の機構の一部であり、自治体としては東京都の下部機構としての大きな制約下にあったため、現在のような基礎的自治体としての特別区と広域行政である東京都との関係と同等にみることはできない。社会教育主事設置の「基本方針」とそれに基づく東京都の施策により、各区に社会教育主事、続いて社会教育主事補が配置されたが、残念ながら「基本方針」に示された定数は数年後には方針通りには進まない現実に直面する。それでも、教育公務員特例法に基づく採用方法の明記を含め、社会教育主事制度の発足にあたって東京都の果たした積極的な役割を評価しておく必要がある。

2　社会教育主事配置の推移
（『特別区社会教育主事会名簿』特別区社会教育主事会、各年）

　草創期の社会教育主事の職務内容をめぐって、東京都の「基本方針」に示された「社会教育を行う者に専門的技術的な助言と指導を与える」（法第9条の3）職務は膨大であり、それを各区1〜2名で対応することはとても難しいと考えられていた。

　1960年6月1日社会教育主事に採用された松本武（千代田区）は、その頃を回顧して「今までと違った分野に足をそめたわけだが、比較研究する区がなかったので、自分から求めて築きあげるしか方法がなかった」と、模索と苦難の日々を述懐している。松本は続けて言う。「今日23区の社会教育指導職員のおかれている状態は、23様式とでもいおうか、多彩といえば聞こえはいいが、まことにもってバラバラである。この遠因はすでに〔昭和−引用者〕35年に端を発していたように思う」（前掲『学びの援助者として』、7頁）。

これは社会教育主事の職務をめぐる根本的な問題提起である。すなわち、社会教育主事自身の個人的な資質や能力の問題か、それとも我が国で定着しないとされるスタッフとしての不安定な立場で、膨大な職務遂行を期待されながら必要な人員を配置せず少人数で対応せざるを得ないという組織上の問題か、という問いである。最盛期の1993年度は23区全体で104名を擁したが、区によって人数の差が大きい。この最盛期でも少ない区は1～2名（8区）、多い区は10名や14名という開きがあった。その後、行政改革等の影響で社会教育主事も定数削減の対象になることを免れることはできず、年々人数が減少している。

　23区の社会教育主事が1993年度をピークに次第に減少していくなか、各区で30年以上社会教育主事として活躍した人々の退職不補充が続いた。

　大田区では、社会教育主事は2003年度をスタートにスタッフからラインに組み込まれ、係員に事務職や再任用職員が配属された。その結果、社会教育主事の退職後は事務職の係長が後任となり、社会教育主事は補充されなかった。こういう人事方針が各区において実施され、社会教育主事人員削減の背景となっている。

　2014年4月1日現在では、23区全体で63名の社会教育主事が社会教育・生涯学習の専門的事項だけでなく、関係業務に従事している。2014年4月1日現在の社会教育主事不在区は千代田区、文京区の2区（特別区社会教育主事会調べ）であるが、社会教育・生涯学習の担当部局が教育委員会から区長部局に移管された区では、教育委員会事務局に置くこととなっている法の規定から、社会教育主事とは言い難い状況がある。

3　社会教育施設への専門職配置

　品川区・渋谷区・葛飾区をはじめ表1に記した区では、社会教育主事を文化センターや社会教育館など社会教育施設に積極的に配置してきた（前掲『特別区社会教育主事会名簿』）。これは、社会教育局長通達「（公民館）主事は専任職員として任命することが望ましいが、当分の間は、実情に応じて社会教育主事等に兼任させる等の方法により、公民館の事業の積極的な振興をはかるよう措置されたい」（1959年4月30日）の影響も考えられるところだが、むしろ社会教

育施設の活動を活発にしようとする各区の積極策の表われと評価してよいであろう。

表1は、各区の社会教育主事の社会教育施設への配置経過をまとめたものである。1993年のピークに至る社会教育主事数の増加分の大半は、この施設配置に向けられた。(髙井正「23区における社会教育関係職員の動向―社会教育主事を中心に―」『東京23区の社会教育白書1989』社会教育推進全国協議会東京23区支部、1989年3月、136頁)

表1　特別区における社会教育主事の施設配置経過

区名	配置開始	途中経過	終了または現状
品川*	1977年6月 3施設	1978年11月 3施設に複数配置	1995年3月　終了
渋谷	1977年6月 1施設	1979年10月 2施設に配置	2014年　　　配置なし
葛飾	1977年6月 1施設	1979年10月 2施設に配置 1983年4月　2施設に複数配置	2014年　　　配置なし
板橋	1977年6月 1施設	1985年7月　2施設に配置	2014年　　　継続中
目黒	1979年5月 1施設		1981年1月　終了
世田谷	1979年5月 1施設		2014年　　　継続中
足立	1979年10月1施設	1987年7月　4施設に配置	2014年　　　配置なし
新宿	1984年7月 4施設		2001年3月　終了
中野	1985年7月 1施設		1993年3月　終了
北	1985年7月 3施設		2014年　　　配置なし
江東	1991年7月 1施設		2014年　　　継続中
港	1998年4月 1施設		2001年3月　終了
杉並	2000年5月 1施設		2014年 継続中(別課)

出典　東京都社会教育主事会名簿(各年)、特別区社会教育主事会名簿(各年)をもとに筆者作成
＊品川区非常勤職員の常勤専門職化は、1977年度実施

<品川区>　社会教育主事複数配置は、荏原、東品川の文化センターと総合体育館の3施設で、五反田、旗の台、南大井の文化センターと、戸越体育館は1名配置とした。

こうした積極姿勢をみせてきた品川区であるが、1992年度から戸越体育館を除き（同体育館の社会教育主事配置も1994年度で終了、社会体育課は1985年から総合体育館内に一元化）、文化センターへの社会教育主事配置を見直し、社会教育主事の本庁（教育委員会事務局生涯学習部社会教育課）集中化を図った結果、社会教育施設における社会教育主事は不在となった。

＜渋谷区＞　品川区、葛飾区と同時に社会教育主事を社会教育館に配置し、23区中最多の6施設（社会体育含む）に社会教育主事を置いて、地域単位の社会教育振興に力を入れた。この結果、「社会教育館」の名称は広く区民生活に根付かせることに成功した。

＜葛飾区＞　社会教育館への社会教育主事2名配置は当初新小岩と亀有で行われ、その後新館建設に伴って柴又地区センター、水元にも拡充された。これは23区で最も積極的な専門職配置体制であったが、その葛飾区も、社会教育主事を本庁に集中し、現在は社会教育館に社会教育主事を置いていない。

4　23区社会教育主事の活動

（1）黎明期の社会教育主事会

　1959年の法一部改正に基づいて、1960年度に初めて23区に社会教育主事が配置された直後の同年12月7日には、区市社会教育主事（以下、断らない限り「社会教育主事補」を含む）による社会教育主事会（以下、「主事会」）が発足した。その翌日の8日には東京都の仲間も加わり、「東京都社会教育主事会」として発展的に名称を改めて活動を始めている。

　23区初の社会教育主事となった松本武（主事会初代幹事長）は、次のように当時を回想して主事会活動をスタートさせた。

　学校から転じた者は私1人であって、まことに心ぼそかった。今までと違った分野に足をそめたわけだが、比較研究する区がなかったので、自分から求めて築きあげるしか方法がなかった。特別区に同志が出そろうことが待ち遠しく、試行錯誤の中で、「研修の組織化」「広報活動の活発化」「社教主事の位置づけ」などが最初の年の活動目標であった（松本武「苦難の草創期」（前掲『学びの援助者として』）。

(2) 研修活動・交流・紀要

　1967年度に主事会の研修方法を改訂し、個人、グループ、ブロック研究の3方法を採用する（前掲『学びの援助者として』、4頁）。その後の検討を経て、第1水曜日は主事会役員会、第2水曜はブロック研修、第3水曜は課題別研修、第4水曜は全体研修という研修運営体制ができあがった。

　ブロック研修は、地域事情が比較的相似通っている4、5区が共通課題を設定して、研究する母体となった。社会教育施設の使用料徴収の問題が出れば、研究論文等を読み込んで原理的に問題を考えるなど専門性を磨いた。

　第3水曜は課題別研修が行われ、環境教育、女性教育、人権教育、メディア教育、社会体育など、関心ある領域について、研究集団を形成して共同で課題を究明する研究グループである。中でも特筆すべきは「環境教育研究部会」の出版活動である。1998年3月に『社会教育職員のための環境教育ハンドブック』を主事会名（編集・環境教育研究部会）で出版した。

　第4水曜は全体研修であり、時代にあったテーマを設定して、23区全体の社会教育主事に呼びかけての参加者を募った。東京都教育庁が研修主体の時は、主事会の研修担当が都の研修担当と協議して研修内容の設定に参画して、主事会が全体として研修できる場が設けられた。

　交流活動についても、互選によって役員となった仲間の主導で活発に仕組まれ、多くの社会教育主事が参加して相互の信頼関係の構築に大いに役立った。毎年4月に開催される総会後の懇親会を含め、こうした会員相互や東京都社会教育主事との任意の交流は、相互の信頼関係を深め、職務遂行上必要な情報資料の交換を容易にして、社会教育主事の情報処理能力を高めるうえでかけがえのない財産となった。

　主事会『紀要』は主事会の活動を目で見てわかる媒体である。1963年に東京都特別区社会教育主事会の名称で発行したのが創刊号であり、以後毎年刊行し続けている。これは専門職としての社会教育主事が研修した成果を広く見ていただくことを目的に主事会として最も力を入れてきた活動の一つである。各種研修活動の成果はもちろん、個人研究も掲載するなど社会教育主事の多彩な活動と努力の跡を辿ることができる。

（3）社会教育主事の職務

　既述の通り「今日23区の社会教育指導職員のおかれている状態は、23様式とでもいおうか、多彩といえば聞こえはいいが、まことにもってバラバラである。この遠因はすでに〔昭和－引用者〕35年に端を発していた」（前掲『学びの援助者として』、7頁）と23区初の社会教育主事松本武が指摘したとおり、制度開始当初から専門性の内容は幅広く、曖昧さを多く含んでいた。23区に社会教育主事が設置されて8年目の1967年に主事会幹事長の任にあった岡本省吾（目黒区）も、「第一線の活動家としての社教主事は、各区市ごと（ママ）に業務内容や取り扱いに定型的なものがなく、苦労や不満も多かった」（前掲『学びの援助者として』、11頁）とその苦労を語っている。

　社会教育主事は法令職とはいえ、法規定は「指導助言」と極めて包括的な職務内容の表現にとどまっており、これを一歩進めて内規で各自治体の実情に合わせたやや具体的な職務内容をきちんと規定するのが任命権者の責任というものではないだろうか。

　こうした状況が改善しないため、その後主事会では、「指導事務の範囲の明確化」を提案している（社会教育主事会特別委員会「任用制度上の考え方」、1979年1月17日、主事会臨時総会）。このように、職務内容が曖昧な状態が続いてきたのは社会教育主事個々の力量、すなわち属人的な問題なのか、それとも制度上の欠陥があるからなのかという問題を離れて社会教育主事の職務を論じることはできない。

　困難な状況に置かれながらも、個々の社会教育主事は歴史の浅い専門職としての仕事を自らの努力で切り拓き、仕事の実績で区民や組織内だけでなく、社会的な評価も高めていった。

（4）社会教育主事の身分処遇

　1963年には、身分処遇の改善のため主事会に特別委員会を設置した（前掲『学びの援助者として』、4頁）。

　社会教育主事の身分は「1職2等級」の一般原則により、昇進は係長止まりである。これを改め、課長級以上に道を開こうというのが主事会の要請であった。

　かねて主事会は東京都、都議会、東京都教育委員会等に対し身分処遇の改善

を求めて要望してきたが、1974年の地方自治法一部改正により特別区は基礎的自治体に向けた脱皮を図って、順次制度改革を進めてきた。その一つが、東京都からの人事権の独立であり、具体的な組織が特別区人事委員会の設置（1978年4月1日）として整えられた。これにより、社会教育主事を含む特別区職員はすべて特別区人事委員会のもとで人事が行われることとなった。

しかし、特別区独立前の東京都傘下の状況において、1968年度主事会幹事長の森田信夫（葛飾区）は、「88種ある都の専門職の中で、歴史の浅い社教主事の処遇改善をということは、非常に困難なことであった」（森田信夫「社教主事の処遇改善運動」前掲『学びの援助者として』、11頁）と客観状況の厳しさを述懐している。

特別区が東京都から一定の独立を果たした時期に主事会会長を務めた石井菊夫（江東区）は、「（昭和－引用者）50年4月から始まった都から特別区への事務事業移譲、とくに人事権の独立により社会教育主事を取り巻く状況は一層厳しくなるばかり」（石井菊夫「歩みのひとこまを」前掲『学びの援助者として』、12頁）と苦しい立場にあったことを吐露している。

都区制度改革後、主事会は特別区教育長会等に身分処遇改善の要請行動を行っている。その結末は、社会教育主事身分のままで管理職試験を受けられるようにするという決定であった（1978年11月、区長会議事録より）。

その後管理職試験に挑戦し、合格して課長級以上に昇格する元社会教育主事が少なからず輩出したが、社会教育主事の任用制度は何ら進展をみていない。

5　社会教育主事の諸側面

（1）大卒者の増加

1973年度から、東京都の財政措置により社会教育でも同和教育に取り組む必要から、関係5区は社会教育主事を1名増員した。この頃から各区1～2名の社会教育主事配置の形が変わり、それぞれの区の考え方で社会教育主事配置が進む傾向が見られるようになった。時代は1974年の地方自治法一部改正によって特別区が基礎的自治体として基盤が整い、区長選挙が行われるようになって、各区は競ってそれぞれの特徴を出そうと努力し始めた時期と重なる。

各区1～2名の時代は、教員や行政職の出身者で占められていた。この先達は、組織内外に社会教育主事の存在感を個性、能力ともに豊かにアピールして、社会教育行政内だけでなく区民学習者の信頼を得て社会教育主事制度を定着させる力となった。しかしながらその半面で、個性が強く出て組織内部に社会教育主事を排除しようとする力が働く要因となったところもあった。

　1972年から大学で社会教育主事基礎資格を取得した者が徐々に採用されるようになると、大卒者の社会教育主事が精力的に社会教育の専門分野に進出して、東京ならではの社会教育実践をうみだすなど社会教育の可能性が大きく広がっていく原動力となる。

　彼らは若さを前面に出して昼夜を問わず働き、土曜や日曜、祝日も出勤して過酷な労働に耐えた。組織にも馴染み、"上から目線"でない社会教育主事の姿勢は住民だけでなく組織内の信頼も得て、多い区は10名や14名にのぼる社会教育主事集団を形成するまでになった。定年退職や学校教員への復帰でいなくなった先達の後を継いで、専門職としての信頼をさらに厚いものにするために社会教育主事は懸命に働いた。

　それまでは教員出身者が社会教育主事となる例が多かったが、1974年2月に"人材確保法"（学校教育の水準の維持向上のための義務教育諸学校の教育職員の人材確保に関する特別措置法）が公布施行されると、給与面で行政職である社会教育主事が魅力を失うこととなって、教員出身者は急激に減少した。

(2) 女性の増員

　社会教育で学ぶ女性の参加が目立ち、男性より女性が活発に社会教育活動を展開している社会状況が顕著になるとともに、女性社会教育主事配置の必要性が一層認識されるようになる。その流れに勢いをつけた一つの原因は、1975年の国際女性年の取り組みであった。各区は国際女性年行動計画を策定して、中には大田区のように区における女性の社会進出を支援しようとする積極策を講じ、行動計画に女性社会教育主事の配置を謳って実現させるところも現れた。

　表2から過去25年間の女性社会教育主事の増加傾向を見ることができる。

表2　女性社会教育主事の人数（比率）

	1976年	1981年	1986年	1991年	1996年	2001年
	10名(20%)	16名(19%)	22名(24%)	27名(26%)	31名(31%)	30名(33%)

出典　東京都社会教育主事会名簿（各年）、特別区社会教育主事会名簿（各年）をもとに筆者作成

　1976年では23区社会教育主事全体の20％、つまり女性は5人に1人という割合だったのが、四半世紀後の2001年には33％に増え、3人に1人までになった。これは女性の社会進出の流れを受けて、女性社会教育主事自身が残業や不規則勤務のある社会教育職場で周囲からその力を認められる実績を残してきたからこその成果であろう。

　2004年4月1日時点の女性社会教育主事は29名であり、23区全体83名の社会教育主事集団の35％を占めている。そして2014年現在は、社会教育主事の数が減少する中ではあるが、女性社会教育主事は21名で、社会教育主事全体の36％にまで比率を上げている。現時点で女性社会教育主事を置く区は17区（74％）であり、1979年の9区（39％）、1988年の15区（65％）（前掲『特別区社会教育主事会名簿』、及び髙井正前掲、137頁）と比べ、確実に増えてはいるが、未設置区がまだあることは残念である。

（3）社会体育担当の重視

　学習文化部門だけでなく、生涯スポーツ振興を自治体の役割の一つとして力を入れようとする23区に、社会体育担当という位置付けで社会教育主事を置く例がある。ここには、社会教育主事の専門性を広く捉えることで専門性や専門職の役割を曖昧にすることを避け、明確に社会体育担当の職務に限定することで具体的な実績を上げようとする意図が窺える。23区では、1972年に社会体育を専門領域とする大卒者が採用された練馬区を皮切りに、大卒者や女性の増加に比べ変化は緩やかではあるが、確実に社会体育担当者が増えてきた。

　統計上では、表3のように1976年では23区中社会体育担当を置く区は3区3名（23区社会教育主事の6％）に過ぎなかった存在が、徐々に目立ち始め、25年後の2001年には15％の比率にまで増加している。2014年現在は、社会教育主事数の減少にもかかわらず全体の17％に達している。しかしながら、社会体育担当

表3　社会体育担当の人数(比率)

1976年	1981年	1991年	1996年	2001年	2014年
3名(6%)	6名(7%)	8名(8%)	14名(14%)	14名(15%)	10名(17%)

出典　東京都社会教育主事会名簿（各年）、特別区社会教育主事会名簿（各年）をもとに筆者作成

の社会教育主事を置く区は、1986年の5区（22％）、1996年の7区（30％）、現在の5区と大きな前進はみられない。設置区では、総合型地域スポーツクラブの組織化が進み、まちづくりにおける先進事例となるなど着実に成果をあげている。

(4) 多摩地域の社会教育主事—派遣社会教育主事制度への対応で見えてきたこと—

　各区に社会教育主事を置くことが常態となっていた23区に対し、多摩地域、伊豆諸島の41市町村では、社会教育主事を置いているのはわずかに昭島市、小平市、国分寺市、狛江市、西東京市の5市（設置率12％）であり（2006年5月1日現在、区市町村社会教育関係常勤職員データ、『平成18年度区市町村生涯学習・社会教育行政データブック』東京都教育庁生涯学習スポーツ部社会教育課、2007年3月、127頁）、驚くほど低調である。

　市町村部の社会教育主事に関するこのような対応は、教育委員会に社会教育主事を置くことより公民館を重視する行政姿勢があったことに起因すると考えられる。

　これを示す根拠が、かつて国が進める"派遣社会教育主事"制度（社会教育主事未設置の市町村を対象に、都道府県身分の教員を短期間派遣する制度で、給与費の一部が国庫補助を受けた。1974〜1998年度）を全国47都道府県中、東京都だけが唯一採用しなかった下記の経緯から読み取れる。

　1974年時点で23区では、各区（多い区は2名〜3名）に社会教育主事が教育委員会事務局に置かれていた。この時期、市町村部の職員を中心とした「派遣社会教育主事問題検討委員会」が東京都教育庁社会教育部内に組織された。1974年10月15日発行の資料（『派遣社会教育主事問題検討委員会報告　市町村における社会教育専門職制度のあり方に関する意見と提案—派遣社会教育主事問題を

契機として一』東京都教育庁社会教育部、1974年10月、1-2頁）によれば、この委員会の基本姿勢は以下の通りであった。

- 「社会教育主事給与費国庫補助事業」が市町村の社会教育の充実、発展に役立つか否かを、その基本的な考え方、三多摩の社会教育実践の歴史的経緯から考察するとき、根本的に疑問をもつものである。
- 「派遣社会教育主事制度」の受けとめ方について、態度をきめるにあたり、社会教育の主体は住民であり職員の役割はその援助にあるという大前提にたち、まず市町村の社会教育の実態を的確に把握し、ついで社会教育専門職のあるべき姿を検討する必要があることを確認して論議をすすめた。その結果、次のように態度を決定した。
  1 三多摩の社会教育サービスの中核的役割を果たしているものは、社会教育主事より以上に公民館を中心とする社会教育施設の職員であり、その傾向は今後もますます大きくなると考えられる。しかも、社会教育主事の職名で施設（教育機関）の専門職としての役割を果たしているものが、ほとんどである。
  2 現時点で社会教育専門職の充実策を考えるときには、施設の専門職の身分保障と充実を優先すべきである。その十分な配置がなされた後、はじめて法上の社会教育主事の配置が考慮されてしかるべきである。まして派遣社会教育主事の存在理由は、極めて根拠が薄いといわなければならない。
  3 住民が主体である社会教育において、住民の多様な要求にこたえるためには、地域に根ざしながら地域の実情や住民の要求を的確に把握している必要がある。その意味でも、限られた期間において、広域的な人事交流を前提とした「派遣社会教育主事」の配置は、根本的に問題がある。
  4 今回の施策は、市町村への押し付けではなく、市町村の自主的な判断にゆだねられているというものの、三割自治といわれる実態においては、心ならずも受け入れざるを得ない状況が生まれてくることが明らかである。一度は必置制を意図した経過からみても、「必要のないところは求めなくともよい。」という言い方には、素直に納得できない。

  以上が「派遣社会教育主事制度」に対するわれわれの基本的態度である。

ここには多摩地域の市町村部が公民館職員の充実を図ってきた矜持が明確に表われており、自治体の実情と国の政策との矛盾が見てとれる。

このように、同じ東京都の基礎的自治体でも、23区と市町村特に多摩地域とでは社会教育主事に関する考え方が大きく異なる。小林文人は、同じ法の下でも各自治体はそれぞれの地方の実情や財政事情によって法の諸規定を選択し、その結果長い年月をかけて定着してきた状況を"選択的な定着化"と称した（小林「社会教育・生涯学習の法制と行政」小林文人・末本誠編著『社会教育基礎論』国土社、1991年）。

筆者はこれを受けて、23区を中心に社会教育主事を含めた行政組織、学級講座、施設における"選択的な定着化"の様相を実証的に分析した（荒井隆『社会教育主事がみた社会教育・生涯学習―東京23区からの発信―』エイデル研究所、2013年）。

6 将来へ向けての展望

いま生涯学習路線のもとで進む社会教育の縮小、解体の動向の中で、公共の福祉の観点から社会教育の果たす役割を改めて見直さなければならない。それは成人を中心とした学びの格差が著しくなり、民間路線主導の生涯学習政策では"学習弱者"が取り残されるからである。社会教育の果たす役割を見直す営みの中心には、社会教育主事の存在が欠かせない。

社会教育主事は学習を組織する専門職である。学習を組織するとは、学びを必要としている人々のニーズを常に探り、講座や催し物など、学習テーマを含め巧みな仕掛けを考えて人々を学びや交流の場に誘導することである。社会教育主事には高齢者福祉、保健所など関係部局と連携しながら事業企画するほか、弛まぬ研修を通してそうした専門的技術的な力量を獲得しながら事業の企画実施に当たり、またその経験が一段とレベルアップした力量へと高まることを期待したい。

【参考文献】
- 特別区人事・厚生事務組合、特別区職員研修所編『特別区職員ハンドブック '98 Ⅱ制度』ぎょうせい、1998年2月

2 社会教育職員の群像

上田 幸夫

1 区市町村に社会教育職員の登場

　自治体において社会教育を仕事にする職員の登場は、教育委員会制度の制定（1948年）に深く関係している。教育委員会事務局設置後、学校教育課（係）とならんで社会教育課（係）が設けられ、1950年代前半に社会教育担当職員が登場する。さらに、51年の社会教育法改正によって都道府県に社会教育主事が設置される。

　1950年代半ばの大学進学率は約1割に過ぎないなか、また、当時の自治体職員として大学出身者が少ないなか、社会教育の道を目指す人たちが現れてくる。大学出身の職員の配置は、自治体公務員のなかに新たな展開をみせるところとなった。その後、1959年の社会教育法改正によって、社会教育主事の市区町村への必置が確定する。

　しかし、東京都においては、23区と多摩地域市町村において、違いをみせていた。23区は教育委員会制度の発足にあわせて、社会教育課が設置され、いち早く事業が展開しているのに対し、多摩地域では、社会教育行政の整備は遅れている。小平市、旧保谷市、立川市、町田市などは、当初から公民館が設置され、公民館活動によって社会教育活動が展開していた。公民館の設置が進まなかった23区には教育委員会事務局の社会教育担当職員が、多摩地域にあっては公民館に配属された職員によって社会教育のスタートが切られることになる。

2 市民活動から国立町公民館職員に

　1950年代初期の教育委員会事務局職員の採用は、教育長や教育機関である公民館長の「選考」による採用が主流をなしていた。大学出身の社会教育職員も

含め、社会教育職員の採用は、「選考」によるものであったことは特筆される。

　1955年11月、国立町に公民館が誕生し、常勤の職員を迎え入れることになり、56年4月、徳永功が公民館に着任した。徳永は一橋大学学生時代、国立町の青年の文化サークル「土曜会」に加わって、地域の民主化や政治刷新を求める市民運動にかかわる経歴をもち、公民館が誕生したとき、地域の青年代表の一人として最初の公民館運営審議会の委員に名を連ねていた。徳永は故郷に近い長野県中野市の公民館主事・千野陽一を訪ね、公民館の仕事を決意するに至り、公運審委員を辞し、公民館職員としてスタートを切ったのである。

　徳永は、公民館事業のあり方を探究して「公民館活動の可能性と限界」（日本社会教育学会年報『現代公民館論』、1965年）をまとめ、とくに1966年より始められたセミナー方式の「市民大学」事業は、公民館事業として典型を示すものとなった。公民館のめざす人間像を「民主主義的人間像」とし、自分の頭で考えることのできる人間、主権者意識に徹した人間像の形成にかかわる公民館の役割を見定め、そこからあるべき事業を提起した（「公民館の年間事業をどう組むか」『月刊社会教育』1972年1月号）。

　徳永は、以後、専門的力量を重視した職員配置をすすめ、1960年代には6人の専任主事の配置に尽力し、事業の充実に努めた。こうした徳永の職員としての姿勢の基底には、明らかに「戦後体験」をくぐり抜けた精神が刻み込まれたものであったといえよう。

3　国分寺町公民館の始動

　徳永と同時期、国立町の隣の国分寺町においても、1954年より青年学級をスタートさせていた進藤文夫が着任していた。進藤もまた、大学卒業後、社会教育を職場にしていた。進藤は公民館の設置に奔走し、1963年5月、ようやく公民館の設置にこぎつけ、国分寺町公民館職員第1号を探し、高橋雪子の存在を確認することになる。

　高橋は、家業に従事しながら青年団活動にかかわり、北多摩地域の青年団の役員をしていたが、1957年、進藤に推薦されて非常勤職の社会教育指導員に採用されることになった。社会教育指導員制度とは、東京都が当時、文部省が

展開していた小集団での生活課題学習の婦人学級を推進するために設けた制度であった。採用は東京都であり、27名のうち23区勤務23名、北多摩地域4名であった。

指導員5年を経過した1962年、高橋は、東京学芸大学の社会教育主事講習を受講し、公民館発足直後の1963年5月、公民館正規職員として採用されることになった。以後、高橋は1993年3月までの30年間、進藤とともに国分寺市の公民館、社会教育を支えることになる。

1964年1月に進藤は公民館を職場とし、11月に市制が施行された翌65年には、進藤は副館長に就任すると同時に、大学で社会教育を学んだ佐藤進が新たに採用され、国分寺市の職員体制が確立していった。

4 「三多摩社懇」と「新人会」—多摩地域の職員史の源流—

徳永や進藤とともに、1961年には、社会教育研究者・小川利夫も加わって自主的な研究組織「三多摩社会教育懇談会」(以下、三多摩社懇)が誕生した。ここにはさらに、小平市の西村弘、近藤春雄も加わった。

彼ら一線で活躍していた世代から比べれば若く、大学で社会教育を学んだばかりの公民館主事たちが1965年2月、三鷹市に小川正美、小平市に石間資生、東大和市に吉田徹、国立市に伊藤雅子、佐々木忍、青木紘一、辻陽子、町田市に伊藤昭一らが「新人会」を始めている。この「新人会」の名の発案は、伊藤雅子によるものであった。小川正美は、鹿児島県種子島出身、1961年より三鷹市教育委員会社会教育担当、1963年、社会教育主事講習を受け、資格取得した。

国分寺市の佐藤進は1965年4月に就職すると同時に「新人会」に加わり、あわせて保谷市(当時)から藤野孝一、小平市から穂積健児、昭島市から山崎功も加わっていった。

1964年採用の石間の世代までが教育委員会による選考であるが、その後は、1968年、福生市の加藤有孝を除いて、一般試験に切り替わっている。

西多摩地域には、1962年、福生市に野沢翡佐士、奥多摩町に美若忠生、羽村町に飯田恭之、秋多町(現在あきる野市)に赤見太郎が、大学で社会教育を学び社会教育主事として発令され、実践を創り出していた。その彼らは1964年、

「西多摩社会教育主事会」を結成している。

　1970年代に入り、「新人会」と三多摩社懇を合流させて新しい多摩地域の社会教育のつながりをつくる計画が進められ、これらの活動が一つになって、社会教育推進全国協議会（社全協）「三多摩支部」の結成へとつながっていった。1974年のことである。

　三多摩支部は、以後活動を続け、2016年2月現在、支部通信「三多摩社会教育つうしん」を255号まで発行、また、1987年10月に三多摩公民館研究所を発足させ、「紀要」を第8号（2007年）まで発行している。

5　東京都公民館連絡協議会（都公連）の発足

　三多摩社懇や「新人会」などの自主的な研究・研修組織とは別に、全国の公民館組織である全国公民館連絡協議会（のち全国公民館連合会、略称全公連）の一組織である東京都公民館連絡協議会が1951年に発足、研修活動も次第にすすめられ、1958年には協議会内に公民館主事会が発足している。最初の東京都公民館研究大会が1962年に実施され、65年の第4回大会では、「住民の学習要求に応ずるために公民館はいかにあるべきか」がサブテーマになり、「公民館における職員の専門性」の分科会が設けられた。引き続いて、翌年にも「公民館職員の職務」の分科会が開設され、職員の課題が分科会テーマとして位置づいていく。その内容は、住民の要求をつかむ職員の課題を実践的にアプローチしていくものであった。以後、継続して都公連のなかで「公民館職員」分科会が運営されてきている。

　このように、多摩地域の職員史は、23区の職員史が社会教育主事中心であることとは異なり、公民館職員として位置づいていることが特徴である。とはいえ、都公連初代会長には北区赤羽公民館の龍野定一公民館長が就任、1953年度から56年度までの4年間、全国組織の会長も務めるということもあった。

6　セツラー経験者の社会教育職員

　「新人会」メンバーは、大学で社会教育を学び、社会教育を専門的に仕事にし

ようと志した人たちであった。なかには国立市の青木や小平市の石間資生のように、学生時代、セツルメント活動から多くのことを学んだ人たちであった。その一つが氷川下セツルであり、ここを拠点に石間は活動していた。

氷川下セツルには、お茶の水女子大学、東京大学、東京教育大学（当時）をはじめとして、多くの学生たちが、1953年から活動を展開していた。活動に参加する学生を「セツラー」と呼び、地域の子どもたちの遊びや勉強、青年の学習会など広い分野にわたる活動を行っていた。地域の人々の生活と結びつきながら、民主主義の実践の場として自己形成を遂げ、その後、社会教育現場において生かされていったといえよう（氷川下セツルメント史編纂委員会『氷川下セツルメント―「太陽のない街」の青春群像―』エイデル研究所、2007年）。

7 文京区から全国へ広がる動きをつくる

氷川下セツルメントのある文京区には、徳永や進藤たち多摩地域で実践を展開する頃、新しい社会教育のあり方を模索していた文京区教育委員会事務局職員の野呂隆がいた。取り組んでいたことは、社会教育指導員の高橋雪子と同じように婦人学級の共同学習・話し合い学習の実践である。新しい形式の婦人学級として注目されるようになった。婦人学級は、文部省の実験社会学級として推奨された話し合い学習であった。その推進者が文部省職員の横山宏であり、東京都立大学（当時）の三井為友であった。彼らと文京区職員の野呂をつないだのは東京都教育庁の社会教育主事であった斎藤峻である。斎藤は、1951年、東京都教育庁初めての社会教育主事となり、1960年に退職、後に、『月刊社会教育』の初代編集長を務めている。

上記の人びととの交流が、野呂のその後の実践や生き方と深く関係していくことになり、1957年12月に創刊される『月刊社会教育』にかかわり、さらに1961年から始まる社会教育研究全国集会の立ち上げにかかわり、そうして1963年の社会教育推進全国協議会の立ち上げ、そのうえ1971年の民主的な社会教育を発展させる都民の会の立ち上げ等にもかかわって、民主的な社会教育の構築に大きな足跡を残すことになった。

野呂は1950年代半ばには、成人学校において文学や社会問題を扱う一方、生

活記録の学習に着手して、鶴見和子たちとのかかわりももっていた。「ひなたグループ」という生活記録の会に集まった栗田やす子や木村タミたちは、生活綴り方との交流を重ね、都市の女性のくらしを生活記録『エンピツをにぎる主婦』にまとめあげる。

さらに、地方からの集団就職の青年たちに共同学習・話し合い学習の場を組織し、仕事場から離れにくい青年の職場に足を運び、青年学級に参加できるよう雇用主を説得して、青年たちの学習を粘り強く組織していった。

8　23区の社会教育職員のヨコとタテのつながりをつくる

1970年代の初頭、神楽坂の一角にあった東京都教育会館を会場に、『月刊社会教育』を読む会が開催されていた。その席に、目黒区社会教育主事の重田統子と練馬区社会教育職員の野々村恵子も参加していた。この2人を中心に、1971年8月、23区の社会教育にかかわるヨコのつながりをつくる学習会「3区の会」が品川区社会教育職員の田鍋美智子も加わってスタートした。ここに、本格的な23区の社会教育を語り合う点と点が線になっていく。

23区では、大学で社会教育を学んだ有資格者の採用が広がりつつあり、大学出の若い新しいタイプの社会教育主事たちが、目黒区、練馬区、品川区の先輩職員との世代を超えたタテの交流も深めていくとともに、区を超えたヨコのつながりを促しながら、23区に実践を展開する時代が到来していった。これら若い社会教育主事たちも加わって、1974年に社会教育推進全国協議会東京23区支部として立ちあがり、東京で開催された2年後の第16回社会教育研究全国集会の成功に大きな力を発揮していった。以後、東京23区支部は、2015年3月現在「東京23区支部通信」を189号まで発行している。

9　品川区社会教育指導員の常勤化運動

1960年代に設置され始めた各区の青年館は、区民一般の学習文化活動拠点への再編がすすめられ、品川区も1970年には青年館が荏原文化センターに再編され開館、以降、大型文化センター5館を開設していった。これらの新しく開設

された文化センター（社会教育施設）に、大学で社会教育主事資格を取得した人たちが非常勤の「社会教育指導員」として採用され、青年層や女性の学習活動を支える実践を展開し始めていた。

これらの社会教育指導員たちが専門職として働くうえで、常勤かつ専門職であるべきという機運を高め、社会教育主事として常勤の発令を求める運動が展開された。この運動が実り1977年には、常勤かつ社会教育専門職として身分の切り替えが実現した。

それから10年後の1980年代半ば、品川区の運動に学び、公民館主事の常勤化運動を展開したのが岡山市であり、常勤化を実現させている。

10 多摩地域では専門職採用者の配転問題が起こる

「新人会」やその世代の多摩地域の公民館職員たちは、教育委員会選考による独自採用によって職を得た人たちも少なくなかった。また、社会教育主事有資格者の採用で職を得た者が、急速に広がっていた。

ところが、専門職として採用された職員が、別の部署への配転が強行される事態が生じた。それを不当配転として配転阻止運動が展開された。その活動を支えたのは社全協三多摩支部であった。

小平市公民館では、1974年から2年おきに4人が、専門職として採用されていたにもかかわらず、本人の意思に反して、資格を活かすことのない職場へと配転させられた。社会教育・公民館職員の専門性をテコに公平委員会に提訴、配転阻止運動が展開された。稲城市公民館の霜島義和は、配転闘争により、3年後に和解し、職場復帰することができた。

11 「新しい公民館像をめざして」（三多摩テーゼ）ができるまで

多摩地域の実践を繰り広げていた職員たちは、1973年と74年、「新しい公民館像をめざして」を仕上げることになる。この作業は、進藤、徳永など「三多摩社懇」メンバーが加わり、第1部に引き続き出された第2部の「公民館職員の役割」においては、佐藤進など「新人会」のメンバーが力を発揮している。

第2部では、公民館職員の基本的な役割として、「すべての住民の学習権保障のための奉仕者であり「住民みずからが学習・文化活動をより豊かに編成し発展していくための援助者」と規定し、そのために、①基本的な役割、②組織体制、③職務内容、④勤務条件、⑤任用、⑥研修、⑦職員集団、の構成により職員論が展開された。末尾には「公民館主事の宣言（提案）」が掲げられている。
1 公民館職員は、いつでも、住民の立場に立ちます。
2 公民館職員は、住民自治のために積極的に努力します。
3 公民館職員は、科学の成果を尊重し、地域における文化創造をめざします。
4 公民館職員は、集会・学習の自由を保障し、集団の秘密を守ります。
5 公民館職員は、労働者として、みずからの権利を守ります。
　この5項目は今でも公民館職員の基本姿勢を表すものとして評価できる。

12 公民館とコミュニティ施設との関連問題が浮上

　「新しい公民館像をめざして」において公民館の目指すべき方向や公民館職員のあり方が明確に示されるなかで、厚生省よりコミュニティ政策が打ち出され、公民館とコミュニティ施設との役割のすみ分けが問題とされるに至った。三鷹市の小川正美と国分寺市の進藤文夫は「公民館とコミュニティセンター——その住民主体のあり方を考える—」『月刊社会教育』（1977年9月号）において、教育機関である公民館職員の存在意義を明示して、貸し施設のみのコミュニティセンター批判を展開した。

　国分寺市公民館職員の佐藤進は「住民主体の社会教育と職員の任務」（『月刊社会教育』1974年2月号）において、市民参加で講座を進めるためには、力のある公民館職員が求められることを明らかにしている。

　公民館をコミュニティセンターに切り替え、住民による自主管理を導入し、公民館職員を引き上げる政策に対し、江口・進藤往復書簡がある。地方自治センター『地方自治通信』1980年7月号に掲載された江口清三郎「公民館についての10の疑問」、進藤文夫「公民館の疑問に答える」（都公連『東京の公民館30年誌——基礎資料編—』、1982年）に詳しい。そこで、進藤は「国分寺市公民館計画と公民館づくり運動の発展」において、公民館の設置計画において職員の

役割の重要性にふれて、国分寺市の地域配置と職員配置の意義を説いている。

13 社会教育指導員の会「ひよこ」の誕生

　国分寺市の高橋は、社会教育指導員の職を土台に、国分寺市最初の公民館正規専門職員のポストを得ている。社会教育施設の配置が進み、それに合わせて専門職採用が進んだ1980年代の半ば以後になると、23区の社会教育主事の専門的職員採用が停滞し、再び、「社会教育指導員」が浮上してくる。社会教育主事の有資格者が求められた社会教育指導員に、大学で社会教育を学んだ若い有資格者の採用が広がった。

　社会教育会館等で講座等事業を受けもつ社会教育指導員は、23区では1990年代前半には300人を超えた。若く意欲的な社会教育指導員たちは、相互の交流と実践研究活動の場「ひよこ」の会を立ち上げた。ここに結集した若い指導員たちは、社会教育主事・正規職員を補完・代替する職務を担っている。加えて、指定管理者制度の導入（2003年）によって、指定管理者が雇用する「指導員」が、立場や雇用形態が異なっているとはいえ、専門的職務を受けもっていることには変わりはない。その一人、髙木悠子（指定管理者㈱旺栄）は、北区赤羽にあった公民館が再編された北区立文化センターで実践を重ねてきている。高木たちは、東京23区社会教育ネットワーク（23区ネット）を2008年に発足させ、東京23区支部とともに23区の白書作りのほか、交流、研究活動を進めている。

　今や、多様な社会教育関係職場において、地域住民の社会教育を支えるべく仕事に向かっている人たちは少なくない。職員のヨコのつながりをつくる職員集団が「ひよこ」と名付けられた。「ひよこ」の成長は、23区の社会教育の職員の群像を語るとき、主要な役割を発揮している。地域住民の学習を支援し、真剣に社会教育に取り組む東京の社会教育職員群像は、現在も歩み続けている。

3 セミナー方式による東京都立川(東京都立多摩)社会教育会館の職員研修

中森 美都子・百瀬 道子

1 公民館職員研修としてのセミナーの発足

　1960年代から70年代にかけて、東京の公民館は、大きく動いた。多摩地域(東京都の23区と島しょを除いた市町村)は急激な人口増加、都市化、さらに相次ぐ市制施行により、従来の農村的地域から、勤労者の住宅地へと変化した。公民館に来る住民の問題関心も多岐にわたり、都市型公民館として取り組みが変化し東京の公民館の基礎が作られていった。

　多摩地域の公民館数は、1973年度の32館から1987年度には82館に増加した。同時期、図書館の数も飛躍的に増加している(東京都教育庁社会教育部『区市町村社会教育行政の現状』)。公民館増の背景には、国や都の補助金があり、後述の『新しい公民館像をめざして』も大きな役割を果たしたといえよう。

　公民館の設置に伴い、公民館専門職員(社会教育主事有資格者)の配置も増加していった。職員は、自治体をこえる職員相互の連絡組織や、学習・研修・実践の横の集団形成への取り組みを行っていった。一方、東京都教育庁は、1968年に「東京都立川社会教育会館」(以下、会館)を開館し、前述した職員集団からの研修要望を受け、69年に「市町村青年教育担当研修」を開始し、翌70年からは「市町村職員セミナー」と名称を変更し、72年からは、主催事業としての複数の「セミナー」を実施していった。

　「市町村職員セミナー」実施については、会館が各市の職員に呼びかけ、準備会を実施し、学習テーマも募集するという形で行われた。公民館職員自らが学びたいことをもち寄り、公民館での学習を実体験しながらの研修の場になっていった。会館の職員が担当者として関わり、「セミナー」が各自治体の公民館の実践交流や職員の相互研修に果たした役割は大きなものがあった。

　さらに、同時期(1973～74年)に東京都教育庁が委嘱した公民館資料作成委

員会による報告書『新しい公民館像をめざして』の発行は、多摩地域の公民館の設置に大きな影響を及ぼし、公民館職員の増加と共に、研修の場に多くの職員が参加することに繋がっていった。

2 市町村職員セミナーのあゆみ

　セミナーのあゆみについては、小林文人「社会教育職員の自己形成―セミナー方式による研修の創造―」(横山宏編『社会教育職員の養成と研修』東洋館出版社、1979年) に詳しい。その概略と、その後のあゆみについてふれる。

　教育公務員特例法第22条で「教育公務員には、(中略) 研修を受ける機会が与えられなければならない」と定められている。しかし、社会教育職員の多くは市民と直接接する現場(施設)に配属され、少人数で忙殺され研修の機会はほとんどないのが現実である。社会教育施設が自治体の直営で運営されていた時代、現場の職員は一部専門職採用されている人を除き、自治体内の異動で配属されるのが一般的で、社会教育に関する研修は現場に任されていた。

　セミナーは、いわゆる「セミナー方式」で運営されていた。運営委員が進行し、毎月のレポーターが主に自身の実践報告をしていた。セミナーが始まって5年後の1974年には、青年教育・成人教育・初任者・少年教育・婦人教育・課

国分寺市の公民館職員合同研修 (1980年)

長に加え、文化財・基本講座が加わり8コースになった。それぞれ準備会が開かれ、テーマ・プログラムの検討をし、講師・助言者の交渉もする。あくまでも学習者の研修要求が重視されたことが特筆されるべきであろう。会館のセミナー担当職員も協力を惜しまなかった。

　小林文人は1980年、セミナーの10年の節目に以下の4点を評価している。①セミナーが職員の手によって実践的に創造されたこと、②職員自らの自己研修であったこと、③セミナーの背景には、職員の努力、職場の研修、学会研究活動などがあること、④実践と理論を結合する視点を重視すること。

　なお、『都公連公民館白書』によれば、1984年の会館主催のセミナーに参加している市町村は18市（調査対象27市）に及んでいる、と記されている。

表1　市町村職員セミナーの10年のあゆみ

セミナー＼年度	1969年	1970年
婦人教育		〈市町村職員共同研究(A)〉 成人教育セミナー 婦人と学習について考える ・学習とは何か ・婦人のおかれている状況 ・三鷹市におけるつづり方教室の歴史 ・婦人の生活にとって生活技術のもつ意味は何か ・婦人リーダーの可能性と限界 ・成人の学習における社会教育職員の役割 ・家庭婦人の学習と公民館付属保存室
成人教育		
青年教育	(市町村青年教育担当者研修) 実験学級をつくり青年教育の問題点をさぐる ・学習内容の多様化による青年教育の課題は何か ・三多摩における青年の生活実態や学習要求と青年学級の課題は何か	〈市町村職員共同研究(B)〉 青年教育セミナー 青年学級講座における生活技術の位置づけは何か ・三多摩青年の学習課題の明確化 ・生活技術における生きがいの追及は可能か ・学習内容編成についての理論構成 ・学級講座において社会教育職員にもとめられる力量は何か ・学習内容の評価は何によってきまるか
少年教育		
社会教育関係職員		
社会教育課長		

1971年	1972年	1973年
〈成人教育担当者セミナー〉 婦人の学習をめぐって ・なぜ婦人学級をとりあげるのか ・国分寺市の婦人学級 ・三多摩の婦人と学習 ・子ども、家庭と婦人の学習 ・婦人と学習	成人教育担当者セミナー 〈婦人と学習部会〉 ・「婦人と学習」を考える視点 ・社会教育活動と市民 ・主婦がつくる市民学校構想	成人教育担当者セミナー 〈婦人と学習部会〉 ・「主婦とおんな」に学ぶ婦人の解放、社会教育と婦人の学習 ・「主婦とおんな」における学習者と助言者 ・「主婦とおんな」を素材にレポート作成
	成人教育担当者セミナー 〈職員部会〉 ・職員をめぐる問題 ・住民主体の学習活動と社会教育職員 ・社会教育職員のあり方	成人教育担当者セミナー 〈職員部会〉 ・職員実態調査用紙の作成実施 ・調査の集計、分析検討
〈青年教育担当者セミナー〉 ・青年をどうとらえるか ・青年教育の現状 ・青年教育の目指すもの ・青年教育の分析 ・青年教育と社会教育の方向	青少年教育担当者セミナー 〈青年教育部会〉 ・三多摩のサークル活動をめぐって ・戦前の遺産 ・青少年対策の歴史 ・青年運動の理論 ・住民運動と社会教育	青少年教育担当者セミナー 〈青年教育部会〉 ・青年教育担当者の視点のおき方 ・青年教育担当者の職務とその現状 ・労働者としての労働条件
	青少年教育担当者セミナー 〈少年教育部会〉 (少年の学校外教育の確立をめざして) ・子どもをとりまく社会の状況 ・生活指導理論に学ぶ	青少年教育担当者セミナー 〈少年教育部会〉 ・子ども集団の歴史 ・子ども集団の現状 ・実践に学ぶ(児童館・子ども会)
〈社会教育関係初任者セミナー〉 ・社会教育職員の職務と関係法規 ・昭島市における社会教育の現状と問題点 ・市民がのぞむ社会教育行政	〈社会教育関係者初任者セミナー〉 ・社会教育関係職員の仕事 ・少年教育の現状と課題 ・社会教育の事業 ・日本の社会教育とヨーロッパの社会教育 ・社会教育と学校教育 ・1972年の社会教育的問題 ・1973年における社会教育の課題	〈社会教育関係職員(初任者)セミナー〉 社会教育職員の役わりと実態(レポート) ・公民館職員の専門性 ・社会教育史(戦前、戦後) ・実態調査
		〈社会教育関係職員(課長)セミナー〉 ・社会教育行政の現状と課題 ・社会教育施設のあり方 ・建築家からみた社会教育施設

第2部　特論Ⅰ～行政・施設史篇～

セミナー＼年度	1974年	1975年
婦人教育	「婦人の生活課題と学習」 ・婦人が求める今日的生活問題が学習にどうかかわるかを観点にして ・三多摩の公民館等における婦人と学習	「三多摩の公民館における婦人と学習」 ・婦人を対象とした学級講座を考える ・調査項目の作成、実態調査から学ぶ
成人教育	「成人教育活動と職員のかかわり方」 ―成人教育活動を運営する担当者のかかえている諸問題を考える― ・市民主体の成人教育と職員 ・職員の専門性とその実態	「成人の実態と学習要求・学習内容編成を考える」 ・成人男子、とりわけ労働者をどうとらえるか ・そのための夜の学級講座のあり方を考える
青年教育	「青年のひろばをみつめる」 ―現代青年のものの見方考え方をさぐる― ・マスコミは青年をこうみる ・後期中等教育の青年たち ・忘れられた青年たち ・自己の青年期を語る	「青年教育はどうあるべきか」 ・あらためて自らの仕事を問いなおす ・青年教育のながれのなかから問題点をさぐる
少年教育	「地域における子ども集団のあるべき姿とその社会的役割」―理論と実践の手だて― ・地域における子ども集団像 ・子ども集団の社会的役割 ・少年教育施設実態調査	「地域に根づいた子ども集団をどう考えていくのか」 1、社会教育・児童館学童保育各分野現行の役割 2、実践例から「てだて」へのてがかりを
社会教育関係職員	「住民主体の社会教育と職員の任務」 ・社会教育課、公民館の組織機構と職務内容（事例学習） ・社会教育法	「公民館とは何か」 ・学級講座の実践に学ぶ ・公民館をめぐる提言、テーゼに学ぶ
社会教育課長	「社会教育行政の当面する諸問題」 ・社会教育と在学青少年 ・社会教育と文化財保護 ・社会教育行政と団体活動	「社会教育行政の当面する諸問題」 ・学校施設の開放 ・社会教育における放送の利用 ・社会教育行政と社会教育機関
文化財	「なぜ文化財を護るのか」 ・文化財とは何か ・庶民と文化財 ・自然の保護 ・市町村における文化財保護のあり方	「文化財をどう保護するか」 ・保護法からみた文化財 ・遺跡はどんなところにあるか（現地学習） ・出土した遺物は何を語るか ・遺物の保存活用
基本講座	「住民自治と社会教育行政の問題」 ・三多摩における都市化の様相と社会教育行政の課題 ・コミュニティと社会教育 ・市民参加と社会教育	「三多摩における都市化の動向と問題点をさぐる」 ・鉄道沿線別の都市化の状況と人口の動態 ・生活圏の多様化 ・住民意識と自治の問題

（東京都立川社会教育会館資料）

注　1969年・70年度は社会教育部社会教育課の予算（計画奨励費）で課が直接開催。
　　1971年は、社会教育部社会教育課から執行委任され立川社会教育会館が開催。
　　1972年度以降は、立川社会教育会館が予算（諸施設管理費）をもって開催している。

1976年	1977年	1978年
「多摩の公民館等における婦人と学習」 ・講座を調べ婦人の解放につながる婦人の学習のあり方を学ぶ	「婦人問題にはたす社会教育の役割」	今日の婦人問題 ―学級講座担当者のために―
「地域づくり、まちづくりにはたす公民館の役割」	「日本の社会教育史を学ぶ」	戦後三多摩社会教育の実践に学ぶ
「青年教育のありかたを全国・三多摩の青年教育のながれから考える」	「青年教育のありかたを三多摩の青年教育のながれから考える」	あらためて青年教育のあり方を考える
「子どもが生き生きとする生活の場を保障するために」	「続・子どもが生き生きとする生活の場をもとめて」	子どもたちのすこやかな成長発達をねがって教育のあり方を考える
「社会教育とは何か」	「社会教育の課題に学ぶ―その解決への道を求めて―」	社会教育の正しいあり方をもとめて
「社会教育行政の当面する諸問題」	「社会教育行政の今後の方向をさぐる」	社会教育行政の当面する諸問題
「三多摩における文化財保護の現状と問題」	「文化財保護活動の実践」	文化財の活用と保存施設
「まちづくりを考える」 ・ゆたかなくらしをめざしての住民自治のありかたをさぐる	〈公民館保育室セミナー〉 「なぜ公民館で保育するのか」	〈公民館保育室セミナー〉 女が学ぶことと公民館保育室の役割

出典　小林文人「社会教育職員の自己形成―セミナー方式による研修の創造―」『社会教育職員の養成と研修』日本社会教育学会年報23、東洋館出版社、1979年

3 セミナーでの学び

　1970年、成人教育セミナー「婦人と学習」には、多摩地域の各市町村から婦人教育担当者が参加して、1年間互いの公民館実践を報告し合い、共通基盤を見つけようと取り組んだ。国立市公民館職員伊藤雅子から、保育つきの「若いミセスの教室」についてのレポートが出され、研修は終了したが、希望者による自主研修としてその後も継続し、セミナーの記録として『母と子の自立への拠点に』を71年に発行した。そこには、単なる一時保育の普及では、大人の学習にはならないこと、「社会教育と保育」の問題を職員が問題意識をもち、取り上げる必要性が述べられている。その影響もあり、多摩地域ではその後多くの公民館に保育室が作られ、その運営は新しく入職してきた職員が担当することになっていった。

　1976年度に、保育室運営をどうしていくことが大切なのか確かにしたいという5市（稲城、国分寺、東大和、調布、三鷹）の職員有志がセミナー準備会に参加し、保育室問題を学ぶセミナーの開設を要望したことが、公民館保育室セミナーの誕生となった。当時、午前はテーマに沿った講義中心の学習、午後は各市の実践や抱えている問題を出し合って進行していた。その間1979年に、東京都公民館研究大会（以下、都公連大会）で初めて、公民館保育室分科会が設けられ、国立市から『学習としての託児』についてのレポートが出され、それ以降、毎年セミナーと大会とが連携し、「保育室活動を学習にする」取り組みの模索が多摩地域の市民・保育者・職員で続けられた。

　保育室セミナーでは共同学習を実践し、問題意識が問われる活動だった。「公民館保育室活動を大人の学習活動に―国立の実践に学ぶ―」というテーマを据えてからは、自分たちが行っている活動を例に、何のために、どのように取り組んでいるのかという視点から、互いの実践を見つめていくかなりハードな内容でもあった。たとえば、子どもを預かる年齢の決め方や、会議の目的、その内容が果たして大人の学習になっているか等、条件は違っても取り組む方向について、真剣に考え合った。学ぶことについても、自分の問題と重ねる学び方の大切さ、仲間と学ぶ意味を職員自身の学びの中で実感していった貴重な場であった。1978（昭和53）年7月に、保育室セミナーは前年開館した国立婦人教

育会館（現・国立女性教育会館）で1泊2日の合宿をして学習を深めた。

　1970年代に公民館職員になった私たちは、職場の理解もあり、セミナーに参加する機会を得た。成人教育セミナー、青年教育セミナー、婦人教育セミナー、保育室セミナーと自分たちの課題に則して、自由に参加することができた。そこでの学習もさることながら、他の自治体の方々と知り合えたことが、その後の仕事のうえでも大きな力になっていった。

4　都公連大会との関係 ― 保育室セミナーを例に ―

　年1回の都公連大会に保育室分科会が設けられるようになったのは、1979年度の第18回大会（於：国立市）であった。国立市から「学習としての託児」についてのレポートが出され、それ以降、毎年セミナーと都公連大会とが連携し、「保育室活動を学習にする」取り組みの模索が多摩地域の市民・保育者・職員で続けられた。その後毎年保育室分科会が開催され、保育室セミナーのメンバーと各市の学習者がレポート作成や進行にかかわるようになった。各市の実践レポートがつくられ、レポート作成に取り組む過程で、保育室活動は女性問題学習そのものであり、社会教育の実践的な学習であることが共有されていった。保育室活動を大人の学習にしていくにはどうしたらいいのか、議論され、この分科会には毎年150人ほどの参加者が集まっていたことが、関心の高さをあらわしている。都公連大会での学習を受け、職員は保育室セミナーで話し合いを深め、それぞれの職場で実践を広げていった。

　国立市の実践に触発されたこの活動は約10年間続き、各市に与えた影響は大きなものがあった。このように、職員のセミナーが市を越えた学びの場である都公連大会と連携して市民、保育者、公民館運営審議会

第30回都公連大会全体会（1991年11月）

委員等との学びを実のあるものへと繋げていく役割も果たしていた。都公連大会の開催方法の変化とともに、保育室分科会は1995（平成7）年の第34回大会が最後となった。

5 立川社会教育会館の閉館とセミナーの終了

　セミナーの終焉と、立川社会教育会館の閉館（1987年）は深くかかわっている。多摩地域の各市は公民館が増えるにつれて、公民館職員の異動が頻繁になり、公民館職員の平均在職年数はどんどん短くなり、3年未満の人も多くなっていった。東京都公民館研究集会（旧東京都公民館研究大会）の各市の企画委員は異動したての新人が担当することが多くなり、継続した研修は設けにくくなっていった。立川社会教育会館は多摩社会教育会館と名称を変え、セミナーは、その後変遷しつつも2001年まで続けられたが、セミナーの主催者である会館の職員体制や予算は減少し、それと共に市町村の職員は、職場の制約などからなかなかセミナーに参加することができなくなっていった。

　2001年度の多摩社会教育会館の社会教育事業の廃止と同時に、会館に支えられた職員セミナーは終了したが、市役所等から異動してすぐに事業担当になる職員の不安の声から、現在（2014年）では、職員研修の場として、障害者セミナーと保育室セミナー、さらに初心者セミナーは、東京都公民館連絡協議会が実施するようになっている。

表2　東京都立川（東京都立多摩）社会教育会館・職員セミナーのあゆみ

年度	セミナーの主な動き
1968	☆東京都立川社会教育会館開館
1969	市町村青年教育担当者研修（以後「青年教育セミナー」）　開始
1970	成人教育セミナーと青年教育セミナー開催
1971	上記に社会教育関係初任者セミナーが加わる。都から執行委任されて開催
1972	青少年教育として、児童館職員も視野に入れる。以降は立川社会教育会館の予算で実施
1973	都教育庁『新しい公民館像をめざして』＜通称 三多摩テーゼ＞刊行（続編は翌年）
1974	社会教育行政と文化財のセミナーが始まり、婦人・成人・青年・青少年・初任者・課長と8コースのセミナーが実施され、以後8コースが定着
1975	「三多摩における都市化の動向と問題点をさぐる」セミナーの開催
1976	地域づくり、まちづくりが課題に。都公連会報『東京の公民館』創刊号発行
1977	「公民館保育室セミナー」が始まる
1979	『東京の公民館30年誌基礎資料編』編纂委員会発足
1982	『東京の公民館30年誌基礎資料編』発行
1987	多摩地域の公民館数は82館でピーク
1987	☆立川社会教育会館は多摩社会教育会館となる
1993	「婦人教育セミナー」を「女性問題セミナー」と改称
2000	☆都立多摩社会教育会館閉館
2001	会館主催のセミナー終了
2003	『東京の公民館五〇年誌』編纂委員会発足

【参考文献】
・「社会教育職員の自己形成―セミナー方式による研修の創造―」日本の社会教育第23集『社会教育職員の養成と研修』東洋館出版社、1979年
・「公民館保育室のあり方を考える」『三多摩の社会教育』No.62、1984年
・「続・公民館保育室のあり方を考える」『三多摩の社会教育』No.64、1985年
・東京都公民館連絡協議会『都公連公民館白書』、1988年
・「特集 戦後多摩の公民館活動」『多摩のあゆみ』 第144号、2011年11月
・『座談会で綴る 東京の公民館五〇年誌』、2004年8月

4 公民館職員の不当配転闘争
―小平市の事例―

穂積 健児

市民・職員共同の闘い

　社会教育・公民館の職員が仕事の遣り甲斐、誇りをもち、市民の学習権保障を実現できることは、すばらしいことだと思う。

　しかし、現実はそれを許さない。職場を異動しながら「出世」してゆく仕組みになっている自治体にあっては、配置転換問題はついて回る。公民館職員が使命感・誇りに燃えて仕事をすれば自治体当局者との矛盾が深まる。

　1970年代～90年代にかけて、長野、埼玉、千葉、秋田、東京等で本人の意思に反した「配置転換」が強行され、「不当配転撤回闘争」として闘われた経緯がある。それは、市民の学習権保障や職員の労働権の問題であり、市民・職員共同の闘いの中での生きた学習運動でもあった。

　ここでは、仕事に情熱を燃やした、ごく普通の社会教育職員が自分の働く権利と市民の学習権保障のため「泣き寝入り出来ない」と決意して、組合や司法の手段で「配置転換撤回」を闘った、小平市の事例を紹介したい。

1 小平市での闘い ―石間、穂積、沼賀、浅沼の配転事例―

　小平市公民館での「不当配転」は1974年に石間資生を図書館準備室へ、1976年に穂積を社会教育課へ、1978年に沼賀勝利を下水道課に、1980年に浅沼順子を市民課へと、2年おき、6年間にわたり、4人の公民館職員を不当配転するという意図的、計画的配転だった。その背景には、住民の中に「権利としての学習要求」が高まり、それを支援する職場の民主的職員集団がつくられたこと等に危機感を持った当局の意図があると思われる。ここでは、それぞれの闘いの簡単な紹介をしながら、沼賀配転を中心に記述したい。

(1) 池末・石間不当配転闘争

　この配転は、福祉事務所のケースワーカーである池末享を公民館に、公民館主事である石間を図書館準備室にという配置転換で、組合運動と公平委員会闘争の2本立てで闘われ、組合の団体交渉で「池末・石間両氏を、3年で資格を活かせる職場に復帰させる」ことを勝ち取った闘いであった。

(2) 穂積不当配転

　この配置換えは、9年間公民館にいて、石間不当配転撤回闘争の事務局長である穂積を社会教育課へ異動させるという不当労働行為でもあった。公平委員会にも提訴したが、「社会教育主事有資格者を社会教育課に配置する」という理由で不受理となり、異動の翌年に社会教育主事が発令された。

(3) 浅沼不当配転

　市民課への内示を受けた浅沼は、すでに「沼賀不当配転撤回闘争」を支える「ふっきさせる会」の機関誌担当であったこともあり、議論の末、本人は公平委員会に提訴せず、「沼賀不当配転撤回闘争」を支えるということになった。

2　沼賀公平委員会闘争の総括

(1) 学習権、教育問題、労働権に踏み込まない公平委員会の「判定」

　1978年4月から1984年8月の6年半闘われた沼賀公平委員会闘争は、1984年8月20日、小平市および小平市教育委員会の処分を「承認」するという公平委員会「判定」がだされ、12月には再審査請求も却下されて敗訴した。

　「判定書」の論理構成は「公民館主事は法制度上教育専門職として明定されていない。故に教育専門職ではない」「教育専門職でないから配置換えをする上で教育的配慮はする必要がない」「教育委員会と市長との協議が成立していれば、任命権者の異なる相互間の配転は問題ない」「市長は任命権者として行政全体を把握し考慮するのは当然」[1]というもので、10回に及ぶ公平委員会での「証言」で明らかにしてきた公民館における教育の実態把握はまったく退けられ、事実と「法」を恣意的に結びつけたものになっている。考慮すべき「学習権、労働

権」を考慮せず、単なる「形式的な法の論理」に終始している。そのうえ、公務員の勤務関係は「特別権力関係」だという時代錯誤的な判断だった。

(2) 市民の動き

　1974年以降、公民館主事の配転が相次いだことに危機感を持った市民は、唯一残った女性の浅沼主事を異動させないよう、1980年2月、婦人の団体を中心に、館長、教育長、市長に「要望書」を出し、3月には内示撤回の「要望書」を提出したが、市民の意見は一切聞き入れられず、4月に浅沼主事の配転は強行された。沼賀配転の対応を話し合っていた矢先の出来事なので、運動は一気に燃え上がり、5月には市民、職員、社会教育推進全国協議会三多摩支部の応援を得て「小平・公民館の自由を守り、沼賀さん、浅沼さんを公民館に復帰させる会」（略称「ふっきさせる会」）が発足した。以後、「準備書面」、機関紙「ふっき」の発行、事務局会議、代理人会議、公平委員会での証人活動など精力的に活動し、並行して小平市公民館の歴史を学習し、教育的配慮と専門職員としての安定した職務・仕事を要望して、11項目にわたる「私たちの望む公民館職員像」[2]を明らかにし、公平委員会での証言や教育委員会へ要望していった。

(3) 労働組合の対応

　小平市職員組合は「市民の命と暮らしを守る自治体労働者」をスローガンに、沼賀本人も組合の役員でもあり、さらに穂積が書記長になり、組合員の学習、闘争支援の予算化、傍聴動員等公平委員会闘争への物心両面の支援を実施した。

　しかし、組合の力量の関係（組合の専従者は組合が雇用した書記のみ）で、公平委員会と並行した団体交渉が「公平委員会で審議中」を理由に拒絶されたため、組合運動を通しての「現職復帰」を勝ち取ることは出来なかった。

　また、上部団体である自治労東京都本部からは、「専門職を認めると労働者・職場の分断につながる」との理由で殆ど支援は得られなかった。

(4) 闘いの成果

　公平委員会は「公民館主事」の教育専門職としての法制度は確立していないと断じたが、逆に、社会教育主事、図書館司書、学芸員の専門職性は認めている。ということは、上記の専門職の人事異動については、当然、教育的配慮がなされるべきで、組合は小平市及び小平市教育委員会と①「採用時点で、社会教育主事、図書館司書、学芸員の仕事を予定して採用された職員には専門職辞令を出すとともに、本人の合意なしに、強制配転はしない」、②「公民館、図書館の専門職有資格者の比率を落とさないため毎年それぞれ2人を『主事・司書』講習に公費で送る」という内容を確認した。

　また、この闘いで、市民は「行政の論理」が「教育の論理」に優先すること、自治体へ納めた市民の税金は、市民の要望を無視して、別の論理で使用されることを学んだ。

3　不当配転闘争の意義

　「不当配転撤回闘争」という市民との共同闘争は、市民、職員双方にとっての生きた学習運動の場であり、日本国憲法第12条の実践の場であったというのが、正直な感想である。また、教育現場の実態や市民の学習権、職員の労働権等を無視した公平委員会の改革が必要だと実感した。

　さらに、「社会教育の本質は憲法学習である」[3]とうたった所謂「枚方テーゼ」

の実践を、我々はどこまで本気で考えてきただろうか、と反省もさせられた。

　これまで「不当配転撤回闘争」は主に公平委員会の場で闘われ、「和解」という解決が多かったが、この闘いは本来、「司法の場」もにらみながら「労働運動」の場で解決すべき問題なのではないかと思う。その意味で「司法の判断にゆだねているから、組合との交渉はしない」という当局の態度は、大いに批判されるべきだと思う。

　最近の社会教育現場から、「不当配転撤回闘争」の情報が聞こえてこない。1970年代から90年代に闘われた「不当配転撤回闘争」が単なる歴史上の事実で終わっていいものだろうかと思う今日この頃である。

付記：多摩地域の状況は、1975年8月に社会教育推進全国協議会三多摩支部が設置した「配転特別委員会」（配転が起きた場合に設置）の調査が詳しい。
　　　「配転特別委員会」は、1975年7月の稲城市の霜島義和配転問題をきっかけに立ち上げ、①「不当配転の情報交換」、②「公民館主事の職務内容の実践的理論化、配転闘争の理論的総括」、③「公平委事務局交渉、代理人会議などへの参加」[4]等を行ってきた。多摩地域での配転は、小平市、稲城市、旧田無市、青梅市、東大和市、調布市、国分寺市、立川市、旧保谷市などの事例がある[5]。

1　「発刊にあたって」『沼賀勝利さんの不当配転資料集（第3集）』（1984年12月）を参照。なお、沼賀配転問題の詳細は、上記資料集（第1、第2、第3集）」を参照。
2　社会教育推進全国協議会三多摩支部『'80三多摩の社会教育Ⅴ』、1980年8月、151頁
3　現代「社会教育」文献研究会編『現代「社会教育」基本文献』第2号、1970年6月、147頁参照
4　社会教育推進全国協議会三多摩支部『'76三多摩の社会教育Ⅰ』、1976年9月、74頁
5　前掲、9頁

コラム 公民館職員の不当配転闘争 —稲城市の事例—

霜島 義和

　公民館職員の配転ないし異動は、毎年定期異動の時期には必ず起こる問題である。稲城市で起きた配転問題は、1975（昭和50）年7月の異動内示に始まり、同年9月の公平委員会に不服申立書の提出、1978（昭和53）年4月の和解による原職復帰まで約3年にわたった。その間、主に公平委員会で請求者、処分者の書面上の意見のやりとりが行われたが、以下は、請求者側の「準備書面」の要約である。社会教育の原則をめぐって、具体的な職務内容を述べながら、公民館職員の実際の職務内容を明らかにし、機械的な人事操作の問題点を指摘している（東京都公民館連絡協議会『都公連創立30周年記念事業 東京の公民館30年史—基礎資料編—』、1982年2月、324頁）。

　（中略）以上の中でわかることは、職員のチームワークの重要性・必要性とともに、それに支えられながら公民館の仕事には、どこまでも継続し発展していく流れというものがあり、その流れの中で、公民館の職員の適切な援助を通して、様々な活動が広がり深まり、あるいは改善されているのだということである。年度の途中や事業の最中での職員の安易な配置換えが、市民の学習・文化活動にとってどれほど大きな障害になるかははかりしれないのである。目に見えない市民と職員の様々なつながりが突然きれることによって、市民が公民館活動から去っていったりすることは少なくないのである。公民館は、小さなつながりのひとつひとつを大切にし、それを広げ豊かにしていく教育施設（機関）なのである。市民が生活に則して、学習・文化活動を継続的に行うことを最も大事にし、保障すべき公民館が、それらの活動に職務として、生きがいとして、熱意をもってかかわり、努力しつづけている職員を、一般行政事務職員と同様の基準で配置換えすることは、職員の働く権利を不当に奪

うことである。同時に、そのことによって学習・文化活動を中断、ないしは停滞させるということは、学習者である市民に対する大変な侵害である。本件配転処分は、市民の要求に押されて公民館はつくったものの、職員配置や職員養成計画はきわめてずさんという、稲城市における社会教育行政の基本的なあり方の問題が、必然的にひきおこした不当・不法な不利益処分事件である。すでにのべてきたことで明らかなように、本件配転処分は、申立人とともに、他の公民館職員、公民館利用者・市民にとっても不当であり、かつ、不利益な処分である。したがって、ただちに、本件処分を取り消し、原職に復帰させるべきである。（1977年6月27日）

こうして、専門職辞令の発令がないまま社会教育主事有資格者として新卒採用された3年目の年度途中での人事異動による突然の配転問題は、市民と職員が学びながら「不当配転撤回闘争」として展開され、公平委員会での論争を包囲し、和解勧告を引き出し、原職復帰が実現した。その際の総括の中に次のような記載がある。

稲城におけるこの配転闘争は、市の社会教育行政に一定の影響を与えてきた。1977年4月には、教育委員会で①市長部局からの独立性、②教育（公民館）活動と社会教育行政の分離・区別、③専門職の必要性などが論議され、それらを確立させる方向で規則改正が行われた。異動も慎重になった。今、公民館を拠点にして、豊かな社会教育活動の深まりと広がりと、そして公的保障とを、公民館の職員集団と住民の力でつくりだしていくことを課題にして取り組み始めている（社会教育推進全国協議会三多摩支部『'78三多摩の社会教育Ⅲ』、1978年8月）。

40年ほどの年月を経た現在、稲城市立公民館条例は今も変わらずに①公民館に専門職員を置く、②公民館運営審議会を置く、③使用料は無料とする、という公民館の三つの原則を規定している。

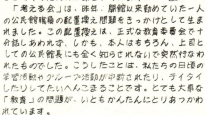

『稲城の社会教育を考える会』の市民へのよびかけビラ

6 社会教育に関わる委員・審議会活動の展開
—行政・施設への市民参加の歩み—

小林 文人

1 戦後・社会教育関係「委員」制度の登場

　戦後社会教育法制は、社会教育行政に関わって社会教育委員の制度を設け、また公民館・図書館・博物館の公的社会教育施設には、それぞれの法制に運営審議会・協議会の規定が用意され、都及び区市町村にこれら組織を「置くことができる」とした。すべて任意設置の規定であるが、公民館については「公民館運営審議会を置く」と義務設置の規定（社会教育法29条・制定時）を設けていた。公民館は「民主的に運営されなければならない」とする初期公民館「公民館委員会」（公選を原則とする委員選出）制度を前史としていたからである[1]。

　社会教育委員の制度は、1946（昭和21）年「都道府県社会教育委員並に市町村社会教育委員設置について」（文部次官通牒）によりその設置が奨励された。戦前には昭和初期の教化動員体制下の社会教化委員（1930年）、それを引き継ぐ社会教育委員（文部次官通牒「社会教育の振興に関する件」、1932年）の制度を前史とし[2]、国家主義的な社会教育の普及と上からの行政浸透という歴史的背景をもっていた。それらが戦後改革期において民主主義的な社会教育への志向、行政への民意反映・住民参加という新しい理念に立って、戦後社会教育関係「委員」制度は再生された。歴史的に、いわば上からの行政浸透と下からの住民参加という二つの側面を併せもちながら、ときにこの二側面が併立拮抗しつつ、戦後東京の委員制度は始動していったと見ることができる。

2 社会教育委員の設置動向

　東京の社会教育委員の設置状況は全国動向と比べて、むしろ微弱なスタートであった。東京都は社会教育法の制定に伴い、1950年に「社会教育委員の設置」

条例を設け、1951年初頭より社会教育委員を委嘱、審議活動を開始している。しかし（通史に指摘されている通り）区部の社会教育委員制度はあまり進展せず、その後10年が経過した1961年の時点で品川・中野・世田谷の3区が設置したにとどまっている。特別区制度による都の財政調整・積算基礎にも算定されていなかった。市町村部では、1959（昭和34）年社会教育法改正（社会教育関係団体補助金の支出にあたっては「社会教育委員の会議の意見を聴いて行わなければならない」－第13条、青少年教育に関する「助言と指導」規定－第17条3項）を契機として、社会教育委員制度への関心がひろがり、18市町村が設置している[3]。しかしその具体的な活動状況は、この段階で必ずしも活発であったとはいえない。

　1960～70年代以降になると、これらの社会教育委員の会議がしだいに活発化し独自の存在感を示すようになってくる。もちろん区市町村によって一様ではなかったが、社会教育法に基づく諮問に応える答申、あるいは建議や意見具申・助言等が積極的に行われてきた歴史がある。振り返ってみて、それらは東京社会教育史の重要な一側面として注目すべき歩みであった。教育委員会制度自体が財政的な権限をもたず、その答申・建議等が具体的な施策の実現に結びつかない場合も少なくなかったが、社会教育施策の方向や行政理念を提示し、あるいは具体的な役割や課題について提言が重ねられてきた経過は、都・各自治体の社会教育の展開に大きく寄与してきたと言えよう。

　たとえば東京都の社会教育委員の会議についてみてみると、「東京都社会教育長期計画」答申（1965年）は、広域社会教育センター構想として具体化し、多摩地域の社会教育活動の拠点となった東京都立川社会教育会館の設立（1968年）に結びついた。「東京都の自治体行政と都民の社会活動における市民教育のあり方について」答申（1973年）は、都民の「学習権」理念を先駆的に提言し、その後の市民主体による社会教育実践の流れを引き出す契機となるものであった[4]。

　ちなみに立川社会教育会館には都条例により運営審議会が設置されていた。会館の果たすべき役割について「住民・市町村に役立つ会館の道」を答申（1972年）している。「ア、住民の自由な交流の広場として」「イ、市町村社会教育活動のサービス・センター」「ウ、あらゆる教育・文化活動の連帯の拠点」など会

館の具体的な役割論の提示は、「新しい公民館像をめざして」(いわゆる三多摩テーゼ、1973年)のいわば都立社会教育施設・広域社会教育センター版の構想と言うことができよう[5]。

3 青少年委員制度と公民館運営審議会の独自な展開

　通史に明らかなように、東京都の場合とくに区部において、社会教育委員の設置はなかなか進まなかったが、他方で東京独自の委員制度として「青少年委員」が設置された。戦後混乱期のなか首都東京の青少年問題の深刻化を背景に「東京都青少年問題協議会」(条例、1953年、知事部局)の動きがあったが、それとならんで社会教育行政として「青少年委員」の活動があった。都社会教育委員の会議「青少年教育振興について」(助言、1952年)が契機となり、都条例により「青少年委員」制度が発足したのは1953(昭和28)年。諸文献・資料等があり、通史にも触れているので、ここでは割愛する[6]。

　さて、前述したように「公民館運営審議会」(公運審)は、制定時・社会教育法によってすべての公民館に組織された重要な審議会の位置づけであった。公民館運営が基本的に民意を尊重し住民の参加・自治によってすすめられていく上での象徴的な制度でもあった。東京の公民館の設置動向は全国的にみてむしろ後発であったが、公民館運営審議会の活動についてはきわめて先進的な事例があり、いくつかの動きを追ってみる。

　東京都公民館連絡協議会(都公連、1951年結成)は、その30周年記念事業として『東京の公民館30年誌』をまとめている。貴重な史資料を収集し興味深い調査活動を行っているが、公運審についても、1980年の時点で全公民館(区部2館、多摩23館－当時)の実態調査を収録している[7]。

　全公運審25の委員総数は298。とくに2号委員(市民団体代表)の選出について、教育・文化・産業・労働・社会事業等の多彩な分野に拡がっていること。選出方法は「分野別団体を招集し会議、選挙によって決める」4、「分野別代表者による決定・報告」13、が主流であり、行政側による「公民館で決定」は数事例にとどまること。社会教育委員との兼担も少なく、大部分が公民館運営審議会として独立性をもっていたこと。当時の社会教育法は、館長任命にあたっ

て「あらかじめ公民館運営審議会の意見を聞かなければならない」と定めていたが（同法第28条2項）、ほとんどの公民館において文書あるいは口頭によりその手続きがとられていること、などが報告されている。

　公運審は1号委員（学校教育）3号委員（学識経験）と並んで、とくに2号委員の占める比重が大きく（委員数の約6割）、市民参加による選出が一つのテーマになってきた。たとえば町田市の場合、市議会に「2号委員を重視し、実際の公民館活動をしている婦人、青年等から選出してほしい」趣旨の請願が出された（1975年）。委員選出にあたって説明会、学習会が開かれ、11人の委員が選ばれるまで7回の調整会議が開かれ、同部門の団体が互いに話し合いを重ね人選した[8]。田無市では、「婦人団体代表の委員は、市内婦人団体が一堂に会して、選挙で選んでいる。選挙にあたって、推薦者は推薦の弁を、候補者はその抱負を述べてから投票に入る。委員に選ばれた者は、1年に2回の報告会が義務づけられる。この委員選出の方法も、婦人団体の運動の成果である」という経過であった。この選出方法は「婦人団体」のみでなく、公民館利用者団体その他にも拡がっていたという[9]。

　社会教育委員の選出にあたって、世田谷区では委員制度創設（1964年）後10年余を経て、市民学習グループ連絡会等による委員"準公選"の取り組みが報告されている[10]。

4　積極的な答申・建議活動

　委員会や公運審の答申・建議・助言等の活動は、しばしば社会教育行政（公民館等の施設）の方針・計画・事業等を牽引する役割を果たしてきた。活発に公運審活動を展開してきた国立市公民館の場合、ほぼ毎月開催の定例会議、課題による小委員会活動、あるいは日常的な実践参加等をベースに、任期2年の記録がまとめられている。その間には社会教育法改正問題に対する「声明書」（1963年）が出されたり、あるいは「公民館のあるべき姿と配置について」（1973年）、「公民館改築について」（1976年）の答申等がまとめられてきた。館長人事について自主的に「要望書」を提出することもあった（1989年など）。各期の「審議のまとめ」は公運審記録にとどまらず、それ自体が貴重な公民館史であり地

域史の側面をもって集積されてきたといえよう[11]。

1970年代に登場する障害者青年学級の取り組みは、小金井市（1974年）、国立市（1977年）の場合、それぞれの公民館運営審議会「答申」によって新しい躍動の歩みを踏み出したものであった[12]。前述した東京都社会教育委員の会議による「市民教育のあり方」答申（1973年）は先駆的に「都民は学びたいことを学ぶ」権利を提唱したが、それから20年近く経過して、保谷市生涯学習推進計画策定審議会は「保谷市生涯学習推進計画策定について」答申（1995年）し、情感豊かに「保谷市民の学習権宣言」が盛り込まれている[13]。

5 委員活動、市民参加の多層性

社会教育関係法制に基礎をおく社会教育委員・公運審活動等にとどまらず、自治体独自の制度として活発に機能してきた小金井市「企画実行委員会」（別稿参照）や東村山市図書館・公民館設置に向けて組織された「専門委員」制度（1975年）の取り組みもみられた[14]。公民館等の社会教育施設の設立あるいは改築にあたっては、他の自治体でも市民・専門家の参加による「建設（改築）委員会」等が組織され活発に機能した経過がある。

さらに法・条例に根拠をもつわけではないが、公的社会教育・施設運営に関わって、多様な委員会や実行委員会・懇談会等が数多く組織されてきた歴史の流れに注目しておく必要がある。

公民館活動に関わって例をあげれば、講座準備会、学級運営委員会、記録づくり委員会、保育室運営会議、館報編集委員会、利用者懇談会、公民館祭り実行委員会など多彩である。法・条例に基づく間接民主主義的な委員会活動に対して、当事者が主体的に参加するいわば直接民主主義的な市民参加の組織がさまざま動いてきたこと、それらが相互に関連しあってきた歳月が、多くの活動を蓄積してきた。制度的な委員・審議会活動と市民ボランティア活動、多層の各種委員活動の重層的な展開が、社会教育行政・施設を支え、自治体における市民自治・参加の厚みとなって拡がってきた[15]。

それぞれの委員の個別の活動もみられた。たとえば福生市中央公民館運営審議会委員・佐久間登世子は「うんしんおばさんだより」を発行（1982〜86年、

全178号)、公運審ミニコミとして公民館と市民をつなぐユニークな役割が注目された。

---

1 寺中作雄『公民館の建設―新しい町村の文化施設―』公民館協会、1946年、32頁
2 国立教育研究所『日本近代教育百年史(社会教育2)』8、1974年、62頁
3 東京都立教育研究所『戦後東京都教育史』下巻、社会教育編、1967年、41頁
4 東京都教育委員会「東京都社会教育長期計画」、1965年；同「東京都の自治体行政と都民の社会活動における市民教育のあり方についての答申」、1973年
5 東京都立川社会教育会館『東京都立川社会教育会館・十周年記念誌』、1978年、15頁
6 東京都立教育研究所『戦後東京都教育史』下巻、社会教育編、1967年、132-137頁；東京都立教育研究所『東京都教育史』通史編4、1997年、1147-1153頁
7 東京都公民館連絡協議会『東京の公民館30年誌』、1982年、227-281頁。なお1985年調査については、同『都公連公民館白書』、1988年、1-41頁
8 大石洋子「町田市公民館の活動」たましん地域文化財団『多摩のあゆみ』144号(特集：戦後多摩の公民館活動)、2011年
9 鳥海しげ子「田無市公民館職員専門職制度の確立」『月刊社会教育』1979年7月号
10 清水文恵「東京・世田谷区の社会教育委員の『準公選』にとりくんで」『月刊社会教育』1980年4月号
11 国立市公民館『資料・国立市公民館運営審議会1期～26期の記録』、2009年
12 社会教育推進全国協議会編『社会教育ハンドブック』、1979年、同『改訂 社会教育ハンドブック』、1984年、「障害者の学習」の項参照。
13 奥津とし子「市民主体の豊かな学習の発展を―保谷市の社会教育の蓄積を生かした生涯学習計画づくり―」『月刊社会教育』1995年10月号
14 社会教育推進全国協議会編『社会教育ハンドブック』、1979年、310-313頁、「社会教育における委員制度」の項参照
15 小林文人「住民参加と自治の可能性をさぐる―公民館運営審議会の役割を通して―」『月刊社会教育』1990年4月号；同「自治体の社会教育委員会議・生涯学習審議会を問う」『月刊社会教育』1995年11月号

第2章 公民館

1 「三多摩テーゼ」につながる国分寺市公民館の実践

佐藤 進

1 国分寺市公民館で青年教育に取り組む

　「三多摩テーゼ」は公民館の運営と活動展開に新鮮な問題提起をした。これがもたらした、①多摩地域の公民館活動への影響を検証することと、その提起が②多摩地域の公民館活動のどのような蓄積から生み出されたのかを振り返ることは大事な課題である。本稿は②の「三多摩テーゼ」の背景としての公民館活動の蓄積という視点から、筆者自身の公民館実践を振り返ることを通して課題への接近を試みるものである。

　筆者は郷里（山形）で民間企業に就職した後東京に出た経緯もあって、年齢的には通常の2年遅れで1965年4月に国分寺市役所に就職した。公民館で働くことになったのは、大学3年時の社会教育実習を国分寺で行った縁であった。就職先を探していた時に国分寺で公民館職員を採用予定と聞いて受験したのである。実習時には公民館職員は教育委員会採用と聞いていたが、受験の年から市役所の一般職員採用試験を受けることに変わっていた。したがって採用辞令と教育委員会への出向辞令を市長から、公民館勤務辞令を教育委員会から受けた。

　就職直前の1965年2月に三多摩新人会（後に北多摩新人会）という若手職員中心の研究グループができており、早速そこに仲間入りするとともに三多摩社会教育懇談会の集まりにも顔を出した。

　国分寺市公民館は市制前年1963年の設置であり施設は自治体警察署、教育委員会事務局、町議会議場等として使われた木造平屋建てであったが1965年11月

に旧北多摩自治会館跡に移り、建物の面積は235.7㎡から972.18㎡へと3倍化した。

三多摩新人会に出ると、メンバーの多くは青年との生き生きした関わりを話し、筆者としては国分寺でも何とかして青年教育事業を軌道に乗せたいと強く思わされた。筆者の職員としての採用も青年教育への取り組みの必要が背景にあったのである。

都市化進行の中、青年団の組織は残っていたが市全域で活動が展開される状況はなくなっており、青年学級の名で中学校を会場に地元青年を中心とした生け花教室が続いていた。その一方で増え続ける流入青年の学習をどう展開するかが課題であった。

以下、青年教育を担当した1966年度から71年度までの事業を以下のように実施した。当時の国分寺市公民館は青年教育だけに専念できる体制がなかったこともあって、筆者の担当は成人・子ども事業と、青年がほぼ半々という状況であった。その後1971年に青年教育事業を主担当とする職員が入り、翌年にバトンタッチしたのである。

○ 1965年に担当した職務は婦人学級や成人講座の補助的仕事、親子写生会、夏休み巡回幻燈会などであった。まずは仕事の手ほどきを受けながら地域を知ることと、秋には公民館の移転に伴う仕事に追われた感があった。年明け66年1月の成人式で会場の椅子に用紙を配る方式でアンケートをとり、その結果を受けて66年度事業として6〜7月に時事問題教室（経済・4回）、6月音楽教室（4回）、67年1月青年教室人生論講座（4回）などを始めた。人生論講座は生き方学習であったが、この年はいずれも短期講座であった。
○ 1967年度には前年の手ごたえから国分寺でも青年教室が成り立つと感じ、5〜8月まではたらく青年教室（17回）を実施した。ほかに7〜8月、青年ウクレレ教室（9回）、68年2〜3月青年歴史教室（『昭和史』・8回）、同年1月青年サークル研修会に取り組んだ。

はたらく青年教室は実質4ヵ月で筆者としては初めての長期講座であった。仲間づくりを主眼にレクリエーションと話しあい・グループ活動・ハイキング・キャンプなど青年学級的な事業で、終了後グループが誕生した。

第2部　特論Ⅰ〜行政・施設史篇〜

○ 1968年度は4〜5月青年歴史教室（『昭和史』・7回）、5〜10月青年生花教室、5〜11月はたらく青年教室（27回）、8月サークル交流キャンプ、69年1月うたごえ教室（青年・成人、8回）、69年3月青年サークル協議会であった。青年歴史教室は岩波新書『昭和史』をテキストに前年度からの継続講座であった。

この年の生け花教室についてふれておきたい。生け花は公民館ができる前から一つの流派の先生にお願いしていたものだが、市内の生け花の先生に集まってもらい、話しあいの結果他の流派の先生にお願いするということにしたものである。これは青年教育事業を増やす中で予算的に生け花教室を年間通して実施することが難しくなったことと、毎年同じ流派、同じ先生でいいのかという疑問からであった。生け花の講師は公民館運営審議会委員、社会教育委員でもあったが、了解を得た上であった。話しあいの結果別の流派の先生が一人分の予算で二人で引き受けてくれることになり、花の生け方についてプリントを用意してくれるなど、新鮮な取り組みが生まれた。

―――

＜職員としての私と音楽＞

1965年12月の公民館だよりにコーラスグループ募集の記事が載っている。これは婦人学級でコーラスの指導もしていた上司を指導者に始めた活動で公民館事業ではなく土曜午後のサークル活動としてであった。

翌年の予算でアコーディオンを買ってもらい、それをかついで夜のアコ教室に通った。その頃の公民館だよりには子どもたちを前にアコ伴奏をしている筆者の写真が載っている（66年9月号）。婦人学級のバス旅行にもアコ持参で参加したり、労組青年婦人部の昼休みコーラスで伴奏もした。後々「伴奏ボタン」に挫折してしまうのだが、コーラスの方は名前もオンチコーラスから市民コーラス、市民合唱団と変わりつつ、夜の時間帯に移して当初の市役所職員中心から地域の青年、成人のグループとなり、文化祭にも何度か参加した。筆者はその後も職員時代をとおして音楽関係の事業を多く担当し、持ちより楽器の講座を担当した時は講座中と講座後のグループでハーモニカを吹き、次の公民館ではギター講座を担当しグループ活動にも参加した。そのため"公民館まつり"では出演者でもあった。

○ 1969年度は6〜11月働く若者教室（125回）、12月うたごえ教室（成人も・8回）、70年1〜3月青年歴史教室（現代史）、3月若人のつどい。

1969年度の働く若者教室（長期青年教室）は目標に「ひとりぼっちの青年をなくす・生活をみつめ、社会にも目をひろげる青年になろう」をかかげた。カリキュラムは表1のとおりである。

表1　長期青年教室カリキュラム（1969年度）

回	テーマ	内容	方法
1	はじめに	開講式	主事の話と自己紹介
2		私の青春時代	講演
3	Ⅰ 職場に生きる青年として	日本の若者たちのようす	講義
4		自分たちのようすも語りあおう	話しあい中心
5		仕事と生きがい	話しあいと講義
6		キャンプ	レクと生い立ちを語りあおう
7		生活と賃金	話しあいと講義
8		共働きについて	話しあいと講義
9		なかまといっしょに考えてみよう	講義と討論
10	時の動き		講演
11	Ⅱ すばらしい友情や愛情を育てるために	友情や恋愛を語り合おう	話しあい
12		恋愛と結婚（1）	講義と話しあい
13		セックス	講義と討論
14		恋愛と結婚（2）	話しあいと講義
15		家庭とは何か	話しあいと講義
16		すてきな愛情を育てるには	講義と討論
17	時の動き		講演
18	Ⅲ 平和な社会を築くために	戦争はなぜおきる（1）	話しあい
19		戦争はなぜおきる（2）	講義と討論
20		安全保障条約（1）	話しあい
21		安全保障条約（2）	講義と討論
22	Ⅳ 生きがいをもとめて	泊りこみで話しあおう	
23		働く若者の学習とは	講義と討論
24		「生きがい」はどうしたらみつけられるか	話しあい
25			話しあいと講義

出典　国分寺市公民館だより No.38より

なお、この教室の実施経緯については次項で触れる。
〇 1970年度6〜7月うたごえ教室（成人も・8回）、8〜1月話し方書き方教室（25回）、8月青年！夏のつどい、9・10月青年歴史教室（成人も・自由民権の歴史）

この年は前年の働く若者教室から話し方書き方教室に変わっている。仲間づくりにプラスして、より実用的学習に舵を切ったといえよう。呼びかけ文には「友だちがほしい　恋人がほしい　でも人前で話せないし　字をかくのもにがてだ　こんなことでなやんでいるなら　この教室にきませんか…」。内容は話し方・ペン字の書き方・文章の書き方で6ヵ月（25回）であった。

〇 1971年度も5〜9月話す・書く力をつける教室（話す・書くに強くなろう・20回）、7〜9月新しい料理教室（みんなで楽しい食事を・12回）、11〜2月字を書く力をつける教室（ペン字・16回）に取り組んだ。

この年は4月に新しく入った職員と一緒に担当したものである。そして筆者の青年教室担当は71年度で終わり後継職員にバトンタッチした。

共同企画で青年教室に取り組む

1969年度の働く若者教室は多摩地域の3市町共同のカリキュラムで実施した。「三多摩青年学級・講座共同企画研究会（仮称）」として都教育委員会の長期研修に位置づけて行ったものである。都教育委員会から市町村に出された文書は次の内容であった。

「三多摩青年学級・講座共同企画研究会（仮称）」参加へのよびかけ
〔よびかけ〕

　すでに御存知のことと思いますが、東京都公民館連絡協議会及び東京都教育庁青少年教育課両者により"青年教育担当者の打合せ"会議を数回かさねてきました。会議に参加した13市町の担当職員は、それぞれ青年教育の発展をねがいながら、様々の社会教育実践を行なっていました。しかし、同時にいろいろな困難にぶつかっていることも知りあいました。また、青年たちも同じような状態にあることも明らかになってきました。

　そこで、少しでも三多摩の青年教育発展に寄与してゆきたいという願いから、

下記のような主旨で、三多摩の青年教育担当職員の恒常的な研究会を発足いたしたいと存じます。特に本年度は、都教育委員会の長期研修の一環とすることになりました。つきましては、多数の市町村教育委員会青年教育担当職員の御賛同と御参加をえて出発したいと存じますので、格別の御配慮を賜わりますようお願いいたします。

記

1. **共同企画の主旨**
   (1) 三多摩に生活する青年の様子には多くの共通性があり、学習要求にも共通性があると思われる。したがって、青年教育行政でも学級・講座の共通性が考えられるので、共通企画の実験をし、共通性を明らかにして行きたい。
   (2) 現在の青年教育は、各市町村様々の状態であり、行政も青年自身も交流しあい、三多摩全体が高めあう必要がある。
   (3) 青年教育担当職員間で内容の検討はおろか、交流もなかった。担当職員の異動や手さぐりのなかの不安を共同企画の実験をすることによって研修される機会としてゆきたい。

2. **本年度の実験課題**
   (1) いわゆる「かたい」学習でも青年は集まるのではないか。特に本年の場合は、青年が生活のなかで切実に悩んでいる問題の一つ ―「生きがい」「青年の生き方」に焦点をあててみたい。
   (2) この学習を通じてどのような青年に育つか明らかにしたい。
   本年は、①真実をあいまいにしない。 ②疑問に対しては逃げない。 ③仲間を大切にできる青年に育つかどうかを目やすとしたい。また、終了後は自主的にサークル・グループをつくり、運営できる青年を育てうるかどうかも大切な指標としたい。
   (3) 講師・選択の基準を明らかにしたい。
   本年は、①それぞれの専門家である。 ②真実をあいまいにしない人。 ③青年の気持をつかみ、青年の中にとびこめる人。 ④わかり易く理解させてくれる人。 ⑤特に本年度はこの共同企画の主旨に賛同した人。としてゆきたい。

3. 残された課題
　　本年度の研究会及び来年度以降に検討を深めなければならないと思われるものとして、
　（1）生活技術（生花・ペン習字・自動車法規など各種学校で行なわれているもの）や趣味・芸術・スポーツ等の課題と、本年度の実験「生きがい」をめぐる講義や話しあいとの関連について
　（2）各地域（各行政区）の地域課題や地域の特殊性をどう取捨選択し、学習課題に取り入れていくのか。
　（3）学級・講座内での特別教育活動について
　などがある。

4. 検証の方法
　（1）同一内容・同一講師・同一期間などできうる限り同一性を求めて学級・講座を行なう。
　（2）職員の共通認識を深めるために、恒常的に研究の機会をもってゆく。最低月1回の研究会は開きたい。
　（3）共同企画の意義・ねらいを深めるために、講師との打合せ、まとめの会合を必らずもつ。
　（4）受講の青年との協議を密にするため、青年学級運営委員会及びそれに類するものを定期的にもつとともに、各市町村の青年の交流を深める。
　（5）これらを教育学的に深める意味で、勤労青年教育の専門的研究者の助言を求める。
　（6）直接実施はできないが、実際に青年教育を担当している各市町村の職員にも研究会に参加してもらい、共通性・相違性を明らかにしてゆく。

5. 実施方法
　（1）共同企画で同一性を求めながらも具体的運営は各市町村の担当職員が行なう。
　（2）実施機関・予算については各市町村が行なう。なお、講師報酬に関しては各市町村の実情に応じて支出する。なお、実施にあたっては、できるかぎりレジメの作成、テープ及び要点の記録はできるだけ綿密に行なってゆきたい。

(3) 対象人員は、各市町村の実情に応じて10名〜30名とする。
6. 研究会の運営及び参加について
　　(1) 会の運営にあたっては、事務局長・事務局次長・記録をおく。
　　(2) 会への参加対象は、三多摩各市町村の青年教育担当職員とし、①企画のとおり実施するところ、②全部は実施できないが、部分的に取り入れられるところ、③本年度は実施できないが、現在の青年教育の問題点・悩み等について検討したいと思うところ、などである。

　共同企画に取り組むまでの経緯については、上記よびかけ文と共に青木紘一「三多摩における青年学級・講座の共同企画の試みについて―中間報告」（『第9回社会教育研究全国集会　報告資料集』社会教育推進全国協議会、1969年）に記されているが、北多摩新人会（旧三多摩新人会）の席で「来年度の青年学級をどうする」という声が出て、自治体を越えた仕事の相談を私的にするだけでなく職務時間内にやりたいと東京都公民館連絡協議会（都公連）に働きかけ、都教育委員会に話をつないでもらったことが発端であった。
　共同企画としての実施は国立・狛江・国分寺であった。今にして思えば職員としての思いが先走った感はあるが、国分寺は青年学級の基盤も弱い中、ぜひやってみたいとの気持ちから加わったのである。
　1年間の取り組み結果については筆者が「三多摩青年教育担当職員研修と学級・講座の共同企画にとりくんで」（『第10回社会教育研究全国集会　報告資料集』社会教育推進全国協議会、1970年）として報告している。そこに今後の課題として挙げている中からいくつかを抜粋したい。

1. 青年の現状、とくにその意識状況と学習要求を具体的に把握し、学習課題を明確化する―「青年の発想」を重視し、青年自身の経験を生かせる魅力ある学習内容…を展望するために―
2. お茶、お花、料理、スポーツ、レクリエーションを通じての生きがいの追求ができるかどうか―お茶、お花への「批判」としての「生き方」の設定でなく…。「お茶お花が潜在的学習要求につながる」との問題提起を検証してみたい―

3. 学習内容編成についての理論化―企画、立案、学習展開の全体につらぬく青年、講師、主事の民主的組織はつくれないか―
4. 「共同企画」が青年のもとめていたものにどれだけこたえたのか―顕在化していた要求にこたえたというより、潜在的なものをひきだすために、問題をぶっつけ、「与えた」面は強くなかったか。―
5. 主事にもとめられる力量は
6. 学習評価は何によってできるのか
7. 研修にでられない主事への協力

つまり共同企画の教室ではお茶、お花に対置するかたちで生きがい学習をと試みたが、実用的学習の中で青年の生きがいを追求しようとしたのが1970年度話し方書き方教室・71年度話す・書く力をつける教室だったのである。

2 青年教育研究会から「国分寺市公民館批判」を受けて

共同企画で青年教室を開設しながら、国分寺市で青年有志と青年教育研究会を始めた。そのことについて『月刊社会教育』1974年2月号にあらましを次のように記している。

1970年10〜12月に、71年度計画準備に向けて青年サークル・青年教室参加者から5名ほど選んで5回の研究会をした。「公民館にどんなことを望んでいるか」が課題だった。「職員中心の事業編成への疑問を、具体的にとくための第一歩」だったが、「公民館でめぼしい青年をえらんだ」集まりだった。その中である青年に「公民館に対する意見を書いてくれ」とたのんだ。その青年は「青年教育関係の事業にもっとも精力的に参加していたし、講座からできたサークルの中心メンバー」であり、「公民館と私をよく観察している青年」だった。その結果出て来たのが「国分寺市公民館批判」という文章だったのである。そこには「企画は誰がおこなったのか？」「公民館で何をしたらよいかという問いをかけられたことがない」と率直な意見が綴られていた。これは直接には青年教育のあり方に対する批判であるが、「公民館の基本的あり方への問題提起」ととらえて職場で議論の結果、本人の了解を得て全文を公民館だよりに掲載し、併せ

て公民館としての考えも載せた。公民館は8月号公民館だよりで「全市民へのアンケート」(はがきを公民館だよりに折り込み)を実施し、その結果を12月号に掲載した。職員間では社会教育課と公民館職員合同で「住民参加と社会教育施設計画づくり」をテーマに議論したり、公民館職員の研修会議で「市民参加の公民館」・「主催事業における市民参加」の研究に取り組んだ。

3 公民館事業運営への市民参加に踏み出す

市民参加による準備会方式に取り組む

　1971〜72年度は、筆者の公民館職員としての体験の中で、あるいは公民館のあり方そのものにとっても歴史的転換をした時期といえる。

　先に触れた1969年度青年教室の自治体を越えた共同企画実施、それを受けての70年青年教育研究会、青年からの「公民館批判」、その批判に対する職場での一連の取り組みの中から生み出されたのが講座及び事業企画の準備会であった。

　この頃の公民館だよりには紙上座談会「公民館を考える」(市民参加の具体策・地域との話し合いを・市民要求を生かした事業を・身近に公民館を)、紙上シンポ「国分寺市のシビル・ミニマムを考える―教育・文化―」、「国分寺の社会教育を考える市民集会」(9月号、集会記録は11月号)などが載っている。

　それまで職員中心で進めて来た公民館事業の企画運営を市民参加で進める、その転換点が1972年であったといえる。

国分寺市公民館だより(国分寺市公民館批判・1971年2月号、アンケート結果・12月号、'72年　公民館を考える・1972年1月号、国分寺市のシビル・ミニマムを考える・5月号)

筆者の青年教育担当は1971年度で終わったが、公民館事業企画への市民参加すなわち準備会は、成人事業でも取り組み始めた。

国分寺の公民館で年度当初に年間目標的なものを掲げた最初は筆者が就職した翌年の1966年度であった。そこには次のように書かれていた。

運営の基本方針
1 郷土愛をもった、文化的教養の高い、政治意識の高い人づくり。
2 市民の要望にそった各種事業を行なう。
3 それぞれ自主性を持ち、そして他人の意見を尊重できる民主的な人間を育てるための学習を柱に事業を進める。
4 共同連帯意識を身につけるための事業を行なう。

「市民の要望にそった各種事業」という項目は入っているが、公民館としてこれこれの人間を育てるということを公民館の目標に掲げることに疑問を感じていなかった。このことは国分寺に限ったことではなかった。このような事業を企画し学習の場をつくることが専門的職員の役割と考えていたのである。

それに対して青年から"俺たちの声を聞いてくれ"と出されたことはショックでもあり、それに真剣に応えようと議論した結果が講座や事業企画への市民参加だったのである。

初めての講座準備会

1972年度から市民参加の企画に取り組み始めたのであるが、それについて『月刊社会教育』1974年2月号で教育講座準備会の様子を報告している。

≪教育講座準備会≫
- 準備会よびかけ→前年度の教育講座参加者から、6回の講座のうち5回以上出席し、しかも最終回出席者30数名、数年前の教育講座参加者でつくっている教育研究グループのメンバー 20名ほど
- 第1回準備会（参加者22名）
　①準備会をもって市民と公民館で共同企画することの意味　②講座の内容をどうするか　③準備会の今後のとりくみについて
　参加者からは「講座の準備は職員の専門的職務内容ではないか。こういうこ

とまで市民と一緒にというのは職員の自己否定ではないか」との批判
- 第2回準備会
    議題は、講座の内容をどうするか
「中教審などのことがＰＴＡですぐ話しあえればいいが、まだそこまでいっていない」「社会教育とはどういうものか考える場も必要」
- 第3回準備会
テーマをつめる
「子どものことを考えると、学校教育と社会教育の谷間におかれている（プール・クラブ活動など）」「社会教育をうける権利ということで託児をどうするかを考えたい」
講師は「社会教育の学者がいい」「公民館で交渉してほしい」
- 第4回準備会―講師予定者をむかえての話しあい
    去年の発展ということもこめて「日本の教育はどうあるべきか」を社会教育からきりこむ
    講義1時間・討論1時間
準備会参加者の役割→講座がはじまった時点では、一人の受講者として出る。運営委員については開講後の討論できめる
託児→公民館の責任で保母を確保する→その後託児希望者と保母のうちあわせ会をもつ
- いよいよ開講
ぎりぎり40名でしめきる
前半3回は講義と質疑を基本とし、中間でそれまでの総括をし、後半のテーマ・学習方法を決定。後半はできるだけ参加者からのレポートをとり入れ、講義はそのまとめあるいは問題提起にとどめる
- 国分寺市の社会教育を考える市民集会について
講座終了後、教育講座参加者グループの主催による、『国分寺市の社会教育を考える市民の集い』がもたれることとなった。
分科会は、第一（国分寺の図書館計画について）・第二（社会教育における保育について）・第三（学校水泳指導・クラブ活動について）の三つ
集会に対する公民館の協力内容は、助言者への謝礼の支出、チラシ印刷代と託

> 児保母賃金の支出。参加者80余名、第三分科会には教職員組合代表も5名ほど参加。第一・第二分科会の参加者は、その後『市民のための図書館づくりの会』・『保育グループ』として活動。
> ・73年度へのひきつぎ
> 準備会も2年目を迎えて、いろいろ批判もだされるようになった。まず市民による準備会といっても、公民館がよびかけた人だけでやるのはおかしいという批判。これについては、73年度の各講座については、グループと共催したいくつかをのぞいて、成人・青年を問わず、公民館だよりで準備会のお知らせをし、出たい人ならだれでも出られる体制をとりはじめている。

　市民参加としての準備会は講座の内容にそれまでとは違った影響を及ぼしたといってよい。準備会は試行錯誤の幕開けであったが、その後可能な限り公募準備会で企画するという方向で、1973年に開館した2館目の公民館を含めて国分寺市の公民館事業全体の方向として定着した。

　公民館の主催事業への市民参加が定着するにつれて、自主的に活動しているグループ活動への関わりも問われるようになり、社会教育補助金交付に該当しない自主グループにも消耗品費や講師謝礼を援助する、グループ主催の講座にも援助する、グループと共催で講座を開くなどのことが徐々に定着するようになっていった。

　以上述べた模索は「三多摩テーゼ」づくりの議論の最中に公民館実践として取り組みが始まっていたことになる。

　「三多摩テーゼ」の第一部「Ⅰ はじめに―新しい公民館像をめざして―」の最後に次の文章がある。

> わたしたちは、以下の公民館像をえがくにあたって、抽象的に、頭のなかだけで考えだす、ということを極度に警戒しました。またなんらかの政策路線にそって、その枠組のなかに公民館像を位置づけることも避けました。日本の公民館のこれまでの歩みを背景に、東京・三多摩の公民館の実態とそのなかで苦闘しながら創出されてきた成果を、具体的に整理・統合するように努力しました。

経済の右肩上がりから一転した低成長時代への突入、「行財政改革」、生涯教育政策等々が連続した2015年時点の感覚で三多摩テーゼを読むと、あたかも理想像が思い描かれているような錯覚もつ部分もないわけではないが、当時の公民館の取り組みを振り返ってみると、むしろ公民館現場の実践を背景に出された提言だという実感をもつのである。

- 国分寺市の公民館は、1963年開設時は「国分寺町公民館」、64年市制に伴って「国分寺市公民館」、73年地区館体制に入って「国分寺市立〇〇公民館」と変遷してきた。本項は「国分寺市公民館」の時期にあたる。

【参考文献】
- 佐藤進「社会教育現場からみた時短問題」『月刊社会教育』1972年4月号
- 山崎優子・佐藤進「テープはかたる・市民とともにセミナーを企画する」『月刊社会教育』1973年12月号
- 佐藤進「住民主体の社会教育と職員の任務―講座準備会の実践を中心に―」『月刊社会教育』1974年2月号
- 佐藤進「都市化地域の公民館活動 東京・三多摩を中心にして」千野・野呂・酒匂編『現代社会教育実践講座〈第2巻〉現代社会教育実践の基礎』民衆社、1974年
- 国分寺市社会教育職員研究グループ「社会教育職場集団試論―集団形成の実態と課題―」日本社会教育学会編『社会教育職員論―日本の社会教育第18集―』東洋館出版社、1974年
- 佐藤進「三多摩における学習グループ援助の動向」『月刊社会教育』1975年6月号
- 伊藤昭一・佐藤進・高橋智子・山崎功「入門講座 高齢者学級の内容編成と運営」『月刊社会教育』1975年9月号
- 佐藤進・田中洋寿・浜住治郎・保坂みどり・山崎功「朝日カルチャーセンターにみる大人の学習」『月刊社会教育』1977年4月号
- 進藤文夫・高橋雪子・佐藤進「公民館運営と住民参加」小林文人編『公民館・図書館・博物館』亜紀書房、1977年
- 佐藤進「地域社会教育実践の展開と学習環境の整備」日本社会教育学会編『現代社会教育の理念と法制』（年報第40集）東洋館出版社、1996年
- 佐藤進「住民の自分さがし、生きがいづくりとかかわって三〇年―公民館職員としてどう生き学んできたか―」福尾武彦編『現代を生きる学び』民衆社、1997年

2 学級講座における学習論の展開
―「共同学習」の視点から―

的野 信一

1 「系統的学習」を提起した「公民館三階建論」

「公民館三階建論」は、1963年、国立市公民館職員の徳永功が構想し、65年に三多摩社会教育懇談会が発刊した『三多摩の社会教育』研究集録第一集掲載の小川利夫の論考「都市社会教育論の構想」により発表された。

その内容は、学習を階層的に捉え、その発展の目指すべき方向を示したものである。具体的には、公民館の1階は市民参加の窓口として「体育、レクリエーション、社交」の場、2階は市民が主体的な学びを行う「グループ、サークルでの集団利用」の場、3階は社会教育の目指す学習としての「科学の基礎講座等の系統的学習」の場と構想したものであった。「系統的学習」の中核には「継続的な政治学習」を置き、「地域民主化に向けた自治体改革のための諸問題の学習」と「社会・地域を規制・制約しているものを捉える社会科学の学習」という「二段構えの学習内容」で、「一流大学の講座の質に劣らない」、しかも「現代的、実践的な課題を踏まえた内容」と説明し、後の「三多摩テーゼ」による「私の大学」につながる視点を提起した。

この「系統的な学習」が提起された1960年代始め頃は、全国的には、青年の共同学習が各地で実践され、婦人学級も共同学習を意識した「話しあい学習」が広がり、ようやく定着しつつあった時期でもあった。しかし、同時に、「話しあい学習」に対して、学習の深まりや発展がない「話しっ放し学習」になっているとの批判も出るようになっていた。そのような中、「婦人学級」に対抗するかのように、国の社会教育政策として、64年度から、家庭において子どもを養育する保護者の立場の人々の学習が必要との文脈で「家庭教育学級」の開設に国庫補助金が支出されるようになった。このことは、社会教育においても社会的に必要なこと（必要課題）を学ぶべきだという風潮の台頭であり、国家に

よる国民教化の復活が危惧された。そのため、この実施に際しては、国会での議論により、「成人の教養としての家庭教育に関する学習を保障するもので、国家に都合のよい母親像を押し付けようとするものではない」との確認が行われている。

以上のような動きにより、この後の時代に、「系統的学習」における「何をどう学ぶか」、「誰がどのように担うのか」という学習の内容・方法と主体の位置づけが課題となった。また、この課題を追求する中で、都市の社会教育における「地域性」に、地方の物理的な近さや生産手段の共有ではない、「課題の共有」を位置づける素地が形成されていったともみられる。

ちなみに、この時期の学校教育でも、戦後の社会科の実践に対して、調査と称して地域をまわっているだけの「這いずり回る経験主義」に陥り、学習になっていないと批判されるようになり、社会科を系統学習に組み直す取り組みが提起されていた。

「系統的学習」と「私の大学」の「学習論」の提起は、東京の社会教育の特徴として全国に影響を与えた。この二つの視点は多摩地域の公民館実践と深い関連をもって提起されたが、地域主義、生活課題主義、共同学習重視の従来の公民館像と異なるこの都市型公民館論は、戦後の社会教育実践の重要な理念である「共同学習」を否定しかねないものであった。ただ、地域性の中身として「課題の共有」を位置づけた「共同学習」の新たな展開の可能性をもつものだった。

「系統的学習」や「私の大学」を実践するにあたっては、「共同学習」を発展・深化させる専門的教育職員のありようや力量形成の不十分さが重大な問題であった。しかし、このような意味での職員論が十分に議論されないまま、「三多摩テーゼ」で提起された「私の大学」をきっかけとして、学習の共同性よりも学問体系の系統性を意識した、市民大学等の「大学」の呼称を付した事業が実施されるようになっていった。

2 女性の学習実践にみる「共同学習の展開」

婦人学級では、複数の自治体において、婦人学級をきっかけにして結成された自主学習グループが、「助言者集団」として開設婦人学級の「共同学習」の支

援に取り組むという「学びの循環」のしくみを生み出し、定着させた自治体もあった。

目黒区では、婦人学級の学習方法をさらに発展させ、社会教育課と婦人団体連合会が共催する「主婦大学講座」において、1971年に公害をとりあげた講座を開始し、翌年以降は座学だけではなく、専門機関と連携し、大気汚染の調査と実験を取り入れた学習に発展させていった。

ちなみに、公害問題の学習ということでは、1964年からの三島・沼津石油コンビナート建設に反対する市民運動において高校と連携しての学習運動が行われ、全国にその方式が広がっていった流れに位置づくものとも捉えられた。それは、「問題そのものの高次化により、系統的構造把握が求められるようになった」のに対応した「系統的な学習」を実現する方途として、専門家等との連携・協働がなされたものと捉えられる。

つまり、「枚方テーゼ」のいう「社会教育は大衆運動の教育的側面である」ことを実証する実践と捉えられたのだが、この実践が婦人学級という「共同学習」を基盤にして実現したということにより、実際生活に即した住民主体の社会教育を実現する方途が示された点に、より重大な意義が確認できる。それは、専門性という権威に寄り掛かる「教条主義」を超えて住民が学習の主体になっていく「系統的な学習」への方途を示唆したと捉えられるからである。

国立市公民館では、1971年度に市民大学セミナー「私にとっての婦人問題」を実施し、72年度に、その講座の話し合いの記録を再編し、その後、その記録を基にした話しあい学習を展開する。このセミナーの前史には、65年の「若いミセスの教室」で保育が開始されたことをきっかけに、恒常的な保育室の整備を市民たちが求め、公民館保育室設置を請願し、67年に採択されたことがあった。そのようにして設置された公民館保育室に子どもを預けて学ぶ人々が、そのつながりの中で子どもを預けて学ぶことの意味を深める中で、実際生活に即した女性問題の認識を深めていったのである（伊藤雅子『主婦とおんな―国立市公民館市民大学セミナーの記録―』未來社、1973年）。

この実践は、子どもを預けて学ぶ際の葛藤を丁寧に聴きあい、逐語でその話しあいを記録し、その記録を学習集団として何度も読みあい、その言葉の意味や背景を検討しあうものであった。このような取り組みにより、女性問題を実

際生活に即したものとして捉え直し、「共同学習」として深めあう学びとして展開していった点に重要な特長があった。学問の系統性を超えて、住民の生活実感から学習内容を捉え直す上で、「学習記録の作成・活用」と、「職員による話しあい学習の支援（助言・支援・促進）の役割」の重要性が注目されることになった。これらは、その後の社会教育の事業論や職員論に大きな影響を与えたといえる。

　以上のように、女性の学習の二つの実践をとおして、生活上の課題解決を目指した学習者主体の「共同学習」の進展と定着がみられるが、これらの事業に「大学」の呼称がつけられたのは、生活課題に即した学習の共同性の追求によって、学問的な系統性を超えた「学習の質の高さ」を目指したことを示している。

3　学習者主体の「市民教育」の構想と実践

　「大学」の呼称がつく講座等の取り組みが始まった時代と重なる1972年3月、当時の美濃部都政が住民自治を展開するための事業として、東京都企画調整局が所管して「都民自治大学の構想」を発表した。そこでは、この事業の目的は「都民を自治の主体として形成するのか」、「都民を自治の担い手としていくのか」のどちらなのかが課題とされたのである。そのいずれであっても、実際生活から離れた教養主義ではなく、自治につながる学びを志向し、具体的な施策に関わるものにするために、教育行政に限定されない知事部局と直接的に関わる事業展開が求められたものであろう。しかし、都民自治大学は構想に終わっている。

　知事部局が「都民自治大学の構想」を発表したのと同時期の1972年、73年には、東京都教育庁社会教育部は「市民講座」を試行、74年には、その2年間の成果を検討する研究会が設けられた。社会教育の独自の価値を活かす方向として、そこで追求された課題は、自治の主体である市民としての学習内容を、学習者が主体になって、しかも系統性をもって深めていく方途を明らかにすることであった。

　「市民講座」では、都民有志の企画・運営によって実施し、課題を検討するという取り組みが行われた。その際、当時の社会教育事業の多くが、趣味やノウ

ハウに終始する学習になっていることを乗り越える学習内容にしていくことが併せて追求された。

　その結果、そもそも自治の主体である市民を形成する学びを保障するためには、市民自身による「学習編成」や「講師選択」が保障される必要があり、市民を形成する内容の深まりは、この段階の学習の豊かさによって実現することを確認したのである。その過程を大切にするために必要な条件整備の内容は、以下のように整理された。

① 講座の準備段階での事前学習において、その学習の場とそれを支援する専門職や専門家の協力を保障する。
② また、その事前学習が専門家に依存しない、学習者が主体になるものにするために、学習者間の学びあいの関係性をつくり、共同性を高める「地域性」の確保を保障する。
③ 社会教育の専門職は、一人ひとりの生活の実感に即した学習の支援となるように学習者に寄り添い、学習の自由を保障する。

　また、東京都社会教育委員の会議は、1973年に「東京都の自治体行政と都民の社会活動における市民教育のあり方について」を答申した。

　その内容は、「市民的課題（公害・自然保護・福祉・教育・消費問題等の生活や地域の課題）及びその課題へのアプローチ」を示すものであった。併せて、これらの課題の根本を正しく認識するためには、多分野にわたる科学的研究の成果についての「系統的学習」が必要になることも指摘した。同時に、「市民講座」の研究でも確認された「学習者が学習内容を決定していく取り組みによる市民教育づくり」によって、先の市民的課題が住民自身の課題に捉え直される重要さを強調したものでもあった。つまり、ここでも、この学習過程における専門職の関わり方が課題になってくることを指摘したのである。

　後述する「三多摩テーゼ」以降になる1974年と75年には、東京都教育庁社会教育部が、「新しい学級・講座の創造をめざして」を発表した。その内容は、「社会教育の学びを自由権的に捉えるのか、それとも、社会権的に捉えるのか」という問題意識から、再々度、学習の自由を捉え返すものであった。そこでは、学習の「系統性」は、住民の問題だと感じる感覚から捉え返される営みによって、初めて学習者自身のものになること、また、社会教育事業が行政として学

習の機会や自主的な学習活動のきっかけを提供する側面と、事業に住民が関わることによって、学習集団や社会教育関係団体を支援するという側面の二つの要素があることを指摘するものであった。特に、後者については、現在、NPO等との協働やパートナーシップがいわれる中で、その意味と課題が再評価されるべきものになっている。

4 「三多摩テーゼ」による「私の大学」の理念と「共同学習」への影響

　東京都教育庁社会教育部は、1973年に多摩地域の公民館職員と社会教育研究者の検討によって作成した、「新しい公民館像をめざして」（通称「三多摩テーゼ」）を発表し、その中で公民館の役割の一つとして「私の大学」を提起した。

　「三多摩テーゼ」は、その後、全国の都市型公民館像の典型を示したものとして注目されたが、「私の大学」をめぐっては、従来の公民館の「地域性」や「生活性」から離れた「教養主義」を志向したものとの批判も受けることになった。しかし、先述したように、この提起の前史には「共同学習」の文脈に位置づけ直す大学講座づくりが23区にも多摩地域にも存在していたことを踏まえると、「大学」という「教養」の志向が、「地域性」や「生活性」とどう関わり合うものとして目指されたのかを確認した上で評価する必要があるだろう。

　「三多摩テーゼ」では、「私の大学」を①「激動の時代にあっては、困難な状況の中でみずから道をきりひらいていくことのできる主体的な判断力や認識力を我がものにしていく」、②「身近な問題を内容とするだけでなく、人間存在の根本問題や全世界的視野での問題を学習内容としてもつ」という2点がすべての人にとって必要になっていることに応ずるものと主張している。

　「共同学習」における学習者の主体性を守り、発展させるためには、この二つの必要性を充足させる上で、つぎのような課題があると考えられる。

　①は、その獲得した力を現実に使えるようにするために他者とどのような関係をつくって追求していくか（学習集団をどう位置付けた実践の展開を保障するか）。②は、学習内容の広がりや深化の困難さから、専門家に依存してしまい「教条主義」に陥ってしまうことなく、住民が学習の主体者として、自らの生活に即した問題関心からどう学習内容を捉え直し、編成していくか（学習者

を主体とした学習編成権をどう保障するか)。

　一方、青年の学習においては、1974年には高校進学率は90％を超え、高校教育の補完としての青年学級等は低調傾向に入っていた。しかし、日本都市青年会議が発足し、70年の万国博覧会開催年に第1回大会を開催している。青年の間にも仲間と対等に学びあうという「共同学習」をどう実現していくかが、社会状況の大きな変化の中でも追求していく大切さが見なおされてきた時代でもあった。

　なお、「市民講座」の「市民教育」を軸にした学習者主体の講座づくりで課題として浮かび上がった「社会教育専門職の役割」に関わって、東京都教育庁社会教育部は、1974年、「公民館職員の役割」を発表している。それは、前年に「三多摩テーゼ」で提起した公民館像を実現するための鍵が、職員の役割にあると考えたからであった。

5　「女性問題学習」の深化・進展と専門職の役割の明確化

　1970年代初頭の国立市公民館市民大学セミナー「私にとっての婦人問題」及びその逐語記録を基にした話しあい学習は、市民の有志が結成する実行委員会方式で開催される「女性問題学習講座『私たちの女性問題学習』」に発展していった。また、その学習を行うための重要な条件整備である「保育室」に子どもを預けて学ぶこと自体を学びとして深める「保育室運営会議」や「保育室のつどい」、さらに議論の高まりに応じて「集中学習会」が80年代から毎年度実施され、この間、この学びを広く周りの人たちとも共有していくための「保育室だより」も発行され続け、女性問題学習の視点から「話しあい学習」を発展させる学習観を生み出していった（伊藤雅子『女性問題学習の視点』未來社、1993年）。

　筆者は、「私の大学」として獲得を目指した「教養」が実際生活を切り拓く力になるようにするという課題に対し、この実践が与えた示唆をつぎのように整理してみた。

①「女性問題」という市民的課題の学びが実際生活を切り拓く力につなげてい

くためには、講座における「保育」のように、学習者に共通する具体的な問題等との関連から「女性問題」のような大きな課題の意味を捉え直す「課題の教材化」の取り組みが鍵になる。

②その学習者の「生活」に根ざした「課題の教材化」によって、その課題を共有して「学びあい育ちあう人間関係づくり」が目指されるべきであり、それによって、実質をもった人権の尊重が実現できる。

③そのように連帯していく人間関係の輪を暮らしの場で結んでいく力を養う学習だから、「個を基盤にした公共性づくりによる地域社会の形成」につながる学びとなる。

④その「公共性づくり」を促すためには「市民の求めに応ずること」が大事であり、要求の公共的な質を高めつつ市民の社会的成長の課題に即した活動にしていく必要がある。

⑤市民自身が学習の主体として担う「学習編成」の力量の高まりは、自らの意志において行う相互学習、共同学習の深まりと相乗効果を与えあえるようにすることにより、市民参加の形式化・形骸化に陥ることを乗り越えられる。

　以上のことは、教養を生活に即して捉えるために必要なものは住民自身の中にあることを示している。したがって、社会教育専門職には、主体である住民が学習者として自らの中から答えを見出すことへの支援が最も求められることになる。この求めに応じるためには、社会教育専門職は、学習者自身の発言を丁寧に聴きとり、記録し、その記録を使って相互に確認しあって理解を深めあうという手法をとる必要がある。そのことが専門家等の権威に依存して主体性を失うことを避けさせ、一人ひとりの生活の実感に即した学習者主体の「系統的な学習」を実現する上で大きな意味をもつのである。

　つまり、学習を進化・進展させる上での「共同学習」の重要性とともに、真の「共同学習」を担う社会教育専門職員の役割が欠くべからざることを明確にしたと捉えられるのである。

6 国立市公民館の「たまり場」の提起と実践の広がり

　国立市公民館においては、講座の枠組みや目標自体も住民が見出し、つくっていく「たまり場」の実践も展開された。

　1974年、国立市公民館の新人職員であった平林正夫は、自由な語りあいの場としての「コーヒーハウス」を立ち上げた。その後、平林は国際障害者年を決定した76年の国連総会のテーマ「完全参加と平等」の理念の実現をめざした市内の障害者の希望調査と、それを基にした事業を計画する中で、79年、青年のたまり場を保障する「青年室」とそれに隣接する喫茶コーナーのロビーを確保して改築した公民館の開館に携わった。80年には障害者青年学級を開始して、そこで障害者が働く喫茶コーナーに向けた取り組みを行い、仲間として障害者と働く健常者との共同による「喫茶わいがや」を81年に開店し、青年が自分たちで企画し、運営するという「青年講座」との3つの事業を柱としたコーヒーハウスに発展させていった。

　とりわけ、健常者と障害者が一緒になって公共施設で喫茶店を経営する取り組みの端緒を開いた実践は、全国に大きく広がりを見せている。そこで大事にされているのは、障害の有無を超えて共に生きていくということである。そのことを支えるものとして、必要になったことややってみたくなったことを実現していく「青年講座」や「青年室行事」の事業枠をもち、各事業を相互に関連させあっていく事業形態を形作っていったのである。

　このコーヒーハウスのユニークな特長は、「公民館三階建論」が示した「系統的学習」による「学習のあり方」の追求ではなく、青年が自分たちでつくっていく「共同性」を重視していることである。そこでは、学習によって得ようとする目標自体も自分たちで見出していくものとなっている。さらに、公民館が伝統的にもっていた「地域性」についても、大人たちが地に足のついた「地の人」であるのに対し、青年たちの多くは「風の人」であり、地域に居続けないことを前提に据えている。そこでは、地域に新たな風を吹かせることの応援に価値を見出す「地域観」「社会教育観」があったとみられる。この事業の実践は、そのようにして、新たな公民館事業のイメージを提示した。

　さて、この事業は、「私の大学」にどのような風を吹き入れたのだろうか。東

京という都市の性格を活かした社会教育のあり方として、「開かれた地域をつくる公民館像」を提起したといえるのではないか。「開かれた地域」とは、「閉じた密接な人間関係」を排除するものではない。事業の形態と開かれ方のチャンネルを多様に用意することで、多様な人との出会いを促し、市民の主体性を形成していこうとするものだとみられる。実際、事業に関わった多くの青年たちが、長い年月を得て公民館に戻ってきた時に、その頃の経験を豊かなものとして語る姿が見られることは少なくない。また、学生たちをはじめとした青年を受け入れるところに、国立市の豊かな風土を認める市民も少なくない。それは図らずも「公民館三階建論」が意識したと思われる都市における「地域」の新しいあり方を示唆したものになったのではないか。この事業は、市の風土を創る事業という観点から社会教育事業を考えていく大切さを示唆している。

7 再び「共同学習」を見直す

　1980年代になると、新聞社や鉄道会社系等の民間企業が母体になって、趣味関連や教養的講座を行うカルチャーセンターが盛んになった。そうした中で、公民館等の類似の講座等に対して、私事的な学習を公が行う意味が問われるようになり、以下のいずれかを志向する傾向が見られるようになった。

　一つは、民間企業等が集客の関係であまり扱わない「社会的に大事な現代的課題を学習内容としていく」という動きである。もう一つは、民間教育関連事業との棲み分けではなく、第三セクター等を設立し、「民間の性格をもった機関として受益者負担で事業を行っていく」という動きである。

　前者は1970年代の社会教育事業のあり方を模索する流れの延長線上にあるものといえるが、後者の進展が社会教育を生涯学習と言い換える風潮の高まりの中で、バブル経済によって得られた財政の余裕に支えられ、前者より顕著に見られるものとなった。そして、そのような傾向によって、事業のあり方についても、質よりも量が評価の基準となり、70年代のような学習の質を深める議論が埋没していったのである。

　こうした社会教育事業等の傾向に対し、日本社会教育学会は、「消費的学習」の増大の危険性に警鐘を鳴らし、しばしば市民を主体にしていく「市民的課題」

や「地域課題」を意識した「教養学習」を志向する必要性を指摘した。一方、社会教育の現場でも、1990年代になると、バブル経済が弾けた中で、「教養学習」を大学等と連携して実施していく社会教育事業を模索する動きが一部に見られるようになった（1997年日本社会教育学会年報『高等教育と社会教育』等参照）。ただし、多くの大学公開講座等は、もっぱら一方的に大学教員等の講師の話を承り、学習者の相互学習等の主体的な学びの場面がないものであった。それは、「公民館三階建論」が「系統的学習」を提起した際、乗り越えるべき学習のあり方として指摘されたことだったと思われる。

　一方、このような流れの中で、1980年代には男女平等を推進する行政部局や女性センター等が基礎的自治体に設置されるようになった。そして、行政として男女平等社会を促進するために行う講座等の啓発的事業と、社会教育として実施する婦人学級等との棲み分けが図られるようになっていった。80年代のバブル経済期は、財政的なゆとりもあり、さほど厳密なものにはならなかった。しかし、90年代に入ってバブル経済が弾けた頃には、多くの自治体が、婦人学級を女性学級と言い換え、啓発事業との区別がつきにくい状況をつくってしまい、やがて婦人学級自体が開催されなくなっていったのである。

　さて、婦人学級が開催されなくなった経緯の根底には、23区などで社会教育主事が他の仕事の比重を高め、事業への関わりを薄くしたことに伴い、「共同学習」としての学習の質が低下したり、婦人学級を支援する側、参加する側の両方で世代交代が滞ったりしたという問題があった。このようなことが意識されるようになり、1990年代には、社会教育職員や研究者の中から、「女性問題」をはじめとした、「時事問題」や「環境問題」等の様々な現代的な課題に関わる学習を「共同学習」として深める方途を追求する研究や実践が提起されることが多くなっていった。日本社会教育学会などでも、社会教育実践記録を活用した実践の研究等が広がっていったが、その研究の中で、国立市公民館の伊藤雅子による「女性問題学習」の実践が再評価されたり、板橋区の社会教育職員による、学習記録を基にした「共同学習」追求の胎動がみられるようになったりした。

8 社会教育行政の首長部局移管等の進展と、それに抗する「私の大学」再考

　2000年代、23区の社会教育行政の首長部局への移管が大幅に進んだ。2014年の時点で、全体の3割に当たる7区が生涯学習部局を教育委員会から区長部局に移管している。また、教育委員会に残っている区でも、社会教育施設の所管は地域振興関係の部局に移管していたり、運営が財団や指定管理者に委託・委任されたりする区が多くなっている。

　そのような中で、協働のまちづくりを見据えた、地域課題に対応する人材育成・活動の場へとつなぐ事業という趣旨で、「地域大学」等の名称の事業が行われるようになり、区民と行政とのパートナーシップや「協働」がうたわれることが多くなった。しかし、区長の施策方針で、区民の学習内容が変更され、住民主体の社会教育事業の形骸化が著しく進んでいる。つまり、「協働」をうたう多くの事業が、地域課題としてとりあげる内容や活動の場の範囲等は行政が決め、住民には限られた範囲での参加を許すのみで、地域課題をどう捉え、主権者としてどう関わっていくかを考えることから疎外し、かえって住民が自治の主体になっていくことを阻害しているのである。

　では、住民が現代の複雑な問題に取り組む自治の主体となるための学びをどのように保障していけばよいのだろうか。その答えには、二つの「共同学習」進展の方向があり、いずれもが大事なものである。

　一つめは、住民の相互学習を働きかけ、学習を丁寧に記録し、その記録を基に、さらに学習を深めることで、各学習者の本当の願いや気持ちを発見しあい、お互いを認めあう人間関係を築き、関係の深まりの中で問題を構造的に把握し、学習内容を豊かにしていくことの追求である。

　二つめは、「開かれた地域をつくる社会教育事業」を志向することである。次世代の青年たちを主体にしていくために、あえて地域に直接的に還元されない学びを大切にし、学習の成果よりも「共同」を創ること自体を目的とした取り組みをしていくというものである。

　板橋区においては、この一つめの方向は、課題によって結成されたNPO等の市民団体が、実践をより生活に即したものにしていくために、町会等の地縁組織と協働していくことを志向した対話をしようとした際に、重要な意味をも

つようになってきた。そのことにより、住民自身が「求める地域のありよう」を明らかにし、住民が「地域づくり」の主体になっていく道筋を創っている。

　二つめの方向は、行政主導の協働を乗り越える住民からの協働づくりの回路を創るものになっていく。板橋区においては、様々なプロジェクトと称した取り組みが該当するものであろう。課題に応じて、世代や地域を超えて学びあえる場をもつことにより、プロジェクトの成果が得られるのみならず、様々な新たな自治の取り組みの可能性を生み出している。プロジェクトで取り上げられるテーマは、平和の絵本づくり、高齢者問題や防災・減災問題の学習、パレスチナ問題解決につながる文化活動や学習等々の多岐にわたるが、それらの課題によって新たな風が入ってくる学習のありようが、東京という都市の社会教育の可能性を開いている。

　市民の学習は、正答を他者に求めるのではなく、住民自身が生活の中で見出した課題を住民どうしの「共同学習」で解決していこうとする意志によって見出していかなければならない。問題が複雑に絡み合っている状況では、困難な道筋であることは間違いないが、だからこそ、住民自身が共同で学びあい、問題を自らのものと捉え返す営みが大切になってくる。その学習を支援する者として、社会教育職員には、学習者自身の言葉や願いに基づいた学習支援を行うための記録の実践や研究が求められる。NPO等の市民団体が、協働をめぐって行政との綱引きに巻き込まれがちになる中で、組織を結成した際の原点である「人間としてのよりよい生き方」を根拠に活動を展開していくためには、その源泉となる学習を支援する条件整備が、ますます求められている。

3 学級・講座への市民参加
―小金井市の企画実行委員制度―

長堀 雅春

1 小金井市公民館の主な学級・講座

まず小金井市公民館の学級・講座の概要について紹介したい。
- 成人学校……公民館開設前の1951年より実施。内容は、英会話、洋裁、書道、栄養と料理、珠算、電気知識、文学、美術、写真技術、自動車技術、家庭園芸、謄写技術など。現在も趣味・実技・生活技術というコンセプトで実施。
- 高齢者学級……1983年より開始。高齢者の生きがいづくり、仲間づくり、自己実現を目的に6館（2016年4月1日より5館）それぞれで年間20回程度実施。
- 婦人学級～女性学級～男女共同参画講座……1963年に婦人学級、92年より女性学級に名称変更、2005年より男女共同参画講座に名称変更。女性の生活技術・権利・生き方などを取り上げている。
- 市民講座……1971年より市民大学として開始し、75年に市民講座と名称変更。今日的・現代的な課題を系統的に学ぶ講座。
- 成人大学講座……近隣の大学など高等教育機関との連携により大学の講義を身近で受講する機会として1990年より開始。
- 子どもの人権講座……虐待や育児放棄、早期教育など子どもをめぐる諸問題を取り上げる講座として2009年より開始。
- その他……他に、障がい者青年学級、子ども体験教室、陶芸教室、音楽鑑賞、国際交流、まちづくり講座、市民映画会、生活日本語教室など実施。

2 企画実行委員制度

（1）企画実行委員制度のあゆみ

小金井市公民館には条例で設置された「企画実行委員」という独自の制度が

ある。この制度は、公民館運営審議会とは別に1953年の公民館開設と同時に設置され、当初は社会部・文化部・産業部・体育部・視覚教育部の5部門に各10人前後が所属していた。メンバーは、青年団、婦人会、町内会、文化団体、体育団体、PTAなど既成の団体からの推薦者がほとんどだった。この50人近い企画実行委員が実質的に公民館の各種事業の企画と運営にあたっていた。職員体制の不十分な時代、企画実行委員がその代役を担っていたのである。

1959年より文化部・社会部・体育部の3部門に変更、69年より成人教育部門・文化活動部門・視聴覚ライブラリー部門の3部門に変更、92年より成人教育・文化活動部門を統合、現在は部門としての分割は事実上なくなり、6館（2016年4月1日より5館）に5人ずつ（2016年7月21日より6人ずつ）合計30人の企画実行委員が配置されている。

小金井市公民館条例（抜粋）

（企画実行委員の設置）
第21条　公民館に公民館の行う各種事業の専門的な事項を調査研究並びに企画実施に当たるため、青少年教育、成人教育、文化活動及び視聴覚ライブラリーの公民館企画実行委員（以下「実行委員」という。）を設けることができる。

（実行委員の委嘱）
第22条　実行委員は、各種団体又は審議会の推薦に基づき教育長が教育委員会の同意を得て委嘱する。

（実行委員の任期）
第23条　実行委員の任期は、2年とし、公職等により委嘱された実行委員はその任期とする。

---

(2) 企画実行委員の役割

　企画実行委員の役割は、時代とともに変化してきた。前述の通り発足当初は職員の役割を担っていたが、三多摩テーゼを前後する1970年代以降の職員体制の整備にともない、企画実行委員は本来の市民参加の役割に純化していった。職員との車の両輪である。

　現在、企画実行委員は、市民の立場から公民館事業の企画、運営に携わり、職

員と市民のパイプ役として市民要望を実現させる制度として定着している。公民館運営審議会が機関として機能するのに対し、企画実行委員はあくまでも個人単位であり、各館に所属するが全員対等であって「代表」は存在しない。企画実行委員の会議は打合せの場であって機関としての意思も機能も持たない。公民館運営審議会と企画実行委員がそれぞれに役割を果たすことで市民参加の充実が図られるというしくみである。

(3) 二つの実践事例

　企画実行委員と職員が車の両輪として力を合わせ、成功裏に実施された二つの事例を紹介したい。

　一つは、2007年から3年続けて実施した「小金井の今昔を知ろう」である。これは、会社員時代は「寝に帰るだけ」という生活だった自分の住むまちの歴史や名所旧跡などについて知りたい、というある企画実行委員の思いと「地域を歩いてまわることでわがまちを知ろう」という企画を考えていた職員の思いが合致して実現した講座である。この企画に他の企画実行委員も全員賛同し、地域に生まれ育ったという古老の方を講師に招いて充実した講座になった。実際に地域を歩くことの効果は予想以上のものがあり、再認識と新発見の連続に一同大感激。終了後は目を輝かせて語り合う場面が毎回見られた。

　この講座は3年続き、講師の高齢化のため終了を余儀なくされたが、その後も地域を歩いて見つめる講座として引き継がれている。

「小金井の今昔を知ろう」

【2007年度の実施要項より】

目　的　みどりが多く、高校・大学等の学園も多い小金井市は、多摩地域の中でも特に人気が高く、ある調査によると「住みたい町」のトップに上げられるほどです。しかし10万余の住民のうち小金井市の地理や歴史についてよく知らないという人は意外と多いのではないでしょうか。

本講座では、小金井の今昔をたどり、その歴史や名称にまつわるいわれ等を学ぶことを通して我がまちを知り、改めて愛着を深め合うことを目的とします。市内を4回に分け、実際に歩いてまわる講座です。「寝に帰るだけ」では勿体ない！ぜひこ

の機会に小金井を歩き、その今昔を知り、我がまちを見つめ直してみませんか？

日　程

回	日　程	内　容	回	日　程	内　容
1	6/2（土）	〔講義〕小金井の今昔	4	10/13（土）	西北地域を歩く
2	7/7（土）	東南地域を歩く	5	11/10（土）	西南地域を歩く
3	9/8（土）	東北地域を歩く			

※いずれも午前10時集合、正午頃解散予定

【2008年度の内容】

日　程

回	日　程	内　容
1	5/9（土）	〔江戸みち、連雀通り〕福祉会館より東へ歩く
2	6/13（土）	〔下小金井村〕金蔵院付近とはけの道を東へ
3	7/11（土）	〔上小金井村〕野川のカミにあった集落周辺
4	9/12（土）	〔貫井村、貫井新田〕台地上の新田から古い本村を回る
5	10/10（土）	〔玉川上水と新田開発〕小金井橋から東の開発新田方面へ

いずれも午前10時～午後3時
（昼休み1時間、午後は講義）

　もう一つは、2010年から5年間続いた「野川を歩く」である。これはウォーキングに興味をもつ企画実行委員と野川にこだわった企画を考えていた職員との思いが合致して実現した講座である。野川は国分寺市の日立中央研究所内の湧水に源流を発し、5市1区を流れ流れて多摩川に合流する。その距離約20キロ、ほぼ直線で起伏も少なく、ほとんどが遊歩道として整備されている。この全流域を最初は4回に分けて、次に2回、1回など季節や内容を変えながら毎年実施してきた。また流域近くの名所旧跡や湧水、旧流路なども丁寧に訪ね、野川が果たしてきた役割やあゆみについても学んできた。全流域を歩くことにより小金井の野川を客観的に再認識し、その魅力、自然の大切さを深く刻み込むこととなった。

「野川を歩く」

第1回（2010年実施）

回	日程	内容
1	4/4（日）	姿見の池 → 日立中央研究所（野川源流）→ もみじ橋 → 新次郎池 → 滄浪泉園
2	5/16（日）	谷口邸（湧泉）→ 丸山橋 → 中前橋 → 二枚橋→ 野川公園 → 御狩野橋 → 大沢橋
3	6/6（日）	御塔坂橋 → 榎橋 → 野川橋緑地 → 谷戸橋 → 神明橋 → 喜多見不動 → 喜多見駅
4	7/11（日）	上野田橋 → 喜多見大橋 → 天神森橋 → 鎌田橋 → 野川多摩川合流点

第5回（2014年実施）

回	日程	内容
1	4/6（日）	野川源流から二枚橋まで
2	4/12（土）	二枚橋から多摩川合流点まで

(4) 今後の課題

　近年、企画実行委員の所属に明らかな変化が見られる。

　1998年以前にはほぼ100％が団体推薦だった。ところが98年（第15期）に30人中4人の立候補があり、以後改選毎に立候補が増加、2012年（第21期）以降ついに100％立候補のみとなってしまった。「立候補」とは、すなわち職員による個人的な依頼による委員の確保を意味する。形は立候補だが、要するに委員のなり手がいなくなり、仕方なく職員が候補者を一人ずつ説得し、立候補という形で企画実行委員になってもらうのである。団体推薦が一人もいなくなったのは利用団体が委員を推薦しなくなったからである。

　利用団体が公民館運営に関与しなくなったことは、例えば公民館まつりへの参加団体の固定化等にもあらわれている。この現象の結果、個人として関わりたい人には大いに機会が開けたともいえるが、ことはそう単純ではない。団体推

薦の場合は活動実績として公民館との関わりもそれなりに深いものがあった。しかし「立候補」の方は総じて公民館との関係が希薄であり、個人中心的発想が強い。

このような変化は大きな流れであり、決して一時的な傾向ではないと考えられる。公民館利用団体の変化、利用者個人の変化、そして公民館自体の変化、これら大きな流れの中に企画実行委員制度も強く影響を受けているのである。

今後の企画実行委員は間違いなく出身母体のない個人が中心となる。それに伴い、研修の充実や企画会議における職員の役割はより一層重要になるだろう。

3 これからの学級・講座

公民館における市民参加は明らかに変貌しつつある。市民自ら積極的に団体を立ち上げ、独自に事業を企画・実施するようにもなった。市民がそれぞれの得意分野や関心領域において独自の活動を展開し始め、その動きは今後ますます進化していくことが期待される。

もう一つは、公民館主催事業の一つとして市民自主企画講座を開設し、広く市民に呼びかけたことがある。小金井市でも2003年度から「市民がつくる自主講座」を開設し、市民団体及び個人に対して独自の講座企画を募集しているが、毎年定数いっぱいの応募がある。

これら市民自身の積極的な参画形態の変化の中で、従来の準備会、企画実行委員制度はいかにあるべきか。準備会は、メンバーの固定化と内容の硬直化にもかかわらず、それらの課題に向き合いながら、市民参加の貴重なしくみとして今後も実施されていくだろう。

企画実行委員制度は明らかに曲がり角にきている。候補者不足は一過性とは思えない。新企画実行委員はますます公民館との関係が希薄化して個性が強調され、職員との関係づくりも複雑化が予想される。先の2事例のように両者の思いが合致すればより充実した企画が実現し、実施後も満足できる結果が得られるが、いつもそうなるとは限らない。こうした課題を抱え、あり方を模索しながら、企画実行委員制度は市民参加の一形態として維持されていくだろう。公民館はますますその主体性が問われることになる。

東京都公民館連絡協議会の活動

進藤 文夫

1 東京都公民館連絡協議会（都公連）の発足

　東京都公民館連絡協議会（以下、都公連）は、1951年1月に結成された。それは全国公民館連絡協議会（後の全国公民館連合会〔以下、全公連〕）結成への動きと密接に関係していた。全公連結成が具体的になったのは50年6月、東京都小金井市内の浴恩館（現小金井市文化財センター）で開催された社会教育連合会主催の「全国公民館職員講習会」の時である。最終日参加者の総意で公民館大会に切替えられた。満場一致で全公連結成準備会の設置が承認され、各都道府県毎の公連組織を同年8月までに進めるよう要請された。東京都の各公民館もこの要請を受け、都公連結成の準備を進めたのである。

　結成総会で初代会長に北区赤羽公民館の龍野定一を選出、規約などを承認して発足した。

　その時の加盟公民館数はわずか11館であった。しかし、龍野会長は全公連副会長に就任することになり、都公連会長は立川市と交代した。全公連は同年11月に結成された。

　都公連発足時の規約には「社会教育振興に関し、実践的な活動を推進し、公民館相互の親密な連絡を図り、公民館活動の発展と普及に寄与することを目的とする」とある。しかし最大の課題は、他県に比べ極端に出遅れている東京の公民館をいかに増やすか、ということだった。まず公民館の運営や機構のあり方などの研究会を隔月に開催して公民館の認識を広め普及をはかる努力をした。もちろん東京都や区市町村に対して公民館の設置を促進するよう要請を続けた。しかし、公民館数は容易に伸びず、多摩地域では多少増えたものの、区部では北区、練馬区、杉並区に設置されただけであった。

2 公民館主事会の発足

　1958年都公連の公民館主事会が発足、その後都公連の実質的運営は主事会によって行われていく。この頃から職員の質の向上のための研修、公民館事業のあり方、施設の充実等が中心課題になっていった。60年東京都教育委員会（以下、都教委）と共催で1泊2日の職員研修会を奥多摩の思源荘で開催した。同年「公民館実態調査」を実施、都教委は補助金を交付している。職員研修は都公連の重点事業として続けられた。

　1960年代、高度成長による多摩地域の人口増は激しく、各町が競うように市へと昇格した。しかしそれぞれ学校新設、道路整備、駅周辺整備等に追われ、公民館の設置までは手が回らない状況だった。一方全公連結成の翌年から全国公民館大会が毎年開催され、全国へ公民館の振興を促していた。また関東ブロックの大会も59年度から開催されていた。そうした刺激を受けて都公連としても公民館大会を立ち上げ、もっと公民館の必要性を訴えていこうということになった。

3 東京都公民館大会の開催

　第1回東京都公民館大会（後に研究大会）は、1962年10月八王子市公民館で開催された。八王子市に大型の市民会館が建設され、その一角に公民館が併設された。そのこけら落しを兼ねての第1回大会であった。大会時の都公連会長・事務局は小平市である。記念講演は「都市公民館の課題」（文部省・中島俊教）であった。大会の目的は、「公民館職員の研究発表・研修・交流の機会とし、公民館相互の充実と連帯をはかり、東京の公民館全体の拡大に努めること」であった。さらに都教委や市町村教育委員会に対し、公民館の振興に力を入れ、施設整備、職員の充実を訴えようということだった。第1回大会時の都内公民館数は本館22館、分館9館となっている。

4 公民館大会の発展

　そうした意気ごみと願いを込めて始めた大会だったが、参加者数は容易に伸びなかった。第3回からは分科会方式をとり、第6回では「公民館運営審議会委員」の分科会を設定した。第8回大会からは国や都に対し公民館施設補助の増額、新設を要求する大会決議を行っている。

　第9回大会はその後の大会の性格を変える転機となった。参加者を増やし大会を盛り上げようと、それまでの職員中心の大会から、公民館を利用して学ぶ住民も参加しやすい大会へと脱皮したのである。大会の全体主題を「住民との結びつきの中から公民館のあり方を考えよう」とし、「住民要求分科会」を設置した。そしてその分科会のレポートも住民2名が分担した。大会開催以来初の住民による分科会のレポートであった。結果はこれまでに倍する約150人の大会参加者で、初めて100人の壁を越えたのである。

　その後大会参加者は急激に増加していった。職員中心の大会から住民参加の大会へと性格を変えていったのである。分科会も保育室のあり方、障害者と公民館活動、女性問題、人権等切実な学習課題が加えられた。第18回大会で参加者700人を超え、第29回大会では800人を超えた。第30回大会では18分科会が設けられ、参加者936名を記録した。こうした状況には住民の公民館への理解が深まり、公民館の必要性がより認識されたこと、同時にこの時期ようやく多摩地域の公民館建設が、急速に進んだことなどが要因と考えられる。またそれは、東京都教育庁社会教育部が発行した「新しい公民館像をめざして」（1973・74年）の影響も大きい、と思われる。1987年度の都内公民館数は84館に達している。

　公民館大会は大きな成果を生み出した。職員の交流・研修の機会となり公民館相互の連帯を高める場となった。同時に公民館で学ぶ区市町村住民相互の学習成果の交流、連帯のひろばとしての貴重な役割を果したのである。

　しかし第30回大会以後その勢いは次第に下降気味になっていく。公民館も自治体の行政改革の標的となり、合理化が進められた。公民館職員の削減、非常勤化、運営の一部民営化等、公民館の公教育機関としての機能が弱められていった。第36回大会からは名称も公民館研究大会と変更され、都や区市町村へ

の大会決議も行われなくなった。

5　映画「轍（わだち）」の上映

　大会の勢いが下降していく中で、第37回大会（1999年・あきる野市）は大会史上特筆すべき大会だった。「五日市憲法草案」創出の過程を映画化し、全体会で上映したのである。同草案は東京経済大学教授・色川大吉らの研究グループによって、1968年五日市の深沢家の土蔵から発見された。現憲法の下地となるような人権、民主主義を基調とする内容で一躍脚光を浴びた。当時学習結社「五日市学芸講談会」が組織され、憲法についての議論が熱く交されていた。メンバーの多くは20代、30代の農業青年たちであった。

　その過程を映画化し、大会の全体会で上映したらどうかとあきる野市側から提案があり、大会企画委員会で承認された。あきる野市五日市には「五日市キネマ団」という映画製作のグループが活動していて、セミプロ級の技術を持っていた。脚本、演出、撮影等はキネマ団のメンバーが担当、配役は各公民館の大会企画委員、それに公民館運営審議会委員や利用者住民ということで、都公連関係者による手造り映画であった。多摩の先人達が民主主義実現を求めて歩んできた道筋をたどり、学ぶことによって、現代の民主主義のあり方を見つめよう、との思いから「轍（わだち）」と命題されたということである。

　大会での映画上映は大成功で出席者たちに深い感銘を与えた。映画はその後ビデオ化され、各公民館に配布され、一般にも販売された。大学の教材などにも使われた。

6　都公連の現状と課題

　第37回大会では都公連の総力を結集して、「五日市憲法草案」創造の軌跡を現代に再現するという快挙を成し遂げた。しかし大会規模はその後も縮小していく。この間職員研修の継続、「東京の公民館30年誌―基礎資料編―」（1982年2月）の発行、「東京の公民館五〇年誌」（2004年8月）の発行等の実績も残している。しかし大会の消長は都公連の消長と比例する。2013年度で大会は51回を

数えるが、分科会のみで全体会はなく、参加者も300人前後、全盛期の3分の1に満たない状況である。

その大きな原因は都公連に加盟している自治体の急激な減少にある。例えば立川市が公民館を地域学習館と改称し都公連を脱退した。また、羽村市、東久留米市などが公民館を廃止、生涯学習施設となった。さらに公民館は残っているものの都公連を脱退した市もある。2015年4月現在、都公連加盟自治体数は11市1町にまで減少している。全体的に都公連の意義や活動に対する関心が薄れてきているのではないか。都公連が果たしてきた歴史的役割を改めて見つめなおす必要がある。

【参考文献】
- 全国公民館連合会「全公連25年史」、1976年12月
- 横山宏・小林文人編『公民館史資料集成』エイデル研究所、1986年
- 東京都教育委員会・東京都公民館連絡協議会「東京の公民館」（各年度）
- 東京都公民館連絡協議会「東京都公民館大会記録」（各年度）
- 東京都公民館連絡協議会「総会資料」（各年度）
- 東京都公民館連絡協議会「企画委員会会議記録」（各年度）
- 東京都立多摩社会教育会館「戦後三多摩における社会教育のあゆみⅧ―平成6年度『三多摩の社会教育資料の分析研究』報告書―」、1995年11月
- 東京都公民館連絡協議会「東京の公民館30年誌基礎資料編」、1982年2月
- 東京都公民館連絡協議会「東京の公民館五〇年誌基礎資料編」、2004年8月
- 東京都教育委員会社会教育部「区市町村社会教育行政の現状」、1987年度版
- 色川大吉・江井秀雄・新井勝紘『民衆憲法の創造』評論社、1970年

証言 公民館と共に生きる
―西東京市の公民館・社会教育に関わって―

奥津 とし子

1 保谷町に転入して

1959年当時、革新町政だった保谷町（現西東京市）に転入。保谷町では、55年、第1回保谷母親大会開催、58年、町教育委員会は教師への勤務評定不実施を議決していた。勤務評定反対運動に参加した町民たちは、58年、保谷町民主教育を守る会を結成、民主的活動の地域として評判であった。60年長女が小学校に入学。自動的にPTA会員となったことから、PTAとは何かの疑問の学びが始まり、地域での民主教育活動に情熱を注ぐ実践が始まった。60年、「全国一斉学力テスト」反対運動が湧き起こると、先生が何回も地域に来ては父母たちとの懇談をもったことは、初めての体験だった。

2 PTAの改革に取り組む

当時のPTAは、PTA会費を教頭が接待費に使ったり、役員の選出も校長・教頭が個人的に依頼するなど、学校後援会的要素が多かった。PTA会費は会員の活動に、役員は総会で選挙で、と、みんなでPTA予算を勉強してPTAを改革していった。会長になった私は、1969年には、父母の教育費の実態調査も行い、私費負担軽減の成果をあげた。『みんなのPTA』（藤田恭平著）や『PTA』（関根庄一著）などでPTAの本質を学習し、あるべきPTAへと改革していった。そして正しくPTAを知るために16頁の冊子「PTAのしおり」を70年に発行、全会員に配布した。

3 社会教育委員（兼公民館運営審議会委員）となり、公民館運営審議会委員の公開選出法を実現させる

私は、PTAやサークルから推薦され、1970年度から73年度まで社会教育委員兼公民館運営審議会委員（以下、公運審委員）を、以後82年度まで社会教育委員を務めた。

それからは、『月刊社会教育』や『口語教育法』（口語六法全書）などで学習に専念した。生きることは学

ぶこと、何を何のために学ぶのか、権利としての学びを社会教育・公民館理念から見出し、燃える思いで活動に励み、委員として取りくんだ答申・建議は、保谷のこれからの社会教育・公民館の指針とすることができた。

公運審委員の2号委員選出は、1977年から住民主体の懇談会をもち、これを土台に、80年、2号委員の公開選出方法が確立した。各団体・サークルから意欲・抱負をもつ候補者を推薦し、また、推薦の理由を公開した上で選挙する。教育委員会は選挙の結果の名簿を尊重し、決定・任命した。

こうして、公民館に命が蘇り活発になり、全国からも注目された。

さらに、1980年、「第1回社会教育を考える保谷市民のつどい」(第11回以降は公民館大会となる)へ発展、市内の団体・サークル・社会教育に関心をもつ市民が一堂に会し、話し合い、課題解決、諸条件の整備の前進をはかるため、「市民の会」を創設、第1回の基調講演は、小林文人(東京学芸大学教授)による「社会教育とは何か」および4分科会で

東京都公民館大会第2分科会「公民館と市民参加」(1991年11月17日)

発足した。

「第30回東京都公民館大会」(1991年11月17日)は当番市で開催。会場は保谷市明保中学校。他市に例のない「第1回保谷市公民館大会」と並立させ、市民参加で企画・運営にあたった。基調講演は、島田修一（中央大学教授）による「現代をひらく公民館」および18分科会を実施。初期に比べて最大規模となり、驚きと感無量であった。

4 公民館をよりよくする会の誕生

住吉公民館主催事業「社会教育を考える講座」が1983年から86年まで、島田修一、奥田泰弘（中央大学教授）、小川剛（お茶の水女子大学教授）等を講師に行われた。

この講座が始まった頃、西武新宿線柳沢駅前の都営住宅建て替えに伴い、公民館・図書館ができることになり、市民の宿願を果たす責任と希望に燃えていた時だった。講座では公民館の始まり、公民館を取り巻く状況、公民館職員の仕事・役割、公運審委員の役割・選び方、また、公民館を守り進めていくためには市民の力がいかに大切かも学んだ。奥田先生から、参加・自治による公民館づくりには、まず市民が要望・声を積極的に出していくことの重要性を学び、先進市民の活動紹介などにも大いに触発され、私たちも何かをしなければと奮起し、受講者に呼びかけ、1985年1月、自主サークル「公民館をよりよくする会」を発足させた。この市民の情熱・エネルギーが市民による柳沢駅前公民館・図書館建設検討委員会に結実した。その後もつねに公民館問題に積極的に関わり、学習を重ね、私たちの学習権を保障する公民館の維持・発展の命を守り続けている。公民館小史ともいえる「公民館をよりよくする会だより」（B5判4頁）は、2016年6月現在、267号である。

5 市民による「公民館・図書館建設検討委員会」の発足

1983年3月19日、柳沢駅前の公民館・図書館建設について意見を聞く会（主催保谷市教育委員会）が、東伏見小学校で行われた。私たちが使う公民館を私たちの手でと、熱意と期待に満ちた市民が会場に溢れた。私は市民による建設検討委員会の設置を提案し、全員の賛成でスタートすることとなった。

1971年、住吉公民館（福祉会館と複合施設）開館以来十余年の積年の公民館建設だった。基本方針から実施設計まで、望ましい公民館像を学習し、該当施設の見学・聞きとりなど分野ごとに分担し、精力的に取り組んだ。何よりも公民館に障がいをもつ人の働く場「喫茶コーナー」の実現をと、国立市公民館の「わいがや」その他も見学、調査し、保谷市の障害者団体やサークルにも参加してもらい、意見も入れながら、保谷市の公民館に初めて「喫茶・ふれあい」を創設した。建設検討委員会は、84年5月9日、「建設に関する覚書」をまとめ、さらに「覚書その後」を残した。市民参加で完成させた建

喫茶コーナー"ふれあい"オープン記念パーティー（1987年9月12日）
1987年9月8日教育委員会から「保谷市障害者福祉をすすめる会」に使用許可がおりる。

物には、命を生み出した喜びと愛着が、開館後もその運営に反映し、今日まで多くの仲間の生き甲斐、自治を育み住みよい街づくりへと続いている。

6 行革と公民館職員・藤野孝一の不当配転闘争

1996年5月に発表された「保谷市行財政改革大綱」の「公民館独立館方式の見直し」「施設使用料の有料化の検討」に対し、「公民館の独立地区館方式と無料制度の維持ならびに増館を求める請願」を賛同団体とともに5,668名の署名で市議会に提出、賛成多数で採択された。97年7月の公民館運営審議会定例会数半減問題も市民の意見で実施させなかった。

こうしたなかで保守市長は、1998年10月、茂又好文教育長を就任させ、一方的、権力的行政の強行が始まる。就任後ただちに公運審委員の公開選出法を廃止、教育長専決とした。99年4月、公運審委員定数1削減。新年度予算で公民館費大幅削減され、公民館だより発行費半減、保谷の公民館記録集と公民館大会運営費ゼロ、と公民館いじめが始まった。

1999年7月、ひばりが丘公民館職員社会教育主事・藤野孝一に、本人の同意もなく事業半ばで突然の異動の内示。藤野はこの処分を不服とし、同年8月、保谷市公平委員会に不服審査請求をした。市民も保谷の公民館30年の歴史を共に築き、学習権を堅持・発展させてきた藤野を守り、公民館に復帰させなければ、と2000年5月、「藤野孝一さんを公民館に復帰させる会（F・Fの会）」を結成した。社会教育推進全国協議会三多摩支部、依頼弁護士等と共に学習・運動を広げ、訴えた。カンパの支援もあり、再審請求まで頑張ったが、強権的行政の中、市民への浸透・共闘への力も弱く、残念にも藤野を公民館に復帰させることはできなかった。同会は、02年9月、『「藤野さんを公民館に復帰させる会」の

7 公民館条例の改悪、合併、公共施設適正配置施策

1999年、地方分権一括法の成立により、社会教育法が改悪された。これを理由に、同年12月、公民館条例が大幅に「改正」、翌年4月施行。合併9ヵ月前の改悪で非民主的で拙速な「改正」であった。よりよくする会は、条例改悪反対の陳情を議長・教育長に提出したが、不採択。改悪の主な内容は、1社会教育委員定数10名を9名以内に、2公民館の独立館方式を中央館方式に、3公運審委員を中央館にのみに置く、4公運審委員30名を9名以内に削減、5公運審2号委員の公開選出法の廃止。茂又教育長は教育長の専決ですべての委員を任命した。その結果、行政主導の運営が強烈となった。

2001年1月21日、合併すればバラ色に、合併特例債で市が潤うとの専らの説明で田無市と合併、西東京市となった。

2004年、それまであった6館が、1中央館、5分館に統合された。公運審委員は、中央館のみに14名以内とされた。合併で広域化し、地域性をなくした。11年11月、「公共施設の適正配置等に関する基本計画」を策定。それにより合併で近接した谷戸公民館とひばりが丘公民館については効率的一体化をはかるとのことで、ひばりが丘公民館分館長を引き揚げ、中央館柳沢公民館の分室とする条例改正を15年12月議会で可決した。必要が産んだ地域の宝物公民館を、市民の声を反映せず、ひたすら効率・利潤のみを追う国の施策に与していった。

【参考文献】
- 東京都公民館連絡協議会編『東京の公民館30年誌—基礎資料編—』、1982年2月
- 保谷市公民館編「保谷の公民館—昭和54年度の記録—」、1980年3月
- 保谷町民主教育を守る会65「調査報

- 告：保谷町と学力テスト」『東京大学教育学部紀要』第7巻、1965年8月
- 保谷町民主教育を守る会「手をつなぐ保谷」、1963年10月
- 藤田恭平『みんなのPTA』あすなろ書房、1973年
- 関根庄一『PTA』新日本出版社、1974年
- 保谷小学校父母と先生の会「PTAのしおり―正しくPTAを知るために―」、1970年4月
- 保谷小学校父母と先生の会「父母支出の学校教育費調査」、1972年3月
- 保谷市教育委員会「社会教育のための資料集―各委員会の答申、建議、助言―」、1979～1985年、1986年3月、1986～1990年、1990年3月
- 柳沢公民館運営審議会「柳沢公民館 公運審だより」第1号～11号、1993年6月8日～1996年10月9日
- 公民館運営審議会委員選出問題懇談会「公運審委員選出方法のあり方について―提言―」(別冊・参考資料)、1997年7月
- 社会教育を考える保谷市民のつどい実行委員会「第1回社会教育を考える保谷市民のつどい記録集」、1981年3月
- 東京都公民館連絡協議会「第30回東京都公民館大会 第1回保谷市公民館大会資料」、1991年11月
- 公民館をよりよくする会「公民館をよりよくする会だより」第1号～267号、1985年7月18日～2016年6月現在
- 柳沢駅南口公民館・図書館建設検討委員会「『柳沢駅南口公民館・図書館』建設に関する覚え書き」、1984年5月；「覚え書きその後」1986年8月
- 柳沢公民館10周年記念誌編集委員会「あしたを拓く― わたしたちの公民館― 保谷市柳沢公民館10周年記念誌」、1997年3月
- 「藤野孝一さんを公民館に復帰させる会」役員会『「藤野孝一さんを公民館に復帰させる会」の闘いの記録』、1999年7月～2002年6月、2003年7月
- 西東京市民白書をつくる会「合併を市民が検証する西東京市民白書」、2004年8月
- 西東京市「公共施設の適正配置等に関する基本方針」、2011年3月
- 西東京市「公共施設の適正配置に関する基本計画」、2011年11月

第3章 図書館

1 躍動する戦後東京の図書館づくり

石川 敬史

1 「公共図書館は公衆の大学なり」―戦後東京の図書館前史―

　戦後東京の図書館の歩みを概観するためには、図書館員による積み重ねられた前史と多彩な活動の存在を忘れてはならない[1]。

　東京の図書館の歴史は、文部省により湯島に設立された書籍館（1872年）、東京府書籍館などを経て帝国図書館（1897年）に始まる。東京の公共図書館は大日本教育会による書籍館（1887年3月）と財団法人大橋図書館（1902年6月）が早かった。

　東京市の公立図書館は、東京市立日比谷図書館（1908年11月）に始まる。以後、1909年1月に深川図書館が、さらに学校併設の簡易図書館が各地に設立され、1921年には19館を数えた[2]。日比谷図書館の館頭・今沢慈海は、「公共図書館は公衆の大学なり」[3]とし、「公共図書館の社会民衆に対する文化的貢献効果は「生涯的普遍的教育」なる語を以て総括し得べし」と、公共図書館の理念と役割を明確に示した。機構改革を背景に、夜間開館や開架などを実施した黄金時代であり、例えば印刷カードによる総合目録の整備を背景とした相互貸借制度（同盟貸附）は、希望図書を3日以内に自転車で各館へ届けていた。この他、開館時からの児童室の設置、館外貸出、閲覧料の無料化、児童読物展覧会、小規模ではあるが職業紹介所や林間学校などへ貸出文庫も実施されていた。

　1923年9月の関東大震災において多くの図書館、蔵書が焼失したが、日比谷公園内での屋外新聞閲覧所をはじめ、各地で臨時閲覧所の開設、仮建築による

図書館が開館し、以後、深川、一橋、京橋の各館は大規模館として復興され、1928年には市内に20館が開館していた[4]。また、1932年10月の東京市市域拡張により、渋谷、中野などの町立図書館が東京市に移管、品川図書館も財団法人六行会より寄付され、1937年には新設館も含め27館に及んでいた[5]。関東大震災後も実業図書室（京橋図書館）のほか、夏期移動文庫、臨海児童図書館、林間児童文庫、キャンプ図書館など館外の活動も展開していた。

1943年7月、東京都制施行により東京市立図書館は全て都立図書館となった。既にこの頃には戦局が激しくなり、図書館員らは日比谷図書館の資料の疎開に着手し、西多摩郡多西村などへ運搬した。

2 図書館の息吹 ―戦後の図書館文化―

戦災により、全焼した日比谷図書館をはじめ、都内の多くの図書館に施設破壊や蔵書焼失の被害があった。こうした中、連合軍総司令部（GHQ／SCAP）民間情報教育局（CIE）は有楽町に開架式書架、無料制、外国書やレコードなども備えたCIE東京図書館を開設（1945年11月）し、1946年以降、都内にリーディングルーム[6]とフィルム・ライブラリーの開設を進めた。

一方、都立図書館の復興・再建も進む。都内には1946年12月に13館が開館していたが[7]、1947年の地方自治法の制定により自治権をもつ特別区が誕生し、日比谷図書館を除いて区に所在する都立図書館の管理が区長に委任された[8]。これに伴い、一部の区（文京区、中野区、葛飾区等）では独自に図書館が設置された。1950年10月には日比谷（1949年11月再開）・立川（1947年開館）・青梅（1947年開館）の各館を除く区内の都立図書館が区へ正式に移管された。ここに市町村とは異なり、各区の自治権拡充と大都市の統一性という特質を有する都区制度の中に図書館が位置された。1952年には都立図書館3館、区立図書館25館を数えたが、他方で市立2館（武蔵野、八王子）、町立1館（東村山）、私立8館（大橋、日本点字、お茶の水、再生児童、南多摩村等）に過ぎなかった[9]。

こうした図書館の設置状況においても、多くの青年団体の組織化や文化学習運動を背景に、図書館を「場」とした文化活動や、「館」から地域に飛び出した活動など、図書館員、住民、青年、女性らの主体的な活動と図書館の着実な広

がりをみることができる。

(1) 読書活動から図書館づくりへ
①村山文庫と青年団による図書館運営
　1946年8月16日、村山村（現・武蔵村山市）の興郷連盟に村山文庫[10]が開設された。図書寄贈者には浪江虔（私立南多摩農村図書館）の名前もみられ、その後、村立図書館設立の提案として、「村立文庫設立賛意書」（1948年3月15日）[11]が出される。1951年に図書委員が運営する村立図書館が設置[12]され、1957年4月から青年団が図書館の運営を開始し（蔵書約3,500冊）した。読書週間には宣伝カーの活動のほか、図書館友の会の発足、都立立川図書館「むらさき号」の巡回、個人宅への出前図書館なども実施していた。
　この他にも、檜原村青年団が村民有志から寄付を集め巡回文庫の開始（1947年10月）、金子青年団（現・調布市）の常楽院を中心とする文化活動（常楽文庫、読書サークル）[13]など多くの読書活動がみられた。

②国立町公民館図書室
　国立町（現・国立市）では、1951年頃の文教地区指定運動を背景に、青年ら有志の「土曜会」が発足（1951年8月）した。当初20人ほどの集まりであったが、しだいに100名を超え、コーラス、人形劇、ハイキングなどの活動[14]から、図書サークルが生れ、国立会事務所内に土曜会図書室が開室した（1954年1月）。会員が図書を持ち寄り、300冊程度の図書を備え、入り口に「只今開室中。どなたでもどうぞ自由にお入りください」[15]と掲示し、週2回の貸出当番の他に、読書の集まりや図書館見学なども行った。
　その後、土曜会を含め多くの町民の運動により、1955年11月に国立町公民館が開館した。1956年8月に開室した公民館図書室は、土曜会図書室の図書1,300冊と書架が寄贈され、1957年度には一日平均50人の来室者があり盛況であった。特に、読者会や読書会を奨励し、各地に読書会・サークルが誕生した。この読書会メンバーが中心になり、1958年10月の立東分室などの分室が市内に設置され、読書会メンバーが自主運営した。

(2) 図書館を「場」とした文化学習活動

　1939年9月に鶴川村（現・町田市）の浪江虔が開設した私立南多摩農村図書館は活発な利用があった。1944年11月に図書館を再開した浪江は、市町村立図書館が極めて少ない三多摩の青年団体などに対して、部落文庫としての団体貸出を行い、各地に図書館を広げた。浪江は、「農村図書館の建設は村の人々、部落の人々の中にみづから学び、みづから高め、みづから楽しむ気風をつくりだし、読書が生活の一部になってしまうやうに、それに必要な施設をなし、もろもろの活動をくりひろげることを意味する」[16]というように、「人を結集すること」が図書館づくりの第一歩になると指摘した。浪江の支援を受け1946年2月に部落文庫を開設した南多摩郡恩方村の松井翠次郎は、翌年、多摩青年文化協会（後に多摩自由懇話会）を結成し、多摩自由大学を開催した[17]。

　千代田区立駿河台図書館では、1951年3月に千代田自由大学（世話人代表・上原専禄）が発足し、上原専禄、清水幾太郎など1965年まで講座・講演会に138名もの講師を迎えた。1951年11月には、区内の母親を対象とした児童図書懇話会も発足し、1966年まで子どもの読書や児童図書についての講座が数多く企画された[18]。

　武蔵野町立図書館では、都立四谷図書館からの疎開資料や書架をもとに、小学校の一部を利用して1946年7月に開館した。館長の佐藤忠恕は設立趣意書[19]を示し、青年文化講座や武蔵野読書会、勤労者文化講座なども実施した[20]。1948年9月に独立の建物に移転した後も、同年の読書週間に「図書館拡張署名運動」[21]を展開した。

(3) 動く図書館と読書活動の広がり

　1949年12月、都立青梅図書館館長の久保七郎が「読者と青梅図書館の会」の会員を対象に300冊積載するリヤカーで「青梅訪問図書館」の巡回を始めた[22]。久保は、西多摩読書施設共同組合（後に西多摩郡読書施設研究会）も1949年7月に設立し、郡内の小中学校や公民館などに図書室の設置を推奨した。こうした活動が契機になり、西多摩郡町村会が「西多摩郡に自動車文庫を設置する件」の請願書を都議会に提出（1951年1月）、西多摩郡読書施設研究会も同様の請願書を提出し、1953年6月に都立図書館による移動図書館「むらさき号」の巡回

が開始した。その後、青梅、立川、八王子の各都立図書館に1台ずつ配車された「むらさき号」は、巡回頻度など限界はあったものの、図書の貸出以外にも映画会、講演会なども開催し、多摩地域の住民と図書館をつなぎ、読書グループを広げた。

(4) 子どもへの図書館活動と家庭文庫

　戦後の児童への図書館活動は、1947年8月に国策パルプ工業株式会社常務取締役の水野成夫が再生児童図書館を神田に設立したことの影響は大きく、児童図書館研究会発足（1954年）の場ともなった[23]。また、1957年10月に開館した都立日比谷図書館の新館には視聴覚資料も充実した子供室が再開し、映画会、紙芝居、人形劇なども開催された。

　品川区では1950年5月に大井児童図書館が開館し、次いで大崎、荏原にも児童図書館が開館（1952年6月）するなど、図書館員の小河内芳子らが児童サービスを展開した。さらに、江東区深川図書館では、紙芝居やゲームなどを行う「こどものための一日図書館」（1958年から）などを開設[24]、文京区や江戸川区などの図書館でも、婦人会等の協力も得ながら緑陰図書館の巡回を実施していた。

　しかし、都内全ての図書館に児童室は設置されておらず、しだいに各地で個人宅を開放し児童書を備えた家庭文庫がつくられる。1957年には家庭文庫の主宰者が中心となり「家庭文庫研究会」（代表・村岡花子）が発足し、かつら文庫（石井桃子）、土屋文庫（土屋滋子）、みちを文庫ライブラリー（村岡花子）などが会員となった。1961年には都内に家庭文庫が11を数え、貸出以外に子ども会、映画会、クリスマス会などの行事も行われた。とりわけ石井桃子による『子どもの図書館』（岩波書店、1965年）の刊行により、家庭文庫、地域文庫の実践が全国各地に広がった。

3　図書館振興策の形成と図書館の拡大

(1) 図書館網の形成

　戦後東京の図書館計画は、第一次アメリカ教育使節団による報告書（1946年

3月)において、中央館と分館網の整備や公費による支弁などが指摘された。都立日比谷図書館長・中田邦造も、中央館、各区・郡が単位の中心図書館、青年学校・国民学校の区域が単位の分館、町会区域以内の小地域職域に持寄文庫を設置し、約3,500館もの図書館網を構想したが、財政的な裏づけもなく実現しなかった[25]。このうち持寄文庫とは、私有図書を持ち寄り、1,000冊程度の文庫を町会や神社、自宅などに設置を促す計画であった。

一方で島嶼地域へは、1953年3月から都立日比谷図書館が大島町、三宅村、八丈町を対象に約200冊をセットにした巡回文庫(年2回程度)を開始した。三宅村では、1956年に三宅島連合青年団が主体となり巡回文庫運営委員会が組織され[26]、八丈町では1959年に中学校、農協、役場出張所にステーションが5ヵ所設置されていた[27]。

23区内では1区複数館の設置が相次ぐ。とりわけ大田区では、1956年6月に池上図書館が、1960年3月には洗足池、蒲田の各館が開館し、区域全域への分館網が形成された。加えて、自由開架式による閲覧方式の導入をはじめ、無記名式の入館票、電話・郵便も含むレファレンスサービス、相互協力事業(総合目録の整備)、23区内初めての司書の採用(専門職の図書館運営)など先進的な活動が行われた[28]。

(2) 青年・女性団体への図書館活動

高度経済成長を背景に中小企業の勤労青年らに対する図書館活動も展開される。都立日比谷図書館は1959年3月に、青年団体、青年学級、職場団体などを対象に団体貸出(青少年貸出文庫)を開始した[29]。1961年4月からは団体貸出の方法を改め「職場のなかの日比谷図書室」[30]として、最盛期には300団体に近い工場・中小企業等を対象に自動車(「ひびや号」)による団体貸出(書架をセットにした300-500冊単位)を行い、職場や地域で読書グループが組織された。

また、1958年に開館した豊島区立図書館は、閉架式で貸出を実施していなかったため、婦人学級などの要望もあり、1961年から団体貸出として「豊島区民文庫」を発足し、遠い地域にはスクーターで図書を配達した。1963年には利用団体は90を超え、各地の読書会や講演会に広がった[31]。

(3) 図書館の発見と多彩な図書館実践
①「市民の図書館」へ　〜日野市立図書館の実践〜

　1965年9月21日、1台の移動図書館「ひまわり号」の巡回から開始した日野市立図書館（館長・前川恒雄）の実践は、全国の図書館に大きな影響を与えた。従来の団体貸出や駐車場主任制度を否定し、貸出の重視、全域サービス、資料が第一という方針を掲げ、1966年4月から1967年2月までに住民の登録率12.6%、住民の貸出率2.7倍という驚異的な実績を残した[32]。これはまさに『中小都市における公共図書館の運営』（日本図書館協会、1963年）を実践した図書館であり、1964年秋に日野市社会教育委員会議長に就任した有山崧（日本図書館協会事務局長、1965年8月から日野市長）の思想も基盤にあった。1966年8月には払下げの都電を使用した多摩平児童図書館、1973年4月に中央図書館、1977年12月には市政図書室などが相次いで開館した。このうち新庁舎1階に設置された市政図書室は、『市政調査月報』、『資料の広場』などの発行も行われ、市民のみならず市職員や議員などに対して、広範な地域行政資料を図書館として提供した。こうした実践を全国各地に広げるため、日本図書館協会は1968年から「公共図書館振興プロジェクト」を開始した。サービスの基準や方法などが議論され、貸出、児童サービス、全域サービスを柱とする『市民の図書館』（日本図書館協会、1970年）の刊行へとつながった。

②市民文化創造の拠点　〜調布市立図書館の実践〜

　1966年6月、調布市立図書館は「学校教育と社会教育とを結びつけ、生涯教育を実現してゆく、市民の自己教育の場」[33]であり、市民文化創造の拠点として開館した。同年12月に萩原祥三が館長として迎えられ、国領分館の設置（1969年8月）に始まる分館網の確実な整備とともに、30団体にわたる家庭文庫や読書グループなど、市民の学習活動へ積極的な働きかけを行った。1973年6月には読書会や学習サークル28団体が参加した自主的な組織活動として「調布ブッククラブ」を結成した。文学散歩や児童文学講座などの開催をはじめ[34]、調布ブッククラブとの共催の「図書館まつり」を1973年から毎年開催し、色川大吉、山田洋次など多彩な講師が登壇した。図書館を市民の自発的学習の拠点と位置し、市民活動を刺激した調布市立図書館は、市民の文化活動と結合した場であると同時に、学ぶ権利の保障としての役割も担っていた。

(4) シビル・ミニマムとしての東京・図書館振興策

　都立日比谷図書館の図書館協議会（1960年2月設置）は、都内全体の公共図書館の将来構想を検討し、『東京の公共図書館総合計画』（1962年2月）をまとめた。ここでは、都立日比谷図書館単独で都内図書館の問題解決は不可能であるという立場を明らかにし、区立図書館との連携を中心に、資料の保存、青少年への活動などを提示した。さらに、都内の公立図書館長によって組織された東京都公立図書館長協議会（1951年頃発足）が、『東京都公共図書館の現状と問題点1963』（1963年10月）をまとめ、区市町村立図書館の強化、相互協力の確立、都立と区市町村立図書館の機能の明確化などを指摘した。

　1969年1月、フランス文学者・杉捷夫が都立日比谷図書館長に就任し、都立日比谷図書館はこれまでの答申を踏まえ、『東京都立図書館の整備充実計画』（1969年9月）を発表する。この計画には、長期計画（10ヵ年）・中期計画（3ヵ年）や、財政援助の具体的数値を含めた多摩市町村の図書館振興策も含まれ、図書館政策の具体化や23区と多摩地域の図書館格差解消に重点が置かれていた。続いて、美濃部亮吉都知事の意向をふまえ、1969年11月に図書館振興対策プロジェクトチームが発足し、全体会議や小委員会などを重ね、1970年4月に『図書館政策の課題と対策（東京都の公共図書館の振興施策）』がまとめられた[35]。この振興策には、次のような目標や基準が示されていた。

・貸出と児童サービスに重点を置き、当面の施策として、貸出登録率を住民の20％（登録者1人あたり20冊）、年間貸出冊数を住民1人あたり4冊、4km圏内に1館設置し、住民1人あたり1冊の蔵書を整備すること。
・長期の施策として700m圏内に1館設置、住民1人あたり2冊の蔵書を整備すること。

　これらを実現するための「東京都が果たすべき行政課題」として、設置促進の行政指導をはじめ、財政援助、都立図書館の体制確立、専門的職員の確保などがあげられた。このうち財政的支援として、市町村立図書館に図書館建設費の2分の1、図書館資料費の2分の1（既設館を含め開設後3年間）の補助が明示され、区立図書館へは建設費や運営費の都区財政調整制度における単位費用を適正加算した。これらの振興策は「東京都中期計画」の1970年版（1970年11月）に反映され、1971年度から実施された。他方で、「東京都中期計画」の1971

年度版では、区市町村の社会教育施設が図書館との総合社会教育施設（公民館等）の2本柱で整備される方針が示されたため[36]、図書館関係団体が東京都に申し入れを行い、図書館の複合施設化は取り止めになった経緯もある。

　この振興策によって市町村へは、建設費31館分、資料購入費延べ187館分（850,650冊）の補助が交付されたが、財政状況の悪化を背景に1976年度で打ち切りとなった。そこで、日本親子読書センターや家庭文庫の主宰者らによる「三多摩の図書館を考える会」などが財政援助の復活を求める運動を展開し、東京都市町村図書館長協議会も政策の実施を求めて「東京都の図書館行政に関する要望書」（1978年9月）をまとめたが、振興策の復活や次なる施策にはつながらなかった。だがこの振興策により、1970年に16館だった都内の市町村立図書館（分館・移動図書館含む）が1976年には70館に激増した。一方で、区へは都区財政調整制度における措置が続けられ、例えば1984年までに図書館建設事業量135館、財政調整額が282億円となり、区立図書館数の増加につながった。

　こうした東京都の図書館振興策は、司書有資格館長や司書の配置を基盤に質の高い図書館活動が展開され、道府県立図書館による振興策のモデルとなって他の自治体へと広がった。

4　住民主体の図書館づくり
── 地域・家庭文庫と図書館づくり運動 ──

　1950年代後半から1960年代にかけて広がりをみせた地域・家庭文庫はさらに拡大する。1958年に16ヵ所だった都内の文庫数が1974年には487ヵ所と推移し、全国的に東京都が圧倒的に多かった[37]。1967年には「日本親子読書センター」（代表・斎藤尚吾）が発足し、子どもの読書に関する学びと交流・連帯の場が形成された。同時に、地域に文庫の数が増加すると相互の交流が活発になり、1969年には「ねりま・地域文庫読書サークル連絡会」や「長流文庫連絡会」（調布市）の文庫連絡会が設立、1970年4月には全国的なネットワークとして「親子読書・地域文庫全国連絡会」（親地連）が生まれた。こうした文庫の活動は、地域の読書活動や学習活動へと広がり、図書館の充実を求める運動へとつながった。

(1) 東村山市

　1958年に建設された久米川公団団地では、1966年9月頃、公団営業所と団地住民の話合いの中で団地敷地内への保育所の希望が契機となり、1967年3月「子どもの施設をつくる会」が結成された[38]。西武電車の廃車を譲り受けた後（運搬費は公団が負担）も検討を重ね、1967年8月に「くめがわ電車図書館」が開館した[39]。その後も市に対して電車図書館助成の請願や陳情を重ね、1970年5月には「東村山市地域児童図書館補助金交付規程」が定められた。さらに、都の図書館振興策や図書館に関する学習会や他地域の交流会を積み重ねながら、「東村山市立図書館設置に関する請願」（1970年11月）などを提出した。その結果、市立図書館専門委員会に市民代表7名が加わって図書館建設計画を進め、1974年5月に東村山市立図書館が開館した。その間にも市内各地に文庫が誕生し、1973年12月に「東村山市地域文庫連絡会」が発足、図書館の開館後も1975年7月に改めて「東村山市文庫サークル連絡会」として組織された。東村山市の図書館設置条例に館長は司書有資格者であること、利用者の秘密を守る義務、地域図書館活動に対する援助が含まれていることは特筆すべきことであり、地域に関する出版活動も行われた。市立図書館専門委員会で図書館の運営に住民が関わることについても議論され、東村山市の公民館づくりにも影響を及ぼした。

(2) 町田市

　1953年に役場の一室を図書館として開館した町田町（現・町田市）は、都立日比谷図書館新築時に払下られた不要な木材で町立図書館を建設（1956年）したものの、館内閲覧が中心であった。他方、都立八王子図書館の「むらさき号」巡回地域の駐車場主任らで組織された八町南青少年読書普及会（1960年10月）の地域部会として、浪江虔らとともに町田市青少年読書普及会が1961年11月に発足した[40]。その後も1962年にあかね台文庫、玉川学園児童センターの設立を背景に、町田市青少年読書普及会は図書100冊を各文庫に貸出を公約する「子どもの夢！ 地域文庫の呼びかけ」（1964年1月）を行い、1964年末までに6文庫が誕生した[41]。以後、市内に文庫が誕生し続け、図書費の増額や文庫への貸出冊数増加などを求める運動を展開した。1970年には市役所分室を改装して市立図書館が開館し、「図書館は乳母車のまま入れます！」[42]と広報誌の1面に掲載

された。以後、本館や分館が建設・充実され、1984年には「町田市立図書館をよりよくする会」が発足、1985年には町田市立図書館協議会が設置された。

(3) 小平市

小平市の文庫活動は、1967年頃、都立立川図書館からの団体貸出や移動図書館「むらさき号」の巡回を受け、子ども会を中心に2－3の文庫が開設されたことに始まる。1971年には公民館主催の婦人教養セミナー「児童文学講座」が契機となり、武蔵野団地児童文庫が文庫活動に補助金を求める請願書を提出し、公民館事業の一環として採択された。1972年には地域子ども文庫運営委員会が発足し、市内の18文庫が組織化され、「小平市子ども文庫連絡協議会」へと展開した[43]。1973年9月から公民館と共催で「図書館問題講座」（全7回）を開催し、文庫図書費の請願や図書館建設計画への要望書の提出を重ね、1974年3月に市が発足する図書館研究会に文庫メンバー8名が参加することになる。1975年5月に小平市立図書館が開館し、以後、中央館や地区館が設置されるとともに、小平市こども文庫連絡協議会も図書館との共催でさまざまな活動が展開された。

(4) 練馬区

練馬区では23区内の中でも公共図書館の設置は遅く、1962年8月に練馬区立図書館が一部開館したことに始まる[44]。1964年10月には、開架式、ブラウン式、無記名入館票を実施したが、児童室は存在しなかった。他方、区内在住の阿部信子らは、児童文学者・鳥越信の助言により1964年から「子どもの本を読む会」を組織し、子どもの本に関する学習を始めていた。図書の冊数も多くなったことから1965年に「石神井ひまわり文庫」を開設[45]、さらに1967年には練馬区立図書館による文庫や読書会グループとの利用者懇談会の開催と団体貸出の発表を契機に、阿部雪枝が「江古田ひまわり文庫」を開始した（1967年7月）[46]。文庫への助成や建物修理の請願（1968年6月）などを経て、阿部雪枝らの呼びかけもあり1969年6月には区内の文庫や読書サークルの連帯組織である「ねりま・地域文庫読書サークル連絡会」[47]が結成された。この連絡会では図書館、文庫、児童書、司書の問題について学習と運動を重ね、1969年の「春日町青少年

館に児童室を」の運動や、建設中の石神井図書館への充実運動（1970年）につながった。さらに、1974年の文庫助成（「練馬区地域文庫助成要綱」）や平和台図書館への住民参加の図書館づくり（図書館建設懇談会）、大泉の図書館づくり運動などのように、建物の建設のみならず、図書館運営を視野に入れた運動へと広がった。

都内ではこの他にも杉並区、三鷹市、保谷市などでも文庫活動が展開された。女性らが地域で交流を深めながら児童図書や図書館を主体的に学び、考え、子どもたちを地域で育み、図書館づくり運動を先導した時代であった。

5 図書館の意義と価値を問う
― 職員問題・創造的な図書館実践 ―

(1) 司書職制度の確立と住民運動

戦後、区に図書館が移管された際、人事権は移管されず都にあったが、1956年の大田区に続き、江東区などでは独自に固有職員として司書有資格者を採用し、活発な図書館活動を展開していた。しかし、1960年代になると東京都は固有職員の採用を認めず、区の固有職員と都の職員が混在することになった。このように区の司書職制度はなく、その確立については、都立図書館の司書職制度も含め、これまでに数多くの要望書などが提出されている[48]。例えば、東京都公立図書館長協議会による「都区立図書館の司書職制度確立に関する要望」（1967年10月）をはじめ、東京都職員労働組合や図書館問題研究会東京支部、1970年の東京都の公共図書館振興施策にも司書有資格者の必要性が指摘された。

住民による運動としては、東村山市、小平市、練馬区などで図書館づくり運動における学びを通して専門的な司書の必要性が議論された。特に練馬区では、図書館に精通し文庫活動の住民とのつながりをもつ司書有資格者（大澤正雄）が1968年6月に住居表示課へ配転され、数多くの図書館員や住民らの支援を受けた（1974年図書館へ復帰）。

1971年8月、東洋大学図書館の生野幸子が管財部への配転無効を東京地裁に提訴した（1974年に和解成立）。1973年6月には、荒川区立図書館の陰山三保子が国民健康保険課への配転に対して、配転処分取り消しを求め東京都人事委員会へ不服申請をした[49]。荒川区の問題では、図書館問題研究会東京支部によ

り「東京の図書館に司書職制度確立をめざし、陰山さん(荒川図書館)の不当配転闘争を支援する会」が発足、さらに労働組合や図書館関係団体などの支援や、「図書館の国民的な発展を求める全国署名」などが行われ、支援が全国各地に広がった。当時のこうした支援は、数多くの市民運動の中に位置され[50]、23区の司書職制度の確立、司書の専門性、図書館の充実への議論にもつながった。約5年にわたる19回の公開口頭審理、14名の証人、41件の書証の提出[51]を通して、1978年10月に区側の主張を妥当とした判決がなされた。しかし、図書館に専門職を設置することは図書館法の期待することである点が明確にされ、「申立人を支援する会が組織され、あるいは人事委員会の限界が問われ、さらに、東京都二三区に司書職制度を確立しようとする運動に発展してきていること」[52]は注目できる。

(2)「むらさき号」は生き続ける

　都立日比谷図書館は、1965年4月に開始した都内の図書館への特別貸出(相互貸借)をさらに進め、図書館間の情報交換も視野に入れ、1970年6月にライトバンの協力車「ひびや号」を購入した[53]。他方で、西多摩地域の図書館整備は進まず、「むらさき号」の利用者団体や文庫関係者らが「西多摩地域の図書館政策の促進に関する請願書」(1977年)を提出するなど、図書館の充実や「むらさき号」の資料費増額の請願を重ねていた。しかし、1970年代以降の市町村立図書館の設置を背景に、「多摩地区における都立図書館の将来構想」(1978年)では1983年度末で「むらさき号」を廃止する方針が示されていた。これに対して、図書館未設置の「むらさき号」利用者団体や市町村から「西多摩地域の図書館についての請願書」(1979年)や要望書の提出、市民らの学習会や署名運動が重ねられた結果、1981年1月に「むらさき号」は当分の間継続することになった[54]。

　1987年4月には都立多摩図書館が開館し、「移動図書館実施3か年計画(昭和61～63年度)」(1986年)に沿って、檜原村や奥多摩町に活動の重点を移すことになった。「むらさき号」新5号車の巡回(1988年4月)を契機に、檜原村では4号車を譲り受け、「やまぶき号」として1988年9月から巡回を開始した。また、奥多摩町も「むらさき号」5号車を譲り受け、1991年4月から「やまびこ

号」として巡回が開始された。

本を住民に届けるのみならず、「図書館」を広げるという青梅訪問図書館の精神は生き続けている。

(3) 図書館を拓き創る

図書館員が市民の要望に耳を傾け、図書館を拓き創る活動もみることができる。1980年2月に開館した練馬区立大泉図書館では、図書館づくりに関わる住民から、中高生向けの図書以外に、中高生が話し合える場への要望があり、青少年コーナーを設置した[55]。都立江東図書館でも1980年7月に「ヤングアダルト・コーナー」を設置し、『やんぐあだると新聞』の刊行や好きな本・作家の投票など多彩な活動が行われた[56]。

また、墨田区立八広図書館準備室では、「図書館は本のある広場です」を運営方針に掲げ、図書館員が同区内にイラスト入りのチラシを配布し、住民の要望を踏まえながら1980年10月に開館した[57]。特に地域住民の自主的な活動を支援する場として、図書館の集会機能を重視した活動が広がった。

こうした図書館活動以外に、図書館員の自主的な研究会も発足した。1975年12月に発足した「三多摩郷土資料研究会」は郷土関係のレファレンス事例集などの作成を重ね、『地域資料入門』(日本図書館協会、1999年)に成果がまとめられている。また、1980年には「図書館を考える勉強会」が組織され、調布市立図書館の委託反対運動のメンバーらにより発足した「三多摩図書館研究所」(1994年)に受け継がれる。1994年には、実践的なレファレンスの勉強会として「三多摩レファレンス探検隊」も組織された。

(4) 人権としての図書館・情報へのアクセス

図書館へアクセスを保障する東京の図書館実践も忘れてはならない。障がい者への図書館活動については、本間一夫により1948年に再開した新宿区の日本点字図書館があった。1970年4月になると都立日比谷図書館が録音図書の作成や対面朗読、点訳図書の作成(1980年)を開始した。これは、視覚障がい学生らが点字図書館の資料が不十分で、都立日比谷図書館や国立国会図書館へ開放を求めたことによる。以後、都立図書館の障がい者サービスは、1973年に東京

都が全国に先駆けて実施した点字による公務員試験により採用（1974年4月）された視覚障がい者の司書や、聴覚障がい者の司書（1973年10月採用）らが牽引した[58]。練馬区では渡辺順子が障がい児文庫としての「すずらん第二文庫」（1981年11月）を開設した[59]。

多文化サービスについては、1972年に都立中央図書館が新館開館に向けて中国語図書の収集を始め、1975年には韓国・朝鮮語図書の収集も開始することに始まる[60]。病院患者へのサービスについても、昭島市民図書館（1974年7月）や大田区立大森南図書館（1978年7月）が地元の病院に出向いて貸出を開始し、1982年には品川区立図書館が昭和大学病院小児病棟へ入院児へのサービスを開始した[61]。この他にも、国立療養所多摩全生園におけるハンセン病図書館の歴史も忘れてはならない[62]。また、1978年に東京都が全国に先駆けて「婦人問題解決のための東京都行動計画」を策定し、1979年に東京都女性情報センターが都立日比谷図書館内に開館した。1995年には東京ウィメンズプラザ資料室として青山に移転し、女性情報の収集・アクセスの支援を展開している[63]。

6 枯れることのない東京・図書館の源流

（1）委託の広がりと反対運動

1980年代以降、規制緩和、行政改革、生涯学習体系の移行を背景に、図書館の委託化が進む。1985年8月、足立区が提示した「足立区行政改革大綱（案）」において、地域図書館の公社委託化や、一部の地域図書館を図書館法に拠らないコミュニティ図書館にすることが含まれていた[64]。これに対し、住民団体や図書館関係団体などが反対・署名運動を展開し、同年12月には学者・文化人を中心に「足立区立図書館『委託』構想の再検討を求めるアピール」が出された。要望書の提出やシンポジウムなども開かれ、運動は都内や全国に広がったが、足立区議会は委託条例を可決した（1986年3月）。

さらに1993年3月、調布市が新しい図書館を財団に委託する方針を発表した。これに対して、同年7月「調布市の図書館をもっともっとよくする会」が発足し、署名運動や集会、さらには市民による図書館ビジョンづくりなどが行われた[65]。その結果、1995年8月に全面委託は撤回され、10月に新中央図書館が開

また1996年2月には、区長会から特別区職員労働組合に司書職廃止を含む事務系職種見直しが提案された。1996年4月には、市民や図書館関係者らによって「23区の図書館をもっとよくする会」が発足し、署名運動など、広がったが、同年6月に司書の職名が廃止された[66]。

以後、都内での図書館の委託はさらに進む。2002年にカウンター業務の民間委託が江東区、墨田区、台東区、千代田区の図書館で実施、さらに翌年の2003年には大田区など5区でも実施され、図書館専門非常勤職員の解雇も発生した[67]。また、1999年7月に公布されたPFI法により、稲城市立中央図書館が30年契約によって2005年7月に開館、加えて2003年6月の地方自治法の一部改正により、23区内に指定管理者による図書館がさらに拡大した。他方で2005年8月には日野市が図書館業務の一部の民間委託化を示したが、ライブラリーフレンズ日野をはじめとする市民運動が広がり、民間委託は撤回されることになった[68]。

(2) 着実な図書館活動と市民の存在

図書館の民間委託が拡大される中でも、過去の積み重ねが活かされた着実な図書館活動が数多く存在する。2002年10月に発足した「多摩地域の図書館をむすび育てる会」は、都立日比谷図書館の千代田区への移管と民間委託化、都立多摩図書館の再編を背景に結成され、市民や図書館員らとともに「NPO法人共同保存図書館・多摩」の活動を展開している[69]。この他、2006年6月に結成された日野市立日野図書館の「日野宿探検隊」は、市内のまち歩き会や写真展の開催を重ね、住民のつながりをつくり、図書館と住民との信頼関係を構築するなど、図書館が地域を学び合う場を形成している[70]。さらに、市民らの団体・活動には、「杉並・図書館を考える会」が策定した「私たちの図書館プラン」などがある。

図書館員の研鑽の場としては、「レファレンス道場」を開催している「ガンバJLA」の活動がある。他方で、非正規の図書館員が増加する中、嘱託職員による労働組合の結成を背景に、荒川区の非常勤職員の階層化、町田市立図書館の嘱託職員を基幹職員として位置づけた主任嘱託員制度がある。さらには図書館の自由に関して職員が主体的に判断する「町田市立図書館の自由に関する委

員会」（1991年4月発足）もある。

　地域に暮らす市民とともに創り拓かれた東京の図書館実践は、「図書館」という「館（やかた）」に留まらず、さらには行政区域の枠内の活動に留まることなく、人と人とのつながりが幅広くつくられながら、制度や政策の壁をともに乗り越えた歴史であった。苦闘しつつ、時には挫折した歴史もあったが、深く流れる図書館の源流が枯れることはなかった。数多くの図書館員と市民とともに実践的かつ運動的に創出された東京の図書館史には、積み重ねられた「志」と「想い」がしっかりと刻まれている。

1　本稿執筆にあたり、次の文献から大きな示唆を得た。小川徹ほか『公共図書館サービス・運動の歴史1』、『公共図書館サービス・運動の歴史2』日本図書館協会、2006年11月；奥泉和久『近代日本公共図書館年表：1867～2005』日本図書館協会、2009年9月；佐藤政孝『東京の近代図書館史』新風舎、1998年10月；東京都公立図書館長協議会『東京都公立図書館略史』東京都立日比谷図書館、1969年3月；都立図書館の歴史を残すプロジェクト『図書館を創る力：都立中央図書館開館への記録』東京都庁職員労働組合教育庁支部日比谷分会、2013年10月
2　『市立図書館と其事業』1、1921年10月、1頁
3　今澤慈海「公共図書館は公衆の大学なり」『市立図書館と其事業』1、1921年10月、2-3頁。本稿の戦前期の東京市立図書館の活動は『市立図書館と其事業』を参照した。
4　「東京市立図書館一覧」『市立図書館と其事業』48、1928年11月、24頁
5　「閲覧図書調昭和十二年度」『東京市立図書館と其事業』74、1938年10月、19頁
6　東京都教育庁『東京都社会教育研究大会資料』1950年6月、54頁。この資料には、府中、深川、立川、青梅、八王子、杉並、四谷の記載がある。
7　「都内図書館案内」『読書』3、1946年12月
8　予算執行や人事権等については、日比谷図書館の指揮監督下という変則的なものであった。
9　東京都教育庁『東京都社会教育資料』1952年5月、36頁
10　佐藤進「村山文庫の発足から青年による図書館運営まで」『戦後三多摩における社会教育のあゆみⅡ』東京都立多摩社会教育会館、1989年3月、34-35頁；細井五「資料に見る・武蔵村山の図書館史」『会報郷土むらやま』22、1982年3月、6-9頁
11　浪江虔『図書館運動五十年』日本図書館協会、1981年8月、165-168頁
12　浪江虔「農村図書館の現状と将来」『図書館雑誌』42（3）、1948年6月、10-14頁
13　小林昌平「ある地区青年会活動（調布・金子青年会）の記録：戦後の華やかな復活とその消滅」『戦後三多摩における社会教育のあゆみⅢ』1990年3月、10-12頁

第2部　特論Ⅰ～行政・施設史篇～

14 徳永功『個の自立と地域の民主主義をめざして』エイデル研究所、2011年11月
15 T「Kさん五年たちましたね」『図書室月報』7、1961年6月、1頁
16 浪江虔『農村図書館』河出書房（教育文庫、4）、1947年1月
17 松井翠次郎著作刊行会『松井翠次郎遺稿集：昭和史を貫く市民教育の軌跡』1990年8月
18 東京都千代田区『千代田図書館八十年史』1968年3月、256-277頁
19 「武蔵野市立図書館設立趣意書」『武蔵野市教育史』第2巻、1992年3月、307-308頁
20 佐藤忠恕「図書館運動二ヶ年」『図書館雑誌』42（3）、1948年6月、31-33頁
21 佐藤忠恕「武蔵野市立図書館の予算編成方針」『図書館雑誌』43（4）、1949年4月、53頁
22 都立青梅図書館むらさき号友の会記念誌編集委員会『むらさき号四十年の足跡：都立青梅図書館むらさき号友の会記念誌』1989年9月
23 再生児童図書館『再生児童図書館拾年の歩み』1957年
24 江東区深川図書館『深川図書館100年のあゆみ』江東区教育委員会、2009年8月、42-43頁
25 中田邦造「教養の自治の確立をめざして」『読書』1、1946年5月、4-8頁
26 「利用案内」『ひびや』1、1958年1月、13-17頁
27 長南信生「八丈島に巡回文庫をたずねて」『ひびや』25、1960年4月、14-17頁
28 大田区立大田図書館『大田区立図書館二十五年のあゆみ』大田区教育委員会、1982年3月
29 北御門憲一「青少年貸出文庫について」『ひびや』8、1958年8月、1頁
30 「職場の中の日比谷図書室：団体貸出利用者調査の報告」『ひびや』4（7）、1961年10月、1-8頁
31 宮崎俊作「大都市における団体貸出についての研究ノートその2」『ひびや』10（1）、1967年10月、1-8頁
32 日野市立図書館『業務報告：昭和40・41年度』1967年3月
33 萩原祥三『買い物かごをさげて図書館へ』創林社、1979年11月、71頁
34 「現代市民社会の連帯と市民意識の形成をめざす、図書館活動の紹介」『調布市立図書館報』18、1971年1月、4-5頁
35 本稿の東京の図書館振興策については、次の文献から大きな示唆を得た。松尾昇治「東京の公共図書館政策の一考察：1970年代における美濃部都政の図書館政策（1）（2）」『図書館界』57（6）、2006年3月、344-356頁；58（1）、2006年5月、2-21頁
36 「特集・スタートした東京の図書館づくり」『東京の社会教育』増補改訂版、18（3）、1971年3月、1-10頁
37 全国子ども文庫調査実行委員会『子どもの豊かさを求めて3：全国子ども文庫調査報告書』日本図書館協会、1995年12月、70-73頁
38 東村山市立図書館『文庫を生きる』（東村山市民叢書）、1978年4月、160-195頁
39 「特集・ある図書館づくりの記録：都下東村山市の場合」『現代の図書館』11（4）、1973年9月、149-197頁
40 前掲『図書館運動五十年』、294-308頁

41 浪江虔「『町田市の図書館をよりよくする会』へのあゆみ1」『町田市立図書館をよりよくする会5年のあゆみ』1989年7月、1-2頁

42 『広報まちだ』152、1970年、1頁

43 小平市子ども文庫連絡協議会『小平市子ども文庫連絡協議会十周年記念誌「あゆみ」』1983年3月

44 練馬区立練馬図書館『練馬図書館20年の歩み：開館20周年記念誌』練馬区教育委員会、1983年1月；大澤正雄『図書館づくり繁盛記：住民の叡知と力に支えられた図書館たち！』日外アソシエーツ、2015年6月

45 ねりま地域文庫読書サークル連絡会40周年記念事業実行委員会『ねりまの文庫：40年のあゆみ』ねりま地域文庫読書サークル連絡会、2009年6月

46 江古田ひまわり文庫『15年のあゆみ』1982年12月

47 野々村恵子「東京・ねりま地域文庫読書サークル誕生」『月刊社会教育』13（9）、1969年9月、43-45頁

48 薬袋秀樹『図書館運動は何を残したか：図書館員の専門性』勁草書房、2001年5月；大澤正雄『六〇年代の東京の図書館を語る：薬袋秀樹著「図書館運動は何を残したか」をめぐって』図書館問題研究会東京支部、2003年7月

49 東京の図書館に司書職制度の確立をめざし、陰山さん（荒川図書館）の不当配転闘争を支援する会『陰山さん（荒川図書館）の不当配転闘争資料集』1－5集、1974－1979年

50 「東京の図書館の発展のために：陰山さんの不当配転闘争からの報告」『1976東京の社会教育23区編』社会教育推進全国協議会東京23区支部、1976年、86-96頁

51 後藤暢「司書職制度に一歩進む：陰山さん配転事件の人事委員会判決」『図書館雑誌』72（12）、1978年12月、621-623頁

52 小林文人「図書館司書有資格者の転任処分事件」『教育判例百選』第3版（別冊ジュリスト、118）、1992年7月

53 日比谷図書館協力係「協力車の運行開始にあたって」『ひびや』101、1970年11月、2-4頁

54 西多摩こどもの本の会『西多摩地域の図書館を考えるⅡ：都立青梅図書館「むらさき号」継続運動のまとめ』1982年3月

55 大澤正雄「公共図書館における青少年コーナーの役割：大泉図書館における一例」『図書館雑誌』75（5）、1981年5月、252頁

56 半田雄二著、半田雄二論文集編集委員会編『ヤングアダルトサービス入門』教育史料出版会、1999年6月

57 ちばおさむ『本のある広場：ある下町の図書館長の記録』教育史料出版会、1992年9月

58 田中章治「私がみた都立中央図書館視覚障害者サービスのあゆみ」『みんなの図書館』390、2009年10月、31-48頁

59 渡辺順子『ことばの喜び・絵本の力：すずらん文庫35年の歩みから』萌文社、2008年9月

60 日本図書館協会多文化サービス研究委員会『多文化サービス入門』日本図書館協会、

第2部　特論Ⅰ〜行政・施設史篇〜

　　　2004年10月、13-18頁
61　菊池佑『病院患者図書館：患者・市民に教育・文化・医療情報を提供』出版ニュース社、2001年12月、167-172頁；菊池佑・菅原勲『患者と図書館』明窓社、1983年10月、338-354頁
62　柴田隆行編、山下道輔著『ハンセン病図書館：歴史遺産を後世に』社会評論社、2011年10月
63　青木玲子「エンパワーする女性センター：これからの女性センターに求められるもの」野々村恵子・中藤洋子編『女たちのエンパワーメント：男女平等社会をめざす学習と実践』国土社、1997年10月、156-182頁
64　足立区によい図書館をもっとつくる会ほか『図書館の委託：足立区の図書館委託を考える』教育史料出版会、1987年1月
65　調布の図書館をもっともっとよくする会『もっともっと』1－27、1993－1996年
66　池沢昇「東京23区の司書職廃止の経過報告」『みんなの図書館』234、1996年10月、40-45頁
67　大橋直人「東京23区立図書館の窓口業務委託：最近の状況について」『図書館雑誌』97（3）、2003年3月、156-158頁
68　石嶋日出男「日野市立図書館における窓口委託問題の経過報告」『みんなの図書館』348、2006年4月、76-78頁
69　多摩地域の図書館をむすび育てる会『東京にデポジット・ライブラリーを：多摩発、共同保存図書館基本構想』ポット出版、2003年12月
70　渡辺生子「市民の図書館を実践して：日野宿発見隊報告」『図書館界』63（5）、2012年1月、374-379頁

証言 母親たち手作りの文庫づくりと活動

広瀬 恒子

1 文庫とは

　文庫とは、地域で民間の個人やグループが自主的に設置し運営している子どもたちのためのミニミニ図書館と思っていただきたい。こうした活動は歴史的にさかのぼれば篤志家の手により江戸時代にも存在していた記録がある。が、ここでは1960年代頃から母親を中心とした市民たちが草の根的に個人の自宅の一室や集会所に児童書等を置いて地域の子どもたちに本を貸し出したり、読み聞かせなどの親子読書会の活動を紹介する。

2 文庫活動が広がった背景

　文庫活動は1960年代頃から急速に各地に広がってその数を増していく。東京では練馬や多摩地区などで文庫づくりが活発化している。その背景には高度成長政策推進により東京郊外の農村部が新興住宅や団地などに変り自然のあそび場が減少していくなかで道路や車が増えていったことがある。また、当時は、子どものための文化的施設は貧しく、公立図書館は全国でも1,000館に遥か届かなかった。(1966年752館、1971年855館)

　私の住んでいた世田谷区で文庫や親子読書会の活動がはじまった1960年代末、区立図書館は人口80万人に対し、わずか2館しかなかった（2015年現在16館）。その図書館も学生が勉強をするために席を確

親子読書会で、今日は「どんな本かな」

保しようと朝から長い列をつくっていた風景を記憶している。子どもたちへの読書サービスなどは考えられていなかった時代である。

　文庫活動をうながした直接的一因としては石井桃子の『子どもの図書館』（岩波新書、1965年）に描かれた"かつら文庫"の子どもたちの様子に自分も文庫をやってみたいという気持をかきたてられ、はじめた人も多かったことがある。もうひとつの要因はその頃『かにむかし』『きかんしゃやえもん』『かさこじぞう』『スーホの白い馬』『おおきなかぶ』など今も読み継がれているすぐれた絵本が続々と生まれていたこと、また、日本のファンタジーのエポック的作品となった『だれも知らない小さな国』や1960年代に入り『竜の子太郎』『ぼくは王さま』『ちびっこカムのぼうけん』『いやいやえん』などそれまで冬の時代といわれていた日本の創作児童文学が花開きはじめ、ぜひ、子どもたちにこうした本を手渡したいという気運が盛り上がってきたこともある。

　「子どもに本を」という願いの根底には、子どもたちが生きていく力となる想像力をゆたかに抱いてほしい、その想像力をゆたかにかきたてる子どもの本が出版されだしたのであった。

3 自由に展開される文庫の活動

　文庫は「100あれば100の顔をもつ」といわれるように文庫を運営する人の考えにもとづいて蔵書内容も活動のありようも自由に展開される。

　一般的には1週間に曜日と開庫時間を定めて本の貸出しをするほか、絵本の読みきかせ、おはなし会などをするスタイルである。そのほか、季節にちなみ新年会、雛祭り、七夕などの行事をしたり、手づくりあそびや工作、科学あそび、戸外で木の実をひろったり…とさまざまだ。「文庫は本のある遊び場だ」ともいわれ

るゆえんでもある。

私のかかわっていた"なかよし文庫"では毎週決まってやってくる男の子がいたが、その子はいじめに遭っていたらしく、文庫を息抜きの場にしているようで自分より年下の子に、いつも「みつばちマーヤの冒険」の紙芝居をしてあげていた。マーヤの勇気にあやかりたかったのか、文庫はこうしたほっとひと息入れるくつろぎの「場」の役割ももっていた。

文庫をはじめた当初、おとなは子どものためにという思い入れが、どうしても強いのだが、子どもと接するなかで、その気負いは抜け、子どもとともに歩むことを自然に学んでいくようになるのだった。

4 文庫連絡会の役割

それぞれの文庫が活動を続けていくなかで楽しいことだけではなく、問題や課題も生じてくる。文庫を運営する母親たちのもちよりの蔵書で

なかよし文庫の貸出し風景

は、子どもたちの読書欲に応えきれるはずはなく、公立図書館に対して本の貸し出しをしてほしいという声が出てくるのは自然のことであり、図書館側もこれらの要求に団体貸出制度をつくって応える姿勢をもつようになるが、もっと団体貸出の本の冊数を増やしてほしいとか貸出期限を延長してほしい、本のことを学ぶ講座を開いてほしいといった図書館や自治体への要望が生じてくるのは時間の問題であった。

しかし一文庫の要望だけでは行政に声が届きにくい。練馬でも"江古田ひまわり文庫"が内容充実のため

助成をお願いする請願書を出したが、「一つの文庫だけが要求してもどうにもならないことが見えてきて多くの同じ立場にある文庫どうしが連帯して図書館の予算、とくに児童書の予算を大幅に増額させること、専門職を確保させることなど、区に要求し、また、図書館員とは交流し…（略）…理解し合う必要を感じるに至った」（『15年のあゆみ』1982年12月、江古田ひまわり文庫より）。

そのためには仲間の力を寄せ合うことが必要になり、連絡会が作られるのである。結成時の「ねりま地域文庫・読書サークル連絡会のしおり」にはこう書かれている。

わたしたちの住む練馬にも、ここ数年のうちに子どもたちの地域文庫や読書サークルが数多く生まれてきました。

ともすれば「考える」という人間としての最低の条件さえ失いがちな現在のマスコミ文化のなかで、この小さな芽生えをまもり育て大きくしてゆくために連絡会をつくることにしました。
- この会の名称は「ねりま・地域文庫読書サークル連絡会」という
- 練馬区内の読書に関心のあるサークルおよび個人はだれでも参加できる
- この会は公共図書館の充実のために力をいれる
- この会は会員相互の交流をはかり、会員の向上のための学習計画をする
- 世話人グループはサークル代表または個人数人をもって構成する
- この会は会費をもって運営する（1978年2月追加）
1969年6月発足

ねりま地域文庫・読書サークル連絡会は、1969年、全国でも最も早く発足している。2014年現在45年の歩みを重ねており、文庫数の変遷はつぎのようである。

表1　練馬区文庫数の変遷

	家庭文庫	地域文庫	学校開放図書館	個人	その他	図書館数
1969年6月	10	1	0	14	3	1
1974年4月	25	9	0	0	8	2
1977年6月	39	5	0	0	6	3
1989年3月	23	7	5	1	6	7
1999年3月	11	12	11	3	2	11
2008年5月	9	11	13	8	1	11
2015年5月	9	8	9	12	0	13

出典　ねりま地域文庫読書サークル連絡会40周年記念事業実行委員会『ねりまの文庫―40年のあゆみ―』、2009年6月5日発行ほか参照

　練馬につづき杉並区でも、1968年、子ども図書館くまがや文庫、ムーミン文庫が誕生し、1977年、17団体が加入して杉並文庫・サークル連絡会が発足した。個人の主宰する家庭文庫、子どもの本の好きな人たちがグループで運営する地域文庫と形態や活動の内容は個々に違っている。しかし、文庫に共通するのは、図書館とはまたひと味違った手作りのきめこまかいふれ合いのなかで、ひとのとき本の世界の楽しさにひたったり、友だちと出あったり、また、母親同士が交流する場になってきた点では共通するものがある。

　杉並文庫・サークル連絡会は、相互の交流を定期的に継続しつつ、子どもの本の講座の開催や見学会などとともに、分館設置に関する陳情（77年）、区立中央図書館建設に関する陳情（79年）、図書館における司書職制度の確立に関する要望（87年）な

ど、身近な公共図書館充実への働きかけとともに「学校図書館にこそ専門の知識をもった子どもと本を結ぶ"人"="司書"がいてほしい」と訴え続け「杉並区内全小・中学校に専任司書配置」の願いを実現させている。

さらに、調布長流1969年、東久留米70年、小金井72年、八王子72年、稲城73年、東村山74年、武蔵野75年、八丈島75年、豊島区79年、多摩81年などに連絡会が発足している。

小金井市子ども文庫サークル連絡会、多摩市文庫連絡協議会などが1990年代それぞれの自治体へ「学校図書館に専門の司書配置を求める要望書」を出しているが、総じて要望内容は子どもと本にかかわる「人」の専門性を重視し、その正規配置を求める内容が増えていったのが特徴である。

このように東京で、地域ごとの文庫連絡会が次々に発足していった背景には、個々の文庫が、日常的な活動をつづけていくなかで、喜びとともに、悩みや課題が生じても当時は、先例がなく、手探りの状態であったことによる。

貸出する文庫の本をもっとふやしたい、新刊情報がほしい、お話会や読み聞かせなどの実際、スキルアップ、自治体とのかかわりなど、他の地域の文庫はどのように運営しているのだろう、という経験交流の必要性が求められるようになっていたのである。

こうしたなかで全国各地の仲間が手を結び、1970年4月12日、親子読書地域文庫全国連絡会が発足する。

会の活動としては、地域連絡会の相互交流や全国交流集会の開催、『子どもと読書』(発足時の『親子読書』の誌名を変更)の発行などを続けて現在に至っている。

5 1980年代〜90年代にみる活動の変化

1980年代は子どもの校内暴力やいじめなど厳しい状況が目立ってくるが、文庫活動にとっても困難な問題と向き合うことになった。文庫へくる子どもの減少である。また、文庫へ来る子どもも乳幼児へと低年齢化し、小学生の子どもたちとの結びつきが困難になってきたのである。これは東京だけではなく全国的に共通の悩みとなった。

そこで文庫で子どもを「待つ」のではなく子どものいる場へ出かける「移動」型活動に変化していく。例えば、学校の朝の読書の時間に絵本の読み聞かせをするとか、昼休みにおはなし会をするというように「出前」していく形が一般化してくる。

文庫によっては、乳幼児と乳幼児をもつ若い母親たちにわらべ歌や手あそびなどをとり入れた赤ちゃん文庫として出直す例もあった。

2000年代に入り、国は子どもの

地域の集会室で絵本の読みきかせ

読書活動推進法、具体的基本計画などを策定するが、その「地域における読書活動」のところではしきりに「読書ボランティアの活用」がうたわれるようになった。これまで文庫活動をしてきた人びとも好むと好まざるにかかわらず「読書ボランティア」の名称があてはめられることになる。ボランティアの語源はラテン語のボランタス（Voluntas）自由意志に由来し、その意味は意志、願望、要求や他に自発、熱意などをあらわす。個人の意志を自発的にあらわすのがボランタリズムであるなら、文庫活動は何よりもこの主体的意志にもとづくものでありたい。

6 これからに向けて

文庫活動は時代や社会的動向や子どもをとりまく状況とかかわりその活動のありようも変化してきた。

「場」としての活動だけでなく、今後、子どもと本とのむすびつきを創るさまざまな手法、例えばこれまでの読み聞かせ、おはなしに加えブックトーク、読書アニマシオン、ビブリオバトルなどの実践が広がるだろう。学校、図書館、保健センターなど地域のさまざまな場で文庫の経験を生かしていく活動もより増えていくことが予想される。

ある区で以前「学力向上を目ざし○○読み語り推進運動を大々的に展開していきます」とアピールしていたが、こうした「読書推進」は子どもから読書のたのしさをうばいかねないかと懸念される。何よりも子どもひとりひとりの自由なたのしみ方をこれからも大事にしていきたい。

文庫活動はひとりのおとながひとりの子どもへ本をつなぐささやかな営みだ。だからこそ、すべての子どもに読書の喜びを保障する図書館や学校図書館がその力を十分発揮してもらいたいし、発揮できるような条件づくりをこれからも求めていきたい。

第4章 博物館

1 戦後における東京都博物館政策
―1950年代から1980年代までの展開過程―

君塚 仁彦

1 東京の大都市化と都の博物館整備

　本稿は、東京都から刊行される予定であった『東京都教育史』第5巻、第6節「社会教育施設の整備充実」、第7節「社会教育施設の新しい動向と再編」に収録されることになっていた原稿に加筆修正を加え、改めて書き下したものである。『東京都教育史』第5巻収録予定の元原稿が対象としていた時期は1956(昭和31)年から1970(昭和45)年であったが、本稿ではそれを基本にしながらも、内容的に必要と判断した場合にはその時期を越える史実を対象として取り上げることとした。したがって本稿では、鈴木俊一知事都政のキャッチフレーズであった「マイタウン東京」構想における江戸東京博物館建設計画の動向と、文化行政の台頭による社会教育機関としての博物館政策の転換までを対象にした。なお本稿で取り扱う時期以前の動向については、『東京都教育史』第4巻(1250-1254頁)を参照願いたい。

　さて、空襲の焼け跡が都心のあちこちに見られた1950年代半ばから高度経済成長にあたる1970年代は、高度経済成長や人口集中による大都市化、それに伴う急激な社会構造の変化を背景に、全国的に博物館そのものの数が増加した時期でもある。特に1950年代半ば以降は、1951(昭和26)年に公布された博物館法の影響もあり、東京をはじめとする都市部に公立を中心に博物館が建設され始めた時期であった(文部省『社会教育調査』)。しかし、その日の暮らしを成り立たせるのに精一杯な状況のなかで、博物館は人びとの生活感覚からはま

だ遠い位置にあったといえるだろうし、行政的な課題としての優先順位もそう高くはない状況にあった。

　戦後の東京には全国から新たな仕事を求めて大量の人口が流入し、東京とその周辺部の一極集中的な過密都市化が進行した。

　1962（昭和37）年2月1日、東京は世界で初めて人口が1千万人を越える大都市となったが、1968（昭和43）年に開催された東京オリンピックを契機に、自家用車の増加、高速道路網の整備、鉄道の近代化、東海道新幹線開業に代表される交通インフラの整備、都市景観の変貌などが急激に進行し、それらを支える重工業生産の伸長よる公害問題などの社会問題が深刻化した。

　高度経済成長期における社会構造の変化、人びとの文化・学習に対する要求の変化に対応する博物館の整備が東京都によって十分な形で行われたとは言い難いが、個々の博物館の活動には関係者の努力による注目すべき点が随所に認められる。

　この時期、東京都によって整備・開設された博物館（博物館に類する施設も含む）としては、東京都復興記念館（東京市復興記念館を1956年1月に再興、東京都慰霊協会に運営委託）、東京都多摩動物公園（1958年1月開園、1961年昆虫園開設、1969年昆虫園本館が開館）、東京都神代植物公園（1961年10月開園）、東京都井の頭自然文化園「彫刻園・彫刻館」（1957〜1963年）、東京都児童会館（1964年3月開館）、上野動物園「水族爬虫類館」（1964年10月開館）、東京都高尾自然科学博物館（1966年7月開館）、東京都近代文学館（1967年4月開館）、東京都公文書館（1968年10月開館）をあげることができる。

　また、東京都の博物館行政における注目すべき動向として、1965（昭和40）年に東京都教育委員会より諮問された東京都美術館の方向性についての議論（東京都美術館運営審議会『東京都美術館のあり方について 第一次答申』1966年）や近代文学博物館建設調査、高尾自然科学館の都立移管調査がある。

　同時に、1967（昭和42）年から作業が開始された東京百年記念博物館建設計画の立案（東京都教育委員会『東京百年記念博物館建設調査委託報告書』；東京都教育庁社会教育部文化課『東京百年記念博物館建設計画書』）、1966（昭和41）年3月、高尾自然科学館の都立移管調査成果の一部をもとに作成された『東京都における博物館のあり方』が「社会教育シリーズNo.48」として発行された

ことも注目すべき動きとして位置づけられる。

　この時期の東京都内における国公私立博物館やその類似施設の設立および運営状況を概観すると、一国の首都だけに他府県と比較して相当な数を有している。なかには世界的知名度をもつものも含まれているが、都や区市町村が設立する公立博物館については決して十分とはいえない状況にあった。

　後にも述べるように、この時期における東京都の博物館やその類似施設に関する動きには、諸状況を踏まえた関係者のさまざまな努力や奮闘を見てとることができるものの、博物館の設置や運営等に関する理念や目的、諸活動に関する将来的な展望を含む議論がやや立ち遅れていた状況もあった。

2　動物園・植物園の開設・整備とその特色

　戦後、東京都は「生命体」を資料対象とする博物館である動物園・水族館・植物園にも活動のウイングを広げていった。

　1958（昭和33）年5月、日野市に東京都多摩動物公園が開園した。上野動物園に次ぐ都立第2動物園の構想は、同園の年間入場者数が300万人を越えた1940（昭和15）年には既に存在したと言われているが、その構想が現実のものとなったのが、この都立多摩動物公園であった（中川志郎『多摩動物公園』）。

　都立多摩動物公園は、従来型の動物園に見られた動物を収容した檻を並べる飼育・展示する方法ではない、丘陵地に位置する地理的特色を生かし規模の大きな無柵放養式の多頭多種飼育による展示方法を採用、動物地理学に基づく施設配置を試みた日本で初めての動物園であった。この方法は、野生動物の生態環境をできる限り自然に近い形で再現し、動物やその生態・生息地などへの見学者の理解を深めるうえできわめて有効であり、それまで国内では見られなかった展示手法を取り入れた画期的な動物園としての評価を得た。これは、動物園関係者による欧米諸国の動物園事情に関する研究が活きた事例であり、現在の動物園展示でも重視されはじめ、主流となりつつある生態展示の日本における先端事例であったともいえよう。

　そして多摩動物公園のもう一つの特色、それが1961（昭和36）年度の昆虫実験室に始まる昆虫園の設置、そして1969（昭和44）年の昆虫園本館の開館であ

る。昆虫園は生きた昆虫を周年展示できる日本初の施設であったが、公害問題の深刻化、都市化の進展により昆虫が急激に減少し、実際に触れあう機会の少なくなった都会の子どもたちに、標本ではない生きた昆虫を観察する機会を展示を通して提供した。同館は、子どもたちが昆虫の生態や自然に仕組みを主体的に学ぶことのできる場として貴重な存在として認識され、学校の理科教育担当教員からも期待を寄せられる存在となった。

世界的にも動物園は、「珍しい動物の見せ物場」としての歴史的経緯を背景に、昼間に活動するアフリカを中心とする哺乳類をメインに展示する傾向が強く、歪んだ生態系を見せているという批判がなされることも多い。そのような中で、地球の生態系を土台で支える昆虫への理解を、趣味的な意味を越えて教育的に進めていくための施設を開設したことの意味は小さくない。

このように都立多摩動物公園は、丘陵地帯の自然環境を生かした、家族で楽しめる都民のレクリエーションの場として、また動物や昆虫の展示だけではなく、「サマースクール」などの動物園教育活動を通した社会教育・理科教育・環境教育の場としての存在意味を高めながら、特色ある活動を展開させていくこととなった。

さらに動物園施設の整備という点では、1964（昭和39）年に上野動物園に新設された水族爬虫類館（新上野水族館）の存在を忘れてはならない。同園ではすでに1882（明治15）年に「うおのぞき」が開設され当時の人々に大人気を博したが、その延長線上で1952（昭和27）年に海水魚水族館が整備され水族爬虫類館の開館がなされたということになる。同館の開設は、東京都が初めて本格的な水族館を持つことを意味することになったが（『上野動物園百年史』）、同時に、上野動物園開園100周年を記念し東京湾岸地区整備事業の一環として開園された葛西臨海水族園の開設にもつながっていく。同園は、1989（平成元）年に「海と人間との交流の場」となることを目的に国内最大クラスの規模を誇る水族館として開園し、現在に至っている。

続いて植物園に目を転じてみたい。それまで東京都内の植物園としては、東京大学理学部付属植物園（現在の東京大学大学院理学系研究科附属植物園・通称「小石川植物園」）があり、類似の施設として1949（昭和24）年に白金台に開設された文部省所管の国立自然教育園（現在の国立科学博物館附属自然教育

園）が存在していたにすぎなかった。

「小石川植物園」は、1684（貞享元）年、江戸幕府が開設した「小石川御薬園」を前身にもつ歴史的には世界有数、かつ日本最古の植物園であるが、現在も植物学の研究・教育を目的とする東京大学の教育実習施設として運営されているように、それは植物学研究と大学教育とを主な目的とする施設であった。また当時の国立自然教育園も1962（昭和37）年に国立科学博物館の附属施設として移管される以前は「天然記念物及び史跡」としての位置づけでの開設であり、いずれも、広く一般都民の利用や社会教育を主目的とするものではなかった。

その点において、1961（昭和36）年10月に開園した神代植物公園は、広く都民の利用や社会教育を主目的にした公立植物園として画期的な存在として位置づけることができよう（東京都建設局公園緑地部『東京の公園120年』）。同園は学術的な側面だけではなく、レクリエーションの場として都民が活用できるように植物を造園的に栽培・展示し、日本古来の伝統的な園芸品種なども数多く収集している点に特色をもつ。年間を通した季節ごとの植物観察会や各種園芸講座の実施、こども植物教室など、社会教育・学校教育との連携も念頭に置いたバリエーションをもつ教育活動を当初から幅広く展開した。

しかし現在に至るまで、東京都の動物園・植物園・水族館は社会教育行政ではなく都市公園行政の一環として展開されており、社会教育機関ではなく「都市公園施設」として位置づけられてきたことに留意する必要がある。東京都の都市公園行政は日比谷公園など開放型の都市公園や浜離宮などの文化財庭園をはじめ、植物園、動物園、水族園（東京都では葛西臨海水族園のように「水族館」ではなく「水族園」と呼称する）、また風致地区や公会堂、街路樹、霊園等までもが包含されている。日本の動物園・水族館行政ではこのような傾向がよく見られるが、このことが、本来、学術的な調査・研究機能など動物園等がもつべき本質的な役割や機能に限界を生じさせているという指摘も根強く存在している。

3 高尾自然科学博物館の開館とその特色

　1966（昭和41）年7月、東京都としては初めての自然史系博物館となる東京都高尾自然科学博物館が開設された。同館は、1961（昭和36）年4月に八王子市によって設立された八王子市営高尾自然科学館がその前身である。1950（昭和25）年11月、高尾山を中心とする4,400ヘクタールを越える広大な地域が都立高尾陣馬自然公園に指定され、これまで「信仰の山」として保持されてきた同地域の自然環境や動植物の生態や植生などが、学術的な面からクローズアップされてきた。同時に、豊かな自然環境の中でのレクリエーションの場、社会教育の場としての注目も高まりを見せていた。

　このような状況を受けて、当時の浅川町は自然科学博物館の設置・運営を真剣に検討し始めたのである。1959（昭和34）年、浅川町は八王子市と合併するが、合併の際の条件の中に自然科学博物館の設置が含まれていたことが、浅川町当局の真剣さと熱意を物語っている。

　同館の建物は鉄筋コンクリート2階建て、展示室が800㎡の小規模博物館であったが、この科学館は京王電鉄高尾山口駅から近く、高尾山の登山口という好位置に立地していたこともあり、八王子市民や多摩地域の住民のみならず全都民に広く利用されていた。科学館の維持管理だけではなく諸設備の整備充実や将来的な科学館としての発展を期するためには、八王子市の財政状況では難しいことを主な理由として、1963（昭和38）年に「全都的な文化の向上に資してもらいたい」という地元の要望に基づき、東京都へ移管したい旨の陳情を提出した。

　東京都では、1964（昭和39）年度から2年間にわたって博物館学研究者の鶴田総一郎（国立科学博物館附属自然教育園次長）を筆頭に植物学・鳥類研究者や教育庁関係者で構成された調査研究員による実地調査を行い、その結果を踏まえて都への移管を決定した（『東京都高尾自然科学博物館25周年記念誌』）。移管に際しては、当初徴収していた入館料（一般個人30円、中高生20円）を無料化し、広く一般都民に開放することで都としての社会教育への貢献を図ることとなった。

　このように高尾自然科学博物館は東京都教育庁社会教育課所管の都立博物館

として再出発し、信仰の山として多くの都民の憩いの場でもある高尾山地域の自然環境、生態環境の研究や自然保護を主な目的とする博物館として構想された。将来的には設置が期待された都立の「中央自然史博物館」の分館として位置づき、全都民のうち最低50万人の年間利用者を収容・教育できる自然教育センターとして機能することを期待されていた（鶴田総一郎「東京都高尾自然科学博物館将来の展望」）。

　周知のように、高尾山とその周辺地域は身近に自然に親しむことができる都民に大変人気のある観光地でもある。この山域は冷温帯林と暖温帯林の接合点としても知られており、人口1000万人以上の大都市近郊に存在する動植物の宝庫としては世界でも稀有な存在とされている。同館は、この地を訪れる人びとが特色ある自然環境を理解することを目的に、高尾山を中心とする多摩地域全体の動植物・岩石・地質・化石・気象など多彩な自然史資料を収集し、展示することを活動の柱にした。

　また同館では「館報」の他に、1969（昭和44）年から『東京都高尾自然科学博物館研究報告』を刊行しているが、都立の自然史博物館としての調査・研究活動の都民への成果還元という点でも大きな意味をもった。また、この博物館の大きな特色はその教育普及活動にあった。同館は、学芸員の企画による多彩で内容豊かな教育活動を数多く実践してきたことで全国的にその名が知られていたが、主催事業の中で最も早く、開館翌年の1967（昭和42）年から一時中断をはさみ1987（昭和62）年までの長きにわたり実施されていた野外教育活動に「高尾自然教室」があった。この活動は、都内の小・中学生を対象とする高尾山地域の自然観察会を主な内容とするものであったが、児童・生徒向けの「観察手帳」の作成と活用など、参加する子どもたちの自主的な学びを引き出すために工夫されたその方法と共に特徴的だったのは、これらの活動が東京教育大学の野外研究同好会との連携・協力に基づいて実施されていた点であった。1968（昭和43）年にはお茶の水女子大学にも野外研究同好会が作られ、第5回目から活動に加わっている。

　「高尾自然教室」を皮切りに、同館では数多くの教育活動が企画・実施されてきたが、いずれの教育活動も多くの都民の参加を得る人気事業となった。また指導者や学芸員が一方的に知識を教え込むというスタイルではなく、参加者

個々の自主的な取り組みを重視する博物館教育活動の代表的な事例として高い評価を得るに至った（伊藤寿朗『市民のなかの博物館』）。しかし同館は、都立で唯一の自然史系博物館でありながら、当初より常勤学芸員の配置が1名にとどまり、博物館運営面での課題が残されたままこれらの活動が継続されていた。この点は、学芸員はじめ関係者の並々ならぬ努力と同時に留意すべき点であろう。

　2004（平成16）年3月、同館は都の財政難を理由に閉館となり、翌年、同館の土地、標本・資料類等は八王子市に無償譲渡された。この無償譲渡の条件として、八王子市は5年以内に敷地内に新たに博物館機能を有する施設を建設・維持する義務を負うこととなった。八王子市産業振興部観光課により「高尾の里」観光施設として整備され、2015（平成27）年に開館した「TAKAO 599MUSEUM」がそれにあたる。社会教育機関として設立された東京都高尾自然科学博物館は、閉館を経て八王子市立の観光施設として再出発したのである。

4　東京都児童会館と近代文学博物館の開館

　この時期における東京都の博物館をめぐる注目すべき動向として、最後に東京都児童会館と東京都近代文学博物館について触れておかなくてはならない。

　東京都児童会館は、児童福祉法第40条に基づく児童厚生施設として、1964（昭和39）年3月に渋谷区に開館した。1959（昭和34）年に東京都児童審議会が「皇太子殿下ご成婚記念事業」として建設を企画し、「屋根のあるこどもの遊び場」というキャッチフレーズのもと都立唯一の大型児童館として開設され、オープン直後から多くの親子を集めた。法律上はあくまでも児童館として位置づけられており、博物館施設としての位置づけではない。

　しかし、同館の施設や設備内容を見ると、子どもたちの学習活動への興味関心を引き出すような人文・社会、自然関係資料の展示室や科学をテーマとした展示室や実験室、気象観測室、無線交信室、図書室などが備えられており、また発達段階に応じた子ども中心の活動内容がさまざまな活動を通してプログラム化され、展開されていた。そのような観点から見ると、同館は開館当初から実質的に「子ども科学館」として十分機能しており、歴史的には東京都内に初

めて出現した「チルドレンズミュージアム」に類似する施設としても位置づけることができよう。

東京都児童会館は「子どもの育ち」を支援する「遊び」を中心に親子で利用することができる学習施設であり、遊具や遊びの場やプログラムが豊富で、しかも入館無料であったために都民の人気が高かった。しかし、東日本大震災後の一時休館を経て施設の老朽化を理由に2012（平成24）年に閉館された。この動きには、利用者を中心に多くの異論も寄せられた。

同じく施設の老朽化を理由に2015（平成27）年3月に閉館された「国立こどもの城」（1985年渋谷区に開館、厚生労働省管轄）をも併せて考えると、民主党政権下での民間委託を求める事業仕分けの影響が、あらゆる「子どもの育ち」を支援する公の動きや施設を弱体化させたと考えることもできよう。

次に、1967（昭和42）年4月に開館した東京都近代文学博物館に目を向けてみたい。同館は1929（昭和4）年に建設され、戦後、一時的にアメリカ軍極東司令官の官邸として接収されていた旧加賀藩前田家当主の邸宅が1964（昭和39）年に東京都の所有となったことを契機に、財団法人日本文学館の協力を得て開設された近代文学をテーマにする都立博物館である。目黒区駒場公園内に隣接する日本近代文学館と同時に開館した。

近代文学100年の歴史にわたる資料を収集・保管・展示し、広く都民一般の利用に供することを目的にしたが、都立で唯一の近代文学に関する専門博物館であることから、文学の専門研究者や教育者などを対象とする専門的な研究活動や教育活動も同館の大きな使命とされた（『近代文学博物館建設調査報告書（1）』『近代文学博物館建設調査報告書（2）』）。都立唯一の文学館ということもあり、近代文学研究や一般都民への普及、教育に果たした同館の役割は決して小さくなかったが、2002（平成14）年に閉館した。

東京都では由緒ある洋風建築物を都民の財産として保存するために、1991（平成3）年に建物本体を東京都の有形文化財として指定し、2007（平成19）年度には、隣接する前田家の迎賓施設であった和館や渡り廊下等を含めた宅地全体を「旧前田侯爵家駒場本邸」として指定している。さらに、2013（平成25）年度には、国の重要文化財「旧前田家本邸」として指定された。都立文学館としての役割を終えた後も、文化財として都民に公開され、利用されている。

第2部　特論Ⅰ〜行政・施設史篇〜

5　東京都美術館をめぐる新たな動向

　次に、東京都美術館に見られた新たな動向について触れておくことにしよう。同館の目的や理念、あり方については、先にも述べたように1966（昭和41）年3月に東京都美術館運営審議会から『東京都美術館のあり方について　第一次答申』が出されている。その中では「首都の美術館」としての視点、また美術館の施設・設備、作品の収集・展示について「世界の美術界につながる」視点から同館を捉え直すことの必要性が強調されている。また、第一次答申では、建物の狭隘さだけではなく、作品の保存管理と展示活動上の施設的問題点、本格的な常設展示室が未整備であることなどの課題が数多く指摘され、当時の同館の活動が「単なるギャラリーに終始し」、さらには「我が国現存作家の作品を、総括的に常時鑑賞することのできない状態にある」と指摘、それが「都民に対する奉仕の欠如とも考えられる」という厳しい評価を下している。そして、その問題点を踏まえた今後の理想的なあり方として打ち出されたのが、①現代美術の常設展示場、②現代作家の新作発表の場・公募展示場、③社会教育活動の場という3つの機能を併せもった新たな東京都美術館像なのであった。

　東京都はこの答申をベースに、1968（昭和43）年に東京都美術館建設準備委員会を設置し、1975（昭和50）年9月、新たな現代美術館を志向しつつ近現代美術の検証を軸に展示活動を展開する東京都美術館新館を開館させた。その方向性は、その後に設立された公立美術館への影響という点で日本の美術館史にとって注目すべき視点が含まれている（『東京都美術館新館10年の歩み』）。

　同館では、「社会教育機関としての美術館活動は単に美術品の鑑賞の場だけではなく、美術に関する教育・奨励の情報交流センターの役割ももっている」との基本認識のもと、新館開館と同時に文化活動棟が設置し、美術館の収集・展示活動と有機的に関連した多彩な教育活動を展開した。なかでも初心者を対象に、「現代美術理解のための手引き、ひとつのアプローチ」として発想され、1977（昭和52）年からスタートした「造形講座」活動は、その理念や目的や活動内容から考えれば、その後、日本国内で活性化していく参加者の主体性を重んじるワークショップ等の美術館教育活動に一定の影響を与えた先駆的事例として評価されよう。

この活動の実施に際しては、「既成概念にとらわれず、美術概念の拡大をはかる。(つまり発想の転換)」、「高度に専門的なものや、ある分野に片寄ったものにせず、造形芸術のすべてにわたる基本的な要素を内容とする」、「技術的にも高度なものを一切要求しない」などの基本方針が示され、「石膏を素材に曲面と空間を活かした立体作品をつくる」等のテーマで、参加者個々の主体的で創造的な造形活動を行うことができる「場」づくりが目指された。「造形講座」は都民の高い人気を呼び、毎回、受講希望者が殺到する状況になった(河合晴生「報告 造形講座の10年」)。

東京都美術館の看過することのできないもう一つの特徴として、公開制美術館図書室の設置について指摘しておく必要があるだろう。これは文化活動の一環として、1976(昭和51)年6月、文化活動棟地下2階に新設された美術書や展示カタログ類などを集めて公開する美術図書室であり、司書を配置した日本で初めての本格的な公開制美術館図書室であった。この図書室は、広く一般都民に対する美術に関する情報提供サービスをその活動目的としたが、この試みが一つの契機となり、その後新設される多くの公立美術館が公開制の美術図書室を持つようになったことは銘記されるべき史実である。

今では国公立・私立美術館に当然のように設置され、公開制されている美術専門書図書室であるが、それまでは学芸員など内部職員専用であった図書室を一般利用者に公開していくことの嚆矢として、東京都美術館公開制美術館図書室の設置は日本の美術館史全体の流れとともに社会教育史的な観点から見ても意義あることと評価されよう。

6 動物園・植物園・自然史博物館をめぐる現代的課題と新たな施策

この時期における東京都の動物園・植物園・自然史博物館をめぐる施策は、高度経済成長期に入って深刻化しつつあった都市の生活環境問題・公害問題、そして動植物保護や生態系の保護・種の保存など世界的な潮流を背景にさまざまな展開を見せた。

動物園では環境問題に対する世界的な関心の高まり、とりわけ1973(昭和48)年に制定された「絶滅のおそれのある野生動植物の種の国際取引に関する

条約」いわゆるワシントン条約の批准が、動物園をめぐる東京都の動向に大きな影響を与えることになる。動物の飼育や展示方法などについても新たな理念や工夫が追求され、各地の動物園で見せ物的な性格が強い動物ショーが廃止されている。東京都の動物園では、1974（昭和49）年、上野動物園で子どもたちに大人気を博していた「お猿電車」が廃止された。

また1970（昭和45）年には、東京都における都立動物園のあり方として、上野動物園を「博物館的動物園」として教育活動を主とするもの、多摩動物公園を自然保護（動物の繁殖を含む）とレクリエーションに重点を置くもの、井の頭自然文化園を郷土的動物の収集と展示を主体とするものとし、東京都が運営する主要3動物園の特質を活かした性格づけと、それに基づく役割分担と相互調整機能を確立しようとする議論も展開された（『上野動物園百年史』）。

1980（昭和55）年には、NGO国際自然保護連合（IUCN）が、野生生物を含む自然保護のための世界保全戦略を発表、その中で動物園・水族館は種の保存や遺伝子多様性の維持、環境教育において社会に貢献しうる機関として位置づけられた。このような国際的潮流を受けて、1982（昭和57）年から上野動物園・多摩動物公園・井の頭自然文化園・大島公園（伊豆大島）の都立動物園関係者により、21世紀の都立動物園のあり方や活動理念や活動方針が本格的に検討され始めた。

1986（昭和61）年12月に発表された「第二次東京都長期計画」では、上野動物園・多摩動物公園の「改造」が明記され、翌1987（昭和62）年には「都立動物園全体計画検討委員会」が設置された。そして1988（昭和63）年2月、同委員会での議論を踏まえ「ZOO－2001構想」（1990年度以降は「ズー2001構想」に名称変更）が策定され、同年11月に発表された「マイタウン東京'89東京都総合実施計画」には、種の保存と希少動物の保護・繁殖に主眼を置いた「ズーストック計画の推進」が盛り込まれた。「ZOO－2001構想」のもう一つの柱として策定され、環境教育に役立つ施設の改革をうたった「シンボル事業」は、1990（平成2）年11月に発表された「第三次東京都長期計画」に盛り込まれ、構想全体が実現に向けて動き出すことになったのである。

このように都立動物園は、種の保存や生態系の保全、そして環境教育の場といった動物園・植物園・水族館そのものの存在意義の見直しと再構築に対応す

る世界的な流れをもとに従来型の動物園観の転換、つまり「珍しい動物を見ることのできる娯楽施設」という考え方からの脱却を図った。これらの動きは、動物を中心とする自然環境全体に関心を持ってもらうことを目的とする21世紀型の教育機関として動物園を位置づけ、その質的転換を図ろうとする努力の一環であったといえる。

　この計画によって、都立動物園は各園の特色で機能分担と役割の再編成がなされた。例えば上野動物園は「都会の動物園」として様々な動物の魅力的な展示を通して野生動物保全の重要性を国内外へ発信する動物園、多摩動物公園は「丘陵の動物園」として多摩丘陵の自然を活用したダイナミックな展示と野生動物の繁殖を推進する動物園、井の頭自然文化園は「武蔵野の動物園」としていつでも気楽に楽しめ、充実したふれあい体験を通じ、野生動物を守る心を育む動物園というように目指す姿や取り組みの方向性を明確にする方向性が示されたのである。その結果、人気動物であっても各園が相互調整することによって重複展示を避けることになったため、上野動物園からライオンがいなくなるという「珍事」も起こり、賛否も含めてさまざまな意見が飛び交った。

　動物園をめぐるこのような動向は、アメリカやイギリスなどにおける希少動物保護の動きや動物園廃絶論、動物の権利（Animal Rights）論の高まりと無縁ではない。前述したように、動物園や水族館・植物園は「生命体」を対象とする博物館であるため、環境問題や種の保存問題などを軸にそのあり方や存在意味をめぐる地球規模の議論の変化に大きく影響される傾向が強い。

　日本では、日本動物園水族館協会が、1988（昭和63）年に「種保存委員会」を設置して以来、この委員会を中心に150以上の所属園館が互いに協力しながら課題に取り組んできた経緯があり、世界各国とも連携しながら全地球的な取り組みを展開してきている。首都である東京都の動物園政策も、日本動物園水族館協会の動向や、動物園をめぐる国際的な潮流に敏感に対応しながら展開してきた経緯がある。

　日本国内の動物園も21世紀におけるその存在意味を求めて、「捕らえて来た動物を、人工的環境と規則的な給餌とにより野生から遊離し、動く標本として一般に見せる、啓蒙を兼ねた娯楽施設」（『新明解国語辞典』第7版）という一般的な見方からの脱却を図ろうとしている。

一方、動物園や水族館をめぐるこのような動向をひとつの背景として、東京都による新たな自然史博物館をめぐる議論も起こされた。1985（昭和60）年8月に設置された自然史博物館整備検討委員会は、その後専門家らによる検討を重ね、翌年10月に報告書を発表し、東京都全域の自然を対象にそれを総合的に取り扱う都立自然史博物館開設の必要性を訴えた。そこでは「当面の施策」とはしながらも、都立高尾自然科学博物館を東京西部の山地（関東山地の東端部）と多摩や狭山などの丘陵地を扱う都立自然史博物館（分館）として位置づける構想が示された（『自然史博物館整備検討委員会報告書（案）』）。しかし、この構想は都財政の悪化によって実現されることなく終わり、東京は都立の自然史博物館を持たない状況のまま現在に至っている。

　植物園にも目を向けておこう。この時期における植物園の主な動向としては、1982（昭和57）年に八丈島にある都立八丈植物公園を含む拡張区域43ヘクタールが八丈熱帯植物生態園として位置づけられ、「植物公園基本計画」が策定されたことをあげることができよう。

　その流れの中で、1988（昭和63）年11月には「熱帯植物とわたしたちの生活との関わり」を広く紹介するための施設として東京都夢の島熱帯植物館が開設された。同館には展示用の大温室が設置され、そこでさまざまな熱帯植物が生育・展示されているが、大温室の暖房や館内の冷暖房、給湯などに必要な莫大なエネルギーを全て隣接の新江東清掃工場から送られてくる高温水でまかなうという、それまでにはない施設運用システムが導入された。余熱利用による新たな植物園としても注目を集めているが、開設に際しては「迷惑施設」でもある清掃工場建設に伴う地元への見返りという面もあった。しかし、都立の熱帯植物園構想そのものは、東京都公園緑地部において1972（昭和47）年から検討されていたのである（『東京の公園120年』）。

7　歴史系博物館をめぐる動向と江戸東京博物館
―都政の転換と博物館整備の新たな動向―

　1970年代から1980年代後半にいたる時期は、オイルショックによる経済の低迷と高度経済成長時代の終焉など、戦後日本社会・経済の大転換期にあたる。日本経済が伸び悩む中で都財政も厳しい状況に陥ったが、国鉄民営化をはじめ

公共事業の民間への転換など新自由主義的な政策展開が実行に移された時期でもあり、東京都の博物館政策もその影響を受けている。

　他方、この時期は一方的な拡大路線への反省や環境問題への社会的な関心の高まりなども見られ、それらの動向を受けて次世代を見据えた総合的な都政の転換が図られた時期であった。鈴木俊一知事による「マイタウン東京」構想などの施策展開の中で、都の博物館整備や運営が新しい局面を見せ始めた時期でもある。

　この時期、東京都によって開設された博物館（博物館類似施設等を含む）には、東京都美術館新館（1975年9月移転開館）、東京都立芸術高校美術館（1975年1月開館）、第五福竜丸展示館（1976年6月開館）、東京都庭園美術館（1983年10月開館）、東京都埋蔵文化財センター（1985年4月開所）、前述した東京都夢の島熱帯植物園（1987年11月開館）がある。ここでは、この時期の東京都による歴史系博物館をめぐるいくつかの動向について見ておくことにしよう。

　1976（昭和51）年6月に開館した第五福竜丸展示館は、1954（昭和29）年3月に起きたアメリカ合衆国の水爆実験により船員が被ばくしたマグロ漁船「第五福竜丸」事件の事実を伝承するために、東京都の施設として開設された平和博物館である。館には「第五福竜丸」の船体とその関連資料や乗組員の証言などが展示されており、博物館としては小規模ではあるが、学校教育や社会教育における歴史・平和教育に果たしてきた役割には大きいものがある。

　埋蔵文化財に関する動向としては、1985（昭和60）年4月に東京都教育庁文化課直属の組織として設置された東京都埋蔵文化財センターをあげることができる。

　同センターは、考古遺物などの調査研究、考古資料の収集・保存・管理と同時に、それら文化財の活用と都民の文化財保護意識を高めるための教育普及活動等を行う施設として設置された。主に多摩ニュータウンの開発により調査・発掘された遺跡群から出土した考古遺物を中心に収集・保管し、その一部を展示公開することにより、埋蔵文化財や遺跡、発掘調査等に対する都民の理解を深め、同時に小学校・中学校等における社会科教育、歴史教育等にも大きな役割を果たしている。なお、同センターは1995（平成7）年に管理運営が財団法人東京都文化財財団に委託された。

ところで、前述したように鈴木俊一知事登場以降の「マイタウン東京」構想のもとでの博物館整備では運営面での大きな質的変化が顕在化した。博物館施設の大規模化やインテリジェント化、文化行政論や生涯教育論の台頭、社会教育終焉論などの影響を背景に博物館の社会教育行政からの乖離現象等が見られ、この時期は東京都の博物館行政の流れの中で見落とすことのできない転換期として位置づけられる。ここではその代表的な事例である東京都江戸東京博物館（墨田区）と分館である江戸東京たてもの園（小金井市）の開設準備過程に見られる博物館行政の質的変化、および展示内容などをめぐり起こされた議論について触れておくことにしたい。

江戸東京博物館は、1993（平成5）年3月、当初から社会教育部局ではなく、知事部局である生活文化局の管轄下で準備が進められ開館した。都庁の新宿移転の関係もあり墨田区両国駅前に建設された同博物館の延べ床面積は実に4万8,000㎡。国内最大クラスの歴史系博物館が都心に登場することになった。現在では、中国の北京首都博物館、韓国のソウル歴史博物館とともに東アジアの三大首都博物館と呼ばれることもある。失われてゆく江戸東京の文化遺産を次世代に継承し、その歴史と文化を振り返ることによって江戸以来の首都東京の発展と人びとの生活のあり方を学び、考える場として設立された。

同館の建設計画が本格的に議論され始めたのは、1981（昭和56）年9月、鈴木俊一知事から依頼を受けた「東京都江戸東京博物館建設懇談会」が発足して以降のことであるが、そこでは博物館建設の目標を「マイタウン東京」構想における「ふるさと」と呼べるまちづくりに置き、都民参加による総合的都市学として考案された「江戸東京学」を確立するための「首都東京のシンボル的文化施設」としての基本構想が示された。そして懇談会では、江戸東京博物館を「従来の博物館の概念を超えた、新たな性格と目的を持った文化施設」と位置づけ、戦後の公立を中心とする博物館行政の根幹を担ってきた博物館法との関係について、その見直しを示唆する姿勢を明確に示した（『東京都江戸東京博物館建設懇談会報告書』）。

江戸東京博物館の具体的な建設計画が明らかにされたのは、『東京都江戸東京博物館建設基本計画』が発表された1988（昭和63）年3月であったが、基本計画そのものは1986（昭和61）年7月にまとめられた『東京都江戸東京博物館

建設委員会報告書 江戸東京博物館の基本的構想について』にほぼ沿ったものであった。

　この計画内容が明らかになったことで、「江戸東京学」そのもののあり方について厳しい批判を含むさまざまな意見が表明された。なかでも歴史学関係学会を中心にした意見は、「江戸東京学」を支える都市発展史観をめぐる批判的な論点が多岐にわたり提出され、数年にわたって議論が巻き起こされた。特に「マイタウン東京」構想の枠組みの中で都立の歴史系博物館が建設されることへの批判や歴史学研究の成果と展示表現との関係、景観ジオラマやレプリカを駆使した空間演出展示のあり方などについて激しい議論が交わされ、歴史学や民俗学、考古学などの学問領域と博物館・博物館展示との関係性が真剣に問い直されるきっかけともなった。

　また江戸東京博物館の運営を都の直営ではなく財団委託化することと、それに伴い同館が社会教育機関としての博物館ではなく文化施設として運営されることへの問題性を指摘する意見も数多く見られた。国内最大級の歴史系博物館である同館は、東京都教育委員会ではなく生活文化局管轄下の第三セクター・財団法人江戸東京歴史財団の運営による「文化施設」であり、そのため、開館当初は博物館法の枠組みの外にある「博物館類似施設」であったという奇妙な現象が生じることにもなった。

　特に社会教育の視点から見た場合、看過できないいくつかの問題点を指摘することができよう。基本構想において江戸東京博物館を「文化施設」として位置づけたことで、その基本的性格や目的、事業活動を「博物館法に規定する『教育的配慮の下に』行う従来型博物館のそれよりも広範でかつ動態的である」と規定し、「博物館法にもとづかない博物館」として管理運営と事業展開を行うという姿勢を東京都が示したことである。都が教育と文化を切り離す「文化行政」の流れに沿った考え方に基づいて、社会教育の範疇外で博物館運営を行う方向性を明確化したという点で歴史的ターニングポイントとして位置づけることができる。

　これらの動向には、松下圭一の「社会教育終焉論」や梅棹忠夫による「文化はチャージ（充電）、教育はディスチャージ（放電）」などの考え方が背景として存在している。

また構想の中では民間経営的な考え方が随所で示されていたが、この点は行政改革論や「博物館経営論」が台頭してきたこととも無縁ではない。「規制緩和」と称して博物館法施行規則から学芸員定数の撤廃などの動きが見られたのもこの時期の特色であった。

　江戸東京博物館に象徴されるような首長部局管轄の第三セクター方式の博物館がその後増加の一途をたどったのも、社会教育から生涯教育への転換の流れの中で民営化が進展し、その背後にある新自由主義的な考え方に基づく動きの一環であったが、その動きは「博物館類似施設」の増加と登録博物館数の伸び悩みという現象を生むことになった。江戸東京博物館の登場は、その後の博物館法体制形骸化の流れを象徴するできごとでもあった。

2 住民の学びあいがつくりだす博物館

栗山 究

1 地域に根ざす博物館の存立基盤

東京には、数多くの博物館が存在する。取り扱う資料や活動テーマも運営や事業のあり方も多種多様である。歴史的にみれば、博物館は、時代に生きる人びとの実践の産物であり、施設があらかじめ存在しているのではなく、人びとの学びあいが博物館という施設・非施設をかたちづくってきた。この意味で、博物館実践とは運動、調査研究、資料の保存や活用等を総体した教育実践であるといえる[1]。

住民の学びあいと博物館の関わりは、東京にどのような博物館実践をつくりだしていったのだろうか。本項では、東京における地域博物館の生成過程に着目し、そのあり方を展望する。

2 社会教育施設である博物館を求めた市民運動

1960年代から80年代は、博物館に「市民」が登場した時代である。住民主体の博物館実践のあり方を理論的に追究し、実践を支えあう研究会や学習会が、地域を舞台に形成されてきた。自治に根ざした民主的な社会教育施設である博物館のあり方を検討し、積極的に提言していったのである。

(1) 職員と研究者・市民の交流が生みだした地域博物館論

1970年に設立した博物館問題研究会では、図書館問題研究会などの戦後社会教育運動の展開を自覚しながら、主に23区（渋谷勤労福祉会館や東京都教育会館）を拠点に、博物館に関わる職員や研究者とともに、市民に開かれた月例の研究会活動を開催しはじめた。1976年、上野で開催した社会教育研究全国集会

の博物館分科会で、これまで探究していた実践のあり方を「地域博物館」[2]と名づけて以後、博物館問題研究会では、主に首都圏の博物館など社会教育職員相互の交流を通し、地域博物館の実践的・理論的追究をはじめた（表1）。

その舞台となった多摩地域では、地域博物館実践を検証する現場として、町田市、八王子市、府中市、調布市、青梅市、国立市の各博物館の事例が取り上げられた。1977年には、立川市中央公民館で「地域の文化を育むために、博物館・公民館・図書館はどう応えるか！」という地域博物館シンポジウムを開催している[3]。公民館と図書館と博物館職員が協働し、3施設の結びつきを地域で議論した初期の事例である。1983年、立川社会教育会館は「地域博物館の可能性－新しい博物館活動を求めて－」という学習会を開いている[4]。これらは、市民を受け身の学習者として捉えて個別学問分野の研究成果を教授する博物館実践像から脱皮し、地域に生活する人たちの学習課題を主語に、地域に生活する人たち自身が地域課題として学習内容を組み立て、総合していく実践過程に着目しようという議論であった。

表1　博物館問題研究会において地域博物館が検討された時期の活動

年	例会テーマ	自主研究会・研修会など
1977	地域型博物館と市民のかかわり(13回)	文化論学習会（5回）
1978	体験学習シリーズ(15回)	博問研ゼミナール（4回）
1979	体験学習シリーズ②(12回)	博問研ゼミナール（11回）
1980	博物館と市民－その中で学芸員とは(11回)	
1981	博物館と教育事業(7回)	博問研ゼミナール（4回）

博物館問題研究会「事務局ニュース」No.49-93より構成。「体験学習シリーズ」は、地域博物館の教育事業を検討しあった例会であった。「文化論学習会」は、松下圭一や篠原一らの市民自治論、戦前の郷土博物館運動を検討した自主研究会であった。「博問研ゼミナール」は、地域博物館ではたらく人たちの教育労働に関わる技術を磨きなおす研修の場であった。括弧内は開催回数である。

(2) こんな博物館がほしい

多摩地域では当時、立川米軍基地の跡地利用をめぐるあり方が議論されてい

た。その過程で、日野市の母親たちから米軍基地跡地に美術館をつくりたいという声があがる。「もっと身近に気軽に行ける美術館があったら」という呼びかけであった。この呼びかけを受けて1978年、立川市や昭島市の住民有志が「多摩地区に美術館建設を促進する会」を組織した[5]。促進する会は、署名活動とともに1979年に「新しい美術館のヴィジョン」を提言している[6]。「ヴィジョン」では、(1) 準備過程から拠点開設後まで活動は市民主体である、(2) 市民参加による民主的運営にする、(3) 美術、音楽、演劇、企画展など芸術活動を総合的に捉える、(4) 子どもたちのための学びの空間でもある、(5) 上記(1)〜(4)を支援する専門的職員が必要であることなどが説かれた。与えられた展示を一方向的に鑑賞する立場に留めてしまう施設観を越え、住民自らが参加して創りだす、地域社会に根づいた交流と学びの施設への展開を求めた博物館像の一つである。

米軍基地跡地に美術館の建設は見なかったものの、この年、23区では、目黒区婦人学習グループによる博物館の学習会が組まれ、1980年に、目黒区成人学校自主グループ連合会が「こんな美術館がほしい」という学びから、町田市や平塚市の実践に学んでいる[7]。当時、23区では、板橋区立美術館（1979年開設）を除いて、公立美術館が存在しなかった時代であった。目黒区は1981年、目黒区美術博物館建設検討委員会が「目黒区が建設する美術博物館の基本構想のあり方について」を答申し、1987年、目黒区立美術館を開設している[8]。

3 博物館実践の蓄積と広がり

他方で、博物館実践の現場は、社会教育施設にとどまらず、地域の出来事と密接に関連したそれぞれの場所へ見出されていった。地域の記憶・表象に関わる具体的な実践であり、その実践を地域に活かす社会的な実践である。1980年代以降、それぞれの実践で模索された文脈や実践が置かれた局面に応じ、そこで重視される事業や学習方法も豊かなバリエーションをみせながら、地域にさまざまな博物館のあり方が構想されていく。

(1) 地域そのものを舞台に

　第一に、自治体の開発政策や企業の開発行為に対する住民の学びあいを背景に、自然や文化を住民自身の手で活かし、地域をまるごと博物館とみなす実践が現れてきた。

　高度経済成長期、多摩地域では施設建設や宅地化が進み、当地の自然環境や文化財は喪失されつつある状況であった。1980年、開発計画の見直しを求めた東大和市、東村山市、武蔵村山市、瑞穂町、奥多摩町でくらす住民有志は、文化財保護行政の課題を自覚する職員や隣接する埼玉県の自治体（所沢市、入間市）の住民有志とともに「狭山丘陵の自然と文化財を考える連絡会議」、「狭山丘陵を市民の森にする会」を結成する。市民大学連続講座、雑木林シンポジウム、保全策の技術研究など、狭山丘陵を舞台とした学習活動を幅広く展開し、1984年、市の開発政策に対して「雑木林博物館構想」という代案を提示した[9]。開発予定地域を環境保護地域と環境保全地域に区分し、後者を市民の憩いと環境や歴史学習の場として活用しようという提言である。農作業、自然観察会、散策ゾーンの開発、まちづくりの会による緑と清流を復活させるための環境保全運動を住民自らが取り組み、自治体や企業の開発計画を変更させた事例である[10]。ナショナルトラスト運動として展開したこの実践は1990年、トトロのふるさと基金を創設した。自治体は狭山丘陵いきものふれあいの里センターやさいたま緑の森博物館などの学習拠点を整備していった。2000年には、報告書『里山におけるエコミュージアムの実現に関する調査研究』[11]が刊行されるなど、エコミュージアム実践の文脈から整理される事例の一つとなっていった。

　町田市と多摩市の住民有志が1987年に呼びかけた「多摩丘陵野外博物館」も、地域そのものを生命が育みつながりあうフィールドとみなし、野外で自然観察会、くらし塾、連続講座「自然は友達」、会報「どんぐりのあな」の発行など、施設にこだわらず、1990年代を通して継続した実践である[12]。地域の現実が切り取られてしまう行政区画や施設を中心に展開する実践の視座ではなく、多摩丘陵という場所に触れる人びととの楽しさや感性を軸に、実践のあり方を提起していった。

（2）市民運動が博物館をつくりだす

　第二に、アジア太平洋戦争から現在に至る経験や出来事の掘り起しと密接に結びつくかたちで、平和の問題に向き合う博物館実践が生まれてきた。

　戦傷者支援が市民運動として活発した高度経済成長期は、ジャーナリストや教員などが呼びかけ人となり、空襲に関する資料の収集や調査を行い、地域で失われていく戦争の記憶を次代へ伝えていく実践が模索された。これらの実践は当事者とともに、犠牲者の祈念に留まらず、アジア太平洋戦争の全体像（加害と被害）をどのように把握するかという問いを深めていく過程で、1994年に「首都圏に開設が期待される平和博物館基本構想・試案」[13]を発表するなど、自治体に「平和博物館」を要望していった。

　1970年に発足した「東京空襲を記録する会」の実践は、市民運動とアカデミズムが結びつくかたちで展開した事例である。東京都に幾度か施設の開設を求めていたが1999年、都の施設建設計画が凍結される。これを契機に、財団法人政治経済研究所が呼びかけた民間の募金によって2002年、空襲被害が甚大であった江東区北砂に「東京大空襲・戦災資料センター」を開設した[14]。記録する会を母体とする同センターは、2006年に戦争災害研究室を設置し、専門研究員による空襲の実態に関する研究成果の発信環境を整備し、2007年には展示施設を増設し、修学旅行生など東京空襲非体験世代を対象にした系統的な学習環境を整備している。夏休み親子向け講座など、センターを利用する学習者が戦争体験者から学びとった経験を、紙芝居などの表現活動を通して次代へ語り継いでいく取り組みにも力を入れている。

　稲城市では1990年、日本と朝鮮半島の交流の歴史をよく知らないことを自覚した住民有志が、在日韓国・朝鮮人とともに生きるとはどういうことかを自らに問い、朝鮮半島と日本の交流の歴史や文化に学んでいく必要を呼びかけ「高麗博物館をつくる会」を結成した。地域における包摂と排除の課題に向き合い、教会や公民館での学びの経験を活かし、施設づくりの過程で在日韓国・朝鮮人や韓国人の協力を得ながら、連続講座、学習会、会報「高麗」の発行などを通し、2001年、新宿区大久保に「市民がつくる日本・コリア交流の歴史博物館 高麗博物館」というNPO法人を創設している。施設開設後も、会員やボランティア有志が引き続き、自らの関心に即してさまざまな学習会を組織し、講座やイ

ベントを企画運営している。他者との交流にもとづく話しあいを重視した学びあいが基盤となり、現在の実践をかたちづくっている。

4 博物館実践をともに考える

　地域課題を見つめた住民の学びあいの蓄積は、住民自らが参画し、相互の交流を通して学びあう空間を、目に見えるかたちに生成していく過程であった。

　1995年に全国組織された「日本エコミュージアム研究会」によれば、エコミュージアムは1970年代に日本に紹介され、同時代のフランスで提唱された実践に起源をもつとされる。「地域社会の内発的・持続的な発展に寄与することを目的に、一定の地域において、住民の参加により環境と人間との関わりを探る活動としくみ」と定義される[15]。研究者の鄭一止によれば、東京では、以下の実践がエコミュージアム運動として展開している（表2）。墨田区や新宿区の実践は、文化財や伝統的地場産業など文化資源の保護と活用を結びつけ、小規模博物館のもつ多様性を活かそうとする、設置主体の垣根を越えた施設連携の試みである。

表2　東京都内のエコミュージアム実践（2010年時点で継続中の実践）

発足年	名　称	所在地	地域区分
不明	八丈島田園空間博物館	八丈町	中山間地域
1986	小さな博物館	墨田区	都市地域
1989	新宿ミニ博物館	新宿区	都市地域
不明	おうめまるごと博物館構想（アートフェスティバル）	青梅市	都市地域

鄭一止『エコミュージアム運動としての「場所の記憶」の構造化に関する研究――一連の学習活動を通した「場所の記憶」の複合とローカル・キュレーターの展開プロセス』東京大学博士論文、2012年、84-88頁より構成。

　「平和のための博物館」は、1992年にイギリスで発足した「国際平和博物館ネットワーク」が、2009年に京都・広島で開催した第6回国際平和博物館会議で整理した概念である[16]。紛争や貧困、社会的差別、環境問題など現代社会が抱え込むさまざまな課題の克服をめざす学びの拠点であり、平和ではない社会状態を平和である社会状態に組み替えていこうとする実践である。1998年に日

本に発足した「平和のための博物館・市民ネットワーク」によれば、東京では以下の施設を「平和のための博物館」として、国際的に発信している（表3）。これまで「平和博物館」と呼ばれる実践を平和に生きる文化の観点からつなぐ試みである。

表3　東京都内の平和のための博物館実践（2010年時点）

発足年	名　称	開設地	公立・民立の別	種　類
1967	八王子市郷土資料館	八王子市	公　立	歴史博物館
1976	都立第五福竜丸展示館	江東区	公　立	
1977	ちひろ美術館	練馬区	民　立	美術館
1980	福生市郷土資料室	福生市	公　立	総合博物館
1984	豊島区立郷土資料館	豊島区	公　立	歴史博物館
1986	町田市立自由民権資料館	町田市	公　立	人権博物館
1989	中野区平和資料展示室	中野区	公　立	歴史博物館
1993	東京都江戸東京博物館	墨田区	公　立	歴史博物館
1994	東大和市立郷土博物館	東大和市	公　立	総合博物館
1995	せたがや平和資料室	世田谷区	公　立	
1998	すみだ郷土文化資料館	墨田区	公　立	歴史博物館
1999	昭和のくらし博物館	大田区	民　立	歴史博物館
2001	高麗博物館	新宿区	民　立	
2002	東京大空襲・戦災資料センター	江東区	民　立	
2005	アクティブ・ミュージアム「女たちの戦争と平和資料館」	新宿区	民　立	
2006	わだつみのこえ記念館	文京区	民　立	

山根和代・山辺昌彦編『世界における平和のための博物館』平和のための博物館・市民ネットワーク、2010年、13-17頁、40-64頁より構成。

東京では現在、それぞれの実践文脈を検証し、個々の文脈を大切にしながら、次代へつなげていく実践のあり方が模索されている。エコミュージアムが地域に内発した持続可能な社会づくりに貢献し、平和のための博物館が平和構築に寄与しようとするならば、それらの実践は、住民の学びあいに根ざした地域博物館実践を通して、相互に読み解かれていくことが大切である。実践をめぐる

第2部　特論Ⅰ〜行政・施設史篇〜

さまざまなネットワークが、雑多に埋もれる豊かな実践に込められた思いを蔑ろにすることなく、さらなる交流とつながりを生みだしていく学習文化環境を支えていく動きが、いま始まっている。

1　栗山究・阿知良洋平・日高昭子「社会教育の視点から見た"平和博物館実践"の分析枠組み」日本社会教育学会編『日本社会教育学会紀要』No.48、2012年、136-139頁
2　神奈川県の平塚市博物館の浜口哲一の実践報告を受けて名づけられた。伊藤寿朗「文化の創造と博物館の役割―博物館の社会教育を考える―」『月刊社会教育』1976年11月増刊号、65-66頁
3　博物館問題研究会シンポジュウム委員会編『第1回地域博物館シンポジュウム報告』、1978年
4　伊藤寿朗の講演記録より。1982年、博物館研究者・伊藤寿朗は、地域博物館の下敷きとなる論考「新しい博物館像を探る」を立川社会教育会館が発行する『三多摩の社会教育』に発表している。
5　「多摩地区に美術館建設を促進する会」広報創刊号、第2号、第5号、1978〜1980年；友野希美「立川米軍基地跡地に、こんな美術館を」『第19回社会教育研究全国集会資料集』社会教育推進全国協議会、1979年、105-108頁；森田恒之「わたしたちはこんな博物館がほしい」『月刊社会教育』1979年11月増刊号、50-51頁
6　多摩地区に美術館建設を促進する会「新しい美術館のヴィジョン」、1979年
7　伊藤寿朗の講演記録より。
8　目黒区立美術館はその後、利用者の創造体験活動を促す多彩なワークショップが実施された（目黒区美術館『目黒区美術館ワークショップ20年の記録（1987－2007）』、2008年）。職員間では世田谷美術館（1986年開設）とともに地域に根ざした豊かな実践が生み出された美術館として評価されている（寺島洋子「国立西洋美術館、教育活動のあゆみ」『国立西洋美術館教育活動の記録1959－2012』、2015年、8-14頁）。なお、両区とも財団運営形態を採用しているように、1980年以降は、公立施設の民間委託化が顕在する時代となるが、大田区、豊島区、杉並区、葛飾区、品川区などの公設博物館でも、地域博物館論に学んだ次代の職員が、住民との共同研究のあり方を模索し始め、都内各地で実践に向きあう土壌がつくられていった。
9　狭山丘陵の自然と文化財を考える連絡会議・狭山丘陵を市民の森にする会編『雑木林博物館構想―狭山丘陵を市民の森に―』、1986年11月
10　山本広行「みんなで作った『雑木林博物館構想』」『日本の社会教育実践1987』社会教育推進全国協議会、1987年、122-126頁；後藤祥夫「再びトトロの森から」『日本の社会教育実践1994』社会教育推進全国協議会、1994年、78-81頁
11　財団法人トトロの森財団編『里山におけるエコミュージアムの実現に関する調査研究報告書―雑木林博物館づくりに向けて―』、2000年3月

12 太田秀「多摩丘陵野外博物館の活動について」『日本の社会教育実践1989』社会教育推進全国協議会、1989年、119-121頁
 http://www.yattonda.com/kubo/yahaku/（最終更新2003年）
13 平和博物館を創る会『平和博物館を考える』平和のアトリエ、1994年、60-75頁
14 東京大空襲・戦災資料センター編『東京・ゲルニカ・重慶—空襲から平和を考える—』岩波書店、2009年7月、86-97頁
15 日本エコミュージアム研究会、エコミュージアム憲章2009
16 安斎育郎「平和、平和博物館、平和のための博物館の定義」第6回国際平和博物館会議組織委員会編『第6回国際平和博物館会議報告集』、2009年2月、33-35頁

第3部

特論 II

〜市民・学習史篇〜

第1章 女　性

1 女性の学習のあゆみ
―「婦人教育」から「ジェンダー学習」へ―

野々村 恵子

1 性差別撤廃への道は学習から

　戦後、婦人教育は、成人教育（社会教育）の大きな柱として設定された。女性たちは、新憲法に描かれた男女平等を自らのものにするべく学習を開始する。女性たちの男女平等への思いと社会教育を権利ととらえる思想は合致し、女性の学習は、自己確立と社会変革の主体の学習へと発展する。さらに世界的な女性差別撤廃をめざして制定された国連の国際女性年、国連女性の10年ともあいまって、生活や地域を改革する担い手としても成長していく。学習し力をつけた女性たちは、各自治体に女性施策や男女平等条例を作らせ、女性センターを建設させる運動へと発展させる。同時にそれらの運動へのバッシングも強まり、女性の学習は次第に形がい化をみせる。
　本稿では、婦人教育として始まり、婦人問題学習、女性問題学習、ジェンダー学習へと変遷、発展した戦後70年の間に大きな進化をみせた東京の女性の学習のあゆみを概観する。

2 婦人学級の始まりと発展

　太平洋戦争終結後、男女平等を掲げた日本国憲法が制定されたが、実質的な男女平等政策は進まなかった。男女平等を実質的なものにしたいという女性たちの学習意欲にこたえたのが、1956年に始まる婦人学級であった。当時の文部

省の意気込みは実験社会学級に始まり、全国各地に委嘱事業として婦人学級を普及させた。東京は、都市基盤整備に追われ、社会教育施設建設も進まず、事業予算も十分に充当できない頃であった。当時社会教育主事も区市町村部に必置ではなく、区市に社会教育指導員を置くとともに（1957年度〜）東京都教育委員会は、文部省委嘱・都補助事業の予算を組んだ。

　1956年度から66年度までの婦人学級開設数は、56年度5（すべて文部省委嘱）、57年度からは都補助、区市町村開設も含めて57年度32、58年度45、59年度103、66年度は153学級を数えるほどに増え続けているが、64年度に同じく文部省により家庭教育学級補助事業が開設されるにつれ、学級数は減少している（貞閑晴東京都教育委員会青少年教育課長「婦人学級の盛衰―東京都を中心に―」『月刊社会教育』1969年4月号）。

　文部省、東京都の予算措置を待っていたかのように、23区では婦人学級は主要事業として位置づけられる。その学習方法は画期的であった。講義中心の「承り学習」から脱して、徹底した話し合いを中心とした学習方法である。当初は、都から区へ派遣された社会教育指導員を担当者に、婦人学級が開設会場の学校（公民館はほとんどない）の校長が助言者となる傾向が強かったが、年を経るにつれ、婦人学級受講経験者が助言者になる区も出始める。内容も、話し合いで決めるので子育て（小遣い・叱り方等）、家庭のあり方（嫁姑の関係、近所づきあい等）など身近な問題だったが、だんだん、PTAの民主化や地域や行政への要求と参加、政治や法律、歴史等へと関心が広がっていった。また、勉強（学習）しているだけではなく、行動へ、実践へと発展していく。

　学習と実践をつなぐ、その典型事例が目黒区主婦大学である。婦人学級の実践事例としては練馬区をとりあげる。

3　目黒区主婦大学の実践

　目黒区婦人団体連合会は、町会婦人部、婦人学級自主グループ、自主サークル、防犯婦人部などで構成され、1967年に結成された。主婦大学は、宿泊を伴う国内研修と主婦大学3講座分の予算を獲得し、68年に開始した。6年経って定着したのが文学講座と公害講座であった。

1970年、文学講座受講者による国内研修で奈良県明日香の史跡見学の途中によった四日市塩浜母の会と交流をきっかけに71年より公害講座が実現することになった。1年目は170名の受講があり、啓蒙的な講座を実施、2年目は「自分たちがどんな公害にさらされているか」を知る必要を感じ、みんなで学び、調べる学習とした。日本科学者会議、川崎から公害をなくす会会長宮崎一郎（法政二高教諭）ら研究者集団の指導で、大気汚染調査活動として、7月の暑い最中98人がアルカリろ紙を1ヵ月間ぶらさげ、分析実験は法政二高に依頼した。結果は、亜硫酸ガスや二酸化窒素の濃度が明らかになり、「目黒には公害がない」と信じていた多くの主婦たちの認識が変わった。四日市や川崎の公害は遠い絵空事ではなくなったのである。3年目は実験実習を含めたセミナーとし、食品公害グループ、大気汚染と水質汚染のグループに編成された。受講生自身の調査研究、実験も取り入れた。社会教育施設には実験室がない。実験器具は講師が毎回運び、薬品は安く購入することでのりきった。婦人団体連合会は、公害セミナーの学習と並行して、全区的な大気汚染調査に取り組み始めた。100ヵ所を選び1ヵ月間カンカラをぶらさげ、さらに1週間毎日取り換える700個のカプセルの再調査をした。その結果を持ち寄り関係官公署をよぶ対話集会を新生活運動の一環として開催した。

　目黒区は、1975年12月、23区中18番目の公害認定地区に指定された。担当した社会教育主事重田統子はいう。「公害学習と調査活動こそは、学ぶ、みる、ふれる、調べる、考える、学び返すといった学習と運動を積みあげさせ、住民の認識を深めていく。"目黒には公害が無い"と信じていた主婦たちの認識を変えた。そして、"自然破壊"や"人命無視"に対する怒りなどの感性的認識を、科学的な認識へと変革する。それは、地域や自治体を民主化してゆく大きな力となる。"これ以上道路を作らせない、自動車は入りこませないようにしよう"と、住民自治による町づくりへと必然的に発展していくのだ」（「公害学習と住民自治」1974年5月2日付「週刊とちょう」）。

　守屋社会教育会館の実験室を必要に応じて利用可能にしたこの実践は、社会教育としては未整備な「市民の実験室づくり」へと挑戦した事例である。また、文学・歴史、社会科学、自然（生活）科学の3コースは当時主婦大学担当の重田統子が定年になる2004年度まで続けられた（重田統子「主婦大学講座 公害学

習―学習と実践の中で住民自治をいかに体得するか―』『新しい学級・講座の創造をめざして―区市町村の実践事例から―』東京都教育庁社会教育部、1974年3月；重田統子「主婦大学と公害対策計画作り」『事例・地方自治 第8巻 教育』ほるぷ出版、1983年12月；重田統子「公害学習と社会教育行政の任務」「月刊社会教育」実践史刊行委員会編『70年代社会教育実践史Ⅰ 地域に根ざす社会教育実践』国土社、1980年9月）。

4 練馬区婦人学級の変遷

(1) 1957年都補助学級として始まる

　会場は小学校、対象はPTA会員、助言者は校長、テーマは家庭のあり方や子どもにかかわることなど、会場設営、司会、発表、記録など受講生持ち回りで行い、緊張感ある学級運営が行われた。

(2) 婦人学習グループ連絡会の発足

　婦人学級は当初から学習グループ育成を目標としていた。数回の講座の終了時には、グループ結成を促すと必ず学習グループが生まれた。そうした学習グループが情報交換や研修のため連絡会を作る動きが出て、1968年度には、36グループが参加、練馬区婦人学習グループ連絡会が結成され、活動を始める。その後も学習グループは年々増加し、1974年度には52グループ、850名を数えた。連絡会は1979年度まで約10年間、合同研修会、相互交流、練馬公民館無料使用の請願（即無料となる）、社会教育施設増設運動、婦人学級予算増の働きかけを行っている。社会教育施設増は実現できなかったが、1960年代後半には地域ごとの集会施設が整い、社会教育関係団体登録制度も発足、1978年度から社会教育関係団体は各施設を無料で使用できるようになった。

　都教育庁の補助事業として始まった学習グループへの講師援助費は、合同研修事業の廃止と共に区独自予算による講師派遣事業に移行した。

　家庭婦人（当時の呼び方）の学びの場として、婦人学級や学習グループへの参加は、PTA活動と共に社会参加への窓口として堂々と外出できる機会となり、妻、母の役割から一時離脱、一人のおとなとしての自由を獲得した解放感

にもつながった。

(3) "三者方式"の実験

しかし、決められた学習プログラム、講師、助言者に生活実態に合わないという学習者の不満も出てくるようになった。主管の社会教育課に対し、学習グループへの補助も婦人学級から発足した学習グループだけに限るのはおかしいのではないかと抗議もあった。そのような学習者の声に応える形で、行政主催で行ってきた学習プログラムづくり、講師・助言者選定、学級の運営を学習者の参加による"三者方式"が生みだされていった。

1970年度の婦人学級では「70年代をどう生きるか」講座を、家庭教育学級では「PTAを考える」講座を、前者は立教大学室俊司を中心とした講師陣と婦人学習グループ連絡会の世話人グループ、後者は立正大学藤田秀雄を中心とした講師グループと練馬区社会教育研究会（学級参加者の先輩として助言者を務めてきた7名で結成）が企画・運営にあたって開催された。両学級とも、参加者も、企画者も、研究者も、職員も一つになった講座が展開され、大きな成果を得た。

折しも1970年7月、当時家永三郎東京教育大学教授が提訴した教科書検定違憲訴訟に対して、杉本良吉裁判長による東京地裁判決が出たばかりであった。「国民に教育権あり」の判決文は社会教育にもあるととらえ、それを具体化する試みでもあった。

この二つの企画・運営の方法は、学習者・研究者・職員の"三者方式"といわれたが、三者で実施したのはこの年度の2講座のみである。

(4) 学習者の企画参加の定着と学級数の拡大

以後は、講師陣は加わることなく、二者、つまり学習者と職員による企画で実施されるようになる。

家庭教育学級では、PTAへの関心が高まった時期とも重なり、「私の大学」とも称されたPTAであるが、実際はPTAが企画する学級よりも地域の自主的な教育サークルや子どもの文化要求（読書・親子映画・子ども劇場）に応える学級が充実していく。とくに、「子どもと読書」の家庭教育学級は、開催するごと

に学習した母親たちによる地域文庫が増えていった。地域図書館も少なく、児童室サービスもないなかで、地域文庫は子どもたちの読書環境を整え、子どもの文化を豊かにする活動へと広がったのである。

　1971年度の婦人学級では、婦人学習グループ連絡会企画の学級を開催した。ついで前年度の婦人学級から生まれた学習グループの企画の学級へ、さらに企画者公募による学級へと発展していき、学級数も少しずつ増えていった。

　東京都教育庁による市民による新しい講座づくりを目指した「市民講座」の実施（1972、73年）、1973年の東京都社会教育委員の会議答申の「東京都の自治体行政と都民の社会活動における市民教育のありかたについて」などにも刺激を受け、学級の自主化は加速度的に進んでいった。

　婦人学級の企画は次のように進む。年度が始まる前に企画者を公募（グループ、個人）し、公募者と職員で調整会議をもち、主テーマ・会場を決定、当該年度始めに決まったテーマごとに再度企画者を募集し、企画会議開始、テーマ、学習方法、日程、講師、チラシ、保育室運営について話し合い、つぎに区報で学習参加者募集、学級実施、学級終了後の反省、記録集づくり、次年度への課題等、1年以上かかって一つの学級がようやく終了する。公募になってからは、公募者による企画会議は、相当の時間をかけて協議がなされる。予算が無尽蔵にあるわけではなく、話し合いにより絞られていくうちに、テーマが鮮明になっていく。テーマは継続されることも多く、そのため、調整の企画会議は、学級のあり方をめぐって大議論に発展する。時には予算の分捕り合戦にもなり、行政は予算を増やさざるを得ない状況にもなった。

　練馬区教育委員会『婦人学級30年のあゆみ　みちしば』（1957～86年度）によれば1957年度から69年度までは公民館・社会教育課が企画している。三者方式が実施されたのは1970年度で以後は学習者企画がほとんどとなっている。もっとも多い学習者企画学級は1984年度7学級で、企画グループは10グループと個人参加2名であった。

(5) 女性問題学習への発展

　婦人学級のテーマや進め方も変化する。話し合い学習こそ学習だという考えと、それでは飽き足りない、という考えも出てくる。また、司会、記録、話し

合い方法など、婦人学級で体験しなくともよい時代にも徐々になっていた。そのため、学習方法よりも学習内容に重きを置く婦人学級も増えていった。

筆者はテーマの発展について次のように記している（「練馬区婦人学級30年と私―女性の自立と連帯を求めて―」東京都婦人学級史研究会編『東京都の婦人学級30年―女性の主体形成のあゆみをみる―』、1997年）。

「学習参加者の多くが主婦であることから、主婦の立場、夫との関係、働くことと家庭の両立、子育てとの両立をめぐっていくたび議論しただろう。これらは即女性問題である。

また、女性自身の中の意識解放としての自己表現（書くこと、話すこと、自分自身の意見をもつこと、自分自身の女性差別のとらわれを解くこと－引用者）なども初めは意識してはいないが、企画の話し合いが進むにつれ、学習が深まるにつれて、女性問題としっかり結びついていることに気がついていく。」

マスコミで"高齢社会がやってくる"というキャンペーンがされた1973年、社会教育課の窓口に来られた女性の、老後問題の婦人学級を開いてほしいとの要望を受け止め、まずは福祉を権利としてとらえる学級から始めた。78年のテーマを「女と老後」として開催したところ、大きな反響があり、以後女性問題と高齢者問題をつなぐ学級へと発展した。高齢女性にとっても、高齢者を介護する立場にある主婦にとっても、自分がこれからどう生きるかを考える女性にとっても高齢者問題は女性問題と切っても切れない問題として婦人学級の大きな柱となった。学習者自身で老後問題を切りひらいていったという意味でも感動的な学習が展開され、学んだ女性たちは、練馬に公的な総合病院をつくる会を結成、住民運動としても大きな働きにつながっていった。学級参加の女性たち中心の運動は、米軍基地であったグラントハイツが国へ返還（1973年）された跡地に計画された病院の面積を倍に増やし、かつ区民参加による運営懇談会をもつ医師会立光が丘総合病院を1986年にオープンさせたのである。

自己表現の婦人学級は、話すことや生活記録の学習として展開したが、いずれも女性はこうあるべき、という女性ならではの自身のしがらみから自分を解放する学級として人気が高かった。

文学を学びたいという女性も多かった。文学を婦人学級でやる意味は何か、これも全体企画会議で議論した。文学を女性の生き方・女性問題とクロスさせ

る学級にすべきだという意見と、純粋に文学を学ぶ学級にすべきだという意見の大激論は今でも懐かしい。しかし、文学作品を読み合いながら生き方と繋げる学習を重視したことから必然的に女性問題の学習になっていった。

　女性史から出発した学級は、女性と法律、結婚、子育て、働くこと、まちづくり、平和、性、原発、アジア、「従軍慰安婦」へと限りなくテーマは広がっていった。性に差があるのか、男女平等の憲法があるのになぜ達成されないのか、平和は平等なくしてはありえない、平等なくして平和はありえない、強いものと弱いものに分ける考えが戦争を生みだす、などなど。1986年に開始した「子どもたちの未来に向けて―今命は守られているか―」は、その2年前に起こったチェルノブイリ原発事故を自分たちの問題としてとりあげたが、25年後の学級生の姿は『月刊社会教育』2014年2月号に掲載され、学級で学んだこと、学級生の出会いがその後の生き方に大きな影響を与えていることを確認できた。

　学習内容が深まり、広がるにつれて女性問題に集約されていくが、一方、増大する学習要求に予算も職員も対応できなくなったのが悩みとなった。

(6) 女性学級から区民学級へ、そして女性問題学習（ジェンダー学習）の消滅

　学習者と職員の共同企画は高まりをみせながら進んでいったが、問題も指摘されるようになる。企画参加グループへの援助なのか、新しい参加者を得ることこそ行政のやるべきことではないのか、企画参加者はつぎつぎと学習の発展を望むが、初めての参加者はとまどうのではないか、テーマを重視するべきか、地域開催の方が大事ではないのか、など問題が噴出した。

　1986年にオープンした練馬区生活文化部管轄の練馬女性センター（2015年現在、総務部人権・男女共同参画課管轄「男女共同参画センターえーる」）の講座と教育委員会生涯学習部管轄の婦人学級はどう役割分担するのか、新しい問題もつきつけられることとなった。婦人学級は地域学習の掘り起こし、女性センターは女性問題の啓発、と目的を区分したが、行政改革が進む中、両立は難しい立場に置かれた。

　さらに、名称の変更が追い打ちをかけた。国連女性の10年（1976～85年）の取り組みが進むにつれて、"婦人"という用語も敬遠されるようになった。"婦

人"には、未婚者や子どもの問題が含まれなくなるとの指摘と東京都からも名称変更の指導により、区でも1991年度より"女性"を使用することとなり、35年にわたって実施されてきた婦人学級は、女性学級に変更された。

ようやく女性問題学習は本格的な性差別撤廃に取り組むジェンダー学習に向かおうとする1994年、国はそれまでの総理府企画推進本部を男女共同参画室に変更し、それに呼応するがごとく、練馬区も女性学級を区民学級に変更することによって、公的学級講座としての女性問題学習は消滅の運命をたどる。

5 都教育委員会による関わり ―婦人教育指導から女性の学習援助へ―

戦後、東京都教育委員会では、CIE（民間情報教育局）の指導のもと、婦人団体の育成、指導者研修により婦人団体の民主的運営がめざされ、婦人団体指導者講習会（1948～51年）、婦人指導者講習会（1949～60年）等を開催したほか、婦人の役割に着目した都民女性講座（1947～50年）、婦人講座（1946～49年）も開催している（都立教育研究所『戦後東京社会教育史 下巻 社会教育編』、1967年）。

1956年度の文部省の委嘱婦人学級の開始によって、婦人教育は本格的に動き出す。都の独自の予算化、各区市町村に社会教育指導員1名設置等条件整備だけではなく、区市町村の婦人学級担当職員や地域リーダーに対する婦人学級研究大会の開催のほか、都職員が区市町村に出向いての学級運営指導、その後開設後生まれた自主グループへの講師派遣の予算化など、強いリーダーシップを発揮した。婦人指導者のための事業として婦人国内研修旅行（1959～70年）、婦人指導者養成（講座）が始まる。

婦人国内研修旅行に参加した各区市町村のリーダーの女性たち有志は、婦人教育研究懇談会（1965年6月2日に「東京都婦人教育研究会」に改称）を結成（1963年7月26日）、月例研究会、研究集会、婦人の学習グループリーダー講座、会報発行など活発な活動がすすめられた（東京都婦人教育研究会『35周年記念誌』、2001年3月）。

また、1966年の婦人指導者養成（講座）に参加したメンバーは、終了後サングループを結成、講座講師横山宏とともに実践と学習に取り組み続けた（第3

部第7章[4]参照)。

　同時期、東京都立川社会教育会館（1968年開館）では、婦人指導者養成講座、成人教育セミナー（婦人学習部会）、婦人教育セミナー、公民館保育室セミナーが行われ始める。

　1972年、73年には市民講座（72年度は婦人のみ対象、73年度は都民一般）が開設された。教育、福祉、環境の3つの課題が設定され、企画委員会、運営委員会が市民、学識経験者、行政担当者によって構成された画期的な講座をめざした。その成果をもとに翌年の74年、都教育委員会は『新しい学級・講座の創造をめざして』を刊行した。これは、"婦人"から"市民"への転換であるとともに、学級講座の行政主導から市民主体参加への転換を意図したものであり、以後、各区市町村の講座への市民参加方式へと広がり、定着していく。

　国際女性年（1975年）、国連女性の10年（1976〜85年）の世界的な女性差別撤廃の取り組みと並行して、1978年に東京都国内行動計画を策定、79年、都立日比谷図書館（当時）内に東京都女性情報センター（東京ウィメンズプラザの前身）を設置するなど、美濃部都政下の東京都は先進的な役割を果たした。

　1980年から発足した婦人リーダー研修会は、89年には女性のためのリーダー研修に、85年から発足した全都婦人学習グループ交流会は、同じく89年に全都女性学習グループ交流集会に名称を変更した。「婦人教育」から明確に「女性問題学習」に転換の姿勢をあらわすとともに、それぞれの会では参加者による女性問題学習とは何か、果敢な議論がされたことが記録に残されている。

　2期目1981年のリーダー研修に参加したメンバー有志は、講師神田道子と女性の学習情報をつなぐ会を発足させた。会は、『テキスト 現代女性読本』（三省堂、1987年）を刊行し、各地で女性政策や女性センター運営の担い手の役割を果たすまでになっている。

　1960年前半から90年ころまで都教育庁社会教育部（1992年、生涯学習部に改組）社会教育主事室（1972年発足、84年、主任社会教育主事に改組）を中心に精力的に作成された資料は特筆に値する。筆者も練馬区に在職中、時には1週間ごとに送られてくる社会教育情報にやる気を奮起させられたものである。

　しかし、状況は一変する。財務局から1998年度の予算査定において、「女性」に関する事業はすべて生活文化局に一本化する、という見解が示され、1997年

度をもって廃止されたのである。その後の石原慎太郎都知事の"ばばあ発言"（2001年）に象徴されるように、都教育委員会の女性の学習の取り組みも終わりを迎える。

　女性市民、職員、研究者ともどもの、あの熱気あふれた議論はどこへ消えてしまったのだろうか（東京都教育庁生涯学習部『平成3年東京都女性のためのリーダー研修の報告書―東京における「婦人教育」のあゆみから女性問題学習をすすめるために―』、1992年3月）。

6　息長い地域女性史づくり

　公民館（社会教育施設）や女性センター等でのジェンダー学習は1960〜80年代に比して見るべきものが少なくなっているなか、区市町村の地域女性史づくりの研究会活動は地味だが、息長い活動となって目を見張るものがある。

　女性施策や女性センターが取り組み始めた各区市町村の地域女性史づくりの事業が実施されるようになるのは1980年代に入ってからである。地域史、自治体史にはほとんど女性の姿は見えない。これまでの歴史を振り返ってみても女性は表舞台にはなかなか出てこなかった。そこで先輩女性たちに目を向けた地域女性史として世に送り出す活動が始まる。きっかけは講座や女性施策の行政側からの働きかけによる場合が多いが、冊子を出版後行政の手を離れても、自主的に研究サークルを作り、さまざまな資料から関連する項目を調べあげ、先輩女性たちの掘り起こしと彼女らから生きざまを聞きとる、等の地道な作業を積み重ね、名もなき女性たちの地域の歴史を作り上げている。2005年には、区部17、市部9サークルを数える（折井美耶子・山辺恵巳子『地域女性史文献目録』ドメス出版、2003年）。

　行政がなんらかのかたちで関わって出版された主な都区市女性史は下記のとおりである。

　足立区『葦笛のうた』（1989年）、板橋区『おんな板橋に生きて』（1990年）、豊島区『風の交差点』1〜4（1992〜96年）、中野区『椎の木の下で』（1994年）、三鷹市『花かいどうの女たち　三鷹の女性史』（1995年）、江東区『水彩のまち　江東の女性たち』（1995年）、北区『もう一つの北区史』1〜3（1996〜99

年)、新宿区『新宿 女たちの十字路』(1997年)、東京女性財団『都民女性の戦後50年』通史・年表 (1997年)、大田区『働いてきた女性たち』(1999年)、世田谷区『せたがや女性史』(1999年)、千代田区『千代田区女性史』3巻 (2000年)、目黒区『坂のある町で』2巻 (2002年)、杉並区『杉並の女性史』(2002年)・『杉の子読書会で学んだ女性たち』(2003年)、武蔵野市『武蔵野市女性史』2巻 (2004年)、清瀬市『麦畑をかけぬけて』(2006年)、渋谷区『しぶや女性の群像』(2007年)、中央区『中央区女性史』(2007年)、港区『みなと女性史』(2008年)、府中市『府中市女性史』(2008年)、西東京市『西東京市の女性の聞き書き集』(2010年)、八王子市『聞き書きで綴る 八王子の女性史』(2015年)。

　行政の関わりが全くない練馬区では、ねりま女性史を拓く会の20年に及ぶ活動の中から6冊を自費出版している。

7 女性センターの現状

　1975年の国際女性年以降、女性問題の解決を施策化し、その象徴的意義と役割をもつ国立女性教育会館(現・独立行政法人国立女性教育会館)が77年に設立された。都道府県、区市町村においても女性施策への取り組みが始まり、地域の女性たちの運動もあいまって、女性センターが建設されるようになった。

　かつて社会教育機関であった婦人会館は、女性施策が開始されてからは、新たに女性センター、男女平等推進センターとして、所管は首長部局に移り、一般行政施設として位置づけられるようになった。さらに、1999年、男女共同参画社会基本法が成立すると、多くのセンターは、男女共同参画センターと名称が変更された。名称の変更は、女性施策の方向を変更させるものでもあった。基本法の理念が男女平等ではなく男女共同参画になったことに加え、容赦ない行政改革(地方分権、規制緩和)とジェンダーバッシングの嵐を受けて、女性施策は停滞する。公民館におけるジェンダー学習も縮小から消滅への道をたどりつつあり、ジェンダー学習が女性センターに移行したかと思えばそうではない現実に危機を感じている。

　公立女性センターの根拠法はなく、自治体によって所管課、目的、名称、運営形態などさまざまである。東京では23区には全区に設置されたが、以前教育

委員会所管であったセンターも区長部局に移管されたり、廃止になったりしている。2003年の地方自治法の改正により、直営（公設公営）と自治体出資の財団だけでなく、NPOや企業も参入する公設民営の指定管理者の制度が導入され、女性センターはより大きな矛盾の中にある。

港区では直営が財団委託に、さらに指定管理者に、東京都の東京ウィメンズプラザは財団から直営に、中野区は2013年に、区役所への撤退があり、名称の変更とともに位置づけ変更があいついでいる。区市町村の男女共同参画センターの現状は次頁に示す表1の通りである。

8 完全なる性差別撤廃に向けて

国際比較における女性の地位の低さ105位（「男女格差報告2013年」世界経済フォーラム、2013年10月）、女性の働きが期待されるが、現実は非正規、パート、低賃金で女性の貧困率は高く、男性の家事・育児分担意識・実働率は低く、保育園等働く子育て世代への支援の欠如、責任ある立場の男性からの女性差別発言、DV等女性への性暴力の横行等々、これらは、いまだに性別役割分業観が根強く、基本的な男女平等に対する認識の遅れを指摘せざるを得ない。

働く女性のための講座は世田谷区、渋谷区の実践にとどまり、女性問題にかかわる男性向けの講座は、足立区の「男性改造講座」（1990年〜）にみられるのみで、まったく不十分である。

女性の主体性確立の学習、完全なる性差別撤廃まで女性の学習は今まで以上に取り組むことが必要であることはもちろんであるが、それ以上に男性の意識改革とジェンダー行動につながる学習の実践を進めなければ男女平等は達成できないことは明らかである。

【参考文献】
・東京都婦人学級史研究会『東京の婦人学級30年』（自費出版）、1997年
・東京都婦人学級史研究会『東京の婦人学級30年　パートⅡ』（自費出版）、2000年
・原輝恵・野々村恵子編『学びつつ生きる女性』国土社、1988年
・野々村恵子・中藤洋子編『女たちのエンパワーメント』国土社、1997年
・野々村恵子「社会教育―女性センターの現状と課題を中心に―」日本婦人団体連合会編『女性白書2011』ほるぷ出版、2011年8月、116頁

表1　区市町村の男女平等センター状況（2015年度）

区市町村	名　称	設置年月日	運営形態	施設形態
千代田区	千代田区男女共同参画センター「MIW（ミュウ）」	1998.10.1	1	2
中央区	中央区立女性センター「ブーケ21」	1993.4.28	1	1
港　区	港区立男女平等参画センター　「リーブラ」	1980.4.8	2	2
新宿区	新宿区立男女共同参画推進センター「ウィズ新宿」	1983.1.20	1	1
文京区	文京区男女平等センター	1986.9	2	2
台東区	台東区立男女平等推進プラザ「はばたき21」	2001.9.26	1	2
墨田区	すみだ女性センター「すずかけ」	1990.7.27	1	2
江東区	江東区男女共同参画推進センター「パルシティ江東」	1991.4.3	1	2
品川区	品川区男女共同参画センター	1989.10.1	1	2
目黒区	目黒区男女平等・共同参画センター	1992.7.14	1	2
大田区	大田区立男女平等推進センター「エセナおおた」	2000.4.1	2	1
世田谷区	世田谷区立男女共同参画センター「らぷらす」	1991.2.1	3	2
渋谷区	渋谷男女平等・ダイバーシティセンター＜アイリス＞	1992.1.23	1	2
杉並区	杉並区立男女平等推進センター	1997.9.1	1	2
豊島区	豊島区立男女平等推進センター「エポック10」	1992.6.10	1	2
北区	北区男女共同参画センター「スペースゆう」	2004.4.1	1	2
荒川区	荒川区立男女平等推進センター　「アクト21」	1996..7.1	1	2
板橋区	板橋区立男女平等推進センター「スクエアー・I（あい）」	1999.10.1	1	2
練馬区	練馬区立男女共同参画センター「えーる」	1987.4.1	2	2
足立区	足立区男女参画プラザ	1988.4.21	1	2
葛飾区	葛飾区男女平等推進センター	1989.10.1	1	2
江戸川区	江戸川区女性センター	1999.4.1	1	2
八王子市	八王子市男女共同参画センター	2003.12.13	1	2
立川市	立川市女性総合センター・アイム	1994.10.16	1	2
武蔵野市	むさしのヒューマン・ネットワークセンター	1998.11	1	2
三鷹市	三鷹市女性交流室	1993.12.1	2	2
府中市	スクエア21・府中市女性センター	1995.2.22	1	1
調布市	調布市市民プラザあくろす　調布市男女共同参画推進センター	2005.2.1	2	2
町田市	町田市男女平等推進センター	1999.12.6	1	2
小平市	小平市男女共同参画センター"ひらく"	2004.1.26	1	2
日野市	日野市立男女平等推進センター「ふらっと」	2004.4.1	1	2
国分寺市	国分寺市立男女平等推進センター（ライツこくぶんじ）	1994.11.10	1	2
清瀬市	清瀬市男女共同参画センター「アイレック」	1995.10.1	1	2
東久留米市	東久留米市男女平等推進センター　フィフティ2	1997.10	1	1
武蔵村山市	武蔵村山市男女共同参画センター「ゆーあい」	2006.9.1	2	2
多摩市	多摩市立TAMA女性センター	1999.9.23	1	2
稲城市	稲城市男女平等推進センター	2005.4.1	1	2
西東京市	西東京市男女平等推進センター　パリテ	2008.4.1	1	2
小笠原村	小笠原村地域福祉センター	1999.4	2	2
東京都	東京ウィメンズプラザ	1995.11	1	1

東京都生活文化局　都民生活部　男女平等参画課（2015年4月1日現在）

【運営形態】1：公設公営　2：公設民営（指定管理者制度）　3：公設民営（指定管理者制度以外）　4：その他
【施設形態】1：単独施設　2：複合施設

公民館保育室活動の成立と展開

村田 晶子

1 「公民館保育室」のはじまり

　国立市公民館では1965年5月、第1回「若いミセスの教室」から保育を伴った学習が始まっている。それは、公民館で学ぶ女性たちの「もっと早い時期に、子どもが幼い時期に学び始めたかった」という声を公民館が女性たちの学習の要求として聞き取り、前年の「婦人教室」終了者が保育者を担うことによって始まった。そして、それを市民全体の学習の問題としてとらえ、1967年、市民は市に公民館保育室設置の請願を出し採択され、68年、公民館に保育室が設置される。

　1964年度から全国的に家庭教育学級が始まり、それへの補助金によって子連れの参加者のための保育・託児室設置の動きが始まってもいた。その目的は、女性たちの学習機会への参加の条件整備に置かれていた。

　しかし、国立市公民館では、社会教育・公民館における育児期の母親の学習の方法として、女性差別を克服する学習の視点から、なおかつ、「子どもにとって」の視点をはずさずに設置され、学習活動が生み出された。公民館職員伊藤雅子は、1970年度に、東京都立川社会教育会館において開催された職員研修の成人教育セミナー「婦人と学習」で、保育室つき講座「若いミセスの教室」の実践を事例として、社会教育と保育の問題、「保育という側面から家庭婦人の学習の問題」を提起した。

　セミナーにおいて、伊藤は「この制度が〈母親の学習のじゃまになる子どもを一時隔離しておくところ〉というような発想に止まっているような傾向があるとしたら、それはおおいに問題視されねばならないと思います。（略）それは、子どもにとって不幸であるだけでなく、婦人の学習の問題としても見逃すことのできない重要な点ではないでしょうか」という問いを発している。公民

館保育室は「婦人の学習」の問題であるという視点に立って実践が組まれ、問題提起がなされた。この報告は、参加者によって『社会教育会館資料№5 実践記録「婦人と学習」№1 母と子の自立への拠点に―公民館附属保育室の意味するもの―』として記録化されている。セミナー参加者は、その女性観、母子関係や保育のとらえ方、学習観、社会教育観においてショックさえ受けている。稲城町（当時）職員は、国立市公民館の実践に触れて「婦人教育の分野での最初の課題は、いかにして多くのご婦人に講座に参加していただく」かであり、そのために「一時保育」制度を始めたが、保育の実態も子どもにとって望ましい状態ではなく、講座の中で保育の問題を考えることもなく、女性向けの講座のあり方そのものを問い直さざるをえないと述べている（前掲『母と子の自立への拠点に』）。

このセミナーの記録が公にされたことで、多摩地域の自治体で教育委員会主催の学級や講座に保育室を設置していく動きが広がっていった。その広がり方は、「1. 施設要求、2. 保母賃金要求、3. 運営方法の検討、4. 講座などの学習内容の準備」という道筋を通っていったという（高橋雪子「三多摩の公民館における保育の状況」『三多摩の社会教育』、1984年3月）。

国立市公民館では、1971年に市民大学セミナー「私にとっての婦人問題」を始める。そして、この記録は『主婦とおんな―国立市公民館市民大学セミナーの記録―』（未來社）として1973年に刊行され、女性問題としての「主婦」の問題のとらえ方、学習のあり方などにおいて社会教育、婦人教育に対して、と同時に女性解放の実践にとっても問題提起の書となった。

1973年度の成人教育セミナー「婦人と学習部会」では、『主婦とおんな』を読んでそれが社会教育に提起した問題をセミナーの課題としていくことに取り組んでいるが、その記録の中で武蔵野市職員中野陸奥子は、「セミナーを開設する手続き・募集・テーマの設定・作業・討論・講義・職員・・・・そのすべての内容が記録されていることと、婦人論・学習論・内容論・方法論が見事にクロスされた、鋭さと豊かさにおいて、この本を『婦人と学習』についてばかりでなく、社会教育における画期的な、『実践記録』として受けとめました」（『「主婦とおんな」と私たち―婦人と学習を考える視点―』）と述べている。「公民館保育室」の設置とそれを基にした学習の展開は、女性差別を克服する学習とし

て提起されたといえる。

2 「公民館保育室」の展開

　上述の「公民館保育室」の視点に立って学習を展開していくために職員は多摩社会教育会館において開催された「婦人教育セミナー」（1973年～）や「公民館保育室セミナー」（1977年～）の場で研修を重ね、さらには市民や保育者も共に学び合うために東京都公民館大会に保育室分科会が設置された（1977～95年度）。問題意識を読み取ることができると考えられるのでいくつかのテーマを抜粋してみたい。

「公民館保育室を拡充しよう」（1978年度）
「学習としての託児―公民館保育室のあり方を考える―」（1979年度）
「公民館保育室活動の必須条件―『学習としての託児』にしていくために―」（1981年度）
「保育室のことをどのように話し合えば学習になるのか―婦人問題学習の視点から―」（1986－88年度）
「公民館活動としての保育室活動のあり方を考える」（1995年度）

　一方で、女性問題学習とは切り離され、単に女性を集める目的のための手段とすら受け止められかねない「公民館保育室」をめぐる動きも展開していった。筆者は辻智子とともに、2000年代に入ってから、「公民館保育室」をめぐる状況を把握するために多摩地域の公民館の調査を行い、そこで託児を伴って開催されている女性向けの講座の現状を捉えた（村田晶子・辻智子「公民館における育児期女性の学習の現状」早稲田大学哲学会『フィロソフィア』93号、2005年）。

　2005年2月から3月にかけて多摩地域の公民館に送付したアンケートの回答とそれをもとに追加調査を行った結果、女性を対象とした託児つきの講座には学習認識をめぐって次のような現状が浮上した。

　「女性を対象とするというだけのもの、女性の生き方を取りあげているが女性問題・性差別の視点はないもの、女性問題学習の視点から組み立てられているもの、子育て中の女性の存在状況を女性問題学習の視点から取り上げているも

の、育児期女性の学習を打ち出しながらも女性問題学習の視点ははっきりと読みとれないものなどが混在している。」

そして、それらのなかで明確に女性問題学習の視点で学習が組み立てられているものは4、5講座で、他の多くは「様々な講座を行うにあたりとにかく託児を付けていくという方向性で考えられているのが現状」（前掲「公民館における育児期女性の学習の現状」、155頁）であった。

「いきいき」「はつらつ」「わくわく」という表現で「楽しい子育て」に誘う講座が設けられ、そこでは子どもたちはストレスの源のように捉えられてしまっている。

3 『学習としての託児』の刊行

2014年4月、くにたち公民館保育室問題連絡会は『学習としての託児—くにたち公民館保育室活動—』（未來社）を刊行して、「公民館保育室」の実践を社会教育・公民館における学習論、女性問題学習論として世に問うた。代表の野上美保子、手塚倫子のお二人による「はじめに」の最後は次のように締めくくられている。

「公民館保育室活動を、子どもを育て自分を育てる学びの在り方として提起してきた活動の理念・問題意識。その基盤に立って積み重ねられてきた実践からの証言を、こんな状況だからこそ広く伝えたい、伝え継ぎたいと思います。（略）子どもにとっても女にとってもとりわけ大切な時期を、誰もがゆたかに過ごし、ゆたかに育つために。それを当然とする社会認識を生むために。」（前掲『学習としての託児』、2頁）

1965年から50年を経た今、その開始当時の願いであった「女性と子どもの人権の同時保障」、「民主主義社会を形成する主体としての女性の人格の成長」のための学習は、道半ばといわざるを得ない状況に対しての問題提起である。公民館や女性センター等で行われている女性の学習と託児のあり方が何を目指しているのか、女性差別を克服する主体を育てる学習たりえているのか、見直すことが求められているのではなかろうか。

コラム 足立区女性総合センターの「男性改造講座」

髙井 正

　1988年開設の足立区女性総合センターでは、毎年10〜12の講座を中心に事業を開催してきた。参加者の大半は女性。さまざまな場面で不合理な壁にぶつかり、自分の生き方を見つめざるを得ない経験をもつ女性は少なくない。学習を続ける彼女たちからのパートナーや職場の男たちへの厳しい発言は、他人事でないがゆえに心に響く。女性たちの指摘を受けながら、何かしなくてはという職員の想いから生まれたのが、男性だけを対象とした「男性改造講座」で、初めて実施したのは90年の秋だった。「もてる男の条件」と題した講座には40人を超える男性が参加した。以来、異動するまで、直接、間接の違いはあるものの、7年間の講座に関わった。

　講座は週1回、午後7時から、全9〜10回のプログラムで構成した。先行事例がほとんどない中での1990年からの3年間の講座は、いわば模索期であり、女性から男性への問題提起を柱にプログラムを構成した。この3年間の講師・ゲストの合計は33名で、内21名が女性。第2期と位置付けているワークショップを導入した94、95年の講座では、22名中13名が男性。職員の働きかけにより結成された自主グループ「パスポート」が企画・運営を担った第3期の96、97年は、31名中25名が男性だった。このことだけからも女性からの問題提起から、男性が男性に語っていく流れになってきたことが明確になるだろう。「語る」とは、自分自身の生き方を語り、そして、聴き合うことだ。

　しかし、当然とはいえ、男性の意識はそう簡単には変わらない。こうした講座よりも、パートナーや恋人からの異議申し立てやリストラに直面するなどにより、本人自らが変わろうと決心させる内発的状況の方が圧倒的に現実的なのだろう。しかし、職員としては講座の中で何ができるのか、追及していくことが課題だと

第1章　女性 3

考えていた。

　1994年の講座では、頭で分かることだけでは行動に出にくいという経験から、楽な感じを心と身体で味わうワークショップを取り入れた。その結果、職場で笑いたくても顔が引きつって笑えなかった20代の男性が、「自然と笑えた自分に気づきました。気持ちのほうも明るく」と語ってくれた。

　「男性改造講座」は挑発的な名称ではあるが、内容は至極まじめなものであり、単なる男の仲間づくりをめざすものでもない。「男もつらいよ」と言いつつなかなか変えようとしない現状追認型の考え方や、変える場に女性を加えようとしない姿勢を「改造」しようとする意味。「男らしさの鎧」を脱ぎ捨て、そこに表れた自分自身を見つめ直し、最終的には一人ひとりの「自己実現」を支援するという願いをもつものである。加えて、他の人々の人権を侵害するような事柄にも敏感になることをめざしてきたつもりである。だからこそ、心と身体に響き、心と身体を開く学習の展開を大切にした。

　時々思うことがある。「男性改造講座」に参加した男性は、今、どうしているのだろうか、と。

6年間の軌跡を語る講師たち

講座に集中する参加者たち

第3部　特論Ⅱ～市民・学習史篇～

学習と実践(運動)を結んだ生活学校

井上　恵子

1　生活学校のなり立ち

　生活学校は新生活運動の一環である。それは片山内閣に始まり、鳩山内閣において国民生活の退廃と封建的因習のある生活を改善し、物質的・精神的に豊かな生活を志向した運動の総称である。1957年の文部省社会教育審議会答申では「外面的には衣食住などの生活様式の改善であるとともに、内面的には国民の生活意識を高め、民主主義を実現していく全国民的な教育運動」(文社第315号「社会教育の立場から新生活運動をいかに展開していくか」)とされており、新生活運動協会により推進された。

　東京都の生活学校は「新生活運動協会の当面の方針」に基づき1964年度に推進された「暮らしの工夫運動」を契機として出発した。運動推進要綱によれば「生活水準の向上、生活様式の近代化にもかかわらず、日常生活にはなお不合理、不均衡が多く、前近代的な人間関係や生活意識が内蔵されている」ので「日常生活の具体的諸問題に即した」運動を推進し、「生活者の主体性を回復し、生活意識の向上をはかり、ひいては健全な消費者運動にまで発展しようとする」(新生活運動協会『新生活運動協会25年の歩み』、1982年)ことをねらいとした。目標は生活の合理化・不均衡の是正であり、主体性をもった生活設計である。すでに1961年度の婦人学級数は3万1,000、参加者245万人、婦人団体数3万4,000にもなったが、一般的な学習は無論、社会生活や政治経済などの社会科学的な学習は停滞気味で、階層の偏りや実践に欠けること、専門職の絶対量不足から社会教育職員が学習を組織化する行政社会教育の限界も指摘されていた(三井為友・田辺信一編「戦後婦人教育史」『婦人の学習』東洋館出版社、1966年；平沢扶美子「婦人教育の近代化を」『月刊社会教育』1963年3月号等参照)。

　1959年に千葉県や東京都で開設された生活学校は1963年には全国に広がり

連絡会を結成、翌年には生活を守る全国婦人対話集会、全国生活学校担当者会議が開催され、全国レベルでの組織化が完了した。1970年の生活学校数は1,266校、1974年は1,757校、1971年にはまちづくりを掲げて男性の参加も可能にして発足した生活（者）会議も23県89地区になった（あしたの日本を創る協会 生活学校関係資料より）。

2 生活学校方式による学習

　生活学校の特色は生活学校方式の学習である。そこでは主体メンバー（主婦グループ）、補佐メンバー（社会教育主事や生活学校推進委員）、専門メンバー（学者や生産に携わる企業等の関係者）の三者を構成員とし、対話形式で身近な生活上の問題解決を目指した。特色は、（1）主婦メンバーが主催運営し評価する自主的な学校　（2）単なる学習ではなく、課題解決の場であり手段　（3）主婦メンバーを中心に専門メンバーの参加を求めて討議する場　（4）討議された結果を具体化するための処理活動が重要とされた。新生活運動協会は「進め方10項目」（①生活の観察　②生活の反省　③問題点の発見　④生活の検討　⑤話し合い　⑥調査　⑦分析と検討　⑧結果の話し合い　⑨実践活動　⑩評価）を定め、問題の発見、対話集会の開催と全国大会での決議、該当する諸機関への要望書の提出、地域に解決策をもち帰り事後処理活動を行い、それを評価して次の学習課題を設定する。こうした〈事前活動・対話集会・事後処理〉のサイクルにより、学習と実践が結びつくことで新生活運動は活性化した。

　しかし全国婦人対話集会から出される要望が多くなるにつれ協会は運営方針を変更する。全国的に見れば生活学校は地域婦人団体を基盤とした地域が多く、同協会の郷土奉仕活動実行委員長に全国地域婦人団体連絡協議会長が就任すると、1980年代には消費生活問題を扱いつつも自主自立と相互扶助の精神を重視した福祉路線に沿うものとなった。

3 （旧）西多摩地域における生活学校

　東京都新生活運動協会はすでに1956年に東京都教育庁社会教育部内に新生

活運動事務連絡会を設け、東京都公民館連絡協議会龍野定一を会長として社会教育課の直接事業とし、区市町村教育委員会に委嘱して生活学校を開設した。当初公民館を実施主体としたが、やがて同協会が全面的に担うことで地婦連や主婦連等も組み込み、主婦層による活発な活動が繰り広げられた。(旧)西多摩、(旧)南多摩、三鷹、武蔵野、立川、日野、小平、国分寺、調布、昭島等では懇談会や生活学校の報告等が多く出されている。さらに男性も参加した生活(者)会議も活発になり、小金井や府中等では生活改善等が重視されて町内会も活性化した。

　西多摩生活学校(「生活の科学教室」)が羽村、福生、秋多(現・あきる野)、瑞穂の4町(現在、瑞穂以外は市制)で発足したのは1965年である。当時の東京都教育庁西多摩出張所社会教育主事中山宣子の証言によれば、4町(羽村町・福生町・瑞穂町・秋多町、以下同様)の社会教育主事たちは体質の古い地域婦人会とは別にPTAや一般女性たちによる生活学校づくりを目指したという。教室は4町女性代表が合意した運営委員会の企画に沿い、初年度は食品知識、法律等の講義や調査活動、工場見学、話し合い学習を12回実施した。翌年には地域婦人会で進める"四ない運動"(安全性の疑わしい添加物を使用した食品を作らせない、売らせない、買わない、食べない、を四ない運動といった)を取り入れ、1968年には地域を基盤とした生活学校として4町の各学校開設へと発展的解消を遂げている。

　(旧)西多摩地域の核として羽村町では同年に「はむら生活学校」がPTAや一般公募で開設し、翌1969年には婦人会員による「四ない生活学校」、1972年に「はむら研究生活学校」(PTA・一般対象)、1974年には「はむら団地生活学校」(一般対象)が発足する。そして(旧)西多摩地域の生活学校は連絡会を結成し、地域婦人会活動の「ご存じでしょうか」のビラ作成や配布も行い、停滞気味の羽村町婦人会(会長　並木良)はこの活動を取り入れて活性化した。

　これらの生活学校の中で「はむら研究生活学校」は推進母体として4町にまたがる西多摩研究生活学校を創設し、都立立川短期大学(現・首都大学東京)吉田勉研究室の協力により無添加ハム・ソーセージやAF^{2}等抜き豆腐を地元業者に作らせ、さらに1973年に全町を対象に発足した「安全食品等を求める会」(会長並木菊江)で無添加豆腐やハム・ソーセージ、乳製品(北海道四葉)や石

鹸等の共同購入を開始した。この活動は新聞やテレビでも大きく取り上げられ、大学生の卒論テーマともなり、さらに美濃部都政下で住民活動賞を受賞する。町もこの活動を理解して全国初の町立消費者センターを設置し、主婦たちはそこを拠点として消費者相談や子どもの消費者教育、広報誌「消費者センターだより」による情報提供や東京都消費者条例への意見書の提出等の多彩な活動を繰り広げた。

　このように女性たちの学びに基づいた実践活動は中山ら社会教育主事やヨーロッパを歴訪した町長も理解して支援を惜しまず、新生活運動協会の本部もその活動を「町立消費者センターの運営は主婦の自主運営に任され、委嘱された10人の運営委員の中には所謂町のお偉方は一人もいない。男性は運動のよきアドバイザーである立川短大の吉田教授唯一人、あとはすべて主婦でそのほとんどが生活学校代表という異色の構成。また相談コーナーを担当するコンサルタントには、運営委員の一人であり、三多摩地区生活学校連絡協議会長の並木菊江さんが委嘱された」（「東京・羽村町に産声を上げた消費者センター」『新生活通信』新生活運動協会、1975年）と機関紙の新年号トップ記事で大きく伝えている。

　しかしながら、こうした具体的成果（共同購入組織と町立消費者センターの創設）に力点を移した羽村町の生活学校は数年にして弱体化し、地域婦人会も衰退の一途となった（共同購入組織は現在も続いている）。そこには活動形態の発展もさることながら、地域婦人会にあくまでもこだわる地婦連幹部（元婦人会長）と新たな協同組合的あるいはNPO的な動きも見据えながら社会教育的であろうとする女性たちとの確執があった。長いことこの運動を見続け尽力してきた新生活運動協会（元東京都教育庁社会教育部長）山岸裕の次の指摘は重要である。「一つ注意しておかねばならぬことは、この運動のリーダーが自分の利益または自分の思想に参加者を皆引き込もうとしてはいけないということである。リーダーはあくまでも運動者全体の意思がどこにあるかを的確に把握して、この運動の振興と方法についてのみ助言をあたえなければならぬことである。この運動の最も用心しなければならないことはこれであり、この過失を犯さなければ、この運動はだれからも喜ばれ、又、永久に続けられるものといって差し支えない」（山岸裕「新生活運動について」『東京都新生活運動指導者研

修要旨集』東京都新生活運動協会、1971年）。

4 主婦たちが生活の中から作り上げた生活学校

　1970年代は激動の時代であった。公害問題が浮上する中で70年安保闘争を始めとする住民運動が勃発し、時代そのものが動いていた。
　主婦たちは家庭生活に入り込んだ消費経済問題を通じて社会の仕組みを知り、主体的な生き方にめざめていった。そして利潤第一の企業と社会システムが自分を孤立無援の状況に追い込んだことに気づき、身近な地域の中に新たな生産方式や社会システムを構築したのである。助言者として全国の生活学校の指導者研修を担当した勝部三枝子は女性の生き方と関連させた内容で地域課題の発見と共に主体性の確立をめざしたという（東京都新生活運動協会『東京都生活学校運動主体メンバー研究集会 要録』、1977年、及び当人へのインタビュー、2003年）。
　また、生活学校方式の考案者である新生活事業センターの田辺信一は「生活問題を解決するために学習し実践する。そのためにグループを作るという重要性がいま高まっている。だから生活学校等は運動性を日常の中にもちこまねば意味がない」とし、「自分の生活の体験と自分の問題意識というものが、どういうふうに確かめられていくのかというところに問題がある。生活を見つめることと生活を高めるということがお互いに結び附いていかなければならない」と指摘した。同様に横山宏は「仲間を増やし、われわれの生活における最強の武器である科学を身に着ける、そして自治体を活用していくことが、複雑多岐な現代社会における病理的諸現象の是正に最も望ましいことなのである」（以上、田辺信一「生活に根差すグループ活動」横山宏「自ら学ぶということ」『都民生活大学講義集』、1971年）として学習者に関わり続けた。こうした社会教育理論と専門家の支援が多くの専業主婦層の意識変革を促し、生き方や社会のありようを変える契機になった。
　当時の教育庁職員酒匂一雄も社会教育の視点から「総じて"よく活動しよく学習する"運動こそが国民の学習権思想を媒介に、自らを社会教育の主体に変え（中略）社会教育行政全般の民主化を求める力に転嫁していくのではないか」

と述べている。また、この運動に深い理解を示した小林文人も「1970年代の学級、講座作りは単なる教養主義的な学習にとどまりえず、常に新しく生起する生活、地域の諸問題に真正面から取り組む必要があった。(中略) 現実的な諸問題に対する学習は、講師のレクチャーと若干の討議、という方法だけではありえない。従来までのような社会科学的認識にとどまらず、自然科学的認識もまた重要になってくる。問題の本質に迫り、課題をとらえる目をとぎすますためには、調査、採集、実験、分析、記録、そして討議、住民集会、さらには陳情、請願といった実践的行動までをも含む多彩な学習方法が編み出される必要があった」(以上、酒匂一雄「70年代から80年代へ」小林文人「より豊かな学習、講座を求めて」『国民主体の社会教育実践』国土社、1980年) と述べている。

さらに碓井正久は「不幸にして日本の公共的社会教育は、人民全体のために、人民すべてにひらかれた、人民によるという意味での公共的 (public) な教育事業としてではなく、官が民に臨むという意味での公 (オオヤケ) 的 (governmental

生活学校対話集会 (あしたの日本を創る協会『生活学校20年のあゆみ』全国生活学校連絡協議会、1986年3月より)

or official）な社会教化事業としての歴史的性格を負わされている。それを公共的なものとしていくためにも、そして公共的社会教育の再編が積極的にすすめられるためにも、官公庁以外の社会教育組織の担い手が育たなければならない。こんにち、その担い手としてさしあたって期待されるのは、各地に広まっている住民運動である」（碓井正久「社会教育の方法をめぐる1・2の問題」『社会教育の方法』日本社会教育学会、1973年）と女性達の学習と実践に期待した。このように権利としての社会教育はユネスコ学習権宣言やハンブルグ宣言を待つまでもなく、この時期に《遅れてきた》女性たちが生活の中で自ら勝ち取っていたといえよう。

5 生活学校の意義と今後の展望

生活学校は1973年9万7,870人〈メンバー数〉、1987年2,124校〈学校数〉をピークに（多少の増減はありながらも）減少し続けている（あしたの日本を創る協会 生活学校関連資料）。以下に、多くのメンバーがかかわることで活性化した生活学校の意義を記しておきたい。

1 生活学校は婦人学級の学びで不足した実践を取り入れたことで、女性達は生活（特に消費経済）の問題から家庭も地域も社会システムに組み込まれていることを確認し、主体的な生き方を指向した。
2 主婦グループが日常生活上の課題を調査研究し、行政、生産流通業者、学者と共に対話集会により解決策を探り要望書の提出と事後処理活動を行った実践は、行政や流通業者、さらには家族の意識と地域の生産流通システムを変えた。特に専門知をもつ大学と連携し具体的成果を編み出した事例は時代の先駆け的な意義があり、東京都ならではの試みとして評価できるだろう。
3 しかしながら、生活学校は全国的に見ると地域差があり、旧来的なあり方を脱皮できない地域や女性たちも多かった。東京都においても農村から都市化途上の多摩地域で活動が拡大して1970年に三多摩連絡協議会を結成し、区部では練馬、渋谷、目黒区等、女性社会教育主事が支援した地域や世田

谷、杉並等で1972年に連絡協議会が結成されている。両者が東京都生活学校連絡協議会として一本化したのは1978年のことである。

このことは多摩地域においては嫁姑問題を始めとした生活課題が見えやすかったこと、家に閉じ込められがちな女性たちに婦人学級等の行政社会教育がそれなりの成果を上げ、PTAや婦人会組織等を通じて活動や運動が浸透しやすい地盤が形成されていたことが指摘できる。さらに助言者や行政が共通の社会認識のもとに活動を支援したことも大きい。片やこの運動に与しなかった地域では古い意識も共存し、団体間対立や消費経済の進展が運動そのものを阻害する等、地域性に違いがあった。

4 しかしながら、戦争で青少年期に満足な学習体験がなかった子育て後の専業主婦を主たる構成員とした生活学校の試みは、彼女たちの生き方や社会認識に大きな影響を与え、「命」を守る科学や専門知を信頼した学びと実践の試みは、子や孫の世代で生協活動やNPO活動等として受け継がれている。

5 今日、地域活性化の掛け声や女性活躍が期待される時代となった。しかしながら高齢女性（65歳以上）の女性の3分の2、子どもの6人に1人が貧困というように、経済的自立が不可欠な貧困や格差問題は拡大している。グローバル化する世界経済の下で複雑多様化する時代状況を大きく切り拓く鍵は〈専門知〉の結集と〈実践知〉の応用、そして双方の〈知の循環〉ではないだろうか。その意味においても1970年代の生活学校の取り組みは意義深い。

第2章 PTA

1 戦後初期・東京都でのPTAの普及と定着

酒匂 一雄

「PTA」は、1946年、アメリカ教育使節団（第一次）報告書で提唱されたが、わが国の社会教育ではまったく新しい事業であった。そのため、東京でも多くの困惑を招き、紆余曲折を経ながら普及し、定着することとなった。

1 GHQによる直接の指導—ネルソンの回想を中心に—

とくに1946〜48年には、GHQ（CIE）が直接、文部省や各都道府県に働きかけ、PTAの啓発、普及を図った。その動向を、1946年、CIEの成人教育担当官になり、1950年に帰国するまで精力的に日本の社会教育改革にとりくんだJ.M.ネルソンの総括的研究（J.M.ネルソン著・新海英行監訳『占領期日本の社会教育改革』大空社、1990年。原本は1954年の博士論文である）からみてみたい。

まず、アメリカでは周知のPTAが日本ではほとんど知られていないこと、「後援会」や「保護者会」は学校への資金援助が目的で、役員は民主的に選ばれず"ボス支配"も多く、教師も会員ではないし、成人教育の機会も乏しかった。「後援会」とは別の「母の会」も、家庭生活改善の学習の場になっていたが、しばしば校長に支配され、「日本における伝統的な性差別と婦人の低い地位を固定化する傾向にあった」ことに驚く。

そして、1947年1月、各県の軍政部（占領当局）や文部省に対し、PTAのあ

り方を提案する。その骨子は、児童の成長の責任は父母と教師の分担と協力による。どう両者が協力して家庭、学校、社会の各生活を改善できるか、その理解と協力を増進する有効な諮問機関がPTAである。基礎単位は各学校の父母と教師である。会員になるのは任意であるが、教師は当然会員になるべきだろう。

　このような提案をもとに、1947年3月、文部省ではパンフレット『父母と先生の会──教育民主化のために──』を全国の学校に配付。また5～7月には、各都道府県2ヵ所ずつ、3日半にわたる社会教育研究大会でPTAについても議論している。

　それでも、同年11月、ネルソンと東京のPTA代表者との会議で、PTAを通して父母たちが教師に方針を指令するのではと教員組合は幾分反対していること、また、「後援会」での財政援助が完全に撤廃されるのではとPTAに反対の校長もいることなどが報告されたという。

　この時期の都教育庁のPTA行政の動向は次のように記録されている。

　「民間情報部のベーカー女史によって、PTAについての紹介が初めてなされたのは昭和21年末であったが、東京都に於いては、いち早くその趣旨の啓蒙普及に乗り出した。アメリカに於けるPTA紹介記事を掲載した『アメリカ教育』誌の創刊号を都下各学校に配付したのを手始めとして、連合軍最高司令部民間情報部の後援の下に、昭和22年5月より23年3月に至る間に、30回近い講演会、討議会を開催する一方、文部省設置の『父母と先生の会』の手になる『父母と先生の会の栞』並びに『父母と先生の会参考規約』の印刷配付、或いは本庁編輯の『教育じほう』誌を通じて、軍政部提供の資料其の他の参考記事をしばしば掲載して、PTAの趣旨の一層の徹底と之が結成機運の醸成に努めた」という（都教育庁指導部「東京都公立学校PTA実態調査」1949年；PTA研究会編『日本PTA史』日本図書センター、2004年、154頁）。

　しかし、東京でも、学校後援会のような「立派な会」をどうしてPTAに改組しなければならないかという父母も多かった。東京軍政部のヒーザー中尉も雑誌『教育じほう』（1949年5月号）で、「不良のPTA」は1946～48年、学校後援会の名称を変更しただけのものが多かったと批判している（都立教育研究所編『戦後東京都教育史（下）社会教育編』、1967年、23頁）。

2 東京都教育委員会による独自の取りくみ
―社会教育主事の活躍など―

　1948年、東京都教育委員の公選が実施され、都の社会教育主事も発令された。59年の社会教育法改正で、区市町村に社会教育主事が設置されるまで、都の社会教育主事が各市区町村の「求めに応じ」ながら、全都の社会教育事業の指導・助言にあたることとなった。

　1949年、都教育委員会は全都の「公立学校PTA実態調査」を実施。91％でPTAが結成されていることが判明するが、その「あとがき」で、まだ「啓蒙の段階」にあり、課題の多いことも明らかにした。

　また1949年～50年には「PTAスクール」も開設された。50年の場合、都内の22会場で、各2日、午前10時から午後4時半にわたる熱心さである。各会場、40～84名が出席した。会場で多少の違いはあるが、PTAのあり方、会議の進め方、役員選挙の仕方、会則の検討、レクリエーション、予算など、いわば基本的項目が並んでいる（PTA研究会編『日本PTA史』日本図書センター、2004年、133-136頁）。

　さらに1950年には、東京都の基本方針として、社会教育関係団体などの指導者養成を取り上げ、PTA成人教育活動のプログラム案なども提示している。それまでの一方向の講演だけでなく、レクリエーション、パネルディスカッション、シンポジウム、座談会など多彩になっている。そして、その方針の普及をはかるため、上野にある科学博物館や立川市公民館など6会場で、「PTA中央研究協議会」が開かれている。参加者は平均304人。講師に二宮徳馬、宮原誠一などが登場し、事例報告とパネル討議、レクリエーション実技などが目立つ（都立教育研究所編『戦後東京都教育史（下）社会教育編』、1967年、162-165頁）。

　この時期、都教育庁には、"PTAの水江ヤチヨ" "婦人学級の貞閑晴" など、都内の婦人たちから長く語りつがれる社会教育主事が活躍した。とくに水江は、成人教育の場としてのPTAの独自の役割に注目していた。

　水江が藤田博（初代都教育庁社会教育主事室長）に語ったエピソードがある。
　どこの会場にも顔を出し、熱心に話を聞く40代の母親がいたという。質問の時間になると、聞きたいことがあるが発言できないもどかしさが体全体にあふれている。今まで人前で話したことがないのである。ところが回を重ねるにつ

れ、要領よく質問し、自分の考えも発言し始めた。水江は直接会って、その動機や経過を聞いてみた。

その母親は、酒好きの夫に早死にされ、13歳を頭に3人の子どもをかかえ途方に暮れたが、こんな変化の激しい世の中でこの子たちを育てるには、結局、自分がしっかり勉強しなければダメだ。そう決心してから、PTAや婦人会の熱心な会員になり、それこそなりふりかまわず活動に参加することになったのだという（PTA研究会編『日本PTA史』日本図書センター、2004年、146-147頁）。

のちに水江はPTAでの成人教育の特性についてまとめている。PTAでは、個々人を対象にするのではなく、個々人によってつくられる集団が教育の対象となり方法となること。また他の社会教育関係団体と比べ、その会員にあらゆる階層のおとなを包含して、構成員が複雑であること。しかも子どもの教育のためという切実な願いから、自分の勉強を痛感し、努力すること。またPTAは、その性格上、集会の機会が多く、絶えず新しい発見があること。またその教育活動は総合的であることなどである（水江ヤチヨ「PTA活動における成人教育」『教育じほう』、1955年3月号）。

このような考えを反映してか、1956年の「東京都PTA研究大会」では「学級、学年、地域集会を通してのPTA活動」の分科会が設けられ、役員中心から全会員のPTAへ、学級より出席しやすい地域集会が重視される。いつも話し合う仲間で話しやすい。近くて服装も気にしなくていい。先生も態度が変わり細かい質問にも答えてくれる。誰もが自由に話し、内容も充実し、雰囲気も盛り上がるのである（都立教育研究所編『戦後東京都教育史（下）社会教育編』、1967年、177頁）。

また、1950年代には、江戸川、荒川、杉並、世田谷、渋谷、文京、北、豊島などの区では、PTA協議会（連合会）がそれぞれ独自に研究集会や資料の作成配付を行うようになった。そして51年には、父母の公費負担の軽減、PTAの全都的連絡を意図して、東京都PTA連絡協議会が結成され、翌52年の全国協議会結成の母体となった。

3 1950年代の政治、社会の変化とPTA

　しかし、1949年の下山・三鷹事件（松川事件とともに国鉄三大事件といわれる。労組、共産党員による犯行とされたが、未だ解明されない点も多い）など、わが国に"黒い霧"も漂いはじめた。50年になると、東京都では教員246名のレッドパージがあり、朝鮮戦争が起きた。

　1950年9月の第二次アメリカ教育使節団報告書の「社会教育」の項では、「極東において共産主義に対抗する最大の武器の一つは、日本の啓発された選挙民である」とし、「民主化」の対抗軸は、日本の軍国主義、封建遺制から共産主義へと大きく転換する。

　政治でも、1950年には、自衛隊の前身である警察予備隊が発足し、文部省では国旗掲揚、君が代斉唱を通達。文部大臣は「修身復活」を提唱する。そして1956年の教育委員の任命制へと"逆コース"が顕著になってくる。

　PTAは、民主主義に覚醒しはじめた会員と"逆コース"の狭間で大きく揺れ動くことになった。

　その第一の例は、教育委員公選制での波乱であった（PTA研究会編『日本PTA史』日本図書センター、2004年、167-170頁）。

　すでに1948年の第1回選挙（都道府県・5大都市）では、PTAは政治活動に関わるべきではないと決定していたにもかかわらず、日教組や革新政党からの多数の立候補があったため、CIE・軍政部は、それに対抗する力を期待して、繰り返し講演などでPTAからの立候補をうながし、60名の当選者を出すことになった。

　ところが、朝鮮戦争後になると、文部省の社会教育関係団体、特にPTAへの「政治的中立性」要請は強くなり、1952年の市町村教育委員の選挙では、全国で多数のPTA関係者が立候補したのに対して、役員の立候補や推薦を規制する措置をとった。1949年成立の社会教育法が機能し始めた面もある。

　第二の例は、1956～58年に、各都道府県で浮上した「教職員の勤務評定」問題である。日教組が全国的に「10割一斉休暇闘争」などに取り組んだのに対抗して、都教委の場合、動揺するPTAに、確実な資料と情報交換、そして都教委の方針を表明するとして、PTAの地区別集会を開催した。1958年8月の小松川

公会堂では、墨田、江東、葛飾、江戸川各区の各小・中・高校PTAから「1校5名以上」の出席を要請し、都教育委員会の本島寛教育長が「勤評問題に対する都教育委員会の方針と態度」を説明している。

「この勤評問題をめぐる内部対立は今後のPTA活動に一つの暗影を投げかけ」ることとなった（都立教育研究所編『戦後東京都教育史（下）社会教育編』1967年、178-179頁）。行政によりPとTの反目、対立があおられ、PTAの主体性が揺るがされたのである。

第三の例は、PTAによる「学校後援費全廃」への攻防である（PTA研究会編『日本PTA史』日本図書センター、2004年、212-218頁）。

1950年の都教育委員会主催の第1回PTA中央研修会では、この問題の賛否で熱気をおび、「予定を変更して毎月1回ずつ研究会を開く」ことになり、さらに都内各地にPTA談話会、千川地域PTA勉強会、水曜会、あゆみ会など、「財政問題およびそれから派生する諸問題を調査研究する」自主的グループが生まれたという。

背景には、1952年の「日本子どもを守る会」の結成、55年の第1回「日本母親大会」（東京）の開催など、PTA活動などで民主主義に覚醒した都民の大きな動向もあったのではないか。

このような動きのなかで、1952年、早くも東京都は対応策として「寄付募集に関する都条例」で、「学校の施設整備に関する経費については寄付を受けてはならない」と定め、都教育庁は「東京都PTA予算費目参考基準」を作成配付した。これは約300のPTA予算書を分析し、PTA本来の活動費と学校後援費の二本立てとし、後者は減額し、全廃すべき経費であると方向を示したものである。61年、文部省が「地方財政法の一部を改正する法律」を施行し、「人件費、校舎の維持修繕費を父兄に負担させてはならない」としたのより9年も前の成果である。

これが、1967年の東京都教育長小尾乕雄名による公立小中学校PTA会長宛、各区教委教育長宛の通達「公費で負担すべき経費の私費負担解消について」（通称「小尾通達」）につながったのである。

戦後初期の東京におけるPTAの動向は―よくも悪くも内外の動きに敏感に反応する首都だけに―広く内外の民主主義の成熟度を反映するバロメーターの

第 3 部　特論 II 〜市民・学習史篇〜

ように思われる。1950年帰国したネルソンは、54年の論文のなかで、アメリカの圧力で日本が再軍備に動くことを懸念し、むしろそれが「占領中に追放された守旧派の立場を強化するように思われる」と懸念している（前掲『占領期日本の社会教育改革』283頁）。PTAもまた翻弄されていったのである。

【参考文献】
・ PTA 史研究会編『日本 PTA 史』日本図書センター、2004年
・ 都立教育研究所編『戦後東京都教育史（下）社会教育編』、1967年

第 2 章　PTA 2

証言

History

民主主義の学びとしての PTA 実践

味岡 尚子

　日本における PTA は、文部省（当時）が 1947 年 3 月 5 日に『父母と先生の会―教育民主化の手引―』というパンフレットを、都道府県に配布したことをもってスタートした。それは、アメリカの教育使節団の報告書の中に、PTA をつくるようにと簡単に書かれていたことが要因であった。

　東京の場合、どのようにそれぞれの地域で PTA がつくられ活動がすすめられていったのか。わたしの住む世田谷の PTA について資料を抜粋しながら、それぞれの PTA 活動を考察する。

1 世田谷の PTA の変遷から
（1）PTA 誕生のころ…尾山台小 PTA の宮原喜美子さん

　1947 年に子どもが小学校入学。敗戦でやっと平和を獲得した日本の教育がどうなっているのか気になって、しげしげと学校に通った。校舎は荒れ放題、運動場もデコボコ、ひどい環境で、顔見知りになったお母さんたちと「これでは困るわね！何とかしなくては！」というところからスタートした。ごく普通の親の願いである。学校には、土地の有力者を中心にした後援会がすでにあって、そこへ「PTA の手引き」が飛び込んできた。しかし、そこで後援会を PTA に看板を変えただけに終わった。会長は元のまま、地域のボスが座っていた。しかし、お母さんたちや先生たちは、戦前と違うんだという気持ちだった。

　その頃、宮原さんは、文部大臣の諮問機関である社会教育審議会 PTA 分科審議会委員を務めたり、NHK のラジオ「PTA の時間」の司会などもしていた。

　宮原さんたちは、社会教育審議会と PTA 分科審議会とで作成した参考規約の通りに活動しようと努力した。そして、宮原さんは、初めての PTA 総会で副会長に選出された。尾山台小 PTA は "カカア天下" だと

329

悪口を言われたそうである。
「私たちは、ただ形式的な総会をやっても意味がない。学級単位でお互いに話し合い、勉強を重ねて、それが学年へ、学校全体へと広がっていくのではないかと考えていました。そこで学級集会を毎月開くことにしたのです。そのことが住宅街の真ん中に映画館ができるというとき、反対運動の原動力になったと思います。」
「映画館の動きは二度ありました。一度めは1952年、商店街の真ん中の銀行の跡地に建つというので、私たちは土地を提供する銀行の頭取にまで会いに行きました。もし映画館に土地を売るなら、尾山台小学校の父母は貯金を下ろすからって。若かったのね。でもひとりじゃなかったし、お父さんたちも出てきてくださった。二度めは、翌年の1953年5月に、住宅街の中学校から70メートル、小学校から80メートルの地点。そこの空き地に建設されるとい

うことで、小・中のPTA総会を開いたり、大変な騒ぎになったのよ。アカだと言われたり、ヤクザに脅迫されたりしたけれど、それでも結束は崩れないで、3ヵ月がかりで計画をつぶしました。そこまで足並みが揃ったのは、毎月学級集会を開いて"子どもの幸せ"について話していたからです」と宮原さんは語った（全国PTA問題研究会『PTA研究 175号』、1987年、1頁）。

(2) 1950年代、憲法や教育基本法に胸おどらせて…東深沢小PTAの清水文恵さん

「ベビーブームの子ども」といわれる1947年生まれのお子さんが54年に小学校に入学する。東深沢小PTA活動では、社会教育が専門の三井為友さん（当時東京都立大学教授）が一緒だったので大きな影響を受けたと清水さんは話していた。
学区には古くからの農家の人たちが多く、PTA会長も自民党区議会議

員が選ばれていた。学校周辺には農地が広がっていたが、ところどころ宅地造成が行われていて、いわゆる新住民も増えつつあった。PTAも多様な人たちの広がりを見せていた。

子どもが小学校2年生になったとき、清水さんはPTAの学級委員を引き受ける。担任は、とても熱心な教員で、自身の家庭のことなど話しながら、戦前の教育を受けた母親たちを前に、教育基本法や新教育について語っていた。「民主主義って、誰でも発言すること、相手の話をよく聴くこと、だれでも大切な人なんですよ」と、話題を引き出してくれた。

その後、学習指導要領や勤務評定のことなども話してくれた。やがて、教職員組合の勤務評定反対闘争は、全国的な拡がりをもち、父母たち有志も三軒茶屋交差点での署名運動がきっかけとなって、全都的な父母たちのつながりをもつことができた。その出会いが都立高校増設運動へと発展したのだった。

教育勅語をたたき込まれ、挙句の果てにクラスメートや友人を戦場で失った清水さんは、「日本の戦後教育に深く関心をよせ、こだわりをもつようになったのは、学級PTAの話し合いの中での担任の教員の助言がきっかけであったと思う。PTAは社会教育団体であり、社会教育法によって学習の自由が護られていると明記してあることに、明るい未来を思った。が、子どもが入学する前年に、池田・ロバートソン会談が行われ、再軍備支持と憲法改正の空気を教育よりつくる約束をした、と新聞の一面記事の囲みに載っていたのに一抹の不安をいだいていた」と語っている。

やがて清水さんたちは、三井為友さんを会長に押し出し、古い体質からの脱皮を図り、PTA規約の全面改正に取り組んだ。

1959年、PTA規約改正委員会は、前年、1年間の討議を経たものを総会に提案し、逐条審議で総会も

4回に亘って、続いて開催された。

　改正のポイントは、まず会員資格であった。父、母、祖父、祖母、児童の保護者であること。会員になるには、本人の自由意思によること。会費は一人いくらであること。役員選挙は立候補と推薦だが、立候補の理由を述べることや広報活動を通じて行うこと、などが提案され、紆余曲折の末、可決された。

　このことが、当時の『婦人公論』や毎日新聞で紹介されて、全国のPTAからの問い合わせや、規約の送付依頼などもあり、見学者もあった。

　また、東深沢小PTAが行っていた活動の特徴として、次のことが挙げられる。この時代は、まだ学校援助費も必要だったので、PTA会費と学校援助費を集金の時から分けた。総会の時に、公費がいくらくるか発表してもらう。みんなにとって、税金がいくらくるか分かる政治学習だった。すると、学校運営のためには、一人いくら援助すればよいかということになり、学校後援をしたい人は、後援会費を出した。PTAは任意加入だから、PTA会費だけの人もいれば、学校後援だけの人、どちらもという人もいる。後援会費もPTAの責任だから教員会員の会計が、PTA会費は親会員の会計が担当した。つまり税金外税金を教育費にいくら負担すればよいか、一人ひとりが分かる。年々減らす努力をして、小尾通達（後述）が出たときには、ちょうどゼロになっていた。

　「PTAでは本当に、民主主義を学んだ。相手の意見を聞くとか、自分の意見を言うとか、個を大事にすること、つまり集団や組織の中に個が埋没しない組織運営の在り方とか」と清水さんは話す（全国PTA問題研究会『PTA研究 159号』、1986年、18頁；『PTA研究 272号』、1997年、22頁）。

(3) 1960年代、PTAが民主主義的な考え方を学ぶはじめての場…山崎小PTAの田代信子さん

敗戦直後に2年ばかり教員の立場も経験したので、その頃の話もしておきたいという。

旧制の5年制の女学校を終え上京して4年制の師範系の学校に入学した。2年生の夏（18歳）に敗戦、1948年に卒業して、学校の近くの文京区立第一中学校に就職した。受け持った2年生が最高学年であった。集団疎開していた子どもたちである。新制中学と呼ばれており独立の校舎はまだなかった。したがって男子生徒は新制の小石川高校に、受け持った女子生徒は竹早高校に間借りしていた。1年生は窪町小学校に間借りし、こちらは男女共学である。新卒の先生が多く、小学校から赴任の先生もいたが、3ヵ所に分かれていたので短い休み時間に移動するわけにもいかず、田代さんたちは、3人の担任と主任の4人で、専門ばかりでなく話し合って授業を分担した。英語と生物は講師であった。

PTA会長は、文京区の小学校の先生で、文京教組の執行委員でもあり、区議会議員でもあった（当時は公職を兼ねることができた）。数回話すことがあったが、なかなかの方であった。PTAはどうなっていたのだろう。PTAという言葉も聞いたことがなかったし、総会が開かれたかどうかも覚えていない。副会長の母親が時々教頭と話していたから、後援会的なものだったのだろう。

家庭訪問をすると大半は焼け跡のバラックに住んでいたし、まだ防空壕を使っている家庭すらあった。小石川は大きな印刷会社の多いところで、その"製本折り"の内職を手伝う生徒は週に二、三度しか登校できなかった。そうした子どもが1クラスに数人いて、その対策を同僚たちとよく話し合ったものである。

3年生の秋に独立の校舎ができた。粗悪なものだったが、一つの校

舎で共に学ぶことは、子どもたちにとってはこの上ない喜びであった。まだ戦後の混乱期で、私自身、民主主義という新しい価値観の吸収に忙しい時だった。

　1961、62年と2人の子どもが相次いで山崎小学校に入学した。P（親）としての活動は63年ごろから68年の次女の卒業までであった。1961年ごろから小さい塾をしていたので、お母さんたちとのお付き合いも多かったが、1958年、全国に広がった勤評反対闘争がきっかけとなり、山崎小学校PTAのOB、現役組を中心に有志約30人が、59年この地域に「世田谷母親勉強会」を発足させ、私も世話人として参加した。勉強会では、養育、物価、経済、政治、予算、社会保障…、あらゆる分野にわたる学習会や講演会が活発にもたれた。1962年秋からの源氏物語講座、65年からの歴史講座が2本柱として行われた。永原慶二先生による日本史講座、弓削達先生による世界史講座、続いて近代日本の歴史、フランス革命史、…と10年以上続けられた。毎月200～400名もの参加者があった。勉強会は7つのグループに分けられていたが"山崎3区"はPTA現役のグループで、月に一度集まり、PTA問題を話し合い、またスライドによる美術鑑賞や、当時話題になっていた算数の"水道方式"の講義などを、山崎小の教室を借りて行っていた。64年、PTA会長に永原慶二さんの就任を機にPTA改革を行い、初めて広報委員会をつくった。初代委員長は私が引き受けることになった。その年は7号まで発行したが、T（教員）もPと同じ立場で企画から作業まで協力した。

　校外補導は夏休みが主な活動の時であったが、Pにとっては地域担当のTの話し合いの、子どもにとっては1～6年生までのよき交流の場であった。

　実行委員会での大きな課題は予算づくりであった。PTA独自の活動

に使われるものと学校への補助に使われるものとの配分である。P側は少しでも多く本来の活動に使いたいが、公費が足りないと言われれば、子どもたちは一刻も成長を休まないのだから回さざるを得ない部分もある。この攻防でもあった。また役員会では、すべての問題を実行委員会にゆだねるよう努力していた。永原さんは1年の就任であったが、次のお医者さんの会長も民主的な方で、私たちに同調していた。

山崎小はPTAの姿としては遅れていて、役員は学校側による指名委員会で決められていた。会長は男性で、作家の阿部知二も1950年代の一時期、会長をされたが、そういう有名人が多かった。私たちはせめて実質的に働く副会長は選挙にしようとがんばって、これを勝ち取ることができた。しかし驚いたことは、勉強会の仲間で立候補者を立てて一夜明けたら田代派と何とか派が出来ていたことだ。夜中に電話が飛び交ったのだという。選挙では勝ったけれど、改めて地域というもののむずかしさを感じさせられた。しかし当時、学級PTA、実行委員会の場は、戦前戦中の教育しか知らない大半の母親たちにとっては、民主主義的な考え方を初めて学ぶ場でもあった。

卒業も近づいた頃、小尾教育長の通達が出た。教育費にPTA会費を使ってはならぬというものだった。私たちは驚いた。そのために大きい努力をしてきたのだったから。しかし、金の切れ目が縁の切れ目かもね（PとTとの）、とつぶやいた人もいた（全国PTA問題研究会『PTA研究 271号』、1997年、22頁）。

（4）1980年代、PTA活動停止も…
八幡山小PTAの渡辺享子さん

PTA活動停止案は教員の「総意」ということで校長から出された。理由は、「なし」。その後、新聞社などの取材には「役員選出の行きづまり」と学校や旧役員は答えている。

これまで民主的に運営されてきたPTAが、なぜこの年に限り独断専行型の役員会になったのか。のちに判明したが、1969年度の役員選挙で事前運動が行われ計画的だったこと。さらに実行委員会のメンバーも息のかかった者で固めてあったこと。その背後にある大きな宗教団体があったこと。端的にいえば、自分たちの自由になるPTAへの野心と行政にもの言うPTAを苦々しく思っていた校長の思惑の相乗作用から出発し、結果的に校長の意図どおりになったということだろう。

　八幡山小は1960年に開校、70年に校門前に東京初のスクランブル信号機をつけさせてから、PTA活動は活発化した。もちろん、それまでに地域ボスを排除して地道な活動と組織づくりの下地があっての活発化である。この組織の特徴は活動の生命線といえるクラス内の地域別活動班である。数々の活動の発端はほとんどこの班会から出発している。働く親が多ければ夜開き、先生の参加もみられた。気楽な茶飲み話に始まり、子育ての話が交換され、学校や行政に対する要求が出る。そこでの話題は班会→学級会→職員会、実行委員会へと、下から盛り上がる民主的運営のルールを作り上げた。こうした中で生まれた大きな活動をいくつか挙げてみよう。

・スクランブル信号機設置運動（1970年）
・マンモス団地建設に伴う児童増による校舎増設に反対、校庭を守るため団地周辺に小学校を立てさせる運動（1971～73年）
・破傷風予防接種開始（1973年～）
・教員の健康を守るため、非常勤講師制度の改善と教員の定数増の運動（1973～80年再陳情）
・学区域内大気汚染調査（1974年～）
・高校増設運動（1975年～）
・子どもグランドを作る運動（1976年）

こうした運動を通して、管理職や外部の圧力とぶつかり合いながら活動する中で母親たちの意識は開かれ、子どものために行政を恐れない母親に育っていったのである。しかし年と共にこれまでの活動の中核にいた人たちの卒業と共に、世代が交代する。問題は、これまでの活動をどう引き継ぎ、その精神をどう生かしていくかであるが、PTAに対する全体的な関心は無関心派が増加していた。加えてPTAを支えてきたベテランの教員たちの転出もあった。

だがこうした状況の変化にもかかわらず、1979年度前までは民主的運営のもとにすべての活動はスムーズであった。班会は働く親の多くなった中で、一層重要な場となっていたのだが、1979年度「私たちは全てを任されたのだから」と役員中心の独走が始まった。校長はそれに力を与え、PTA潰しに利用したのである。

活動停止になって4ヵ月。残ったのは教員への不信感、賛否を分けた親同士のこだわり、放り出された子どもたちであった。話し合う場を失った親たちのPTA再建を求める声は多い。しかし教員たちに反応はない。"PTA"という言葉は職員室のタブーになっているようだ。しかし母親たちは少しずつ動きだしている。子どものために休んではいられない（全国PTA問題研究会『PTA研究102号』、1980年、12頁）。

(5) 1980年代以降、自治力低下PTAの中で…駒繋小・駒留中PTA 味岡尚子

上記4人の先輩は、全国PTA問題研究会（全P研）と世田谷での市民運動の先輩でもあり、一緒に活動もしていた。PTAの活動体験をよく聞いていたが、子どもの入学で体験したPTAは大違いであった。

私の子どもは、1979年に小学校入学、1988年に中学校を卒業している。

発足当時のPTAは、民主主義や戦後の新しい教育について学習する中心的な場でもあったから、母親の熱気が十分あったと考えられる。しかしPTAは次第に、学校への財政的援助団体としての性格に傾くようになり「地域ボス」が牛耳るPTAになって、学校後援会に逆戻りした。この状況に対して「寄付するPTA」からの脱却と、「ボス支配から民主的な組織づくり」ということに力を入れたPTAがあった。しかし、のちに、金の切れ目が縁の切れ目といわれるように、教員たちからは、本来のPTA活動ではなく、学校後援会的側面を求められ「口を出す親はいらない」と言われ、しだいにPTA無用論も飛び出してくるようになった。この流れの中で、私はPTAにかかわり始めた。

　世田谷の母親の発言として、「15年間、組織づくり、民主化のために活動してきたが、果たして現在、子どもはしあわせなのだろうか。何かが欠けていたのではないだろうか。PTAには、今まで避けてきたものがたくさんあったのではないか」という指摘がある（全国PTA問題研究会『PTA研究1号』、1971年、2頁）。

　私も、PTAに関わりだしたころ、同じように感じることがあったのを今でもよく覚えている。「PTAの委員や役員をしないと、学校のことが分からない」と先輩に言われたこともあり、なるべく子どもに直接関われる活動をした。

　駒繋小PTAのエピソードを2つ。

　移動教室の時、ハンディをもったAくんは、親がついていかないと参加を認めない、と担任に言われ、困った親からの相談を受け、学級PTAで話し合いをもった。付き添いが必要と学校が考えているのなら、補助者を学校が責任をもってつけてほしいと要望したのだが、結論が出る前に、親が「もし子どもが移動教室に連れて行ってもらえなかったら困る」ということで、不本意なまま学校の言う

ことに従ってしまった。よい結果は得られなかったが、学級PTAで話し合うことが問題解決の手段になる可能性があることの手応えは掴んだ。

いじめのときも、学級PTAがフル回転した。話し合いをもつのに、多くの親（またはそれに代わる人）に参加してもらいたいとの思いで、午前の部、午後の部、夜間の部といろいろな時間帯の学級PTAを用意した。1週間に3回、1ヵ月間話し合いを続けた。当時は、専業主婦と呼ばれている人たちも多かったが、パート労働者やフルタイムの勤労者、自営業の人など、動きのとれる時間帯もまちまちであったので、どこかには出席してほしいと願ってのことだった。しかし、開催してみると、すべての会合に出席する人の多さにびっくりした。話し合いの必要性を感じた人が参加したのだ。

いじめがきっかけだが、話し合いの中で、教師集団の問題や、学校の管理体制の問題など子どもを取り巻く状況が、いろいろ見えてきた。それらの問題をすべて解決するまでにはいかなかった。

一方、子どもたちは、親たちの姿を見ていたのか、次第に落ち着いていった。

駒留中PTAでも、子どもたちにいちばん近いところで活動ができる学年委員を引き受けた。そんな中、中学校2年生の時の移動教室でわが子が体罰を受けた。このとき、もしPTAがなかったら、私個人の抗議で終わったと思うが、クラス全体の問題になり、学年全体の問題になり、そして議論が学校全体にひろがったのは、PTAがあったからこそと今でも思っている。

私たちの要望の一つは、体罰がこの学校、学年で初めてでなかったので、「これから体罰という手段で、子どもに伝えることはやめてほしい、そのことを学年の先生方全員で話し合って実現してほしい、この学級PTAの思いを、学級PTAの会員で

もある担任は、きちんとほかの教員に伝え、十分話し合ってほしい」ということだった。そして今後体罰のないようにと要望した。

卒業を前にした時には、学校から、教室が荒れて授業にならないから、暗に、子どもたちを監視するようにと言われた。その時の学級PTAでは、次のような意見でまとまった。これは親が監視するということではなく、子どもたち自身の問題なのだから、どのように考え、どうしていくかを子どもたちで話し合って模索してほしい。私たち学級PTAとしては、親からの思いを子どもたちに投げかけることへの援助は惜しまないという結論だ。このような動き方ができたのも、小・中PTAがずっと同じメンバーではないが、地域の中で学級PTAを大切にし、地道に積み上げてきたことの成果だったと思う（宮坂広作・銀林浩ほか編『新しい学校像の探求 第1巻』明石書店、1996年、234頁）。

2 PTA会費と学校協力費…小尾通達をめぐって

1955年の大田区入新井小PTAのPTA予算（案）が、全国PTA問題研究会発行の『PTA研究 281号』に掲載されている（表1参照）。1967年に小尾通達が出されているから、その12年前のPTA予算の使い方は、このような考えだったことが想像できる。前述の世田谷の清水文恵さん、田代信子さんのPTA活動をみても、この流れの中にあったということである。

表1　昭和30年度PTA予算書（案）

入新井第二小学校PTA

1. 収入総額　　　1,678,318円
内訳
　会費・賛助　　1,472,780
　事業収益　　　　58,000
　雑収入　　　　　　3,771
　繰越　　　　　　143,767
2. 支出総額（内訳の通り）
　　　　　　　　1,678,318円

(内訳)

款	項	目	予算	説明
一、PTA運営費	121,300			
	事務費	113,800		
		会議費	5,000	年度末合同反省委員会、会計監査、運動会反省会
		連絡協議会費	2,500	都、区連絡協議会分担金
		消耗品費	20,000	会費袋、事務用品、用紙
		交通々信費	2,300	文書発送、電話、交通費
		用務員心付	19,000	用務員、警備員の日直、心付
		事務員費	65,000	事務員の給料、手当
	備品費	1,500		
		備品費	1,500	布袋補充、領収判その他の備品
	雑費	6,000		
		雑費	6,000	講師接待及新年会諸経費等
二、PTA活動費	238,100			
	文化	23,000		
		PTA教室	12,000	講演会、講習会、懇談会
		学校行事協力	3,000	七夕祭、図書補修、展覧会
		児童文化費	8,000	映画会、音楽会
	厚生	131,000		
		保健衛生費	14,000	検便、防疫、応急処置料
		育英費	40,000	貧困者の遠足費、給食費補助
		給食協力費	30,000	子供の日、ひな祭の菓子
		慶弔費	30,000	職員転退、児童病気見舞、弔問等
		入学・卒業祝	14,000	入学祝菓子、卒業祝
		福利厚生費	3,000	スクエアダンス、ピンポン、野球等
	広報	61,300		
		会報	29,300	5回発行、写真代
		会誌	32,000	1回発行
	校外補導	22,800		
		施設費	19,800	スライド、紙芝居、幻灯幕
		雑費	3,000	子供会
三、予備	25,918			
	予備	25,918		
		予備費	25,918	

款	項	目	予算	説明
四、学校施設補助費			640,000	
	営繕費		130,000	
		営繕費	130,000	体育用具置場、プールシャワー等
	備品費		510,000	
		一般備品	110,000	輪転機、その他
		国語	10,000	掛図
		社会	15,000	地図、掛図、年表等
		算数	30,000	秤、リットルマス、グラフ黒板、そろばん
		理科	80,000	百葉箱、発電機、その他薬品るい
		図工	20,000	画板、モデル教材　その他
		体育	50,000	ボール、高跳支柱、なわとび等
		音楽	50,000	電蓄、ピアノ調理(ママ)
		家庭	10,000	洗たく、染色、割烹用具
		視聴覚	30,000	スライド、暗幕等
		児童図書	30,000	
		図書室整備	20,000	書架、閲覧台
		衛生費	5,000	薬品
		給食備品	50,000	施設補充、流し修理
五、学校運営補助費			633,000	
	需要費		338,000	
		学用品	120,000	更紙、画用紙、原稿用紙等
		消耗品	40,000	罫紙、諸用紙、インキ、電球
		燃料	31,000	薪、炭、練炭
		掃除用具	20,000	バケツ、箒、ハタキ
		会議	15,000	研究会、部会、運営委員会
		暖房	50,000	石炭不足分
		接待	30,000	来校者接待
		教授用図書	12,000	教師用の教科書
		旅費	20,000	区より配当旅費の不足分

款	項	目	予算	説明
五、学校運営補助費	行事費		105,000	
		運動会	35,000	用具、参加費
		展覧会	10,000	作品展の消耗品類
		学芸会	10,000	学芸会、発表会
		夏季施設	20,000	水泳指導、臨海学校等
		学業奨励	30,000	文集 その他
	研究費		140,000	
		研究費	140,000	研究図書、講習視察、講師謝礼等
	雑費		50,000	
		雑費	50,000	校長会、校務主任会費、生花等
六、予備	20,000			
	予備費		20,000	
		予備費	20,000	

　発足当時から多くのPTAは、会員から資金を集めては学校へ注ぎ込んでいた。PTAの実質は学校後援会だった。PTAの正規予算の中に、"学校振興費"といった名目の大項目を作り、その中に"××費補助"という小項目がたくさんあって、公費で足りない分を補ってきたのである。そしてこの"××費補助"のところに、当初のころは教員の生活費補助という費目まで含まれていた。

　しかし、PTAの予算書に"教員生活費援助"などという名目があったのは一時期のことで、比較的早い時期に"研究費補助"と名称が変わるのだが、教員の研究実績とは関係なく頭割りの補助金として教員に分配されてきたPTAが多かった。PTAの予算の中に含まれている"教育振興費"というのは、PTAによって名称が異なる場合もあるが、要するにPTAの正規予算の中の一定部分をはじめから学校に注ぎ込む仕組みになっているもので、構造的な学校協力費（学校後援費）である。この学校協力費は、教職員の給与や校

舎建築などの臨時経費を除いた学校運営費の全面にわたって、たくさんの費目に分配される形で予算化されてきた。一つの公立学校の運営が、PTAからの協力費（援助費）なしでは円滑に行えないほどのPTA依存の状態があった。PTA発足後早い時期から、PTAの"学校協力費"については、PTAの内外から批判され続けていた。

その批判は、安易にPTAからの援助を受け取っている学校側、それを承知で有効な手立てを打とうとしない教育委員会や、学校運営予算を増額しようとしない市町村当局やその議会に向けられるとともに、学校の言いなりになって、仕方なしに金を出し続けるPTA自身にも向けられてきた。金を出し続けてきたのもPTAの歴史なら、それを批判し続けてきたのもまたPTAの歴史である。

行政側がこの問題の解決に正面から取り組んだのが1967年1月の東京都教育委員会の「東京都義務教育学校運営費標準」の制定と、それに続く同年3月の小尾乕雄東京都教育長の通達「義務教育における私費負担の解消について」である。1967年に突如この問題は解決したのではなく、その10年も前から計画的な予算増額が重ねられてきたのである（全国PTA問題研究会編『PTAとは何か 総論編』あすなろ書房、1987年、66頁）。

3 1990年以降のPTA

ますますPTAの自治力が低下していく中で、1990年、町田市立鶴川第三小学校PTA新聞の発行停止問題が現れた。検閲問題である。「学校運営の責任者として、児童の手を通して配布する印刷物は全て目を通す責任がある」という校長の主張と、「校長は学校の責任者であっても、PTA活動の責任者ではない」という広報委員長の主張。PTAとは、学校の付属機関ではなく、自主独立の任意団体であることを認識せずに、校

長がPTAを私物化することが非常に多いという（全国PTA問題研究会『PTA研究215号』、1991年、26頁；『PTA研究216号』、1991年、22頁）。

2001年に起きた国立市P連の取り組みの校長会介入問題もまた、同じような認識をもった校長の対応が問題になった。市P連では、3～4年に1回の周期で「PTAの在り方」というような、学習会が行われていたが、2001年には「民主的なPTAなどけしからん」ということで、学習会の記録の配布が校長会によってストップされた（全国PTA問題研究会『PTA研究321号』、2002年、2頁；『PTA研究333号』、2003年、13頁）。

そして、2004年には、中野区立桃園第二小学校PTA会長が、会長あいさつで「日の丸・君が代」問題に触れ、辞職に追い込まれた。その経緯は、まず入学式終了後、校長から「PTA会長が学校の方針に反するこ とを公の場で述べるのは困る。二度とこんなことはしないでほしい」と注意を受け、来賓の区議からは「時と場をわきまえろ」と怒鳴られた。そして、校長が開催した学校評議会では、評議員から辞任を勧告された。これもPTAを学校の付属機関と間違った認識の下での発言である（全国PTA問題研究会『PTA研究345号』、2004年、14頁；『PTA研究346号』、2004年、21頁）。

2006年教育基本法「改正」後は、PTAに自治はなくなったといっても過言でない状況になっている。

・全国PTA問題研究会（全P研）は、1971年に実践的研究団体として発足、憲法、教育基本法（1947年制定）理念を社会に実現することを目的とする。「PTA研究」を350号まで発刊、現在は休刊。教育とPTAに関する、学習と情報交換、会員交流の場としての全国唯一の会誌として活用されていた。

第3章 子ども・青年

1 地域が支えた子ども会・児童館活動

上平 泰博

1 子ども会の活動

(1) 文部省の「児童愛護班」と東京都の「緑蔭子供会」

　「児童愛護班」は、文部省社会教育局長が各地方長官宛てに通達した「児童愛護班結成活動に関する件」(1946〔昭和21〕年10月)を契機にした子供会育成活動である。終戦直後の社会道義の頽廃と経済生活の逼迫による青少年犯罪の激増と浮浪児の氾濫を危惧するなかで、青少年不良化防止対策の一助として全国的に普及させていく。この通達は「既に今夏東京都に於ける実施成果にも鑑みて」とあるように、終戦直後より東京で始まった「緑蔭子供会」の興隆を意識して提示されたものであった。

　『児童愛護班』結成活動要綱には、「師範学校、女子専門学校の生徒中の篤志家の奮起」によって「児童愛護班」を結成し、盛り場、街頭等に進出して、児童校外生活の余暇善用を図り、その健全な育成をはかるとともに、学校あるいは町内会単位の自主的な少年団体、子供会等の組織化を奨励する内容となっている(「文部省例規」1946〔昭和21〕年)。

　子供会の未結成地域には、「児童愛護班」(東京では「緑蔭子供会」といった)が巡回し、既設子供会にはプログラムの援助をしている。1946年から明確に確認できる東京の「緑蔭子供会」は、児童文化を研究する学生、篤志家、僧侶、教員、青年会などの有志らによって発足している。とくに戦前からセツルメントが活発であった墨田、江東、台東区など下町地域において盛んであった。都

社会教育課は、翌47年から指導者講習会の開催通知をだしている。斎藤峻によれば、同年7月に「緑蔭子供会中央指導班」を編成している（旧都立教育研究所社会教育研究室に保存されていた）。「緑蔭子供会」とは、建物がないことから「緑の木陰」となる公園、神社仏閣などにおいて、児童演劇、人形劇、紙芝居、児童映画など文化財を活用して子どもたちにみせて廻ったことから使用された名称といわれた。1950年からは文部省の「児童愛護班」との連携を企図したのであろうか、「緑蔭子供会巡回中央愛護班」と改称している。

　台東区では民生課の所管によって、1950年12月に「児童愛護巡回子供会」がはじまった。翌年4月には文化課に移管しているが、52年11月には教育委員会所管となる。足立区では、緑蔭子供会を学校教育の補充、補完と位置付けた。1946年頃から自主的にはじまっていた足立区内の子供会は1955年頃までに50団体を数えた。武蔵野市では、学校、井の頭文化園などを利用した「緑蔭子供会」とともに指導者講習の必要性を痛感して、53年に開催している。港区でも「緑蔭子供会」の積極的担い手として、地域の青年会が子供会活動の援助をした。婦人団体、母の会なども参加した。日本で最初に建設された港区内の芝児童館も会場として活用されていた。都内各区市町村の子供会活動が活発に行われていた一方で、巡回「緑蔭子供会」という官制化へのすじみちが、自主的子供会の芽を断つ事態も少なからず認められ、行政援助施策の難しさをものがたっている。

(2) 子供会からCIE奨励の「こどもクラブ」へ

　子供会の変遷をみていくと、1951年頃までは文化財を活用しながら、不特定多数の子どもたちを集めて、「してあげる、みせてあげる式」の巡回型の子供会が趨勢となっていた。そのため継続的、組織的な自主的活動団体として、どのように脱皮するかを課題とした。こうした意識は、「子どもの日」と「児童憲章」の制定（1951年5月）と並んで、同年2月文部省「児童文化分科審議会」の編纂によって刊行された『こどもクラブのあり方』が少なからず影響している。「こどもクラブ」とは、「校外生活の余暇を利用し、楽しい活動をとおして、こどもたちみずからが文化を生み出し、みずから民主的な社会を建設し、幸福な生活をいとなむための態度や技術を学ぶことを目的とする組織的活動体」と

位置付ける。

　ここでは、墨田区中之郷の「墨水こども会」の事例がとりあげられている。これまでのように見せて終わる式の子供会ではなく、自由なクラブづくりをめざした持続可能な「こどもクラブ」を探求している。「墨水こども会」では、各班をグループごとに分け、従来の文化財を活用する方式も援用しながら、さらに壁新聞、レクゲーム、討論会、横割り趣味サークルなど自主活動が盛んであった。

　これまでの子供会とは確かに一線を画していたが、子供会と「こどもクラブ」との違いはなにか、一般には理解されなかった。しかも「こどもクラブ」には、グループワークの理論と実技指導が求められており、指導者養成の面で多くの人材を輩出できなかった。

　「こどもクラブ」の誕生には、民間情報教育局（CIE）青少年組織課長の職にあったR.Lダーギン、それにD.サリバン女史らが、群馬県渡瀬にある『伸び行くクラブ』（1949〔昭和24〕年）を精力的に援助し、これをモデルにしたことから全国的にも知られるようになって、都内でも奨励された。これを端緒に「子供クラブ全国連盟」が組織された。1953年当時の「子供クラブ東京都連盟」組織の数は26クラブとそう多くはなかったが、ここに登録された「子供クラブ」のほとんどが「〇〇子供会」となっており、子供会と「子供クラブ」の違いを一段と分かりにくいものにしてしまった。

　だが、文部省の認識は「最近は少年集団組織（こどもクラブ等）の結成が進んだために、児童愛護班の性格は、こどもクラブ（会）に対する恒常的通年的な育成指導組織へと展開してきている。したがって、児童愛護班の指導者は地域のこどもクラブ（会）の世話役、後援会役員、学校の教員、専門指導者等の有志成人青年によって結成されているのが実情である」（文部省社会教育局編『社会教育十年の歩み』）と、「児童愛護班」および「こどもクラブ」の区分種別化を意識している。

(3) 厚生省の「児童指導班」とは

　子供会と「こどもクラブ」の複雑な展開から更に拍車をかけたのは、厚生省児童局の推進する「児童指導班」（文部省は「児童愛護班」）であった。松葉重

庸編『子ども会のしおり』（全国社会福祉協議会連合会、1953年）によれば、「子ども会という言葉のほかに、子どもクラブという言葉も多く用いられています。理論的には子ども会と子どもクラブを別のものとして考えることもできますが、一般にはなんの区別もなしに使っているのが実情であります」と語っている。しかも、「理論上区別される子どもクラブは、子ども会の一つの型である」とすれば、子ども会には三つの型があると指摘していることは、さらに複雑になっていく子供会の内情が読み取れる。「第一は、おとなが子どもに娯楽を与える子ども会、次は、子どもが自主的に集まってつくった子ども会、第三は、児童福祉という立場から、部落や町内を単位とする地域社会の子ども会」であるとしていたのである。第一と第二を合体させた子ども会を期待していた松葉の「第三の子ども会」もまた、程度の差はあれ実体化していたのである。

　地域の子供会を組織しつつ、そのなかで共通の目的や興味を中心にした「子供クラブ」を結成する方向が望ましいと、文部省と全く同じような立場を打ち出していた。厚生省の「児童指導班」は、これら子供会の育成を意図的に展開するもので、「児童の生活指導に組織性をあたえ以て心身を健全にして社会性に富み情操豊かな児童を育成する」という趣旨によって発足させたとする。児童福祉関係者の指導職員とは別に、学生、青年ら若者を10〜20名を「班員」として組織し、彼らに学童期を対象とする子供会指導にあたらせようとした。集団指導による社会性訓練と個別指導による児童の個性の発揮が篤志家指導者の任務となっている。児童委員の担当区域に置く場合と、児童福祉施設を中心にして置く場合の2通りを「児童指導班」に想定していた。問題は先行した文部省の「児童愛護班」との関係を厚生省がどう調整していたかとなる。

　「児童指導班」は、「児童愛護班」同様の活動を児童福祉事業の活動において行うことを目標として提唱されたもので、「児童愛護班」が社会教育を目的とした「緑蔭子供会」のように、一般児童の集まる場所において、または児童を集めて集会をすることが主であったのに対し、「児童指導班」は児童委員や児童福祉司、児童福祉施設に対する協力活動を主体としてあたることになった。

　「児童指導班」と（文部省の）「児童愛護班」は結果的には同じだとする厚生省児童局の認識ゆえに、現場では実際のところ子供会の組織と指導者をめぐって重複し、両省が発表した子供会、指導者数などは相当に入り組んでいた。

ところが、1953（昭和28）年頃にもなってくるとPTAによる子供会活動が活性化してきた。学校教育の立場からは非行化対策としての「校外生活指導」が重視されていた。すでに文部省は「父母と先生の会（PTA）―教育民主化の手引―」を配布していた。そこには、通学区域を中心に少年のクラブ、集い、スポーツ、学習、趣味の会合を開催していくのもPTA活動であるとされている。これをマニュアル化したことから、いわゆる「学校子ども会」まで盛んにつくられるようになった。夏休み中心のイベント子供会の色彩は拭えないが、1955年からは生活指導主任もおかれるようになって、かえって有志子供会活動は後退してしまい、学校関係者を軸にした「学校子ども会」が脚光を浴びるようになってしまった。

(4) 青少年委員の活躍と子ども会・校外生活指導

　都条例制定の当初には、「青少年委員」年齢の上限を35歳までとするという規定があったように、青少年委員（「非常勤公務員」）は有志指導者としての性格をあくまで発揮するよう期待されていた。東京独自制度の青少年委員活動は、多面的であると同時に専門的な技量を高度に要求されるものであった。したがって、「地区（対策）委員会に参画し、地域教育組織が樹立するよう、その中核的な役割を果すこと」（東京都教育委員会『青少年委員の手引き』）を求められていた。青少年委員制度の発足間もない1955年以後から毎年、『青少年委員研究実践集録』（東京都教育委員会編）が刊行されている。そこには当時の青少年委員たちの多様かつ精力的な活動を窺い知ることもできるが、ここでは青少年委員による子ども会・少年少女団体への対応に限定する。

　1960年代になると多様な子ども会の形態が群生して定着していくが、自主的な子供会活動は後退しつつあった。都教育委員会はCIE奨励の「子どもクラブ」を勧奨して、官製化の網羅的な子供会を再び有志子ども会へと転換するような施策を打ち出してはいた。けれども指導者養成の面で「子どもクラブ」の場合は、即戦力は望めず拡がりに欠けていた。子供会の指導と援助に教師が間接的に介在したこともあって、PTA主導の「学校子ども会」が本格化していく。町内会、婦人会等による子供会組織も活性化したことで、青少年委員による子供会・少年少女団体に対する支援方法は徐々に後方的位置に退いていったようで

ある。

　「子供会」は、しだいに「子ども会」あるいは「こども会」という平仮名で記されるようになっていった。このことは、お客様「子供会」から子どもを主体とする自主的子ども会を企図し、新しい「こども会」形態と模索がはじまっていたことを意味する。この当時の地域子ども会を類型化すると、①教育委員会、役所、団体がサービスとして催すところの緑陰子ども会や巡回子ども会、②町会の催しで行われる町会子ども会、③まったくの個人的な発意と情熱による篤志家たちによる子ども会、④中・高・大学生、青年たちの指導する子ども会、⑤学校内の生徒を地区地域班ごとに組織して、教師の間接援助を得ながらPTAが指導した学校子ども会、⑥教師が夏期休業期間中に組織する校外生活指導の班組織、⑦こども中心の自主活動を標榜するこどもクラブ、⑧地域的性格を重視せず、青年期まで継続して組織するボーイスカウト・ガールスカウトなどの少年少女団体などに区分される。

　PTAによる学校子ども会と町会子ども会とが子ども会の多くを占めていた現状からすると、子ども会指導者の半分ちかくが主婦層だったのは当然といえよう。また、学生生徒たちによる先駆的なボランティア指導者として熱気を感じさせる一方で、教師が子ども会指導者であったことは、学校側が依然として校外生活指導の役割を強くもたされていたともいえる。全般的には、子ども会の官製化と形骸化は着々と進捗した。

　その後の高度経済成長以降に見られた青少年団体の急激な落ち込みは何を意味していたかといえば、明らかに地域子育て力の衰退であった。地域を支えていた人々の主体的で社会環境的な後退があれば、地域の子供団体であれ、学校内青少年団体であれ萎んでしまい、子どもたちは個別分断化されていくということだった。

2　児童福祉法の誕生から児童館建設まで

（1）児童福祉法制定時における児童館の理念

　児童福祉法の理念は、冒頭の総則3ヵ条にある。第1条と第2条は、「児童福祉の原理」そのものであると、第3条に銘記されている。第1条には「児童が心

身ともに健やかに生まれ、且つ、育成される」、「すべて児童は、ひとしくその生活を保障され、愛護されなければならない」とある。第2条にも「児童を心身ともに健やかに育成する」という表句がみられる。これらの総則から、児童福祉分野においては「すべて児童」の「健全育成」という用語に凝縮され頻繁に使用されていくこととなった。

児童館は、児童福祉法第40条において「児童遊園、児童館等児童に健全な遊びを与えて、その健康を増進し、又は情操をゆたかにすることを目的とする施設とする」と謳われ、広く一般児童を対象とした総則を体現する形で、「すべて児童」の健全育成を目的とする唯一の児童厚生施設として位置づけられる。

河野通祐（建築家）によれば、児童福祉法第40条の児童厚生施設（児童館と児童遊園）だけは、一般（すべて）児童の健全育成策を包含しており、児童福祉法総則そのものの特色を首尾よく体現していると、児童福祉法制定当時（1948〔昭和23〕年）に述べている。児童厚生施設の「根本的意義が今度制定せられた児童福祉法の理念である」から、「児童館が完備せられることによってこそはじめて児童福祉法の理念が確立せられる」と論じた。「児童厚生施設は、単に眼前の現象に対する保護、救済、恩恵を目的とした施設ではなく、より基盤的な根本的なものであり、保護以前のもの」（河野通祐「児童厚生施設」『児童福祉』厚生省児童局、1948年）であるため、新たに附置されたのだと述べている。したがって、児童福祉諸施設のなかでも第40条の児童厚生施設だけが斬新かつ異彩な条項であるとした。

焼土と化した終戦直後の復興を象徴するような児童厚生施設という文化的で「明るいイメージ」の施策が待望されていたことを、厚生省官僚の松崎芳伸もまた期待していた。1948年作成の逐条解説には、「児童館は、児童文化館、児童科学館、児童体育館などあらゆる施設をふくんでいる」（松崎芳伸『児童福祉法』）と未到峰の施設構想を大きく描いていた。

こうした第40条児童館条項の成立当初の壮大な構想は、要綱案段階の過程においてもみられ、他の児童福祉施設条項と比較して「明るいイメージ」の異彩を格段に放っていたといえる。ところが松崎の理想とする児童館の構想は後に財政の裏付けの困難に直面し、また青少年社会教育施設と遜色ないこともあって、文部省施策との整合性に疑義を生じさせた。そのために松崎の児童館構想

は変貌していく。児童館は戦前の救貧施策のモデルとされたセツルメントや隣保館「児童クラブ」を起源にするといった関係者の根強い見方もあって、保護・措置対策という底流を包含せざるを得なかった（上平泰博「児童館の源流をもとめて」『童夢』第6号、1983年）。

(2) 児童福祉法における児童厚生施設の位置づけ

　児童福祉法が仕上がるまでには、11次にわたって児童福祉法要綱案に加筆修正が加えられた。その作成過程には、児童福祉法の総則3ヵ条の原形といえる「児童は歴史の希望である」という幻のメモ書きも当初みられた。この松崎メモは児童福祉法が要保護児童のみならず、すべて児童に対する福祉の権利保障を言明する端緒といえる。

　河野の児童厚生施設論では、まず都市計画のレベルで学校や家庭なども含めた児童の生活環境の整備という視点の中から捉えなければならないとした。小学校を単位とした住区1ブロックの中心部にソーシャルセンターが設けられ、児童遊園もその機能の中に含まれるべきであると考えている。児童館のイメージは、まず児童の日常生活圏内において児童遊園（原則として緑地帯に設置される）がつくられ、そこに運動・遊具設備やベンチ、造園施設、衛生施設などが配され、児童遊園の中心施設として児童館が建設されるというものであった。

　河野によると、「児童館は、図書室、工作室、展示室を中心として、児童自身が持っている自治性を極度に発揮さす施設として、児童のものとして與える施設として考慮される」「児童館は、子ども達が健やかに育成され、社会人として、自己を完成してゆくための創造心を発動、助長さす場所として、子ども達に提供する社会施設であり、文化施設でなくてはならない」ともされ、これは後に数多く建設されていく典型モデルへとつながる。

　さらに「児童館は決して大人が上から下への思想のもとに与える恩恵であってはならない、本当の意味での子どもの家として、子ども達のものとして提供すべき児童厚生施設でなければならないと考えるのである」と述べている。

　1947年12月には、厚生省の外郭団体であった（財）日本社会事業協会児童部より「児童福祉施設最低基準案」が提示されたが、そのときの児童厚生施設部会には、双葉園の高島巌、都計画局公園課の末田ますとともに河野も加わった。

ここで示された児童厚生施設の目的と建物等の概要をみると、「児童館は、児童遊園の中に設けることが望ましい」とされ、「児童館の周囲には幅10m以上の空地を設けることが望ましい」とも記されている。児童遊園については、「最低面積は600坪とする」（後の東京都児童会館建設規模）とされ、「土地面積の半分を自由遊戯場とし、四分の一を運動器具の場所、同じく四分の一を建物や植え込みなどとする」とあり、具体的に広さや設置するべき設備や植栽等に関しての項目がみられる。

児童遊園に対する国庫補助は1958年から実施されるが、児童館の施設整備や運営費に対する国庫補助が実施されるのは、1963年であった。

(3) 日本初の芝児童館建設までの経緯とその取り組み

河野の周りには、地域婦人連盟の山高しげり、後に芝児童館の初代館長となる法学者の穂積重遠、厚生省の松崎芳伸らがいた。穂積は戦前帝大セツルメント時代からの重鎮であった。

河野は児童館について、「子どもは群れをつくる習性というべきものをもっているが、このような集団が発生する基盤は学校より子どもたちが居住する地域に多く、その指導さえ正しく行うことが出来れば、健康で発展的な社会集団にすることができる。施設の運営は、児童の自治的運営とするが、そこに資格をもつ指導員が常駐しなければならない。指導員と児童の自治組織をもつということが、他のあらゆる子どものための文化施設と異なるところである。児童厚生施設は、子どもたちが自然に集まり、そこで自然にグループをつくって活動しうるような内容をもつ施設、つまり子どもたちが材を使って財を生み出すことを可能にする内容をもつ施設でなければならない」（河野通祐『蚯蚓のつぶやき』大龍堂書店、1997年）と述べていた。

東京都地域婦人団体連盟（略称：都地婦連）は1948年に創立された。この頃、全国のかなりの府県で地域婦人団体が誕生したが、その背景には戦後の日本の民主化を使命としたGHQの存在があり、その意を受けた府県社会教育課が窓口となり、地域婦人団体の成立を促進させた。東京都地婦連も、当初は都教育委員会の社会教育課に事務所をおいていた。1949年、GHQから「役所に事務所をおいておくのもどうか」といわれ、一時、都社会教育課（当時）の中野ツ

ヤの自宅に移した。しかし、「個人の自宅もどうか」ということで、1952年には芝児童館内にあった都地婦連の事務所に移した。全国地域婦人団体連絡協議会は、1952年7月に設立されるが、設立時から芝児童館の都地婦連事務局と同居した。

都地婦連は、1948年の発足時から初年度の事業として青少年問題に取り組んでいるが、当初から創立者の山高しげりが東京都児童福祉協会の理事をつとめている。芝児童館では、1951年に初代会長であった穂積重遠が逝去し、会長空席のまま副会長に副知事が会長代行をつとめることになるが、同じような会館形式の建物が続々と建てられようになって、芝児童館の利用価値も薄れ、建設当時の借金の返済に追われるという苦しい財政事情もあった。

芝児童館では、どのような活動が行われていたかをみておきたい。1955年ころから館長代行を務めた高梨三郎がキーパーソンだった。芝児童館から東京婦人児童館にいたる活動記録の一覧によると、人形劇をみる会には、プーク、おんどり座などが出演し、児童劇には、東劇、新児童劇団などが子どもたちの前で演技を競った。四季のサークル活動として、気象や天文、植物昆虫を研究する会が当時の国立教育研究所の古川晴男、中央気象台天気相談所長の伊坂達孝を講師に招いて行われた。「新しい図画と工作を研究する会」が今川小学校の藤沢典明、根津小学校の湯川尚文の指導により、高学年から中学生を対象として継続的に実施された。また、低学年児童を対象とする月例子ども会も実施されているが、区内小学校の文化部担当教諭により、低学年クラブ委員会が組織された。

(4) 公立地区児童館建設ラッシュ

1947年当時、全国に児童館は44ヵ所あったことを厚生省児童局の調査によって確認できるが、そのうち公立児童館はたった1館のみで、その他は篤志家による民設民営児童館だった。これは厳密にいえば児童福祉法制定以前のものと考えられ、制度上は第40条に基づいて建設認可された児童館とはいえない。

品川区で建設された北品川商店街の人々の尽力によって建設運営されたような児童会館も、長期間存続することなく閉館している。とはいえ、児童福祉法制定時から要保護児童対策こそが喫緊の児童福祉施策であったことから、1960

年代までの児童館は法律が制定されながら、その実質としての建物を財政上つくれなかった。1963年に児童館の国庫補助金制度が始まるまでは、一部の民間篤志家による私設事業を除けば、東京の公立児童館は未着工状態だったのである。児童福祉法第40条に明示されて以来、公的な国の財源保障は公布から15年間も先送りされ、最後に残されていた児童福祉施設の事業が児童館だった。1963年当時ですら全国に200ヵ所ほどの児童館しかなく、大阪市、札幌市などを除けば、その大半は民間篤志家による運営だけに任されていた。

東京における公立児童館の建設もまた、先の児童館国庫補助事業を契機に本格実施されるが、それまで東京に児童館が実在していたのは、その実態が不明のままの無認可児童館を除くと認可児童館は11ヵ所のみであった。しかも、それらはすべて社団、財団、個人経営を母胎にしていた。公的な財源保障を欠いていたことが、私設運営の先行きを不透明にした。

東京での公立児童館建設の本格的な着手は、1964年にオープンした中央児童館の性格をあわせもつ東京都児童会館を皮切りにしているが、その前年に先駆けて世田谷、中央、三鷹に公立の地区児童館が初めて建設されている。

1968年の東京都中期計画において、児童館の設置目標は4小学校区に1館とされていたものが、1974年には2小学校区に1館の計画とされた。

すでに1972年度末の段階で200ヵ所、1976年度末には300ヵ所の公立地区児童館が建設された。東京都は1973年の「行財政三カ年計画」において公立2小学校区に1児童館を、つまり総数にして603館（区部427館、市町村176館）という膨大な数の建設計画を構想した。

実際のところ、1980年当時の都区部における公設公営の児童館数は336館、都全体では409館に上った。最終的には1小学校区に1館の目標値は実現しなかったものの、後に「行財政三カ年計画」にあった600館以上の児童館建設が早いペースで実現している。

小型の児童館建設のラッシュ傾向をふまえると、松崎らが第40条に込めた思念とは相当に落差があったといえよう。松崎構想のモデルとなり得るような児童館は東京都児童会館くらいしかなく、区市レベルの小型地区児童館では該当するはずもなかった。当初の構想からみると大きく後退した児童館建設規模の縮小という事態は、児童館の理念やあり方にまで揺らぎを生じさせることに

なった。

　東京の児童館は厚生行政と都民生局管轄下にあったが、都の中期計画を策定した企画調整担当レベルでは、「教育と福祉の両面から児童の校外活動を振興するため児童館を増設する」（1968年）という方針をとった。都民生局の方は児童福祉研究者に研究委託して、1972年に『児童館のモデルプランニング』（児童館調査研究会編）を作成している。これは、都民生局による最初の本格的な児童館研究調査となっている。

　しかし、その翌年には、『子どもの成長と児童館の役割』（東京都青少年研究会編）が刊行され、子どもの学校外教育の立場から積極的に児童館問題にアプローチしている。両著は児童館についての認識、研究の方法、視点を大きく異にした。児童館のあり方をめぐっての論究は、その後も教育（施設）か福祉（施設）かという学問研究領域の異相をともない、活発な議論が繰り広げられていくことになった。

【参考文献】
・松永健哉『子供の自治生活』刀江書院、1936年
・中野ツヤ「子供クラブの現状—東京都における子供クラブ活動—」『社会教育』、1951年
・全国社会福祉協議連合会編『子ども会のしおり』、1953年
・石川光隆ほか「緑蔭子供会と指導の実際」『教育じほう』、1955年
・鈴木道太『子ども会』新評論社、1955年
・東京都教育委員会『子ども会活動の手引』、1957年
・厚生省児童局編『児童福祉』、1948年
・山高しげり編『こどものしあわせ』清水書房、1948年
・一番ヶ瀬康子ほか『日本の児童福祉』生活科学調査会、1964年
・東京都福祉局児童部『児童厚生施設関係資料』、1982年
・海老原治善ほか編『子ども・地域にせまる児童館活動』エイデル研究所、1983年
・全国児童館連合会編『児童厚生員ハンドブック』、1994年

青年施設、青年教育実践のあゆみ

髙井 正

1 働く青年の学び―青年学級を中心に―

（1）青年学級振興法（1953年8月施行）以前の状況

　1945年8月15日、戦争が終わり、戦地や工場から青年たちが戻ってきた。そこには敗戦からくる虚脱感とともに、安心して眠ることができる時代になったという解放感があったのではないだろうか。

　戦後の教育改革においては、アメリカ教育使節団の報告書が大きな役割を果たした。1946年3月の第一次報告書では、初等および中等教育行政 については男女共学、六・三・三制等が提案された。その1年後の1947年3月には教育基本法、学校教育法が公布され、1949年の社会教育法の成立により、戦後の教育法体系の根幹が整っていくことになった。

　こうした状況を背景に公民館活動が盛んになる中で、戦後の激動の社会をどのように生きるかなど、学習を求める働く若者たちの声を踏まえ、公民館活動において青年学級が取り組まれてくるようになってきた。東北の農村青年により自主的に起こされた学習活動がその始まりといわれる青年学級は、1947、48年頃飛躍的な発展をとげ、数年のうちに全国的に開設されるようになっていくのである。

　しかし、青年学級は当時の地方財政の貧困のために、運営は容易でない。そこで文部省は、1951年になってはじめて人々の要望にこたえて青年学級の開設奨励のために予算を計上し、各都道府県に対して213の研究指定青年学級の開設を委嘱し、1952年には623学級を委嘱した。

　さらに、学級運営上の基準を法定し、あわせて国庫補助の道をひらくべきであるという要望がしだいに強まり、文部省も法制化に着手した。1953年「青年学級振興法」が成立し、青年学級は市町村の事業として、その基本方針、開設

および実施機関、管理運営および財政援助など必要な事項が定められ、制度として確立していった。

東京においても働く青年の学習は、社会学校、都民大学、青年講座などの名称で取り組まれてきたが、東京都における青年学級の施策化・予算化は1952年度から始まり、同年には初めて青年学級の名称で、都内に11学級が開かれている。

なお、1951年に結成された日本青年団協議会は、第1回定期大会においては青年学級法制化支持の意見が大勢を占めていた。しかし、翌年の第2回定期大会において金星豊治会長は、「逆コース」との言葉も使われた情勢の中での法制化では青年団の自主性が確保できないとの結論から、法制化反対の態度を明らかにし、議論が沸き起こった。白熱した議論と代表討論を経て、最終的に反対79、賛成33で、法制化反対を決議した[1]。

(2) 青年学級振興法（1953年8月施行）以後の東京の状況
①当初の状況

1952年度から始まった東京における青年学級は、同年の11学級開設から、1953年度155学級、1954年度214学級、1955年度237学級、1956年度223学級、1957年度222学級、1958度年232学級と推移した。学級数としては横ばいであるが、学級生数は1953年度8,400人だったものが、1959年度は21,000人を超え、1学級平均91人に達している。また、1953年度の年間学習時間数は、1学級当たり101時間であったものが、1956～58年度には350時間を超えるようになった。学習内容は、職業、家事、一般教養と大きく分けられるが、レクリエーションを含む一般教養に力がおかれていた[2]。

この背景には、1955（昭和30年）頃より、商店街での週休制、一斉休日の実施という状況下での青年の余暇善用という面からの青年学級への期待も読み取れる。

青年学級は、「勤労青年の実際生活に必要な職業又は家事に関する知識技能の習得並びにその一般的教養の向上の両者を目的とするものであつて、そのいずれかの一つのみを目的とするものであつてはならない」（文部事務次官通達「青年学級振興法及びこれに伴う政令、省令等の公布施行について」、1953〔昭

和28〕年8月21日）ものとして開設されている。さらに1957（昭和32）年12月の社会教育審議会答申「青年学級改善策について」、翌年4月の中央教育審議会答申「勤労青少年教育の振興策について」において、青年学級における職業教育重視の考え方が公表された。

　東京においても、1954年4月に5学級を開設した中野区では、「洋服工技能養成」に取り組むものがあり、同年12月に青年学級が開設された千代田区では、翌年1月には「洋服技能者養成学級」が新設されている。地場産業と結びついた取り組みは多摩地域でも進められ、八王子市では1953年から、それまでの活動が青年学級振興法に基づく「織物青年学級」として実施された[3]。

　東京都教育委員会は青年学級5周年を迎えた1958年度のねらいに、「職業教育の充実」を挙げた。同年度の都の指定青年学級においては、週休制の実施に伴い働く青年の余暇善用、職業教育の充実を目指し、12学級が指定されたが、その内9学級が研究課題に職業に関わる内容が示されている。こうしたことから学習内容は、レクリエーションを含む一般教養から職業に関するものが増加していくことになっていったのである。

　しかしながら、青年学級5ヵ年の歩みを総括した『東京の社会教育 第6巻 第9号』（東京都教育庁、1958年12月）では、「とまどう職業教育」という見出しがあるように、その難しさが書かれている。そうした中、注目したい目黒の青年学級として、11の商店街の連合会の理解により開設された自由丘商店街での青年学級の状況が掲載されている。なお、職域の青年学級として知られている中央区の築地魚市場青年学級は、それまでの各業種単位の活動を整理するかたちで1959年9月、開設の運びとなった。

②その後の青年学級

　全国的には農村青年人口の都市への流入、高等学校進学率の上昇などの社会情勢の変化もあり、1955年を頂点に、学級数、学級生数も漸減の傾向をたどることとなった。

　こうした中、文部省は勤労青年教育の中核的役割を担うものとして、青年学級改善に努めるとともに、後期中等教育の拡充の一環として、青年学級では把握しにくい18歳未満の年少青年を対象に、より系統的・継続的な「勤労青年学校」の開設を1963年度から奨励した。さらには、青年学級制度には当てはまら

ない小規模グループのために1966年度から「青年教室」の開設を委嘱するなど、社会の変化に対応して、弾力的な青年教育施策を進めた。

1955年頃からの大都市を中心とした工業化により、集団就職に象徴されるように、青年層が農村を離れ労働者として都市部に集中し始め、農村を中心に展開していた青年学級の受講生は減少の一途をたどる。さらに、青年学級振興法制定の1953年当時50％弱であった高校進学率は、65年には70％を、74年には90％（文部科学省「学校基本調査」）を超えたように、青年学級が主な対象としてきた中卒者自体が急激に減少していった。多摩地域においても農業と農業青年を中心とした青年団が停滞する中で、1960年代にはしだいに立ち消えていくことになった。

しかしながら、1955年を頂点とした「漸減の傾向」の中、流入を受け入れる東京においては、55年以降もしばらくの間、学級生は増加していった。

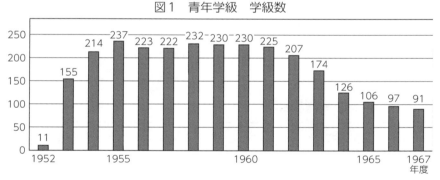

図1　青年学級　学級数

図2　青年学級　学級生数

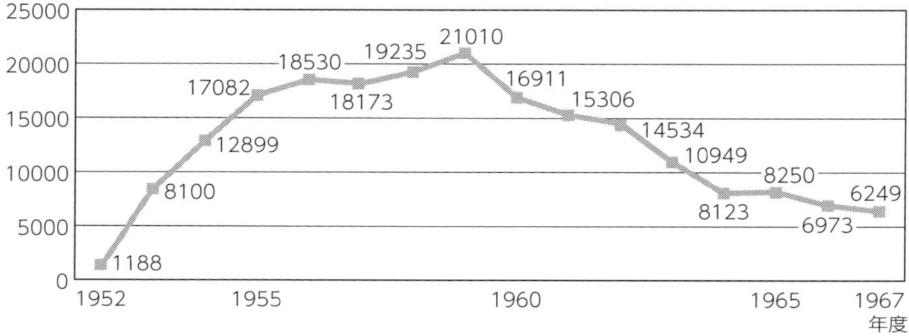

その後、青年教室などの他の学習機会の増加も影響し、青年学級はその役割を終え、1999年7月、青年学級振興法は廃止された。しかし、従来の青年学級とは質的に異なる仕組みで、独自財源により青年学級的な事業を実施している地方自治体もあり、とりわけ障がいのある青年を対象にした学級の取り組みを忘れてはならない。

③大都市東京における青年学級の意義

工業化にともなう大都市への青年の集中は、農村部の青年学級の衰退をもたらしたが、青年の生活実態や意識の変化に適応できなかった都市部の青年学級もまた、衰退していくこととなった。

しかしながら、青年学級は東京の勤労青年教育において大きな役割を果たしたことも事実である。例えば、いずれの教育機関にも行けなかった青少年に学習の場を用意したこと、都市に点在する青少年に集団化する機会を用意したこと、学級生同士が仲間に祝福されて結婚したことなどは、青年学級の存在意義を確かなものとしている。

さらに、学習者主体の障がい者青年学級を生みだすなど、その後の東京における青年教育活動の展開の上で、重要な位置を占めるものである。

2 青年の家・青年館

青年の家は集団宿泊生活と多様な研修プログラムを通じて、健全な青年の育成を図ることを目的として構想された社会教育施設である。文部省は1959年4月、国立中央青年の家を開設し、その後、全国のブロックごとに整備を進めていった。また、文部省は1958年度から、地方自治体が設置する公立青年の家の整備費補助を行った。青年学級の振興と入れ替わるように出てきた施策が青少年教育施設の整備であり、その具体的展開が青年の家の全国的展開であり、農村から出てきた青年たちを受け入れる青年団や青年学級が少ない23区においては青年館の整備だった。

(1) 東京都青年の家
①東京都青年の家の開設
　1959年11月、東京都青年の家（後の八王子青年の家）が開設された。国の施策が打ち出される以前から東京都は広く勤労青年も使いやすい「青年の家構想」を抱いていた[4]。青年の家建設に関わる予算として、1958年度には109千円が、翌年度には17,748千円余が計上されている。

　1959年6月26日着工、9月10日上棟式、10月26日竣工、11月3日に開所式を迎えた東京都青年の家は収容人員150人（宿泊70人）で、施設としては集会室、食堂、レクリエーションホール、工作室等、宿泊室としては洋室3室、和室7室、そしてキャンプ場、テニスコートなどの野外活動施設が整備された。

　青年の家の設計・建設に当たり東京都教育庁青少年教育課は、基本設計作成のために「青年教育施設に関する研究」を児童施設研究所（主宰：河野通祐）に委託した。1959年に刊行された同報告書には、「この種の施設の今後の発展は、豊かな思想と豊かな生活の中からデザインされる造形と、指導者又は管理者という人との交渉によるものである」[5]との記述とともに、設計を担当した河野通祐の「東京都青年の家の設計に当たって」の概要も掲載されている。「バラバラに集ってきた青年たちを一つの集団として組織だてる方法としてレクリエーションパーティが最も効果的である。したがって青年の家の中心となるべき部屋はレクリエーションホールである」とし、2泊3日の具体的なプログラムが記されている[6]。職員配置と中心的施設の配置という指摘は施設にとって根幹ともいえるものであろう。

②東京都青年の家の開設後の状況
　開所以来1年間で、利用者は見学者を含め4万人を数えた。1960年度の利用状況（延べ利用人数）は21,113人で、大きく分けて社会教育14,143人（66.9％）、学校教育6,970人（33.1％）である。内訳は青年団体3,993人（全体に占める率18.9％）、青年学級1,205人（5.7％）、職域団体2,837人（13.4％）、青少年指導者2,924人（13.8％）であり、学校教育に含まれる大学の利用は3,338人（15.8％）であった。宿泊での利用が16,339人と76％を占めている[7]。

　「（コーラス、話し合いなど）あのひとときは毎日の苦しい生活を忘れ、心ゆくまで楽しく過ごしました」との手紙が青年の家に届けられたり、例えば働く

通信教育生と合唱サークルとの交歓が生まれ、また、討議等による共同学習やキャンプ場での野外活動等、多様な活動が取り組まれ、殺到する申し込みを断る状況であった。東京都は1所だけでは青年の要請に応じることはできないことから、さらなる青年の家を建設していく方針をもつに至った。

東京都青年の家には、「青年の家は、寝食を共にして活動する場で、そこに専門的な職員がいることに教育的な意義があるんだとする考え方」[8]があったことから、当初から3人の社会教育主事（補）が配置された。その内の一人で開所した1959年11月に社会教育主事補として青年の家に就職した東寿隆は、「警備員もおらず、極端な時には週2～3回も宿直するといった過酷な労働条件だったが、もっと利用者とも密着していたように思う」と書いている[9]。

③進む青年の家の整備

その後、1962年に青梅、1965年に狭山、1967年に五日市、1969年に武蔵野というように、青年の家の整備が多摩地域において進められた。

東京都委託研究「新設東京都青年の家設計調査研究」（児童施設研究所、1960年9月）によると、2所目として青梅を選定とした理由として、「地元に強力な青年団が存在すること」「市当局の提供によりより良い敷地が入手できること」が挙げられている。ここからは青年の家の目的として青年団活動への支援が読み取れる[10]。

なお、1964年には八王子の青年の家の分館が町田に開設している。宿泊定員24人という小規模の施設であったが、レクリエーションホールやキャンプファイヤー場を備えていた。この分館は1973年3月に廃止となり町田市に移管され、青少年施設ひなた村として開設した。

23区に初めて誕生したのは1970年の水元青年の家であった。建設の調査段階からいくつかの陳情がなされている。1965年8月、葛飾区長より「都立青年の家を葛飾区水元地区内に設置されたい」が提出され、翌年10月には城東ブロック（墨田、江東、足立、葛飾、江戸川区）青少年委員連絡協議会から同様の趣旨の陳情があった。水元地域に青年の家設置が決定した後も、城東5区の教育長、城東ブロック青少年委員連絡協議会、東京都青年団体連合等から、宿泊定員を200人とすること、体育施設を設置すること等を内容とする陳情があった。

このような設立の経緯は、それまでの青年の家が70人であった宿泊定員を

150人と大型化させ、充実した施設を備えた、23区、とりわけ下町地域を意識した都市型青年の家を生みだした[11]。なお、都立公園内に建設された水元青年の家は1階建て、バリアフリーに配慮した施設として設計されている。1973年、水元同様に150人定員の府中青年の家が開所し、東京市青年の家7所体制が整った。

東京都武蔵野青年の家開所式（1969年5月17日）

④青年の家における主催事業の変遷

1965年当時、開館していた青年の家は八王子、同分館、青梅、狭山の4所であり、施設提供中心の運営であった。同年の青梅青年の家を会場に都教育庁青少年教育課の主催による「島嶼地区中卒新就職者研修」が開催された。この研修には、青梅青年の家の職員も一定の指導的役割を担っており、青年の家に勤務する社会教育主事の主催事業への関心が高まり、その年度に社会教育主事の職務上の正式な会として位置づけられた「青年の家指導職員研究協議会」において、主催事業をめぐっての検討が続けられていくことになった[12]。

1970年、水元青年の家が開所し、初めて事業係が設置され、主催事業のための予算も初めて計上された。このことは都立青年の家における主催事業が組織上・制度上、明確に位置づけられたということを表している。1972年度には青年の家全所に自主事業費が計上された。それ以前も「働く若者のつどい」「青少年レクリエーションのつどい」等の事業が実施されていたが、それは職員が時間と予算をやり繰りし、独自に試みていたのである。事業としては、一人ぼっ

ちの青年なくそう、サークル活動を支援することを通して、孤立しがちな青年を支援しようという方向性であった。

　そうした方向性を持った事業として、1971年から狭山青年の家は「三多摩青年サークル交流会」を開催、1974年まで4回継続実施し、その後は1977年まで「三多摩サークル交流会」として3年間実施した。第2回目の「交流会」はレクリエーション、サークル紹介から始まり、夜10時からは10の分散会が行われ、翌日には東京都教育委員との討論が行われている。この「交流会」が後述する三多摩サークル連絡協議会（三サ連）の結成につながっていくことになるが、広域施設としての都立施設としての意義を見出すことができる取り組みである[13]。

　水元青年の家も城東ブロック青少年委員連絡協議会と「江東5区青年サークル交流・研修会」を開催している。その後の東京5区青年団体・サークル連合連絡協議会の結成の端緒となった取り組みである（別掲証言、藤木宏「5区連協の活動を振り返る」を参照）。

　青年や青年サークルを直接的に対象とした事業に加え、広域施設として交流機能を発揮しての取り組みが進んだ。狭山青年の家では1972年度より8市教育委員会青少年教育担当者会議を開催していたが、1975年度からは水元青年の家においては江東5区青年教育担当者会、76年度には武蔵野青年の家では青少年教育事業連絡会、77年度には五日市青年の家で秋川流域青年団体等懇談会というように、ほぼ全所で展開されていった。なお、1968年5月に開館した立川社会教育会館は、多摩地域の職員を対象とした分野別セミナーの一つとして、1971年度からは青年教育セミナーを実施しており、水元青年の家も、1981年度から23区の青年教育担当職員対象に23区青年教育セミナーを実施している。

　1980年代に入ると、宿泊を伴わない継続事業（例えば、武蔵野青年の家1981年度「講座：情報整理の技術」全7回）[14]や、宿泊版の継続事業（例えば、府中青年の家1982年度「ヤングプラザ」全7回）が実施され、その後も継続的に取り組まれた。さらには青年の家を会場としない事業（八王子青年の家1980年度「Live Town TOKYO」、会場は日本青年館）など、内容、形態とも多様な主催事業が展開されていくことになっていった。

　こうした事業の展開の背景には、1977年度からの社会教育主事の宿直廃止が

あり、「社会教育主事（補）は、青少年に直接かかわる機会を新たに創設する必要に迫られ」たとの見方もある[15]。宿泊型教育施設としての青年の家にとって、専門職員による宿泊が廃止されるということは、施設自体の大きな転換点といえる[16]。当時、大学生であった筆者は、武蔵野青年の家で所員補佐として活動しており、宿直廃止について反対の立場であった。

⑤青年の家の終焉

東京の青年や青年サークルにとって様々な影響をもたらした都立青年の家は、時代の変化にともない主催事業を変容させてきたが、青年の家の廃止が明確となった。1998年1月、「青年の家再編・整備の方針」（東京都教育委員会決定）において、ユース・プラザの基本的考え方とともに、青年の家の廃止計画が出された。その後、2000年度末に五日市、翌年度末に八王子、青梅、狭山、武蔵野、2004年度末に水元、翌年度末に府中というように、順次廃止されていくことになった。

ユース・プラザについては、その後の基本計画・基本構想の策定、PFI事業者募集・選定、施設整備等を経て2004年3月に区部ユース・プラザである「BumB」（ぶんぶ／東京スポーツ文化館）が、翌年4月に多摩地域のユース・プラザである「高尾の森わくわくビレッジ」が開館した。

(2) 23区の青年館
①青年館の設置

東京都青年の家が文部省の施策に基づき設置されたのに対して、23区における青年館は、青年の都市への集中が進む中で、日常生活圏にいつでも利用できる青年教育施設をとの要請を捉え、東京都独自の非宿泊型の都市型青年教育施設として構想されたものであった。1970年の水元青年の家開所以前は、都心からのアクセスには時間を要する多摩地域に開所しており、都は1960年度に「勤労青年のいこいの場・集会・レクリエーションの場として区部に5ヵ所の地区青少年施設を建設」し、「今後3ヵ年計画で各区に1ヵ所宛建設する計画」を明らかにした。そのための補助金として1960年度予算に88,500千円を計上した[17]。なお、1962年度までの3ヵ年、同額の補助金が計上されている。

都内で初めて青年館という名称という施設として、1961年5月に大田区青年

館が誕生し、翌6月には江東区、以下同年度内に葛飾区、中野区、江戸川区、台東区、渋谷区においてに設置されていった。このうち大田区、葛飾区、江戸川区は独立した施設であった。

江東区青年館は150人収容のホール、40人で料理実習ができる教養室、18畳の和室、30、40人で使用できる集会室が2室、加えて2,000冊の図書と70席を備えた読書室という施設から構成されていた。こうした施設構成からは、日常的に余暇を活用したレクリエーション活動や学習、読書活動、自主的なサークル活動等の場として設置されていたことが分かる。使用料については「青少年団体、青少年文化グループ等が使用する場合は、無料とする」と条例に明記されている。なお、江東区青年館の正式名称は「江東区亀戸区民館並青年館」であり、館長以下、4人の専任職員が配置されていた。

3ヵ年計画の1963年度までには17区に、1965年度までには千代田区を除く22区に青年館は設置されていった。公民館整備が進まなかった23区において、1961年度の時点で既に40館を超えていた区部での図書館に続き、青年館は大きな位置を占める社会教育施設として整備されていったことは特筆に値する。

②青年館が抱える課題

急速に進んだ青年館の設置であったが、社会教育主事等の専門職員の配置については、大半の青年館には配置されてはいなかった。1963年10月には東京都社会教育委員の会議が都教育委員会に対して、「専門職員を含めて、青年館活動に必要な人員を確保すること」の意見具申を行っている。しかし、その後も配置は進まず、1968年度は23区全体で2区に各1人という専門職員の配置状況であった（「昭和43年度東京都社会教育行財政調査」東京都教育庁）。こうした中、青年館相互の連携を図ることを目的に、1967年「東京都青年館等連絡協議会」が設立されている。

1969年7月に2館目の青年館を開設した中野区では、社会教育委員に青年館運営のあり方を諮問し、答申を得た。その結果、「利用団体の実情に応じて配慮」との答申を踏まえ、午後9時閉館が1時間延長されることになった。しかし、「専任の館長」「専門職員を配置」については、実現しなかった[18]。

足立区青年館を拠点に活動する足立サークル連合（以下、足サー連）は、利用団体の増加や併設の結婚式場としての優先使用等の現状を打開するために、

1972年から青年館増築運動に取り組み、秋からの署名運動を経て、翌年2月に青年館増築の第1回請願書、3月には2回目の請願書を区議会に提出。請願は3月の区議会で採択された。足サー連はさらに署名運動を続け、1974年2月には青年館増築促進の請願を行い、請願項目には1974年度中の着工とともに、社会教育主事の配置と事業の助成、そして運営委員会の設置も含まれていたが、運営委員会の設置は不採択となった。1976年青年館新館が開設し、1979年に新規採用の社会教育主事（補）が配置された（この時配置されたのが筆者である）。この増築運動の特徴として、数次による請願、陳情という継続的な運動と、青年だけではなく、結婚式場業者や青少年委員会等の関係団体と協働したことが挙げられる[19]。

③その後の青年館

　青年館は青年団体・サークルの活動場所であるとともに、青年が抱える多様な問題や社会が直面する課題に対応した学習機会の提供や、企画委員会による学習者主体の学習や交流事業を展開するなど、社会教育施設としての役割を果たしてきた[20]。

　しかしながら、都会での青年の孤立化やその反映としての青年団体活動の停滞による青年層の利用の減少、さらには青年層の利用は考えにくい平日の昼間の時間帯の利用状況等を背景に、青年館の転換の模索が課題となった。そして、区民一般を対象とした施設に変更していく区が大勢となっていったのである。例えば、青年館12館体制を整備してきた大田区は、1985年に全てを文化センターに改称している。3館の青年館を設置していた杉並区も、公民館を社会教育センターに引き継いだ1989年に、社会教育会館に改称した。

　現在、23区には青少年センターや青少年プラザという施設はあっても、「青年」という名称をもつ公立施設は減少しつづけ、開設50年の歴史をもつ世田谷青年の家は、2014年4月、「世田谷区野毛青少年交流センター」としてリニューアルオープンした。そして今、1961年開設の渋谷区初台青年館を残すのみとなっている。

　「青年」から「青少年」へという名称変更は、青年の社会教育活動の拠点を縮小させるとともに、社会教育としての「青年教育」の衰退をもたらした。

3 青年サークル運動

　1950年代半ば、集団就職列車に乗り、高度成長期を支える「金の卵」といわれる中卒労働者が都市部に流入し、都内でも墨田区・江東区・足立区・葛飾区・新宿区・大田区など、工場街や商店街が集積する地域に居住する若者が多かった。まさしく映画「三丁目の夕日」の時代そのもので、地方出身者による集いの場、仲間づくりとして働く青年によるサークル活動が取り組まれた時代でもあった。その代表的なものが現在でも活動を続ける「若い根っこの会」（それまであった関係団体を統合し、1959年11月に設立）である。その活動はテレビなどでも取り上げられ、同様の目的をもつ活動のきっかけとなっていった。

(1) 東京・下町の動き

　荒川区においては、後に結成される荒川青年団体連合会の初代会長が、1956年にサークル「野菊の会」を立ち上げている。「当初の立ち上げのメンバーは18人で、女性は1人だった。メンバーは銭湯でよく一緒になって話したり歌ったりしていた仲間である。8割が周辺で育った方で、2割が地方出身者であったと記憶されている。住み込みで町の工場などで働いていた青年が、毎日同じような時間に銭湯に訪れていたことから、このような仲間関係が出来上がっていったのだ」。サークルとは縁がなかった青年も含め、「流入してきた青年だけではなく、東京の地元出身の者も参加できる会を作ってしまおうと考え立ち上げにいたった」とのことである[21]。

　足立区においても、1960年代後半、特定の活動分野にとらわれず、多様な活動に取り組む総合サークルが活動を始めた。卒業生の生活を心配した中学校の教師と卒業生5、6人の交流会をきっかけに、本木・関原地域に総合サークル「ポプラ」が誕生したのは1968年10月で、そのスローガンは「ひとりぼっちの青年をなくそう」だった。

　山の会、ギター部、テニス部、人形劇部、学習会、バスケット部からなる「ポプラ」の会員は、1980年頃では百人近くで、全員が集まる月1回の例会では、ソフトボール大会、バスハイク、スキー教室等が行われていた。運営のための三役会、役員会、部長会が月1回、例会を成功させるための実行委員会が週1回開

催され、機関誌も発行していた。

　会員の自宅やアパートを借りて活動していた「ポプラ」は会員が増えるにともない、1977年頃からは足立区青年館を利用するようになり、他のサークルとの交流も生まれた。そうした中、多くの団体と協力し、青年館の午後9時閉館を10時まで延長を実現した[22]。「ポプラ」は前述した「足サー連」の中心的団体の一つである。

　青年サークルは、大きくは総合サークルと音楽や演劇など特定の分野をテーマとした専門サークルに分類できるが、どの地域においても、次第に総合サークルは減少していくことになった。

(2) 多摩地域の動き

　多摩地域においてもさまざまな動きがあった。

　例えば、青年団が姿を消しつつあった福生市では、1965年、成人式の実行委員となった新成人たちが成人式終了後、自主的に集まりサークルづくりを始めた。そのサークルには地方から出てきた一人ぼっちの勤労青年や地元出身者も集まってきた。福生には横田基地との関係で自動車修理工場が比較的多く、そこに中卒の集団就職できた青年が働いていた。

　1968〜1973年の間に、14〜15の青年サークルができ、連合組織「福生青年団体連絡協議会」が結成され、その会議は毎週1回定例会を開催し、公民館の青年担当の職員も参加していた。会議の後は喫茶店で、職場の悩み、恋愛、政治の話など、夜中の1時2時まで本音で話し合ったという[23]。

　多摩地域での青年たちの取り組みは、自主的なサークルというかたちとともに、公民館による青年教育の取り組みとして、多様な展開を見せている。1960年代後半、小平、国立、狛江、国分寺、昭島等に青年教育を担当する若手専門職員が採用され、都市化に対応し青年の「生きがい」に迫る都市型青年教育の実践が進められていった。

　1970年の昭島市「青年ギター教室」は、青年の人格形成にとって大切な感性の問題を正面から取り上げた。1971年の国分寺市の「話す、書く力をつける教室」は、生活技術学習を生き方と結び付けて位置づけている。

　サークル運動の影響を受け、「フェスティバル」「○○祭り」などのフェスティ

バル運動が公的青年教育の分野に入ってくるのもこの時期であった。こうした動きの中で、「たまり場づくり」の機運が高まっていくことになった[24]。

(3) 広域連合体の活動

　青年サークルは活動を進める中でさまざまな課題にぶつかる。課題を解決するためには他の団体との連携・協力が不可欠となり、青年サークルの連絡協議会的な組織（以下、連合体）が結成された。これらの連合体は加盟団体間の連絡調整や独自の学習会、フェスティバルに取り組んだ。前述した足サー連のように、行政に関わる課題については、行政への働きかけを行うなど、多様な活動に取り組んでいる。

　東京における連合体活動の特徴としては、区市町村レベルの連合体に加え、さらに広い地域での活動を展開する複数の連合体による広域連合体が組織されていたことが挙げられる。

 1　東京都青年団体連合（略称：都青連）
　　1967年に結成された東京都青年団体連合会は、荒川区、豊島区、渋谷区と23区内に広がっている東京都サークル連盟の4団体と、オブザーバー参加の団体により構成されていた。水元青年の家建設のための陳情請願運動等を行ったが、活動は徐々に停滞。1976年に再建され、東京都青年会議や1979年の第10回日本都市青年会議東京大会を開催した。
　　水元青年の家が援助している団体の一つで、1977年には都青連と水元青年の家との共催により、「都青連第1回研修会」を1泊2日で開催している。翌年発行された報告書には、当時大学3年生であった筆者の名前もあった（「都青連第1回研修会報告書」東京都青年団体連合・東京都水元青年の家1978年3月）。

 2　東京5区青年団体・サークル連合連絡協議会（略称：東京5区連協）
　　東京都水元青年の家の援助団体の一つで、結成当時から密接な関係にある団体である。
　　1974年3月、東京都城東ブロック青少年委員連絡協議会と水元青年の家の主催による「江東5区青年サークル交流・研修会」を契機に、6回の準備会を経て開催された「第2回東京5区青年団体（サークル）交流集会」の中

で、東京5区青年団体・サークル連合連絡協議会が結成された。準備会の事務局的役割を水元青年の家が担っていたこともあり、事務連絡所は水元青年の家に置かれることになった。

加盟団体は足立区、葛飾区、江戸川区、江東区、墨田区の5区8団体（墨田、江戸川は複数団体）で、各区持ち回りで月1回の学習会的な要素も含んだ世話人会に加え、「東京青年交流集会」「スキー交流会」などのイベントを実施した[25]（東京5区連協の詳細については、別掲証言、藤木宏「5区連協の活動を振り返る」を参照）。

3 この指とまれ東京青年運動（略称：この指とまれ）

第16回社会教育研究全国集会（社会教育推進全国協議会主催）の青年分科会が水元青年の家を会場に開催された。これに参加した国分寺市や杉並区の青年たちが東京5区連協と手をつなぎ、1976年に結成された。他の連合体とは異なり、個人加盟制と団体加盟制をとっている。

専門部会、例えば理論研究部会を設け、若手社会教育職員、研究者とともに、何人かのリーダーを対象に、サークルとの関わりやそれによる成長過程を分析し、サークル活動にフィードバックする努力をしている。また、フェスティバル委員会を置き、夏・冬の交流委集会などを開催していた。

4 三多摩サークル連絡協議会（略称：三サ連）

1972年、狭山青年の家が三多摩青年サークル交流会を開催した。翌年の第2回交流会にて三サ連が生まれた。都知事との対話集会などの開催や、青年の家の運営や建設に青年からの要望を出すなど、狭山青年の家の支援もあって活発な活動を展開した[26]。しかし、1977年、三サ連の事務所を閉鎖するなど、休会状態となるが、1980年には9団体が再建に向けて動いていた。

5 全都青年団体連絡協議会（略称：全都青協）

1978年、「この指とまれ」が夏の交流集会の開催にあたり、水元青年の家を使用したいとの申し入れを受けた同青年の家は、東京5区連協や都青連などを含めた協力体制を呼びかけた。そして、初めて広域5団体の協力により「東京青年交流集会―燃やせ青春、語ろう今を―」が開催された。

その後、何らかの情報交換を続けようと、水元青年の家が事実上の事務局

となり定期的に会合を開き、この間、都青連を中心として第10回日本都市青年会議東京大会の開催を始め、研修会等で協力体制をとってきた。

そして、1980年7月、全都青協が誕生した。ここまでの道のりには、青年当事者の想いと行動、そして、支援を惜しまなかった青年の家を中心とした社会教育職員の存在を忘れてはならない。

東京という大都会の中で、大都会ゆえの困難さに屈することなく、青年サークル活動の中に、人と人とのふれあいを求め、よりよい地域社会づくりに参加する青年のエネルギー。一つのサークルが区市町村の連合体に、さらに広域連合体へ、そして、全都青協へと青年の輪の広がりへの期待は大きいものがあったことだろう[27]。

（4）その後、青年サークルから NPO へ

1985年「国際青年年」の取り組みはあったものの、23区においては、青年を対象とする施設の減少にともない、青年教育事業そのものが衰退していった。青年サークルの活動も演劇や音楽など、特定分野を課題とする活発な活動はあるものの、総合サークル的な取り組みは減少し、課題解決に取り組む連合体の活動も衰退していった。前述したように、「青年」が施設名から消えたことで青年教育事業もなくなってきたことと、軌を一にするものである。

その一方で、ジェシカ・リップナック、ジェフリー・スタンプス夫妻によって著された『ネットワーキング―ヨコ型情報社会 への潮流―』（プレジデント社）の 日本語訳が、正村公宏の監修で1984年に出版された。自立した市民が連帯していくことで商業主義などによりゆがめられた社会に対抗しうる価値が創造されると説いたこの本が一つの契機となり、国内に「ネットワーキング」という発想が吹き込まれていった。

従来から「ネットワーキング」に取り組んできたボランティア・市民活動の中間支援組織である日本青年奉仕協会（1967年に設立、略称：JYVA＝ジバ）は、1988年開催の「第19回全国ボランティア研究集会 東京集会」の成果として、『日本のボランティア '88―交響するネットワーキング―』[28]を出版した。集会報告とともに、本書の後半には120を超える団体のネットワーカーからのメッセージが掲載されている。この「研究集会」には、筆者も実行委員の一人

として関わったが、900名近い参加者からあふれ出た熱気が忘れられない。「研究集会」は2003年の第34回山形県庄内集会まで毎年、全国を回るかたちで開催されてきていた。

こうした種をまくような取り組みに加え、1995年の阪神・淡路大震災が一つの契機となり、ボランティア・市民活動団体の法人格取得を容易にする法整備を求める声が高まり、多様な市民団体等の働きかけが実り、1998年に「特定非営利活動促進法（NPO法）」が国会において可決制定された。

東京都に主たる事務所を置くNPO法人は9,473団体を数え（都知事および内閣府認証の合計数、2015年4月末日現在）、従来、行政や行政出資の団体が担ってきた公共分野を、「新しい公共」の名のもとに、NPO法人等を中心とする市民セクターも担っていく状況が生まれてきた。NPO法人等が青年サークルとイコールであることはないものの、青年を主体とするものも少なくないと思われる。

第一生命保険経済研究所のレポート「若者の社会参加とNPO─NPOによる若者の社会的包摂の可能性─」[29]は、2005年に実施した全国のNPO法人3,000団体を対象とするアンケート調査（有効回収数421件）から、次のような結果を示している。

20歳代が代表を務めるNPO法人は全体の5.5％、30歳代は9.7％で、計18.6％のNPO法人の代表者が30歳代以下であり、また、参加者層の中心年齢層に20歳代以下の男女を含むNPO法人は13.1％、30歳代は9.3％で、計22.4％のNPO法人が参加者の中心に30歳代までの男女を含んでいることを明らかにした。

10年前の調査であるが、これらの数値を都内のNPO法人に当てはめれば、青年層を中心としたNPO法人が相当数存在するだろうことを感じさせる。

「青年による環境問題解決への取り組みを通じて、持続可能な社会の実現を目指します」というビジョン（目指すべき目標）を掲げて、活発な活動を全国展開しているエコ・リーグというNPO法人がある[30]。ホームページからは青年主体であることが明確にうかがえるし、活動報告のページからは、かつて水元青年の家にて開催されていた「東京青年交流集会」的な雰囲気が感じられる。

全国で認証されたNPO法人は50,090（2015年3月末日現在、内閣府データ）あり、そのうち活動分野に「社会教育の推進を図る活動」を掲げている数は48％

弱の23,885法人である。この数字は、青年たちの主体的な活動のみならず、市民主体の社会教育活動の新たな展開への希望を抱かせるものではないだろうか。

　グローバル経済化、少子高齢化、高度情報化、過疎と過密等々、青年たちを取り巻く環境が変化する中で、青年たちはもしかしたらNPO活動の中で、かつての青年サークルと同様に、「ひとりぼっちをなくそう」とめざしているのかもしれない。少なくとも、そうした視点でNPO活動をとらえていくことが、社会教育関係者には求められているのではないだろうか。

1　日本青年団協議会編『地域青年運動史―つながりの再生と創造―』日本青年団協議会、2001年3月、23頁
2　年度別学級数と学級生数については、東京都青年学級振興協議会編集の『東京都における青年学級のあゆみ』（東京都教育庁、1968年）の50-51頁のグラフによる。
3　東京都青年学級振興協議会『東京都における青年学級のあゆみ』東京都教育庁、1968年、85頁
4　「史料からみた青年の家・Ⅱ」鳥居芳夫談『青年の家紀要 Vol.16』東京都青年の家、2001年7月、9頁
5　児童施設研究所『青年教育施設に関する研究』東京都教育庁青少年教育課委託調査、1959年、2頁
6　前掲『青年教育施設に関する研究』、41-44頁
7　『東京の社会教育 第9巻第16号』東京都教育庁、1961年10月、4頁
8　辛島裕子他「史料からみた青年の家・Ⅱ」藤田博談『青年の家紀要 Vol.16』東京都青年の家、2001年7月、11頁
9　東寿隆「青年の家の発足のころ」『青年の家紀要 Vol.4』（財）東京都教育文化財団、1989年11月、6頁
10　生熊史他「史料からみた青年の家・Ⅲ」『青年の家紀要 Vol.17』東京都青年の家、2002年3月、7頁
11　増田蓉子他「地域に根ざした水元青年の家の主催事業の歩み」『青年の家紀要 Vol.18』東京都青年の家、2003年3月、71頁
12　高橋寿美男他「主催事業の歴史的変遷と今後の課題」『青年の家紀要 Vol.14』東京都青年の家、1999年12月、4頁
13　藤井珈世「青年と職員が一体となって」『青年の家紀要 Vol.4』（財）東京都教育文化財団、1989年11月、9-13頁
14　宇田川正彦「情報講座を終えて」『青年の家紀要 Vol.1』（財）東京都教育振興財団青年の家、1986年7月、25-29頁

15 前掲『青年の家紀要 Vol.14』、7頁
16 宿直廃止問題については、猪股正志「青年の家の夜間運営について考える―宿泊問題を中心に―」『青年の家紀要 Vol.2』東京都教育振興財団青年の家、1986年7月、41-43頁
17 『東京の社会教育 第8巻 第6号』東京都教育庁、1960年4月、4頁
18 矢萩操「青年館の運営に新しい試み―中野区の場合―」『東京の社会教育 第17巻 第1号』東京都教育庁、1969年8月、6-7頁
19 足立区青年館開館青年祭実行委員会『足立区青年館 増築のあゆみ』足立区青年館増築運動推進協議会、1976年4月
20 例えば、髙井正「いま国民に求められる政治的教養―青年教育のとりくみのなかから―」『月刊社会教育』1983年5月号、20-27頁
21 小澤晃広「地域コミュニティーにおける青年活動の意義―東京都荒川区における青年活動を事例として―」早稲田大学第一文学部総合人文学科社会学専修4年、2004年度卒業論文、6-7頁
22 野口秀子「総合サークル ポプラと私」『東京の社会教育 第27巻 第1号』東京都教育庁、1980年8月、1-3頁
23 加藤有孝「青年教育セミナーの発足当時の課題と流れ」『青年教育実践の視点を求めて 8』三多摩青年教育セミナー、東京都立多摩社会教育会館、1990年5月、78頁
24 菊池滉「三多摩の青年教育をふりかえって」『三多摩の社会教育 第51号』東京都立川社会教育会館、1980年3月、12-14頁
25 長谷川秀一「東京五区連協と水元青年の家」「情報講座を終えて」『青年の家紀要 Vol.1』(財)東京都教育振興財団青年の家、1986年7月、30-36頁
26 前掲『青年の家紀要 Vol.4』、11頁
27 本項については、長谷川秀一「東京都における青年サークル広域連絡協議体の現状」『東京の社会教育 第27巻 第1号』東京都教育庁、1980年8月を参考とした。
28 日本青年奉仕協会「日本のボランティア」編集委員会『日本のボランティア '88―交響するネットワーキング―』LGC総合研究所、1988年6月
29 北村安樹子「若者の社会参加とNPO―NPOによる若者の社会的包摂の可能性―」第一生命保険経済研究所、2007年3・4月
30 「NPO法人エコ・リーグ」Webサイト http://el.eco-2000.net (2016年7月9日最終閲覧)

証言 History

5区連協の活動を振り返る

藤木 宏

1 生いたち

東京5区青年団体・サークル連合連絡協議会の歩みを辿ってみたいと思う。

1974年3月、1泊2日で「江東5区青年サークル交流・研修会」が東京都水元青年の家にて開かれた。この時は東京都城東ブロック青少年委員連絡協議会と東京都水元青年の家との共催であった。

趣旨としては「江東5区での青年サークルの活動の全体像はどうなっているのか？青年サークルの活動上の成果・悩み、そして共通の課題などを、現にサークル活動をすすめている青年が、青少年委員・各区教育委員会の行政担当者とともに、活動・意見を交換し、青年活動を高め発展させるために考え合う」ことが挙げられていた。

それから約半年後に「第2回目」を青年自身の手で準備することを城東ブロックの各青少年委員会から呼びかけられた。

その準備会を重ねるうちに、「交流集会を行うだけの準備会にしておくのはもったいない」という意見が多く出され、各区の連協・連合体を一つの組織体として運営していこうということで、1975年3月の第2回目の時には前回の2つの共催に加え、東京5区青年団体・サークル連合連絡協議会準備会も主催に加わった。

そしてこの日、東京5区青年団体・サークル連合連絡協議会（5区連協）の発会総会を開き活動を始めた。設立当時の5区連協を構成する団体は次の8団体であった。

・足立サークル連合（足サ連）
・江戸川区小岩区民館利用団体連絡協議会
・江戸川区青年館利用者連絡協議会
・葛飾青年サークル連合会（葛サ連）
・江東区青年団体協議会（江青協）
・墨田区青年館利用団体協議会（墨青利協）
・墨田区青年団体協議会（墨青協）
・墨田地域文化スポーツレクリエー

ション協議会（地文協）

以上、アイウエオ順

これら各区の連合体は、各区に存在する単位サークル（専門サークルや総合サークル等）が複数加盟して構成され、各区の単位サークルの多くは地域に根ざした活動を目的としていた。

この中の江東区青年団体協議会は、第1回目の「江東5区青年サークル交流・研修会」を契機にして結成された。また葛飾区ではそれまでの葛飾区青年団体連合会に代わって、葛飾青年サークル連合会がやはり同じ第1回目の交流・研修会を契機にできあがった。

2 目的と活動

5区連協の目的としては会則の第2条に次のようにある。

「本会は各団体・サークルの問題を解決するいとぐちをみつけ、各区の協議会をより充実、発展させることを、また各区協議会の力を地域活動に役立て、5区の連絡協議をさらに前進させることを目的とする。」

また第6条（活動）の中には、「第2条の目的を実現させるための幅広い活動を行う」とあり、後で述べるように5区連協の活動が各区の連協活動に大きく貢献してきた。

発足当時の5区連協の活動は社会教育施設等の運営についてなど、サークルや連合体活動に直接関わりのある身近な問題の学習会から始められた。

これら学習会の具体的な進め方や、問題提起、各区の情報交換等は「世話人会」と呼ばれる各区から選出された代表者が集まる会議の中でなされてきた。

例えば「5区内社会教育行政の動き」「施設のあり方についての学習会と施設見学」というテーマで行われた学習会は、会場を各区の青年館など日頃メンバーが活動している施設に設定された。そして設定された区の連合体が必要な資料を行政ととも

に準備し、また当日は行政から館長や関係職員（係長の出席が多い）に出席してもらい、方針などの説明を受け、行政側の考え方に対して理解を深めた。

この学習方法は、「①行政が何を考え、何を行おうとしているかを知ることができる。②行政が行おうとしていることに対し、青年の立場から集団で考え評価でき、その評価が青年にとって歓迎できないものである場合は他区の青年達がその評価に対し発言しやすい。③よい評価のものであれば、各区連合体に持ち帰り、自区内での討議材料となる。④具体的な例題として学びやすく、全体のものになりやすい利点をもっている」であった。

また、行政側からも次のような提案が出されたりもした。
①区長との対話集会がもたれた席上、区長より「本区の連合体がひとつになるなら補助金を出しましょう」との発言があり、青少年委員会などが統一のために努力していく。
②区長部局に青年デスクを設置し、青年団体と地域社会とを結びつかせるために、区内を5つのブロックに分けて、ブロックごとに連合体を組織していく。

それ以外にも5区連協が各区連協に与えた成果はいろいろある。

例えば「請願」という行政へのアタックの方法。これを得ることによって葛飾区では手話サークルが手話講師派遣の補助金を獲得したり、江戸川区では、青年館の和室を宿泊できるようにし、利用時間もそれまでの午後9時までという時間を、自主管理という方法で1時間の延長を実現したり、足立・江東でも30分〜45分の時間延長を実現した。また墨田区では、青年館にコピー機と印刷機の設置と、さらには利用団体が枚数の制限付きではあるが無料で使用できるようになった。

こうして行政についての知識に乏

しかった各連合体の役員たちが、学習会を契機に、行政から自立し、自分たちとしての主張を対等の立場で話し合おうとする動きが出てきた。

また、他区との交流の中から得たものも大きかったといえる。

葛サ連では、足サー連の機関紙「わらさ」を見て、新聞「でんでんむし」を発行し、パンフレット「道しるべ」を作成した。また各区が独自の祭典を主催している様子を見て、葛サ連でも「青年祭」という祭典を開催した。

これらは互いの区を見て刺激し合うという連合組織の利点の現れである。以上が創成期の大まかな活動内容である。

しかし、そういった活動もいくつかの問題を抱えていた。

① 連協の役員は多くのものを得たが、それを単位サークルにどう活かしていくか。

② 連協活動の充実とはいうものの、加盟団体が増えていかないという現実。

スキー交流会（雪国交流会）群馬県利根郡新治村（1988年2月28日）

③単位連協の役員の後継者がなかなか育たないということ。
④組織を運営していくための資金繰り。
⑤江戸川の未結集化　等々…。

　これらの問題意識から、5区で行われている「学習会」も"ポスターの作り方""事務局を考える""サークル交流会"等のように、単位連協あるいは単位サークルに役立つ実践面での学習会というふうに変わってきた。連合体相互の強化という点から、もう一歩踏み込んだ個々の意識革命、連帯へと変わってきた。

　そしてこの頃から5区連協内部にばかり目を向けるのではなく、外へ踏み出す試みもなされた。

　1979年に初めて企画されたスキー交流会はスキーを通じて、同じ活動をしている地方の青年たちと交流しようというものであった。この時は初めてということもあり、地元の青年会の方たちとの連絡がうまくつかず、当初構想していたものよりはかなり小規模なものとなったが、参加した人々には大きな何かを残したようである。

　そして翌年には200名にも達する参加者を動員し、これまでのスキー交流会の中で一番大きな活動として残っている。

　また「東京青年交流集会」も役員が知恵を絞って"ワイワイワクワクinみずもと"略して"ワイワク"という親しみ易い名称がつけられ、レクリエーションや機関紙作り等単位サークル参加者を主な対象にした企画で行われていた。

　また、この頃から徐々に広報宣伝活動が功を奏してサークルに属していない一般参加者の顔が見られるようになった。そういった一般参加者のフォローをという意味合いから"ワイワクパートⅡ"が設けられた。

　2月のパートⅠに参加した人たちに呼びかけをしてパートⅡを開催する方法が、1980年から行われている。そうした一般参加者がほんの一

握りではあるがサークルに加入したり連協活動の働き手となったりしていた。"ワイワク"の準備会の段階では一般参加者のほとんどがそういった次代の担い手となってくれることを期待していたのであるが、なかなか望み通りにはフォローも働きかけもできなかったのが現状だった。

発足当時から6年間は学習会が年4、5回と主な活動であったが、7年目からはこのようにスキー交流会や"東京青年交流集会"に重点を置く活動となってきた。それは参加者の層が変わってきたことと、役員やサークルの意識や要求が様変わりしてきたからであった。

また1983年頃から各区の行政は"社会教育施設の民間委託"という青年たちにとって不利な方向に乗り出した。"民間委託"の何がいけないのか、単位サークルでは判り得なかったことが連合体組織に関与して

ワイワイワクワク in みずもと 東京青年交流集会「原子力と人間」
(1988年10月15日〜16日)

くださっていた多くの助言者、社会教育主事さんたちのおかげで知ることができ、「請願」「学習会」等を通じて、今までと変わらない状態で利用できるように動き、獲得した区もあった。

私たちが利用している"水元青年の家"も1986年4月から運営が財団法人となった。そしてこの頃から青年たちの結集が少しずつ薄れてき出した。

1983年、葛飾青年サークル連合会が、3月の総会をもって、連協活動を停止した。そんななかでも、1985年の国際青年年には各区の連協がさまざまな行事に参加し、成功の手助けとなった。"水元青年の家"においても1泊2日でフェスティバルが行われ、5区連協としては実行委員として数名の役員が力を発揮した。

しかし、そのようにして青年たちの眼をサークル活動に向けようとしたのであったが、青年たちは個々の世界に流れていくばかりであった。

墨田区青年館利用者団体協議会も1986年4月の総会を最後に実質の活動を停止した。また、江東区青年団体協議会も1987年に活動を停止した。

以上のように、各区の連協が成立しない状況下にありながらも5区連協が活動を続けてきたのは、いつか各区の連協が再び結集して、サークル運動を推進していってくれるのではないかという強い期待があったからである。

しかし、勤労青年という立場にあり、しかも家庭をもつ人が多くいる中、連協活動もなかなか思うに任せないのが現状であった。

外部との関係では、特筆すべきことが二つある。その一つは、1980年7月13日の「全都青年団体連絡協議会（全都青協）」の発足である。これは、東京都内で活動する広域連絡協議体である4団体（東京都青年団体連合、この指とまれ東京青年運動、三多摩サークル連絡協議会、5区連

協)が協力し、全都的な連絡協議体を結成したものである。

　このなかで5区連協は、専任の役員を送り、運営に力を貸したり、「東京都青年会議」の開催に当たっては、参加者の動員をはかるなど、大きな力となった。

　二つ目は、5区連協の会長である私が、第18期東京都社会教育委員に就任したことである。

　これは、今まで、青年団体代表を「社会教育委員」に送りたいという課題であったものが身近になったことであった。また、「東京都のこれからの社会教育における青少年教育の施策について」の諮問が東京都教育委員会よりなされ、「答申」が1988（昭和63）年10月3日に提出され、その内容は、内外に注目された。そして、第19期では、「子どもが主体的に育っていくための環境づくりと社会教育の役割―学校週5日制への対応との関連で―」という「助言」にたずさわり、1990（平成2）年10月任期を終えた。

　この2期4年間の任期で、5区連協という存在が、今まで以上に認識され、内部的にも、しっかりとした活動をしていかなければならないという原動力にもなったように思う。

　さらに付け加えるならば、「15周年記念誌」発行（1991年3月31日付）に初めて、東京都の補助金の申請をし、取り組んだのも、今までの5区連協の活動の中でも、特筆すべきことであった。

　しかし、その後、5区連協の活動は、さまざまな要因をかかえ、残念ながら活動を停止したのであった。

第4章 障害者・人権

1 障害者の社会教育実践の展開

井口 啓太郎・橋田 慈子

1 「障害者青年学級」の歴史的位置

　戦後における学校卒業後の障害者[1]の問題は、永らく社会福祉の領域の問題として捉えられてきた。かつての施設収容主義が、身体障害者当事者による自立生活運動を通して批判・検討され、障害者も地域において必要なサービスが受けられるべきだとする地域福祉が提唱されるなかで、社会教育の役割も次第に顕在化してきた。しかし教育領域では、障害のある子どもに対する学校教育制度の整備が進んでいく一方で、学校教育を修了した障害者に対する社会教育の進展は不十分であった[2]。

　このような概況のなかで、首都圏や名古屋市、関西地方における都市部の自治体などで実施されてきた「障害者青年学級」の取り組みは、障害者を対象とする社会教育実践として重要な意味をもってきた。とりわけ東京都においては、ほとんどの市区で障害者青年学級が社会教育事業として実施され、全国でも類をみない特徴がみられる。これらは障害者一般というよりも、学校教育修了後の主に知的障害者に対する「青年学級」として実施されてきた経緯があり、障害者の社会教育実践全体の課題からすれば限定的ではある。しかし、社会教育研究において「教育と福祉」を統合的に捉える視点が改めて注目される今日[3]、社会教育行政の分野に「障害者」を位置づけ、東京都の各地域で実践を積み重ねてきた障害者青年学級の先駆性と歴史的意義は、再度参照されるべきだろう。そこで、戦後東京において展開されてきた障害者社会教育の歴史を辿るために、

ここでは障害者青年学級を中心にその実践史を描いていくことにしたい。

なお、これまで記述・記録されてきた東京の障害者青年学級に関わる実践の報告資料や先行研究群は、次の3つの視点から大別することができる。

第一に、障害者青年学級の開設や拡大を支えてきた知的障害者の親・保護者たちの運動と自助グループ活動の記録である。各地の親の会（育成会）が発行した諸資料は数多くあるが、全国組織の機関誌『手をつなぐ親たち』では、たびたび障害者青年学級の取り組みが紹介されている。親の会の運動は、障害者青年学級の開設・拡大などに限ったものではないが、その出発において親たちの果たした役割は歴史的に重要である。

第二に、障害者青年学級を組織し、担当してきた社会教育職員による実践記録が挙げられる。これも各自治体において実践記録が作成されており量的にも約50年分の蓄積がある。なかでも区部を中心にした特別区社会教育主事会[4]や、市部を中心にした東京都立多摩社会教育会館「障害者の社会教育保障を考えるセミナー」が、職員研修として保障された活動において障害者青年学級等を担当する職員の実践交流と課題共有等の機会をつくり、実践の発展に貢献した意義は見落とすことができない。特に、東京都立多摩社会教育会館のセミナーは、その後障害者青年学級の事業展開に欠かせない市民スタッフ同士の実践交流や「全国喫茶コーナー交流会」の取り組みへの基盤にもなってきた点で重要であった。

第三に、この分野で調査・研究を進めてきた研究者らによる研究成果が挙げられる。特に、1990年代後半以降の「障害をもつ市民の生涯学習研究会」の共同研究は、各地域の障害者青年学級をはじめとする実践をさまざまな角度から共同で検討した成果を社会的に共有してきた[5]。

こうした記録資料や先行研究を踏まえ、本稿では戦後東京における障害者社会教育の実践史を概観するために、以下の1〜5期の時期区分によって描いていくこととする。

1期　1950年代まで　―特殊学級の整備と「手をつなぐ親の会」の成立
2期　1950〜1960年代　―特殊学級・夜学から青年学級の整備へ
3期　1970〜1980年代　―本人活動への展開

4期　1990 〜 2000年代　―障害者も健常者も集う「たまり場」としての喫茶コーナー
　5期　2010年代以降　―多様な学習機会とインクルーシブな実践の可能性

　先述の小林繁を中心とした「障害をもつ市民の生涯学習研究会」は、1995年・1996年の著作において障害者青年学級を時期区分し、国際障害者年以前を第1期、それ以降から1995年までを第2期と捉え、今後の方向性を第3期として問題提起を行っている。この時期区分は、実践上の課題整理と今後の方向性を指し示す目的で大まかに区分されているため、東京の社会教育実践史を描くことを目的とした本書の性格に即して、本稿では上記1 〜 5期に区分した。
　この1 〜 5期は、その時代を特徴づける事例をもとに障害者青年学級の「担い手」が時代の変遷とともに広がっていく変化に焦点を当てて区分したものである。以下では、この時期区分に即して、障害者青年学級の量的拡大よりも、代表的な実践事例の質的変化に着目して、歴史の流れを整理していくことにする[6]。

2　特殊学級の整備と「手をつなぐ親の会」の成立
―1期　1950年代まで―

　東京都では、戦前期から軽度知的障害児のための補助学級・特殊学級（現在の特別支援学級）の設置が積極的に進められてきた[7]。1935年に東京府は、「低能児（原文ママ）が能力相応に善良な人間として自ら生活し国家の一員として意義ある生活をするため」に補助学級を設置することを政策提言していた[8]。こうした経緯もあって、東京都ではほかの地域に比べて早い段階から補助学級や特殊学級が地域に整備されていった。なかでも、現在の東京都立青鳥特別支援学校は、知的障害のある子どもを対象とする公立学校として1947年に東京都に誕生しており、日本で最も古い歴史をもつ知的障害者のための公立学校であった[9]。
　1950年、東京都千代田区立神竜小学校に特殊学級が設置されると、学級に子どもを通わせていた3人の母親が知的障害のある子の教育、福祉、就労施策の整備、充実を求めて立ち上がる。これが「精神薄弱児育成会」（現在は「全国手

をつなぐ育成会連合会」〔2014年〜〕に名称を変えているが、以下では親の会と記す）の始まりであった。同年に、親の会は手記『手をつなぐ親たち―精神薄弱児をまもるために―』を発刊し、会への賛同者を獲得する運動を始める。瞬く間に会員数は増加し、1955年に親の会は法人格を取得し（2014年に法人格を返上）、「全国精神薄弱者育成会」に名称を変更している。その主たる運動目標について、親の会の手記の中には「一、精神薄弱児のための養護学校及び特殊学級設置義務化の速やかなる実現」、「二、精神薄弱児施設の増設及び内容の拡充」、「三、精神薄弱者福祉のための法的措置の整備及び職業補導施設の設置」と記されている[10]。この順番からも分かるように、親の会の第一の運動目標は、特殊教育の整備・拡充にあった。

　親の会の運動を受けて、文部省は1956年に養護学校の施設費の2分の1、職員給与の2分の1を国庫負担にする公立養護学校整備特別措置法を制定し、1957年から特殊学級設備費補助金を拠出するようになった[11]。特殊学級の整備に補助金が拠出され始めたことにより、知的障害児を対象とした特殊学級数は一層の増加を見せる。1955年時点で特殊学級数は小学校930学級、中学校242学級の計1,172学級であったが、1960年時点では小学校2,029学級、中学校909学級の計2,938学級に急増した[12]。

　特殊教育機関に知的障害者が通うようになるにつれて、新たに卒業した人々の行き場の問題が発生するようになる。そこで、東京都の一部地域では、1950年代から、有志の教員がボランタリーに学校卒業後の知的障害者たちのアフターケアを行うようになっていた。親の会の運動は、こうした教員の活動に触発されていく。東京の障害者社会教育は、教員や親たちの運動と実践に、その萌芽をみることができる[13]。

3 特殊学級・夜学から青年学級の整備へ ―2期 1950〜1960年代―

　青鳥中学校の第1回卒業生（1949年度）から第8回卒業生（1956年度）までの進路を見てみると、男子121名中の40名、女子74名中の25名が就職することができた卒業生であった。男子も女子も約3分の2の卒業生は、学校教育を修了したものの就職することができない状況に置かれていたと考えられる。当時、

「沈澱」と表記された無職の在宅者は、男子17名、女子25名にものぼっており、多くの卒業生が、何ら収入を得られないままに在宅での生活を余儀なくされている状況にあった[14]。「沈澱」という言葉は、当時の社会福祉施策の不備によって行き場がなかった知的障害者のことを指していた。

　こうした背景のもと、青鳥中学校では、1950年代から卒業生のための「夜学」が、教員の有志によって実施された。そこは中学3年生程度の国語、数学、社会の三教科の学習を行うほか、教師や友人との歓談の場、遊びの場、相談の場にもなっていた[15]。青鳥中学校における夜学は、青鳥養護学校として高等部が編成されて、1957年に世田谷区へ移転してからもしばらく続けられてきた。しかし、夜学の取り組みに対する公的助成はなく、教員や地域の学生のボランタリー精神に依存せざるを得ない状況があり、活動の基盤も貧弱であった。

　当時東京都では、1953年に制定された青年学級振興法に基づく「青年学級」が多数設置されていた。高度経済成長期に突入すると、高等教育への進学率の上昇などを背景にして勤労青年を対象とした青年学級は学級数を次第に減少させていった。他方で、障害者の親たちによって青年学級を活用した知的障害者のための社会教育の必要性が認識されるようになっていった。

　高度経済成長期は、知的障害者にとって厳しさを伴って経験されていた。知的障害者の多くは高度経済成長期以前、家内工業的職場で働いていたが、こうした職場は経済成長の波に飲み込まれていくなかで、次第に姿を消していった[16]。そのため知的障害者の多くが学校卒業後に在宅生活を余儀なくされる状況に置かれていった。

　墨田区では子どもの就労問題に直面した「墨田区手をつなぐ親の会」の親と特殊学級の教員とが、1962年に勤労青年を対象にした既存の商工青年文化教室の分室として、特殊学級卒業生のために青年学級を開設する要望を区に申し入れていく。当時の様子を、「すみだ教室」で専任講師を務めた松本芳信は、「中学校の卒業生の多くが企業就労をめざしていました。（作業所の整備も進んでおらず－引用者）就職の難しい生徒は在宅にならざるをえない厳しい時代でした」とふり返っている[17]。当時、墨田区立本所中学校では、月2回ほど、区教育委員会主催の商工青年文化教室が開設されていたが、障害者の親や特殊学級の担任たちは、商工青年文化教室の分室として特殊学級卒業生のための青年学級

開設を区に要求していった。そして、1964年、日曜青年学級「すみだ教室」が誕生する[18]。その後、1968年までの5年間に世田谷区、新宿区、港区、江東区、目黒区、荒川区、大田区、杉並区でも開設され、その動きは23区全体に広がっていった[19]。

2番目の開設となった世田谷区は、すみだ教室が開設された翌年の1965年に知的障害のある青年を対象とした「いずみ学級」を設置している。「いずみ学級5年のあゆみ」には学級開設の経緯について、次のように記されている。

　戦後、特殊教育の重要性が認識され、各地に特殊学級が設置されたが、卒業生についてどうするかまでは、なかなか手がまわらなかった。そこで区内の特殊学級設置校長や各担任が相談し、区立八幡中学校と区立若林中学校に卒業生を集め、同窓会のような形で、卒業後の指導をした[20]。

元々、世田谷区では特殊学級の教員たちによる卒業後の指導が行われていた。いずみ学級は教員の熱心な指導を、より多くの障害者に対して続けていってほしいという親の思いから誕生していた。「世田谷区手をつなぐ親の会」の会長を務めた福地喜与は、いずみ学級設置のころの様子を次のようにふり返っている。

　自分の子供が青鳥（養護学校－引用者）の中等部にお世話になっていた頃でしたので、学校を卒業してからの子供達の事を教えていただきたいと思っておりました。親の会としても、子供が中学を卒業すると親も親の会を卒業してしまうかの様に会から離れてしまう状態でしたので、青年学級の存在すら判らなかった位でした[21]。

親たちはいずみ学級に子どもを通わせることで学校を卒業したあとに疎遠になっていた親子同士のつながり、教員とのつながりを取り戻していった。さらに、いずみ学級に子どもを通わせてきた親たちは、学級活動に子どもと一緒に参加するなかで学校を卒業した知的障害者の直面する問題について学んでいった。年に数回、いずみ学級では親たちの話し合いの時間が持たれ、知的障害者の異性関係や結婚の問題、就職先との交渉、職安との相談などの雑多な問題が

テーマとして扱われていた[22]。

こうした親たちの活動の蓄積によっていずみ学級には「いずみ学級親の会」が組織されていく。いずみ学級は、開設当初から人的側面においても物的側面においても、親たちによって支えられている状況にあった[23]。「世田谷区手をつなぐ親の会」で活動をしてきた古田喜子（以下、古）と池田瑞枝（以下、池）は、いずみ学級への参加は親にとっても「面白かった」とふり返っている。

池：親も熱心でね。習字をいずみで（子どもが－引用者）教わっていたら保護者が「私たちも一緒に習わせてくれ」って言って、その意識ってなんなんだろうって思いましたね。

古：家に帰ってその子に教えますってね（中略）。とても良い先生もかかわってくれていて、キャンプとかに連れていってくださったわよ。教師も保護者も一緒にやって結構面白かったわよ[24]。

親たちの語りからは、当時、教員と親たちがともにいずみ学級の活動を支えていたことが把握できる。しかし、1970年代に入ると教員や親の関わりは次第に減っていき、代わりに知的障害者本人による活動の割合が増加する。いずみ学級では1973年ころから学級生の自発的意志にまかせて実務的仕事や討論を行う実行委員会制度が始まり[25]、知的障害者本人たちが学級運営に携わるようになっていった。古田喜子は、次第に親から本人たちへと、青年学級の運営主体が変わっていったことを次のようにふり返る。

次第に（知的障害者が－引用者）自分たちで運営するようになると重度（障害－引用者）の人はいかれなくなって、先生もだんだんと手を引いてしまったのよね。自分で何でもできる人は（自力で－引用者）いけるし。（中略）親は（活動から身を－引用者）引いて行きますよね。ある程度自立しないとできないわけですね[26]。

1970年代半ば日本の経済は二度のオイルショックを経験し、低成長期に突入した。この間東京都では、1974年に美濃部革新都政のもとで障害者の希望者全員就学が進み、就労の問題に一層の注目が集まっていた。親の会は1970年代半

頃から就労場所がなく在宅生活を送らざるを得ない知的障害者の作業所や授産施設を設置・運営する運動へと舵を切っていく。1976年には雑誌『手をつなぐ親たち』に「（障害のある子どもの－引用者）就職がむずかしくなったというなら、職場開拓の運動を進めると同時に小規模授産を始めるのは親の会活動にとって必然的な歩み」であるという趣旨の記述が掲載されている[27]。同年1976年には世田谷区の親の会が白梅福祉作業所を設置し、民営作業所を運営し始めている。親たちは1970年代中ごろから青年学級の運営から身を引いていき、代わりに地域で障害者の働ける仕組みを作る作業所設置運動を担うようになっていった[28]。

4 本人活動への展開 ―3期 1970〜1980年代―

　親たちが青年学級の運営から退き始めたころから、障害者青年学級では障害者の「本人活動」が見られ始めていく。現在でも活発な本人活動が行われている町田市障害者青年学級は、1974年に誕生している。町田市の青年学級ももともとは、1973年に「町田市知的障がい者育成会」による学級開設の要請があったことから始まっている。町田市の障害者青年学級を担当した大石洋子は、開設当初を次のようにふり返っている。

　知的障害者の多くが職場に定着することが大変困難で、転職を繰り返したり、退職し在宅を余儀なくされていた。また、当時、青少年の非行化が騒がれ、知的障害のある青年は、非行グループに巻き込まれることが起きていた。卒業後、劣悪な労働環境で働くことを強いられていた青年の多くが行き場を失い、非行に走っていた[29]。

　町田市障害者青年学級は、親たちが非行に走る可能性のある障害者のために、青年学級を開設してほしいという趣旨の要望書を行政に提出していたことに始まった。学級立ち上げには親の会のメンバーも尽力をしたが、開設にこぎつけたあとには父母会という形で側面的に支援するようになった。
　町田市障害者青年学級では開設当初から、各教科の学習（国語、音楽、美術、数学、工作・技術、手芸）だけでなく、「仲間達と話し合ったり、学習したり、思

いきり遊ぶ等、集団活動の中で自主性を養い、生きる力、働く力を獲得していくことをめざす」ことを目標に掲げ、学級生同士の交流にも力を入れていた[30]。

特に、「人形劇作り」の取り組みを通して、学級生の「自治集団づくり」や生活の見つめ直し、表現力の育成が目指されていた[31]。青年学級における集団活動の内容は年々に変わってきており、「劇づくりを通して仲間づくり（1974－77年）」から「学級生の自主性を育てる（1978－80年）」、「劇づくりを通して生活を見つめ直す（1981－84年）」を経て、「生活づくりと文化創造（1985年－）」へと展開した[32]。いずれの時期においても、学級生自身による自治的な集団活動が重視されてきたといえるだろう。

学級生自身による自治集団活動のなかでは学級生が活動を企画し、運営していくことが目指されてきた。各コースに参加する学級生の意見をもとに、まとめ役としての班長や副班長が集団活動の内容を決めていくという方針が採られていく[33]。そして学級生が自分たちの自治集団活動を通してつくりあげてきた劇や歌は、1988年から「若葉とそよ風のハーモニーコンサート」のなかで発表され続けている[34]。

2008年から町田市障害者青年学級では、会話の難しい重度障害者も自分の意見を表明できるように、パソコンスイッチを利用したコミュニケーション方法が採られてきた。学級生の記した文章からは、パソコンスイッチが導入されるまでは「しゃべることができなくなって理解してもらえなくなってなきたいきもち」であったが、スイッチを使って人とコミュニケーションをとることができるようになり、「うきうき」、「叫びだしたい気持ちを抑えるのでせいいっぱい」になっていたことが表現されている[35]。障害のある青年が自分の伝えたいことを表現する際に、青年学級が担っていた役割の大きさを実践報告集から読みとることができる。

町田市障害者青年学級では、学級生の人数が増えて定員を超えた参加希望が寄せられるようになったことを受けて、学級生の「卒業」問題が取りざたされるようになった。町田市ではそうした問題を解決するため、2004年に青年学級卒業生によって自主サークル「とびたつ会」が誕生している[36]。とびたつ会の活動は、公民館の主催事業という枠からは外れているものの障害者青年学級と同様に障害者本人の自治集団活動を重視している。このようにして町田市で

は、青年学級卒業後の学級生の本人活動を支える仕組みが整えられてきたのである。

5 障害者も健常者も集う「たまり場」としての喫茶コーナー
―4期 1990 〜 2000年代―

　国立市では、公民館青年室を拠点にした青年たちの活動に重なるように、1979年に障害者青年学級が開設された。障害者青年学級の開設では後発の国立市の取り組みは、これまでの他の自治体の実践とはまた異なる個性を有していた。

　国立市では、「商工青年学級」が1956年から取り組まれ、1967年には夜遅くにしか公民館に来ることができない青年たちのために青年学級室が設けられた。この活動が1970年代前半頃の停滞期を経て、1975年頃から「これまでの型にはまった青年学級ではなく、ワイワイガヤガヤしながら、青年たちが自由に語りあえる雰囲気を大切にする」「コーヒーハウス」[37]と名付けられた青年たちの「たまり場」活動へ発展する。

　こうした活動が始まった1970年代後半、「国立市手をつなぐ親の会」は、独自の青年学級「青春友の会」の活動を教員と共に始めており、社会教育行政による障害者青年学級の開設要求は切実なものだった。他方、「コーヒーハウス」の「たまり場」活動を通じて、そこに集まる「健常」の青年たちは、成人式実行委員会をきっかけに障害者と出会うことになる。そして青年たちは、「障害者だからといって特別に対応するのはおかしいじゃないか」、「障害の有る、無しにかかわらず、同じ仲間として活動していこう」[38]との認識を共有する。そこで提起されたのが青年たちによる喫茶店構想だった。

　さまざまな市民の思いを受けて1979年に改築された国立市公民館には、障害者青年学級開設とともに、1階市民交流ロビーの片隅、青年室の隣に「喫茶コーナー」の設備が整えられた。翌年の1980年「喫茶わいがや」で障害者の喫茶実習が始まり、2年間の試運転期間を経て、青年学級のメンバーを中心とした約100人で「障害をこえてともに自立する会」が結成され、公民館から場所を借用するかたちで毎日の喫茶コーナー運営を始めていく。

　喫茶コーナーと障害者青年学級との結びつきについて、当時の「障害者青年

学級の5つの柱」は、その理念を以下のように明記している。

1. 抽象的な学習ではなく、具体的な生活と労働に関する学習内容であり、将来の職業的な生活に関する学習として、器具操作、外出、衛生技術。労働に関する学習として、工芸、料理技術、接客技術をおこなう。読み書き、計算も生活、労働と結びついた学習内容とする。これらの学習によって日常的社会的自立をはかる。
2. 頭の中で考えることではなく、実際に手や足を動かしながら体得できること。
3. 「障害者」をとじこめる場ではなく、市民に開放された場であること。
   実習の場として、市民交流ロビーに、喫茶コーナーをおき、品物の仕入、接客等によって地域社会に積極的なかかわりをもつ。
4. 「障害者」「健常者」がともに学び、活動できること。
   だれでも参加できるものとし、ともに学ぶ姿勢を大切にする。
5. 講師は教育と福祉にかかわり、地域に広げていく足がかりになる人々を選ぶこと。1から4の柱について、理解を示す人とする。講師補佐はできるだけコーヒーハウスの中から出すようにする[39]。

こうした一連の事業化に携わってきた国立市公民館の担当職員・平林正夫は、「たまり場」という言葉を「意識的－無意識的行動がからまりあいながら、気づき、学び、交流の連鎖の中でそれぞれが自分の存在を確認していく」場として意味づける[40]。「たまり場」に関わり、「喫茶わいがや」の設立に関わった「健常」青年の中心メンバーの一人、種市哲也は次のように語っている。

ここは「障害者の店」だと呼ばせるのはよそう、という話になった。仲間でやるのだから対等な立場で店に入ろう。それぞれハンディは持っていても、どれくらい補い合いながら経営できるか、それもひとつの実験だろうと。（中略）
　もうひとつは誤解とか偏見とか持たないで安心して街に出ていける、そんな街にすること。必要ならば信号の段差で車椅子が引っかかっていれば後ろから押すし、それが何でもない普通のことのようにできる街[41]。

こうして喫茶コーナー、青年室、青年学級という装置によって駆動しはじめ

た国立市公民館の「たまり場」は、地域に多様な出会いを生み、「ともに自立する」拠点にもなった。また、市民に開かれた喫茶コーナーの実践は、誰もがあたりまえに暮らすまちにするための「しょうがいしゃがあたりまえに暮らすまち宣言」などが制定される国立市の障害者施策の土台になってきた[42]。

「障害者が働く喫茶コーナー」は、国立市の取り組みを契機にして各地の社会教育施設等に広がっていくことになる。

6 各地域の実践を結ぶネットワークと喫茶コーナー運動への展開

以上にみたような墨田区や世田谷区における親や教員たちの先駆的な取り組み、町田市や国立市のような当事者の主体性や地域との関わりを独自に発展させた取り組みは、他の自治体の実践に学び合う場、ネットワークを通じて、各自治体の障害者社会教育事業を推進してきた。

そうした展開へ影響を与えたのは、東京都立多摩社会教育会館（当時、東京都立川社会教育会館）の取り組みだった。東京都立多摩社会教育会館では、1981年度から2002年度（2000年度は休講）まで、「障害者の社会教育保障を考えるセミナー」が実施された。これは、1969年に開始された「市町村社会教育職員セミナー」の一つとして開催された。東京都立多摩社会教育会館では、1970年から「社会教育実践の視点の明確化と諸実践の分析検討」を多角的に進め、1975年度以降は障害者事業の理念の検討、福祉教育の課題・事業実施の調査などが継続されてきた。また、1981年の国際障害者年、「完全参加と平等」の実現を目指した国連・障害者の10年も各自治体に影響を与えた。こうした背景のもとで、主に多摩地域で障害者対象事業を担当していた社会教育職員の自主研修の場として、「障害者の社会教育保障を考えるセミナー」が開催されることになる。

このセミナーでは、毎月1回集まりが設けられ、実践を検討し課題を学びあい、年度によっては調査活動を行いながら、毎年度末に報告書をまとめてきた。現場で起きている課題を、同じ仕事に携わる者同士で話しあい、解決するヒントやアイデアを得ること、それを記録化していくことによって、事業担当者である職員の力量が形成されたといえる。さらに、このセミナーは、障害者青年

学級の事業展開には欠かせないスタッフ研修や喫茶コーナーの交流会への取り組みを生み出す土台にもなっていく。

　1988年からは、東京都府中青年の家が主催して「障害者青年学級スタッフ研修会」が開催される。1960年代当時、実践の担い手であった教員や保護者ではなく、「ボランティア」として青年を中心とした一般市民が障害者青年学級の運営を社会教育職員とともに担っていく1980年代以降の変化のなかで、こうした「スタッフ研修」の場が求められるようになった[43]。障害者青年学級のスタッフは、実践交流や研修などを通じて障害のある参加者の活動を同じ参加者の立場で援助する視点を共有しながら、福祉サービスを必要とする人々と同じ街で暮らす「市民としての力量」を形成していった[44]。

　また、国立市公民館の障害者青年学級から始まった喫茶コーナーが多摩地域の公民館を中心に少しずつ広がるなかで、1998年の「障害者青年学級スタッフ研修会」の分科会として「喫茶コーナー交流」も開催された。その後、喫茶コーナーは、社会教育の実践ではなく福祉就労の業態として、主に障害者の雇用を拡大していく役割を果たしていくことになる。東京を中心に開催されている「全国喫茶コーナー交流会」では、喫茶コーナーは就労の場であると同時に地域での障害者にとってのくつろぎ・交流する「場」であり、地域に開かれた「窓」でもあるという側面を大事にしながら、1995年以降は実行委員会による自主開催となり、多様な喫茶コーナーの展開をネットワークする役割を担っている[45]。

7　多様な学習機会とインクルーシブな実践の可能性
　　—5期 2010年代以降—

　これまで本稿では、知的障害者を主な対象とした障害者青年学級の歴史的変遷を追ってきた。一方で、近年障害者の社会教育は障害者青年学級以外の場にも広がってきた。例えば、1978年から開始された小平市の「ゆうやけ子どもクラブ」など、障害のある子どもの放課後支援の取り組み[46]は、児童福祉法に2012年4月に定められた放課後等デイサービス事業によって広がりを見せている。また、特別支援学校卒業後18歳以上の知的障害者を対象にした教育機会としては、1995年に東京学芸大学が端緒を拓いた「オープンカレッジ」の形態を

とる高等教育機関の取り組み[47]や、2008年に和歌山県田辺市で始まり、東京を含む各地で設置が進む福祉型専攻科運動などの取り組み[48]も、障害者の高等教育・継続教育として全国に広がりつつある。これらに加え、近年の障害者をめぐる法整備によって、障害者の相談支援・就労支援機関の設置が進み、生活支援・地域活動支援センターなどにおける社会参加や地域活動のプログラムも増え、障害者の地域における余暇活動・学習機会は、量的に増加、質的に多様化しつつあるといってよいだろう。

しかし、これらの担い手の中心は、依然として障害者の親・保護者、学校教育関係者、福祉関係者が中心であり、社会教育領域の障害者青年学級以外の取り組みはわずかにとどまっている。また、障害者の地域活動・学習機会の多様化という局面において、取り組みが先行してきた障害者青年学級の実践的蓄積が、必ずしも踏まえられていないという課題もうかがえる。そこで、最後に本稿で跡付けてきた障害者青年学級の歴史的意義を以下3点にまとめておきたい。

第一に、障害者の学校外における教育機会を保障してきた意義である。筆者らの時期区分2期において、墨田区や世田谷区が先行して実施した障害者青年学級の担い手である親・保護者、学校教育関係者は、学校卒業後の学習機会保障の必要を敏感に感じ取り、社会教育行政に障害者青年学級を位置づける運動を担ってきた。小林文人は、かつて「"忘れられた人びと"の再発見」を提起し、「大半の自治体が公式に障害者対象事業を開設する時代が、1970年代ようやく到来した」とし、「それまで『忘れられた人びと』である障害者にたいする門戸開放は、それ自体歴史的なことであり、画期的な意義をもつものであった」と述べた[49]。

大都市東京の社会教育は、その爆発的な人口集中にも関わらず、公民館の地域配置やその条件整備が進んでこなかった側面が否定的に捉えられがちだが、集約型の社会教育体制であったからこそ、障害者や外国人、子育て中の女性など日ごろの学習活動から疎外されやすい「忘れられた人びと」に焦点化した学習機会を保障できてきた側面もある。障害者青年学級などの実践史から「忘れられた人びと」の学習権を運動的に創出してきた歴史をふり返り、現代的な課題へつなげていく視点が求められるだろう。

第二に、「本人活動」を支援してきた障害者青年学級実践の意義である。知的

障害がある人は、かつては自分の生活や人生に関する「自己決定」や「意思」をもつことが難しいとみなされがちであった。しかし、3期においてみてきた町田市の事例のように、障害者本人の「自己決定」や「意思」を大切にし、学習者本人が自らの学習に責任を持って実践の企画・運営に関わっていくことや、障害者の「意見」を表現する活動を重視してきた実践が社会教育の分野にはある。こうした実践は、本人の自己決定権や権利擁護が重視される「ピープル・ファースト」や「セルフ・アドボカシー」などの国際的な運動の動向とも呼応し、全日本手をつなぐ育成会が用語として使用してきた「本人活動」の具体化でもあったといえる。

学習者の主体的力量を育ててきた社会教育ならではの自主的で自治的な学級運営を目指す志向性は、町田市においては「とびたつ会」のような地域のサークルを生み出し、障害者青年学級とは異なる活動と関係をつくりだす成果を生み出してきたのである。

第三に、地域にノーマライゼーションの理念を広げてきた障害者青年学級にルーツをもつ喫茶コーナーの「きっかけやしかけづくりの場」としての意義である。4期においてみてきた国立市の喫茶コーナーの事例のように、障害者がゆっくり楽しく過ごせる「居場所」でもあり、一方で市民に開かれた「店」でもあり、必然的に障害が公に拓かれ、障害のあるなし関わらず混じり合い交流が生まれていくことが喫茶コーナー実践の本質であった。

もちろんそれがすぐに「共生」を実現する場になるとはいえない。障害者と健常者がともに活動することは、「障害の有無を越える対等性とはなにか」という問いに向き合わざるを得なくなるからである[50]。しかし、地域福祉の理念を謳う社会福祉法や「インクルーシブな教育制度及び生涯学習」を規定した障害者権利条約が提起する通り、現在は福祉サービスを受ける人々と共に地域で生きていく方法は、専門家ばかりが考えればよい時代ではなく、「共生」を目指す学習のきっかけやしかけを地域につくりだすことが求められている。以上の論点と関連して小林繁は、喫茶コーナーを「多様な構造をもつ場（トポス）」として、その可能性を論じている。形態は多様であっても、障害者青年学級にルーツをもつ喫茶コーナーは、さまざまな背景や困難を有する人々が出会い、学びが生まれていく包摂的で重層的な機能を果たしていく豊かな可能性を示唆して

いる[51]。

　もちろん障害者青年学級は、その他に実践上の根深い課題も多数抱えており、先述した研究成果や研修機会でも種々の論点が提起・議論されてきた。本稿はそうした論点に十分に触れられなかったが、今後の障害者社会教育の課題が論じられる際にも、歴史的な展開とその意義が見直されるべきだろう。

　（本稿の1、5、6、7は井口、2、3、4は橋田が分担した。）

1　本稿では、障害者青年学級の名称を開設当時から「障害者」と漢字で表記していた経緯を踏まえて、「障害者」を漢字で統一表記していく。
2　大橋謙策「障害者の学習」社会教育推進全国協議会編『社会教育ハンドブック』総合労働研究所、1979年
3　例えば、小林繁編『地域福祉と生涯学習―学習が福祉をつくる―』現代書館、2012年、高橋満『コミュニティワークの教育的実践―教育と福祉とを結ぶ―』東信堂、2013年、松田武雄『社会教育福祉の諸相と課題―欧米とアジアの比較研究―』大学教育出版、2015年など。
4　特別区社会教育主事会は、たびたび障害者青年学級の調査研究報告を同会紀要にまとめてきた。例えば、近年の取り組み、特に障害者本人の主体性を尊重した本人活動の視点からまとめられた「障害者学級の今後のあり方を考える―本人活動の充実を求めて―〈城南ブロック〉」（『紀要 第46号』特別区社会教育主事会、2009年3月）がある。
5　本稿の構成・内容を検討するにあたって、特に、障害者青年学級の実践事例を多数収録し、実践的に活用されてきた『君と同じ街に生きて』れんが書房新社、1995年、『この街がフィールド』れんが書房新社、1998年、『学びあう「障害」』クレイン、2001年、障害者青年学級等の理論的背景と歴史的考察を収録した『学びのオルタナティヴ』れんが書房新社、1996年（以上すべて小林繁編著）を参考にした。
6　この時期区分は、各地の多様な実践の展開とその意味を捉えていくための枠組みとして設定する便宜上の年代別整理であって、過去から現在への単線的な発展過程を示したものではない。
7　もともと、障害児に関しては1900年の第三次小学校令によって、「白痴」と呼ばれた重度知的障害児が就学免除の対象として規定されていた。就学免除・猶予の規定は、戦後憲法と教育基本法が「能力に応じた教育」を表記したあとにも、学校教育法第18条があることにより引き継がれてきた。
8　米田宏樹「日本における知的障害教育試行の帰結点としての生活教育」『障害科学研究』第33巻、2009年、147頁
9　1947年というのは、青鳥特別支援学校の前身の品川区立大崎中学校の分教場（通称：白

第3部　特論Ⅱ〜市民・学習史篇〜

金自然学園）が設置された年である。1950年に都立青鳥中学校へと設置者が変更されている（大南英明「大江健三郎の作品と都立青鳥養護学校の教育（抄）」『帝京大学文学部紀要 教育学』第28巻、2003年、58頁）。
10　精神薄弱児育成会『手をつなぐ親たち―精神薄弱児をまもるために―』国土社、1952年、222頁
11　日本精神薄弱者福祉連盟『発達障害白書 戦後50年史』日本文化科学社、1997年、90頁
12　同上、91頁
13　親の会の活動の展開は、津田英二『知的障害のある成人の学習支援論』学文社、2006年の第6章「親の自助グループ活動の展開」が詳しい。
14　富岡達夫『東京の知的障害児教育概説』大揚社、2001年、330頁
15　同上、338頁
16　日本精神薄弱者福祉連盟、前掲、218頁
17　社会福祉法人東京都知的障害者育成会「東京手をつなぐ親たち」2013年4月20日号を参考にした。
18　「すみだ学級」と初期障害者青年学級の性格については、次の文献が詳しい。津田英二「障害者青年学級の成立と展開」小林繁編『学びのオルタナティヴ』前掲。
19　東京都府中青年の家「障害者青年学級スタッフ研修会・きみと同じ街に生きて［報告・資料集］」（1993年）収録の「区市町村教育委員会障害者対象　社会教育事業等の調査について（集計結果）」を参考にした。
20　世田谷区教育委員会「いずみ学級 5年のあゆみ」、1972年、10頁
21　世田谷区教育委員会「いずみ学級 10年のあゆみ」、1977年、16頁
22　世田谷区教育委員会、同上、3頁を参考にした。
23　当時、いずみ学級の機関長を務めていた柏木俊雄は次のように記している。「手をつなぐ親の会が、陰に陽に、この青年学級の発展に力を尽くしている。いろいろの行事の時やその他の時も、この会は、物心両面にわたって協力してくれるので、何かと心強く感じる。この会は、いずみ青年学級に対して、学校におけるＰＴＡのような役割を果たしているともいえるものである」（世田谷区教育委員会「いずみ学級 5年のあゆみ」前掲、10頁）。
24　古田喜子と池田瑞枝に対する聞き取り調査は、2015年8月29日に実施した。
25　世田谷区教育委員会「いずみ学級 10年のあゆみ」前掲、5頁を参考にした。
26　同上、5頁
27　全日本精神薄弱者育成会「手をつなぐ親たち」第245号、5頁を参考にした。
28　その後の「いずみ学級」や世田谷区の福祉教育の展開については、次の文献が詳しい。谷岡重則「障害をもつ人の社会教育事業の新たな展開」藤田秀雄編『ユネスコ学習権宣言と基本的人権』教育資料出版会、2001年。なお、世田谷区では、肢体不自由者中心の「けやき学級」、聴覚障害者中心の「たんぽぽ学級」も、「いずみ学級」と並び活動してきた。
29　大石洋子「障害者青年学級」黒沢惟昭・森山沾一『生涯学習時代の人権』明石書店、1995年、319頁

30 「1976年町田市心身障碍者青年学級募集要項」社会教育推進全国協議会編、前掲
31 大石洋子、前掲、323頁
32 同上、325-328頁
33 まちだ中央公民館「障がい者青年学級実践報告集」、2008年、7頁
34 「若葉とそよ風のハーモニーコンサート」は、1988年からスタートし、主に知的障害のある青年が自分たちの思いを地域に暮らす多くの人に伝えるために行っているミュージカルと合唱のコンサートである。
35 まちだ中央公民館、前掲、151頁
36 まちだ中央公民館、同上、10頁
37 青年学級室でコーヒーなどを気軽に飲めるようにして、そのまま「たまり場」として開放した。この場と活動を17世紀イギリスで発祥した勤労者が仕事を終えて集まる「コーヒーハウス」に擬え、「コーヒーハウス」という呼称が付けられた。
38 平林正夫「あいまいさという可能性―青年のたまり場『コーヒーハウス』の記録―」、4頁
39 同上、27頁
40 平林正夫「『たまり場』考」長浜功編『現代社会教育の課題と展望』明石書店、1986年、146頁
41 障害をこえてともに自立する会「わいがや20周年記念冊子 わいがや大百科」、2003年、33頁
42 国立市では、2005年に制定された「しょうがいしゃがあたりまえに暮らすまち宣言」があり、2016年4月には障害を理由とする差別の解消の推進に関する法律施行と同時に、「国立市誰もがあたりまえに暮らすまちにするための『しょうがいしゃがあたりまえに暮らすまち宣言』の条例」が施行されている。
43 1998年には「障害者青年学級スタッフ研修会」の入門編・達人編を開催している。その後も「障害者青年学級スタッフボランティア交流集会」は、2001年まで継続実施された。
44 津田英二「障害者青年学級スタッフが活動から学ぶこと」小林繁編『学びあう「障害」』前掲
45 打越雅祥「障害者青年学級から喫茶コーナーへ」小林繁編『学びあう「障害」』前掲
46 丸山啓史「障害児の豊かな『放課後』の保証」佐藤一子編『生涯学習がつくる公共空間』柏書房、2003年
47 オープンカレッジ東京運営委員会『知的障害者の生涯学習支援』東京都社会福祉協議会、2010年
48 永野佑子「いのち・愛・性を学ぶ障がい当事者たち」田中良三・藤井克徳・藤本文朗編『障がい者が学び続けるということ』新日本出版社、2016年
49 小林文人編『公民館の再発見』国土社、1988年、38頁
50 津田英二「いつも、そこにいる仲間」小林繁編『この街がフィールド』前掲
51 小林繁『障害をもつ人の学習権保障とノーマライゼーションの課題』れんが書房新社、2010年、214-215頁

社会同和教育・人権教育の施策と実践

越村 康英

1 東京都における社会同和教育・人権教育施策の展開[1]

(1) 社会同和教育への模索 ―同和対策審議会「答申」を受けて―

　東京都において社会同和教育への模索が始まるのは、1970年代以降（美濃部都政下）のことである。

　部落解放同盟東京都連合会による「部落解放行政確立に関する請願」（1963年、都議会採択）、同和問題の解決を「国の責務」「国民的課題」と位置づけ、同和行政の画期となった同和対策審議会答申（1965年）などを受けて、1969年、東京都は同和対策本部と同和対策協議会（東京都と部落解放同盟東京都連合会の協議機関）を設置し、同和行政を開始する。そして、その一環として社会同和教育の推進が図られ、東京都教育委員会は、社会同和教育に関する研究[2]・研修、区市町村が実施する社会同和教育事業への助成、啓発資料『みんなの幸せをもとめて』（1972年～）の発行などの諸事業を実施していく。また、1973年度には、都および「同和関係地区」が存在する5区（荒川区・台東区・墨田区・足立区・練馬区）に、社会教育主事各1名を増員する。

(2) 同和問題懇談会答申と社会同和教育の充実化

　1976年、東京都は同和問題懇談会（会長・岩井章）を設置し、「都政における重要課題の一つである同和行政のあり方に関し、東京の地域の実態に即していかにあるべきか」を諮問した。そして1978年、「東京都における同和行政の基本的あり方について」（答申）が提出されている。

　本答申では、東京における同和問題の特質として、①「地域的コミュニティの変化にともない、いわゆる『未解放部落』の地域が明確でなくなっていること」、②「人口の集中にともない、東京に居住する同和地区出身者は、他府県か

らの来住者が多くなっていること」などを指摘し、同和行政のあり方について8つの課題別[3]に提言を行っている。その一つ「教育・人権問題について」の提言では、同和問題を解決するうえで「都民が問題をその歴史と現状について科学的・合理的に受けとめることが必要である」として、「東京の実態に即した教育及び普及啓蒙活動の推進について、特段の努力がなされるべきである」ことを強調している。

こうして、被差別部落「外」の住民への啓発的な観点から社会同和教育の充実化が求められることとなり、東京都教育委員会は、従来からの諸事業を継続させながら、区市町村の社会同和教育を推進するための条件整備を進めていく。

(3) 東京都人権施策推進指針の策定と社会同和教育・人権教育

1990年代以降、全国的に、同和教育から人権教育への転換が図られるようになる。その背景には、①「人権教育のための国連10年」(1995〜2004年)などの国際的動向を受けて人権教育が注目されたこと、②地域改善対策協議会「意見具申」(1996年)を基本路線として、同和対策事業(特別対策)を一般対策に移行させ、同和教育は人権教育の一環として推進する方針が閣議決定されたことなどがある。それを受けて、2000年には「人権教育及び人権啓発の推進に関する法律」が施行され、2002年には「地域改善対策特定事業に係る国の財政上の特別措置に関する法律」が失効し、33年間にわたって継続された国の同和対策事業が終結している。

こうした全国的動向のなかで、2000年、東京都は「東京都人権施策推進指針―東京ヒューマン・ウエーブ21の展開―」[4]を策定し、「救済・保護」「啓発・教育」「支援・育成」という3つの観点から人権施策を体系化した。そして、「社会教育における人権学習の推進」という課題に対して、①「人権学習の普及啓発」(人権啓発資料の作成)、②「人権学習の指導研修」(社会教育関係職員及び社会教育関係団体指導者の研修等・人権学習推進のための研究・人権学習研究奨励事業)、③「人権学習の促進」(人権学習促進のための区市町村補助)という3施策(5事業)を位置づけている。いずれも従来の施策(事業)を引き継ぐものではあるが、指針において、同和問題を含む多様な人権問題(女性、子ども、高齢者、障害者、アイヌの人々、HIV感染者等、犯罪被害者やその家族、

セクシャルマイノリティ、路上生活者をめぐる人権問題など）への取り組みが明確に求められることとなった。

なお、東京都教育委員会は、1992年以降、社会同和教育・人権教育のための映像教材の制作にも継続的に取り組んでいる。また東京都は、1998年、東京都同和事業促進協会（1971年設立）と東京都産業労働会館（1972年設置）を整理統合し、「同和問題をはじめとする人権問題の解決に資するため、人権に関する教育・啓発及び人権の擁護等の事業を実施し、都民の人権意識の高揚を図る」ことを目的として(財)東京都人権啓発センターを設立した。同センターは、「人権問題都民講座」等の諸事業を実施するとともに、東京都人権プラザ（東京都産業労働会館を廃止し、2002年に設置）の管理運営も行っている。

2 区市町村（地域）における社会同和教育・人権教育実践の展開

(1)「同和関係地区」における子ども会、識字学級の実践[5]

「同和関係地区」における自主的な社会同和教育実践として見過ごしてはならないのが、子ども会と識字学級である。

子ども会は、部落解放運動の進展にともない、1970年代から1980年代にかけて足立区・荒川区・品川区・台東区・墨田区・練馬区・国立市などで組織化が進み、子どもたちの学力保障と余暇活動支援、差別と闘っていく力と連帯を培うことなどを目指して活動が展開されてきた。しかし、総じて行政による支援は不十分であり、「地区」の青年や女性たちの熱意・努力によって活動が続けられていたのが実態であった。

他方、識字学級は、部落差別によって「教育を受ける権利」を奪われ、文字の読み書きに困難を抱える人々を対象として、足立区や品川区などで取り組まれてきた。やはり、部落解放運動の成果として実現した自主的な実践である。「足立識字学級」は、1974年、部落解放同盟東京都連合会足立支部（婦人部）の呼びかけによって開設され、足立区同和教育研究協議会の教師も協力しながら、現在まで継続されている。これまでに『えんぴつ―識字文集・第1集―』（1988年）、『えんぴつ―識字文集・第2集―』（2001年）を刊行しており、そこに綴られた作文や詩の一編一編が、識字の意義（＝差別を見抜き、差別と闘う力と人

間的誇りを獲得していくこと）を見事に伝えている。

(2) 川村善二郎による社会同和教育・人権教育実践

　東京における社会同和教育・人権教育実践を支えてきた人物として、日本近代史研究者・川村善二郎[6]を忘れてはならない。川村は、1960年代中頃から2000年前後までの長きにわたり、三鷹市・国分寺市・台東区・葛飾区・品川区・目黒区・世田谷区・大田区などが実施する「歴史（近代史）学習講座」「同和問題の研修会」の講師を精力的に務めてきた。なかでも、三鷹市社会教育会館「市民大学」での実践（1968～1978年度）は、長期の継続的な歴史（近代史）学習を通して部落問題や平和問題などに迫り、基本的人権への深い理解と主権者としての力量を育むことが意識的に目指されたものである。

　川村自身は、これらの実践が「同和教育とは、まだ思ってはおりません。せいぜい同和教育をめざす取り組みだと思っております」[7]と語っている。しかし、他府県からの移住者も含めて数多くの被差別部落出身者が「故郷を語れぬ苦悩」を抱えて暮らす一方で、更に多くの人々が部落問題に対して無知・無関心である（もしくは誤解・偏見を抱いている）東京では、部落問題を正面から取り上げた社会同和教育事業を実施したとしても、住民の課題意識に響かないことが考えられる。このような地域実態が存在するなかで、川村による「歴史（近代史）学習講座」は、部落問題と向き合う有効なアプローチであり、2000年前後までの東京における社会同和教育・人権教育実践を代表する実践であった。

(3) 大田区民大学「人権塾」の実践[8]

　2000年代以降（現在）の社会同和教育・人権教育事業としては、練馬区「人権セミナー」や品川区「人権啓発・社会同和教育講座」も注目されるが、ここでは大田区「人権塾」の取り組みについて触れたい。

　大田区教育委員会では、2001年度より区民大学事業（いわゆる市民大学講座）のなかに「人権塾」を位置づけ、部落問題学習講座（毎年1講座）と様々な差別・人権問題を学習テーマに取り上げた人権学習講座（毎年1～2講座）を継続的に実施している。いずれも、6回から10回程度の連続講座である。

　「人権塾」の特徴は、現代社会に存在する差別・人権問題と正面から向き合

い、「差別とは何か」「人権とは何か」を自分自身の生きた言葉でとらえ、人権尊重社会を築く主体となっていくための学習をめざしている点にある。そのために、学習の目的・内容に応じて、講義・ワークショップ・鑑賞・フィールドワークなどの多様な学習方法を取り入れている。また、差別・人権問題の当事者と出会い、その話にじっくり耳を傾けながら、深い痛みや怒りに想像力を働かせること、当事者の「反差別の思想と行動」に学ぶことも大切にされ、路上生活者・セクシャルマイノリティ・HIV感染者・ハンセン病快復者・在日コリアン・被差別部落出身者・食肉市場（と場）労働者など、たくさんの当事者を講師に迎えて講座を展開してきた。さらに、これは区民大学事業全般に共通することでもあるが、「人権塾」でも、参加者・講師・職員の三者が学び合うためのツールとして「講座通信」が発行され、毎回の「学習内容のまとめ」「参加者・職員の感想・意見」「学習内容の関連情報」などが紙面に盛り込まれている。これまでに発行されてきた「講座通信」の蓄積は、「人権塾」における「学びの足跡」を示す貴重な実践記録ともなっている。

3 社会同和教育・人権教育事業の現状

　注2に記したとおり、東京都教育委員会では、1972年度より社会同和教育研究会（2002年度より人権学習研究会に改称）を組織してきた。

　2009年度の人権学習研究会では、都内全62区市町村（23区・26市・13町村）を対象として、2008年度中に「各区市町村教育委員会が実施した社会教育事業のうち、人権教育事業及び人権課題についての学習を含む事業」の状況についてアンケート調査を行い、その結果を東京都教育庁地域教育支援部「区市町村人権教育事業実施状況調査報告」（2010年）まとめている。以降、同様の調査が、人権教育推進のための調査研究委員会[9]によって、2012年度（2011年度実績を調査）、2015年度（2014年度実績を調査）にも実施されている。

　最後に、これらの調査を参照しながら東京における社会同和教育・人権教育事業の現状について確認してみたい。

　表1は「人権教育事業の実施状況」を示したものであるが、何らかの人権教育事業を「実施している」と回答した自治体は、都内全62区市町村の約半数で

あり、総事業数も100事業程度に留まっている。ちなみに、この表には示されていないが、いずれの調査結果においても「1回だけの単発事業」が約半数を占め、「6回以上の連続講座」の割合は21％（2008年度）から14％（2014年度）と減少傾向にある。また、学習内容については、図1のとおり、「子どもの人権」が最も多く、以下、年度によって多少順位は入れ替わるものの「人権問題全般」「女性の人権」「障害者の人権」が比較的積極的に取り上げられている。一方で、「同和問題」を学習内容に取り上げた事業はわずか3％（2008年度・2011年度も同様）であるなど、十分に取り上げられていない人権課題も少なくない。

表1　人権教育事業の実施状況（2008年度・2011年度・2014年度の実績）

地域	自治体数	2008年度実績		2011年度実績		2014年度実績	
		実施自治体数	事業数	実施自治体数	事業数	実施自治体数	事業数
区部	23	16	42	13	41	14	45
市部	26	19	58	15	46	19	81
町村部	13	1	1	1	1	1	1
合計	62	36	101	29	88	34	127

出典：東京都教育庁地域教育支援部が発行している『（平成21年度人権学習研究会のまとめ）区市町村人権教育事業実施状況調査報告』（2010年）、『（平成24年度人権教育推進のための調査研究報告書）社会教育における人権教育プログラム』（2013年）および『（平成27年度人権教育推進のための調査研究報告書）社会教育における人権教育プログラム』（2016年）に掲載された各年度の「区市町村人権教育事業実施状況調査」の結果をもとに筆者が作成した。

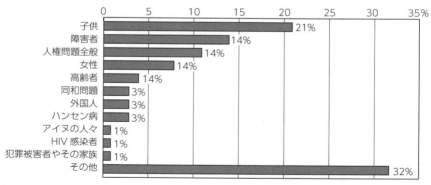

図1　学習内容［取り上げられている人権課題］（複数回答）【2014年度実績】

出典：東京都教育庁地域教育支援部『（平成27年度人権教育推進のための調査研究報告書）社会教育における人権教育プログラム』（2016年）より転載した。

第 3 部　特論Ⅱ～市民・学習史篇～

　あらゆる社会教育事業を計画・実施していくうえで「人権の視点をもつ」ことは重要であり、何をもって人権教育事業とするのかを線引きすることは難しい。また、首長部局においても多様な人権教育（人権啓発）事業を実施しているという実態もある。しかし、本調査の結果を見る限りでは、人権についての教育（学習）事業は、いまだ広範に実施されているとはいえず、社会同和教育・人権教育事業に積極的な自治体と、そうではない自治体との二極化が進んでいるといえよう。

1　「第 4 章第 2 節 6 同和対策」東京都『東京都政五十年史：通史』、1994 年、304-306 頁、及び、「第 1 章第 8 節　同和問題」東京都『東京都政五十年史：事業史 2』、1994 年、323-333 頁を参照した。
2　東京都教育委員会では、1972 年度以降、社会同和教育研究会を組織してきた（2002 年度から人権学習研究会に改称し、2010 年度まで継続）。本研究会は、区市町村の社会教育主事・公民館主事、都の社会教育主事、研究者の三者で構成され、東京の社会同和教育・人権教育実践に即した研究活動を展開してきた。各年度の研究成果は「研究会のまとめ」（報告書）として区市町村の社会教育行政・施設にフィードバックされ、社会同和教育・人権教育実践に一定の影響を与えてきた。
3　「1 総合的計画の策定の推進について」「2 環境改善対策について」「3 属人的事業について」「4 教育・人権問題について」「5 区市町村における同和行政のあり方」「6 関係団体との協力関係について」「7 審議会の設置について」「8 国に対する要望について」という 8 つの課題別に提言が行われている。
4　「指針」の策定から 10 年以上が経過し、人権課題も多様化・複雑化してきたことから、都は「東京都人権施策推進指針に関する有識者懇談会」を設置して「指針」の改訂作業を進め、2015 年 8 月に「東京都人権施策推進指針―誰もが幸せを実感できる『世界一の都市・東京』を目指して―」を策定している。
5　川元祥一・藤沢靖介「第 3 章 部落と教育」『東京の被差別部落』三一書房、1984 年、75-91 頁、及び、足立識字学級『えんぴつ―識字文集・第 1 集―』、1988 年、足立識字学級『えんぴつ―識字文集・第 2 集―』2001 年、を参照した。
6　川村善二郎（かわむら・ぜんじろう）。1928 年生まれ、日本近現代史研究会同人。「ファシズムと部落差別―三重県朝熊部落のたたかい―（明治百年と部落差別 2）」『部落』部落問題研究所、1968 年、日本近代史研究会編著『画報日本近代の歴史（全 13 巻）』三省堂、1979 - 80 年など論文・著書多数。
7　川村善二郎「社会教育における同和教育について―東京の講師の実践から―」東京都教育庁社会教育部『社会同和教育事業を進めるためにⅢ―社会同和教育学習事例集―』、1984 年、29 頁

8 詳細は、生越哲男・川邉幹子・星野円花・深谷じゅん・野村千寿子「人権学習講座『おおた人権塾』」『月刊社会教育』2009年10月号、及び、平澤真理子「差別のある日常と向き合うために…『なぜ?』があふれる人権学習」社会教育推進全国協議会東京23区支部・東京23区社会教育ネットワーク編『いま 知りたい 伝えたい 東京23区の社会教育白書2011』、2011年、を参照されたい。なお、筆者も、2001－2005年度、2010年度、2011年度に社会教育指導員として「人権塾」を担当した。
9 東京都教育委員会では、調査研究委員会を組織し、文部科学省委託事業「人権教育推進のための調査研究事業」（2004－2009年度）を実施してきた。また、委託事業廃止後も、その趣旨をふまえ、2015年度現在まで本事業を継続している。

第3部　特論Ⅱ～市民・学習史篇～

証言　川村善二郎の仕事

History

川村 善二郎

　川村（1928年生まれ）の原点は、少年時代の戦争体験である。戦争は、いのちと自由を奪う人権侵害の最たるものであるととらえ、人権の観点から日本近現代史の研究に取り組む。

　もう一つの原点は、三重県朝熊（あさま）地区（現伊勢市朝熊町）で住職を務めた植木徹之助（徹誠、1935～38年の差別区制糾弾闘争の指導者）との出会いであり、近現代史研究者として部落差別問題に正面から取り組むことになる。

　公民館講座に講師として関わることになったのは、国分寺町（当時）に公民館が設置された2年目の1964年、進藤文夫社会教育主事が企画した日本歴史講座からである。その頃川村は高校教科書を執筆しており、講師料が高くない若い研究者（36歳）として迎えられた。講座は全12回の長期にわたる学習であったが、80名を超える参加者があった。翌年の日本近代史講座全6回は、川村が一人で講師を担当した。その後も"川村先生を講師に"という受講生の要望が強く、公民館に遠い地域集会所での講座にも、青年の学習にも、高齢者の学習にも、ゼミ形式の学習にも、川村講師による歴史講座が広がり、国分寺の公民館学習とは30年にも及ぶ関わりが続いた。

　三鷹市社会教育会館の専攻（総合）コースでの講座では、1967年から78年まで1年間30数回の学習を10年間にわたりゼミ形式で担当している。同様な学習はほかにも各市公民館講座でも実施されるようになり、多摩地域の公民館学習は"人権学習"高揚期といわれたほどであった。

　1970年代、東京都で社会同和教育が開始されると、区部でも川村講師による人権学習の講座が開催されるようになる。川村は、熱意ある担当職員による講座は面白く展開され、おざなりの職員の講座はつまらなかった、と回想している。

　しかし、東京都公民館大会ではいつになっても同和教育の課題は取り

上げられなかった。1982年の第23回関東甲信越静地区公民館研究集会が第21回東京都公民館大会を兼ねて東京で開催された時、初めて「公民館と同和教育」分科会が設けられたが、せっかくの好機だったのに、東京の職員の参加は少なかった。

これに疑問を抱いた川村の提案（東京の社会教育でも同和教育にとりくもう）もきっかけとなって、1983年の第22回東京都公民館大会が、初めて同和教育をめざす人権教育の分科会を設けた。この分科会はその後10年ほど続けられたが、同和教育の実践が報告されることは少なかった。

川村は、部落問題を歴史学習としてとらえることを強く提唱していたが、部落差別が見えにくい東京では、人権学習が高揚した多摩地域でも、同和教育は公民館の課題にはなかなかなり得なかった。

2015年現在、西東京市では、旧田無市・旧保谷市の公民館で川村講師に学んだ市民が、その後、「ヒロシマ」に学ぶ会（＝自主サークル）を組織し、川村を講師に100回に及ぶ歴史学習を続けている。また、「公民館をよりよくする会だより」（編集・奥津とし子）には、川村の「歴史随想」（いま歴史に学ぶ意義について）が、142号から253号に至る（2006年1月〜2015年4月）95回にもわたり連載され続けている。ここに市民とともに歴史学習を通して、川村の生き方と真実を追求しようとする姿勢がみごとに表されている。

（野々村恵子の聞きとりによる。）

【参考文献】
- 川村善二郎「人間平等の信念に徹した生涯―植木徹之助おぼえがき―」『部落』1983年6月号の論考に加筆・修正して、『親鸞体系・歴史篇 第11巻』法蔵館、1989年7月に再録。
- 川村善二郎「東京の社会教育でも同和教育にとりくもう」『月刊社会教育』1983年8月号
- 川村善二郎「公民館における歴史学習と平和学習」『月刊社会教育』1989年7月号

4 学生セツルメントの系譜

上平 泰博

　東京市内にあった戦前セツルメントの拠点施設は、1930年代以降から厚生館・善隣館・市民館といった名称で存在し、その総称が隣保館（「セツルメント・ハウス」の訳語）であった。隣保館の施設事業は市内70ヵ所ほどを数えたが、その大半はセツルメント「形体の模倣」であるとの見方がなされた。慈善・慈恵的な性格の抜けない公立、宗教法人、財団法人系の社会政策的色彩の強い施設で占められていたからである。戦前の帝大セツルメント・ハウスもまた、そうした性質の施設に該当するかどうかはともかく、担い手たるセツラーたちは、宗教家、社会事業家たちのように全生涯をかけてスラムの地に奉げるという強固な信念があったわけではなかった。一過性の体験型レジデントが多かったことは否めず、スラムに定住定着志向している地道で熱心な「社会人セツラー」たちとは分けて考えなくてはならないだろう。例えば、戦前の調布の仙石原に見られた帝大セツルメントの転住キャンプと、同じ時刻に対面してテントを張っていた興望館セツルのそれとを対比してみると、その特徴の違いが垣間みえる。

　国家権力の弾圧によって1938年に強制解散させられた学生セツルメント運動は、敗戦を契機に復活する。スラム地域に暮らす人々を対象にした社会事業活動を展開した社会貢献型の地域福祉という枠組みでボランティアをした人々は、戦前の隣保館事業と同じようにセツルメント事業の範囲に入れなくてはなるまい。総合的、複合的で多様な事業総体をセツルメント事業として包括しないことには、その効果は薄かった。そうした観点からみれば、戦後も公民館文部行政と隣保館厚生行政とに分けられたことは不幸な出来事であった。帝大セツルメント運動の功績は医療・福祉、教育・文化、消費組合、法律、労働といったトータルな社会政策の取り組みであったが、縦割りの行政では活かすことができなかった。

戦後学生セツルメント運動は、基本的にはその戦前スタイルの伝統思想を踏襲して出発したとはいえ、大衆化したマスプロ大学のサークル活動という側面が濃厚となったことから、学生セツル運動は全国の大学へと波及した。戦前セツルと比すれば未成熟な面を内包しつつも、しっかりと地域というフィールドへ入っている。学生たちが学内生活にこもらず、地域から学び、地域の人々と共感し連帯して卒業していく意義は測り知れない学びの場であった。学生セツル運動から学んだことを戦後体験者たちも共通して語っている。同時に悩める学生たちは多くの課題や矛盾に直面する。セツル運動が社会正義、社会改良、社会変革の運動であった以上、学生セツラーが政治的なイデオローグに共鳴して行動するのも無理からぬところがあった。

　セツルメントの発足と興隆の節目は、震災害等を含め時代の大きな転換期にみられる。戦後は1949年のキティ台風を契機に再建され、以後セツル運動の絶頂期を迎える。しかし1960年半ばを境にその勢いは弱まって、1970年代後半には実質的に消滅したともいわれている。たとえセツル名称は残らずとも、災害時などに自主的に立ち上がる市民ボランティア活動などは、明らかにセツルメント効果であったといえる。

　戦後、隣保館法制が未確定のままに置かれ、また全国的には公民館建設の伸張もあって、地域福祉施設事業としてのセツルメントワークは大きく後退した。これは戦前の慈恵的隣保館事業に対する強烈な批判でもあった。ところが、1955年に第1回学生セツルメント大会が開催されたことにみられるように、隣保館解消という負の側面を学生セツラーたちは自主的な地域活動で補完した。全国学生セツルメント大会では勉強、法律相談、生活改善、保健衛生、子供会、レジデントなどが部会ごとに討議され、全国の大学セツルメントによる地域活動は全盛期を迎えつつあった。セツルメント運動の活躍は、とりわけ地域こども会、保育園、児童館、学童保育などのつくり運動やボランティア活動に大きな影響を与えた。しかしセツルは1980年代以降に立ち枯れとなる。高度経済成長とともに日本の地域社会は地滑り的に変貌崩壊し、地域力が失われ人々が個別分断化されていったことも大きな要因となっている。

　しかし、キリスト教、仏教系ならびに篤志家たちによる献身的な社会貢献活動は持続しており、今も宗教法人、社会福祉法人などが施設運営にあたってい

る。学生セツルメントと比べると華々しさを欠いているが、献身的な社会貢献型活動の精神は様々な形で生き続けた。とはいえ、セツルがセツルたる所以の本質と淵源は慈善事業ではなく、地域福祉事業であると同時に社会改革運動である。支援される立場から当事者市民主体の形成という点においても、また教育と福祉の原点に回帰する意味において、学生セツルメント活動の残した歴史的な功績は今も絶大なものである。

【参考文献】

- 大林宗嗣『セッツルメントの研究』同人社書店、1926年
- 大森俊雄編『東京帝國大學セツルメント十二年史』東京帝國大學セツルメント、1937年
- 全国学生セツルメント連合書記局編『同じ喜びと悲しみの中で—学生セツルメント運動の記録—』三一書房（三一新書）、1957年
- 西内潔『日本セツルメント研究序説』宗高書房、1959年
- 滋賀秀俊編『東京帝大柳島セツルメント医療部史—医学生の戦前社会運動黎明期の記録—』新日本医学出版社、1979年
- 福島正夫ほか編『回想の東京帝大セツルメント』日本評論社、1984年
- 阿部志郎「セツルメントからコミュニティ・ケアへ」『地域福祉の思想と実践』海声社、1987年
- 宮田親平『だれが風を見たでしょう—ボランティアの原点・東大セツルメント物語—』文藝春秋、1995年
- 興望館創立75周年記念誌編集委員会編『興望館セツルメント75年の歴史』興望館、1995年
- 後藤傳一郎『東大セツルメント物語—それはスラム街に生まれて消えた—』小倉武一、1999年
- 瀬川和雄編『興望館セツルメントと吉見静江』興望館、2000年
- 氷川下セツルメント史編纂委員会編『氷川下セツルメント—「太陽のない街」の青春群像—』エイデル研究所、2007年
- 氷川下セツルメント史編纂委員会『氷川下セツルメント史料集 第1・2』、2008年
- 氷川下セツルメント史編纂委員会編『氷川下セツルメント史—半世紀にわたる活動の記録—』エイデル研究所、2014年

第5章 識字・基礎教育

1 夜間中学校と日本語学級の取り組み

関本 保孝

はじめに

　東京では、昼に仕事をし家計を支えなければならない学齢の子どもを救済し、学びの場を提供するため、1951年に足立区立第四中学校で夜間学級が開設されたのを皮切りに、1950年代を中心に夜間学級が作られてきた。その後、時代の変化とともに様々な社会的な弱者としての義務教育未修了者を受け入れてきており、夜間中学は大きな社会的役割を果たしてきた。

1 開設が続く夜間中学校(1950年代)

(1) 足立四中夜間学級の開設

　戦後の足立区では中学校に多数の不就学生徒がおり、足立区中学校校長会は、1950年に不就学生徒の実態調査を行った。その結果、区内在籍生徒約18,000名のうち、6.7%にあたる約1,200名が不就学生徒であることがわかった。
　このような折、当時足立区立第四中学校の校長であった伊藤泰治は、「現状では少なくもこの長期欠席問題の根本的解決は不可能であり、これを解決する手段としては　暫定的にあの戦前の尋常夜学校的なもので解決するほか道がない」と考えるようになった。
　伊藤校長は足立区教育委員会、東京都教育委員会、そして文部省へと強い働きかけを行った。

その努力が実り、1951年7月5日、足立区の了解、そして都の教育委員会から「試験的二部学級開設」の認可を受ける段階までこぎ着けた。

しかし文部省の態度は、「①夜間中学は学校教育法で認められていない。②夜間中学は労働基準法違反に通ずる。③夜間中学を認めることは生活保護法・学校教育法によって課せられている国・地方公共団体及び保護者の学齢生徒の正当な教育を受ける権利を無視し、保護すべき義務を怠ることを正当づけることになる。④夜間中学は生徒の健康を蝕む。⑤夜間中学では、中学校の各科にわたって満足な学習ができない」というものであった。

しかし、東京都教育委員会は、生徒たちの大きな経済的社会的困難を踏まえ、次にかかげる7ヵ条を条件に認可した。①暫定的な試案として運営し、恒久的制度とすることは望ましくない。②運営については常時教育庁と連絡して指導をうけること。③その中学校の二部授業として取り扱うこと。④名称は特別に用いないこと。⑤入学者の身許其の他の調査は、教育庁に報告すること。⑥生徒の保健衛生に留意すること。⑦その他運営については諸法令に違反しないようにすること。

(2) 続く7校の開設

1951年の足立区立第四中学校夜間学級開設に続いて、1950年代に続々と夜間学級が開設された。

1952年には立川市立第三中学校と八王子市立第五中学校、1953年には葛飾区立双葉中学校、墨田区立曳舟中学校（現文花中学校）、大田区立糀谷中学校、1954年には世田谷区立新星中学校（現三宿中学校）、1957年には荒川区立第九中学校で、それぞれ夜間学級が開設された。

戦後の混乱と深刻な貧困状態の中、いかに夜間中学が求められていたかがわかる。

2 立川三中廃校・夜間中学早期廃止勧告そして増設運動へ（1960年代）

(1) 立川三中の廃校

立川市立第三中学校は1952年4月1日に開校したが、それとほとんど同時に

複式一学級の夜間学級も併設された。しかし、専任教諭は1名しかおらず、生徒の実態を踏まえた指導が十分できる体制ではなかった。教育委員会や学校の支援体制やPRも十分とはいえない中、生徒数も2名となり、1961年3月末、夜間学級廃校となってしまった。

(2) 東京都夜間中学校研究会の発足

　夜間中学校発足当初の夜間中学校では、どの学校もどう予算や教職員定員を確保するかが運営上の最大の課題だった。また、どう生徒の労働条件を改善させ、健康を守るかという問題を抱えていた。1960年10月6日に、大田区立糀谷中学校において、東京都夜間中学校研究協議会（のち、東京都夜間中学校研究会に名称変更）の設立総会が行われ、東京の夜間中学校どうしの連絡・研究機関として発足した。

(3) 夜間中学校早期廃止勧告と夜間中学校増設の取り組み

　夜間中学数が大きく減少する中、1966年11月に、夜間中学校への廃止へのダメ押しともいえるような「夜間中学早期廃止勧告」が行政管理庁から出された。
　この勧告は、「義務教育に就学中の生徒を雇っている職場では労働法規に違反しているケースが多い」といった指摘の中で、「学校教育法では認められていない"夜間中学校"は廃止すべきである」としている。年少労働者は誰も好んでそうなったのではなく、法律に違反してまで働かなければ生きていけない現実があった。この勧告に夜間中学校の生徒、教師、卒業生たちは、大変なショックを受けた。手をこまねいていたら自分たちの夜間中学校が「いつ潰されるかわからない」「うかうかしていられない」という思いに駆り立てられた。
　たまたま、荒川九中二部は開設10周年を迎え、卒業生の髙野雅夫の呼びかけで、映画づくりが開始され、1967年にドキュメンタリー映画『夜間中学生』が誕生した。髙野は、この映画と文集を担いで、全国で夜間中学校の必要性を訴え、1969年に大阪市立天王寺中学校夜間学級が開設され、さらに1970年代には大阪府下で8校の夜間中学校が開設された。

3 帰国者増加と小松川二中の開設及び日本語学級の開設（1970年代）

(1) 江戸川区立小松川第二中学校夜間学級の開設

　江戸川区では中学校の長期欠席生徒が都内で2位、187名もおり、他区夜間中学校へ14名も通学していた。髙野雅夫らの運動もあり、1971年江戸川区立小松川第二中学校夜間学級が開設された。

(2) 日本語学級開設と中国帰国者生徒の激増

　1965年に日本と韓国との間で日韓基本条約が結ばれ、韓国からの引揚者が日本に帰国するようになっていた。夜間中学では普通学級で受け入れたが、日本語がわからないため、大きな困難があった。そこで、髙野など関係者により都議会に「夜間中学における引揚者の日本語学級開設及専任教師配当に関する請願―引揚者センター建設に向けての暫定的処置に対して―」が提出され、1971年3月1日に全会一致採択された。そして、1971年6月1日に夜間学級3校（足立四中、墨田・曳舟中、江戸川・小松川二中）に日本語学級が併設された。その後、1972年に日中国交回復があり、中国帰国者が増加し、特に1970年代後半以降激増した。

4 帰国者の社会的条件整備の取り組みと生徒の多様化（1980年代）

(1) 帰国者の社会的受け入れ拡充の取り組み

　当時夜間中学校以外に日本語を勉強する場が皆無の中、行政の了解のもと、日本語学級では多様な学歴の人を受け入れていたが、矛盾が大きく、夜間中学校外への日本語を学ぶ場の拡充を目指した。都夜中研として都議会に提出した「定時制高校に中国・韓国帰国者のための日本語学級を設置する件に関する請願」は、1980年10月に全会一致で趣旨採択された。だが、カリキュラムなどで高校現場の理解が得られず、実現に至らなかった。

　一方、関係者の働きかけにより、1983年、東京都の補助金と東京都社会福祉協議会の運営により、中国帰国者のための日本語教室がYWCAと拓殖大学で開かれることになった。

1981年より国の中国残留日本人孤児の訪日調査が始まり、様々な団体等の要望を受け、1984年、厚生省の「中国帰国孤児定着促進センター」が開設され、1988年には二次センターとして「中国帰国者自立研修センター」(15ヵ所)が開設され、定着・自立への道が一定の前進を見せた。

(2) 東京都関係各方面への要望書の定期的提出の取り組み

従来、必要に応じ要望書を都に提出したが、1984年からは毎年5月に行われる第1回都夜中研大会で全体的な要望書や引揚者に関する要望書が採択され、東京都教育委員会や福祉局(援護課・保護課)、労働経済局(公共訓練課・職業課)等に提出し、定期的に話し合いの場がもたれるようになった。

(3) 多様な生徒の増加

1980年代には生徒層の多様化が進んだ。1980年代を通じ、元不登校生徒が20％台を占め、1885年には29.9％となった。また、かつて小学校へも行けなかった在日韓国・朝鮮人やインドシナ難民(ベトナム・カンボジア・ラオス)も多く入学するようになった。

夜間中学・授業風景（小林チヒロ氏提供）

5 中国帰国者生徒等の増加（1990年代）

（1）夜間中学校日本語学級の定数改善

　東京都教育委員会は「公立小・中学校日本語学級設置要綱」を作成し、1989年4月1日より施行した。日本語が不得手な帰国・外国人児童生徒が10名以上いれば1学級設置し、1学級の定数を20名とした。付則の中で夜間中学校の日本語学級は含まれないとしたが、それまでの夜間中学校関係者からの長期にわたる要望を受け、1990年度より夜間中学校にも実質的に適用されるようになった。

（2）葛飾区立双葉中学校での日本語学級開設

　遅ればせながら、国が1994年から1996年までを帰国者の「大量帰国」3ヵ年と位置づけたことにより、東京の夜間中学校でも帰国者生徒が1999年には285名と1990年の2倍以上となった。

　そのような中、日本語学級のなかった葛飾区立双葉中学校夜間学級でも日本語学習を希望する者が増え、葛飾区のウィメンズパルで行われている週1回の日本語教室に通ったり、墨田区立曳舟中学校（現・文花中学校）夜間学級の日本語学級まで通い学習していた。このような中、夜間中学校現場の努力もあり、1998年度に2学級認可・4名の専任教諭で正式に日本語学級がスタートした。

（3）映画「学校」（山田洋次監督）の完成と日本人生徒の増加

　山田洋次監督は、長年あたためていた夜間中学の映画『学校』を1993年に完成させた。"人間にとって学びとは何か"を見事に描き、日本アカデミー賞最優秀作品賞等を受賞。赤松常子文部大臣は「夜間中学校だけでなく、すべての学校があのようにあってほしい」と監督に語った。この映画により、夜間中学校が知られることとなり、1990年度、都内8校の夜間中学校で55名だった日本人成人生徒は、1995年度には101名へと約2倍に増加した。

6 新渡日外国人生徒の大幅な増加（2000年代以降）

（1）新渡日外国人生徒の増加と在日外国人教育専門部の発足

　新渡日外国人生徒数は、1990（平成2）年度にはわずか24名だったが、1999年度には107名、そして2009年度には392名へと、激増といえる変化を見せた。

　1992年12月には、日本全体の外国人登録者数が128万1,644名となり、日本の総人口の1％を越えた。さらに2005年末には外国人登録者数が201万1,555名となり、総人口に占める割合は1.5％を越えた。

　こうした流れをうけ、東京都夜間中学校研究会では1991年度に定住外国人教育専門委員会がつくられた。そして、戦前から在住する在日韓国・朝鮮人生徒の他、上記のような新渡日外国人生徒の教育問題等について、研究することになった。5年間の実績を踏まえ、1996年度には定住外国人教育専門部になり、2006年度には、定住外国人だけでなく幅広く日本に在住する外国人を視野に入れ研究を進めるため、在日外国人教育専門部と名称を改めた。

（2）夜間中学ドキュメンタリー映画『こんばんは』の完成

　森康行監督は、夜間中学校教員見城慶和の講演録を読み感動し、墨田区立文花中学校夜間学級に入って、2003年にドキュメンタリー映画『こんばんは』として完成させた。

　この映画には、中高年日本人、中国帰国者、在日韓国・朝鮮人、アフガニスタン難民、元不登校の少年たちの温かい交流と生徒の生活に即した教育活動が映し出され、各方面に大きな感動と反響を呼び、ドキュメンタリー部門の賞を総なめにした。

　全国各地で自主上映により多くの人々に広められ、500回以上の上映が行われたが、これは記録映画としては異例ともいえる上映回数であった。この映画は、後述する東京の夜間中学校日本語学級の教員削減問題や後に述べる日本弁護士連合会の夜間中学校に関する調査活動を進める上でも大きな影響を与えたといわれる。

(3) 日本語学級の教員削減問題

　2004年1月20日、財政難を理由に、東京都教育委員会は夜間中学校日本語学級の教職員定数削減の計画を打ち出した。具体的には従来の「学級数×2」という教諭配置基準を「学級数＋1名」という基準に改めるというものであった。1学級なら2名で結果的に変更はないが、2学級なら4名から3名へ、3学級なら6名から4名へ日本語学級専任教諭が削減されるという内容で、現場では大変深刻に受け止められた。

　各校、2ないし3学級の学級認可ではあっても年齢・就学歴・日本語力・母語・国籍などが様々な生徒を前に2学級認可の日本語学級では4クラスで、3学級認可の日本語学級では5または6クラスでの運営をせざるを得ず、専任教諭を削減されることは大きな痛手となることが予想された。

　このような中「東京の宝・夜間中学校の日本語学級を守れ！」を合い言葉に、夜間中学校の卒業生や様々な団体・NGO、超党派の都議会議員なども立ち上がり、応援の輪は急速に広まっていった。2004年3月2日の都議会本会議で石原慎太郎都知事より「人道的な見地だけではなく、長い目で見て治安の確保を図り、外国人の受け入れを進める上でも、また、ひいては日本の社会の繁栄のためにも重要な課題であると思います」との答弁もあり、今まで専任教職員の大幅な削減は回避されている。

(4) 日弁連への人権救済申立と日弁連の国への意見書提出

　全国夜間中学校研究会は、2003年2月に日本弁護士連合会（以下、日弁連）に人権救済申立を行った。日弁連は、意見聴取や調査を踏まえ、2006年8月10日に「学齢期に就学することのできなかった人々の教育を受ける権利の保障に関する意見書」を国に提出した。意見書では「義務教育は全ての人の固有の権利であり学齢超過か否かにかかわらず、義務教育未修了者は国に教育の場を要求する権利を持つ」「国は義務教育未修了者について、全国的実態調査を速やかに行わなければならない」「国は実態調査を踏まえ、夜間中学校設置に関し地方行政に対し、指導・助言・財政援助等を行うべきである」等、画期的な内容であった。

(5) すべての人に義務教育を！ 21世紀プラン発表

　日弁連意見書を受け、全国夜間中学校研究会では、2008年12月の第54回全国夜間中学校研究大会において、「すべての人に義務教育を！ 21世紀プラン」を採択した。これは「いつでもどこでも誰でも」、つまり「何歳でもどの自治体に住んでいてもどこの国籍でも」基礎教育としての義務教育が保障されることを行政施策として求めたものである。

　具体的には右の通りである。①「夜間中学校の広報」を行政施策として求めます。②「公立夜間中学校の開設」を行政施策として求めます。③「自主夜間中学等への援助」を行政施策として求めます。④「既存の学校での義務教育未修了者の受け入れ・通信制教育の拡充・個人教師の派遣等の推進」を行政施策として求めます。

(6) 全国への夜間中学校設置促進へ

　日弁連から国へ意見書が出されたものの、夜間中学校開設は進まなかった。埼玉に夜間中学を作る会では長年、川口市で自主夜間中学を行いつつ市に公立夜間中学校開設を求めてきたが、市交渉では「全県的な問題なので県に行って欲しい」と言われ、埼玉県交渉では「設置者は市なので、市に行って欲しい」と"たらい回し"の状態が続いてきた。全国各地で同様の状況があった。

　そこで、全国夜間中学校研究会では2009年より夜間中学等の議員立法成立を目指した取り組みを始めた。2012年と13年に超党派国会院内集会を開催し、多くの超党派国会議員が参加した。13年11月には衆議院文部科学委員会として足

東京の日本語教育を考えるつどい2015（「東京の日本語教育を考える会」ホームページより。この「つどい」は、2004年の東京の夜間中学の日本語学級定数削減をきっかけに、夜間中学関係者より「日本語教育の条件改善のため協力を」と呼びかけられ、2004年より続けられている。）

立区立第四中学校夜間学級視察が10名で行われ、事態は大きく進展した。

2014年4月には超党派の「夜間中学等義務教育拡充議員連盟」が結成され、8月1日には約200名の参加のもと、全国夜間中学校研究会と議員連盟の共催により国会院内シンポジウムが開催された。政府も文部科学大臣が度々「全国への夜間中学校設置促進」の国会答弁をした他、同年の教育再生実行会議や子どもの貧困対策大綱の中で「夜間中学の設置促進」を明記し、2015年度文部科学省予算でも新たに未設置道県等での「設置検討」等の予算が計上された。

2015年6月4日には「今国会での義務教育未修了者のための法成立を期す国会院内の集い」が開催された。「集い」には、夜間中学・自主夜間中学、国会議員・文科省・市民等約180名が参加し、以下要請文（概要）が採択された。

①多様な義務教育未修了者への就学機会の確保、②年齢や国籍に関係ない学習権保障、③形式卒業者への就学保障、④義務教育未修了者に対して教育機会を保障することは国・地方自治体の責務であることを明確にすること、⑤夜間中学校での生徒の実態に見合う修業年限確保、⑥各地域の自主夜間中学への国や地方自治体の財政的措置、⑦国は義務教育未修了者等の施策の進捗状況を毎年公表すること、⑧2020年の国勢調査の項目改善で義務教育未修了者の総数が把握すること。

その後、国会の立法チームの会合が重ねられ、2016年には上記「6月4日要請文」等も踏まえた「義務教育の段階における普通教育に相当する教育の機会の確保等に関する法律案」の行方が注目されている。

【参考文献】
・関本保孝「夜間中学の現状と役割、そして未来へ」『月刊社会教育』2014年10月号
・関本保孝「①夜間中学で学ぶということ」『月刊社会教育』2016年4月号
・東京都夜間中学校研究会「東京都夜間中学校研究会50周年記念誌」、2011年2月
・東京都夜間中学校研究会引揚者教育研究部・在日外国人教育専門部「夜間中学校に学ぶ帰国者及び外国人生徒への教育のあゆみ」、2007年3月
・第59回全国夜間中学校研究大会事務局「第59回全国夜間中学校研究大会・大会資料」、2013年12月6日～7日
・全国夜間中学校研究会「全国への公立夜間中学校開設を目指した人権救済申立の記録」、2008年12月

東京の識字・日本語教育のあゆみ

横山 文夫

はじめに

1990年前後から外国人の流入が急増し、日本社会の国際化が本格的に始まった（図1参照）。こうした状況に対し、その要因と政府および自治体、市民等はどのように対応してきたのか。そしてまた、多文化社会での共生と言語権[1]を含む学習権の公的保障等についてレポートする。

移民[2]の受け入れは、出入国管理及び難民認定法（1982年改正・改名。以下、入管難民法）で調整される。1989（平成元）年に在留資格を再編し改正（翌年6月施行）された。これにより、主にブラジル等中南米諸国の日系人の入国が容易になり、来日数が急増した。その後、2004年、2005年、2007年に続いて2009（平成21）年（翌年7月公布）に改正された。これにより、外国人登録制度は廃止された。また、同じく住民基本台帳法の改正により、(1)中長期在留者（在留カード交付対象者）、(2)特別永住者、(3)一時庇護許可者又は仮滞在許可者、(4)出生による経過滞在者又は国籍喪失による経過滞在者に対して住民票が交付されることとなった。

2011（平成23）年末現在における外国人登録者数は、207万8,480人であり、前年に比べ5万5,671人（2.6％）減少し、2008（平成20）年末をピークに3年連続で微減傾向が続いている（その後、増加に転じる）。外国人登録者の総人口1億2,773万人（総務省統計局発表の2012〔平成24年〕1月1日現在概算値による）に占める割合は、前年に比べ0.04ポイント減少し、1.63％となった。都道府県別では、外国人登録者が最も多いのは東京都（40万5,689人）で全国の19.5％を占め、以下、大阪府、愛知県、神奈川県、埼玉県と続いている[3]。住民基本台帳に基づく人口動態調査（2013年3月末時点）によると、初めて調査対象となった外国人は、東京都が38万5,195人（2.93％）となり、都道府県で最多だった。

移民問題は、主に現代の南北問題と関わり為替交換レートの低い国から高い国に国際移動するのが常である。移民先は、北米、EU、オーストラリア、アラブ石油産油国、そして日本である。日本の場合は、労働力不足を補う形で経済界の要望に応え、入管難民法の改正によって実施された。1990年の改正から10年、移民の定住化から子どもの教育問題が顕著になり、親の日本語習得問題ばかりか子どもへの母語教育・日本語教育が社会的課題に浮上した。

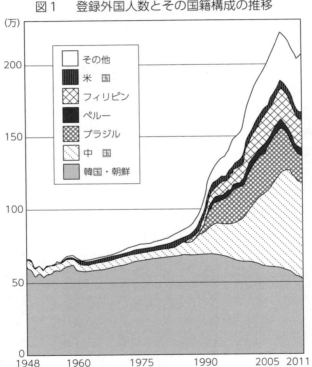

図1　登録外国人数とその国籍構成の推移

1　社会の国際化と行政施策

図1を見ると外国人登録者数は、1990年から2008年のピーク時までにいかに増加しているかが分かる。増加初期には外国人問題としてトピックにされるも、

彼らを生活者としての外国人あるいは移民として捉えるように変化し、教育の場では、「日本語を母語としない児童生徒」と呼ぶことが定着してきた。政府（文部科学省〔以下、文科省〕）は、1992（平成4）年に日本語教材『にほんごをまなほう』とその教師用指導書の作成と、外国人児童生徒を受け入れている学校に教員加配を行った。しかしながら、全国への周知が徹底されなかった。こうした中、総務庁が1996年12月に行政評価・監査に基づき、文科省に対して教育指導の充実等に関する勧告を出し、さらに2003（平成15）年8月に同様の通知を行った。その後文科省は、日本が批准（1979年）した国際人権規約（A規約）に基づき、「学齢相当の外国人子女の公立義務教育諸学校への入学希望者には、日本人子女と同様に無償の教育保障が義務付けられた」との見解を表明し、総務庁に回答すると共に、「就学ガイドブック」を作成して都道府県教委にたいして市教委への助言を周知（2004年）した。続いて、取り組みの充実に向け、「外国人児童生徒教育の充実について（通知）」を各都道府県・指定都市教育委員会教育長等に行った（18文科初第368号、2006年6月）。さらに2007年7月の「検討会」、2009年12月の「政策懇談会」設置に続き、2010年に「定住外国人の子どもの教育等に関する基本方針」を明らかにした。そして、2014年1月に「学校教育法施行規則の一部を改正する省令等の施行について（通知）」（25文科初第928号）を各都道府県教育委員会教育長等に行った。

一方、地域の国際化推進については、旧自治省において「地方公共団体における国際交流の在り方に関する指針（自治画第37号、1987年3月）と「国際交流のまちづくりのための指針について」（自治画第97号、1988年7月）を連続して通知し、さらに「地域国際交流推進大綱の策定に関する指針」（1989年2月、自治画第17号）を策定し、地方公共団体における外国人の活動しやすいまちづくりを促した。その結果、全国的に国際交流協会等が設置された。その後、総務省が「地域における多文化共生推進プランについて」（総行国第79号、2006年3月）を通知し、今後は「地域における多文化共生」を第三の柱として、地域の国際化を一層推し進めていくことを求めている。

東京都においては、1989（平成元）年4月から外国人の児童生徒が5人を超える場合には教員を加配し、10人を超える場合には日本語学級（在籍期間2年）を編成するなどの対応を行っている。成人に対する日本語教育に関しては、区

市町村の社会教育・生涯学習部門の一部で「日本語ボランティア」養成講座の開催や会場利用がなされているが、他はボランティア団体や国際交流協会等で行われている。なお、1994年9月には「東京国際交流財団」が設置されたが、2003年に廃止された。

2 市民セクターによる各種サポートと政策提言

　外国人の急増に関し、「内なる国際化」や「地域の国際化」といった枠組みで解決しうるものではなかった。そのため、いち早く立ち上がったのが、グラスルーツ的な市民セクター（以下、NPO）であり、行政がいまだ気づいていない、あるいは対応できずにいる新たな問題に取り組むようになった。こうした中で「多文化共生」という言葉が多用されるようになっていく。やがて自治体や政府においても、文化的背景の異なる人々が同じ社会に「共に生きる」ための理念として広まっていく。そして、こうした理念のもと、ボランティアによる日本語教室の開設や医療・労働に関する相談・支援、多言語情報の提供、医療通訳、政策提言など多岐にわたる実践が各地で行われている。

　貧困のために義務教育を受けられなかった人々やオールドカマー向けの識字[4]学級や夜間中学が一部地域に残っているものの、ニューカマーに対する日本語ボランティア・日本語教室という「戦後の新しいボランティア」が誕生して対応している。そしてそれらの市民活動団体は、情報の共有や資質向上等を目的にネットワークを形成していった。東京においては、国際識字年（1990年）に対応して東京学芸大学社会教育研究室により「東京の識字実践・識字マップ調査」が第一次（1991年）・第二次（1992年）・第三次（1994年）と行われた。第三次報告書によると、「92年調査と比較すると、設置団体は約57%（91→143）の増である。しかもその内訳をみると、公的機関・外郭団体の数に比して（10%増、40→44）、とくに民間団体の増加がいちじるしい（94%増、51→99）。ほぼ倍増である。そして同じ団体ないし機関が複数の識字学級（初級、中級、あるいは昼間・夜間など）を開設しているケースが多くなり、識字学級・養成講座の総数は飛躍的に増大している（265%増、91→242）。識字学級数の増加がとくにいちじるしく（433%増、51→221）、また日本語ボランティア養成講座

も5倍に増加した（4→21）。92年調査の場合は設置団体と識字学級・講座の数はほとんど同じであったが、今回調査では団体数（143）に比べて学級・講座数（242）がはるかに多くなっていることが特徴である」と記されている。この調査によって、「東京日本語ボランティア・ネットワーク」が設立（1993年12月）された。

全国組織では、東京を中心に「日本語フォーラム全国ネット」が設立（2003年3月）され、「東京宣言」（「多文化・多言語社会の実現とそのための教育に対する公的保障を目指す東京宣言」、2001年5月）・「神戸宣言」（「多文化共生社会の実現とそのための教育の公的保障を目指す神戸宣言」、2011年11月）が作成され、文科省をはじめ各関連機関等に提言された。

3 識字と日本語教育

識字学級は、義務教育を受けられなかった人々や在日のオールドカマー向けに関西を中心に全国各地で開催されていた。しかしながら、ニューカマーの増加に伴う日本語教室の設置が全国に広まると、その影が薄くなっていった。国際的には、主に発展途上国の識字率向上を図る目的で国際識字年が設定される等、ユネスコによって国際的な啓発がなされている。それは、主に functional literacy（読み書き計算能力）としての基礎教育である。ニューカマーと呼ばれる外国籍住民等に対する日本語教育（以下、JSL）は、言葉（語彙、発音、文字、文法などの体系）だけの教育に矮小化されがちであるが、文化やアイデンティティと深く結び付く。そのため、同化教育にならないような教授能力・資質・全人教育が求められる。JSL（第二言語としての日本語）教育は、その教育・教授方法が確立されている訳でもなく、多様な方法が開発され実施されてきた。1990年頃の日本語教育教材として、そのテキストが3種程度であったが、その後に多様な教材が開発・出版されている。教授方法は、学習者の多様性にあわせたダイレクトメソッド（日本語で日本語を教える）が主流になりつつあるが、日常会話に必要な生活言語能力（BICS）ができても、教科学習等に必要な認知的・学術的（思考・理解・考察・表現など）活動を行う際に必要な学習言語能力（CALP）を習得するのは容易ではない。社会言語能力[5]や社会文化能

力[6]についても同様である。特に、母語が確立している成人と発達途上にある子どもを区別しなければならない。子どもの場合は、ダブルリミテッド[7]に陥らないよう、母語の確立状況にあわせた指導が求められる。

4 課題(多文化共生と言語保障)解決に向けて

　自治体によって「多文化共生」施策が実施されつつも、ヘイトスピーチに代表されるように多くの地域では移民や先住民に対する偏見や差別が存続している。日本語を母語としない子どもたちや成人にたいする識字・日本語教育の方法は同様ではないが、文科省は、義務教育課程における日本語教育を学校教育に位置づけた。しかしながら、その教授における専任教員（多文化教育・日本語教育科）の制度が確立されていない。また、成人に関しても民間による「日本語教師」資格取得制度があるものの国による制度もない。多文化共生や日本語教育（JSL）を全うに実施するには、NPOへの支援や連携、都道府県による専門の調査・研究、専門家養成、リソースセンターが必要であり、全ての住民に対する多文化教育[8]も同様である。そしてまた、教室運営に関しては、一方的教授でない親和的・許容的・安定的な集団関係構築のための支持的風土が必要であり、教師やボランティアの多文化意識・能力やアタッチメント理論に基づく Secure Base（心の安全基地）[9]づくりが重要になっている。

1　ある領域で言語話者の民族性・国籍・規模に拘わらず、公私の領域で意思疎通を図るために、言語を選択する人権・市民権に関する個別的・総体的な権利（フリー百科事典「Wikipedia」）。一般的には、日常生活・コミュニケーションに必要な居住領域のマジョリティ言語（日本では日本語）および民族のアイデンティティ保持に必要な固有の言語（母語）を使用するための学習・教育の権利とされる。
　　詳しくは、「世界言語権宣言」http://www.sal.tohoku.ac.jp/~gothit/ro9901.html
2　国際連合人口部によると、移民とは、出生あるいは市民権（国籍）のある国の外に12ヵ月以上いる人とされ、ある国から他の国に移り住むことを指し、植民（colonization）と区別される。ここでは移入民（immigrant）を単に「移民」と表記する。移民には、正式な入国・在留手続きをしていない非正規滞在者および法的手続きを経た正規滞在者、その国の国籍取得者、その国の人と結婚した配偶者、留学生、労働移民等がいる。
3　法務省報道発表 2012（平成24）年2月22日 法務省入国管理局

4 英:literacy ①日本では識字と訳されているが、これは functional literacy（読み書き計算能力）を表し、カナ表示のリテラシーと区別される。②カナ表示の場合、それぞれの領域で特に必要とされる記述・表現体系を扱う能力を指す。OECD（経済協力開発機構）の PISA 調査では、読解力・数学的・科学的リテラシーの3分野の調査を行っている。
5 TPO に応じて言語を適切に理解し、使用するための能力。動作や表情など非言語的対応を含む。
6 英:Socio-cultural competence 第二言語習得の目標とはコミュニケーションにとどまるものではなく、仕事、交流、社会生活などのインターアクション（相互作用）であり、インターアクションのための能力が「社会文化能力」である。社会文化能力とは、コミュニケーション以外の日常生活や文化生活などのルールから構成されているとされ、これに「社会言語能力」「言語能力」の三つを組み合わせた言語教育の枠組みが提案されている。
7 母語あるいは第二言語のどちらも年齢相応の言語能力（BICS 及び CALP）がついていない状態。
8 多文化主義は、同一国家内に存在する複数の人種や民族が共存・共生するために、それぞれの文化がもつ固有の価値（文化、言語、生活習慣、歴史等）や存在意義・アイデンティティを認め、相互に尊重し、特定の主流文化による支配を肯定しない考え方と解される。このような考え方に立脚し、その実現に資する個人の意識、能力を養成する教育が多文化教育といわれている。
9 子供は親との信頼関係によって育まれる『心の安全基地』の存在によって外の世界を探索でき、戻ってきたときには喜んで迎えられると確信することで帰還することができる。現代においては子供に限らず成人においてもこの概念は適用されると考えられている（小此木啓吾他編『精神分析事典』岩崎学術出版社、2002年）。

【参考文献】
・関根政美・関根薫監訳『国際移民の時代』名古屋大学出版会、1996年
・W. キムリッカ著、角田猛之・石山文彦・山崎康仕監訳『多文化時代の市民権―マイノリティの権利と自由主義―』晃洋書房、1998年
・東京学芸大学社会教育研究室『東京の識字実践1994―第三次識字マップ調査報告書―』、1995年
・日本語フォーラム全国ネット「神戸宣言（多文化共生社会の実現とそのための教育の公的保障を目指す神戸宣言）」、2012年
・数井みゆき編著『アタッチメントの実践と応用』誠信書房、2012年
・マルカム・ノールズ著、堀薫夫・三輪建二訳『成人教育の現代的実践―ペダゴジーからアンドラゴジーへ―』（原著1975年）、鳳書房 2002年
・ヴィゴツキー著、柴田義松訳『新訳版・思考と言語』新読書社、2001年
・ジム・カミンズ著、中島和子訳『言語マイノリティを支える教育』慶応義塾大学出版会、2011年

3 公民館における識字実践

伊東 静一

1 福生市公民館松林分館の事業として

　社会教育施設としての公民館が実践した「人権回復の取り組み」を、福生市公民館の元職員加藤有孝（2005年10月8日逝去）の識字学級「ことばの会」の取り組みから紹介する。
　この取り組みは、日本人として生まれ育ったにも関わらず貧困や戦争といった要因で日本語学習を充分できなかった人たちを対象に、言葉を学ぶことは生きる力を形にする取り組みであり、基本的な人権を回復する具体的な学びであることを明らかにした実践である。
　福生市公民館松林分館の主催事業「識字学級『ことばの会』」は、18年におよぶ継続事業で、加藤は開設当初から担当した。1986年6月、当時の福生市のケースワーカーから、「生活保護を受けている住民Aさんが就労できない理由の一つに、読み書きができない問題がある。個人的に読み書きの学習を支援してきたが継続性がもてないので、公民館でみて欲しい」という依頼が加藤にあったことから取り組みが始まった。
　開始前の準備としては、元小学校長に講師をお願いし、ケースワーカーと一緒に打ち合わせをし、識字学級「ことばの会」を7月から開催することにした。
　第1回目は、住民A、ケースワーカー、講師、担当職員との顔合わせ。自己紹介を兼ねながら、生活のことや文字を覚えられなかった理由を簡単に語ってもらった。文字について自分の力がどれくらいかを話してもらい、その後、小学校の教育漢字996字の一覧表を渡し、とにかく読めるもの、知っている字に〇印をつけてもらい、Aの識字レベルをはかり、教材選びの参考とした。
　Aの話を総合して、講師の先生と読解力を大事にする、辞書の引き方から始めていく、生いたちが書ける力を大事にする、生きて働くことのすばらしさを

実感できる力を大事にしていく、といった方針を立てた。

教材として、「わたしゃそれでも生きてきた・うえだまさこ」(東上高志編『わたしゃそれでも生きてきた―部落からの告発―』部落問題研究所出版部、1965年。福岡県田川郡同和教育研究会福田一平の指導による全文ひらがなの作文)を選び、今西祐行「一つのはな」、新美南吉「ごんぎつね」、夜間中学生の髙野雅夫の詩「二十四歳の中学生」を最初の教材とした。

しかし、Aが学習を開始して3ヵ月後、学習を続けていくことが困難な家庭の状況が発生してしまい、残念ながら4ヵ月で学習を終了せざるを得なくなってしまった。経済的に余裕のない貧しい者はその出発から差別され、貧しいために学ぶ権利も保障されず、進路選択の幅がきわめて限られ、学びたいという要求をもちながらも、生活条件が劣悪なために、学びたいという要求そのものを発展させられないでいることがはっきりとした。

2 学習権の実践的課題

加藤は、「この経験を通して、識字学習の取り組みとして、1、貧困ということが、どのような社会的仕組みの中でつくり出されてくるのか、体験を通して明らかにしていくこと。2、多くの場合、劣等感として表わされる感情を"差別されてきた痛み"として捉える力にしていくこと、そして差別を乗り越える力にしていくこと。3、文字が読めること、書けることがその人の人生を主体的に変えていくことをくり返しはっきりとさせていくこと」が課題であるということがはっきりしてきたと明記している。

そして、住民の学習を支える公民館の役割として、次のように記している。「文字を学ぶということはまさしく、生きていくためにもっとも必要な基本的な権利の一つです。その場を公民館が公的に保障していくことは、重要な課題の一つです。人権教育の大事なことは、人権が侵されている人に対し、その回復のためにどれだけ力を貸せるかということです。(中略)自らの歴史を切り開いていける主体形成の場をどれだけ広く組織していけるのか、国の示す生涯学習振興政策に対峙しながら、1985年ユネスコ国際成人教育会議での『学習権宣言』の内容をどう実践的課題としていけるのか、いまこそ、問われているの

です」(加藤有孝「公民館における識字学級の実践について」『月刊社会教育』1991年2月号)。

2005年10月に急逝した加藤のお通夜には、識字学級「ことばの会」で日本語を学習していた方々が大勢参列し、それぞれの方が「加藤さんは死んではいない、私の心のなかに生きている。私がいまこうして生きている形を作ってくれたからだ」と語り、感謝の言葉が続いた。公教育としての学習支援の意味や、公民館事業の役割をはっきり理解できた。

3 奪われた学びを、いま取り戻すための取り組み

公民館での識字教育の実践の中では、公民館職員として問われている役割が明らかにされている。それは、「社会的弱者にとって、さまざまな差別や自分自身の劣等感のなかで、人間関係を広げる力そのものが非常に萎えているわけです。私たちの仕事の一つは、その萎えている力を回復するために、どれだけ力を貸せるかということです。一人の人をめぐって、今ある社会の資源を生かしながら、どれだけ豊かな人間関係を組織していくのか、そうした関係のつけ方を職員がどうつくっていくのかが問われていると思います」としている(加藤有孝「公民館での『学習権保障』の危うさ」『月刊社会教育』1991年10月号)。

公民館職員の役割として、学ぶ権利を保障するといった人権意識を基に日本語の学習に真剣な住民を支援する。しかし、現状としては公民館職員の減員や異動が頻繁なため、人権意識を育み住民とともに学びを拡充する営みができる職員が育ちにくくなってきている。

行政は、計画と予算ですべての事業を執行するが、法的な根拠を背景にもつ仕組みづくりと、住民の学習要求に応えられる専門的な職員の育成と配置にも確実な対策をする必要がある。

第6章
市民活動・NPO・コミュニティ

1　多摩地域の市民活動交流の拠点として
―東京都立川（東京都立多摩）社会教育会館市民活動サービスコーナーの役割―

山家　利子

1　設立の経緯

　1972年10月1日「都民の日」、東京都立川社会教育会館（当時、のち「東京都立多摩社会教育会館」以下、会館）に「市民活動サービス・コーナー」（以下、コーナー）が開設された。場所は会館の中だったが、組織上は東京都教育委員会社会教育部計画課の一事業であり、会館自身の事業になったのは1974年である。コーナーは事業係に位置づけられ、担当職員は非常勤の社会教育指導員のみ（開設時2人、最多時で4人）であり、事業係長が直属の上司、庶務担当職員がコーナーの事務も行うという体制であった。

　コーナーの場所が会館に決まる以前、すでに設置されていた消費者センターや、都立日比谷図書館での開設が打診されたが、いずれも断られていた。一方会館は1968年に開館していたが、コーナー開設直前の1972年9月、会館運営審議会は都教育委員会の諮問に応えて、会館の基本的性格と役割は①住民の自由な交流の広場、②市町村社会教育活動のサービス・センター、③あらゆる教育・文化活動の連帯の拠点、の三つであるとする答申を行っていた。コーナー受け入れは会館の進む方向にかなうものだった。

　コーナー開設の背景には、公害反対運動を代表とする当時の住民運動の高まりがあった。革新美濃部都知事による、住民の自治・連帯意識の触発・涵養と助長をするための成人教育施策を、という指示を受けて、都教育庁の中で立案され、誕生したのがコーナーである。しかし設置条件は大変厳しく、増員なし、

制度変更なし、施設新設なし、地域的バランスを考慮せよ、というものであり、そのことが会館に付設して非常勤で運営という組織としては弱い形での開設につながった。

そして本質的な問題、行政が住民運動を含む市民活動へのサービスを行うということ自体が行政としては矛盾を抱えることになるが、この問題は結局ずっと解決されないまま事業が始まり、進められることになった。そのことは開設後もコーナーが行政事業として地位が安定せず、時には予算大幅減の危機に直面し、また最終的には2002年3月末で30年間にわたる事業に終止符を打つことにもつながったといえるだろう。

2　事業内容

コーナー事業の柱は、(1) 情報・資料の収集・提供、(2) 市民団体・グループ等への援助、(3) 相談・助言、の三つであり、計画課担当者と準備段階から採用された1名の社会教育指導員により具体化された。その中で特徴的だったのは、「みなさんの小さなひろば」「自由に利用を」「ひろく参加を得ながら」「ややこしい形式にとらわれずに」「めんどうな手続きは不要」などのことが強調され、都民に向かって語りかけられたことである。

(1) 情報・資料の収集・提供
①市民活動のための、また市民活動の中で生み出される情報・資料の収集・提供
②学習資料集『市民活動』発行
③市民活動の情報紙『コーナーだより』等の発行

①は「資料室」を設けて実施された。開設当初は市民活動に必要な図書と行政資料がおもな収集対象として考えられていたが、すぐに団体発行資料が集まり始め、1976年頃にはその収集にも力が入れられるようになった。1990年には『市民活動』第42・43号として所蔵逐次刊行物の総目録を発行するに到った。

②『市民活動』は40～150頁の学習資料集で、30年間に55号まで発行された。内容は、市民活動にとっての基本的情報（「市民の『教育・学習』権」第2号他）、市民活動で取り組まれている問題（「三多摩の子ども文庫活動」第16

号他)、団体交流情報(「市民活動交流情報No.2―つながりを求めて―」第31号他)、資料紹介集、「コーナー白書」などの内容で発行された。

③『コーナーだより』は当初団体間の情報交換支援的な事業として位置付けられていたが、やがて多様な団体の活動についての情報発信の性格を強めていった。館の方針により、名称も発行形態も何度か変更され、館報的刊行物『三多摩だより』の一部としての"コーナーのたより"などの時期が続いた後、1998年の同誌終刊後は、「コーナーだより」を『市民活動のひろば』と改題して単独発行となり、大議論を経て月刊に移行し、通巻で計125号を発行した。

(2) 市民団体・グループ等への援助
①懇談コーナー・集会室の提供
②印刷・コピーサービス
③「市民活動交流のつどい」の開催

　①開設当初から、無料で空いていれば随時利用できる懇談コーナーと20人程度の集会室が用意された。

　②コーナーができた頃は市民が自由に利用できる印刷やコピー機器は皆無だった。コーナーは開設時に手刷り謄写版・手動謄写輪転機・湿式複写機(青紫色に発色)・電子コピーを用意し、用紙も無料提供した。より使いやすい機器が出回るようになると順次更新していき、最終的には製版機付き電動謄写輪転機・電子コピー機・紙折り機・点字ワープロ・ポスター用拡大機などを、広い作業スペースをもつ印刷室で提供した。このサービスは最初から利用者に大変歓迎され、さらに多摩地域で活動する市民団体に大きな影響を与えることになった。自分たちの町の公民館等に要望して、印刷・コピーコーナーを設置させる団体もあり、やがて市町村の公民館等施設の標準的サービスになった。

　③テーマを設けて市民団体の交流をめざすつどいは、当初年2回、後に年1回開催された。たとえば1982年の「出会いましょう三多摩の女たち」は、多摩地域の女性問題に取り組む団体や個人の出会いと連帯しての行動のきっかけになったと、以後、長期間にわたり活動する人々から評価された。

(3) 相談・助言

　開設時この事業は、①テレフォンサービスと、②専門家による来室相談として計画されていたが、②は現実的でないことが明らかであり、すぐに「講師派遣」(のちに「専門相談員派遣」) 事業に形を変えて実施されることになった。申し込みにより、団体の呼びたい講師を会館が委嘱し、希望する日時・場所に派遣するという事業により、1973年度から2000年度まで28年間に、計928件の学習会や講演会などが開催された。

第9回市民活動交流のつどい（1983年2月20日）

第18回市民活動交流のつどい（1987年7月5日）

第6章 市民活動・NPO・コミュニティ ①

3 利用団体（者）自身の取り組み

　開設当初の、市民に呼び掛けて一緒に作っていこう、という姿勢は、行政の現実の中では壁にぶつかることも多かったが、市民の側には率直に受け止められた。開設の翌年にコーナーが開いた第1回の利用者交流会で、参加者から利用者の交流団体を作ろうという提案が出され、翌1974年に「市民活動サービス・コーナー利用者交流会」（以下、「交流会」）が発足した。「交流会」は毎年コーナー拡充の要望書をとりまとめて館長と教育長に提出し、また独自の交流集会を開くなどの活動をした。

　1982年から会館の建て替え問題が起こり、会館の利用団体は「東京都立川社会教育会館を守り発展させる会」を結成した。コーナー利用者もその集まりに積極的に参加し、建て替えが会館利用団体や都民にとって不都合な形にならないよう、逆に拡充の機会になるように積極的に動いた。

　建て替え後1988年に、コーナーの次年度予算0円という内示が出された時（後に復活）、利用者はすぐに「市民活動サービスコーナーを守り発展させる会」を結成した。そして要望書を提出し、都庁まで交渉に赴くなどで取り組んだ。

4 コーナーが生み出したもの

　30年間にコーナーが事業を通じて活動を広く紹介した団体数は2,037に及んだ。行政組織の中では小さな事業だったがその積み重ねは、実践としていくつかのものを生み出した。

①30年間に蓄積された市民活動資料と収集体制およびその取扱いのノウハウ
②多摩地域における市民団体の活動情報とネットワークの拠点機能
③市民活動における社会教育の視点
④社会教育や市民活動支援機関・施設が基本的に求められるものの意識化
⑤市民の行政の関係における「小権力化」「手先化」の問題意識、などがある。

　①～③などはコーナー廃止後2002年4月から活動を始めたNPO法人「市民

活動サポートセンター・アンティ多摩」(以下、アンティ多摩)の事業の中で取り組まれてきた。とくに①については、アンティ多摩等による500箱に及ぶ市民活動資料の保存運動に続き、資料センターづくりに取り組む市民団体が発足した。その後500箱は法政大学大原社会問題研究所に移管され公開される運びとなり、また2014年4月、コーナー廃止後に集められた資料を基に市民自身の手で資料センター「市民アーカイブ多摩」を設立した。同時に組織も運営のための「ネットワーク・市民アーカイブ」へと設立・移行し、市民活動資料の収集継続と公開を行っている。

【参考文献】

- 「コーナー白書1980―8年の歩み・求められるもの―」東京都立川社会教育会館市民活動サービス・コーナー編『市民活動』第22号、1981年3月
- 「コーナー白書Ⅱ 1987―求められるもの・行政サービスの現状―」東京都立多摩社会教育会館市民活動サービスコーナー編『市民活動』第36号、1988年3月
- 奥田泰弘「市民活動サービス・コーナーの誕生とその意義」中央大学人文科学研究所編『研究叢書5 民衆文化の構成と展開』中央大学出版部、1989年4月
- 「コーナー白書Ⅲ 1993―市民活動サービスコーナー 20周年をむかえて―」東京都立多摩社会教育会館市民活動サービスコーナー編『市民活動』第48号、1994年5月
- 講師派遣事業の具体的な様子は、「報告書―本当のことが知りたい―」『市民活動』第46号、1993年、および第47号「知らない★知る★知りたい―1993(平成5)年講師派遣事業報告書」1994年、に詳しい。
- 「コーナー白書Ⅳ 2001―市民活動サービスコーナーの30年―」東京都立多摩社会教育会館市民活動サービスコーナー編『市民活動』第55号、2002年3月。30年間の年表も掲載。
- 市民活動サポートセンター・アンティ多摩編『したたかにしなやかに つながり続けよう多摩の女性たち―交流集会の記録―』、2010年3月
- 山家利子「資料と活動の交流拠点だった『都立多摩社会教育会館 市民活動サービスコーナー』」『大原雑誌』№.666、2014年4月

2 武蔵野市のコミュニティ政策と社会教育

田中　雅文

1　市民運営によるコミュニティセンター

　武蔵野市には、市民活動推進課の所管施設として16館のコミュニティセンター（以下、コミセン）がある。ここには職員が配置されず、住民で組織するコミュニティ協議会が、指定管理者として管理運営を委託されている。さらに、コミュニティ活動活性化のための特別事業費として、市から補助金が提供される。窓口当番には若干の手当が支給されるものの、それ以外のコミュニティ協議会の活動はすべてボランティアが担っている。武蔵野市は制度としての自治会をもたず、その代りにコミセンを拠点とした開かれたコミュニティづくりに取り組んでいる。その原則は「自主参加、自主企画、自主運営」（自主三原則）である。

　本稿は、このような武蔵野市のコミュニティ政策の特徴を社会教育との関係で整理したものである。

2　武蔵野市のコミュニティ政策

　日本の自治体がコミュニティ問題に取り組むきっかけとなったのは、国民生活審議会調査部会コミュニティ問題小委員会報告『コミュニティ―生活の場における人間性の回復―』（1969年、以下「小委員会報告」）と、それを受けて1971年度から3年間にわたって実施された自治省のモデル・コミュニティ地区指定である。

　武蔵野市は、このような動きと並行してコミュニティ政策を推進した。その出発点は、1971年のコミュニティ構想（武蔵野市『武蔵野市のコミュニティ構想』、1971年）である。これは、第1期武蔵野市長期計画（1971年2月）の基本

第3部　特論Ⅱ～市民・学習史篇～

構想の一つとして策定されたものである。

　このコミュニティ構想が提案するコミュニティの特性とは、市民自身が自らの自治活動を通してつくり上げていく動的な存在であり、すべての人々に開かれた開放的なものである。行政は、そのようなコミュニティづくりに「協力」する立場であり、施設整備も一方的に提供するのではなく市民参加で行うものだと述べている。

　以上のようなコミュニティ構想を実現させるため、コミュニティ市民委員会（第1期～第6期）が設置された。第1期コミュニティ市民委員会はコミュニティ施設整備の基本方針（1974年）、第2期同委員会はコミュニティセンター条例（1976年）を策定した。後に、この条例は第5期同委員会においてコミュニティ条例（2002年）として改訂された。

　16館のコミセンの開館時期をみると、最も早いのが境南コミュニティセンター（1976年、写真1）、最後が本宿コミュニティセンター（1992年、写真2）であり、15年以上の年月にわたって順次建設されてきたことがわかる。

写真1　境南コミュニティセンター
　　　（1976年開館）

写真2　本宿コミュニティセンター
　　　（1992年開館）

3 コミュニティ政策下の社会教育

　以上に述べたようなコミュニティ政策のなかで、武蔵野市では社会教育の位置づけが次第に弱くなっていった。それを象徴するのが長期計画における項目構成である。第1期長期計画には「社会教育」という項目があったものの、第2期基本構想・長期計画（1981－92年）では「市民文化の創造と市民教育」という項目が置かれた代わりに「社会教育」の項目が削除された。

　こうした経緯に関して、「社会教育の終焉」論者であり武蔵野市第1期長期計画の策定委員でもあった松下圭一は、次のように述べている。「（策定委員の間では－引用者）人件費をかける公民館型の社会教育行政は不可能であるだけでなく、〈市民文化活動〉を自立させない社会教育行政自体が不要で、市民独自の自立した市民文化活動に委ねるべきという結論をだして」（松下圭一『自治体は変わるか』岩波書店、1999年、226頁）いたというのである。こうした「社会教育行政不要論」が、長期計画やコミュニティ政策に大きく影響していた。

　しかし、そのような環境下でも、現実の社会教育行政は主体的な市民を育てる学びの場を生み出していた。主な拠点は1966年度に竣工した福祉会館であった。ここに社会教育課の職員が常駐し、館内の3室を使って社会教育事業が実施されたのである。

　たとえば、「母と子の教室」は専任の保育者を配置した保育付き事業であり、多くの母親が受講し、多いときは毎年合計で400〜500人が学んでいた（武蔵野市教育委員会『母と子の教室―10周年を記念して―』、1977年）。修了生が期ごとに自主グループをつくるとともに自主保育を実施し、全体で連絡協議会を組織していた（西村絢子『母親の子育てと共同保育』あゆみ出版、1984年）。この連絡協議会は、市主催のコミュニティスクール（コミュニティづくりを考えるための学習講座）の自主企画・運営にも取り組むようになった。

　一方、社会教育に関する市民活動も湧きおこった。1978年7月、社会教育行政の講座で学んだ人たちや市民運動に取り組む人たちが集まり、「武蔵野市社会教育を考える会」（以下、考える会）を結成したのである。この会は、社会教育行政による「母と子の教室」や老壮大学から育った自主グループ、各種の市民運動に取り組むグループなどとの出会いを通して運動を発展させた。1979年度

には、上記コミュニティスクールの企画・運営の中心ともなった。考える会と武蔵野市教育委員会が共編した、受講生たち自身の手による講座の記録『武蔵野でともに学び育ち生きること』(1980年、全128頁)には、前述の松下の認識とは逆に、行政の支援による社会教育の活動が自立的な市民と市民自治・市民文化を育む力をもっていることを示す事実が満載されている。

上記のような学習活動の中から、市民自治・市民文化やコミセン活動の担い手が数多く育っていった。コミュニティ政策を支えた社会教育行政という構図を描くことができる。

4 コミセンの社会教育的な側面

コミセンはコミュニティ条例で規定される地域施設であり、社会教育や学びの支援・促進が担保されたものではない。それでも、下記にあげる社会教育的な側面を備えている。

第一に、趣味・教養・スポーツや地域課題に関する学習の拠点となっている。コミセンごとに特色ある学習事業が開催され、自主学習グループがコミセンの部屋を利用している。利用者懇談会も開催される。

第二に、子どもや親子を対象とする学習事業も活発である。現代の公民館にとって重要といわれる次世代の育成に、コミセンも取り組んでいるのである。

第三に、各種のレクリエーションや交流の活動によって、住民間のつながりを広げる努力がなされている。これらはいずれも、学びあいのきっかけや基盤を提供する事業である。

第四に、上記のすべてに関わることとして、地域の団体・機関との共催事業も少なくない。コミセンが学びに関する地域ネットワークの結節点となっている。

以上のように、コミセンではさまざまな学習関連事業が行われている。このことから、コミセンはコミュニティ形成に力点をおいた社会教育の施設といえないこともない。ただし、それらは条例で担保されておらず、「たまたま」地域ニーズに応えて活動してきた結果である。

5 コミセンは社会教育的な役割を果たしている

　コミュニティ政策が社会教育行政の位置づけを弱めたものの、逆に社会教育行政はコミセンの活動をはじめコミュニティ政策の推進に貢献したという関係が浮き彫りになった。そして現在、条例で担保されていないながらも、コミセンは社会教育的な役割を果たしている。

　これからのコミセンは、社会教育との関係においてどのような方向に進むのだろうか。その可能性の一つは、2014年11月に出された『武蔵野市これからの地域コミュニティ検討委員会提言─未来を担う「これからのコミュニティ」を目指して─』（事務局：武蔵野市市民部市民活動推進課）に内包されている。同提言は、コミュニティ協議会や多様な関係者・関係機関が連携して地域コミュニティの課題に取り組むための協議の場として「地域フォーラム」を提案し、そうした協議の場の運営や地域課題の把握に関する「学び」の場が必要だと述べている。協議自体が「学びあい」の場であることをふまえれば、「地域フォーラム」の設置・運営を通して、市民が地域課題を学び・学びあい、そしてその学びあいを促進するための方法論を学ぶ場として、コミセンに大きな期待が寄せられているわけである。

　このように、これからのコミセンには、社会教育の一分野としてのコミュニティ形成や地域づくりの学びの場となることが求められている。ただし、このような学びの企画・運営を効果的に進めるためには、学習支援に関する専門的なノウハウをもつ人材が必要である。そうした人材の養成や配置は、まさに社会教育行政の役割である。武蔵野市のコミュニティ政策やコミセンの発展に対し、社会教育行政が重要な鍵をにぎっているといえるだろう。

【参考文献】
・安藤頌子「『市民参加』・コミュニティと社会教育」自治問題研究所『住民と自治』211号、1980年
・伊藤徳子「武蔵野市の社会教育施設づくり」『月刊社会教育』1979年7月号
・伊藤徳子「わがまちの社会教育：考えて、あゆんで」『月刊社会教育』1987年2月号
・佐藤竺執筆・監修『武蔵野市百年史 記述編Ⅲ 昭和38年〜昭和50年』武蔵野市、1998年

福祉に係わる市民運動と社会教育とのつながり
―板橋区の実践から―

齋藤 真哉

1 板橋区の社会教育の歴史

(1) 青年教育から福祉活動へ

　板橋区の社会教育は、青年を対象とした職業訓練及び青年の仲間づくりから始まった。

　板橋区は城北工業地帯の中心である。戦前・戦時中に建てられた軍需工場から続く化学、機械の大工場に加えて、光学・精密機械、印刷等の中小の工場が1950年代に増加し、就労のために上京した青年が区内に多く居住した。また、区内の中学校を卒業した者の半数以上は区内の工場に勤務した。それらの双方の青年を対象に板橋区では1953年に青年学級及び区立中学校産業教育共同実習所（後に社会教育課所管、1970年閉所）を開設した[1]。その後、工場が激増し、区内で働く青年が増えたことから1963年に区立青年館が開設され、板橋青年団体連合会が結成された[2]。幅広い区民からの学習要求に対応するため、1969年に青年館は社会教育センターに衣替えしたが、軽度の知的障害のある青年の保護者の要望により、1973年の社会教育会館（現在の大原社会教育会館）の開設に合わせて障害者青年学級が開設された[3]。その後、青年学級で学んだことを地域で活かすため、社会教育会館から離れて障害者の支援に係る活動を行う者が現れた。1981年の国際障害者年を契機に障害当事者及びその家族、さらに支援者などが集まり、障害の有無をこえて、地域で、誰もがともに生きることができる社会をつくることをめざして「板橋区ともに生きる福祉連絡会」（以下、「板福連」）を結成した。この団体が板橋区の区民主体の福祉と教育を切り拓いていく[4]。

(2) 行政主体の社会教育が続く中で

　板橋区では社会教育委員の会議や社会教育会館の運営審議会などの社会教育行政・施設に区民が参加・参画する制度は整備されず、施設の管理・運営及び事業の運営主体は区にあった。区は青少年対策地区委員会（後の青少年健全育成地区委員会）を設置し、区民と協同で青少年の健全育成に積極的に取り組んだ。但し、区民が自主的に運営する子ども会を育成する意図は見られず「官製子ども会」としてのジュニアリーダー活動がその中心となった。

　その一方、大原社会教育会館は、2000年以降、会館の運営や事業に会館の利用者をはじめ、それまで会館を利用していなかったボランティア団体や福祉団体などとの共催・協力により事業を実施し、区民に開かれた施設の運営に取り組んだ[5]。

　板橋区では歳出に対して歳入が不足し、単年度の収支が均衡しない財政状況が連続したため、経営刷新計画を2004年にまとめた。それにより社会教育会館の管理運営業務の一部を委託化し、併せて会館の機能、組織のあり方が検討されることとなった[6]。

2 福祉の運動を深め・広げる社会教育に

(1) 福祉の運動が社会教育との協働により獲得したもの

　「板福連」は、福祉教育を推進するため1983年に中学生ボランティア講習会の実施を板橋区教育委員会に提案し、2000年までその企画運営に携わった。この講習会では、中学生が障害のある人の実際の生活を学ぶことを重視した。それによって、自らの体験に基づくボランティア活動が板橋区に普及することにつながった。2000年から区立小・中学校の総合的な学習の時間の福祉学習のコーディネートを「板福連」が担った。しかし、そこでは、大人がボランティア活動やノーマライゼーションを「よい」ものとして児童・生徒を啓発しようとした。それに対して児童・生徒が反発し、彼らの学びが阻害されてしまった。大原社会教育会館は人間が学び・教えることの意味や学習者に寄り添って学ぶことの意味を「板福連」に問うた。その結果、学びあい・教えあうことの「よさ」を子どもと大人が追究する学習に転換した[7]。

第 3 部　特論 II 〜市民・学習史篇〜

　「板福連」の会員の脳性まひの青年が、以前は可能であった電動車椅子での乗車を JR 東日本に拒否されたことに対して、対応の変更を求める運動を始めた[8]。この運動は国を動かし、新たな法が制定され、その青年には国土交通省から電動車椅子による鉄道乗車証の第 1 号が交付された[9]。その後、青年は区立中学校の総合的な学習の時間の福祉教育に参加した。生徒はまちに出て車椅子での移動の困難さを実感し、法の制定に到る道筋を聴き、市民が動くことにより社会が変わることを学んだ[10]。それを受けて、中学生の有志が自主的に自分たちの住むまちの点検を行い、その成果をバリアフリーマップにまとめ、行政と住民に提起して、バリアフリーの推進を訴えた。

　これらの実践により、板橋区の市民による福祉教育は、障害当事者、学習者に寄り添って学びあうことを柱に据えるようになった。

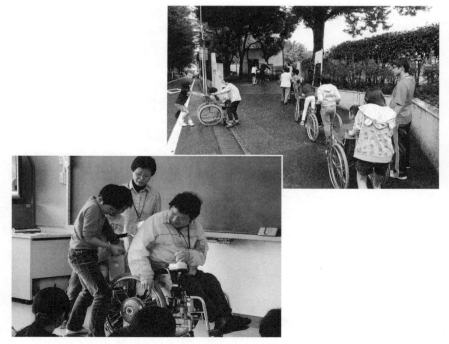

「総合的な学習の時間」における車椅子利用者との交流（2015 年 10 月）

(2) 市民の相互学習を推進するNPOの設立

「板福連」は、市民の主体的な活動を前提にしたボランティア活動を行政が利用して行政サービスの補完と代替をボランティアに求めることを危惧し、1997年に制定された「板橋区ボランティア推進条例」を批判的に捉えていた。2001年のボランティア国際年を契機に、ボランティア活動の独自性を担保し、また相互学習の力で地域社会の課題を改善するため、「板福連」の学習部門が独立して、新たに「NPO法人ボランティア・市民活動学習推進センターいたばし」（以下、「学習推進センター」）を発足させ、大原社会教育会館と様々な学習・教育事業を共催した。「学習推進センター」は福祉に留まらず、防災・環境・教育・まちづくりなどの多様な分野の団体の学習をコーディネートする中間支援組織の役割を担うようになった。会館は、市民の学びに寄り添いながら、学びを支援し、推進するための方法として、話し合いによる学習とその記録を作成し、学習者と学習支援者が共同で振り返ることを重視し、それを積み重ねた。それが、板橋区の学びの特徴になった[11]。

(3) 学校教育支援団体のコーディネートも

2002年には東京都から「地域教育サポートネット事業」のモデル事業に板橋区が指定された。この事業は、総合的な学習の時間を利用して地域住民が学校教育へ参画することにより、新たな地域教育活動を創出するという意図があった。板橋区では、学校教育、社会教育、ボランティア・市民活動の連携を目指し、福祉教育で実績のあった「学習推進センター」がこの事業の事務局を務め、福祉・環境・国際理解などのNPOやボランティア団体と区立小・中学校をつないだ。その結果、学校、児童・生徒、ボランティアなどから高い評価が得られた。特に、子どもと向き合うことにより大人の生き方が問われることにより、大人の学びが深まった。この事業は、区民が学校において、子どもの学びをよりよいものにすることを願い、それを実現させた実践であり、社会教育、ボランティア・市民活動と学校教育との協働を促進した。そして、区民は今後のさらなる発展を期待した[12]。但し、モデル事業終了後に板橋区教育委員会はこの事業を継続しなかったため、これに係わった区民は板橋区の教育行政に失望した。そこで「学習推進センター」は、市民にとって大切なことは、市民が主体

となって取り組むべきだという理念を唱えて、事業を継続させた。大原社会教育会館は学校支援ボランティアの育成と研修を担い、それを支援した。

(4) 教育振興計画に関与できずに教育行政を見切る

　モデル事業の打ち切りによる教訓から、教育行政計画への区民の参画の必要性を痛感した「学習推進センター」は、2004年の板橋区教育振興計画の策定の際のパブリックコメント制度を活用して、区民による「板橋区の教育振興計画」を作成するため、教員、学校支援ボランティア、PTA、社会教育・福祉・環境・人権教育の関係者などに区の計画に対する提案を呼び掛けた。そこに集まった意見を整理し、内容を討議したものを提言にまとめて区民に配布し、教育委員会事務局に提出した[13]。但し、2009年に板橋区教育委員会から出された「板橋区教育振興計画」[14]は、学校を主体とする学校教育振興計画であり、区民による教育への主体的な関わりの道が閉ざされたと提言に関わった区民は捉えた。それにより教育行政計画への区民参画の期待は薄れていった。

　「学習推進センター」は教育行政との連携に見切りをつけて、提言で示した内容を区民とともに実施した。また、区の様々なセクションと協議のうえ、2005年からは「障害者理解促進事業」の実施を、2011年からは「いたばし総合ボランティアセンター」の管理・運営を受託し、板橋区のボランティア・市民活動に係わる事業へ区民の参加・参画の道筋を拓いた[15]。2011年からは「地域力交流会」を開催し、板橋区の総合計画にあたる「いたばし未来創造プラン」[16]について、区職員、福祉団体、町会自治会、学識経験者等が、共助・公助・協働の視点から検討し、その成果を区と区民に示した[17]。

　その一方、「学習推進センター」は大原社会教育会館との協働により多様な分野の事業を共催した。2002年から人間の尊厳を大切にする文化の創造を目指し、人間の尊厳がそこなわれ、苦しんでいる国内外の人々とつながり、平和への願いを知り、平和を実現するため、大人や児童・生徒に相互学習の機会を提供してきた。2011年からは東日本大震災の被災地支援を継続し、求めに応じた支援を続けている。それらに通底するのは区民の学びあいによる当事者性の醸成を大切にした関係づくりである。これも板橋区の社会教育の特徴の一つと見られる[18]。

3 福祉の領域から多様な市民活動のネットワーカーへ

(1) 要支援者が地域で生活するためのしくみづくり

　2005年以降「学習推進センター」は、これまでの「ともに生きる」、「ともに学ぶ」という理念を発展させ、人々の尊厳のある生き方を支援するまちを「ともに創る」ことを目指す実践を展開した[19]。

　「板橋連」からの30余年の歩みを振り返ると、1981年「国際障害者年」、2001年「ボランティア国際年」、そして2005年からの「持続可能な開発のための教育の10年」（以下、DESD）と、国連のメッセージを時代の状況が反映された課題として受け止め、それを学びに生かしてきた。DESDを「ともに創る未来のための学びの10年」と読み替えて2003年から取り組んできた。大原社会教育会館と共催して課題解決型学習を行う「いたばしボランティア・市民活動フォーラム」は10年間で104回開催した。その集大成といえるものが、「いたばしまちの学校」の開催である。区民を呼ぶのではなく、区民が住む地域の施設を会場とし、地域住民がそれまで住んできたまちで住み続けるための仕組みづくりについて学び、その場に参加した人たちがつながるきっかけを提供した。ここで学んだ人々が地域の中に支援システムをつくり、幼児から高齢者まで様々な要支援者が尊厳ある生き方ができることを要支援者と支援者の協働により実現することにより目指している。人間には支援されるだけでなく能動的に動き支援する力の両方を備えていることを学びにより確認した。支援者、要支援者の双方が地域で生きる主体者なのである。公に頼って次世代に負の遺産を継承するのではなく、地域で支え合いを構築し、高齢者が尊厳をもって生きられることが当たり前の地域文化の創造に取り組んでいる[20]。

　「学習推進センター」は、災害時における要援護者の助け合いシステムを構築するため、学習会、要援護者及び援護者への調査、ガイドブックの作成を行った。「いたばしまちの学校」は、災害時の課題や幼児から高齢者までの課題を地域住民と地域資源（団体、NPO、事業所、機関）が協働で解決するための学びの場である。社会福祉協議会や区医師会などとの連携により、地域の新たな共助のシステムを構築するため市民運動が展開されている[21]。行政に対しては、公助のあり方を区が責任をもって区民に示し、区民と討議する場を求めている。

そこには共助の質が公助の質を高めることにつながるという視点がある。社会教育は地域でともに生きるシステム構築の基盤を整備するうえで、区民が学びあう関係をつくり、課題解決に向けて、それぞれがネットワークを形成する力を養う役割を担っていると捉えられる[22]。

(2) いまを学び、地域の未来を創るいたばしの市民運動

　2015年に学習推進センターは、「いまを学び未来（あした）を創るいたばし会議」（以下、「いたばし会議」）を開催し、いまを学び（現状を知り）、課題を整理し、未来を創る（行動に踏み出す）ために、区民がお互いの課題を理解し、解決のあり方を考える機会を設けた。その課題とは、①地域が子どもを育む、②地域とともにある学校、③高齢者の元気が未来をつくる、④介護が必要になっても輝いて生きる、⑤みどりのまちづくり、⑥いたばしに住む外国人と共に生きるために、⑦災害の助け合いの仕組みを考える、⑧忘れないよ東日本、⑨未来のエネルギーについて考える、⑩ネット社会の今と未来、⑪生きづらさの正体を探る、⑫平和への想像力を求めて、である。そこには様々な分野で活動する人々が集った。ここには板橋区で活動する市民活動の分野が網羅されている。

　会議終了後には課題別の分科会、全体での学習会を継続して開催し、持続的に学びあい・ネットワーク・課題解決に取り組みながら「いたばし未来白書」を作成し、区民・行政・議会に提案することとした。区民への呼び掛けは「ともに学び、ともに未来をつくる楽しさを感じてみませんか」となっている[23]。

　「いたばし会議」終了後、分科会ごとに分かれて討論を重ね、全体会ではそれを持ち寄り、お互いが追求するものを尊重し、通底するものを探りながら、共有できる理念や哲学を言葉にする作業を行っている。

(3) 市民運動を支える社会教育

　福祉の運動を推進するために社会教育と協働した「板福連」は、児童・生徒との相互学習に触発されて「学習推進センター」を生んだ。「学習推進センター」は多様な市民との相互学習により板橋区の市民活動・運動のネットワーク化を促した。そして行政を巻き込み、市民が主体となって地域の未来を描き、それを実現する取り組みを行ってきた。それは市民運動と社会教育とのつながりに

よって生み出されたものである。一方、板橋区の福祉運動は、実際生活に即した課題を解決し、市民が望む地域社会を創造するため、社会教育とのつながりを必要とした。

社会教育職員は市民の生活の場へ足を運び、市民の願いを知り、地域社会の状況を学ぶことにより市民が求める学習支援を行う力量を形成した。市民とともに学び、市民によって育てられた社会教育職員が市民の社会教育のパートナーとなり、市民運動と社会教育をつなぐ役割を担ったのである[24]。

1　板橋区教育委員会『板橋区教育百年のあゆみ』、1974年、670-671頁
2　板橋区『板橋70年のあゆみ』、2002年、110頁
3　板橋区『板橋のあゆみ』、1968年、481-589頁
4　特定非営利活動法人ボランティア・市民活動学習推進センターいたばし「特定非営利活動法人ボランティア・市民活動学習推進センターいたばしご案内」、2014年
5　齋藤真哉「学習者理解に基づく成人の相互学習を促進する社会教育職員の役割について」全国社会教育職員養成研究連絡協議会『社会教育職員研究第11号』、2004年4月
6　板橋区『板橋区経営刷新計画』、2004年1月、28頁
7　齋藤真哉「地域の市民が子どもたちの学びと出会う―地域教育サポートネットを開始するまで―」特定非営利活動法人ボランティア・市民活動学習推進センターいたばし『総合的な学習の時間を通して子どもたちの学びについて考えてみませんか「地域教育サポートネット」の実践とプロジェクト研究の報告』、2014年、2-3頁
8　朝日新聞東京版夕刊2版（16面）、2002年6月12日
9　電動車椅子の鉄道の乗車に係る経緯
　　2000年8月　大湯俊之さんがそれまで乗車可能であったハンドル型電動車椅子での乗車をJR東日本から拒否される。
　　2002年5月　大湯さんらが交通行動東京実行委員会を立ち上げ、国土交通省と交渉を行う。
　　2002年8月－2003年6月　国土交通省内に交通バリアフリー技術企画調査研究委員会が発足し、大湯さんらが参加。
　　2006年12月　高齢者、障害者等の移動等の円滑化の促進に関する法律（バリアフリー新法）施行
10　中学生のプログラムの例
　　対象：中学校3年生
　　テーマ：障害者から学ぶ車椅子体験
　　内容：事前に道徳の授業で車椅子利用者の話から、障害者として生きることを学習した。そこで今回は、障害者の乗る車椅子を押しながら、踏切や道路を歩いて、バリアーを点

検し、障害者が生活しやすい環境について一緒に考える。
11 木全力夫「実践研究と専門職の力量形成」日本社会教育学会編『成人の学習と生涯学習の組織化』東洋館出版社、2004年9月、184-190頁
12 ボランティア・市民活動学習推進センターいたばし『平成15年度地域教育サポートネット事業報告書—「総合的な学習の時間」サポート実践事例集—』板橋区教育委員会、2003年；ボランティア・市民活動学習推進センターいたばし『平成16年度地域教育サポートネット事業報告書—「総合的な学習の時間」サポート実践事例集（2年目）—』板橋区教育委員会、2004年；ボランティア・市民活動学習推進センターいたばし『平成17年度地域教育サポートネット事業報告書—「総合的な学習の時間」サポート実践事例集（3年目）—』板橋区教育委員会、2005年
13 特定非営利活動法人ボランティア・市民活動学習推進センターいたばし『学びあい、支えあう、私たちのまち「いたばし」を目指して「いたばしの教育ビジョン」に基づく「板橋区教育振興計画」への私たちからの提言』、2008年
14 板橋区教育委員会『板橋区教育振興計画 いたばし学び支援プラン』、2009年
15 特定非営利活動法人ボランティア・市民活動学習推進センターいたばし『心のバリアフリーハンドブック』板橋区、2007年
16 板橋区『いたばし未来創造プラン』、2013年
17 特定非営利活動法人ボランティア・市民活動学習推進センターいたばし『第3回地域力交流会』、2014年
18 特定非営利活動法人ボランティア・市民活動学習推進センターいたばし『いまを学び未来を創るいたばし会議』、2015年、45-48頁、62-64頁
19 特定非営利活動法人ボランティア・市民活動学習推進センターいたばし『自分発・地球経由・地域着 2005年から始まる「国連・持続可能な未来（開発）のための教育の10年」に向けて』、2004年
20 廣瀬カズ子・加藤勉「板橋54万人・一人ひとりの尊厳を実現する地域文化を目指して—ESDの10年の学びとこれからの実践—」岡山市『ESDに関する公民館—CLC国際会議報告書—』、2015年、16頁
21 特定非営利活動法人ボランティア・市民活動学習推進センターいたばし『災害時要援護者対策に係る地域人材育成事業報告書』、2015年
22 齋藤真哉「住民が防災の主体となる学び—「いたばしまちの学校」の実践を通して—」社会教育推進全国協議会東京23区支部『東京23区の社会教育白書』、2015年、14-18頁
23 特定非営利活動法人ボランティア・市民活動学習推進センターいたばし『いまを学び未来を創るいたばし会議』、2015年
24 齋藤真哉・木全力夫・的野信一「社会教育職員の力量形成と学習記録」日本社会教育学会『成人の学習 日本の社会教育第48集』東洋館出版社、2004年9月、147-159頁

コラム 高島平団地における自治活動

齋藤 真哉

　板橋区の北部には1960年代まで「赤塚・徳丸たんぼ」が広がっていたが、工場の進出により農業の継続が困難になった。都心部の住宅不足の解消のため日本住宅公団（現在はUR都市機構）は大規模な高層・集合住宅である高島平団地をそこに建設した[1]。1972年から1年間で、およそ1万世帯・29,000人が入居した。

　賃料は他の団地のおよそ2倍であったが、子育て世代の共働き世帯が多く住み始めた。板橋区の見通しを大幅に超えた保育希望者が出て「高島平騒動」と呼ばれる保育園増設運動が起きた。保育の必要に迫られた人たちは「保育園に入れない子の父母の会」を結成し、同じ時期に結成された団地自治会とともに出張所の集会室を利用して、「共同保育ともしび」を設立した。その後、板橋区へ働きかけて高島平ベビールームや新たな保育園を開設させた。それがさらに、幼稚園・学校増設、学童保育クラブづくりなどの運動につながった。

　高島平地区にはPTAが無かったので、父母と教師と住民による教育問題についての懇談会が設けられた。それらにより、施設は運動をしてつくるものだという意識が住民に培われた[2]。

　一方、団地の住民は、自治会づくりのために議論を積み重ねた。それは、その後の自治会の運営方法などに受け継がれ、話し合いの文化が定着した。団地自治会は、飛び降り自殺の防止、高齢者の会合の場所づくり、団地まつり、音楽祭、交通問題、家賃値上げ問題、防災・防犯など多様なテーマに取り組んできた[3]。

　1981年には団地自治会の運動を引き継いだ「高島平に図書館をつくる会」が、区が建設を検討している図書館に対して、板橋区の図書館の現状と問題点を指摘したうえで、地域住民が希望する図書館のあり方を高島平図書館（仮称）の運営・規模・建設に係る要望書としてまとめ、区

へ提出した。図書館開設後は「高島平図書館友の会」に移行し、地域の図書館活動を推進した[4]。

地域の様々な問題に直面した団地の住民は、粘り強い調査と辛抱強い話し合いにより課題を明らかにし、その解決のために学び・実践し、行政や関係機関と交渉をした。その運動を通して民主主義についての理解を深めたという。地域の様々な運動が相互に連携していたところに高島平団地の住民運動の特徴と力強さがある。

また、公団賃貸・分譲住宅、公務員住宅、民間マンションなどの居住形態による居住者の多様な考え方や生活感覚をお互いが受け入れることができるしなやかさを高島平団地の特徴に挙げている自治会もある[5]。

さらに団地の住民によって1972年に創刊され、高島平のまちづくりを応援している地域情報紙「高島平新聞」も「住みやすい新天地づくり」に寄与した[6]。それらを通して高島平に新しいコミュニティが形成されたのである。

現在、高島平地区にはおよそ5万の人々が住み、65歳以上の人の割合は28％を超え、区全体と比べて生産人口が約2倍の速度で減少している[7]。

2011年3月の東日本大震災の時には、水道設備が破損した保育園の園児を団地に住む高齢者が助け、また、高齢者が住む部屋のガス栓が止まった時に団地に住む若い外国人がそれを開けたという。この団地には住民自治と相互扶助の精神が現在も息づいている。

そして2012年には区、自治会、民生委員、介護関連業者、医師会、社会福祉協議会、NPO、UR等から構成された「高島平団地高齢者地域包括ケア検討委員会」が設置され、地域の様々な資源を活用し、人々の協働によって「住み続けたい高島平団地」を実現する取り組みが始まっている[8]。

1 板橋区立郷土資料館編『高島平―その歴史・自然・人―』板橋区、1998年
2 本田功編『団地の子育て運動―高島平団の10年―』明治図書出版、1983年
3 公団高島平（二丁目）団地自治会編『公団高島平（二丁目）団地自治会会報』公団高島平（二丁目）団地自治会、1979年
4 高島平に図書館をつくる会「高島平図書館（仮称）建設に関する要望書―私たちが望む高島平図書館―」高島平に図書館をつくる会、1981年；高島平に図書館をつくる会「高島平に図書館をつくる会たより全号」高島平に図書館をつくる会、1984年
5 高島平三丁目自治会『高島平三丁目自治会30年史―わが街の30年―』高島平三丁目自治会、2003年
6 高島平新聞ホームページ「高島平新聞とは」（http://www.takashimadaira.co.jp/what/about.htm, 2016年4月23日最終閲覧）
7 板橋区『高島平地域の分析報告書』板橋区、2014年、31-36頁
8 高島平団地高齢者地域包括ケア検討委員会『住み続けたい高島平団地へ 高島平団地高齢者地域包括ケア施策ビジョン報告書』板橋区、2012年、9-10頁

【参考文献】
・板橋区『板橋70年のあゆみ』板橋区、2002年

第7章 東京社会教育の諸相

1 基地問題に取り組む住民運動と公民館

佐藤 進

1 東京における基地問題の経過

　1952年4月の日米安全保障条約発効時、「在日米軍への提供施設及び区域」(以下、基地)は米施政権下の沖縄県を除き全国に2,824ヵ所、都内208ヵ所であった。

　1973年1月の日米安全保障協議委員会において「関東計画」が合意され、「関東平野地域の米空軍施設の大部分を向こう3年間に横田飛行場へ整理統合」することとなった[1]。73年から順次返還が進み、77年に立川基地が全面返還され、関東計画による基地返還は終了した。2011年3月時点で全国133ヵ所・1,027,815千㎡、都内8ヵ所・16,031千㎡となっている[2]。

2 立川基地と住民運動

(1) 米軍宿舎建設 ―大和村(現東大和市)―

　1952年11月、東京都及び外務省は大和村に対し、「旧日立航空機工場跡の西武鉄道所有地126,000坪を、アメリカ軍の兵舎建設用地に決定」と通告してきた。大和村の人々は「在日合衆国軍兵舎設置反対期成同盟」を結成、12月に「村民大会」を開いた[3]。

　大会には村長、村会議員、小中学校教職員、教育委員会、PTA、農業委員会、青年団、消防団、中学生徒会、中学同窓会、病院、会社、地域代表など村内各

層を網羅した数百人が集まり、多摩地区選出の代議士も応援にかけつけたという[4]。

反対の理由は「児童、生徒に対する教育環境の破壊と教育上の支障、一般村民に対する悪影響」への危惧であった。しかし兵舎設置が「村独自の力では動かし得ない」と判断されたとき、運動方針を「学校施設の移転補償」に切りかえた。それに対し政府は「移転する学校の敷地を兵舎建設地に提供」するようにと要求してきた。村は、「学校移転の完全補償」を条件に応じなければならなかった」[5]とされる。その後1973年に関東計画によって返還された。

(2) 滑走路拡張計画 ―砂川闘争―

立川基地に隣接する砂川村（1954年町制施行）は「三方に軍関係の施設が存在」し、「大戦中はアメリカ空軍の爆撃を受けて大きな被害」[6]を受けた。

1950年、朝鮮戦争が始まると立川基地は「米軍のアジア軍事戦略」の「最大の拠点」となり、55年「輸送機の大型化、ジェット機化」などを理由に「滑走路延長計画」[7]が出され、砂川の「126戸の農家と17万平方メートルの農地を奪い、町の中心を通る都道五日市街道を分断するもの」[8]であった。

これに対して農民をはじめ町長、議会、教育委員会、農業委員会、消防団、婦人会、青年団等地元関係者は、絶対反対を表明して立入り調査を拒否した。8月24日からの強制測量は大量の逮捕者を出し11月5日、第一次測量は終了。第二次測量は、1956年10月4日から。しかし13日の午後「流血の砂川」となり、防衛庁長官は14日夜「測量の中止」を発表した。

その後は、1959年3月東京地裁伊達判決「安保条約と駐留米軍は憲法違反。基地立入りは無罪」、12月最高裁による「伊達判決」破棄。60年6月新日米安保条約発効。63年5月砂川町と立川市

1968年の計画中止から50年近く、未だに国有地のままの拡張予定地跡

の合併、と続く。

　1962年からはベトナム戦争の本格化とともに、立川基地の機能は大型軍用機の離着陸可能な横田基地に移され、68年12月アメリカ空軍司令官は「立川基地滑走路拡張計画中止」を発表、翌69年4月、閣議は「土地収用認定」を取り消した[9]。

　砂川闘争は15年間闘われ、「最後まで反対しつづけ、自分の土地を守り抜いたものは、僅かに二十三戸」。「この二十三戸はいずれも戦災者」であったという[10]。

(3) 文教地区指定運動 —国立町—

　朝鮮戦争が勃発すると、立川基地に隣接する国立町にも米兵が現れ国立駅周辺には「アメリカ兵相手の簡易旅館や飲食店」が出現[11]、「米兵相手の私娼」が住む一軒家は「日本式の便所を水洗トイレに改造して、汚水をどんどんたれ流し」、井戸水が汚染されはじめたという。

　1951年5月住民の会合で「掃除をするという意味をこめて浄化運動と呼んだらどうか」との提案で「国立町浄化運動期成同志会」が結成された[12]。さらに学園都市の環境破壊を止めるには「文教地区指定」が課題と、運動は環境浄化にくわえて「子供の教育を守る」運動へと発展した。

　これに対して旅館業者、商店主は「浄化運動は町をさびれさせるもとになる」と浄化運動反対請願[13]を提出。議会は激論の末、文教地区指定を賛成20、反対4で議決[14]。

　その後反対派議員、ホテル業者・飲食業者で国立発展同志会を結成。国立駅前広場には推進・反対両派のプラカード、参議院議員の視察、等々の動きの中で文教地区反対請願が13対10で逆転採択。

　文教地区推進派はあらためて町民への呼びかけと参議院への働きかけを強め、7月参議院文教委員会が現地調査。町長が「文教地区指定に賛成」を示唆。これは指定反対の商店からの不買という主婦層のうごきが出始めた影響といわれる。そして8月9日、13対12の1票差で反対請願は却下、文教地区指定が採択された。

　その後1952年1月、国立文教地区は建設大臣の正式指定となった[15]。

3 基地問題への住民運動と公民館づくり

(1) 東大和公民館づくり

　『大和町史』によると、青年たちの運動に婦人会、PTAが協力し「大和町公民館設置促進同盟」結成、署名運動の結果、1961年度町予算に「公民館建築積立金100万円」が計上された。当時の大和町は「これまでの農村が徐々に都市化していくのではなく、農村は農村として存在しながら、全く異質の都市的な社会が、本村と地域的にも離れた南街に形成されている」と記している[16]。そして71年、運動開始から10年後に初めての公民館が設置された。

　東大和市（1970年市制施行）の公民館建設の歩みと大和基地反対運動との関わりについて吉田徹は、「反対運動は実らず短期間で終息したが、この運動がきっかけとなって婦人会が生まれたし、公民館建設運動をはじめその後のさまざまな運動に影響を与えた」と記している[17]。

(2) 砂川町公民館づくり

　砂川町公民館は1954年に「砂川中学校を転用して設置」されていた。『砂川・私の戦後史』によれば砂川町には公民館の建物はなかったが、公民館長が大変熱心で、講座や実習を通して「この町の因襲的な政治意識を改善」しようと、「活発な公民館活動が行なわれていた」[18]という。そこで砂川闘争最中に町の三つの婦人会連名で「公民館建設の要請について」を提出。他の団体からも同趣旨の請願が出され、議会の議題となり建設予算が付けられ、59年4月開館となった。

(3) 国立町公民館づくり

　文教地区指定運動以来、国立地区では「コーラスや文化活動が急速に盛んに」[19]なっていた。しかし活動場所は小学校や幼稚園、国立会事務所、個人宅などであった[20]。「自治体警察署のあとを公民館にしたい」と1953年7月、「国立会、国立婦人の会、文教地区協会、土曜会、青年団、中央商工振興会、東区商工会」などによって、「国立町公民館設置促進連合委員会」が結成され「公民館設置の要望書」を提出。土曜会は、公民館についてのパンフレットを作成[21]。

第3部　特論Ⅱ〜市民・学習史篇〜

　1954年12月、土曜会は請願書を提出。同趣旨の要望がPTA連合協議会からも出された。55年4月文教派の町長が誕生。町議会の構成も変わり公民館の設立は急ピッチで進み、同年6月公民館設置条例可決、11月開館した[22]。

1　東京都都市計画局企画部『東京の基地'77』、1977年、8頁
2　東京都知事本局基地対策部『東京の米軍基地2012』、2012年、3-4頁
3　『大和町史』大和町教育委員会、1963年、525頁
4　市史編さん委員会編『東大和市史』東大和市、2000年、353頁
5　前掲『大和町史』、528頁
6　『砂川の歴史』砂川町、1963年、140頁
7　『立川基地』立川市、1972年、9頁
8　星紀市編『砂川闘争50年—それぞれの思い—』けやき出版、2005年、2頁
9　前掲『立川基地』、19-20頁
10　砂川ちよ『砂川・私の戦後史』たいまつ社、1976年、14-15頁
11　国立市史編さん委員会編『国立市史 下巻』国立市、1990年、226頁
12　同前、227頁
13　同前、231頁
14　同前、236-238頁
15　同前、265頁
16　前掲『大和町史』、544-546頁
17　小林文人・佐藤一子編『世界の社会教育施設と公民館—草の根の参加と学び—』エイデル研究所、2001年、415頁
18　前掲『砂川・私の戦後史』、98頁
19　前掲『国立市史 下巻』、315頁
20　同前、317頁
21　同前、318頁
22　同前、322-324頁

杉並公民館と1954原水禁署名運動

岩本 陽児

　東京都杉並区立公民館（以下、杉並公民館）の独自な特徴は、5点指摘できる。第一に、いわゆる寺中構想とは異なる独自の杉並構想（あるいは安井構想）による展開。第二に、23区中3区のみで、しかも典型的な都市型公民館。第三に、国際的な視野をもった高い水準の事業編成、たとえば「公民教養講座」の政治的社会的な系統学習の試み。第四に、特筆すべきこととして、社会運動との結びつき。とりわけビキニ環礁水爆実験・第五福竜丸被爆（1954年）を契機とする原水爆禁止署名運動への取り組み。第五に、公立図書館との併設・連携をあげることが出来る。杉並公民館は1953年11月1日に開館。施設の老朽化にともない、条例上1989年3月31日に閉館して、新設の区立社会教育センター「セシオン杉並」（高円寺地域区民センターと併設、1989年6月開館）へと移行した。杉並社会教育の歩みを時期区分すれば、次の5期に分けられる。

　　第1期 公民館開設までの前史、戦後初期のPTA活動等　1945－1953年
　　第2期 初代安井郁館長の主導による水爆禁止署名運動と、公民教養講座
　　　　　1954－1962年
　　第3期 講演と映画や各種講座など諸事業に取り組む移行期　1963－1972年
　　第4期 区民の積極的参加と企画による教養講座・公民館講座　多彩な自主グ
　　　　　ループ活動　1973－1988年
　　第5期 社会教育センター「セシオン杉並」による事業展開　1989年－現在

1　第1期 公民館開設までの前史、戦後初期のPTA活動等 1945～1953年

　杉並では、1923（大正12）年9月の関東大震災以降の都心人口の郊外流入により、都心に通勤するホワイトカラーの住まう郊外住宅の街並が、中央線沿線

に形成された。1943（昭和18）年の都制施行により東京都杉並区となり、46年9月には区長公選制が導入された。初代区長は評論家の新居格（1881-1951）で、市民運動に積極的であったという。10月には都立杉並図書館が開館。48年5月の選挙では、前東京都水道局長だった高木敏雄（1891-1966）が2代目区長に選出された。婦人団体（町会）24団体や、小学校PTA連合協議会が発足した50年に、都立杉並図書館が区に移管され、52年に荻窪に移転開館した。

　その折に、法政大学教授だった安井郁（1907-1980）を館長に迎えたのは、新居の後継者として文化都市を目指していた高木区長の意向という。1951年11月には、第1回総合文化祭が開催され、翌52年8月には成人学級が開講している。10月には区制10周年を祝う文化祭・体育祭が開催され、11月には教育委員の選挙を経て教育委員会が設置された。戦後民主化の時代である。

2　第2期　初代安井郁館長の主導による水爆禁止署名運動と、公民教養講座　1954〜1962年

　杉並区立公民館の開館は、1954年3月1日のビキニ水爆実験を約4ヵ月さかのぼる前年秋。図書館長だった安井郁が初代公民館長を兼務した。安井は社会科学書を読む読書会「杉の子会」を直ちに開始し、翌54年1月には、区内に43あった婦人団体が「杉並婦人団体連絡協議会」を発足させた。これが署名運動の実働部隊となる。

　ビキニ事件は、3月16日になって新聞各紙に報じられた。月末結成の「杉並区魚商水爆被害対策協議会」は、4月に区長宛ての陳情請願書を出して窮状を訴え、区議会も動いて、いよいよ署名運動が始動する。

　1954年5月9日「母の日」の日曜に、「水爆禁止署名運動杉並協議会」が結成された。第1回実行委員会は、5月13日に公民館会議室で開催され、冒頭記者会見で議長の安井は報道陣の協力を要請。第2回実行委員会で宇田川区議会議長が「杉並では婦人団体を中心としてやっても

杉並区立公民館案内（表紙）

第7章　東京社会教育の諸相 [2]

全国からの署名の集計センター（公民館館長室）

らうのが一番良いと思う」と示した運動の方法論と、婦人団体選出の実行委員42名が、署名運動のその後のパブリックイメージを決定づけた。ただし、公民館が署名運動の実施主体となったのではない。

　杉並区民39万人に対し、6月20日午後に公民館で開催された第4回実行委員会では26万1,106筆が集約された。この時点での参加団体は83団体、実行委員167名。安井郁は冒頭に「運動の根本方針」を再確認し、次のように運動を総括した。「この成果は、区長、区議長などと全区民が一致した文字通りの全区民であったことが特徴の一つ。次に労組や教組、福祉団体、民生委員等各方面と一般市民が協力したことが第二の特色である。とくに婦人の力が大きく、26万のうち17万余は婦団協を中心とする婦人たちの努力によったことを申し上げたい」。安井は「テストケース」という言葉を使って、杉並が全国運動のパイロットモデルであるとの見方を示している。今後については、杉並での署名が26万にもなったので全国署名とまとめず、杉並の名で外国に訴えたいとの意向が諮られ、拍手で承認された。

　杉並を舞台とした署名運動は、この会議をもって一段落となる。こうして、安井郁のリーダーシップの元で官民一体となり組織的に取り組まれた杉並の水爆禁止署名運動は、原水爆禁止の全国署名運動となる。杉並公民館は、続く全国署名運動でも拠点となった。

1954年から62年にかけては、安井館長が主催者の公民館事業としてほぼ毎月、「公民教養講座」が開催され、都合、100回に及んだ。これは後述する第4期「公民館講座」とは異なるものである。毎回、A－科学・思想・文化の著名講師による講演、B－国際政治学者である安井館長による連続講座「世界の動き」、C－古典名曲レコードコンサート、の組み合わせによる質の高い系統的な講座編成に、多くの市民がつめかけた。当時として日本の他の公民館に類をみない光彩を放つ公民館事業であり、いわゆる寺中構想とは異なる。東京学芸大学社会教育研究室の評価によれば「安井構想と呼ぶにふさわしい独自の公民館像の展開というべきもの」とされる。この歴史が、第4期の市民主導による「公民館講座」へと発展する。

3 第3期 講演と映画や各種講座など諸事業に取り組む移行期 1963 〜 1972年

1959年に安井郁が名誉館長となり、62年に100回に及んだ「公民教養講座」が終了すると、杉並区立公民館は平均的な公民館事業を営む移行期に入る。この時期、杉並区は新たに青年館を設立し、社会教育課の事業も拡張するが、公民館事業は相対的に停滞した。公民館主催の（市民企画ではない）講演会や映画会、青年学級、趣味・実技の成人学校（成人学級）などの事業が記録されている。この間、杉並各地で文庫活動、読書会あるいはPTA活動等に取り組む市民・母親たちのグループがひろがり、第4期の市民主導・企画運営委員会による公民館活動躍動の契機をつくることになる。

4 第4期 区民の積極的参加と企画による教養講座・公民館講座、多彩な自主グループ活動 1973 〜 1988年

第2期から第3期の歴史を踏まえつつ、杉並公民館を拠点に区民自身による学習・運動が活発に取り組まれた躍動期であった。1970年代後半には杉並「婦人のつどい」、「文庫連絡会」、「婦人団体連絡会」、1983年には「『社会教育』杉並の会」等の運動が地域で取り組まれた。

この時期の公民館活動の特徴として、(1) 区民の自主企画、自主運営による公民館講座の開設、1975年からは杉並区広報により公募した「公民館企画運営委

員会」が本格的に始動した。(2) 子ども、家庭、教育、昭和史、老後、平和、障害者、福祉、経済、差別、人権、食糧、チェルノブイリ、沖縄など、広範な現代的課題への挑戦。(3) 自主編成による詳細な記録誌の編集・発行。(4) 行政側の区民自主企画・運営に対する尊重と支援の姿勢。(5) 高井戸・井草・高円寺・和田堀の出張講座、夏期の秋川親子合宿、企画運営委員の中から「子どもの本の会」「公民館ひろば」「すみれの会（自然食づくり）」「教科書を読む会」「社会経済ゼミナール」等の自主グループの誕生、多面的な学習活動の展開を挙げることができる。

1970年代後半の区当局の公民館再編・統合の動きに抗しては、「杉並区立公民館を存続させる会」の運動と、同会編『歴史の大河は流れ続ける』（第１～４集）の編集・刊行が特筆される。特にこの活動に自ら所蔵されていた資料を提供された安井田鶴子の役割が大きく、風化し散逸したかもしれない資料が少なからず掲載・復元されている。その編集活動のなかでは、このような杉並公民館の独自な歩みの"発見"が感動的に記されている。

5 第5期 社会教育センター「セシオン杉並」による事業展開 1989年～現在

新しい社会教育センターの建設にあたっては、1985年に公募委員を含む新施設「建設協議会」が設置され、活発な論議に基づき『建設基本構想』（1986年）及び『運営管理のあり方について』（1988年）がまとめられた。

構想の基本的な考えは、杉並公民館の歴史と蓄積を発展させ、区民の社会教育活動の拠点として、水準の高い本格的な公民館的・直営施設を実現しようというところにあった。この施設構想は、1973年のいわゆる三多摩テーゼを基礎にしている。

「この施設は、現在の公民館の発展的形態として位置づけられていることからも、今日まで蓄積されてきた業績を継承する中で、新たな時代の要請に幅広く応えられる施設としていくことが強く望まれます」

「社会教育活動の拠点としての施設－ア、交流とたまり場的機能、イ、集団活動拠点的機能、ウ、学習的機能、エ、文化活動的機能、オ、スポーツ・レクリエーション的機能、カ、その他」。

2年後の『管理運営のあり方』でも、「これまで公民館で積み重ねられてきた数々の業績を引き続き社会教育センターで発展」させていく方向が示され、「社会教育機関として区の直営になるという前提」「諮問機関としての運営審議会の設置」「社会教育主事を配置」「社会教育センターの分館」等が明らかにされている。

杉並公民館は、日本公民館史上、他の公民館にはみられない独自の歴史を歩み、比較的に研究文献が多い。しかし旧公民館ならびに現社会教育センターに残されている公的な一次資料はきわめて少ない。2003年6月、区民有志によりあらためて「杉並の社会教育を記録する会」が設立された所以でもある。

【参考文献】
- 原水禁運動（安井家）資料研究会・杉並の市民活動と社会教育を記録する会編『杉並の市民活動と社会教育のあゆみ 別冊：原水禁運動（安井家）資料研究会報告書（平成17-18年版）』杉並区教育委員会社会教育センター、2006年
- 原水禁運動（安井家）資料研究会『ひたすらに平和願えり 原水禁運動（安井家）資料研究会報告書（2008年版）』原水禁運動（安井家）資料研究会、2008年
- すぎなみ社会教育の会『つながる―杉並の社会教育・市民活動―』エイデル研究所、2013年
- 杉並の社会教育を記録する会編『学びて生きる 杉並区立公民館50年（資料編）』杉並区教育委員会社会教育センター、2003年
- 杉並区立公民館を存続させる会『歴史の大河は流れ続ける（1）杉並公民館の歴史』杉並区立公民館を存続させる会、1980年
- 杉並区立公民館を存続させる会『歴史の大河は流れ続ける（2）杉並公民館の歴史』杉並区立公民館を存続させる会、1981年
- 杉並区立公民館を存続させる会『歴史の大河は流れ続ける（3）杉並公民館の歴史』杉並区立公民館を存続させる会、1982年
- 杉並区立公民館を存続させる会『歴史の大河は流れ続ける（4）杉並公民館の歴史〈原水爆禁止署名運動の関連資料集〉』杉並区立公民館を存続させる会、1984年
- 丸浜江里子『原水禁署名運動の誕生―東京・杉並の住民パワーと水脈―』凱風社、2011年
- 杉並区公式情報サイト「すぎなみ学倶楽部 杉並ではじまった水爆禁止署名運動」http://www.suginamigaku.org/2014/10/post-299.html （2016年6月6日最終閲覧）

3 幅広い学習と交流をめざして
―民主的な社会教育を発展させる都民の会23年間の活動―

野々村 恵子

1 発 足

　1971年4月5日、美濃部亮吉革新都政2期目にあたり、「革新都政を強化するための社会教育の活動を力強く進めるために」（発足のご案内から）結成集会を開いた。よびかけ人には、秋岡梧郎（日本図書館協会顧問）、伊藤峻（図書館問題研究会東京支部委員長）、小川利夫（日本社会事業大学教授）、奥田泰弘（社会教育推進協議会常任委員）、小河内芳子（児童図書館研究会代表）、野呂隆（『月刊社会教育』編集長）、佐藤忠恕（東横女子短期大学教授）、斉藤尚吾（日本親子読書センター）、徳永功（社会教育推進全国協議会常任委員長代行）、東寿隆（社会教育推進全国協議会常任委員）、三井為友（『月刊社会教育』編集委員）が名を連ねている。

　参加者100名以上。当日は、来賓の市川房枝（参議院議員）のあいさつがあり、「都民の学習・スポーツ・文化・芸術活動を発展させるために！」のアピールを採択、名称を「民主的な社会教育を発展させる都民の会」と決定、代表を三井為友、事務局を原輝恵方として活動が始まった。

2 都や国の施策の検討と要請活動を中心に―1971～1975年―

　1971年7月から75年7月まで、19回の全都集会を開催、東京都の社会教育行政の課題の検討、学習会を重ね、「都民の学習する権利を保障する民主的な社会教育を、この首都東京につくりだすために」（「市民と社会教育」№5、1975年7月15日）次のことに取り組んでいる。

○職員問題について
　・社会教育指導員制度の検討と都に対して要請行動、・23区に司書職制度をつくるよう区長・区議会議長・教育長への陳情・要請行動、・派遣社会教育主事制度の検討
○社会教育施設について
　・社会教育施設の複合化問題の検討、・公民館設置運動
○社会教育計画について
　・都社会教育拡張整備計画の検討、・都の施設計画の検討、・都社会教育委員の中間報告の検討
○社会教育における住民参加の実態について
　・品川区民請願の企画と実態、・小金井公民館における企画委員会の活動、・国立市公民館運営審議会の活動の検討
○子どもをとりまく環境について
　・図書館・文庫からみた子どもの問題、・子どもと児童館の役割

要請活動等は次の通り行っている。
1971年2月25日	東京都教育委員会あて　社会教育指導員制度に関する要望書
1973年1～12月	23区の区長、議長、教育長あて　司書制度化の陳情活動
1979年6月	東京都知事立候補予定者へ質問状
1980年3月3日	都知事あて　社会教育行政についての要望書
1980年6月24日	中野区長・中野区議会議長あて　教育委員候補者選定に関する区民投票条例実施についての要望書
1983年3月23日	東京都知事立候補予定者へ質問状

　さらに、「市民と社会教育」No.5（1975年7月15日）には、今後の活動と役割について、東京都社会教育行政への働きかけとともに、1. さまざまな活動を全都的な運動に拡げること、2. 民主的な社会教育を発展させるうえで取り組まなければならない課題の問題提起をしていくこと、3. さまざまな実践や運動の交流、情報交換、相互点検の場とし、運動の総体的な発展を保障していくこと、

そのために「市民と社会教育」の定期的な刊行と運営委員会の強化を提起している。

革新都政にあっても社会教育行政が進まず、むしろ問題の噴出に都民の会の足腰を強め、期待にこたえたいという思いが伝わってくるが、この時期ころから、交流、学習会、都民の集い中心の活動になる。その一環として、1976年から79年にかけて、23区の社会教育を知る集いとして、1回に2区ずつ、各区社会教育主事にレポート依頼、学習会を行った。

3 20年に及ぶ「東京の社会教育を考える都民のつどい」の開催─1973 〜 1994年─

第1回東京の社会教育を考える都民集会が、1973年12月9日、文京区立文京区民センターで開かれた。「市民と社会教育」№ 2（1974年2月10日）では、開催の経過と趣旨が以下のように記されている。

「革新都政2期に入って知事の都民参加の都政実現という姿勢に応えて東京においても住民運動が盛りあがってきており、自主的な学習も盛んになってきた。図書館に司書を、公民館づくりなど社会教育要求も活発になってきたが、ばらばらの運動で、協力や連帯を求める気持ちをもち始めたところに、社会教育推進全国協議会から都民の会へ全都的な交流集会の開催の申し入れがあり、関係団体による実行委員会がつくられ、準備を始め、4回の実行委員会がもたれた。」

第1回は150名の参加。自主グループ、児童館職員、地域文庫づくり運動のお母さん、公民館職員、学生、社会教育職員、民主団体の活動家、図書館職員、青年の家職員、青少年委員、教師、PTA役員、保母と多様な人々がそれぞれの学習活動と運動の経験を出し合い、自主的な学習をどう発展させるか、社会教育行政の民主化をどう進めるか、学校教育と社会教育をどう統一的に発展させるか、社会教育と子ども、地域における住民運動と社会教育の5つの分科会に分かれ、学習、交流した。

以後ほぼ年1回、全体集会、分科会、シンポジウム、交流会などにより、1994年まで20回の都民の集いが開催された。集いごとに実行委員会が組織され、討議のための資料集と記録集を発行。第2回からは東京都教育庁から補助金が支出されている。

第3部　特論Ⅱ〜市民・学習史篇〜

　実行委員会参加団体については、1976年第3回都民の集い資料集第2部に20団体の1年間の活動と一覧が掲載されている。
　親子読書地域文庫全国連絡会、月刊社会教育を読む会、3区の会、サングループ、児童図書館研究会、全国PTA問題研究会、図書館問題研究会東京支部、都民生活の会、東京都社会教育振興協議会、東京都公民館連絡協議会、中野区江原小学校PTA、民主的な社会教育を発展させる都民の会、杉並区教育法研究会、港区社会教育推進協議会、社会教育推進全国協議会東京23区支部、世田谷社会教育を考える会、文京PTA懇談会、練馬地域文庫読書サークル連絡会、陰山さんを支援する会、東京都学童保育連絡協議会

　19回までのレポート提出のグループ、所属、個人は以下のとおり多彩である（数回にわたるものは1回のみ掲載）。
　第1回（1974年2月10日）　親子読書・地域文庫全国連絡会、全国学童保育連絡協議会、月刊を読む会、3区の会、社全協23区支部準備会、図書館問題研究会、都職労3支部、自治研、都民の会、小平子ども文庫、都民生活の会、サングループ、東京都公民館連絡協議会、東京都社会教育振興協議会、国分寺市公民館、児童館職員交流会、目黒区申請婦人学級
　第2回（1974年12月15日）　江原小学校PTA（中野）、ねりま地域文庫読書サークル連絡会、足立区花畑図書館、児童図書館研究会、文京区千石西児童館、教科書検定訴訟を支援する練馬地区連絡会、小金井市公民館、都職労教育庁支部、前港区社会教育委員、練馬母親連絡会、重田統子（目黒区）、小平の教育と福祉をよくする会、港区社会教育推進協議会、陰山さんを支援する会、社全協東京23区支部、佐藤進（社全協三多摩支部）、社全協三多摩支部特別委員会
　第3回（1976年1月18日）　教育大跡地を住民本位に利用させる会(文京区)、太子堂小学校(世田谷区)、墨田区児童館、杉並区児童館、都職労文京支部児童館分会、大泉たんぽぽ文庫（練馬）、武蔵野市教育環境保全条例制定運動、目黒区学童クラブ、練馬社会教育を考える会、世田谷の社会教育を考える会、三多摩高校問題連絡会、福生公民館を創る市民の会
　第4回（1977年7月24日）　関東甲信越子ども劇場・親子劇場連絡会、杉並公民館教養講座企画運営委員会、葛飾区区民大学、武蔵野市コミュニティセン

ター、江戸川区コミュニティ図書館

　第5回（1978年11月19日）　グループなずな（練馬）、都教育庁社会教育主事室、世田谷わかくさ文庫、人形劇グループメルヘン(杉並区)、冒険遊び場、品川区立五反田文化センター、東京都立川社会教育会館

　第6回（1980年2月3日）　図書館問題研究会東京支部、早稲田親子読書会（新宿）、武蔵野市社会教育を考える会、杉並文庫・サークル連絡会、中野区住区協議会

　第7回（1981年2月22日）　沼賀さん・浅沼さんを公民館に復帰させる会、少年少女組織を育てる町田センター、荻窪地域区民センター運営協議会（杉並）、都職労目黒支部、世田谷市民大学

　第8回（1982年2月28日）　大泉西中学校父母会（練馬）、東京都八王子青年の家、都職労江東支部、奥戸中学校（葛飾区）

　第9回（1983年2月19日）　杉並公民館を存続させる会

　第10回（1984年2月25日）　新日本体育連盟東京都連盟、東村山の社会教育をすすめる会、図書館問題研究会

　第11回（1985年2月24日）　国立市立国立第七小学校PTA、中野区立北原小学校PTA、中野の図書館を考える会、千早図書館友の会（豊島）、沼袋まちづくり検討会（中野）

　第12回（1986年3月2日）　世田谷原っぱの会、練馬区に公的総合病院をつくる会、練馬健康の会、墨田区八広図書館

　第13回（1987年3月1日）　わんぱくクラブ（練馬）、世田谷区冒険遊び場、目黒区5丁目映画館、三多摩青年合唱団、中野区江古田図書館、墨田区立緑図書館、豊島区コミュニティ振興公社、足立区職労、杉並区スポーツ振興会

　第14回（1988年2月20日）　目黒区婦人学級連絡会

　第15回（1989年3月11日）　中野区社会教育委員、東京都教育庁社会教育主事

　第16回（1990年2月17日）　子どものくにをつくる会（練馬）、杉並青空学校、目黒区社会教育講座、板橋区婦人学級、世田谷区つちかい講座、練馬区婦人学級、杉並区区民企画講座、渋谷区住民企画講座、江東区女たちの文化祭、品川区旗の台区民企画講座企画委員会、都職労自治研図書館分散会、文京区立真砂図書館

第17回（1991年2月16日）　シンポジウムのため、レポートなし
第18回（1992年2月8日）　東京民主教育研究所、少年少女センター
第19回（1993年2月6日）　足立区千住児童館、江戸川小学校、昭島市青少年委員
第20回（1994年2月5日）　内容等不明

4　運営体制等

　発足時の代表は三井為友、まもなく原輝恵に引き継ぎ、1992年から東寿隆が務めた。事務局は一貫して原輝恵・野々村恵子・橋本聡が担った。

　通信「市民と社会教育」は、B5判4ページ、No.1を1973年12月10日に発行、No.9から「市民の社会教育」に名称変更し、不定期にNo.27（1993年2月6日）まで発行されている。また、都社会教育委員に、原輝恵（サングループ）を1974年9月から2期4年、岩崎君枝（中野の教育をよくする会）を1978年9月から3期6年、送り出した。

5　評　価

　1967年、革新都知事美濃部亮吉を実現させたものの、東京の社会教育は公民館・図書館等施設建設も進まず、社会教育事業も旧態依然として団体依存、講座主義で低迷していた。しかし、民間の社会教育に関わる自主的団体が次々生まれ、活動が始まっていた。美濃部都政2期目にあたり、これらのつながりをつくることによって、社会教育行政への働きかけを強めようという動きは時宜を得たものであった。以後20数年にわたる学習と交流は活発に展開され、社会教育施設建設や社会教育事業への住民参加も一定程度進んだが、1990年代半ば活動が停滞、自然解散の状態となった。目標達成には都民の力の結集が必要であることは現在でも変わることはない。

【参考文献】
・第17回東京の社会教育を考える都民の会実行委員会『住民と職員がともに歩む―民主的な社会教育を発展させる都民の会の20年―』、1991年2月16日

4 生活記録運動の展開
── 自分史学習から地域女性史づくりへ ──

野々村 恵子

　戦前、東北地方を中心に北方性教育運動として生活綴り方教育が行われていた。生活現実をみつめる教育は、そのテーマ性ゆえに、すすめた教師の一部は迫害されることもあった。戦後、民主主義教育によって引き継がれた実践に山形県山元村（現在上山市）の小学校教員無着成恭の『山びこ学校』（青銅社、1951年）がある。

　戦後の社会教育は、青年・女性の「共同学習」により花開くが、そのなかで、生活記録運動は民間から始まる。鶴見和子は1953年、「生活を綴る会」を組織し、編著『引き裂かれて』（1954年、毎日新聞社）や、牧瀬菊枝共編著『エンピツをにぎる主婦』（筑摩書房、1959年）を刊行している。三重県では澤井余志郎が四日市市の紡績工場の組合運動の文化サークルの活動として生活記録に取り組み、『母の歴史』を作り上げる。公民館実践としては、新潟県妻有地方の各公民館で取り組んだ生活記録の実践が、横山宏ら「妻有の教育を考える集団」により1976年、『豪雪と過疎と──新潟県十日町周辺の主婦の生活記録──』（未來社）にまとめられ反響を呼んだ。

　八王子市の橋本義夫は、だれでも書ける文章の道をすすめ、1968年、機関誌「ふだんぎ」の刊行以来、各地で「ふだん記」グループが活動を始め、広がる。

　朝日新聞ひととき欄投稿者による自主グループは「草の実会」へと発展、1958年には個人会員1,500名を数え、機関誌「草の実」を発行しながら、高齢者問題をはじめ、政治的な問題にも取り組み、発言、行動する団体へと発展した。同時期、田中喜美子らの雑誌「わいふ」が発刊され、主婦の投稿誌として2013年には50年の歴史を重ねた。この二つも「書く」ことから始まる活動として生活記録運動につながると捉えてよいだろう。

　1967年、東京都教育委員会主催の婦人指導者養成講座に参加した目黒区の原輝恵らは講師の横山宏に出会い、サングループを発足させ、自分たちで調べた

資料を基に『公害前線を探る―主婦のゴミ白書―』（自治日報社、1972年）を刊行、さらに戦争体験した者として、「私たちの歴史を綴る会」を発足させ、『生きる原点を求めて―主婦の体験した昭和史―』（あけぼの出版、1978年）、続いて『婦人雑誌からみた1930年代』（同時代社、1986年）を出版している。

　これら民間の活動に刺激され、公民館等でも講座に取り組まれるようになる。

　昭島市公民館職員の佐直昭芳は、高齢者教室における自分史学習に取り組み、1978年から毎年1冊ずつの手がき文集「ほた火」を発行し続けた。

　大田区成人学校は、1951年にスタート、年3〜4回、各20回講座を設けて1982年には100回に達する歴史をもっていた。担当者の荒井隆は、趣味教養の科目で、静的、受動的な学習を脱皮し、能動的、積極的学習をめざして書くこと、自分を語ることを中心に、自分史と歴史をテーマの講座の開設に踏み切った。

　また、葛飾区社会教育会館事業として遠藤清子が始めた「ルポルタージュ講座」は与儀睦美に引き継がれ、地域や地域に生きる人々を掘り起こすことにつながった。

　練馬区でも筆者が担当した婦人学級で「自分史」や「生活記録」講座を繰り返し開設している。婦人学級後の自主グループ「なずな」は、地域誌の発行から読書会に発展させ、同じく自主グループ「野道の会」は名称を「夕映え」と変えながらも、30年以上も生活記録を書き続けた。彼女らの学習は、単なる自己の歩みの記録にとどまらず、社会のあり方や歴史と深くつながっていくことの学習に発展する。

　「書く」学習は、各地の地域女性史サークルに引き継がれている。1970年代から90年代にかけて社会教育の講座や女性センターによる地域女性史編纂が行われるようになる。多くの地域女性史は、まず、地域に生きた女性たちの聞き書きから始まる。地域女性史づくりは、名もない地域女性の生き方を掘り起こすことによって女性の生き方と社会、歴史をしっかりと結び付ける学習活動として定着している。

【参考文献】

・横山宏編『成人の学習としての自分史』国土社、1987年

「農のあるまちづくり講座」の実践

菊池 滉

1 都市化地域を農の視点から見直す

　国分寺市立もとまち公民館の講座は「農のあるまちづくり講座」と呼ばれているが、正式名称は「私たちの手でまちづくりを考える―国分寺のまちづくりと農業―」である。

　この公民館学習を通して、都市化が進めば進むほど市民は暮らしの中で農（人間らしい環境）を求めざるを得ないという都市のもつ自己矛盾の法則に気づき、ふだん何気なく暮らしている地域を農の視点から見直すと、まだまだ身近なところにある農（地）がこよなく愛おしく見えてくるという、新たなまちづくりの視点を市民が獲得したプロセスといえる。市民の暮らし方、都市農業を保全し発展させるべき行政の課題を提起するとともに、その後の都市計画にも大きな影響を与えたのが「農のあるまちづくり」という発想・考え方である。

　この講座は20年余の長きにわたって継続され、並木公民館でも農業講座として行われ、担当職員がその後異動した光公民館でも、名称は異なるものの、そのネットワークが国分寺崖線を守る講座として生かされた。

　当時の社会的状況を振り返ってみよう。国分寺市は全面積（11.4㎢）のうち約1/4の250haが農地であった。全市が市街化区域であり、ゆくゆくは都市計画法上宅地として開発される地域であった。国は住宅政策の観点から、農地の宅地化をより促進するために、数年後には宅地並課税・生産緑地法を実施しようとしていた。そのことに不安を抱いた国分寺の農家の方たちが、後にも先にも初めて市内デモ行進を行い、課税反対の声を上げていたのである。しかし、基本構想策定前に実施された市民意識調査で圧倒的多数の回答が「国分寺は緑が多く過ごしやすい環境であり今後も維持されるべき」と回答しているにもかかわらず、宅地並み課税を見つめる市民の視線は冷ややかであった。また、当時

の政治状況としては、1970年代初頭の革新自治体（とくに多摩地域は革新ベルト地帯と評された）から保守回帰が始まっていた。

2 瓢箪の始まり
―農のあるまちづくり講座の始まりと展開―

1980年代、鈴木都政がマイタウン東京政策を展開する中で、多摩地域の多くの自治体では行政の主導によりマイタウン（コミュニティ）づくりが推進されるようになるが、行政主導ではなく、住民自治に基づいた地域づくりの課題を公民館学習として取り組めないかと、この講座の準備会（1980年）が始まった。論議は地域にある史跡の活用に始まり、ゴミ問題、そしてゴミコンポスト・地域の農家による活用・生産物の市民への循環にたどり着いた。そこでそのキーワードとなる都市農業問題を取り上げることとなった。

1981年は表1のプログラム、プラス市内農家の見学会で始まった。講座で現状を、見学会で農家・都市農地の実態を知り、衝撃を受けた。まちの中にある畑の輝き、そして決して明るくない農地の未来について考えるようになったのである。農地を通して、今まで見えてはいるが実は見ていなかった、農地やまちを見る新たな視点を獲得したのである。2年目（1982年）は、市民の側から農地・農業に接近していける課題として市民農園・学童農園を取り上げたが、最後は参加者ゼロとなった。そこで得られたネットワークで別に任意組織として「国分寺のまちづくりと農業を考える懇談会」が始まった。

講座見学会 養豚農家を訪ねて〜都会の中での新たな発見！〜（1987年）

表1　私達の手でまちづくりを考える No.1

国分寺のまちづくりと農業（1981年）

　今、近郊農業は徐々に後退しています。

　国分寺もその例外ではありません。15年前に153軒あった専業農家が現在では21軒へと激減してきています。

　この国分寺から農業がいつのまにかなくなってしまってよいのでしょうか。快適で、住みよい、みどりゆたかなまちづくりという市民全体のねがいから見ても国分寺の農業の将来をみすごしにはできません。

　今回はまちづくりという立場に立って農業のはたす多面的な役割を考え、その可能性をさぐりたいと思います。

回	日時	内容	レポーター
1	7・11	国分寺の農業・今昔・未来・農家を実際に訪ねて（公民館集合・雨天一週順延）	小坂　長吉氏他（東元町在住農家）
2	8・8	子どもに地域や農業をどう伝えるか　現場の先生から	永丘　正氏（第一小学校教諭）
3	9・19	産業として国分寺の農業を見る	大和田　一紘氏
4	10・3	無農薬の作物（農業）について考える	〃
5	11・7	国分寺の農産物の流通を考えるⅠ　生産者の側から	国分寺市農業協同組合
6	12・5	国分寺の農産物の流通を考えるⅡ　消費者の側から－町田の事例に学ぶ	天野　節氏（町田の農業を発展させる会）
7	1・9	国分寺の農業の将来と行政・機関の役割	大和田　一紘氏
8	2・6	安全で快適なまちづくりにはたす農業の役割	中村　八郎（市役所都市計画課）
9	3・13	まとめ・来年度のテーマにつなげて	

期　　間　7月11日（土）～3月13日（土）　月1回　計9回

時　　間　土曜日　午後2時～4時

講　　師　大和田一紘氏（東京の農林漁業を発展させ豊かな都民生活を築く会世話人　東京都自然環境保全審議会委員）

テキスト　わたしたちの国分寺（小学校3年生社会科副読本・公民館で用意します。）

会　　場　もとまち公民館

主　　催　☎（25）4221

連 絡 先　7月2日（木）から電話で。

農業「講座」では人が集まらない、それならば公民館に来なくても都市農業の現実を映像として見てもらえればいいのではと、1983～84年は2年がかりでビデオづくり（「国分寺の農業は今」、子ども・学童農園を題材に「土と子どもたち」）に挑戦した。季節・天候・農作業に対応した活動日の定まらない、ビデオづくりも初めてという苦しい講座となったが、撮影を通して多くの人々と農家との出会いがあり、公民館は本気で農業問題を考えていると感じてもらえた。しかしその結果は、完成ビデオ視聴（貸出）希望者はまたまたゼロと惨憺たるものであった。さすがにこれには気落ちして、もう都市農業問題で講座を継続するには無理があると感じ、また当時は公民館のある地域の中では「旧国鉄中央鉄道学園跡地（21ha）再開発」問題を抱えており、それへの取り組みを考え始めた。そこで講座と懇談会の総括をと、1986年に総括編の講座を実施した。これで綺麗さっぱり都市農業問題からは撤退と考えた。

3　駒がこぼれ落ちる
―予想外の大反響　『農のあるまちづくり』の出版―

　その総まとめ（第2期市基本構想への提言を含む）として、懇談会メンバーを中心にまとめられたのが『農のあるまちづくり』（学陽書房、1989年）であった。当初は初版（4,000部）も全部売れるのかと心配されたが、朝日新聞の書評で紹介されたこともあり、この手の本としては珍しく5刷された。NHK「関東甲信越小さな旅」で国分寺市の農業が放映され、さらに市主催による立松和平（この本の推薦人）を迎えてのシンポジウム「農のあるまちづくり」開催などとその反響は広がっていった。

4　心機一転、出直し講座

　こうして撤退を考えていた講座が再び息を吹き返して、心機一転、新たな展開を始めた。
　最初に手がけたのは、これまで明確ではなかった講座の対象を主婦層に置き、農協婦人部、各生協、生活学校のメンバーに準備会から参加してもらい、カリキュラムを地場の農産物を生かした内容にした（2年間継続カリキュラム、調理

指導農協婦人部、表2参照)。農家見学会に地元の歳時の料理作りなどを加えて地域史的な要素を加えるなど、多彩なものになった。参加メンバーも常時30名前後であった。講座のまとめとして、南部地域農業マップが参加者の手により作成され、地元の農家にはマップに対応した野菜スタンド紹介の手作り看板がプレゼントされた。そして再開3年目には単に地場の物を食べるだけではなく実際に作ろうということになり、当時の農協婦人部長(講座実技指導者)の公民館近接の畑を借用しての農作業が始まったのである。4年目には畑に大型のゴミコンポストを置き本格的な有機肥料による野菜作りが始まったのである。

表2　国分寺のまちづくりと農業　パート5

"地場農業をみなおそう"(1987年)

「国分寺産の農畜産物を使っての実習と見学」のおさそい!

国分寺の農家の一戸当りの平均耕作面積が都内で一番大きい規模を持っていることをご存じですか。

今一度、自分の暮らしている地域に目を向けてみると、実に様々な作物が作られていることがわかります。

しかし、ご存じのようにこれまでの物流の仕組みでは必ずしも地場の生産物が地場の消費者に届くようにはなっていませんでした。

今回は、実際に市内で取れた新鮮な作物を農協の方の指導を受けながら調理したり、生産者を直接訪ねて見学を行います。体で直に農業の実態を知りながら、地場生産、地場消費や安全な作物、都市農業の問題等を考えます。

助言者　大和田一紘氏(都自然環境保全審議会委員)
定　員　30名
材料費　1回　五百円
日　時　原則として第二、第四(木)午後1時30分〜4時
　　　　(見学会の場合は集合場所に注意してください)
主　催
会　場　もとまち公民館
申し込み　10月2日(金)から電話で

```
協　　賛　　国分寺市農業協同組合
　　　　　　同婦人部
　　　　　　あおぞら生活学校
```
※10月20日までに実習費5回分（計二千五百円）を、公民館までお持ちください。

	月　日	区　分	内　容
1	10・22	見学会	養鶏と柿づくり農家を訪ねる（永沢秀男宅）
2	10・29	実　習	とびっきり新鮮な卵を使って調理する
3	11・12	見学会	野菜づくり農家を訪ねる（小坂長吉宅）
4	11・26	実　習	サツマイモの調理
5	12・10		お正月に向けて野菜の漬物（たくあん他）
6	1・28	新年会	
7	2・25	実　習	ウドの料理のしかた
8	3・9	見学会	ウドが実際にできるまで
9	3・10		養豚農家を訪ねる（榎戸武雄宅）
10	3・24	実　習	市内産の豚肉を使ったハム・ソーセージつくり
11	4・14	見学会	酪農家を訪ねる（鈴木牧場）
12	4・28	実　習	バター、ヨーグルト作り
13	5・12		チーズ、カルピス
14	5・26		手打うどん作り
15	6・9		柏餅作り
16	6・23		アイスクリーム作り

　懇談会では第2期市基本構想に対して「国分寺市農公園都市構想」を提言し、講座の中での地図作りのノウハウを活用し、市民実行委員会を結成して都の補助金を5年間受け、「国分寺市農・自然・歴史たんけんマップ」づくり（5部作、5年後はビデオ作成へ）を開始した。1993年3月、開始から13年目に担当者の異動があり、後任へ引き継がれた。

5　講座の残したもの

　「農のあるまちづくり講座」から引き継いだものは多くあるが、マップ作成手法（フィールドワーク）による地域学習課題の発掘・調査、農懇メンバーを中

心とした強力な助言者集団の形成、講座準備会・運営委員会方式による市民主体の学習内容編成と運営などが挙げられる。

　とくに担当者の異動先で実施された「ハケ（国分寺崖線）の講座」（正式名称「くらしとまちをデザインする講座」1996 - 2000年）は、地域探索による課題の発見・設定と、3年間に及ぶマップ作成手法による現状把握・フィルドワーク手法（環境調査・植生調査・野鳥観察など）による学習の深化、科学的分析を可能にしたのである。この講座の5年目の最終仕上げはサブタイトルを「ハケのくらしと緑をまもる―（国分寺崖線保全のために）地域・市民に何が出来るか？―」とし、地域（行政）・市民へ崖線の保全の意味を問いかけた。2000年策定の国分寺市初の「緑の基本計画」にも影響を与え、最終年開始した地元第八小学校3学年の年2回にわたる地域学習「ハケの自然観察会」は、その後結成された「ハケの自然を守る会」により現在でも継続している。またそのハケの会を中心とした市内4団体は、2001年文部科学省補助金を受け「国分寺崖線ハンドブック」（6,000部）等を作成し、小学校の社会科の補助教材として広く活用されたのである。

　「農のあるまちづくり講座」は、このように公民館実践としてばかりでなく、広く暮らし方、環境問題、都市計画など多岐に及ぶ分野に影響を与えた。

6 総合型地域スポーツクラブ

齋藤 尚美

1 ニュースポーツの広まり

　東京2020オリンピック・パラリンピック競技大会を前に、東京の社会体育の歴史を振り返る上で、「三鷹方式」は欠かせない。1964年の東京オリンピック以降、スポーツの普及が急速に進む中、公共スポーツ施設においてスポーツ教室が行われ、多くの地域住民が参加した。「三鷹方式」は、スポーツ教室で親しんだスポーツ活動を自主的に継続することができるように、教室をきっかけとしたクラブづくりを推進する施策であり、1970年代に三鷹市のコミュニティ政策の一環として進められた。クラブは、自ら仲間を集め、活動場所を確保し、指導者を見つけて自主運営をしていく。自主運営のクラブが増えることで、さらなるスポーツ人口の増加につながることから、「三鷹方式」は全国のスポーツ行政が注目する施策となった。

　地域住民のスポーツ活動は、1980年代の生涯スポーツ政策とニュースポーツの広まりによりさらに発展する。ニュースポーツは、ペタンクやフライングディスクなど海外から輸入した種目や、ご当地で独自に開発した種目などがあり、その数は数百種目ともいわれる。都内では、府中市体育指導委員によるラリーテニス、立川市のミニテニス、八王子市のネオテニスなどが開発された。子どもから高齢者まで、体力や年齢に応じて、経験がなくても親しみやすいニュースポーツは、「いつでも、どこでも、誰でも」を合言葉にした生涯スポーツ社会を実現するための具体的な素材として、自治体や地域住民に積極的に導入された。全国スポーツ・レクリエーション祭や都民スポレク大会といった大会も始まり、ニュースポーツ種目の愛好者による組織化が進む。

　今や自主クラブは、スポーツ施設で、学校開放施設で、地域の集会所で、いたるところで活動しており、その種類や数は把握が困難なほど多様であるが、特

定の種目で活動するスタイルが一般的である。スポーツ愛好者の組織化は、スポーツ行政が推し進めてきた施策であるが、クラブが増えたことで活動場所が過密になった。かつては集合抽選方式でクラブ間の話し合いにより使用する時間を調整し、定期的に使えていた体育館は、インターネット等による抽選予約方式となった。だれでも容易にグループを作って施設を予約できるようになったことで、さらに施設の飽和状態を生んでいる。

2 「総合型地域スポーツクラブ」の登場

　総合型地域スポーツクラブは、文部科学省（当時は文部省）発のクラブづくり政策である。総合型地域スポーツクラブは「人々が、身近な地域でスポーツに親しむことのできる新しいタイプのスポーツクラブで、(1) 子どもから高齢者まで（多世代）、(2) 様々なスポーツを愛好する人々が（多種目）、(3) 初心者からトップレベルまで、それぞれの志向・レベルに合わせて参加できる（多志向）、という特徴を持ち、地域住民により自主的・主体的に運営されるスポーツクラブ」である（文部科学省）。

　1995（平成7）年から2003（平成15）年までの9年間、文部科学省は「総合型地域スポーツクラブ育成モデル事業」を実施した。都内では、文京区の礫南スポーツクラブ（1974年設立）、杉並区の向陽スポーツ文化クラブ（1976年設立）、三鷹市のベッセルスポーツクラブ（1985年設立）がすでに「総合型」のスタイルで活動しており、モデル期間後期には、新たに15を超えるクラブが立ち上がった。中でも練馬区は、2002年度に6クラブが立ち上がり、その後のNPO法人格取得まで統一感をもって取り組まれた特徴的な事例である。

　スポーツ振興基本計画（2000〔平成12〕年策定、2006〔平成18〕年改定、文部科学省）には、「生涯スポーツ社会の実現のため、できるかぎり早期に、成人の週1回以上のスポーツ実施率が50％となることを目指す」とされ、政策目標達成のため必要不可欠である施策として「総合型地域スポーツクラブの全国展開」が明記された。今後10年間で、全国各区市町村内に1以上のクラブ、各都道府県内に1以上の広域スポーツセンターを育成することが具体的に示された。

その10年後、「スポーツ基本法」（2011〔平成23〕年）の施行を経て、2012年の「スポーツ基本計画（文部科学省）」において「総合型」は、スポーツを通じた「新しい公共」の担い手としてコミュニティの核となることが期待されている。

2014年7月現在、創設準備中を含めたクラブ数は3,512であり、全国1,394市区町村に広がっている（文部科学省調査）。

3 東京都の状況

東京都内の「総合型」は、同調査において125クラブである。このうち、法人格を取得しているクラブは37、指定管理者として活動するクラブは2、また、この間に廃止・解散となったクラブは2である。

都市部では、地域住民の多種多様な自主クラブがあらゆる場所で活動しており、公共スポーツ施設も飽和状態である。「総合型」が優先して活動の場を確保するためには、体育団体や既存のクラブとの調整が必要であるが、強引に進めれば軋轢が生まれる。また、多種目の活動を行うことにより既存団体との競合関係が生じないよう、微妙なパワーバランスの中で進めていくことになる。スポーツ行政は、「総合型」を推進していながら活動の場を保障できないなど、様々なジレンマを抱える現状があり、一気に完成形のクラブの立ち上げを目指すだけではなく、設立時は「総合型」の要件をも満たさずとも、地域住民の理解を得ながら徐々に組織を成長させていく手法も必要であった。

そのような意味からも、東京都は「総合型」について、単一種目のクラブであっても、「地域住民の主体的な運営」、「幅広い年齢層の参加」、「技術レベルや目的の多様性」があれば、総合型地域スポーツクラブの考え方が満たされるとし、「地域スポーツクラブ」と称している。「東京都スポーツ振興基本計画」（2008年）において、2016年度に100クラブの設立を目標としたが、2013年度には達成されている。新たな計画「東京都スポーツ推進計画」（2013年）では、地域スポーツクラブが地域コミュニティの活性化や高齢者の活躍の場となることへの期待、クラブの認知度の向上、障害者の参加促進などの課題が多岐にわたり述べられている。

ところで、「総合型」は、文部科学省が提唱するイメージに沿って各自治体や個々のクラブが取り組んでいるものの、それ以上の明確な定義がなく、理想とする概念を理解しながら具体化をしていく難易度の高い施策である。区市町村では、地域団体やスポーツ団体の代表、学校関係者、スポーツ推進委員等が設立準備会を組織し、場合により数年にわたる話し合いの積み重ねを経て立ち上がる例が多いが、その労力は、どのクラブにおいても現在まで語り草になるほど相当なものである。そこに関わる職員の専門性や継続性も求められるが、近年、区部の体育専門の社会教育主事が減少、市部においても長年スポーツ行政に携わっていた職員の退職などが続いているほか、東京都を含めて教育委員会から首長部局へのスポーツ所管課の移管も施策の継続性に影響を与えている。スポーツ推進委員（体育指導委員）は、ニュースポーツ普及の時代も、「総合型」推進の時代も、地域における担い手として期待された。「最近、役所の対応が変わったよね」と言いながらも、地域のメンバーと共にクラブに関わり続けているスポーツ推進委員の姿は貴重である。

　東京の「総合型」の特徴として、学校開放施設を利用するクラブが6割を超える。学校開放施設は、「総合型」の活動の場となりやすい諸条件が整っていたといえる。公共施設は飽和状態に近いが、学校開放は登録団体が加入する運営委員会等の組織があり、お互いに融通しながら施設を使う仕組みがある。その組織を足掛かりにすることは有効であった。学校に、地域団体代表が集まりクラブの構想を検討していく過程で、当該校の校長の影響が大きかったと振り返るクラブもある。

　予算面では、補助金や委託金などで支援を行う自治体がある一方、「総合型」に関する予算をもたない自治体、外郭団体において対応する自治体などもある。

　東京都全体の「総合型」の羅針盤としての役割を果たしているのが広域スポーツセンター職員と専門員、東京都体育協会のクラブアドバイザーである。都内津々浦々のクラブ設立の進捗状況や運営課題を把握し、相談にのったりアドバイスをしたり、島しょ部を含めて飛び歩いている。その相手はクラブ運営に関わる地域住民にとどまらず、自治体職員に対しても行われている。

4 「総合型」を取り巻く諸事情

　2001（平成13）年3月、Jリーグ開幕に合わせて初めてスポーツ振興くじ"toto"が全国販売された。収益の3分の2は地方公共団体とスポーツ団体が行うスポーツ振興事業に当てることになっており、「総合型」の財源として多くのクラブが期待した。初年度のくじの売上643億円を背景に「総合型」への補助が始まったが、その後2006年度の135億まで売上が減少し、期待していたクラブの思いを裏切る形となり、これが影響してクラブ運営に支障が出るケースも多発した。また、補助金に頼らない自立した運営を目指すべきと、これを教訓にするクラブもある。なお、2006年以降、くじのしくみが改良され、売上は2014年度1,107億円まで伸びている。

　"toto"に関連して、補助対象団体に法人格が求められたことも、クラブが積極的に法人化を目指すことに影響した。都内の法人格取得クラブの多くはNPO法人であるが、社団法人も5クラブある。法人化は、書類作成や会計管理など、住民による自主運営という労力の上に、さらに事務能力を要求する結果となり、「クラブ経営」という捉え方になった。東京のクラブの法人格取得数は、神奈川（50）、埼玉（44）についで多く、法人化は都市部のクラブの特徴といえるかもしれない。

　2003（平成15）年9月、地方分権一括法により導入された指定管理者制度も、「総合型」に影響を与えた。直営時にゆるやかに保障されていた公共スポーツ施設内での総合型の活動枠や事務所スペースが、引き続き担保されるか、指定管理者の裁量の下に置かれるかが一つの分かれ目となり、地域住民に対して提供するプログラムの競合を避けるための調整も必要になった。また、指定管理者制度導入後の施設での、新たなクラブの立ち上げを困難にした。指定管理者と総合型の関係は複雑である。

　その状況を、自ら指定管理者となって乗り越えるクラブも出現した。指定管理料による収入はクラブ経営を支える大きな柱となる一方、事業体としての力量が求められるため、指定管理者制度を研究し、それなりの規模とパワーをもつクラブが指定管理者となっている。都内では、目黒区のNPO法人スポルテ目黒と足立区のNPO法人ASCCである。

5 今後に向けて

　「総合型」は、クラブマネジャー（クラマネ）というスタッフを配置しているところが多い。その役割は、クラブ全体の経営管理（マネジメント）であり、財務、会員、プログラムなどの管理全般を行うことが期待されている。クラブを円滑に運営していくためには、こういった能力はさることながら、クラブ会員の人と人とのつながりに心を配り、実技指導者とは違う観点で会員の意見を聞き運営に反映するバランス感覚が重要である。これまで、人々をスポーツ活動に誘う役を担うのは、実技指導者が主であったが、今後はクラマネが、地域住民とスポーツをゆるやかにつなぐ、新たなキーマンとなる可能性をもっている。

　生徒数の減少と、顧問教員の異動などにより中学校の運動部活動が成り立たなくなるという課題は、依然として続いている。運動部活動と「総合型」が連携することで、子ども達のスポーツ環境の充実が図られ、一貫指導の観点からも望ましいと考えられているが、現実には、「総合型」の指導者が、外部指導員として学校に派遣されるケースにとどまっており、状況はほぼ進展していない。学校の方針が、運動部活動をより活性化する方向に動き、運動部活動の実施頻度が増えると、学校開放の枠が減少することになり、「総合型」の活動に影響する。学校長の異動により、これまで得られていたような理解が得られなくなる事例もある。一方、他県では、学校の教員が中心となって、運動部活動を地域に開放しようとする動きがある。「総合型」と学校との関係は、これからも紆余曲折が予想されるが、同じ地域で手を取り合う活動が広がるよう、将来に期待したい。

　（原稿作成にあたり、東京都体育協会の吉田明子と小内清子の助言を得た。）

コラム 豊島区管弦楽団の40年

根岸 豊

　2015年6月14日、東京芸術劇場コンサートホールで「豊島区管弦楽団第81回定期演奏会」があった。演奏曲は楽団創立40周年を記念してマーラーの「交響曲第3番」、この曲はソリスト、合唱、少年少女合唱隊とともに演奏する大曲である。会場はほぼ満員で、演奏に対して盛大な拍手が送られた。私は管弦楽団創立の頃から20年ほど社会教育の一職員として携わった。その間の管弦楽団のあゆみを報告する[1]。

　豊島区管弦楽団は、40年前の1975年4月、豊島区教育委員会社会教育課の主導で設立された。当時、東京のアマチュアオーケストラは、上野の東京文化会館が主催する「都民交響楽団」、音楽鑑賞団体の労音（全国勤労者音楽協議会）が設立し芥川也寸志が指揮する「新交響楽団」、そしてアマチュアオーケストラの古参「OB交響楽団」、「虎の門交響楽団」、「高田馬場管絃楽団」など、数少なかった。同じ頃（1974年）に墨田区家庭センターでオーケストラを設立する動きがあったが、23区では珍しかった。（参考までに、アマチュア楽団のリンク集によると、2015年時点での東京都内のアマチュア管弦楽団は347団体がリストアップされている。概算で1楽団あたり50人とすれば、1万7,000人以上のアマチュア音楽家が管弦楽団で演奏を楽しんでいることになる。）

　そうした時期に、なぜ豊島区が管弦楽団を設立したのか。まず、当時の社会教育課職員T、Fの存在がある。彼らは1967年頃から豊島区の区民文化教室で、5歳から13歳の子どもを対象に「バイオリン教室」を、1970年頃から子どもを中心とした一般公募による「オーケストラ教室」、「レコードコンサート」[2]などを企画運営していた。

　また同時期、豊島区には全日本吹奏楽コンクールで1970年から79年まで連続して全国大会で「金賞」を獲得した「豊島第十中学校」があ

り、豊島区教育委員会は音楽に対する理解が深かった。

1974年頃、オーケストラ教室の受講生として、高校生や大学生、社会人も加わるようになり、選曲や団の運営に大学生、社会人が積極的に関与するようになっていた。受講者たちは社会教育課の職員と議論を重ねるうちに、大人のオーケストラを創ろうという機運が盛り上がり、音楽評論家の門馬直美などの助言を受けながら、1975年春に、オーケストラ教室から脱皮して、豊島区教育委員会の主管による「豊島区管弦楽団」を設立した。

設立の参考モデルとなったのは、東京都直営だった「都民交響楽団」、自主独立の「新交響楽団」の運営方法だった。この2つの楽団の運営から、楽団の自主性を尊重しながら豊島区が支援を続ける方法が模索され、コントラバス、ティンパニーなどの大型楽器は区が用意、練習場の確保、指揮者、定期演奏会の経費は区が負担、それ以外の楽団の自主公演も可能になるように、教育委員会の主催ではなく「主管」として設置された。

豊島区管弦楽団の最初の演奏会は、国立音楽大学伊達良の指揮によるミニコンサート（1975年7月）と第1回定期演奏会（11月）で、モーツァルトとベートーヴェンの交響曲などを演奏した。翌年は2回の演奏会が開催され、1987年からはしばらく豊島区主催の演奏会2回、団の自主公演1回という開催ペースが続いた。管弦楽団の母体ともなったバイオリン教室はこの時期から休止し、オーケストラ教室は指揮者に内藤彰を迎えて3年ほど継続したあと休止した。

1984年から2007年までは豊島区の「成人の日」に毎年賛助出演し、その後は豊島区吹奏楽団と交互に出演している。「成人の日」のゲストとして、1986年には加藤登紀子、1987年はさとう宗幸などを招いている。また、1984年には東京都が

制作した人権啓発映画『白鳥』に楽団として出演、撮影は荒川区日暮里青年館で行われた。

設立から10年経った1985年、第21回定期演奏会として、山岡重信の指揮の「区民でつくる第9演奏会」が学習院大学百周年記念会館正堂で行われた（11月30日、12月1日）。この演奏会の企画には区立小中学校の音楽担当教員が参加し、パート練習や練習会場について協力を得た。合唱団、ソリストも「広報としま」などで公募し、ソリストはオーディションで2公演の8名を選んだ。こうした区民参加の「第9演奏会」については新聞などにも取り上げられ、当時話題となった。

現在東京芸術劇場となっている土地は、東京都の文化施設の建設用地として空き地だった期間があった。そこで池袋駅西口の商店街などが「東京都文化施設」の建設促進にと、1985・86・87年の秋に「豊島キャンパス音楽祭」を開催した。仮設のテント舞台に区内の小中学校、都立・私立高校、東京音楽大学・立教大学・学習院大学のブラスバンド、ジャズバンド、合唱などが出演し、豊島区管弦楽団も毎回出演した。

1990年には豊島区待望の東京芸術劇場が完成し、その開館記念公演に豊島区管弦楽団が招待され、11月4日、山岡重信の指揮でチャイコフスキー「悲愴」などを演奏した。その後、管弦楽団は教育委員会社会教育課の所管から豊島区民センターなどを管理する財団に移管されたが、豊島区の支援で年3回の定期演奏会を継続しており、前述のように2015年、40周年を迎えた。

ところで、豊島区管弦楽団の設立の翌年（1976年）に、教育委員会は豊島第十中学吹奏楽部の卒業生を中心に「豊島区吹奏楽団」を、第十中教員の酒井正幸の協力を得て、管弦楽団と同じ方式で設置した。指導者としては第十中のトレーナーの八田泰一を迎えた。演奏会は年1回の定

期演奏会とスプリングコンサート、そして東京都吹奏楽コンクールに毎年挑戦している。その吹奏楽団も来年で40周年をむかえる。酒井は豊島立第十中学のあと板橋区立赤塚第三中学に転任し、板橋区においても吹奏楽の発展に寄与している。酒井はその後、全日本吹奏楽連盟で理事長に就任するなど活躍した。

1 本稿は、「広報としま」昭和24年1月号からの紙面が掲載されている豊島区役所のHP「広報としまライブラリー」、豊島区管弦楽団と豊島区吹奏楽団のHPからのデータを利用した。
広報としまライブラリー
http://www.rlibrary.jp/toshima/KA50.html
豊島区管弦楽団
http://homepage3.nifty.com/toshima-orch/top.htm
豊島区吹奏楽団
http://www.toshima-wind.org/
2 1970年代の前半には、まだ音楽はLP時代、名曲喫茶の全盛時代で、各地の自治体でクラシックやジャズのレコードコンサートが盛んに行われていた。豊島区でも音楽評論家の門馬直美などの解説付きでレコードコンサートを開催していた。

2003年9月、東京芸術劇場で開催された豊島区民芸術祭での管弦楽団演奏会において、豊島区が公募した約40名の子どもたちが区民の歌を歌った。「区民の歌」は、区制施行70周年を記念して、豊島区が歌詞を全国から募集し、歌手のさだまさしが曲をつけたもの（本写真は、「いけぶくろねっと」2003年9月16日に掲載されたものである）。

8 高齢者学習の広がり

野々村 恵子

1 高齢者教育の始まり

　1964年に開始した4年制の老人大学いなみ野学園は、兵庫県が開設した先進的実践であり、その後の高齢者の学習形態のモデルの存在となった。

　文部省（当時）は、1965年度、初めて高齢者教育に取り組み、「高齢者学級」委嘱事業を始める。つづいて73年、集団学習奨励事業の一環として積極的に援助開始、全国で2,900の教室が開設された。78年、高齢者人材活用事業、84年、高齢者生きがい促進総合事業、82年、高齢者スポーツ活動推進指定市町村、89年、長寿学園（グレートカレッジ）という都道府県による直接事業を開始した。東京都社会教育委員の会議においても82年、「ともに生きるための生涯学習をめざして」において、高齢化社会の到来に対する教育について、提言している。

2 学習講座事例

(1) 事例1 講座一番乗りの練馬公民館の寿大学

　文部省委嘱事業開始前年の1964年に「寿学級」として開始される。67年に「寿大学」と名称変更してからは、公民館全館を活用して春と秋にそれぞれ10回ずつの講座が開設され、受講者は年々うなぎ上りにふえていき、公民館の目玉事業となった。内容は、講演、映画上映、クラブ活動、遠足と多様で、参加人数のピークは1996年度、1,270名を数えた。通信講座（書道、俳句）も開かれるようになり、2015年現在900名が登録している。12年4月、練馬公民館は、教育委員会を離れ、区長部局区民生活事業本部地域文化部文化・生涯学習課に組織変更され、生涯学習センターに名称を変えながらも寿大学は継続、15年度春季講座は第96期を数えている（定員300名）。

(2) 事例2 昭島市公民館高齢者教室

1971年、社会教育課主催でことぶき学級として始まり、健康づくり、話し合い講座を経て、77年、年間を通して36回の長期講座が開始される。

1980年からは、教室の構造化を図り、「高齢者の主体的な学習に関わり、高齢者の自主的な活動をめざし広げ、高齢者と公民館の共同の歩みの中で作られたもの」として、出会いの場－高齢者教室、自主的な場－高齢者グループ教室、グループの連絡・自治活動の場－高齢者グループ教室連絡会の「学びの三重構造」をつくり出した。高齢者教室は、教養・健康を中心にした学習と文化活動のコースがあり、グループを生み出す学習へとつなげている。高齢者グループ教室は、自主的な学習グループを公民館が援助する仕組み、連絡会はグループ交流を進めた。1977年から自分史学習が始まり、毎年、文集「ほた火」を発行、明治、大正、昭和、現在を生きる貴重な証言集をつくっており、自分史だけではなく、地域の、自分たちの歴史を学ぶ学習ともなった（佐直昭芳『三多摩の社会教育Ⅺ 高齢化社会と社会教育』社会教育推進全国協議会三多摩支部、1986年）。

(3) 事例3 世田谷区生涯大学（シニア・カレッジ）

世田谷区生涯大学は、世田谷区老人大学（いきいきシニアカレッジ）として、1977年に設立された。福祉施設である老人福祉会館改築を契機として「老人大学設立検討委員会」が設置され、その中心となった大橋謙策は、「設立構想」のなかで、「老人大学というものの、この老人大学は既存の大学の延長でも亜流でもない。老人自らが、自らの生活を文化の向上、地域の発展と連帯に主体的、積極的に取り組む活動の拠点であり、新しいうるおいのある世田谷地域文化を創造する自由大学運動でもある」と述べている。福祉行政と教育行政のタテ割行政を乗り越え、高齢者の活動の拠点になるような「自由大学構想」の高齢者版をつくることがめざされた。

30周年の2007年に世田谷区生涯大学(シニア・カレッジ)に改称、2016年度、第40期を数える。2年制で受講料1万4,000円、5コースと健康体育が組み合わされる。同窓会もあり、活動を続けることができる。会場は、せたがやがやがや館（健康増進交流施設、㈱世田谷サービス公社の指定管理）、所管は、世田谷区

生活文化部生涯現役推進課である。

（4）事例4 品川区シルバー大学ふれあいアカデミー

　1993年、教育委員会生涯学習部、区長部局高齢者部、環境部健康課・健康センターなどが協議して発足した。背景に「品川区第二次長期計画（平成2～12年）」「同基本計画」の「生涯学習・スポーツ」の長期目標と「高齢者福祉」に「高齢者の学習の場として、シルバー大学開設」を策定したことにより、具体化がすすめられた。

　3年間にわたる累年学習であり、1年目に高齢期の生活・暮らし全般と現代の社会をめぐるテーマを中心とした学習、2・3年次に5講座から選択して4講座を学ぶ。内容は受講者アンケートをもとに決定し、1講座定員40人、主に文化センター（社会教育施設）で実施する。

　また、学生の自主的な関わりをもつ機会を設定し、次年度の講座内容を準備する企画委員会、年次記録編集委員会、修了パーティ実行委員会などを設定しており、年次間の交流の機会を作っている。「うるおい塾」という制度をもち、趣味・実技・教養等の講座で技能・知識提供を望むボランティア志望の人材バンク「一芸ボランティア」登録制を設け、職業上で取得した技能や教員・大学教授、海外生活体験をもつ人、趣味分野の資格取得者、家族が在日勤務・大使館勤務の外国人など多彩な人たちが登録している。このようなボランティア制度が広がるには、高齢者の社会参加活動に連動していくための研修・講習が必要とされ、生涯学習部と高齢事業課、健康課、保健所、相談所との連携が図られている。発足後7年目には、150余団体の社会教育関係団体が活動している。また、修了者の同窓会組織が、共同の活動へ広げ、団体相互の発表、展示、見学会などの活動を行う趣旨で組織化されている（吉田照子「高齢者の教育と学習—品川シルバー大学の事例を中心に—」藤田秀雄『ユネスコ学習権宣言と基本的人権』教育史料出版会、2001年）。

3 高齢者問題に取り組む市民の活動

(1) 二瓶万代子の小金井老人問題研究会（1971年9月発足）

　1955年6月、朝日新聞投稿欄ひとときから出発した「草の実会」創設直後の9月に老人問題研究会が発足、例会学習会とともに老人政策に対する要望、請願等の活動を始める。その中心にあった二瓶万代子は、1971年9月、小金井老人問題研究会を地域の主婦とともに立ち上げる。子どもたちも独立し、地域で老いるために同じ思いの主婦たち7人で会を作り、6年間で110名になった。会員同士の話し合いを中心に自分自身を見つめ、隣近所の老人へ眼を向け、そこから問題を出し合った。その後、1983年に設立された高齢社会をよくする女性の会にもメンバーとして活躍。二瓶の関心事は地域から東京へ、日本全体の高齢問題に広がった（『草の実・30年 記録集』、1984年5月ほか）。

(2) 西村文夫の終末期を考える市民の会（1990年9月発足）

　医師である西村文夫は、区立小学校PTA会長として東京都小学校PTA連合会でPTA改革に関わった経験をもち、1987年東京都教育委員会から委嘱され、「学習する高齢者理解を中心として」を執筆、その間に大吐血と胃がん手術と二度「死」に直面したことから、社会教育研究全国集会参加者らと調査、シンポジウムを行いながら、1990年5月に市民の会を立ち上げた。2003年5月には会員850名を数えた。会は、「終末期宣言」の取り組みのほか、精力的に学習会などを行い、その成果は、西村が講師として関わった事例も含めて"いのち"を学ぶ学級講座の実践を『ブックレットNo.14』に、まとめている。

　1987年から2002年までの学級講座の事例として、立川市公民館、国立市公民館、練馬区女性学級、練馬公民館、町田市市民大学を、講座から出発あるいは講座を企画した地域の市民グループの多摩ホスピスの会（立川）、くにたち豊かな老後をつくる会、練馬母親連絡会・夕陽の会（練馬）、みちしばの会・人間科学を学ぶ会（町田）の活動が紹介されている（終末期を考える市民の会終末期宣言・ブックレットその14「"いのち"を学ぶ学級講座"終末期を考える市民の会"の13年」、2003年8月）。

4 高齢者のサークル活動

　厚生省(当時)による老人クラブ助成事業は、老人福祉法が成立する以前の1957年に開始されている。練馬区の場合、2014年度において、136の老人クラブに5,000万円にも及ぶ助成費が支出され、13の高齢者サークルには50万円の補助がされている。活動内容は、社会奉仕、いきがい・健康づくり、寿文化祭、老人大学の活動等である。練馬区では、1990年代に入って、6保健所・保健相談所に、保健所保健師が援助、指導している健康や高齢者問題に取り組む高齢者サークルも10を数えている(野々村恵子「高齢者の学習機会の多様な広がり」関口礼子編『高齢化社会の意識改革 老年学入門』勁草書房、1996年)。

5 地域で高齢者とともに生きる活動

　練馬区の老人給食制度は、1983年に始まる。一人暮らし、外出もままならない高齢者に自宅まで届ける老人給食は、主婦ボランティアに支えられ、給食ボランティア連絡会の活動により、学校給食による配食(現在は廃止)、区民施設での調理・会食、配達への謝礼支出等、区の関わりを強めさせてきたが、近年、民間業者の有料宅配にとって代わられる現象もみられるようになった。
　施設での有料のデイケアの形態ではなく、主婦ボランティアによる、高齢者とともに会食や団欒を楽しむたまり場やカフェ活動が盛んに行われるようになってきている。ひとりぼっちをなくし、認知症の改善やオレオレ詐欺防止にもつながり、小さな活動ではあっても、高齢者をぬくもりで支える地域づくりの活動はこれからますます必要になってくる。
　都市地域では、ホームレス、路上生活者、ひとりぼっち、貧困等が構造的に作り出され、深刻さを増している。人生の最後に社会のひずみを受け止めざるを得ない高齢者問題に、福祉、医療、地域、教育、全力を挙げて取り組まなければならない時代である。

終 章

東京社会教育　10の提言

編集委員会

はじめに

　本書では、ここまで東京社会教育の歴史を辿る作業をさまざまな角度・観点から積み重ねてきた。編集委員会としては、大都市東京の戦後70年にわたる社会教育史について、その拡がりや多様性を確かめつつ、東京らしい独自の躍動があったこと、社会教育の行政・施設・職員等の蓄積に多くの努力が重ねられてきたこと、そして東京各地で活発な社会教育実践の歩みと市民の草の根からの学びや活動が無数に取り組まれてきたこと、それらの諸事実を再発見してきたつもりである。しかし同時に、その過程には（とくに今世紀に入って）東京都社会教育行政に屈折・解体の局面がみられ、また各自治体間にも少なからぬ格差と深刻な停滞があらわれていることも事実であった。

　私たちの東京社会教育史を掘る作業は、いまだ多くの課題を残していることを自覚しているが、あえて「現在」の時点に立って、これからの歩む道を切り拓き、社会教育の未来への可能性を追及していく論議も重ねてきた。東京には大都市社会教育として光彩を放つ歴史が織りなされてきた。先人たちが汗と涙のなかで創出してきた実践や運動には継承すべきものが少なくない。停滞や解体の流れは憂慮すべき事態であるが、一方で市民には社会教育への大きな期待があり、実践・運動に取り組む市民的努力には次の時代への活力が秘められている。それらが重層的に折り重なる動きのなかに、現在から未来へとつながる新たな展望を見出すことができるのではないか。

　2015年11月に、東京都小平市で開催された関東甲信越静公民館研究大会では、「東京提案：都市社会教育・公民館実践の未来像」が多摩地域の公民館職員集団から提起された（『第56回関東甲信越静公民館研究大会兼第52回東京都公民館研究大会・記録』同実行委員会、2016年3月）。こうした公民館に関わる積

極的提起を受けとめつつ、私たちはより広い視野から、東京の歴史を掘り、現在を確かめ、未来を語ってきた。この論議を、以下10点にまとめてみた。私たちの今後の課題として、大都市社会教育の展望を拓いていく上での仮設的な提言として、本書のまとめに掲げる。

市民の学習権と社会教育の自由

　戦後、首都東京の社会教育は、大都市問題の激発によるさまざまな地域課題・生活問題に向き合う市民の学習として拡がっていくが、社会教育事業の多くは行政主導の流れで始まった。1960年代の経済成長・乱開発・都市過密化による生活の歪みの中で生存権への自覚や「権利としての社会教育」の意識が胎動していく。1970年代になると、行政への「住民参加」、市民企画の学級づくりや市民運動による図書館・公民館づくりが各地で取り組まれた。

　ユネスコ・学習権宣言（1985年）に先駆けて、東京都社会教育委員の会議は答申（1973年）のなかで「都民の学習する権利」（都民は知りたいことを知る、学びたいことを学ぶ、集会し学習する自由な場をもつ）を掲げている。そして、社会教育諸事業が市民主導によって編成される動きが増幅していく。あらためて市民の立場にたつ行政のあり方や職員の役割が問われることになった。保谷市（現・西東京市）では「市民の学習権宣言」が公的文書として表明された（1985年）。東京社会教育のこれらの歩みには、一筋の「市民の学習権」の理念と実践の取り組みがあり、歴史的に蓄積されてきた道程を読みとることができる。

　いうまでもなく市民の自由で豊かな「知る」「学ぶ」権利を実現していくためには、具体的に公民館・図書館・博物館等の社会教育施設としての独立性と自由、施設職員の専門性と集団による力量形成が欠かせない。職員には、どのような政治状況のなかでも自己規制することなく、社会教育という営みに携わる者として市民の学習権と自由を保障していく役割が求められる。それぞれの施設の独自な理論を積み重ね、実践的な力量を蓄積し歴史的に定着させていく歩みが重要である。

終　章

2　市民活動のネットワークをひろげる社会教育

　1950年代から60年代、東京の市民活動は国立町（現・国立市）の文教地区指定運動や杉並区の原水爆禁止運動など、青年・基地、婦人・福祉問題等を契機にした取り組みが公民館での学習運動と重なりながら地域で展開された。1970年代前後になると、公民館・図書館・博物館づくりなどの具体的な制度づくりへの住民運動が東京全体に広がった。社会教育行政はそれらの市民活動を育み、相互につなぐ役割を果たしてきたといえる。

　1990年以降は、ボランティア・NPOなどが市民社会の主役となり、特に東京では市民活動は課題別に多様に広がり、その意義も必要性も深まりつつある。一方、市民組織と社会教育行政とのつながりは弱くなり、市民活動に内在する学習への意識や社会教育行政の役割が薄れていった側面がある。

　市民活動の創造・発展・ネットワークの鍵は、そこに埋め込まれた学習活動にある。市民が求める社会のありようを市民同士が吟味するような学び合いを支える社会教育は、市民活動にとって本来重要な役割を担う。

　誰もが幸せを追求できる、持続可能社会をつくるには、地域社会の課題解決のために市民活動が相互にネットワークをつくる学習が欠かせない。市民・行政・事業者など、それぞれの役割を果たしながら相互の価値を高め合うネットワーク形成に向けて、社会教育職員による学習支援とコーディネートの専門的役割が求められている。

3　差別のない社会を目指す女性の学習運動

　東京の女性たちは、共同学習によって、「主婦」や「母親」に内在する固定的性役割分業観の問題性を学習し、性差別撤廃に向けてめざましい活動をくり広げてきた。社会教育の婦人学級や公民館のジェンダー学習講座に参加した女性たちは、講座の自主化、公民館保育室設置等社会教育行政への働きかけをはじめ、PTAの民主化、地域文庫づくり、教育環境・生活環境充実を求めて、主権者として取り組んできた歴史がある。その学習と活動は世界的な女性差別撤廃の運動とつながり、「女性差別撤廃条約」（1979年、日本は1985年批准）に結実

した。

　しかし、世界的に見ても日本女性は、今なお低い地位にあり、女性たちの声はかき消されがちである。さらに近年、女性の雇用、貧困、暴力などによる抑圧や排除の実態が顕在化すると同時に、子ども、一人親、高齢者、障害者、非正規雇用者など、貧困層の増大と格差の拡大も深刻化している。女性たちが学習を通じて変革の主体となってきた歴史は、こうした現在の抑圧や排除を乗り越える学習にとって重要である。改めて、差別のない社会の実現に向けた女性たちの学習・活動を再生し、公正な共同参画社会を求めていく必要がある。

4　子ども・若者の主体を立ち上げる実践

　戦後の東京社会教育において、青少年問題は最初の都市特有のテーマであった。「金の卵」と呼ばれ地方から集団就職した若者たちを中心にした青年学級の展開、青少年委員などを制度化してきた青少年教育行政の振興は、全国的にも独自の歴史を有している。しかし、1970年代以降、子どもは学校、若者は企業に包摂されていく社会への移行過程において、次第に子ども・若者が都市化した地域で活動できる機会・空間・関係が失われていくことになる。

　改めて子ども・若者の存在が地域で再発見されるのは、学校化社会の課題や経済成長・雇用慣行の限界、「居場所」「生きづらさ」の問題が論じられるようになってからだといえる。近年は、子どもの貧困や若者の「自立」などが社会問題となり、福祉・労働分野を中心に社会的支援の活動が広がりつつある。また、東京都を中心に地域による学校支援を一層推進する「学校・地域の連携・協働」施策も展開されている。

　他方、子ども・若者の社会教育におけるプレーパーク運動、「たまり場」づくり、児童館等への参画、子どもの権利条例化運動などの実践において、子ども・若者の主体を立ち上げる学校外の豊かな社会空間をつくりだそうとしてきた努力を忘れてはならない。それらの実践には、他者との関係性を育み主体的な力量を培っていくプロセスが埋め込まれている。子ども・若者を「支援」の対象として客体化するのではなく、遊びや居場所を通じた自己形成の空間で自由への主体性を取り戻すことができる実践は、社会教育や地域でこそ展開可能である。

5 社会的排除に抗する学びと社会教育・福祉の連携

東京社会教育では、社会参加へ制約の多い人々に向けた学習の場づくりを進めてきた蓄積が豊かにある。例えば、子育て中の女性を主な対象にした公民館保育室活動、外国にルーツのある人々の基礎教育(日本語教育・多文化共生)、障害者の学校修了後の学習・仲間づくりを保障してきた障害者青年学級などの公民館・社会教育行政の実践が挙げられる。それらの実践は、同和問題などをはじめとした人権教育施策の展開や学習権思想の深まり、拡がりに支えられてきた。

しかし、今日、進行する格差・貧困社会のなかで増える路上生活者や子ども・一人親家庭の経済的困窮、超高齢社会や核家族化の進展に伴う孤立する高齢者の生活困窮などには、社会的排除の問題が潜んでいる。こうした現実を前に、社会教育は現代的な社会構造の歪みによって生じる困難や、大都市ゆえに孤立する人々の課題に取り組めていない。

社会的排除の当事者を支え、困難を乗り越える力と関係性を育んでいく実践の展開に向けて、東京に豊かに存在する先駆的なNPO・市民セクターの実践に学び、また福祉と教育の関係者が領域を超えて出会う取り組みが求められている。その先に、社会的排除を生み出す社会そのものを変革するために行動する市民主体の学習運動が展望できる。

6 社会教育としての基礎教育・識字実践

高度学歴社会といわれる東京にも、基礎的な教育機会に恵まれなかった人、読み書きに不自由な人、あるいは国際化にともない来住した外国籍の人たちが暮らしている。これらの人たちが求める基礎教育・識字・日本語教育の取り組みについて、東京の社会教育の歩みはほとんど無縁であった。社会教育行政の事業のなかで「基礎教育」「リテラシー」にかかわる実践は立ち遅れ、市民組織による活動が先行してきた。

それだけに1980年代後半から胎動する福生市松林分館の識字学級「言葉の会」、東久留米市中央公民館や町田市公民館の障害者識字学級の事例は、参加者

は少数であったが、課題に応えた公民館実践の成果であろう。さらに1990年代に大きな潮流となる外国籍住民に向けての日本語教室やボランティア養成講座、民間の識字実践団体への支援は、都市グローバリゼーションのなかでの新しい社会教育のあり方を象徴する動きであった。

　学校教育としては、東京の公立8夜間中学の充実した歴史があり、関連して自主夜間中学の取り組みが注目される。いずれも正規の「学校」を求める基礎教育保障への営みであるが、学齢をこえて生涯にわたる教育・学習の場という意味では、まさに社会教育の実践として位置づけることができる。

　ユネスコ・学習権宣言（1985年）は、冒頭に「読み書きの権利」を掲げている。あらためて社会教育・生涯学習における基礎教育・識字実践を追究していくことが課題となる。

7　大学を都市にひらき、市民による大学を創る

　首都東京にはこれまで多数の大学・専門教育機関が設置され、そこで多くの学生たちが学んできた。ある意味で東京は広域的な大学都市ともいえる側面をもっている。教育研究施設・機能が多彩に配置され、大学教員・研究者、加えて知識人、言論・出版人等による知的諸活動が集積されてきた都市であった。歴史的視点に立てば、これらが社会教育活動や市民活動の歩みと多面的に交錯し相互刺激の機会を多彩にもってきた事実を見逃してはならない。

　しかし制度的に日本の大学は地域から遊離し、市民にひろく開放される活動において微弱であり断続的であった。あらためて「地域・社会教育と大学の出会い」の課題が追究される必要がある。大学の改革努力だけでなく、市民参加・運動による大学開放や公民館等における「市民大学」創造の取り組みが期待される。日本の近代社会教育史は「自由大学」「生産大学」等の運動遺産をもち、東京においても戦後初期の多摩自由大学をはじめ近年の国際的な生涯学習の潮流や市民活動の流れのなかで、市民大学・セミナー方式等による自主的な市民講座等の事例を生み出している。地域の中で、人々が当面する諸課題に対応して、市民による個性的な大学創造運動とネットワーク構築が期待される。

終 章

8　市民の社会教育と文化の結合

　地域の社会教育活動は地域の文化活動と深く関わってきた。市民主体という点では、両者は同根の営みといってよい。市民の学びは地域文化を豊かにふくらませ、地域文化の拡がりが市民の学びの発展に結びついていく。しかし現実には、社会教育に関わる行政的枠組みが社会教育と文化を分離させてきた一面もあり、他方で商業主義的な文化の氾濫が地域の手づくり文化の衰退を招いてきた歴史があった。社会教育から文化が遊離し、大都市状況の中で地域文化が活力を失ってきた実態があった。

　しかし東京においても、市民にひらかれた社会教育・地域集会施設では、たとえば多摩各地の公民館にみられるように、個性的な社会教育活動の自治と多彩な文化活動の活力が、相互に出会い交流している事例が少なくない。同じ空間に子どもが遊び、若者たちが集い、高齢者の笑い声が聞こえてくる。私たちはあらためて地域の社会教育活動と地域が育んできた手づくり文化との結合を求めていく必要があろう。

　大都市には地域がないという俗説がある。しかし、地域の規模や集落の形態は農村とは当然異なるが、すべての生活の場に地域的なつながりが存在してきたし、そこに住む人たちにとっての社会・協同的な結合が求められてきた。緊急の災害・防災・環境問題・子育て・老後の生活・祭り・遊び・行事などは地域そのものと深く関わってくる。あらためて大都市における地域を再発見する視点をもって、地域文化の活性化とそれにつながる社会教育の再生をはかっていく必要がある。

9　社会教育職員集団の形成と連帯

　東京社会教育の実践史において、各自治体の社会教育主事・司書・学芸員・公民館主事といった専門的職員の果たしてきた役割は極めて大きい。また、そうした職員は職場内外の職員集団のなかで力量を形成し、それぞれの実践の発展に貢献することができた。

　しかし、度重なる職員制度改変を経て、職員の多層化・多様化が進展し、正

規・専門職を前提とする職員制度は徐々に空洞化され、職員同士のネットワークも分断されてきた。また、現在の社会教育の職場・組織には、時の政治状況におもねるような「秩序」を忖度する空気もはびこっている。市民の想いに寄り添い、組織を超えて地域や生活の課題を捉えて、学習を組織・支援していく主体的な社会教育労働を支える自治的な職場風土は失われつつある。

だが今日、学校教育との関係で地域の教育的役割が問い直される中、複雑化する地域課題・社会問題の解決に向けた学びの「伴走者」であり、また領域を超えてつながりを創り出す、対話と学習と活動のコーディネーターでもある社会教育職員への社会的期待は、より一層高まっている。職員には、学習を保障する社会教育労働者として、また職員としての役割をデザインしていく主体であるという自覚をもち、ともに育ちあう職員集団をつくり、地域に連帯を拡げていくことが求められている。

そのために、市民の多様な声に耳を傾け、生活者としての自分の感覚を取り戻しながら、社会教育労働者だからこそ可能な仕事を探りつつ、分断を超えて職場の内外に共鳴できるつながりをつむぐことを大事にしたい。自分たちの仕事の意味を言葉にして、多くの人との対話を通じて「共感的連帯」を地域に育みたい。そうした社会教育職員自身の集団的な自己形成を通じて、地域の民主主義に支えられ／支えていく専門職性を培い、社会的な信頼を拡げていくことが可能になる。

10 社会教育の復権・社会教育行政の役割

社会教育の主体は市民である。大都市に生きる市民たちの自己学習・文化活動・市民活動を社会教育と捉えれば、いまあらためて"社会教育の復権"を主張する必要があるだろう。戦後教育改革のなかで、社会教育は学校教育と並んで「車の両輪」にたとえられてきた。社会教育法第3条は「すべての国民があらゆる機会、あらゆる場所」において「自ら実際生活に即する文化的教養を高め」る活動について、国と地方公共団体（社会教育行政）にその「環境を醸成」する努力を求めている。しかし現在の東京都社会教育行政は学校教育支援に特化する方向であり、部局名から「社会教育」名称も消えてしまう事態となって

いる。東京に本来の社会教育を復権し、都として社会教育行政としての役割を積極的に担うことが課題である。

　東京都は広域自治体として、膨大な市民の多様な学習権を保障していく立場にある。大都市状況のなかでとくに住民自治・市民参加の仕組みを多層に構築していく必要がある。大規模自治体としての東京ならではの独自の社会教育施策が編成されていく可能性ももつ。歴史的に東京都社会教育行政の蓄積を再発見しつつ、今後へ期待するものは大きい。

　特別区としての23区はかつて東京都の内部団体であり、現在も財源均衡化のための都区財政調整制度が存在し、特有の諸条件にしばられ、各区の施策は横並びになりがちであった。多摩地域の各自治体とともに、それぞれ基礎的な自治体として地域状況に応じた固有の社会教育計画・施策の展開が期待される。あらためて社会教育の「環境醸成」に果たす区市町村の多面的な役割（社会教育法第5条）と、その奨励・援助にあたる東京都社会教育行政の積極的な関わり（同第6条）の法規定を想起しておきたい。

おわりに

　原水爆禁止署名運動の舞台となった杉並区立公民館・安井郁館長の9年にわたる連続講座「世界の動き」最終記念講演（1962年）は「歴史の大河は流れ続ける」と題された。その歴史を綴った「杉並区立公民館を存続させる会」編による4冊の資料集は同じタイトルを掲げている。大都市東京の社会教育の歴史も、時代を超え地域を越えて、大河の如く流れ続けてきた。その現在を過去から照射すると、胎動期から整備期・躍動期を経て、あるいは混迷・停滞・屈折の状況を含みつつ、蛇行しながらも流れ続けている。

　大都市は地域のつながりを消失させ、市民相互の連帯を分断する傾向がある。市民が抱える課題は社会の成熟とともに個別化・多様化し、市民同士がつながり、共感することが難しくなった。

　社会教育の歴史を再発見していくとき、小さな学びの集いが人と人をつなぎ、市民活動の積み重ねが市民ネットワークを創り出してきた歩みと出会う。市民と地域を大事にしてきた社会教育は、現代大都市社会にとって、小さな歩みかも

しれないが、輝きを放ってきた営みであった。社会教育は現代を生きる市民にとって欠かせないものであることを示さなければならない。社会教育には「地域」と「教育」という市民生活に必要なファクターをつなぐ強みがある。新たな市民運動にも社会教育の価値を伝えていこう。その運動は新しい活力を生むはずである。

　戦後初期の公民館は民主主義の学校といわれた。公民館など社会教育施設で学んだ市民たちは、実際生活のさまざまな場面で民主主義を実践してきた事例は少なくない。現代ほど民主主義の学び舎が必要な時代はないのではないか。そして公民館・図書館・博物館などの社会教育施設の側も「やかた」を出て、広く市民社会に漕ぎ出そう。

　糸が絡まり、混沌とした状態から、布を紡ぎ出し、衣装に仕立てるための方策、知恵、可能性は、本書に綴られた東京社会教育の歴史の中にある。

　社会教育は再生・復権を果たさなければならない。社会教育はその力を失ってはいない。本書が社会教育にかかわるすべての人にとって、新たな歴史を綴る一助となることを願っている。

資料篇

東京社会教育略年表
（1945～2015年）

東京社会教育統計資料
（1975～2015年）

東京社会教育略年表（1945～2015年）

年	国・世界	東京都
1945	・文部省、社会教育局設置	・兵事青年教育課から社会教育課へ ・東京都立駿河台図書館、奉仕業務再開 ・日比谷にCIE図書館開館
1946	・日本国憲法公布 ・教育刷新委員会発足 ・第一次アメリカ教育使節団報告書提出 ・公民館の設置運営について	・東京都教育刷新委員会発足 ・東京都図書館員連盟発足 ・東京都立青梅図書館、東京都立立川図書館設立
1947	・教育基本法 ・学校教育法	・安井誠一郎都政（第一回統一地方選挙・公選制知事） ・22区制実施（3月）、23区制（8月） ・日比谷図書館を除き、都立図書館の管理が所在区長に委任 ・第1回社会教育研究大会開催（東京） ・都民女性講座開講（1950年まで）
1948	・教育委員会法 ・児童福祉法 ・世界人権宣言 ・児童福祉施設最低基準制定 ・日本点字図書館再開	・東京都教育委員会制度の成立、東京都教育庁発足（教育局の廃止）、三郡・島嶼に出張所を設置 ・第1回東京都教育委員会選挙（公選制） ・東京都地域婦人団体連盟 ・東京都婦人団体協議会結成 ・都民劇場開設
1949	・社会教育法 ・国立自然教育園開設	・三多摩各出張所に社会教育担当者配置 ・社会教育部の設置（社会教育課、文化課、視覚教育課） ・東京都図書館協会設立 ・都立青梅図書館、リヤカーを改造した青梅訪問図書館の巡回開始 ・東京都立大学設置認可
1950	・朝鮮戦争始まる ・第二次アメリカ教育使節団報告書提出 ・図書館法公布	・東京都社会教育委員制度の発足 ・日比谷、青梅、立川を除く都立図書館を区に移譲 ・第2回東京都教育委員会選挙（公選制）
1951	・博物館法公布 ・児童憲章制定 ・文部省主催「第1回社会教育主事講習会」 ・全国公民館連絡協議会結成 ・厚生省児童局「児童厚生施設運営要領」	・社会教育主事13名発令 ・東京都公民館連絡協議会発足 ・東京都レクリエーション連盟結成

23区	多　摩	市民活動
		・東京都教員組合結成 ・私立南多摩農村図書館再開 ・奥多摩文化会
・区長公選制（1952年廃止、選任制へ） ・江戸川区、教育課に社会教育係を設置	・小平町公民館設立 ・武蔵野町立図書館開館 ・興郷連盟が村山文庫開設	・多摩青年文化協会 ・多摩自由懇話会
・千代田区、教育課に社会教育係を設置	・府中町公民館設立 ・保谷町公民館設立 ・市民憩いの家（立川市） ・檜原村青年団巡回文庫開始	・多摩自由大学 ・再生児童図書館設立 ・西多摩文化団体懇話会 ・「ともしび会」墨田区両国
・中野区立図書館開館	・立川市公民館設立	・東京都地域婦人団体連盟 ・武蔵野文化協会
	・西多摩読書施設協同組合設立	
・品川区立大井児童図書館開館 ・台東区「児童愛護巡回子供会」	・町田町公民館設立 ・府中町に「ともしび読書会」結成	
・足立区立第四中学校に夜間学級 ・足立区に夜間中学設置決議 ・千代田区立駿河台図書館「千代田自由大学」「児童図書懇話会」発足	・立川市、八王子市、社会教育課設置	・くにたち婦人の会・土曜会 ・橋本義夫「地域文化研究会」 ・村岡花子、みちを文庫ライブラリー開設 ・国立町浄化運動期成同盟会結成 ・自動車文庫設置の請願提出「西多摩郡に自動車文庫を設置する件」 ・西多摩郷土研究会

資料篇

年	国・世界	東京都
1952	・サンフランシスコ平和条約発効 ・日米安全保障条約発効 ・日本PTA全国協議会結成 ・全国地域婦人団体連絡協議会	・市町村教育委員会発足 ・東京都社会教育主事協会発足 ・第3回東京都教育委員会選挙(公選制)
1953	・青年学級振興法公布施行 ・町村合併促進法公布 ・学校図書館法公布 ・中央教育審議会発足	・東京都青少年委員の設置 ・社会教育部に青少年教育課を設置 ・東京都青少年問題協議会設置 ・東京都婦人大会を開催(1959年まで) ・都立青梅、立川図書館、移動図書館「むらさき号」巡回開始 ・都立日比谷図書館、島嶼部への巡回文庫を開始
1954	・第五福竜丸、ビキニ水爆実験で被ばく ・全国青年学級振興協議会発足	・PTA研究大会開催 ・東京都武蔵野郷土館開館 ・都立教育研究所設置 ・東京都青年学級振興協議会発足
1955	・第1回原水爆禁止世界大会開催 ・新生活運動協会発足	・財団法人都民劇場 ・東京都青少年委員連絡協議会結成
1956	・婦人学級開始 ・地方教育行政に関する組織と運営に関する法律	・東京都教育委員が任命制へ ・都立日比谷図書館長「図書館専門職員(司書・司書補)の特別任用について」を提出 ・東京都復興記念館再興
1957		・都庁第一庁舎(丸の内)完成 ・社会教育指導員設置 ・東京都新生活協議会結成
1958		・東京都公民館連絡協議会の主事会が発足 ・東京都多摩動物公園開園
1959	・社会教育法大改正 ・「公民館の設置および運営に関する基準」公布 ・国立中央青年の家開所(御殿場)	・東龍太郎都政 ・都立八王子青年の家開所 ・東京都教育庁「区に対する社会教育主事及び社会教育主事補の設置の基本方針」 ・東京都公立図書館長協議会「都区立図書館の格付および司書職制度の確立に関する要望書」を提出

23区	多摩	市民活動
・地方自治法の改正、区長公選廃止	・田無町公民館設立 ・国立町、全国初の町としての文教地区指定 ・町田町公民館図書室開室	・在日合衆国軍弊社設置反対期成同盟（大和村） ・西多摩郡に自動車文庫設置の請願を提出 ・町田町「都立図書館設置に関する請願書」提出 ・日本図書館学会設立 ・読書サークル「杉の子」発足（杉並区）
・練馬区立公民館開館 ・杉並区立杉並図書館に杉並公民館開館 ・板橋区立中学校産業教育共同学習所開設		
・杉並公民館を拠点に水爆禁止署名運動 ・杉並公民館にて公民教養講座開始	・国分寺町青年学級 ・土曜会図書室開室（国立町）	・水爆禁止署名運動杉並協議会 ・杉並婦人団体連絡会発足 ・図書館の自由に関する宣言 ・日本社会教育学会創立
	・国立町公民館開館	・草の実会、第1回日本母親大会 ・砂川町基地拡張反対同盟 ・町田町で図書館建設協賛会を設立 ・図書館問題研究会結成
	・国立市公民館図書室開室 ・町田町立町田図書館開館	・土屋滋子「土屋児童文庫」開設 ・サークル「野菊の会」（荒川区青年団体連合会）
・練馬区第一回婦人学級を開催	・村山町立図書館の運営が青年団に委託され、村山青年文庫が発足	・家庭文庫研究会発足（代表：村岡花子） ・『月刊社会教育』創刊 ・石井桃子、「かつら文庫」開設
		・田無保谷どんぐり会 ・福生町文化連盟、立川市文化連盟
	・砂川町公民館開館 ・国立町公民館が図書室月報を創刊	・多摩文化研究会 ・東京都学農青年連盟多摩部会

年	国・世界	東京都
1960		・東京都社会教育主事会発足 ・都立日比谷図書館、図書館協議会設置 ・東京都夜間中学校研究協議会 ・東京都地区青年館建設補助金 ・東京都社会教育主事会結成
1961	・国民年金、国民健康保険制度	・東京文化会館開館 ・東京都「社会教育関係団体に対する補助金の交付基準」 ・都立日比谷図書館、配本車「ひびや号」による団体貸出開始（職場のなかの日比谷図書室） ・東京都神代植物公園開園
1962		・東京都立日比谷図書館協議会「東京都公共図書館の総合計画1962」を提出 ・第1回東京都公民館大会（八王子） ・東京都青梅青年の家開所
1963	・児童館に対する国庫補助制度創設 ・老人福祉法制定 ・「社会教育をすべての市民に」（枚方テーゼ）	・東京都公立図書館協議会「東京都公共図書館の現状と問題点1963」 ・社会教育主事会『紀要』刊行
1964	・東京オリンピック開幕 ・全国子ども会連合会 ・生活学校開始 ・家庭教育学級開始	・東京都児童会館開館 ・都立町田青年の家開所 ・東京都青少年の健全な育成に関する条例 ・上野動物園、水族爬虫類館開館
1965	・同和対策審議会答申 ・高齢者学級補助事業開始 ・「公民館主事の性格と役割」（下伊那テーゼ） ・ポールラングラン「生涯教育の理念」	・都区事務移管 ・「東京都社会教育長期計画」答申 ・都立狭山青年の家開所
1966		・『23区に青年館への提言』刊行 ・東京都高尾自然科学博物館開館 ・東京都美術館運営審議会「東京都美術館のあり方について」第一次答申
1967	・社会教育審議会答申「公民館の充実振興方策について」 ・全公連「公民館のあるべき姿」 ・国連、女性差別撤廃宣言採択 ・公害対策基本法公布	・美濃部亮吉都政 ・美濃部都政、公約に「一小学校区、一児童館」 ・小尾通達PTA私費負担軽減「公費で負担すべき経費の私費負担解消について」 ・都立五日市青年の家開所 ・東公図「要請書　都区立図書館の司書職制度確立に関する要望」の提出 ・東京都近代文学博物館開館

東京社会教育略年表

23区	多　摩	市民活動
・区部に社会教育主事配置 ・大田区立図書館、司書の一般公募 ・大田区立洗足池図書館開館 ・大田区立蒲田図書館開館		・八町南地区青少年読書普及会結成 ・小平町移動図書館利用者の会「むらさき会」結成
・江東区青年館設置 ・葛飾区青年館設置（以後、水元区民センター→水元区民会館→水元社会教育館） ・中野区立青年館設置 ・豊島区立図書館「豊島区民文庫」発足	・調布市公民館開館 ・保谷町図書館設置 ・八王子市営高尾自然科学館開館	・三多摩社会教育懇談会 ・町田市青少年読書普及会結成 ・ヒューマンケア協会 ・東京都知的障害者育成会創立
・練馬区立練馬図書館一部開館 ・目黒区青年館設置		・長瀬はつえ「あかね台文庫」開設（町田） ・三多摩青年合唱団
・足立区青年館設置 ・世田谷区青年の家設置 ・板橋区立青年館設置 ・目黒区民夏期大学	・国分寺町公民館設置	・社会教育推進全国協議会結成 ・『中小都市における公共図書館の運営』 ・八王子自然友の会
・墨田区「すみだ教室」開設 ・練馬区立練馬図書館全館開館 ・練馬公民館「寿学級」（1967年に寿大学へ） ・練馬区練馬青年館開館	・西多摩社会教育主事会	・小平市公民館等利用者懇談会
・世田谷区「いずみ学級」開設	・国立市公民館公民館保育室開始 ・日野市立図書館「ひまわり号」巡回開始 ・小平市が市民大学を開設	・公民館3階建て論 ・石井桃子『子どもの図書館』（岩波書店）刊行 ・三多摩新人会 ・石神井ひまわり文庫開設
	・日野市中央公民館を設置 ・調布市立図書館開館 ・日野市立図書館、電車図書館開館（日野市立多摩平児童図書館）	・町田市青少年読書会「地域文庫への図書貸出大幅増加に関する請願書」提出
・東京都青年館等連絡協議会	・八王子市郷土資料館開設	・日本親子読書センター発足 ・くめがわ電車図書館開館（東村山市） ・阿部雪枝「江古田ひまわり文庫」発足（練馬区） ・全国学童保育連絡協議会 ・目黒区婦人団体連合会結成

資料篇

年	国・世界	東京都
1968	・小笠原諸島返還協定調印	・東京都公立図書館職員連絡会発足 ・東京都立川社会教育会館設置 ・都立日比谷図書館協議会「東京都立日比谷図書館における司書職のあり方について」最終答申 ・東京都公文書館開館 ・東京都公害研究所開館 ・東京都多摩動物公園、昆虫本館開館
1969		・市町村青年教育担当研修(以後、青年教育セミナー) ・都立武蔵野青年の家開所 ・『東京都立図書館の整備充実計画』 ・都立日比谷図書館、対面朗読開始 ・東京都の図書館振興対策プロジェクトチーム発足
1970	・第二次家永教科書裁判、東京地裁判決(杉本判決) ・障害者基本法公布	・「図書館政策の課題と対策(東京都の公共図書館の振興施策)」を提出 ・成人教育セミナーと青年教育セミナーの開催 ・東京都水元青年の家開所 ・都立日比谷図書館、協力車による試験運行開始 ・都立日比谷図書館、視覚障害者に対する朗読・録音を開始
1971		・東京都社会教育振興整備計画 ・都立日比谷図書館、視力障害者用読書室を設置 ・東京都「社会教育関係団体に対する補助金の交付要綱」 ・広場と青空の東京構想 ・都立高校すべてに学校司書配置
1972	・冬季オリンピック(札幌) ・沖縄の施政返還 ・社会教育指導員制度発足 ・ユネスコ公共図書館宣言公表	・社会教育部内に社会教育主事室設置 ・都民自治大学構想 ・東京都図書館振興対策プロジェクトチーム「司書職制度を中心とした区立図書館振興対策」 ・東京都立川社会教育会館に市民活動サービスコーナー設置 ・社会同和教育研究会発足

23区	多摩	市民活動
・大澤正雄が住居表示課へ配転（練馬区） ・目黒区主婦大学 ・練馬区婦人学習グループ連絡会		・橋本義夫「ふだん記運動」 ・総合サークル「ポプラ」（足立区） ・三多摩心身障害児親の集い
・板橋区社会教育センター		・ねりま地域文庫読書サークル連絡会 ・久米川子ども図書館（バス図書館）開館 ・長流文庫連絡会（調布市） ・三多摩地区ろう者団体連合会 ・品川区婦人学級連合会結成
・練馬区学級講座の三者方式		・小金井老人問題研究会 ・東村山市図書館設置に関する請願 ・親子読書・地域文庫連絡協議会発足 ・くにたちの町づくりを考える会 ・中野区江原小PTA校庭確保運動 ・多摩川の自然を守る会 ・博物館問題研究会発足
	・昭島市社会教育課「ことぶき学級」 ・小平市公民館「児童文学講座」 ・東大和公民館設置 ・第一期武蔵野市長期計画	・民主的な社会教育を発展させる都民の会発足 ・多摩住民自治研究所（日野市）→三多摩自治体問題研究所へ ・東洋大学図書館・生野幸子が管財部への配転無効を提訴 ・学習会「3区の会」 ・全国PTA問題研究会 ・三多摩公害調査研究会 ・三多摩高校問題懇談会 ・玉川学園親子読書会
・準公選区長誕生（品川区） ・「高島平新聞」創刊	・小平公民館が保育室を開室 ・三鷹市社会教育会館を設置 ・町田市立図書館新館開館 ・東村山市立図書館、専門委員制度設置 ・「杉の木青年教室」（調布市）	・三多摩サークル連絡協議会 ・昭島に公民館をつくる会 ・ねりま地域文庫読書サークル連絡会、「図書館司書職制度の確立に関する請願」 ・地域子ども文庫運営委員会（小平市）

年	国・世界	東京都
1973	・老人福祉法改正 ・全国おやこ劇場こども劇場連絡会結成	・「東京都の自治体行政と都民の社会活動における市民教育のあり方」答申 ・東京都教育庁社会教育部「新しい公民館像をめざして」(三多摩テーゼ) ・都立府中青年の家を設置 ・都立中央図書館開館 ・社会同和教育開始
1974	・派遣社会教育主事、施策化	・新しい公民館像をめざして(増補版)
1975	・国際婦人(女性)年	・東京都青少年委員連絡協議会発足 ・都立中央図書館、韓国・朝鮮語の図書を収集開始 ・都立江東図書館開館 ・東京都立芸術高校美術館開館 ・東京都美術館新館開館
1976	・国連婦人(女性)の10年(1976-1985) ・ユネスコ「成人教育の発展に関する勧告」	・同和問題懇談会設置 ・東京都美術館図書室設置 ・都立第五福竜丸展示館開館

	23区	多　摩	市民活動
		・日野市立中央図書館落成式	・東京の社会教育を考える都民集会初会合 ・障害者の権利を守り、生活の向上をめざす小平の会 ・末廣いく子ら「富士見町文庫」開設(保谷市) ・「図書館問題講座を開催」公民館と共催(小平市) ・渡辺順子「すずらん文庫」開設(練馬区) ・東村山地域文庫連絡会発足 ・荒川区陰山三保子不当配転闘争
	・目黒区民センター設置 ・板橋区立社会教育会館開館 ・練馬区地域文庫助成要綱施行 ・「仮称平和台図書館建設懇話会」発足(練馬区)	・国立市コーヒーハウス ・派遣社会教育主事問題検討委員会 ・東村山市立図書館設置条例施行 ・東村山市立図書館開館 ・昭島市市民図書館、3病院へ入院患者にサービス開始 ・小平市公民館、石間不当配転問題 ・町田市障害者青年学級開設	・全国子ども親子劇場連絡会 ・社会教育推進全国協議会三多摩支部発足 ・社会教育推進全国協議会東京23区支部発足 ・東京五区青年団体・サークル連合連絡協議会 ・(財)東京子ども図書館設立 ・三鷹市地域家庭文庫・親子連絡会結成 ・立川親子劇場
	・区長公選制へ ・豊島区管弦楽団設立 ・世田谷区に「冒険遊び場」開設	・稲城市公民館霜島配転問題 ・小平市立図書館開館 ・町田市消費者センター運営協議会	・三鷹市地域家庭文庫・親子読書連絡会、地域文庫に対する図書の助成を市議会に請願 ・東村山市文庫サークル連絡会 ・稲城の社会教育を考える会 ・東村山に公民館をつくる会 ・『多摩のあゆみ』創刊(多摩信用金庫) ・三多摩郷土資料研究会発足
	・世田谷区社会教育委員準公選 ・仮称大泉図書館建設懇談会発足(練馬区)	・武蔵野市コミセン条例 ・小平市公民館、穂積不当配転問題	・第16回社会教育研究全国集会 ・この指とまれ東京青年運動 ・清瀬子ども劇場、多摩子ども劇場

523

資料篇

年	国・世界	東京都
1977	・総理府婦人問題企画推進本部「国内行動計画策定」 ・国立婦人教育会館開館 ・米軍立川基地全面返還	・公民館保育室セミナー開始(東京都立多摩社会教育会館)
1978		・東京都国内行動計画を策定(国際女性の10年) ・東京都における同和行政の基本的あり方について(答申) ・都立八王子図書館「むらさき号」巡回終了 ・東京都公立図書館長協議会「区立図書館に司書職制度を導入することについての要望書」を提出 ・東京都市町村図書館長協議会「東京都の図書館行政に関する要望書」
1979	・国連、女子差別撤廃条約採択	・鈴木俊一都政、「マイタウン構想懇談会」 ・東京都女性情報センター設置(都立日比谷図書館内) ・東京都公民館研究大会に初めて公民館保育室分科会設置
1980		・都立江東図書館「ヤングアダルト・コーナー」設置 ・都立江東図書館『やんぐあだると新聞』創刊準備号刊行
1981	・中教審答申「生涯教育について」 ・国際障害者年	・東京都江戸東京博物館建設懇談会発足
1982	・社会教育法改正、社会教育主事補必置制廃止	・東京都中期計画マイタウン構想「東京都中期計画:マイタウン東京21世紀をめざして」 ・東京都議会、「むらさき号」運行継続などの請願採択 ・東京都立中央図書館協議会「都立図書館の体系化および近代化に関する答申」 ・東京都立中央図書館協議会「情報化社会と生涯教育の時代における都立図書館の課題と展望」答申
1983		・東京都生涯教育推進懇談会設置 ・東京都庭園美術館開館

524

	23区	多　摩	市民活動
	・品川区、社会教育施設の非常勤専門職員を常勤化 ・練馬区立大泉図書館開館 ・世田谷区婦人会館開館 ・世田谷区老人大学	・日野市市政図書室開館	・三多摩の図書館を考える会、東京都図書館振興施策打ち切りに対し請願書提出 ・第1回親子読書・地域文庫全国交流集会 ・町田地域精神医療研究会 ・福祉を語る婦人の集い(小金井) ・ちひろ美術館開設
	・陰山三保子提訴に対し採決 ・大田区立大森南図書館、2病院に患者サービス開始 ・新宿文化センター、新宿文化振興会に委託	・東村山市立図書館「市民叢書」の刊行開始 ・小平市公民館、沼賀不当配転問題	・武蔵野市社会教育を考える会発足 ・多摩地区に美術館建設を促進する会発足
	・板橋区美術館開設	・国立市障害者青年学級開設	・西多摩子どもの本の会「西多摩地域の図書館について」請願 ・杉並区の公民館を存続させる会 ・小平市婦人のつどい
	・特別区社会教育施設連絡協議会	・小平市公民館、浅沼不当配転問題 ・福生市郷土資料室開設	・むらさき号友の会「西多摩地域の図書館についての請願書」提出 ・全都青年団体連絡協議会 ・「定時制高校に中国・韓国帰国者のための日本語学級を設置する件に関する請願」採択 ・明るい老後を考える会(町田)
	・中野区、教育委員選出の区民投票(教育委員準公選第1回区民投票) ・世田谷市民大学	・国立公民館コーヒーハウス ・国分寺公民館「農のあるまちづくり講座」	・『東京の公民館30年誌』刊行 ・渡辺順子「すずらん第二文庫」開設(練馬区)
	・財団法人江東区地域振興会設立、江東区文化センター委託		・障害児を普通学校へ全国連絡会 ・社会教育を考える会(東大和) ・優生保護法改悪に反対する三多摩の会
			・東京の図書館を考える会結成 ・反農薬東京グループ ・高齢化社会をよりよくする女性の会

資料篇

年	国・世界	東京都
1984	・中国帰国孤児定着促進センター開設	・東京都青少年センター開設 ・「東京における生涯教育の推進について」懇談会報告 ・社会教育主事室　→主任社会教育主事（12月）
1985	・ユネスコ「学習権宣言」採択 ・「女子差別撤廃条約」批准	・東京都生涯教育推進本部設置（都知事本部長） ・子どもの城開館 ・財団法人東京都教育振興財団設立 ・自然史博物館整備検討委員会設置 ・東京都埋蔵文化財センター開所
1986	・チェルノブイリ原発事故 ・臨時教育審議会「教育改革に関する第2次答申」生涯学習体系への転換 ・松下圭一『社会教育の終焉』刊行 ・国際図書館連盟（IFLA）東京大会	・都立江東図書館が江東区へ移管
1987		・「東京都生涯教育推進計画」策定 ・都立動物園全体計画検討委員会設置 ・立川社会教育会館　→多摩社会教育会館へ ・都立青梅、立川、八王子の各図書館廃止 ・都立多摩図書館開館
1988	・文部省社会教育局廃止、生涯学習局創設	・東京都これからの社会教育における青少年教育の施策について ・「ZOO-2001構想」策定 ・東京都夢の島熱帯植物館開館
1989	・国連「子どもの権利条約採択」	・東京都教育委員会「公立小・中学校日本語学級設置要綱」
1990	・国際識字年始まる ・生涯学習の振興のための施策の推進体制等の整備に関する法律公布	・東京都教育庁社会教育部を生涯学習部へ改組 ・東京芸術劇場開館 ・都民の森開設 ・府中青年の家で同性愛者への差別と利用拒否

23区	多　摩	市民活動
・板橋区立成増社会教育館開館（板橋区立社会教育会館は板橋区立大原社会教育会館へ） ・豊島区立郷土資料館開設		・町田市立図書館をよりよくする会発足 ・登校拒否を考える会
・中野区、教育委員準公選（第2回） ・足立区「足立区行政改革大綱（案）」地域図書館の公社委託が含まれる ・大田区立青年館（7館）が文化センターへ		・東京シューレ開校 ・東久留米地域文庫・親子読書会、東久留米市の地域図書館の整備・充実について請願 ・むらさき号友の会、西多摩子どもの本の会「都立青梅図書館の存続について」請願 ・足立区によい図書館をもとつくる会結成 ・武蔵野の教育を共につくる会 ・公民館をよりよくする会（保谷）
・練馬女性センター開館 ・世田谷美術館開設	・福生市公民館松林分館識字学級ことばの会 ・町田市立自由民権資料館開設	
・目黒区立美術館開設		・多摩丘陵野外博物館実践 ・クッキングハウス（調布）
		・国分寺・社会教育の会 ・八王子手をつなぐ女性の会 ・高尾山の自然を守る会
・中野区、教育委員準公選（第3回） ・杉並公民館が杉並区立社会教育センター「セシオン杉並」へ ・中野区平和資料展示室開設 ・足立区『葦笛のうた』刊行		
・男性改造講座（足立区）始まる	・町田市立中央図書館新館開館	・高麗博物館をつくる会創設

資料篇

年	国・世界	東京都
1991		・新庁舎(西新宿)に移転、新都庁舎開庁 ・東京都生涯学習情報センター設置 ・都民カレッジ開設
1992	・「公立図書館の設置及び運営に関する基準について」発表	・東京都生涯学習審議会設置
1993		・東京都市町村立図書館長協議会「都立図書館の整備充実について(要望)」を提出 ・江戸東京博物館開館
1994	・子どもの権利に関する条約批准 ・総理府企画推進本部を男女共同参画室に変更	
1995	・阪神大震災 ・地方分権推進法 ・人権教育のための国連10年 ・高齢者社会対策基本法 ・文部科学省「総合型地域スポーツクラブ育成モデル事業」	・青島幸男都政 ・東京ウィメンズプラザ開館 ・東京都現代美術館開館
1996		
1997	・児童福祉法改正(学童保育の法制化) ・第5回国際成人教育会議(ハンブルク)「成人の学習に関するハンブルク宣言」採択	・女性に関する事業廃止、青少年教育、障害者、高齢者の社会教育廃止

東京社会教育略年表

23区	多摩	市民活動
・練馬区光が丘図書館、第1回建設懇談会開催	・町田市立図書館の自由に関する委員会発足 ・羽村町が羽村市へ	・終末期を考える市民の会発足 ・障害児放課後グループ連絡会・東京 ・東京都自立生活センター協議会
・大田区婦人会館　→おおた女性センターへ	・杉並区図書館「杉並区図書館の自由に関する委員会」設置	・『東京の識字実践・1992』刊行（東京学芸大学） ・日の出の森・支える会 ・国分寺難病者の医療と福祉をすすめる会
・中野区、教育委員準公選（第4回） ・品川区シルバー大学ふれあいアカデミー	・調布市、新図書館を財団委託の方針を発表 ・調布の図書館をもっともっとよくする会発足	・調布市立図書館財団委託に対し、文化人が反対アピール、図書館委託を考える全国集会（調布市）開催 ・調布市公民館を考える市民の会 ・大田区社会教育施設使用料問題区民連絡会 ・サポートハウス年輪（西東京） ・三多摩国際交流ネットワーク
・中野区、教育委員準公選制廃止条例可決 ・墨田区青年館廃止	・三多摩ファレファンス探検隊発足 ・調布市、図書館の財団委託を断念 ・東大和市立郷土博物館開設	・三多摩図書館研究所設立 ・公民館を考える三多摩市民の会 ・シーズ・市民活動を支える制度をつくる会
・区部社会教育主事最多104名 ・特別区長会、司書職種の廃止を含む「特別区人事制度の見直し」を提起 ・せたがや郷土資料室開設	・秋川市と五日市町が合併し、あきるの市へ ・調布市立中央図書館開館 ・保谷市「保谷市生涯学習推進計画策定について」答申	・図問研東京支部、「「司書」の職種を存続させ、司書採用を行うことについて（要請）」を特別区区長会に提出
・司書の職名が1997年度から廃止されることが決定		・23区の図書館をもっとよくする会 ・あきる野市政を考えるみんなの会 ・うちなんちゅうの怒りとともに！三多摩市民の会 ・日本NPOセンター
・杉並区・ゆう杉並開館		・たなし市民連絡会 ・新しい歴史教科書をつくる会（2001年教科書検定合格） ・三多摩「学校・職場のいじめ」電話相談

資料篇

年	国・世界	東京都
1998	・特定非営利活動促進法 ・生涯学習審議会答申「社会の変化に対応した今後の社会教育行政の在り方について」	・東京都教育庁、都立日比谷図書館を1999年12月で終了すると発表 ・東京都教育委員会「青年の家再編・整備の方針」
1999	・国旗・国歌法 ・男女共同参画社会基本法 ・国際高齢者年 ・PFI法公布	・石原慎太郎都政
2000	・地方分権一括法 ・人権教育に及び人権啓発の推進に関する法律 ・スポーツ振興基本計画策定 ・学校評議員制度実施 ・川崎市「子どもの権利に関する条例」成立	・都立多摩社会教育会館閉館 ・東京都人権施策推進指針策定
2001	・アメリカ同時多発テロ ・教育改革3法	・生涯学習部文化課廃止 ・五日市青年の家閉所 ・東京都教育庁「都立図書館のあり方について（通知）」 ・東京都立図書館「今後の都立図書館3館の運営について」発表 ・都民カレッジ廃校
2002	・学校週5日制開始 ・「総合的な学習の時間」実施	・八王子、青梅、狭山、武蔵野青年の家閉所 ・東京都生涯学習センター廃止 ・東京都立多摩社会教育会館市民活動サービスコーナー事業廃止 ・地域教育サポートネット事業 ・東京都教育庁、都立図書館あり方検討委員会「今後の都立図書館のあり方：社会経済の変化に対応した新たな都民サービスの向上を目指して」発表
2003	・地方自治法改正、指定管理者制度 ・公民館・公立博物館の設置・運営基準全部改正	・都立中央図書館「都立図書館間における重複雑誌の除籍について」 ・入学式等での日の丸掲揚・君が代斉唱を義務化

	23区	多摩	市民活動
	・すみだ郷土文化資料館開設		・東京都職労教育庁支部日比谷分会、都立日比谷図書館の改築推進を求めるアピール発表 ・区画整理・多摩地区交流会 ・チマ・チョゴリ友の会
	・品川区学区の自由化発表	・保谷市公民館、藤野配転問題	・チャイルドライン支援センター ・昭和のくらし博物館開設
	・おおた女性センターが区長部局移管		・多摩市に中央図書館をつくる会、多摩市議会に建設を請願 ・「憲法とわたしたち連続講座」実行委員会(国立) ・東大和市立図書館に対し、利用者が『新潮45』の閲覧解除を求め提訴 ・多摩NPOセンター
	・大田区民大学「人権塾」	・田無市と保谷市が合併し、西東京市へ	・東京都区職労教育庁支部、日比谷分会、多摩分会「都立図書館の機能と組織の変更について」提出 ・東京大空襲・戦災資料センター開設 ・市民がつくる日本・コリア交流の歴史博物館 高麗博物館創設 ・東久留米の教科書を考える会
	・江東区立図書館、一部の図書館で窓口業務を委託 ・千代田区生涯学習・社会教育部門区長部局へ移管 ・中野区立青年館廃止	・市民活動支援センター（日野） ・西東京ボランティア・市民活動センター	・市民活動サポートセンター・アンティ多摩 ・『市民活動のひろば』創刊 ・多摩地域の図書館をむすび育てる会発足 ・市民まちづくり会議・むさしの
	・大田区立青年の家、文化センターが区長部局へ移管 ・板橋区、大田区、文京区の図書館で一部業務委託 ・江東区立図書館、全館で窓口業務委託	・稲城市、中央図書館のPFIによる事業選定	・杉並の社会教育を記録する会

年	国・世界	東京都
2004		・「東京都教育ビジョン」策定 ・ユース・プラザ「BumB」（東京スポーツ文化館）開館 ・水元青年の家閉所
2005	・障害者自立支援法	・「子ども・若者の『次代を担う力』を育むための教育施策のあり方について - 『地域教育プラットフォーム構想』を推進するための教育行政の役割」答申 ・地域教育推進ネットワーク東京都協議会設置 ・東京都監査委員、都立日比谷図書館のあり方について見直しを提起 ・東京都教育委員会「都立図書館改革の基本的方向性」発表 ・東京都公立図書館長協議会解散、東京都公立図書館長連絡会設置 ・都立4大学を再編し「首都大学東京」開学 ・「高尾の森わくわくビレッジ」開館 ・府中青年の家閉所
2006	・教育基本法改正 ・日弁連「学齢期に就学することのできなかった人々の教育を受ける権利の保障に関する意見書」提出	・教育庁からスポーツ振興行政が知事部局（生活文化局）へ移管 ・都立高校で「奉仕活動」が必修化
2007	・文科省・厚労省「放課後子どもプラン」創設 ・教育3法改正（学校教育法、地方教育行政の組織及び運営に関する法律、教育職員免許法及び教育公務員特例法）	・生涯学習スポーツ部から生涯学習部へ改組 ・「都立高校教育支援コーディネーター事業」施策化
2008	・第一期教育振興基本計画 ・社会教育法一部改正 ・児童福祉法改正	・地域教育支援部（管理課、義務教育課、生涯学習課）発足 ・東京都スポーツ振興基本計画
2009		・都立日比谷図書館が千代田区へ移管
2010	・公立高等学校授業料無償化	
2011	・東日本大震災、福島原発事故 ・地域主権改革関連法3法 ・スポーツ基本法	・長期ビジョン「2020年の東京」計画を策定

	23区	多　摩	市民活動
		・羽村市、指定管理者に適さない施設として図書館をあげる ・くにたちNPO活動支援室	・よりよい練馬区の図書館をつくる会「練馬区立図書館の委託化に反対し図書館の充実と発展を求める陳情書」を提出 ・立川・反戦ビラ弾圧救援会
	・千代田区、「新千代田図書館基本構想」発表 ・足立区地域学習センター、指定管理者導入 ・豊島区立青年館廃止	・PFI法による稲城市立中央図書館開館 ・日野市、図書館の業務の民間委託化を提起	・ライブラリーフレンズ日野が図書館民間委託への反対表明
	・豊島区立社会教育館(5館)区長部局へ移管、地域文化創造館と変更 ・荒川区立生涯学習センターが指定管理者へ	・日野市立日野図書館「日野宿探検隊」 ・羽村市公民館条例廃止、羽村市生涯学習センターゆとろぎ開館 ・東久留米市地域センター等が指定管理者導入	・アクティブ・ミュージアム「女たちの戦争と平和資料館」開設 ・市民活動資料・情報センターをつくる会 ・わだつみのこえ記念館開設
		・八王子市公民館条例廃止、八王子市生涯学習センター条例へ ・立川市公民館条例廃止、立川市地域学習館条例へ	・在日特権を許さない市民の会 ・反貧困ネットワーク
	・葛飾区水元学び交流館、所管地域振興部地域振興課へ	・府中市立中央図書館開館(PFI法による)	・日比谷公園に「年越し派遣村」開設
		・稲城市iプラザ開館(PFI法による)	・「東久留米市中央公民館」の指定管理者制度導入を考える会
		・立川市立図書館2分館、指定管理者へ ・東久留米市公民館条例廃止、東久留米市立生涯学習センターへ(指定管理者)	・ホームレス支援全国ネットワーク
		・ひと・まち・情報創造館武蔵野プレイス開館(指定管理者)	

年	国・世界	東京都
2012	・佐賀県武雄市図書館運営（指定管理者）をCCCへ	・猪瀬直樹都政 ・都立高校改革推進計画
2013	・教育再生実行会議 ・第二期教育振興基本計画	・東京都スポーツ推進計画
2014	・地方教育行政法改正 ・夜間中学等義務教育拡充議員連盟 ・さいたま市三橋公民館俳句非掲載問題	・舛添要一都政 ・「東京都長期ビジョン」策定
2015	・公職選挙法改正、18歳以上に選挙権	・子どもの城閉館

■参考文献
社会教育推進全国協議会編『社会教育・生涯学習ハンドブック〈第8版〉』エイデル研究所、2011年
東京都立川社会教育会館編『東京都立川社会教育会館十周年記念誌』、1978年
東京都立教育研究所編『戦後東京都教育史　概略年表』、1962-1963年
奥泉和久編著『近代日本公共図書館年表』日本図書館協会、2009年
東京都立教育研究所編『戦後東京都教育史〈下巻〉社会教育編』、1967年
東京都立多摩社会教育会館編『戦後三多摩における社会教育のあゆみ』、1992年、1994年

23区	多　摩	市民活動
・東京都児童会館閉館 ・練馬区立公民館が練馬区立生涯学習センターへ		
	・東久留米市立図書館3分館、指定管理者へ	
・荒川区生涯学習センターが区長部局へ移管		・市民アーカイブ多摩開館
	・国立市公民館60周年事業 ・あきる野市中央公民館で市民団体のチラシ設置拒否	

（石川敬史・野々村恵子）

資料篇

東京社会教育統計資料（1975～2015年）

> 収録統計一覧（区市町村）

1 自治体基礎データ
　①面積
　②人口

2 施設数
　③公民館・社会教育会館・生涯学習センター
　④青少年教育施設
　⑤図書館
　⑥博物館

3 職員数
　⑦社会教育関係常勤職員数
　⑧社会教育関係非常勤職員数
　⑨社会教育主事数（発令による）
　⑩社会教育指導員数
　⑪司書数（発令による）
　⑫学芸員数（発令による）

4 社会教育関係費
　⑬社会教育関係費
　⑭教育関係費に対する社会教育関係費が占める割合

※社会教育関係費の金額は、基本的に決算額によって表記しているが、1955年・2005年・2015年に関してはデータの関係上予算額で表している。表記は1,000円単位としている。

（井口啓太郎・大山 宏・橋田慈子）

■統計資料について

　上記のデータは、東京都の区市町村の社会教育行政に関する以下4項目に関する統計をグラフまたは表で紹介するものである。年次推移の概略を捉えることを目的に、グラフは1975年・1985年・1995年・2005年・2015年の5つの時点（社会教育費については、1955年・1965年も含む7つの時点）で、表は各項目とも1975年・1995年・2015年の3つの時点で表している。

　また、市町村合併により名称や境界が変更された自治体も存在するが、基本的に2016年現在の自治体を基にしている。そのため、西東京市やあきる野市等の市町村合併によって成立した市については、合併以前のデータは合併した自治体の合計値（西東京市であれば田無市と保谷市の、あきる野市であれば秋川市と五日市町の、それぞれ合計値）として算出している。

■出典

1-① (面積)：国土交通省国土地理院「平成27年全国都道府県市区町村別面積調」による。

1-② (人口)：総務省統計局「国勢調査結果」による。

2 (施設数)、3 (職員数)：1975年・1985年・1995年の数値は東京都教育庁生涯学習部編「区市町村社会教育行政の現状」に、2005年・2015年の数値は東京都教育庁地域教育支援部編「区市町村生涯学習・社会教育行政データブック」による。

4 (社会教育関係費)：1955年の数値は東京都教育庁社会教育部編「東京都社会教育事業の概要 (昭和31年度)に、1965年の数値は東京都教育庁社会教育部編「社会教育行財政調査資料 (昭和40・41年度)」に、1975年・1985年・1995年の数値は東京都教育庁生涯学習部編「区市町村社会教育行政の現状」に、2005年・2015年の数値は東京都教育庁地域教育支援部編「区市町村生涯学習・社会教育行政データブック」による。

資料篇

1 自治体基礎データ

単位 人/m²

青梅市	瑞穂町	福生市	武蔵村山市	東大和市
人口 137,177	人口 33,461	人口 58,432	人口 71,268	人口 85,167
面積 103.31	面積 16.85	面積 10.16	面積 15.32	面積 13.42

日の出町	羽村市	昭島市	立川市	国分寺市
人口 17,325	人口 55,845	人口 111,511	人口 175,388	人口 122,701
面積 28.07	面積 9.9	面積 17.34	面積 24.36	面積 11.46

奥多摩町	八王子市	小平市	日野市	国立市
人口 5,235	人口 576,526	人口 190,245	人口 186,374	人口 73,274
面積 225.53	面積 186.38	面積 20.51	面積 27.55	面積 8.15

あきる野市
人口 80,980
面積 73.47

檜原村
人口 2,207
面積 105.41

大島町	利島村
人口 7,883	人口 338
面積 90.76	面積 4.12

新島村	青ヶ島村	八丈町
人口 2,750	人口 178	人口 7,615
面積 27.54	面積 5.96	面積 72.23

神津島村	三宅村	御蔵島村	小笠原村
人口 1,891	人口 2,482	人口 335	人口 3,023
面積 18.58	面積 55.27	面積 20.54	面積 104.35

東京社会教育統計資料

区名	人口	面積
千代田区	58,344	11.66
墨田区	256,416	13.77
大田区	717,565	60.66
板橋区	561,937	32.22
北 区	341,074	20.61
中央区	141,087	10.21
江東区	498,144	40.16
世田谷区	900,391	58.05
荒川区	211,518	10.16
豊島区	291,066	13.01
港 区	243,390	20.37
品川区	386,687	22.84
渋谷区	224,815	15.11
文京区	219,806	11.29
足立区	671,108	53.25
新宿区	333,363	18.22
目黒区	278,105	14.67
中野区	328,685	15.59
台東区	198,512	10.11
葛飾区	443,293	34.8
杉並区	564,846	34.06
練馬区	722,108	48.08
江戸川区	680,305	49.9
東村山市	150,130	17.14
清瀬市	74,893	10.23
武蔵野市	144,683	10.98
多摩市	146,627	21.01
府中市	260,132	29.43
東久留米市	116,668	12.88
西東京市	199,823	15.75
三鷹市	187,133	16.42
町田市	432,516	71.8
小金井市	121,590	11.3
稲城市	87,645	17.97
調布市	229,644	21.58
狛江市	80,074	6.39

資料篇

各区市町村の人口

	1975	1995	2015
千代田区	61,656	34,780	58,344
中央区	90,097	63,923	141,087
港　区	209,492	144,885	243,390
新宿区	367,218	279,048	333,363
文京区	216,250	172,474	219,806
台東区	207,649	153,918	198,512
墨田区	250,714	215,681	256,416
江東区	355,382	365,604	498,144
品川区	366,058	325,377	386,687
目黒区	285,003	243,100	278,105
大田区	691,337	636,276	717,565
世田谷区	805,787	781,104	900,391
渋谷区	263,815	188,472	224,815
中野区	373,075	306,581	328,685
杉並区	560,716	515,803	564,846
豊島区	321,078	246,252	291,066
北　区	419,996	334,127	341,074
荒川区	217,905	176,886	211,518
板橋区	498,286	511,415	561,937
練馬区	559,665	635,746	722,108
足立区	609,025	622,270	671,108
葛飾区	442,328	424,478	443,293
江戸川区	473,656	589,414	680,305
区部計	8,646,520	7,967,614	9,272,565
大島町	11,097	9,693	7,883
利島村	274	317	338
新島村	3,685	3,163	2,750
神津島村	2,093	2,276	1,891
三宅村	4,631	3,831	2,482
御蔵島村	177	275	335
八丈町	10,318	9,476	7,615
青ヶ島村	205	237	178
小笠原村	1,507	2,809	3,023
島部計	33,987	32,077	26,495

	1975	1995	2015
八王子市	322,580	503,363	576,526
立川市	138,129	157,884	175,388
武蔵野市	139,508	135,051	144,683
三鷹市	164,950	165,721	187,133
青梅市	86,152	137,234	137,177
府中市	182,474	216,211	260,132
昭島市	83,864	107,292	111,511
調布市	175,924	198,574	229,644
町田市	255,305	360,525	432,516
小金井市	102,714	109,279	121,590
小平市	156,181	172,946	190,245
日野市	126,847	166,537	186,374
東村山市	112,649	135,112	150,130
国分寺市	88,159	105,786	122,701
国立市	64,495	66,719	73,274
西東京市	158,979	175,073	199,823
福生市	46,457	61,497	58,432
狛江市	70,043	74,656	80,074
東大和市	58,464	76,355	85,167
清瀬市	60,574	67,386	74,893
東久留米市	100,821	111,097	116,668
武蔵村山市	50,842	67,015	71,268
多摩市	65,466	148,113	146,627
稲城市	43,924	62,806	87,645
あきる野市	56,970	75,355	80,980
羽村市	33,129	55,095	55,845
瑞穂町	20,739	32,714	33,461
日の出町	11,463	16,701	17,325
檜原村	4,686	3,560	2,207
奥多摩町	10,559	8,257	5,235
市町村部計	2,993,047	3,773,914	4,214,674
総　計	11,673,554	11,773,605	13,513,734

2 施設数

公民館・社会教育会館・生涯学習センター

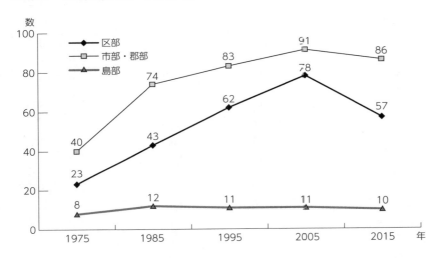

青少年教育施設

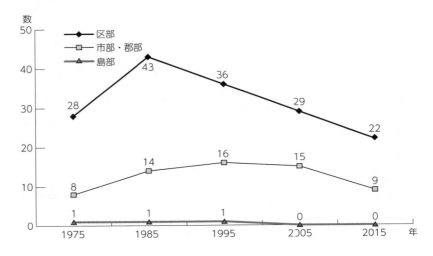

図書館

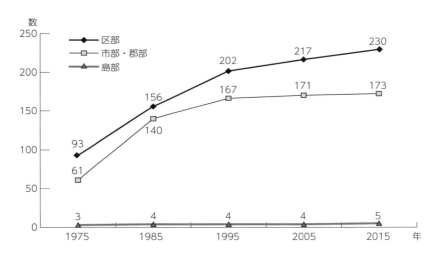

博物館

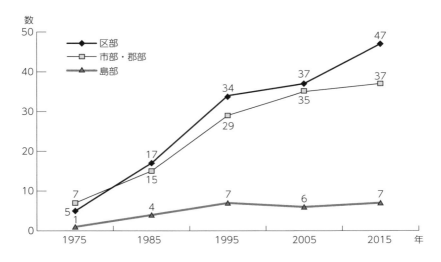

東京社会教育統計資料

公民館・社会教育会館・生涯学習センター／青少年教育施設

		1975	1995	2015			1975	1995	2015
千代田区	公民館等	1	2	0	荒川区	公民館等	0	0	1
	青少年施設	0	1	1		青少年施設	2	2	1
中央区	公民館等	2	4	4	板橋区	公民館等	1	2	2
	青少年施設	1	0	0		青少年施設	0	2	1
港 区	公民館等	0	1	2	練馬区	公民館等	1	1	1
	青少年施設	1	1	0		青少年施設	2	6	6
新宿区	公民館等	4	6	0	足立区	公民館等	0	12	14
	青少年施設	0	0	0		青少年施設	1	2	1
文京区	公民館等	1	6	6	葛飾区	公民館等	1	4	0
	青少年施設	1	0	0		青少年施設	1	0	1
台東区	公民館等	4	5	6	江戸川区	公民館等	0	0	0
	青少年施設	1	1	1		青少年施設	0	0	0
墨田区	公民館等	0	0	2	区部計	公民館等	23	62	57
	青少年施設	1	2	1		青少年施設	28	36	22
江東区	公民館等	0	0	0	大島町	公民館等	2	4	4
	青少年施設	1	2	1		青少年施設	0	0	0
品川区	公民館等	0	0	5	利島村	公民館等	0	0	0
	青少年施設	0	0	0		青少年施設	0	0	0
目黒区	公民館等	3	5	5	新島村	公民館等	0	0	0
	青少年施設	1	1	1		青少年施設	0	0	0
大田区	公民館等	0	0	0	神津島村	公民館等	0	0	0
	青少年施設	5	4	1		青少年施設	1	0	0
世田谷区	公民館等	0	0	0	三宅村	公民館等	3	2	0
	青少年施設	1	2	2		青少年施設	0	0	0
渋谷区	公民館等	0	5	5	御蔵島村	公民館等	0	0	0
	青少年施設	3	6	4		青少年施設	0	0	0
中野区	公民館等	1	0	0	八丈町	公民館等	3	5	5
	青少年施設	1	2	0		青少年施設	0	0	0
杉並区	公民館等	1	4	1	青ヶ島村	公民館等	0	0	0
	青少年施設	3	0	0		青少年施設	0	0	0
豊島区	公民館等	3	5	0	小笠原村	公民館等	0	0	1
	青少年施設	1	2	0		青少年施設	0	1	0
北 区	公民館等	0	0	3	島部計	公民館等	8	11	10
	青少年施設	1	0	0		青少年施設	1	1	0

		1975	1995	2015
八王子市	公民館等	2	2	3
	青少年施設	1	3	2
立川市	公民館等	4	6	0
	青少年施設	0	0	0
武蔵野市	公民館等	0	0	0
	青少年施設	0	0	0
三鷹市	公民館等	1	3	3
	青少年施設	0	0	0
青梅市	公民館等	0	0	0
	青少年施設	0	0	0
府中市	公民館等	7	11	12
	青少年施設	0	0	0
昭島市	公民館等	0	1	1
	青少年施設	1	0	0
調布市	公民館等	3	4	4
	青少年施設	0	1	2
町田市	公民館等	1	1	2
	青少年施設	1	2	2
小金井市	公民館等	3	5	6
	青少年施設	1	1	1
小平市	公民館等	3	9	11
	青少年施設	0	0	0
日野市	公民館等	1	1	2
	青少年施設	0	0	0
東村山市	公民館等	0	5	5
	青少年施設	1	0	0
国分寺市	公民館等	2	5	5
	青少年施設	0	0	0
国立市	公民館等	1	1	1
	青少年施設	0	0	0
西東京市	公民館等	3	6	6
	青少年施設	1	1	0
福生市	公民館等	0	3	3
	青少年施設	0	0	0

		1975	1995	2015
狛江市	公民館等	0	2	2
	青少年施設	0	0	0
東大和市	公民館等	2	5	5
	青少年施設	1	0	0
清瀬市	公民館等	0	0	1
	青少年施設	0	0	0
東久留米市	公民館等	0	1	1
	青少年施設	1	0	0
武蔵村山市	公民館等	1	2	2
	青少年施設	0	1	0
多摩市	公民館等	1	1	2
	青少年施設	0	1	1
稲城市	公民館等	2	5	5
	青少年施設	0	5	0
あきる野市	公民館等	1	1	2
	青少年施設	0	0	0
羽村市	公民館等	1	1	1
	青少年施設	0	1	1
瑞穂町	公民館等	0	1	1
	青少年施設	0	0	0
日の出町	公民館等	1	1	0
	青少年施設	0	0	0
檜原村	公民館等	0	0	0
	青少年施設	0	0	0
奥多摩町	公民館等	0	0	0
	青少年施設	0	0	0
市町村部計	公民館等	40	83	86
	青少年施設	8	16	9
総　計	公民館等	71	156	153
	青少年施設	37	53	31

図書館／博物館

		1975	1995	2015			1975	1995	2015
千代田区	図書館	1	2	5	荒川区	図書館	3	5	7
	博物館	0	1	1		博物館	0	0	1
中央区	図書館	3	3	3	板橋区	図書館	2	10	12
	博物館	0	1	1		博物館	1	2	3
港　区	図書館	4	5	7	練馬区	図書館	2	10	13
	博物館	0	1	1		博物館	0	2	2
新宿区	図書館	5	10	11	足立区	図書館	7	16	15
	博物館	0	1	4		博物館	0	1	1
文京区	図書館	4	10	11	葛飾区	図書館	2	7	12
	博物館	0	1	2		博物館	0	1	2
台東区	図書館	3	4	3	江戸川区	図書館	5	6	12
	博物館	0	4	4		博物館	0	1	1
墨田区	図書館	3	5	4	区部計	図書館	93	202	230
	博物館	0	0	1		博物館	5	34	47
江東区	図書館	3	9	11	大島町	図書館	1	1	1
	博物館	0	0	3		博物館	0	2	2
品川区	図書館	7	10	10	利島村	図書館	0	0	0
	博物館	0	1	1		博物館	0	1	1
目黒区	図書館	4	7	8	新島村	図書館	0	0	0
	博物館	1	3	3		博物館	0	0	1
大田区	図書館	8	16	16	神津島村	図書館	0	0	1
	博物館	0	1	2		博物館	0	1	1
世田谷区	図書館	7	24	16	三宅村	図書館	1	1	1
	博物館	1	3	6		博物館	0	0	1
渋谷区	図書館	4	6	10	御蔵島村	図書館	0	0	0
	博物館	1	2	3		博物館	0	1	0
中野区	図書館	3	8	8	八丈町	図書館	1	1	1
	博物館	0	1	1		博物館	1	1	1
杉並区	図書館	5	9	13	青ヶ島村	図書館	0	1	1
	博物館	0	5	2		博物館	0	0	0
豊島区	図書館	5	8	8	小笠原村	図書館	0	0	0
	博物館	0	1	1		博物館	0	1	0
北　区	図書館	3	12	15	島部計	図書館	3	4	5
	博物館	1	1	1		博物館	1	7	7

		1975	1995	2015
八王子市	図書館	0	1	5
	博物館	1	1	2
立川市	図書館	0	9	9
	博物館	0	2	2
武蔵野市	図書館	1	5	3
	博物館	0	0	0
三鷹市	図書館	2	5	6
	博物館	0	0	0
青梅市	図書館	2	10	12
	博物館	1	2	2
府中市	図書館	8	13	13
	博物館	1	1	4
昭島市	図書館	2	4	5
	博物館	0	0	0
調布市	図書館	9	11	11
	博物館	1	5	4
町田市	図書館	3	6	8
	博物館	1	3	3
小金井市	図書館	1	4	5
	博物館	0	0	1
小平市	図書館	3	10	11
	博物館	0	0	2
日野市	図書館	7	9	7
	博物館	0	1	1
東村山市	図書館	1	5	5
	博物館	1	1	1
国分寺市	図書館	2	5	6
	博物館	0	0	2
国立市	図書館	1	9	7
	博物館	0	1	1
西東京市	図書館	1	7	7
	博物館	1	1	0
福生市	図書館	2	3	4
	博物館	0	1	1

		1975	1995	2015
狛江市	図書館	0	1	1
	博物館	0	0	0
東大和市	図書館	0	2	3
	博物館	0	1	1
清瀬市	図書館	1	5	6
	博物館	0	1	1
東久留米市	図書館	4	5	4
	博物館	0	0	1
武蔵村山市	図書館	2	6	2
	博物館	0	1	1
多摩市	図書館	1	5	8
	博物館	0	0	0
稲城市	図書館	2	4	6
	博物館	0	0	0
あきる野市	図書館	2	8	4
	博物館	0	2	2
羽村市	図書館	1	5	5
	博物館	0	1	1
瑞穂町	図書館	1	5	5
	博物館	0	1	1
日の出町	図書館	0	2	2
	博物館	0	0	1
檜原村	図書館	0	1	1
	博物館	0	1	1
奥多摩町	図書館	2	2	2
	博物館	0	2	1
市町村部計	図書館	61	167	173
	博物館	7	29	37
総　計	図書館	157	373	408
	博物館	13	70	91

資料篇

3 職員数

常勤職員数

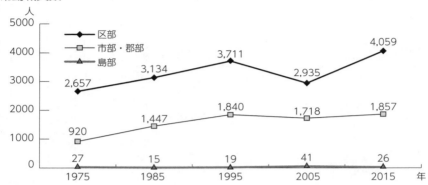

非常勤職員数

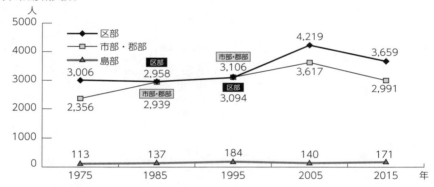

社会教育主事

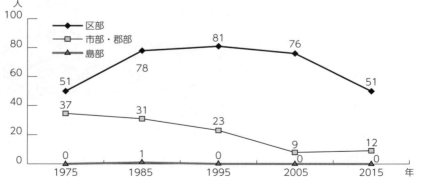

東京社会教育統計資料

社会教育指導員

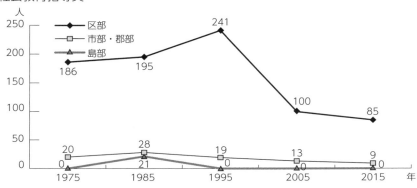

司書

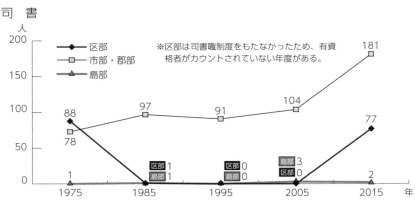

学芸員

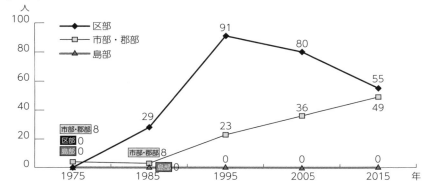

社会教育主事／社会教育指導員

		1975	1995	2015			1975	1995	2015
千代田区	社会教育主事	2	0	1	荒川区	社会教育主事	3	1	1
	社会教育指導員	6	3	0		社会教育指導員	6	8	7
中央区	社会教育主事	2	1	0	板橋区	社会教育主事	2	3	3
	社会教育指導員	8	8	3		社会教育指導員	24	21	11
港区	社会教育主事	1	2	0	練馬区	社会教育主事	3	2	1
	社会教育指導員	9	8	2		社会教育指導員	5	7	4
新宿区	社会教育主事	2	4	2	足立区	社会教育主事	2	8	6
	社会教育指導員	8	24	2		社会教育指導員	3	7	0
文京区	社会教育主事	2	1	0	葛飾区	社会教育主事	4	9	6
	社会教育指導員	5	5	3		社会教育指導員	1	0	0
台東区	社会教育主事	3	3	0	江戸川区	社会教育主事	2	2	1
	社会教育指導員	5	8	10		社会教育指導員	2	4	0
墨田区	社会教育主事	3	2	0	区部計	社会教育主事	51	81	51
	社会教育指導員	6	4	1		社会教育指導員	186	241	85
江東区	社会教育主事	2	3	2	大島町	社会教育主事	0	0	0
	社会教育指導員	2	4	0		社会教育指導員	0	0	0
品川区	社会教育主事	2	6	0	利島村	社会教育主事	0	0	0
	社会教育指導員	12	6	0		社会教育指導員	0	0	0
目黒区	社会教育主事	3	3	1	新島村	社会教育主事	0	0	0
	社会教育指導員	6	8	10		社会教育指導員	0	0	0
大田区	社会教育主事	1	4	4	神津島村	社会教育主事	0	0	0
	社会教育指導員	28	52	6		社会教育指導員	0	0	0
世田谷区	社会教育主事	3	6	11	三宅村	社会教育主事	0	0	0
	社会教育指導員	13	9	11		社会教育指導員	0	0	0
渋谷区	社会教育主事	2	8	4	御蔵島村	社会教育主事	0	0	0
	社会教育指導員	13	11	4		社会教育指導員	0	0	0
中野区	社会教育主事	2	2	1	八丈町	社会教育主事	0	0	0
	社会教育指導員	4	5	0		社会教育指導員	0	0	0
杉並区	社会教育主事	2	4	2	青ヶ島村	社会教育主事	0	0	0
	社会教育指導員	4	8	0		社会教育指導員	0	0	0
豊島区	社会教育主事	1	2	1	小笠原村	社会教育主事	0	0	0
	社会教育指導員	10	18	6		社会教育指導員	0	0	0
北区	社会教育主事	2	5	4	島部計	社会教育主事	0	0	0
	社会教育指導員	6	13	5		社会教育指導員	0	0	0

		1975	1995	2015
八王子市	社会教育主事	2	0	1
	社会教育指導員	4	3	0
立川市	社会教育主事	0	0	0
	社会教育指導員	0	0	0
武蔵野市	社会教育主事	1	0	0
	社会教育指導員	1	0	0
三鷹市	社会教育主事	2	0	0
	社会教育指導員	2	2	2
青梅市	社会教育主事	1	0	0
	社会教育指導員	0	1	0
府中市	社会教育主事	3	0	0
	社会教育指導員	2	0	0
昭島市	社会教育主事	3	2	0
	社会教育指導員	1	0	0
調布市	社会教育主事	0	0	2
	社会教育指導員	5	8	5
町田市	社会教育主事	4	1	0
	社会教育指導員	0	0	0
小金井市	社会教育主事	1	1	0
	社会教育指導員	0	0	0
小平市	社会教育主事	0	1	0
	社会教育指導員	0	0	0
日野市	社会教育主事	1	1	0
	社会教育指導員	0	0	0
東村山市	社会教育主事	1	0	0
	社会教育指導員	2	2	0
国分寺市	社会教育主事	0	0	0
	社会教育指導員	0	0	0
国立市	社会教育主事	0	0	3
	社会教育指導員	0	0	0
西東京市	社会教育主事	2	5	1
	社会教育指導員	1	1	0
福生市	社会教育主事	0	1	0
	社会教育指導員	0	0	0

		1975	1995	2015
狛江市	社会教育主事	3	5	1
	社会教育指導員	0	0	0
東大和市	社会教育主事	0	0	1
	社会教育指導員	0	0	0
清瀬市	社会教育主事	0	0	0
	社会教育指導員	0	0	0
東久留米市	社会教育主事	0	0	0
	社会教育指導員	0	0	0
武蔵村山市	社会教育主事	1	1	0
	社会教育指導員	0	0	0
多摩市	社会教育主事	1	0	3
	社会教育指導員	0	0	0
稲城市	社会教育主事	2	0	0
	社会教育指導員	0	0	0
あきる野市	社会教育主事	3	2	0
	社会教育指導員	2	2	2
羽村市	社会教育主事	5	2	0
	社会教育指導員	0	0	0
瑞穂町	社会教育主事	0	1	0
	社会教育指導員	0	0	0
日の出町	社会教育主事	0	0	0
	社会教育指導員	0	0	0
檜原村	社会教育主事	0	0	0
	社会教育指導員	0	0	0
奥多摩町	社会教育主事	1	0	0
	社会教育指導員	0	0	0
市町村部計	社会教育主事	37	23	12
	社会教育指導員	20	19	9
総計	社会教育主事	88	104	63
	社会教育指導員	206	260	94

資料篇

司書／学芸員

		1975	1995	2015			1975	1995	2015
千代田区	司書	0	0	0	荒川区	司書	0	0	0
	学芸員	0	2	1		学芸員	0	0	1
中央区	司書	0	0	6	板橋区	司書	0	0	0
	学芸員	0	0	0		学芸員	0	10	9
港　区	司書	0	0	0	練馬区	司書	8	0	55
	学芸員	0	0	3		学芸員	0	6	1
新宿区	司書	0	0	0	足立区	司書	0	0	0
	学芸員	0	6	0		学芸員	0	4	3
文京区	司書	0	0	0	葛飾区	司書	10	0	0
	学芸員	0	3	0		学芸員	0	6	5
台東区	司書	0	0	0	江戸川区	司書	0	0	0
	学芸員	0	0	0		学芸員	0	2	1
墨田区	司書	0	0	0	区部計	司書	88	0	77
	学芸員	0	0	0		学芸員	0	91	55
江東区	司書	11	0	14	大島町	司書	0	0	2
	学芸員	0	0	0		学芸員	0	0	0
品川区	司書	26	0	0	利島村	司書	0	0	0
	学芸員	0	0	1		学芸員	0	0	0
目黒区	司書	20	0	0	新島村	司書	0	0	0
	学芸員	0	3	2		学芸員	0	0	0
大田区	司書	13	0	0	神津島村	司書	0	0	0
	学芸員	0	8	8		学芸員	0	0	0
世田谷区	司書	0	0	0	三宅村	司書	0	0	0
	学芸員	0	20	5		学芸員	0	0	0
渋谷区	司書	0	0	2	御蔵島村	司書	0	0	0
	学芸員	0	8	3		学芸員	0	0	0
中野区	司書	0	0	0	八丈町	司書	1	0	0
	学芸員	0	1	1		学芸員	0	0	0
杉並区	司書	0	0	0	青ヶ島村	司書	0	0	0
	学芸員	0	0	0		学芸員	0	0	0
豊島区	司書	0	0	0	小笠原村	司書	0	0	0
	学芸員	0	6	4		学芸員	0	0	0
北　区	司書	0	0	0	島部計	司書	1	0	2
	学芸員	0	6	7		学芸員	0	0	0

		1975	1995	2015
八王子市	司　書	2	0	53
	学芸員	5	2	2
立川市	司　書	0	8	0
	学芸員	0	0	0
武蔵野市	司　書	4	0	0
	学芸員	0	0	0
三鷹市	司　書	6	0	0
	学芸員	0	0	1
青梅市	司　書	0	0	0
	学芸員	0	0	4
府中市	司　書	0	0	0
	学芸員	0	0	0
昭島市	司　書	0	0	0
	学芸員	0	0	0
調布市	司　書	26	37	46
	学芸員	0	8	5
町田市	司　書	7	0	0
	学芸員	3	4	11
小金井市	司　書	7	0	0
	学芸員	0	0	0
小平市	司　書	0	0	0
	学芸員	0	0	2
日野市	司　書	0	0	0
	学芸員	0	6	8
東村山市	司　書	0	0	0
	学芸員	0	0	4
国分寺市	司　書	0	0	2
	学芸員	0	0	0
国立市	司　書	0	4	0
	学芸員	0	0	1
西東京市	司　書	0	12	18
	学芸員	0	0	0
福生市	司　書	0	0	0
	学芸員	0	0	1

		1975	1995	2015
狛江市	司　書	0	4	2
	学芸員	0	0	2
東大和市	司　書	0	0	0
	学芸員	0	0	4
清瀬市	司　書	8	0	0
	学芸員	0	0	0
東久留米市	司　書	5	10	17
	学芸員	0	0	0
武蔵村山市	司　書	0	0	0
	学芸員	0	0	0
多摩市	司　書	5	0	28
	学芸員	0	0	3
稲城市	司　書	3	7	15
	学芸員	0	0	0
あきる野市	司　書	3	4	0
	学芸員	0	1	0
羽村市	司　書	2	5	0
	学芸員	0	2	1
瑞穂町	司　書	0	0	0
	学芸員	0	0	0
日の出町	司　書	0	0	0
	学芸員	0	0	0
檜原村	司　書	0	0	0
	学芸員	0	0	0
奥多摩町	司　書	0	0	0
	学芸員	0	0	0
市町村部計	司　書	78	91	181
	学芸員	8	23	49
総　計	司　書	167	91	260
	学芸員	8	114	104

4 社会教育関係費

社会教育関係費（単位1,000円）

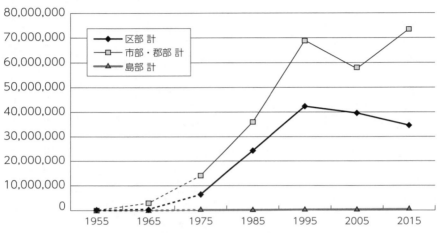

※出典により統計の集計方法が一部異なるため、1955年・1965年は点線で示した。

社会教育関係費／教育費に占める割合（単位1,000円）

		1975	1995	2015
千代田区	社会教育関係費	168,351	775,478	1,340,644
	教育費割合	6.6%	10.4%	0.7%
中央区	社会教育関係費	344,696	1,244,402	1,971,377
	教育費割合	12.3%	10.3%	4.0%
港 区	社会教育関係費	577,274	1,609,070	2,880,676
	教育費割合	11.8%	8.6%	11.8%
新宿区	社会教育関係費	518,230	2,884,437	3,773,303
	教育費割合	7.2%	15.6%	16.8%
文京区	社会教育関係費	918,101	1,972,246	1,986,278
	教育費割合	16.1%	17.0%	13.6%
台東区	社会教育関係費	510,540	1,462,343	1,604,477
	教育費割合	10.1%	15.6%	10.2%
墨田区	社会教育関係費	289,526	1,839,228	1,529,285
	教育費割合	3.7%	17.6%	13.2%
江東区	社会教育関係費	339,090	2,024,046	5,174,639
	教育費割合	3.8%	7.5%	6.3%

東京社会教育統計資料

		1975	1995	2015
品川区	社会教育関係費	1,319,482	2,995,249	2,941,450
	教育費割合	17.2%	29.7%	8.4%
目黒区	社会教育関係費	510,003	2,441,610	1,799,008
	教育費割合	10.8%	23.4%	17.2%
大田区	社会教育関係費	1,089,863	4,605,598	2,968,165
	教育費割合	9.3%	15.9%	11.9%
世田谷区	社会教育関係費	786,576	4,213,870	1,263,527
	教育費割合	6.5%	19.4%	4.6%
渋谷区	社会教育関係費	499,986	3,397,126	1,281,135
	教育費割合	14.3%	25.4%	13.5%
中野区	社会教育関係費	528,588	4,285,761	1,843,648
	教育費割合	8.7%	27.7%	3.5%
杉並区	社会教育関係費	572,787	3,076,886	2,262,905
	教育費割合	7.5%	16.1%	10.3%
豊島区	社会教育関係費	562,592	2,714,209	3,703,128
	教育費割合	11.3%	25.0%	15.9%
北　区	社会教育関係費	423,688	6,513,886	2,105,669
	教育費割合	5.7%	34.7%	13.5%
荒川区	社会教育関係費	355,217	1,823,147	2,240,735
	教育費割合	6.4%	14.2%	0.1%
板橋区	社会教育関係費	790,461	4,913,808	4,493,272
	教育費割合	7.7%	21.1%	17.0%
練馬区	社会教育関係費	1,317,048	4,803,223	6,153,643
	教育費割合	29.5%	13.7%	6.7%
足立区	社会教育関係費	608,717	5,168,228	5,259,613
	教育費割合	4.4%	9.0%	17.3%
葛飾区	社会教育関係費	496,678	2,768,063	2,645,578
	教育費割合	5.2%	14.7%	14.9%
江戸川区	社会教育関係費	512,575	1,438,979	12,211,512
	教育費割合	2.6%	7.0%	42.0%
区部計	社会教育関係費	14,040,069	68,970,893	73,433,667
	教育費割合	8.0%	16.4%	11.5%
大島町	社会教育関係費	51,723	54,842	92,828
	教育費割合	10.1%	7.6%	12.1%
利島村	社会教育関係費	0	31,824	1,180
	教育費割合	0.0%	16.7%	2.1%
新島村	社会教育関係費	3,860	33,682	34,611
	教育費割合	2.2%	9.4%	2.6%
神津島村	社会教育関係費	2,008	51,434	75,197
	教育費割合	3.0%	26.8%	33.7%

		1975	1995	2015
三宅村	社会教育関係費	855	19,967	42,546
	教育費割合	0.3%	6.3%	13.1%
御蔵島村	社会教育関係費	0	4,758	15,558
	教育費割合	0.0%	6.8%	18.1%
八丈町	社会教育関係費	121,553	78,552	117,155
	教育費割合	39.3%	8.2%	19.1%
青ヶ島村	社会教育関係費	93	13,652	7,514
	教育費割合	0.2%	2.5%	8.9%
小笠原村	社会教育関係費	10,455	8,175	34,850
	教育費割合	13.2%	5.8%	11.4%
島部計	社会教育関係費	190,547	296,886	421,439
	教育費割合	12.9%	8.4%	11.2%
八王子市	社会教育関係費	214,804	3,653,751	2,273,361
	教育費割合	1.7%	16.4%	11.0%
立川市	社会教育関係費	200,772	3,259,317	1,466,951
	教育費割合	6.4%	27.5%	16.5%
武蔵野市	社会教育関係費	219,467	1,184,587	1,861,886
	教育費割合	6.8%	15.9%	28.5%
三鷹市	社会教育関係費	190,075	938,111	1,021,021
	教育費割合	5.9%	12.7%	15.7%
青梅市	社会教育関係費	294,277	1,642,242	803,710
	教育費割合	9.2%	22.9%	16.4%
府中市	社会教育関係費	237,662	2,149,428	4,683,741
	教育費割合	4.8%	21.7%	34.0%
昭島市	社会教育関係費	170,782	975,806	943,876
	教育費割合	11.3%	22.0%	18.8%
調布市	社会教育関係費	319,242	1,861,408	1,698,797
	教育費割合	5.8%	25.5%	17.2%
町田市	社会教育関係費	513,628	3,448,582	2,551,432
	教育費割合	6.1%	23.3%	13.0%
小金井市	社会教育関係費	521,870	872,434	650,920
	教育費割合	16.0%	17.8%	17.9%
小平市	社会教育関係費	292,063	2,132,180	1,575,105
	教育費割合	4.7%	33.1%	25.3%
日野市	社会教育関係費	229,137	1,262,946	1,086,421
	教育費割合	7.8%	20.5%	13.2%
東村山市	社会教育関係費	155,955	1,369,440	1,626,845
	教育費割合	5.6%	24.7%	29.3%
国分寺市	社会教育関係費	544,905	1,499,191	1,077,847
	教育費割合	39.6%	30.3%	22.3%

		1975	1995	2015
国立市	社会教育関係費	132,369	1,015,660	708,827
	教育費割合	9.6%	36.3%	26.5%
西東京市	社会教育関係費	352,401	1,337,282	2,205,406
	教育費割合	6.4%	20.4%	18.8%
福生市	社会教育関係費	306,561	907,624	732,642
	教育費割合	23.1%	31.0%	27.0%
狛江市	社会教育関係費	69,819	2,143,549	632,205
	教育費割合	3.7%	51.6%	12.9%
東大和市	社会教育関係費	155,550	882,643	622,329
	教育費割合	8.6%	28.7%	15.3%
清瀬市	社会教育関係費	115,731	2,890,720	443,872
	教育費割合	3.0%	51.1%	12.4%
東久留米市	社会教育関係費	87,954	1,020,560	469,830
	教育費割合	1.3%	21.4%	13.7%
武蔵村山市	社会教育関係費	218,468	681,998	613,978
	教育費割合	8.9%	24.0%	19.3%
多摩市	社会教育関係費	352,956	2,143,821	1,877,990
	教育費割合	7.0%	21.1%	20.7%
稲城市	社会教育関係費	147,299	567,564	925,774
	教育費割合	4.6%	9.3%	10.4%
あきる野市	社会教育関係費	190,357	722,452	600,268
	教育費割合	9.5%	18.7%	19.7%
羽村市	社会教育関係費	79,925	958,301	560,445
	教育費割合	6.1%	27.7%	23.6%
瑞穂町	社会教育関係費	105,346	156,786	414,522
	教育費割合	10.8%	7.3%	22.3%
日の出町	社会教育関係費	10,562	176,521	114,191
	教育費割合	1.5%	15.9%	15.1%
檜原村	社会教育関係費	2,016	59,412	65,435
	教育費割合	1.6%	26.0%	19.2%
奥多摩町	社会教育関係費	13,515	464,920	259,902
	教育費割合	3.8%	59.9%	58.7%
市町村部計	社会教育関係費	6,445,468	42,379,236	34,569,529
	教育費割合	6.4%	24.3%	19.8%
総　計	社会教育関係費	20,676,084	111,647,015	108,424,635
	教育費割合	7.5%	18.5%	13.4%

あとがき

　本書の刊行は、当初2015年夏の予定であった。それは戦後70年の節目を意識したからに他ならない。大都市・東京の社会教育にとって、この70年の歩みとはどのようなものであったのか、その史実を通して現代、そして未来へ問題提起することが私たちのねらいだったからである。

　東京社会教育の展開を一言で切り取れば、栄枯盛衰の歩みだったといってしまうこともできるかもしれない。しかし、本書がその一端を示す通り、大都市には実に多彩な文化的基盤のもと、多様な都市問題を背景として草の根で拡がってきた市民の学び、そして安易な効率化や合理性を追求する評価が氾濫し、時に目的と手段が混同される行政において格闘し、実践を支えてきた社会教育職員がいた。それは東京都という巨大な権力機構においても例外ではなかった。こうした歴史を掘りながら、その成果を出版物として共有しようとする共同の研究・運動に後から加わってきた世代の私たちは、従来の「公的社会教育」の枠組みに囚われるのではなく、東京の、大都市ゆえに無数に存在してきた学びの営みを多角的・多面的に照射しなければ、歴史を綴り未来を拓くことになりえないことを改めて認識できたといえる。

　本書編集の事務局を担ってきた私たちが忙しない日々に追われ編集作業を遅らせてしまったため、刊行が当初予定から1年も遅れてしまった。早くからご協力いただいた多くの執筆者には、この場を借りて深くお詫び申し上げたい。資料編・統計のデータ作成では、大山宏さん、橋田慈子さんにご協力いただいた。各位に感謝申し上げたい。

　本書は連綿と続いてきた研究・運動における長年の蓄積があって生まれた共同の成果である。紙幅の都合もあり、共同研究に関わってこられたみなさますべてのお名前を挙げて御礼申し上げることができないが、これまでの経過については以下に記しておきたい。

　本書には、さまざまな前史がある。本書編集委員会は、2012年9月

から研究活動を続けてきた東京社会教育史研究フォーラムから生まれた。研究フォーラムは、別表の通り、延べ40回以上にわたる研究会・事務局会議・編集会議を積み重ねてきた。2013年冬に小林文人委員長、齋藤真哉事務局長のもと本書編集委員会が発足。編集作業と並行して開催した研究フォーラムは、東京社会教育の史実の再発見や現在の東京社会教育の課題など、毎回熱い議論を交わしながら、歴史を綴る意義を多くの方々と共に再確認した場であった。

　遡れば、1980～90年代に、東京社会教育史研究は、諸資料の発掘や調査、記録化が進展してきた歴史的経過もある。東京都立多摩社会教育会館における東京社会教育史の研究会がまとめた全13冊の『戦後三多摩における社会教育のあゆみ』（東京都立多摩社会教育会館、1988～99年）はその代表的なものである。

　その一方、本書では史実に基づいて東京社会教育史を描くために、比較的早い段階から歴史資料（一次資料）を調査・収集する必要があったが、2003年に東京都立多摩社会教育会館の「社会教育・市民活動資料室」が閉室した後、こうした資料をまとめて閲覧できる場がなくなってしまったことにより、史実の再発見は困難を極めた。

　しかし、これまで東京社会教育の道を切り拓いた当事者とともに、さらには若い社会教育関係者も集う共同研究運動としての研究フォーラムは、常に学びと対話の「場」にもなった。本書の刊行を契機として、東京社会教育史を次の世代へ引き継ぐために、このような研究フォーラムの一層の発展が求められる。

　いま私たちが立つ現在は、東京社会教育の"復権"の道程にある。残された課題は少なくないが、70年の歴史を当事者たちとともに編んだ本書を、"復権"への布石としたい。

2016年8月6日、山添路子さんへの感謝を込めて。

東京社会教育史編集委員会事務局

井口　啓太郎

石川　敬史

あとがき

■東京社会教育史研究フォーラムのあゆみ

2012年	
9月28日	第1回東京社会教育史研究フォーラム(高井戸地域区民センター) (1)東京社会教育史研究について・経過　小林文人(TOAFAEC)、(2)三多摩社会教育の歩み研究(1988～1999)　佐藤進(日本公民館学会)、(3)大都市社会教育と東京研究の意味　上野景三(佐賀大学)
11月7日	第2回東京社会教育史研究フォーラム(高井戸地域区民センター) 東京社会教育史の全体像をとらえる視点　小林文人(TOAFAEC)

2013年	
1月16日	第3回東京社会教育史研究フォーラム(高井戸地域区民センター) 今後の東京社会教育史研究の進め方に関するいくつかの視点：多摩地域から　井口啓太郎(国立市公民館社会教育主事)、特別区社会教育主事会の研究・研修テーマにみられる特別区社会教育の課題の変遷　齋藤真哉(板橋区立大原社会教育会館社会教育主事)
1月27日	事務局勉強会(風の部屋) ゲスト：梶野光信(東京都教育庁社会教育主事)
2月5日	事務局会議(風の部屋) 定例研究会企画など検討・協議
2月22日	第4回東京社会教育史研究フォーラム、第192回TOAFAEC定例研究会と合同(高井戸地域区民センター) 東京・特別区の社会教育史を俯瞰する：大田区の社会教育のあゆみから　野村千寿子(大田区教育委員会社会教育主事)、コメンテーター・野々村恵子(元・練馬区教育委員会社会教育主事)
3月27日	事務局会議(風の部屋) 出版構想検討　ゲスト：山添路子(エイデル研究所)
4月12日	事務局勉強会(風の部屋) 証言を聞く　ゲスト：打越雅祥(東京都児童福祉局)
4月19日	第5回東京社会教育史研究フォーラム(高井戸地域区民センター) 地域の博物館史をどうとらえるか：地域博物館実践の歩みを視野に入れて　栗山究(板橋区教育委員会社会教育指導員)
5月10日	第6回東京社会教育史研究フォーラム(高井戸地域区民センター) 戦後の東京図書館史を考える視角　石川敬史(十文字学園女子大学)
5月24日	事務局会議(風の部屋) 出版目的、骨子の検討・協議
6月21日	第7回東京社会教育史研究フォーラム、第196回TOAFAEC定例研究会と合同開催(高井戸地域区民センター) 東京・特別区社会教育行政の歴史的変遷　荒井隆(元・大田区教育委員会社会教育主事)

7月19日	第8回東京社会教育史研究フォーラム（高井戸地域区民センター） 特別区の青年の社会教育活動の歩み　髙井正（足立区教育委員会社会教育主事）
8月30日	事務局会議（十文字学園女子大学　石川研究室） 出版・編集企画案検討
9月 4日	事務局会議（風の部屋） 編集構成案の検討、事務局の拡充案
9月26日	事務局会議（十文字学園女子大学　石川研究室） 第9回研究会に向けて出版構想の検討
10月 4日	事務局会議（風の部屋）　出版企画書検討
10月18日	第9回東京社会教育史研究フォーラム　第199回TOAFAEC定例研究会と合同（高井戸地域区民センター） 東京社会教育史の出版構想－事務局案の検討、今後の進め方開催
11月22日	事務局会議（風の部屋）　編集案具体化・スケジュールの検討
12月12日	第10回東京社会教育史研究フォーラム（高井戸地域区民センター） 東京社会教育史の出版企画案検討Ⅰ

2014年	
1月13日	第11回東京社会教育史研究フォーラム（国立市公民館） 東京社会教育史の出版企画案検討Ⅱ
1月28日	事務局会議（風の部屋） 第11回（1月13日）研究会を受けて編集構成案の検討
2月12日	事務局会議（国立市公民館） 同・編集構成案検討(2)
3月16日	事務局会議（国立市公民館） 第12回（3月21日）研究会へ向けて協議
3月21日	第12回東京社会教育史研究フォーラム（高井戸地域区民センター）　内容：東京社会教育史の出版企画案検討Ⅲ
4月18日	第13回東京社会教育史研究フォーラム（国立市公民館） 「コラム」欄の検討、執筆者の分担内容に関する課題や相談
5月16日	第14回東京社会教育史研究フォーラム（国立市公民館） 戦後東京社会教育における学級講座・学習記録・学習論について（特論） 的野信一（板橋区立成増社会教育会館社会教育主事）
6月16日	執筆打合せ（国立市公民館）
6月20日	第15回東京社会教育史研究フォーラム（国立市公民館） 「通史について」　小林文人、梶野光信、江頭晃子（アンティ多摩）ほか
7月18日	第16回東京社会教育史研究フォーラム（国立市公民館） 「特論」社会教育職員・職能集団形成について　荒井隆ほか

あとがき

8月 8日	事務局会議(国立市公民館) 原稿執筆者レジュメの確認
9月19日	第17回東京社会教育史研究フォーラム(国立市公民館) 板橋区の事例報告をもとに「展望」に向けての提案　齋藤真哉
10月17日	第18回東京社会教育史研究フォーラム(国立市公民館) 児童文化・児童館運動・子どもの居場所について　上平泰博(ワーカーズコープ・協同総合研究所)
10月20日	事務局会議(国立市公民館) 構成案・原稿等の検討、今後の進め方
11月28日	第19回東京社会教育史研究フォーラム、第211回TOAFAEC定例研究会と合同(国立市公民館) 東京社会教育の歩み・通史編－市民運動・ＮＰＯ活動の視点から　江頭晃子
12月 8日	事務局会議(国立市公民館) 『東京社会教育のあゆみ』(仮称)編集に関して

2015年	
1月23日	第20回東京社会教育史研究フォーラム(国立市公民館) 東京社会教育の歩み・最終章をどう書くか　研究フォーラム事務局
2月28日	事務局会議(国立市公民館) 各原稿の提出状況の確認、各原稿のリライト依頼、今後のスケジュールと終章・展望部分について、3月の研究フォーラム
3月 6日	第21回東京社会教育史研究フォーラム(国立市公民館) 通史編を視野に一世田谷区の戦後史について　谷岡重則(世田谷区教育委員会社会教育主事)
4月 8日	事務局会議(風の部屋) 『東京社会教育のあゆみ』(仮称)編集・今後の進め方
4月17日	第22回東京社会教育史研究フォーラム(高井戸地域区民センター) これまでの経過報告とスケジュール確認、全体構成を踏まえた「コラム」部分の検討、最終章・構想と進め方について、資料編・年表編について
4月29日	第1回集中編集会議(風の部屋)
5月22日	第2回集中編集会議(高井戸地域区民センター)
6月19日	第23回東京社会教育史研究フォーラム(高井戸地域区民センター) 『東京社会教育のあゆみ』(仮称)終章「展望」をどう描くか　研究フォーラム事務局
7月20日	第3回集中編集会議(風の部屋)
8月19日	第24回東京社会教育史研究フォーラム(風の部屋) 最終章「展望」のプロットの明確化　研究フォーラム事務局

9月30日	第25回東京社会教育史研究フォーラム（風の部屋） 最終章「展望」のプロットの明確化
11月20日	第26回東京社会教育史研究フォーラム（風の部屋） 最終章「展望」内容の検討
12月22日	第27回東京社会教育史研究フォーラム（風の部屋） 最終章「展望」の原稿確認

2016年	
1月27日	第28回東京社会教育史研究フォーラム（風の部屋） 最終章「展望」の原稿確認・再検討
2月 6日	第29回東京社会教育史研究フォーラム（風の部屋） 編集会議、最終章「展望」の原稿確認、リライト原稿の再検討、資料編の検討
3月 9日	第30回東京社会教育史研究フォーラム（風の部屋） リライト原稿の再確認、最終章「展望」の最終論議、資料編の検討
4月15日	第31回東京社会教育史研究フォーラム（風の部屋） 編集会議、原稿の再々確認、最終章「展望」の最終確認、年表・資料編の確認、書名の議論
5月 7日	第32回東京社会教育史研究フォーラム（風の部屋） 編集会議、各原稿タイトル再検討、目次構成の再検討、最終章「展望」の検討、年表の最終調整、資料編・書名の検討
5月15日	第33回東京社会教育史研究フォーラム（風の部屋） 編集会議、最終章「展望」最終確認、目次構成の再構築、年表と資料編（統計）の検討、書名の検討
6月 9日	第34回東京社会教育史研究フォーラム（風の部屋） 編集会議、「終章・10の提言」の検討、一部原稿のリライト・修正
7月10日	第35回東京社会教育史研究フォーラム（エイデル研究所） 第1回校正会議
7月31日	第36回東京社会教育史研究フォーラム（エイデル研究所） 第2回校正会議

※所属は当時のままとした。

索　引

ア行

足立区女性総合センター　312
「新しい公民館像をめざして」
　（三多摩テーゼ）　49, 164, 192, 204, 211
アメリカ教育使節団報告書
　　　　　　　　　19, 241, 322, 326, 358
有賀三二　19
有山崧　243
家永三郎　6, 298
石井桃子　241, 258
いじめ　127, 134
磯村英一　39
板橋区ともに生きる福祉連絡会（板福連）
　　　　　　　　　　　　　　　　　448

五日市憲法草案　228
色川大吉　228
ウーマンリブ　123
碓井正久　2, 319
うたごえ運動　113
エコミュージアム　288
江戸東京学　280
NPO　88, 94, 128, 135, 374, 437, 451
LGBT　138
『エンピツをにぎる主婦』　163, 477
小尾通達　327, 340
親子映画運動　119
親の会　112, 387

カ行

介護保険制度　126
学習権　6, 60, 178, 427, 435, 503
学習権宣言　7, 61, 503, 507
『学習としての託児－
　くにたち公民館保育室活動』　311
革新都政　8, 45, 209, 392, 404, 471
学童クラブ　113, 120
学校開放　57, 70, 489
学校給食　126, 500
家庭教育学級　206, 298, 308
加藤有孝　434
川村善二郎　407, 412
環境問題　216, 275, 288, 485, 508
神田道子　303
企画実行委員会（小金井市）　190
基地問題　115, 460
喫茶コーナー　214, 233, 395
「義務教育における私費負担の
　解消について」　327, 344
教育委員会法　20, 24, 30, 144
教育基本法　5, 15, 67, 90, 330
教育公務員特例法　101, 144, 168
教育指導者講習会（IFEL）　20
共同学習　162, 174, 206, 504
共同作業所　121, 125
共同保育所　114, 121
郷土史研究　114

国立市(町)公民館
　　　158, 189, 208, 214, 239, 308, 395, 463
グループホーム　125
系統(的)学習　206, 465
『月刊社会教育』を読む会　163, 474
原水爆禁止署名運動　6, 52
憲法　32, 106, 137, 228, 330
憲法学習　109, 181
憲法9条　137
憲法89条　31
広域スポーツセンター　487
公害対策基本法　116
高校増設運動　113, 331
河野通祐　352, 363
公平委員会　179, 183, 234
興望館　414
公民館委員会　186
公民館運営審議会　60, 186, 188, 221, 230
公民館企画運営委員会(杉並)　468
公民館三階建論　43, 206, 214
公民館主事　43, 160, 179, 226, 508
「公民館主事の宣言」　49, 165
公民館長任命にあたっての意見具申　189
公民館づくり(建設運動)
　　　30, 50, 232, 463, 503
公民館保育室　208, 308, 504
公民館をよりよくする会　128, 232
公民教養講座(杉並)　52, 466

高齢者学習　496
コーヒーハウス　59, 214, 395
国際障害者年　124, 214, 388, 448
国際青年年(1985年)　374, 384
国際婦人(女性)年　153, 294, 303, 305
国分寺市公民館　192, 200
国連婦人(女性)の10年　294, 301, 303
5区連協　372, 378
国旗・国歌法　134
子ども会　108, 114, 346, 406
こどもクラブ　347
ごみ問題　130
コミュニティ構想　443
コミュニティスクール　445
コミュニティセンター(コミセン)　443

サ行

斎藤峻　25, 162, 347
3区の会　163, 474
三者方式　298
三多摩公民館研究所　161
三多摩支部　44, 118, 161, 164, 180, 234
三多摩社会教育懇談会　43, 160, 206
三多摩社会教育つうしん　161
三多摩新人会　44, 192
三多摩テーゼ　49, 164, 192, 204, 211
CIE　12, 238, 322, 347
GHQ　12, 111, 238, 322

565

索　引

識字　406, 417, 427, 434, 506
重田統子　163, 296
持続可能な開発のための教育(ESD)　453
実践記録　216, 309, 387, 408
指定管理者　91, 166, 252, 306, 443, 490
児童愛護班　346, 348
児童館　272, 346, 505
児童厚生施設　272, 352
自分史学習　477, 497
市民アーカイブ多摩　442
市民活動　55, 106, 437, 504
市民活動交流のつどい　55, 439
市民活動サービスコーナー　55, 81, 135, 437
市民活動サポートセンター・アンティ多摩（アンティ多摩）　135, 442
『市民活動のひろば』　134, 439
市民自主企画講座　224
市民大学　59, 159, 207, 219, 507
社会学校　16, 359
社会教育委員「準公選」運動（世田谷）　60, 189
社会教育関係団体・補助金　31, 187
社会教育施設の委託　62, 128, 217, 251, 383
社会教育指導員　26, 35, 159, 295, 437
社会教育指導員の会「ひよこ」　166
社会教育主事　24, 51, 72, 144, 324
社会教育主事協会　25
社会教育主事講習　21, 25

社会教育主事室　46, 73, 303
社会教育推進全国協議会　7, 162, 473
社会教育センター「セシオン杉並」　52, 64, 465
『社会教育の終焉』　445
社会教育法　20, 30, 144, 158, 186, 509
社会教育法「大改正」　30
社会体育　154, 486
社会同和教育　404
終末期を考える市民の会　499
住民運動　43, 50, 248, 437, 460
住民自治　60, 133, 209, 296, 458, 480, 510
住民投票条例　133
『主婦とおんな』　309
準備会方式　201
生涯学習計画　60
生涯学習振興整備法　70, 83, 101
障害者運動　112, 124, 132
障害者自立支援法　134
障害者青年学級　386, 448, 506
消費者運動　111, 314
初期公民館　17
職員組合　181
職員セミナー　55, 168, 397
女性の学習情報をつなぐ会　303
人権教育　404, 435
新人会　44, 160, 192
ZOO-2001構想　276

菅原亀五郎　4

杉並区立公民館　28, 52, 465, 510

杉並婦人団体連絡協議会　466

杉の子会　466

杉本良吉　298

鈴木俊一　8, 66, 68, 100

砂川闘争　461

砂川町公民館　29, 463

スポーツ振興くじ　490

スポーツ推進委員　489

生活改善運動　3, 111

生活学校　117, 314

生活記録運動　477

生産緑地法　479

青少年委員　6, 23, 188, 350, 505

成人学校　19

成人教育セミナー　174, 308

青年学級　111, 193, 358, 386, 448, 505

青年学級振興法　111, 358, 390

青年学校　12, 16, 18

青年館　36, 51, 362, 380, 448

青年室　395

青年団　106, 239, 359

セシオン杉並　52, 64, 465

セツルメント　3, 162, 346, 414

全国喫茶コーナー交流会　387, 398

全国公民館連合会　43, 161, 225

全国PTA問題研究会　345

全国夜間中学校研究会　424

『戦後三多摩における社会教育のあゆみ』
　　　　　　　　　　　　　　6, 13

『戦後東京都教育史』　9, 13, 145, 323

戦後東京の社会教育　12

全都青年団体連絡協議会（全都青協）
　　　　　　　　　　　　373, 384

専門的教育職員　144

総合型地域スポーツクラブ　155, 486

「総合社会教育施設」計画（1965）　34

総合的な学習の時間　84, 89, 449

タ行

第五福竜丸　279, 465

第三セクター　63, 215, 281

高尾自然教室　271

高島平団地　457

立川基地　110, 460

立川社会教育会館　40, 55, 167, 187, 437

龍野定一　23, 161, 225, 316

多摩社会教育会館　55, 79, 135, 176, 397, 437

たましん歴史資料室　114

多摩動物公園　267, 276

たまり場　214, 395

男女平等センター　307

男性改造講座　306, 312

地域（家庭）文庫　119, 241, 245, 299, 504

地域教育　89, 451

索　引

地域教育サポートネット事業　85, 451
地域教育プラットフォーム構想　87
地域博物館　283
地域福祉　386, 414
地区児童館　355
地方教育行政の組織及び
　運営に関する法律　30
地方軍政部　12, 19
中央教育審議会　8, 120, 360
中国帰国者　420
調布市立図書館　243
通俗教育　2
鶴見和子　163, 477
DV　136
寺中作雄　16, 31, 107
東京芸術劇場　78, 492
東京5区青年団体・サークル連合連絡協議会
　（5区連協）　372, 378
東京都江戸東京博物館　278
『東京都教育史』　2, 251, 265
東京都教育庁社会教育部
　　　　21, 45, 49, 69, 72, 155, 209, 303
東京都近代文学博物館　272
東京都公民館（研究）大会
　　　　43, 161, 174, 226, 232, 310, 412
東京都公民館連絡協議会
　　　　43, 54, 161, 176, 188, 199, 225
東京都児童会館　272

東京都「市民教育のあり方」答申（1973）
　　　　46, 210
東京都社会教育委員の会議
　　　　9, 31, 39, 45, 59, 74, 187, 503
東京都「社会教育行政の体系化」　45
東京都社会教育振興整備計画　45
東京都社会教育長期計画　6, 33, 187
東京都生涯学習審議会　70, 85, 94
東京都職労教育支部　64
東京都人権啓発センター　406
東京都人権施策推進指針　405
東京都青少年問題協議会　24, 188
東京都高尾自然科学博物館　270
東京都地域婦人団体連盟　354
東京都中期計画　45, 53, 112, 244, 356
東京都同和問題懇談会　409
『東京都における博物館のあり方』　266
東京都美術館　274
東京都夜間中学校研究会　419
東京都立教育研究所　2, 13, 145
東京23区支部　163
『東京の公民館30年誌』　188
東京の社会教育を考える都民のつどい
　　　　44, 473
同和対策審議会　404
都区事務移管（1965）　35
読書ボランティア　264

特定非営利活動促進法(NPO法)
　　　　　　　　　　129, 135, 375
徳永功　159, 206, 471
特別区社会教育施設連絡協議会　52
特別区社会教育主事会　146, 387
豊島区管弦楽団　492
図書館振興施策　119, 248
図書館政策の課題と対策　47, 244
都民交響楽団　492
都民の学習する権利　7
都立高校改革推進計画　95
都立高校中途退学者等追跡調査　98

ナ行

ナトコ映写機　20
浪江虔　109, 240
西多摩社会教育主事会　44, 161
日米安全保障条約　109, 112
二瓶万代子　499
『日本近代教育百年史』　5, 20
日本語学級　417, 428
日本国憲法　32, 106, 137, 228, 330
日本子どもを守る会　327
日本住宅公団　457
日本青年団協議会　359
日本青年奉仕協会　374
日本母親大会　110, 327
ニュースポーツ　486

ネットワーク・市民アーカイブ　442
ネルソン(J.M.ネルソン)　322
農のあるまちづくり講座　479
ノーマライゼーション　400, 449
野呂隆　162, 471

ハ行

配転問題　164, 178, 183, 248
博物館問題研究会　283
ハケ(国分寺崖線)の講座　485
派遣社会教育主事　51, 155
橋本義夫　109, 477
話しあい学習　162, 206, 299
『母と子の自立への拠点に』　174
PFI　82, 252, 367
PTA　108, 127, 230, 322, 329, 350, 465
日野市立図書館　243
日比谷公会堂　3
枚方テーゼ　49, 181, 208
藤田博　324
藤野さんを公民館に復帰させる会　234
婦人会　108, 316, 463
婦人学級　123, 162, 207, 216, 219, 294, 504
ふだん記　477
福生市公民館松林分館　434
不登校(登校拒否)　100, 127
不当配転闘争　178, 183, 234, 249

索引

『父母と先生の会－教育民主化の手引』
323, 329
文化財・史跡保存運動（文化財保護）
114, 279, 286
文化センター　38, 51
文教地区指定運動（国立町）　30, 462
文庫連絡会　245, 259
ヘイトスピーチ　138, 432
平和運動　112
平和博物館　279, 287
「保谷市民の学習権宣言」　190
保谷町民主教育を守る会　230
ボランティア　94, 113, 264, 415, 430, 449, 498
本人活動　393

マ行

マイタウン東京構想　68, 265, 480
水江ヤチヨ　324
水元青年の家　37, 364, 378
三井為友　330, 471
南多摩農村図書館　109, 239
ミニコミ　133
美濃部亮吉　45, 54, 112, 244, 437, 471
民間委託　71, 77, 128, 252, 383
民間情報教育局（CIE）　12, 238, 322, 347
民主的な社会教育を発展させる都民の会
471

無柵放養式　267
武蔵野市社会教育を考える会（考える会）
445
目黒区主婦大学　295
文部次官通牒　16, 107, 186
文部省社会教育課　2

ヤ行

夜間中学　417, 507
夜間中学等義務教育拡充議員連盟　426
安井郁　29, 52, 465
浴恩館　108, 225
横田基地　462
横山宏　162, 318, 477

ラ行

臨時教育審議会　8
臨時行政改革調査会　8
隣保館　3, 414
類似施設　28, 267, 281
ルポルタージュ講座　478
「歴史の大河は流れ続ける」　29, 52, 510
レクリエーション　111, 268, 324, 363, 446
連合軍最高司令官総司令部（GHQ/SCAP）
12, 111, 238, 322, 354
労働組合　3, 64, 109, 181, 248

ワ行

ワークショップ　274, 312
ワイワイワクワクinみずもと　382
若い根っこの会　370
若いミセスの教室　308
私の大学　49, 206

執筆者一覧

編集委員会　委 員 長　小林 文人
　　　　　　編集委員　荒井 隆、井口 啓太郎（事務局）、石川 敬史（事務局）、
　　　　　　　　　　　上平 泰博、江頭 晃子、遠藤 輝喜、梶野 光信、栗山 究、
　　　　　　　　　　　齋藤 真哉（事務局長）、佐藤 進、髙井 正、
　　　　　　　　　　　野々村 恵子（事務局）、的野 信一

執 筆 者
（※執筆順）

小林 文人	東京学芸大学名誉教授
梶野 光信	東京都教育庁
江頭 晃子	特定非営利活動法人 市民活動サポートセンター・アンティ多摩
荒井 隆	元・大田区教育委員会
上田 幸夫	日本体育大学
中森 美都子	元・国分寺市立本多公民館
百瀬 道子	元・国分寺市立もとまち公民館
穂積 健児	元・小平市教育委員会
霜島 義和	元・稲城市立中央公民館
佐藤 進	元・香川大学、元・国分寺市立恋ヶ窪公民館
的野 信一	板橋区立成増社会教育会館
長堀 雅春	小金井市公民館
進藤 文夫	元・国分寺市教育委員会
奥津 とし子	西東京市の公民館をよりよくする会
石川 敬史	十文字学園女子大学
広瀬 恒子	親子読書地域文庫全国連絡会
君塚 仁彦	東京学芸大学
栗山 究	法政大学（非常勤）
野々村 恵子	元・練馬区教育委員会
村田 晶子	早稲田大学

髙井 正	立教大学
井上 恵子	元・早稲田大学招聘研究員
酒匂 一雄	元・福島大学
味岡 尚子	全国PTA問題研究会
上平 泰博	一般社団法人 協同総合研究所
藤木 宏	元・東京5区青年団体・サークル連合連絡協議会会長
井口 啓太郎	国立市公民館
橋田 慈子	筑波大学大学院
越村 康英	千葉大学（非常勤）
川村 善二郎	日本近代史研究会
関本 保孝	えんぴつの会、元・夜間中学教員
横山 文夫	NPOアイネット・エデュケーションズ
伊東 静一	元・福生市教育委員会
山家 利子	特定非営利活動法人 市民活動サポートセンター・アンティ多摩
田中 雅文	日本女子大学
齋藤 真哉	板橋区立大原社会教育会館
岩本 陽児	和光大学
菊池 滉	元・国分寺市立もとまち公民館
齋藤 尚美	杉並区教育委員会
根岸 豊	特定非営利活動法人 いけぶくろねっと
大山 宏	東京大学大学院、板橋区立大原社会教育会館

編者紹介

東京社会教育史編集委員会
東京社会教育史編集委員会は、「東京社会教育史研究フォーラム」から生まれ、2013年冬に小林文人委員長、齋藤真哉事務局長のもと発足。東京の社会教育が歩んできた70年の歴史を次世代へ継いでいくため、研究・活動に取り組んでいる。

小林 文人（こばやし・ぶんじん）
元・東京学芸大学及び和光大学教授、日本社会教育学会会長、日本公民館学会会長、社会教育推進全国協議会委員長、東京・沖縄・東アジア社会教育研究会（TOAFAEC）代表。現在、東京学芸大学名誉教授、TOAFAEC顧問。

大都市・東京の社会教育　― 歴史と現在 ―

2016年9月30日　初版第1刷発行

編　　者　東京社会教育史編集委員会
　　　　　小林 文人［編集代表］
発　行　者　大塚 智孝
発　行　所　株式会社 エイデル研究所
　　　　　〒102-0073 千代田区九段北4-1-9
　　　　　TEL.03-3234-4641　FAX.03-3234-4644

装幀・本文DTP　株式会社 オセロ（吉成美佐）
印刷・製本　中央精版印刷株式会社

©2016　東京社会教育史編集委員会
ISBN978-4-87168-589-4　Printed in Japan
落丁・乱丁がありましたらお取り替えいたします。
（定価はカバーに表示してあります）